中山大学法学文丛

物权法定原则：普遍理论与中国选择

黄泷一 / 著

法律出版社
LAW PRESS · CHINA

目录

导　论 / 001
第一节　本书选题及其研究意义 / 001
一、问题的提出 / 001
二、选题的理论意义及实践价值 / 003
第二节　国内外研究现状 / 004
一、国内研究状况 / 004
二、国外研究状况 / 014
三、我国学者研究的不足之处 / 019
第三节　本书的研究思路及研究方法 / 020
一、本书研究思路 / 020
二、本书研究方法 / 021
第四节　相关概念的界定 / 022
一、物权与债权、债务关系 / 022
二、财产权与合同权利 / 023
三、财产权与人身权 / 024
四、*numerus clausus* / 024

第一章　物权类型封闭原则的历史追溯 / 027
第一节　罗马法上存在物权类型封闭原则吗? / 027
一、罗马法上的"诉权"与"权利" / 028

二、对物之诉与对人之诉的区分 / 030
三、重要物权类型及对物之诉类型的扩展 / 031
四、查士丁尼法典化——物权类型及对物之诉扩展的终止 / 037
五、罗马法上存在对物之诉的类型封闭吗？/ 038
第二节 从中世纪到法国大革命——物权类型封闭原则的消亡与重现 / 041
一、中世纪日耳曼习惯法：以持有（Gewere）作为对物之诉的适用标准 / 041
二、注释法学派与后注释法学派时期：双重所有权（duplex dominium）观念的诞生 / 044
三、人文主义与自然法时期：统一所有权观念的产生 / 047
四、自然法和理性法时代："所有权—他物权"结构的巩固 / 050
五、法国大革命废除封建制将导致物权类型封闭原则吗？/ 052
第三节 小结 / 055

第二章 物权类型封闭原则的生成 / 056
第一节 法国民法中的财产权类型及财产权类型封闭原则 / 056
一、法国民法典的形成及其基本结构 / 056
二、法国财产法的术语界定及民法典的财产法结构 / 059
三、法国法中的财产权类型及其演变 / 063
四、法国法上存在财产权类型封闭原则吗？/ 071
第二节 另外两部自然法法典中的物权类型封闭原则 / 077
一、《普鲁士普通邦法》中的物权类型开放主义 / 078
二、《奥地利民法典》中的物权类型封闭原则 / 080
第三节 德国民法中的物权类型及物权类型封闭原则 / 082
一、潘德克顿法学的贡献与《德国民法典》的形成 / 082
二、"物权法的自治性"以及物权类型封闭原则的诞生 / 085
三、德国民法中的物权类型及其变迁 / 090
四、德国物权类型封闭原则面临的危机和挑战 / 102
第四节 瑞士民法中的物权类型及其物权类型封闭原则 / 110
一、瑞士民法中的物权类型简介 / 110
二、瑞士民法中的物权类型封闭原则 / 113

第五节　小结 / 115

第三章　物权类型封闭原则的立法化 / 117
第一节　葡萄牙民法中的物权类型及物权类型封闭原则 / 117
一、1867 年《塞亚布拉法典》中的物权类型及物权类型开放主义 / 117
二、1966 年《葡萄牙民法典》的体例结构变化及物权类型 / 119
三、物权类型封闭原则的立法化：新法典第 1306 条 / 120
四、附论：《澳门民法典》第 1230 条及学说讨论 / 124
第二节　荷兰民法中的物权类型及物权类型封闭原则 / 125
一、1838 年《荷兰民法典》中的物权类型及物权类型开放主义 / 125
二、学术界和司法实务界对物权类型封闭原则的继受 / 127
三、1992 年《荷兰民法典》中的体例结构变化及物权类型 / 130
四、物权类型封闭原则的立法化：新法典第 3:81(1) 款、第 3:83 条、第 3:84(3) 款 / 134
五、物权类型封闭原则的松动及学术界的讨论 / 136
第三节　日本民法中的物权类型及物权法定原则 / 141
一、1890 年《博瓦索纳德民法草案》中的物权类型及物权法定原则 / 141
二、1898 年《日本民法典》中的体例变化及物权类型 / 142
三、东亚法系物权法定原则的诞生：1898 年《日本民法典》第 175 条 / 144
四、严格物权法定原则的缓和：司法实践中对习惯物权的承认 / 146
五、学术界关于物权法定原则缓和的学说以及物权法定原则的危机 / 150
第四节　民国民法中的物权类型及物权法定原则 / 154
一、《大清民律草案》与《民国民律草案》物权类型及物权法定原则 / 154
二、民国初期大理院对习惯物权的态度 / 157
三、东亚法系物权法定原则的再现：《中华民国民法典》第 757 条 / 161
四、严格物权法定原则的缓和：新习惯物权的承认以及学说变化 / 167
五、2009 年“修法”后的物权法定原则 / 174
六、附论：《韩国民法典》中物权类型及物权法定原则 / 179
第五节　小结 / 181

第四章 英美法系的财产权类型封闭原则 / 184
第一节 英美财产法的基本概念及范围 / 186
一、分裂的财产法:“land law”和“personal property law” / 186
二、分裂的财产法:普通法(Common Law)与衡平法(Equity) / 189
三、英美财产法的特殊制度:信托 / 191
四、财产权类型封闭原则的前置问题:财产权与合同权利的区分 / 193
第二节 英国的财产权类型及财产权类型封闭原则 / 197
一、土地上的首要权利:非限嗣继承地产权(fee simple) / 198
二、土地上的用益权利与担保权利 / 210
三、动产上的首要权利、用益权利与担保权利 / 228
四、英国法上存在财产权类型封闭原则吗? / 237
第三节 美国的财产权类型及财产权类型封闭原则 / 251
一、美国法上的财产权类型简述 / 251
二、美国法上存在财产权类型封闭原则吗? / 266
第四节 澳大利亚的财产权类型及财产权类型封闭原则 / 274
一、澳大利亚司法实践中的财产权类型封闭原则 / 274
二、学者对司法实践的质疑 / 278
第五节 财产权类型开放的南非 / 280
一、南非的财产权类型概况 / 281
二、财产权类型开放原则下的登记制度 / 284
三、财产权类型开放下的对人权与对物权的区分标准 / 285
四、财产权类型开放原则的实际效果 / 288
第六节 小结 / 289

第五章 物权类型封闭原则的理论反思 / 292
第一节 前置问题:物权与债权的区分 / 293
一、物权与债权在概念上的差异 / 294
二、所有权与他物权的概念关系:派生与限制 / 297
三、概念与现实的差距:现实真的是这样吗? / 299
四、物权(财产权)的本质 / 305
五、物权(财产权)类型封闭原则的实质 / 311

第二节　封闭还是开放：基于传统法学的分析框架 / 311
一、物权（财产权）类型封闭原则的概念体系合理性 / 312
二、物权（财产权）类型封闭原则的实质合理性 / 323
三、本节归纳 / 336
第三节　封闭还是开放：基于法经济学分析框架 / 337
一、法律经济分析理论的几个基本概念 / 338
二、解释物权（财产权）类型封闭原则的三个经济分析模型 / 340
三、最优标准化理论的改良论与批判论 / 348
四、对三种经济分析模型及衍生观点的分析与回应 / 359
五、附论：物权类型封闭原则的政治分析 / 368
第四节　改采物权自由创设的必要性与可行性 / 370
一、改采物权自由创设的必要性：基于物权（财产权）类型的功能比较 / 370
二、改采物权自由创设的必要性：基于实际制度运行的比较 / 383
三、改采物权自由创设的可行性 / 392
第五节　小结 / 397

第六章　中国语境下的物权法定原则 / 399
第一节　中国物权类型体系 / 401
一、狭义法律中的物权类型 / 401
二、狭义法律以外的“物权”类型 / 414
三、双轨物权形成机制下的多元物权法源 / 433
第二节　物权法定原则的解释论与立法论 / 435
一、从解释论角度审视我国的物权法定原则 / 436
二、未来民法典的立法选择 / 450
三、规范表达与相关制度设计 / 461
第三节　小结 / 465

结　论 / 467

参考文献 / 472

后　记 / 492

导　论

第一节　本书选题及其研究意义

一、问题的提出

物权法定原则或物权法定主义，[1] 在我国学者的著作中，大体上是指物权的种类和内容必须由法律明确规定，不允许当事人自由创设。[2] 这一原则与物权效力绝对原则、物权客体特定原则、物权变动的公示原则一道，共同构成了物权法的基础原则。部分大陆法系国家和地区还明确将物权法定原则明文规定在民法典之中，例如《日本民法典》第 175 条、《韩国民法典》第 185 条以及我国台湾地区“中华民国民法典”第 757

[1] “物权法定原则”与“物权法定主义”两个名词经常在法学文献中混用，应该属于同义词，但就何者较为恰当的问题，王泽鉴教授认为采用“物权法定原则”一词较为恰当，因为物权法定主义一词多少寓有教条化之含义，似过于僵化。可参见王文宇：《民商法理论与经济分析（二）》，中国政法大学出版社 2003 年版，第 3 页，注释 1。

[2] 梁慧星、陈华彬：《物权法》（第 4 版），法律出版社 2007 年版，第 44 页；孙宪忠：《中国物权法总论》（第 2 版），法律出版社 2009 年版，第 234 页；王利明：《物权法研究》（上卷），中国人民大学出版社 2007 年版，第 158 页；陈华彬：《民法物权论》，中国法制出版社 2010 年版，第 85 页；崔建远编著：《物权法》，清华大学出版社 2008 年版，第 18 页；王泽鉴：《民法物权：通则 · 所有权》，中国政法大学出版社 2001 年版，第 46 页；谢在全：《民法物权论》（上册），中国政法大学出版社 2011 年版，第 34 页。

条。长期以来，物权法定原则基本上被视为物权法的典型特征，与债法领域中通行的契约自由原则形成了鲜明的对比，但进入20世纪末以来，国内外法学界开始对物权法定原则的合理性进行全面反思，其在物权法领域中的基础地位似乎已经开始出现了松动。

自20世纪90年代末以来，物权法定原则就成为我国民法学者讨论的热点问题。在物权立法过程中，民法学界就我国物权法是否采纳物权法定原则展开了激烈的争论，主要分为物权法定严格说、物权法定废弃说（物权自由说）以及物权法定缓和说，各派学者运用概念分析、比较法、经济分析等方法论证己方观点。学术界的争论在一定程度上也影响了立法过程，虽然人民大学和中国社会科学院提交的两个物权法学者建议稿草案均赞同物权法定原则，并且全国人大前四次物权法审议稿均坚持了严格的物权法定原则，但2006年8月和10月的物权法第五次审议稿第3条和第六次审议稿第5条却出现了"物权的种类和内容，由法律规定；法律未作规定的，符合物权特征的权利，视为物权"的规定。虽然在立法过程中出现了这样的波折，但物权法第七次审议稿却又回到了最严格的物权法定立场上来，这一立场最后贯彻到了《中华人民共和国物权法》（以下简称《物权法》）第5条的"物权的种类和内容，由法律规定"中。《物权法》虽然表明了立场，但立法决断终究不能替代法学研究，在我国有关物权法定原则的学理讨论并未因为《物权法》的颁布而平息，相反因《物权法》的确定立场而继续发展深化，除了继续对物权法定原则进行立法论的检讨之外，为了助力司法实践，学术界也开始出现对《物权法》第5条的解释论的探讨。2016年12月，"物权的种类与内容，由法律规定"的表述又悄然出现在《民法总则（草案）》第三次审议稿第115条中，并波澜不惊地成为《中华人民共和国民法总则》（以下简称《民法总则》）第116条。换言之，立法者将《物权法》第5条原封不动地移入了《民法总则》"民事权利"一章之中。2018年8月的民法典物权编草案一审稿和2019年4月的民法典物权编草案二审稿，都未对物权法定原则做出补充规定。从上述情况来看，立法者似乎认为《物权法》第5条的规定已经至为妥当，无需再改，并没有充分重视《物权法》颁布以来学术界对此问题的研究。事实上，当前中国民法关于物权法定原则的法律条文，在体系位置和规范表达上均存在可议之处，学术界围绕物权法定原则展开的立法论和解释论争议亦未尘埃落定。因此，我们仍然有必要对物权法定原则进行全面深入的反思，以期为民法典物权编的完善提供一个较为圆满的指引。考虑到物权法定原则在理论上和立法、司法实践中的重大影响，本书将物权法定原则作为研究对象，对其进行系统性的研讨。

二、选题的理论意义及实践价值

（一）选题的理论意义

对物权法定原则的探讨，具有重要的理论意义。第一，物权法定原则不仅涉及物权法本身，还牵涉民法中一个至关重要的基础命题，即物权的本质、物权与债权区分应该如何被认识的问题，而物权与债权的划分又关涉民法如何规制财产关系，涉及对物权法自治性观念的认识，进而影响到我国未来民法典体系结构。第二，物权法定原则在大陆法系国家中是得到普遍承认的原则，但这一原则是否也在英美法系国家存在尚存疑问，对这一问题的研究具有重要的比较法研究价值，通过对英美法系国家财产法体系的研究，也有助于我们认识物权法定原则的实质意义。第三，民法作为私法的基本法，以私法自治为基本价值取向，而物权法定原则使物权法中的大部分规范成为强制性规范，限制了当事人之间创设物权的形成自由，与合同法领域内的契约自由形成了鲜明对比，可以说是私法领域中的异类，因此物权法定原则是否具有价值上的正当性也值得反思。第四，一国的财产法（物权法）制度与该国的社会、历史、政治背景密切相关，物权法定原则作为重要的物权法原则也是特定历史背景下的产物，在不同国家和不同历史时期具有不同的表现，对其进行研究，也能够帮助我们理解财产法与社会历史政治之间的关系。第五，对物权法定原则的探讨，也涉及民法的法律渊源问题、立法与司法分权、法律解释与法律续造问题，因此极富法理上的或者说法政策上的深度论辩价值。

（二）选题的实践价值

对物权法定原则的探讨，在我国也具有重要的实践价值。第一，在物权法定的框架下，我国形成了一个封闭的物权体系，处于这一封闭清单中的物权类型到底有哪些，各物权类型的具体内容如何界定，这一封闭的物权清单是否能够满足现实需要，应该得到反思。第二，在司法实践中，法院如何适用《物权法》第5条，为满足社会发展的现实需要，物权法定之“法”能否包括司法解释、行政法规等广义的法律渊源，法院能否以司法解释的形式承认习惯物权，可否通过类推适用，将调整法律明确列举的物权的法律规范适用于实践中形成的物权，这些问题都急需得到回答。第三，现实中可进行登记的权利类型并非仅仅是物权，部分债权也具有可公示性和可登记性,这在一定程度上也会影响到我国权利登记制度的设计。第四,与许多大陆法系国家一样,我国也引入了英美法中的信托制度,该制度在现实运行中不可避免地会导致所有权权能的各种功能性分割,实际上是承认了当事人之间的约定具有对抗第三人的效力,如何协调信托法与物权法的关系,我国现行《信托法》实际上是采纳了模糊处理的态度,并没有提出明确的解决方案。第五,我国是以公有制为经济基础的国家,在不动产领域,所有的土地都归于国家或集体所有,在实行市场经济的情况下,就存在"公有私用"的问题,在这一特殊背景下,物权法定原则是否具与其他国家不同的特殊意义,也值得我们关注。第六,我国目前仍然处于快速转型时期,各地经济发展程度差异较大,而我国的立法政策往往是"成熟什么,制定什么",现有的物权类型往往是对前阶段改革成果的确认,政府改革政策、各地的制度创新、交易实践都可能在不断突破现有的法定物权类型,这在农村集体土地领域表现得尤为明显,物权法定原则对社会发展所起到的作用究竟如何,如何在转型社会中对其进行调试,也具有重大的实践意义。第七,目前,我国正在制定民法典,未来民法典对物权法定原则采取何种态度,采用何种规范表达,相关制度如何安排,也需要做通盘考虑。

第二节 国内外研究现状

一、国内研究状况

(一)整体概况

自20世纪90年代中期以来,我国学者开始对物权法定原则进行持续性的研究,至今已有近20年,积累了较为丰富的研究成果。据笔者根据中国知网的初步统计,目前我国大陆地区较为重要的专门研究物权法定原则的论文有70余篇,[1]以"物权法定"为标题的博士论文1篇。[2] 从这些学术成果的分布时间来看,20世纪90年代末学术成果的数量较为稀少,但随着物权法立法工作的开展,从2001年到2005年,关于物权法定原则的论文数量开始增加,并在2006年和

[1] 可参见本书参考文献部分。
[2] 李遐桢:《物权法定下地役权的困惑》,中国政法大学2008年博士学位论文。

2007 年到达了高峰,2007 年《物权法》颁布后,学者们对物权法定原则的研究热情有所下降,但在每年的法学核心期刊上仍然能看到以物权法定原则为主题的论文。近两年来,伴随着民法典编纂的重启,关于物权法定原则的论文数量有所增加。从整体研究状况来看,在《物权法》颁布之前,我国学者对物权法定原则的讨论主要是应景式的立法论研究,急于为立法机关出谋划策,表明学术立场,形成了物权法定严格说、物权法定废弃说以及物权法定缓和说三种主要学说,但学者们对物权法定原则的理论基础、前置性问题研究不够,对外国法的情况虽有涉及,但把握未必准确。立法决断不能代替法学研究,我国有关物权法定原则的学理讨论并未因为《物权法》的颁布而停止,相反却因《物权法》的确定立场而继续发展深化。立法过程的喧嚣之后,部分学者开始深入研究所有权绝对观念、物债二分、物权法的自治性这些物权法定原则的前置性理论问题,详细考察物权法定原则在各国物权法(财产法)中的体现形态,也有部分学者在《物权法》颁布后,转向了解释论的研究,关注司法实践中《物权法》第 5 条的具体适用问题。

(二)主要观点及其代表人物

就我国物权法是否应当采纳物权法定原则,目前主要形成了物权法定严格说、物权法定缓和说以及物权法定废弃说三种学说。

1. 物权法定严格说

持物权法定严格说的学者认为物权的种类和内容应当由全国人大通过的法律进行规定,行政法规、地方性法规、司法解释、习惯法、当事人的约定均不能创设物权或改变物权的内容。持这种观点的学者以孙宪忠教授、尹田教授为代表。

孙宪忠教授认为,物权法定原则是罗马法以来各国均遵守的原则,强调物权法定中的“法”仅仅指民法典的物权编以及其他的法律,民法、物权法中规定的物权是典型物权,特别法中的物权类型为准物权,部门规章、地方性立法不享有创设物权类型或确定物权内容的权利。孙宪忠教授为物权法定原则提出的论证理由主要有三点:第一,物权具有排他性特性,是民事权利中效力最强的权利,所以必须是社会公认的权利,而不是当事人私自认定的权利;第二,财产支配关系是一个社会存在和发展的基础,各国政治经济文化对物权法有重大影响,在各国政治制度、经济制度有所差异的情况下,所确立的物权种类和类型自然有所不同,因此采纳物权法定原则是各国法律发展的必然;第三,物权作为一种交易交换的对象,其含义在一国法律领域内必须统一,为了给社会中的交易行为提供统一法律基础,就必须采纳物权法定原则。[1] 在孙宪忠教授起草的物权法专家建议稿草案中,也体现了上述严格坚持物权法定的观点,但就《物权法》颁布之前就存在的物权关系,其认为应该遵循“不溯及既往”原则,即“本法施行前依原来的物权法规设定的物权,至原设定期限届满之前有效”。[2]

尹田教授也采取物权法定严格说,他认为物权种类和内容法定意味着物权创设的法定,主要有三个理由:第一,反封建、整理旧物权,防止旧物权复辟;第二,物权法定原则是维系国家经济制度的需要;第三,物权法定便于公示,能够保障交易安全,降低交易成本。[3] 尹田教授反对习惯产生物权的说法,认为在没有制定法的情况下,习惯无法实现对物权的有效公示,同时公示技术的发展可能导致法定物权范围的扩展,未必导致物权法定原则的废弃。对于物权法定与私法自治的关系,尹田教授认为,物权法定原则并没有背离私法自治,物权法定原则的目的是权利保护,而非权利限制,而且该原则没有限制当事人对权利的选择自由,也没有剥夺当事人的行为自由。[4] 与尹田教授观念基本相同的还有洪海林教授。[5]

陈本寒教授明确坚持物权法定严格说,并对物权法定废弃说提出了批评。他认为,物权法定原则的内在根源是物权的支配性与排他性,其产生的前提条件是物权与债权的二分。就物权法定废弃说所提出的以公示原则代替物权法定原则的建议,陈本寒教授认为,以公示制度取代物权法定原则的做法无论在理论上还是在实践中都存在重大缺陷,物权法定原则与公示制度之间是“体”与“用”的关系,先有立法者对物权性质的认定,才有对此类权利的公示,公示制度为物权法定原则提供了技术支撑,即使已经建立了完备的公示制度,物权法定原则仍然不能废除。同时,陈本寒教授反对法官在司法实务中认定法律未确认的物权类型,物权类型法定所带来的僵化,应该通过及时修改法律来解决。[6]

---

[1] 孙宪忠:《中国物权法总论》(第2版),法律出版社2009年版,第234~236页。

[2] 梁慧星等:《中国物权法草案建议稿附理由》(第2版),社会科学文献出版社2007年版,第92~95页。

[3] 尹田:《论物权法定原则的解释及其根据》,载《河南政法管理干部学院学报》2002年第4期,第20~27页。

[4] 尹田:《物权法定原则批判之思考》,载《法学杂志》2004年第6期,第8~11页。

[5] 洪海林:《物权法定主义研究》,载《现代法学》2003年第3期,第60~66页。

[6] 陈本寒:《也论物权法定原则——兼评物权法第5条》,载《法学评论》2009年第4期,第32~37页。

2. 物权法定缓和说

持物权法定缓和说的学者认为，在物债二分的民法体系下，应当坚持物权法定原则，但对其应当进行一定程度的缓和。我国民法学界赞同物权法定缓和说的人较多，主要以梁慧星教授、王利明教授、崔建远教授、龙卫球教授、杨立新教授为代表。这一观点在物权法立法中作为立法论出现，在《物权法》颁布后，又以解释论的形式继续存在。但就物权法定原则具体应该如何缓和，学者们的观点并不一致：他们或主张对法律所承认的物权内容进行扩张解释，将新的权利类型纳入既有的物权类型；或主张扩大物权法定之"法"的外延；或主张允许法院承认物权性权利；或主张将部分与不动产物权相关的债务关系纳入登记。

梁慧星教授对物权法定原则的见解应该归入物权法定缓和说，虽然其在物权法立法过程中严厉批判物权法定废弃说，最终导致我国《物权法》第5条重归最保守的立场。除了赞成上述物权法定严格说提出的理由之外，梁慧星教授特别强调，物权法定原则对于维护国家主权的重要意义：国家立法机关借此确认国家所认可的物权，排除国家不予认可的物权，如果采用物权自由说，将导致外国的物权制度在中国发展，危害中国的立法主权和法律制度。[1] 虽然梁慧星教授对物权法定废弃说提出了严厉的批评，但他仍然认识到严守物权法定原则将导致法律与社会需要脱节，因而赞成台湾学者谢在全主张的物权法定缓和说，即社会惯行上新产生的"物权"，倘若与物权的绝对支配性和保护的绝对性既不相悖，同时也有适当的公示方法，以及社会上确有其存在的必要与需要时，即应肯定它与物权法定主义的旨趣无违，进而也就应当通过从宽解释物权法定主义予以接纳。[2] 陈华彬教授的观点与梁慧星教授相同，也认为在坚持物权法定主义的同时，为适应社会发展变迁的需要，应该对物权法定主义进行扩大解释，对于社会惯行中产生的物权，如明确合理，不违反物权法定主义之本旨，且有一定的公示方法时，应综合及实质地从严判断，采物权法定主义扩大解释的方法，解释为非新种类的物权。[3]

王利明教授认为，确认物权法定原则具有必要性：第一，基本财产权利反映

---

〔1〕 梁慧星：《物权法草案第六次审议稿的若干问题》，载《比较法研究》2007年第1期，第1～21页。

〔2〕 梁慧星、陈华彬：《物权法》（第4版），法律出版社2007年版，第48～49页。

〔3〕 陈华彬：《民法物权论》，中国法制出版社2010年版，第92～93页。

了国家所有制关系,如果允许随意创设,将会对我国的基本经济制度造成妨害;第二,物权法定原则便于物权公示的进行,维护交易安全;第三,物权法定原则能够实现财产权的标准化,节省交易成本;第四,物权法定原则有助于我国建构物权体系,完善物权制度。同时,王利明教授采取扩张物权法定原则之“法”的范围的办法,来缓和物权法定原则的僵化:他认为物权法定之“法”原则上应该是指法律,在获得全国人大授权时,行政法规也可以创设物权,但规章和地方性法规不宜规定物权的类型及内容;司法解释应当具有物权创设的功能;但王利明教授明确反对习惯法成为创设物权的渊源,理由是习惯法缺乏合理的界定标准,合理性难以判断,影响交易安全。[1] 在王利明教授主持的物权法草案建议稿中,也体现了上述观点,该草案第3条第3款承认依法规、司法解释而形成的物权。[2]

崔建远教授也反对物权法定废弃说的观点,他认为,如果否定物权法定主义,放任当事人创设物权的种类和内容,物权的公示和负责该物权公示的部门就成为了问题。对于物权法定的缓和,崔建远教授认为应该通过两个路径进行,其一是根据全国人大的授权,物权法定之“法”可以扩及行政法规;其二是对于习惯物权,可以由司法解释加以承认。[3] 在没有法律依据时,符合党的政策的,应该承认为物权。[4]

龙卫球教授也是物权法定缓和论者。他认为,他物权与债的关系具有重大的区别,债权关系体现的仅仅是单纯的交易功能,而他物权体现的是物的利用与社会再分配的兼顾,所有权与他物权的组合体现了私人自由导向亦兼顾物的社会配置的财产结构,为维持这一财产结构,物权法定原则是必要的,但可以通过引入概括性物权、开放分管契约登记、物权法定的法律概念扩张等方法适度弱化物权法定,以使其能够解释更多的规范实践和发展空间。[5]

杨立新教授认为物权法定原则的缓和能够有效解决现实中存在的非法定物权问题,最高法院可以通过司法解释的方法对非法定物权进行调整,同时应当承

---

〔1〕 王利明:《物权法定原则》,载《北方法学》2007年第1期,第5~21页。

〔2〕 王利明主编:《中国物权法草案建议稿及说明》,中国法制出版社2001年版,第2~3页。

〔3〕 崔建远:《物权法定主义及物权种类》,载《人民法院报》2005年7月20日,第B01版。

〔4〕 崔建远:《我国物权法应该选取的结构原则》,载《法制与社会发展》1995年第3期,第24~32页。

〔5〕 龙卫球:《物权法定原则之辩——一种兼顾财产正义的自由论视角》,载《比较法研究》2010年第6期,第18~37页。

认现实中逐渐形成的习惯法物权。[1] 杨立新教授通过对司法实践的总结，认为我国现在已经形成了“后让与担保”这种新型习惯法物权。[2] 他主张，未来民法典物权编应该规定物权法定缓和，可采用物权法草案第五次审议稿和第六次审议稿的表述“法律未作规定的，符合物权特征的权利，视为物权”，只要新出现的权利或当事人约定的内容符合《民法总则》第114条第2款的物权定义，即可认定为新型物权或物权内容。[3] 但这种态度已经实质上倒向了物权法定废弃说了。

张志坡也持物权法定缓和观点，他认为“法律”具有多义性，为物权法定缓和提供了可能的空间，物权法定之“法”可以包括行政法规和司法解释，但不包括习惯法。张志坡的创新之处在于提出了物权法定缓和的边界，即法院认定的物权性权利须满足事实标准（具有支配性或排他性）、形式标准（具有公示方法）、实质标准（满足分配正义的要求）、必要性标准（多次或反复出现）和排除性标准（不严重影响所有权的自由转让）。[4]

3. 物权法定废弃说

持物权法定废弃说的学者认为，支持物权法定原则的各项理由在当今社会都难以成立，因此应当放弃物权法定原则，承认当事人可以进行自由地物权创设。从现有的文献来看，持物权法定废弃说的学者对物权法定原则的研究深度远远超过持物权法定严格说和物权法定缓和说的学者，其中以苏永钦、张鹏、常鹏翱、刘正峰、杨代雄为代表。

我国台湾学者苏永钦是赞成物权法定废弃说的旗帜性人物，他从20世纪90年代就开始对物权法定原则进行系统性地反思。[5] 在2000年以后，以台湾地区民法典物权编修订和大陆地区物权法制定为契机，苏永钦教授开始在两岸积极呼吁废弃物权法定原则。他提出物权法定废弃论的理由：第一，物权与债权都是

---

〔1〕 杨立新：《物权法定原则缓和与非法定物权》，载《法学论坛》2007年第1期，第11~13页。

〔2〕 杨立新：《后让与担保——一个正在形成的习惯法担保物权》，载《中国法学》2013年第3期，第74~84页。

〔3〕 杨立新：《民法分则物权编应当规定物权法定缓和原则》，载《清华法学》2017年第2期，第14~27页。

〔4〕 张志坡：《物权法定缓和的可能性及其边界》，载《比较法研究》2017年第1期，第157~169页。

〔5〕 苏永钦：《物权法定主义的再思考——从民事财产法的发展与经济观点分析》，载《私法自治中的经济理性》，中国人民大学出版社2004年版，第84~120页。此文原载于《经济论文丛刊》1991年第19卷第2期，第219~257页。

一种财产关系，两者的区别在于，物权实际上是“一种物或权利上的关系定分权”，是对整体财产关系中的部分进行切割，债权与整体财产关系处于牵连关系，而物权则与原整体关系相对独立而并存；第二，对于物权法定保障交易安全的问题，苏永钦认为，只要物权设定的内容对于后手交易者有认知的可能性，在难以认知的情况下，给予善意保护，即可保护交易安全；第三，对于物权法定保障一般人的行为自由的问题，他认为，创设的物权效力必然小于所有权的效力，因此不会对一般人的行为自由构成限制；第四，权利类型的标准化并不一定导致权利类型的法定化，在现代社会合适的物权类型很多的情况下，通过法定化保障标准化没有必要，只要公示制度的效能足够高，那么就可以废弃物权法定，改采物权自由。对于废弃物权法定后的民法体例，苏永钦认为，应当以可登记与不可登记二分法作为未来财产法的主干，不可登记财产仍然有物权法定原则的适用，可登记财产应改采自由创设原则，物权单独成编已无必要，应当以财产关系统合债权与物权，即以所有权为产权秩序的出发点，然后规定形成相对关系和终局定分的契约，把诚信原则引申出的情势变更、定型化契约控制和不当得利，作为一般的衡平制度；至于侵权行为和合法行为所生的赔偿和补偿责任，则应该单独成编，称之为民事责任。[1]

常鹏翱教授也认为应该采取物权自由创设主义，他对物权法定原则的否定主要从三个方面进行论证：第一，物权法定原则本身的内涵难以把握，物权类型虽然经过概念化的处理，但仍然具有不确定性；第二，在物权绝对性的前提下，物权难以像债权那样自由，是因为公示的形式和效能非常有限，但在现行物权法体系中，公示决定法定的逻辑被颠倒，因此私法自治实际上受到了双重干预，公示形式和公示事项的多元化必然会导致物债二分的模糊，最终也会导致物权法定的松动；第三，民法体系应该是开放的，其法源包括制定法、习惯法、法理、法官造法等，而物权法的渊源却仅仅限于“法律”，因此是体系悖论。作者提出，在物权自由的前提下，应当以公示作为物权和债权的区分标准；物权法仍然有必要规定典型的有名物权，并认可当事人创设其他

---

〔1〕 苏永钦：《物权法定主义松动下的民事财产权体系——再探中华人民共和国民法典的可能性》，载《厦门大学法律评论》(2004 年第 8 辑)，厦门大学出版社 2004 年版，第 1 ~ 42 页；苏永钦：《可登记财产利益的交易自由——从两岸民事法制的观点看物权法定原则松绑的界限》，载《南京大学法律评论》(2010 年秋季卷)，法律出版社 2010 年版，第 16 ~ 44 页。

无名物权；在高效的公示系统能够准确再现权利内容的情况下，该权利就能凭借公示而产生对世性，至于是所有权还是他物权，都不过是抽象的名称而已。[1]

张鹏教授对物权法定原则进行了系统性批判，他认为我国学者提出的支持物权法定的七个著名理由均站不住脚，[2]同时物权法定缓和的五种途径也不合理或缺少实际操作意义，[3]因此主张采用物权自由创设主义，因此他非常赞成我国物权法草案第5稿和第6稿对物权法定原则的否定，并提出了物权自由创设主义之下的具体制度设计，即不动产物权依登记生效主义自由创设，动产物权依登记对抗主义自由创设。[4] 刘正峰教授也认为应该采取物权自由创设主义，但在具体制度设计上，他认为自由创设无名物权应该仅限于以登记为公示方法的动产与不动产，其他物上不能设定能产生物权效力的无名物权。[5] 杨代雄教授也赞同物权自由主义，对于法律没有规定的对物支配权，只要能够适当公示，就应该认定为物权。[6]

在持物权法定原则废弃说的学者当中，也有人持较为折中的观点，即认为部分物权应该严守物权法定，部分物权则应该实行自由创设原则。梁上上教授即持此种观点，他将物权区分为基础性物权和功能性物权：基础性物权的目的是确

---

〔1〕 常鹏翱：《体系化视角中的物权法定》，载《法学研究》2006年第5期，第3～16页；常鹏翱：《物权法定原则的法律适用——中国法律经验的总结与评析》，载《浙江工商大学学报》2008年第3期，第26～33页。

〔2〕 即充分发挥物之价值的需要；防止因物权绝对性而损害社会公益以及第三人利益的需要；维护交易安全、便捷的需要；便于公示的技术需要；国家建立合理的物权体系的需要；保障合同自由的需要；物权与债权的分离与对立。可参见张鹏：《物权法定主义研究——兼论物权自由创设主义之合理性》，载《国际法与比较法论丛》（第15辑），中国方正出版社2005年版，第590～660页。

〔3〕 即物权种类法定，但物权内容可以由当事人自由设立；司法过程中采取变通措施，承认新型物权种类或内容；扩大"法"的外延，授权其他规范性文件承认新型物权种类和内容；承认民法典颁布以前已为习惯所认可的旧物权；赋予社会中已经形成习惯的物权形式以物权效力。可参见张鹏：《物权法定原则的肯定与否定——评物权法草案对物权法定原则的新近修改》，载《法学》2006年第12期，第12～23页。

〔4〕 张鹏：《物权法定原则的肯定与否定——评物权法草案对物权法定原则的新近修改》，载《法学》2006年第12期，第12～23页；张鹏：《否定物权法定主义建议——兼谈中国物权法的立法选择》，载《月旦民商法杂志》2005年第8期，第143～159页。

〔5〕 刘正峰：《论无名物权的物权法保护——从对物权法定原则的检讨展开》，载《法商研究》2006年第2期，第9～16页；刘正峰：《物权平等理念及其制度构建——对物权法定主义的进一步检讨》，载《南京大学学报》（社会科学版）2009年第3期，第124～132页。

〔6〕 杨代雄：《物权法定原则批判——兼评中华人民共和国物权法第5条》，载《法制与社会发展》2007年第4期，第20～31页。

立物的归属和占用秩序，包括所有权和用益物权，应当保持稳定，因此应该法定；功能性物权的目的是发挥物的交换价值，主要是指担保物权，应当允许自由创设，只要实现权利时该权利种类和内容可以确定，并具有相应的公示方法，就可以认定为物权。[1]

值得注意的是，在我国《物权法》颁布后，部分持物权法定废弃论的学者的立场有所缓和。例如，原本主张物权自由的学者杨代雄转向了物权法定缓和说，主张运用法律解释的方法，扩展物权保护的范围，矫正物权法定原则带来的弊端，例如以扩张解释《物权法》第223条第6项的"应收账款"，使之能够涵盖"一般债权"，从而实现一般债权质权的普遍承认。[2]

常鹏翱教授在《物权法》颁布后，转向了对《物权法》第5条的解释论研究。他认为，从文义解释、体系解释和目的解释三个方面来看，物权法定原则的适用对象仅仅是指物权的种类和物权的内容，而不包括物权变动、物权效力以及物权公示等内容；对于现实中新生的权利，他认为应该通过类推适用或扩张、限缩解释物权的内容规范，使新生的权利能够成为物权。[3] 对于物权法定之"法"，常鹏翱教授认为，除了狭义法律外，还可以包括对狭义法律进行解释的行政法规、地方性法规、单行条例、地方政府规章、部门规章以及司法解释，同时还包括符合一定条件的习惯和党的政策。[4] 这种观点实际上已经倒向了物权法定缓和说。除此之外，常鹏翱教授对物权法定缓和或松动的思考已经深入了不动产登记制度的具体设计层面，他认为可登记的财产权是多元化的，不动产物权是其主干，除此之外还应当包括与不动产物权紧密相关的债权，但何种类型的债权可以纳入不动产登记簿，仍然要有法律等规范性法律文件的明确规定为前提。在这种情况下，不动产登记簿的编制方式、簿页栏目等设计要有针对性地适度调试。[5]

张鹏教授对物权法定原则的态度也有所缓和，他认为：在物权和债权的区分本身不周延的情况下，物权法定原则实际上发挥着区分物权和债权的实际标准

---

[1] 梁上上：《物权法定主义：在自由与强制之间》，载《法学研究》2003年第3期，第43～57页。

[2] 杨代雄：《法律解释与物权法定原则的矫正——以一般债权质权的普遍承认为范例》，载《月旦民商法》2010年第30期，第64～80页。

[3] 常鹏翱：《物权法定原则的适用对象》，载《法学》2014年第3期，第87～94页。

[4] 常鹏翱：《多元的物权法源及其适用规律》，载《法学研究》2014年第4期，第114～137页。

[5] 常鹏翱：《论可登记财产权的多元化》，载《现代法学》2016年第6期，第45～62页。

的功能；此外，物权法定原则还承担着整理封建物权，确立自由、独立的“绝对所有权”观念的法政策功能；在物债二分的背景下，物权法定规范的重心其实不在于物权的种类和内容，而在于绝对权的法定，即具有对抗第三人效力的权利必须限于法律规定。在维持物债二分的体系结构的前提下，张鹏教授提出了“物权”开放创设的思路：维持物权法定原则，法定物权以外的权利，原则上为债权；就特定物债权而言，张鹏教授认为应该开放债权登记，请求权、支配权、形成权、处分限制经登记后都可以取得对抗第三人的绝对效力；就动产而言，在动产登记公示制度完善之前，可以维持物权法定原则。[1] 但从上述思路来看，张鹏教授所主张的开放特定物债权登记，在实际效果上与实行物权自由创设无异，因此，他只是在表面上维持物权法定，实际上仍然暗度陈仓地坚持物权自由创设。

（三）其他

除了上述三种主要观点外，国内还有部分学者从某些特定视角或运用特定方法对物权法定原则进行研究。

就中国公有制的特殊国情与物权法定原则的关系，学者们也提出了不同的看法，苏永钦教授认为，在土地公有的情况下，因为卖方独占缺少竞争，交易缺乏效率，更需要让土地上“公有私用”的类型自由化，同时也可以允许地方政府或集体所有人创设新品种的土地权利。[2] 大陆学者李富成则提出了完全相反的看法，他认为，在“公有私用”的背景下，如果在一级市场上放开物权自由，则会导致公共权力部门或集体财产管理人在公有财产“上市”的时候获得更多上下其手的空间，在二级市场上放开物权自由则可能形成新封建问题。[3]

部分学者也开始运用经济分析的方法对物权法定原则进行研究，但最后得出的结论存在差异。苏永钦认为，在公示效能提高，标准化财产类型的数量增加的情况下，采取物权自由创设，将标准化的任务交给民间可能更符合效率。[4] 台湾学者简资修在对物权外部性进行分析后，也持与苏永钦相同的观点。[5] 与此

[1] 张鹏：《物债二分体系下的物权法定》，载《中国法学》2013 年第 6 期，第 67 ~ 78 页。

[2] 苏永钦：《物权法定还是物权自由——在土地国有的情况下对于私用的权利类型应该是更开放还是更限制？》，中国人民大学“民商法前沿　私法论坛”讲座记录，2005 年 12 月 2 日。

[3] 李富成：《中国语境中的物权法定问题》，载《比较法研究》2007 年第 2 期，第 55 ~ 64 页。

[4] 苏永钦：《物权法定主义松动下的民事财产权体系——再探中华人民共和国民法典的可能性》，载《厦门大学法律评论》（2004 年第 8 辑），厦门大学出版社 2004 年版，第 1 ~ 42 页。

[5] 简资修：《物权外部性问题》，载《中研院法学期刊》2011 年第 8 期，第 227 ~ 257 页。

相反,我国大陆学者刘辉运用经济分析方法后,则认为物权法定原则是符合经济效率的,因为它能够有效地减少当事人进行交易活动所需付出的信息成本从而促进交易的顺利进行。[1] 学者郭雪军的观点与刘辉相同,也认为物权法定所导致的强制标准化能够较低外部信息成本,符合经济效率要求。[2] 学者张巍则持折中的观点,他认为,推翻物权法定不是降低挫折成本的唯一办法,信息成本的外部化也不必然否定物权自由。[3]

另外,对于英美法系是否存在物权法定原则的问题,我国学者的观点并不一致,研究也不深入:部分学者肯定美国和英国均存在物权法定原则,[4] 部分学者对此则持否定观点。[5] 也有学者对地役权与物权法定原则的关系进行了研究,认为地役权的内容弹性可以缓和物权法定原则的僵化。[6] 除此之外,物权法定原则与信托的关系是否存在冲突,如何调适两者的关系,也引起了学者们的关注。[7]

二、国外研究状况

近二十年来,物权法定原则在欧洲和美国也是财产法学者讨论的热点问题,与中国民法学界对物权法定原则的探讨发生在同一时期,可算得上是一种巧合。

(一)欧洲学者的研究状况

欧洲学者近年来对物权法定原则(*numerus clausus*)[8] 的探讨也很多,除了

---

〔1〕 刘辉:《物权法定原则的经济分析》,载《民商法论丛》(第33卷),法律出版社2005年版,第8~29页。

〔2〕 郭雪军:《从联邦通讯委员会看物权法定》,载《法学论坛》2009年第5期,第139~144页。

〔3〕 张巍:《物权法定与物权自由的经济分析》,载《中国社会科学》2006年第4期,第40~55页。

〔4〕 张鹏:《美国法上的物权法定原则》,载《法学》2003年第10期,第108~118页;刘红兵:《英国法上物权法定原则之考察》,载《河北法学》2013年第11期,第138~143页。

〔5〕 马俊驹、梅夏英:《财产权制度的历史评析和现实思考》,载《中国社会科学》1999年第1期,第90~105页;谢哲胜:《中国大陆物权法制的立法建议——兼评王利明教授物权法草案建议稿》,载《财产法专题研究》(第3册),中国人民大学出版社2004年版,第122页。

〔6〕 刘乃忠:《论地役权对物权法定原则漏洞的补充》,载《武汉大学学报》(社会科学版)2001年第3期,第288~292页;李益民:《论地役权对物权法定原则之补充》,载《河北法学》2006年第2期,第84~88页;张翔:《论支配利益的多样性与物权法定主义之协调——以罗马法役权制度为角度》,载《河北法学》2006年第2期,第76~79页;张鹤:《我国物权法定原则与地役权:宏观法定与微观意定之融合》,载《法学杂志》2007年第6期,第43~46页。

〔7〕 郑瑞琨:《信托法与物权法定原则的冲突及其解决》,载《政法论坛》2007年第4期,第78~87页;王涌:《论信托法与物权法的关系——信托法在民法法系中的问题》2008年第6期,第93~101页。

〔8〕 国内学者多将"*numerus clausus*"译为"物权法定",此处姑且从之,这种翻译究竟是否恰当,仍然值得检讨,后文将对此进行详细探讨。

对本国法律的状况进行检讨外,他们的问题意识实际上是欧洲财产法的统一问题。虽然大陆法系和普通法系在合同法和侵权法领域表现出了越来越多的一致性,但在财产法领域,两大法系仍然存在巨大的差异,这些差异往往是不同的历史发展所造成的,但随着欧洲经济一体化的发展,财产法的统一也是不可避免的,特别是在担保法领域。[1] 目前由学者起草的《欧洲民法典共同参考框架草案(DCFR)》也仅仅包括债法部分(合同法、损害他人的合同外责任、不当得利法、无因管理法)和财产法中的动产法和信托法,不动产法并没有包括在内,[2] 也没有明确表态是否采纳物权法定原则,而是采取了援引国内法的做法。[3] 为促成欧盟内部财产法的统一,许多欧洲民法学者开始着手研究各国财产法,而作为财产法(物权法)的结构原则的物权法定原则就成为首要问题,即物权法定原则是否是一项各国都普遍承认的原则,它在各国财产法中的表现样态如何,未来的欧洲的统一财产法是否应该采纳。对于这个问题,欧洲学者基本上都是采取比较和历史的方法来进行研究,既有专门研究本国法中的物权法定原则的,[4] 也有对欧洲法未来是否采取这一原则进行研究。[5] 这些学者对物权法定原则的态度也不一致:

荷兰学者斯特鲁肯(Struycken)就认为应该坚持物权法定原则,他主要强调物权法定原则与潘德克顿体系的内在联系,在这一体系下,物权法定原则具有维持债法与物权法区分的功能,决定了物权法的适用范围,同时维持了立法机关的物权法领域内的首要立法地位,采用物权自由对物权法制度会产生巨大和不可

---

[1] Sjef van Erp, *Civil and Common Law: Caveat Comparator-The Value of Legal Historical-Comparative Analysis*, European Review of Private Law, 3 - 2003, p. 394.

[2] [意]阿尔多·贝杜奇:《制定一个欧洲民法典?共同参考框架草案(DCFR)及其历史根源》,载《比较法研究》2010 年第 6 期,第 147 ~ 158 页。

[3] 朱虎:《物权法自治性观念的变迁》,载《法学研究》2013 年第 1 期,第 141 ~ 158 页。

[4] See Roderick R M Paisley, *Real Rights: Practical Problems and Dogmatic Rigidity*, 9 Edinburgh L. Rev. 267; AJH Pleysier, *Why is Dutch Law not Hampered by a Numerus Clausus of Real Rights*, 2 Fundamina 298; Peter Sparkes, *Certainty of Property: Numerus Clausus or the Rule with no Name?*, European Review of Private Law, 3 - 2012, p. 769; Struycken, *De Numerusu Clausus in het goederenrecht* (diss.), Deventer: Kluwer, 2007; Füller, *Eigenständiges Sachenrecht?*, Tübingen: Mohr Siebeck, 2006.

[5] See Van Erp, *A Numerus Quasi-Clausus of Property Rights as a Constitutive Element of a Future European Property Law*, Electronic Journal of Comparative Law, (7\2) 2003; Van Erp, *From "classical" to modern European Property Law?*, http://papers.ssrn.com/sol3/papers.cfm?abstract_id=1372166&download=yes; Bram Akkermans, *The Principle of Numerus Clausus in European Property Law* (diss.), Maastricht University, 2008.

估量的影响,因此难以接受。更新物权法制度应该是立法者的任务。[1] 范·埃普(Van Erp)则主张适当缓和物权法定原则,他认为现在的物权法定原则太僵化了,阻碍了创新,实际上在实践中已经出现了信托、分时共有等新财产权形式,因此他主张未来的欧洲财产法采取缓和的物权法定原则(Numerus quasi-Clausus),使得财产法更具弹性,立法应该承认新的财产权形式,如果立法没有这样做,那么在特定情况下可以由法院来承认新财产权形式。[2] 德国学者富勒(Füller)的观点较为大胆,他主张打破物权法和债法的界分,但仍然要保持物权法定原则。他认为,从形式上看,德国民法典中的物权法和债法实现分离,但在许多具体制度上仍然存在勾连,而且在现实生活中物权法也不断受到合同法的影响,例如信托所有权、地上权、取得权等,而且在不同的物权类型之间,也出现了模糊。同时,他认为过于严格的类型强制阻碍了物权法的发展,但他仍然不主张放弃物权法定原则,而是建议放弃物权法独立的观念,以财产法统合债法和物权法。[3] 也有欧洲的学者主张对物权法定原则进行大幅度地调整,史密茨(Smits)和萨佳特(Sagaert)认为物权和债权之间并没有实质性的区别,物权关系实际上就是具有第三人效力的债之关系:史密茨提出判断债之关系是否具有第三人效力有两个标准,其一是双方当事人的意图,其二是权利的公示;萨佳特认为现行物权法中的物权法定原则实际上是事先规定何种权利具有第三人效力,他主张将该原则转化为事后规制,即在符合一定标准的情况下一般性地允许创设新的财产权利。[4] 布拉姆·阿克曼斯(Bram Akkermans)在对法国、德国、荷兰、英国的情况进行比较研究后,认为未来的欧洲财产法应该采用一种有限制的开放财产制度,他将物权法定原则转化为了可供法院适用的抽象标准,一项权利是否具有对抗

---

〔1〕 Struycken, *De Numerus Clausus in het goederenrecht* (diss.), Deventer: Kluwer, 2007. See: Bram Akkermans, *The Principle of Numerus Clausus in European Property Law* (diss.), Maastricht University, 2008, pp. 458 – 463.

〔2〕 Van Erp, *A Numerus Quasi-Clausus of Property Rights as a Constitutive Element of a Future European Property Law*, Electronic Journal of Comparative Law, (7/2) 2003.

〔3〕 Füller, *Eigenständiges Sachenrecht?*, Tübingen: Mohr Siebeck, 2006.

〔4〕 Smits, *Van partijen en derden; over interpretaties van de Numerus Clausus van zakelijke rechten*, Groninger Opmerkingen en Mededelingen: magazijn voor leerstellige rechtsvergelijking op historische grondslag, (XIII) 1996, pp. 41 – 64; Sagaert, *Het goederanrecht als open system van verbintenissen? Poging tot een nieuwe kwalificatie van de vermogensrecht*, Tijidschrift voor Privaatrecht, (42/3), 2005. See: Bram Akkermans, *The Principle of Numerus Clausus in European Property Law* (diss.), Maastricht University, 2008, pp. 469 – 473.

第三人的效力取决于三个标准:从主权利[1]分离;双方有使该权利具有对抗第三人的意图;能够纳入已有的财产关系种类,至于新财产关系能否得到承认则属于公共政策问题。[2]

(二)美国学者的研究状况

美国近年来也出现了许多研究物权法定原则(*numerus clausus*)[3]的论文,这些论文的重点基本上都是外部视角的研究,即论文的重点并不是讨论美国法中是否存在物权法定原则或者该原则如何体现,而是将这个原则作为既存的事实,尝试用经济学或政治学的视角论证其合理性,即它们试图证明物权法定原则符合经济效率,同时具备政治正当性。

长期以来,物权法定原则一直没有引起英美法学者的注意,直到英国学者拉登(Rudden)首次提及在几乎所有的非封建的制度中,财产权的类型都不会超过12个,[4]这一原则才开始引起英美法学者的重视。[5] 真正在美国引起物权法定原则讨论热潮的是海勒(Heller)在1999年发表的《私有财产的界限》一文,以反公地悲剧理论对物权法定原则进行了解释。[6] 但是在这一进路上影响最大的论文是梅瑞尔(Merrill)和史密斯(Smith)两位学者合作的《财产法中的最佳标准化:财产权法定原则》,[7]在本书中,两位作者批评了海勒的观点,认为物权法定原则存在的经济合理性在于实现财产权的类型的标准化,从而信息成本和挫折成本的总和最小,同时他们还认为由立法来承认新财产权形式,比通过司法承认更能减少信息成本。这篇文章不仅在美国产生了重大影响,在其他国家和地区也引起了普遍关注,赞成和反对的都有,我国学者对物权法定原则的经济分析研

---

[1] Bram Akkermans所称的"主权利"是指大陆法系国家的"所有权"、英美法系国家的"fee simple"或"title"。

[2] Bram Akkermans, *The Principle of Numerus Clausus in European Property Law* (diss.), Maastricht University, 2008, pp. 555 – 558.

[3] 英美法系的"*numerus clausus*"是否可以翻译为"物权法定",下文还将仔细讨论,此处暂时维持之。

[4] Bernard Rudden, *Economic Theory v. Property Law: The Numerus Clausus Problem*, in John Eekelaar & John Bell (eds.), *Oxford Essays in Jurisprudence: Third Series*, Oxford: Clarendon Press, 1987, pp. 239 – 241.

[5] 当然,笔者找到的美国学者专门讨论物权法定原则的最早文献是John Henry Merryman, *Policy, Autonomy, and the Numerus Clausus in Italian and American Property Law*, 12 Am. J. Comp. L. 224 1963。

[6] Michael A. Heller, *The Boundaries of Private Property*, The Yale law Journal, Vol. 108, No. 5, 1999.

[7] Thomas W. Merrill and Henry E. Smith, *Optimal Standardization in the Law of Property: The Numerus Clausus Principle*, 110 Yale L. J. 1, 2000 – 2001.

究几乎都是受到了这篇文章的影响。汉斯曼（Hansmann）和卡拉克曼（Kraakman）两位学者对最佳标准化理论提出了批评，并认为法律限制财产权的形式只是为了有助于证明财产权利的归属。[1] 德波特（Depoorter）和帕里西（Parisi）则认为，物权法定原则的存在是为了限制不合理的财产分割，并认为在地役权领域，这种列举式的事前限制已经开始转变为是否进行救济保护的事后限制。[2]

除了用经济分析的观点说明物权法定原则外，一些美国学者还提出了多元化的解释路径。例如，达干（Dagan）认为，从法律现实主义的角度来看，财产权的形式是人际互动的重要内在架构，这一架构巩固人们的期待，同时表达了法律对核心人类关系类型的规范理念，对物权法定原则的理解也应该从这个角度进行理解。[3] 扎米尔（Zamir）提出，财产法的目标是保障客观的福利，这一点与合同法不同，合同法更重视自治和当事人的偏好，物权法定原则的存在也要从这个角度进行理解，即它确保社会上存在的财产权形式都能提高客观的福利。[4] 辛格（Singer）和戴维森（Davidson）认为，并不能单纯地从经济效率的角度解释这个原则，财产法关注的不仅仅是效率，它还是一种社会和政治机制，物权法定原则实际上是作为国家的管制平台而存在的。[5] 多夫曼（Dorfmann）认为，物权法定原则之所以存在其实是政治正当性问题，在民主社会，只有集体行动创造的财产权形式才有政治正当性，这个原则的存在实际上是为了限制私人立法。[6] 罗宾兰（Robilant）则从协商民主的角度解释物权法定原则，因为新财产权形式的增加是立法者、法院、公民以及社会运动共同达至的结果，特别是对于涉及公共利益的资源，其使用和管理不能仅仅由权利人决定，而是应该通过协商民主的过程来作

---

〔1〕 Henry Hansmann and Reinier Kraakman, *Property, Contract, and Verification: The Numerus Clausus Problem and the Divisibility of Rights*, 31 J. Legal Stud. S373 2002.

〔2〕 Ben W. F. Deppoorter and Francesco Parisi, *Fragmentation of Property Rights: A Functional Interpretation of the Law of Servitudes*, Global Jurist Frontiers, Vol. 3, Issue 1, 2003.

〔3〕 Hanoch Dagan, *The Craft of Property*, 91 Cal. L. Rev. 1517 2003.

〔4〕 Daphna Lewinsohn-Zamir, *The Objectivity of Well-Being and the Objectives of Property Law*, 78 N. Y. U. L. Rev. 1669 2003.

〔5〕 Joseph William Singer, *Democratic Estates: Property Law in a Free and Democratic Society*, 94 Cornell L. Rev. 1009 2008 – 2009; Nestor M. Davidson, *Standardization and Pluralism in Property Law*, 61 Vand. L. Rev. 1597 2008.

〔6〕 Avihay Dorfman, *Property and Collective Undertaking: The Principle of Numerus Clausus*, 61 University of Toronto Law Journal, 2011.

决定。[1] 也有学者就美国的特殊情况,提出改进美国财产法的建议,贝尔(Bell)和帕乔莫夫斯基(Parchomovsky)提出,在联邦主义下,为了创造动态的财产权制度,应该允许一州的居民采用另一州的财产权形式,只要登记并支付一定费用即可。[2]

三、我国学者研究的不足之处

整体来看,虽然近年来我国学者对物权法定原则的研究取得了较为丰硕的成果,但与欧美学者相比,无论是从法律内部视角,还是从外部视角研究物权法定原则,欧洲和美国财产法学者的研究深度和广度都优于我国学者的现有论著,他们的研究成果值得我们学习和借鉴。我国现有的研究存在一些亟待提高之处:

第一,物权法定原则的理论前提是物权与债权的二分,也与统一所有权观念密切相关,物权法定废弃说对物权法定原则的攻击实际上是直接指向了这些物权法定原则的理论前提,已经对这些理论前提进行了解构,但大多数赞同物权法定原则的学者还是从现行法或法学理论上的物债二分出发来推演,对物权法定废弃说的反驳显得有些隔靴搔痒,难以作出有力的回应,这显示了我国学者对物权法定原则的前置性基础问题的研究尚不充分,没有深入物权体系及其类型法定化构造的原因论。

第二,在比较法或法律史方面,目前我国学者对物权法定原则的历史渊源尚存在争议,而在大陆法系各国中,物权法定原则的体系位置、规范表达、宽严程度均存在差异,我国学者对此尚欠缺系统性的研究;普通法系学者所谈及的"*numerus clausus*"是否可以完全等同于大陆法系的物权法定原则也尚存疑问,在一知半解的情况下简单借用美国学者的经济分析结论难以具有说服力。

第三,也是最为重要的一点,我国学者对物权法定的探讨基本上是从一般学理上进行分析,对中国的现实关注不够,也很少结合中国的现实情况和实际情况进行分析:目前中国尚处于社会转型期,物权制度特别是不动产物权制度尚未定

---

[1] Anna di Robilant, *Property and Deliberation*, *The Numerus Clausus Principle*, *New Property Forms and New Property Values*, draft; Anna di Robilant, *Property and Democratic Deliberation: The Numerus Clausus Principle and Democratic Experimentalism in Property Law*, 62 Am. J. Comp. L. 367.

[2] Abraham Bell and Gideon Parchomovsky, *Of Property and Federalism*, The Yale Law Journal, Vol. 115, No. 1, 2005, pp. 72 - 115.

型,物权法定原则在我国地区性、多样性、实验性改革的社会背景下如何回应现实发展还值得反思;同时,我国奉行公有制的基本经济体制,在这一体制下,对物权的种类和内容的界定可能并不仅限于私法规范,甚至可能并不局限于法律,重要用益物权的设定牵涉政府行为,因此物权法定原则是否具有特殊意义也是值得反思的问题;在司法实践中,法官如何理解物权法定原则,在《物权法》颁布前后,他们对待习惯物权或实践中形成的新生物权形态的态度如何,尚未见细致的总结梳理。

第四,民法典编纂重启后,新近颁布的《民法总则》第 116 条将物权法定原则移入总则,其条文表述仍然与《物权法》第 5 条完全相同,但这种做法是否妥当,深值反思。未来民法典将如何安置物权法定原则,采取何种规范表达,相关制度如何设计安排,我国民法学界尚未给出令人确信的答案。

第三节 本书的研究思路及研究方法

一、本书研究思路

本书正文部分拟六章为篇幅全面系统地研究物权类型封闭原则(物权法定原则)。

第一章为物权类型封闭原则的历史追溯。这一章的内容又可以分为两个部分,第一部分主要研究罗马法上是否存在物权类型封闭原则,第二部分分析从中世纪到法国大革命爆发时期的历史,主要研究判断日耳曼法上的类型开放原则以及中世纪物权学说的演变史,最后判断法国大革命与物权类型封闭原则是否存在关联。

第二章为物权类型封闭原则的生成。本章主要研究现代意义的物权类型封闭原则的生成,主要考察了法国、普鲁士、奥地利、德国、瑞士的立法、司法以及学说。从这一章的分析中,可以得知,现代意义的物权类型封闭原则的源头是潘德克顿法学中的"物权法自治性观念"。物权类型封闭原则在德国形成后,对瑞士、法国、奥地利的学说产生了影响,但是这些国家均没有将物权类型封闭原则明确规定在各自的民法典中。

第三章为物权类型封闭原则的立法化。本章主要研究物权类型封闭原则在制定法中的体现。目前，对物权类型封闭原则的立法模式主要有三种：其一是日本、我国台湾地区以及韩国的“物权法定”模式——“物权，除法律规定外，不得创设”；其二是葡萄牙新民法典第 1306 条，从维护统一所有权的角度来将物权类型封闭原则立法化；其三是荷兰新民法典所采纳的规则群模式，采用多个规范严密规定物权类型封闭原则。本章不仅仅研究法律条文，还研究各国的历史背景、学说以及司法实践的演变。

第四章为英美法系和混合法系的财产权类型封闭原则。本章主要对英国、美国、澳大利亚三国的情况进行研究，虽然英美法系的私法并没有体系化，其财产制度也处于零散状态，但各国司法实践中均遵循着财产权类型封闭原则。在本章的最后一节，笔者还将对采取类型开放主义的混合法系国家——南非进行重点研究，对南非的研究，使我们能够具象地研究类型开放主义，深入了解其得失。

第五章为对物权（财产权）类型封闭原则的理论反思。本章将首先对物权和债权区分这一前置问题进行深入研究，探寻物权类型封闭原则的本质。然后，将结合传统法学的分析框架和法经济学的分析框架对物权类型封闭原则的合理性进行研究反思。最后，结合比较法的研究成果，提出理论反思的结论：对于采取潘德克顿体系的大陆法系国家来说，应该在维持物权类型封闭原则的基础上，引入若干缓和措施。

第六章为中国语境下的物权法定原则。本章将先对中国的物权现状进行研究，探寻中国的物权形成机制以及实然层面的物权法源，并在此基础上展开对物权法定原则的解释论和立法论研究。在解释论方面，《物权法》第 5 条的“法律”一词作广义理解，使之与我国的现实相匹配；在立法论方面，我国应该维持物权法定原则，但应当对规范表达进行完善，并就相关制度进行妥善安排。

最后一章是结论部分，对全文进行总结。

二、本书研究方法

本书主要运用历史分析、比较法分析、概念法学、价值分析、经济分析、实证分析等方法，结合内部视角与外部视角来对物权类型封闭原则（物权法定原则）进行全面的研究。

历史分析和比较法分析的方法主要用在本书的前四章中。笔者凭借这两种方法探寻物权类型封闭原则的历史渊源以及它在世界各国法律中的体现，研究对象涵盖了学说、立法、司法以及社会背景四个方面，目的是展现物权类型封闭原则的来龙去脉及其全貌，并为第五章的理论反思奠定基础。

概念法学、价值分析以及经济分析的方法主要在第五章中运用。概念法学和价值分析属于内部视角的研究，前者关注制度的外在体系自洽性，后者关注制度的内在价值体系。笔者首先运用概念法学的传统方法，对物权类型封闭原则在概念体系上的合理性进行分析和反思，再结合社会背景分析物权类型封闭原则的价值合理性。在此之后，笔者将运用属于外部视角的法律经济分析方法，对物权类型封闭原则的经济合理性进行分析，并以此检验内部视角的结论。

实证分析的方法主要在第六章中运用，主要用于梳理归纳中国物权制度的现状以及实然的物权法源。这种研究对于评价中国语境下的物权法定原则显得尤为重要，无论是立法论的研究，还是解释论的研究，都不能仅仅考虑概念体系的合理性和普世的价值追求，而必须立足于中国的具体国情。

第四节 相关概念的界定

本书的研究既涉及中国法律，也涉及比较法上的研究，因此为避免概念使用混乱而造成的误解，此处有必要进行简单的说明。

一、物权与债权、债务关系

物权与债权这一组概念是大陆法系，特别是德意志法系国家构建民法体系的基础性概念。物权（Sachenrecht），是指民事法律关系主体支配特定物并就物的支配排除他人一切干涉的权利的总称，或者说物权是某个特定的人对某个特定的物的支配权，简言之，物权就是排他的对物支配权。[1] 此处需要特别注意的是，德国民法中"物权"的客体原则上仅仅指有体物，《德国民法典》第 90 条即规定："法律意义上的物，仅为有体的标的（köperliche Gegenstände）。"换言之，物权的客体是看得见、摸得着的有具体物理形态的物，并不包括无形体的思想、专业技术、商业联系、商业信誉等无具体物理形态的客体。但在例外情况下，也承认以权利作为物权的客体，也即"权利上的权利"（Rechte an der Rechte），如权利用

〔1〕 孙宪忠：《德国当代物权法》，法律出版社 1997 年版，第 20 页。

益权和权利质权。我国《物权法》第2条第3款规定："本法所称物权，是指权利人依法对特定的物享有直接支配和排他的权利，包括所有权、用益物权和担保物权。"第2条第2款规定："本法所称物，包括不动产和动产。法律规定权利作为物权客体的，依照其规定。"因此，我国《物权法》所使用的"物权"概念也是德意志法系的通行观念。本书所使用的"物权"概念也是这个意义上的，原则上其标的仅指有体物。

债权(Forderung)，通行的概念是指债权人请求他人为一定行为或者不为一定行为的权利，从这个意义上讲，它是请求权的一种，也即债法上的请求权。[1] 债务关系(Schuldverhältnis)可分为广义的债务关系和狭义的债务关系之分，狭义的债务关系与前面所谈的债权，以及债权的对立面债务，具有同等关系，而广义的债务关系则是指买卖、赠与、互易等多数债权债务的集合体，在这个集合体中还包括了基于诚实信用原则产生的法定义务，广义的债务关系不仅是一个静态的债权债务的集合体，也是一个动态过程。[2] 本书在使用"债权"这个概念时，仅指单个的债法上的请求权，使用"债务关系"术语时，则是指前述的广义债务关系。

二、财产权与合同权利

英美法系并没有使用物权和债权的概念。按照《元照英美法词典》的解释，英美法上常用的"财产"(property)概念，即财产权的客体，包括一切有价值的物(things)与权利，大体上可分为有形财产(tangible property)与无形财产(intangible property)。[3] 英美法系中所称的财产(property)或财产权(property right)经常混用，根据布莱克斯通对"财产"的定义，它是指"一个人对外部世界中的事物主张和行使权利的独有和专制的领域，在这里他可以完全排除世界上任何其他人的权利"。[4] 按照这个定义，英美法上的财产权实际上与大陆法系理论中的对物权(right in rem)或对世权的含义接近，也即具有对抗第三人效力，具有排他效力的权利，只是其客体并不限于有体物。美国学者斯普兰克林也认为，

---

〔1〕［德］梅迪库斯：《德国债法总论》，杜景林、卢谌译，法律出版社2004年版，第6~7页。

〔2〕［德］梅迪库斯：《德国债法总论》，杜景林、卢谌译，法律出版社2004年版，第8~9页。

〔3〕薛波主编：《元照英美法词典》，法律出版社2003年版，第1107页。

〔4〕William Blackstone, *Commentaries on the Laws of England II*, Oxford: Clarendon Press, 1766, p. 2.

财产权的要素包括了排他权、转让权、占有使用权。[1] 在传统社会中，财产权（property right）和物权（Sachenrecht）基本上可以画等号，但在现代社会，对世性的财产权的范畴还包括了知识产权等以无形财产为客体的权利。

英美法系中也强调合同权利（contractual right）与财产权（property right）的区别，前者被认为是一种对人的权利（right in personam），只在合同当事人之间有效，对合同外的第三人则无效力，财产权则是一种具有对物属性的权利（right in rem）。[2] 如果没有特别说明，本书所称的“财产权”也是在这个意义上使用，即与合同权利相区分的，对特定客体的排他性、对世性权利。

三、财产权与人身权

在法律文献和法律条文中，对财产或财产权还有另外一种使用方式。我国《民法通则》第 2 条规定：“中华人民共和国民法调整平等主体的公民之间、法人之间、公民和法人之间的财产关系和人身关系。”《中华人民共和国企业破产法》第 30 条规定：“破产申请受理时属于债务人的全部财产，以及破产申请受理后至破产程序终结前债务人取得的财产，为债务人财产。”这两个法律条款中所称的“财产”显然与前面所说的仅限于绝对权的“财产权”不同，此处所说的“财产”或“财产权”是与人格权、身份权相对的权利，不仅包括了作为对世权的物权、知识产权，还包括了作为对人权的合同权利。换言之，只要具有货币价值的权利都属于此处的“财产”或“财产权”。德国民法中也在这个意义上使用“财产”（Vermögen），即一个人所拥有的经济价值的意义上的利益与权利的总称。它首先包括动产与动产的所有权以及债权和其他权利，只要它们具有货币上的价值。[3] 对于这个意义上的“财产权”，本书如果使用，会进行特别说明。除了此处所称的“财产”外，还有最广义的“财产”，这种最广义的“财产”包含了“积极财产”和“消极财产”，前者是指权利的总和，后者则指债务及负担。[4]

四、*numerus clausus*

大陆法系、英美法系各国学说通常使用 *numerus clausus* 这一拉丁文词组，我

---

〔1〕［美］约翰·G. 斯普兰克林：《美国财产法精解》，钟书峰译，北京大学出版社 2009 年版，第 4～6 页。

〔2〕 Thomas W. Merrill and Henry E. Smith, *The Property/Contract Interface*, 101 Colum. L. Rev. 773 2001.

〔3〕 *Deutsches Recht Lexikon*, Band 3, Verlag C. H. Beck 1994. Seite 988. 转引自孙宪忠：《中国物权法总论》（第 2 版），法律出版社 2009 年版，第 55～56 页。

〔4〕 尹田：《法国物权法》（第 2 版），法律出版社 2009 年版，第 564～565 页。

国大陆和台湾学者往往将其翻译为“物权法定”,[1]但从这个词组本身的文义来看,这样翻译却有失偏颇,有可能遮蔽了其原本的含义。拉丁文 *numerus* 一词的本义是“数字、数量”,而 *clausus* 一词的本义是“封闭、关闭”,两词相连,其文义应该是“数量有限”或“数量封闭”,根本没有包含“物权”和“法定”的文义在其中。[2] 最早将 *numerus clausus* 用于物权法领域的是德国学者菲利普·海克(Philipp Heck),在其1930年出版的《物权法基础》(Grundriss des Sachenrechts)一书,海克首次使用了“Numerus Clausus der Sachenrechte”的术语,用于描述——物权种类的数量是有限的、封闭的——这样一个事实状态。[3] 因此,笔者认为,*numerus clausus* 在物权法或财产法领域使用,应该翻译为“物权的数量封闭”或“财产权的数量封闭”,具体采取哪种翻译,应该以特定国家采取“物权”概念还是“财产权”概念而定:在德意志法系中,应该使用“物权的数量封闭”,而在拉丁法系或普通法系,采用“财产权的数量封闭”更为恰当。事实上,即便是在使用“物权”概念的德国,其法律文献提及 *numerus clausus* 时,也通常使用类型强制(Typenzwang)和类型固定(Typenfixierung)两个术语。

因此,从 *numerus clausus* 本身的文义出发,将其翻译为“物权类型的数量封闭”或“财产权类型的数量封闭”可能更为恰当,笔者倾向于将其翻译为“物权(财产权)类型封闭原则”,因为 *numerus clausus* 本身的含义就是指物权或财产权的类型是有限的,它们构成了一个封闭的集合,至于物权或财产权类型是否只能由议会制定法规定,并没有包含在 *numerus clausus* 的原本含义中。[4] 从后文的比较法分析中,我们就可以看到,汉语法学界之所以将 *numerus clausus* 翻译为

---

〔1〕 谢在全:《民法物权论》(上册),中国政法大学出版社2011年版,第32页;[德]M. 沃尔夫:《物权法》,吴越、李大雪译,法律出版社2004年版,第14页。

〔2〕 除了在法律领域,*Numerus Clausus* 还经常用在教育领域,指的是对某些大学专业,可录取的学生数量有限。

〔3〕 *Numerus Clausus* 的术语首先由海克所使用(1930年),数年之后,维亚克尔(Franz Wieacker)在著作《土地法》(Bodenrecht, 1938, p. 111)中也使用了这一术语。See T. H. D. Struycken, *The Numerus Clausus and Party Autonomy in the Law of Property*, in Roel Westrik and Jeroen van der Weide (eds.), *Party Autonomy in International Property Law*, Munich: Sellier. European Law Publishers GmbH, p. 60. 海克关于 *Numerus Clausus* 的观点,我们在本书第二章第三节中还将详细讨论。

〔4〕 需要说明的是,*numerus clausus* 不限制物权法律渊源,并不意味着物权法律渊源就没有受到任何限制,而只是说这些限制与 *numerus clausus* 没有直接关系。特定国家或地区的物权法律渊源仍然受制于该国或地区的民法法律渊源,并取决于立法、司法、行政分权以及立法权限在不同层级立法机关之间的划分。对物权法律渊源的学理分析,可参见本书第五章第四节、第六章第二节的相关内容。

"物权法定",实际上是受到了《日本民法典》第175条的影响,但"物权法定"并非是对 *numerus clausus* 的直译,而是对"物权,除本法或其他法律规定者外,不能创设"的缩略,这样一来,对"物权法定"之"法"的探讨就成为日本和我国学者关注的重点,而这对欧美学者来说,并不是讨论的重点。从比较法的角度来看,东亚国家法典中的"物权法定"应该只是 *numerus clausus* 的一种立法形态而已。关于这个问题,在后文中我们还会详细讨论。考虑到用词的严谨性,在本书的以下论述中将采用"物权类型封闭原则"作为一般术语,在涉及拉丁法系、英美法系时使用"财产权类型封闭原则",在涉及日本、中国和韩国这三个东亚三国时,则沿用汉语法学界约定俗成的"物权法定原则"。

第一章　物权类型封闭原则的历史追溯

一项法律原则的内涵处于不断地流变中，在不同的地域也会有不同的表现形式，如果我们只关注它在特定时点和特定地区的表现形态，我们必然会如盲人摸象一般，触及其耳鼻，而不得全貌。为了充分而深入地理解一项法律原则，我们需要回到历史的脉络中，并以比较法的视野对其进行审视，才能得其全貌。本书对物权类型封闭原则的研究，也将沿着这一路径进行，既然民法学界普遍认为物权类型封闭原则是在大陆法系国家通行的原则，那么我们就首先来考察一下这一原则历史演变及其在各国的具体形态。众所周知，大陆法系国家的民法制度渊源于罗马法和中世纪共同法，一直到法国大革命后，各国的私法才走上独立发展的道路。本章的任务，就是对罗马法和共同法时代进行研究，追溯物权类型封闭原则的历史渊源。

第一节　罗马法上存在物权类型封闭原则吗？

欧洲大陆法系国家分享了共同的罗马法渊源，罗马法首先以帝国法律的形式存在，随后在中世纪重现后又构成了欧洲共同法的基础，民族国家兴起后，罗马法上的制度又以各种变体的形式进入了各民族国家的民法典。当前世界各大陆法系国家的民法典中所规定的大部分物权(财产权)制度都基本上能在罗马法上找到其根源,例如,所有权、地役权、人役权、地上权、永佃权、质权、抵押权等。那么,本节标题中的问题就很自然的浮现出来了:物权类型封闭原则在罗马法上就已经存在了吗?更准确一点来说,罗马法上的物权类型是封闭和有限的吗?从我国学者目前的研究成果来看,这个问题是存在争议的。部分学者认为,物权类型封闭原则来源于罗马法,如孙宪忠、崔建远、尹田、梁上上等,[1]但也有部分学者持否定态度,如王利明、杨代雄、杨玉熹等。[2] 本节将专门针对这个问题进行研究。

一、罗马法上的"诉权"与"权利"

在回答罗马法中是否存在物权类型封闭原则这个问题之前,我们首先应该反思的是,这样的提问方式是否恰当。在现代人的观念中,实体法与程序法截然二分,实体法上的权利义务是主体之间法律关系的内容,而诉权完全是程序法上的权利,它是指当事人为维护自己的合法权益,要求法院对民事争议进行裁判的权利。[3] 在现代人的观念中,诉权是一种抽象性的权利,与实体法上的各种具体权利并不存在一一对应的关系,任何一种实体法上的权利受到侵害,原则上权利人都能够行使诉权,要求法院进行司法裁判,从而实现实体权利。可以说,现代法上的"诉权"只是维护实体法上"权利"的手段。但在罗马法中,情况却不一样。在罗马法中,程序法与实体法并没有彻底分离,诉讼(actio)与权利之间存在一一对应关系,"对于各项罗马法律制度的发展来说,更多依靠的是寻求法律手段以使享有主观权利的人获得保护,而不是去探求实体权利的各种关系"。[4] 在罗马法中,诉讼不仅具有主观权利的一切特点,而且存在大量不同的类型的诉讼,它们都有自己的名称,有的是为权利设置,有的是为法律关系而设置(在物法中一般为权利,在债法中一般为关系),因此每一项权利或者法律关系,都有自己

---

〔1〕 可参见孙宪忠:《中国物权法总论》(第2版),法律出版社2009年版,第234页;崔建远:《我国物权法应该选取的结构原则》,载《法制与社会发展》1995年第3期,第25页;尹田:《论物权法定原则的解释及其根据》,载《河南政法管理干部学院学报》2002年第4期,第20页;梁上上:《物权法定主义:在自由与强制之间》,载《法学研究》2003年第3期,第44页。

〔2〕 可参见王利明:《物权法定原则》,载《北方法学》2007年第1期,第9页;杨代雄:《物权法定原则批判——兼评物权法第5条》,载《法制与社会发展》2007年第4期,第20页;杨玉熹:《论物权法定主义》,载《比较法研究》2002年第1期,第35页。

〔3〕 张卫平:《民事诉讼法》(第2版),法律出版社2009年版,第29页。

〔4〕 黄风:《罗马法》,中国人民大学出版社2009年版,第17页。

相应的诉讼形式作为保护措施和救济手段，人们通常以是否存在相应的诉权来判断是否存在特定的权利。[1]

之所以会出现上述这种情况，在很大程度上是因为罗马法独特的诉讼制度所导致的渐进式的法律发展模式。罗马法早期的法律诉讼（legis actiones）是罗马最早的诉讼形式，其最重要的特征就是只有法律依据才可以提起诉讼，如果法律没有明确规定，那么即使当事人的权利受到了侵害，他也无法提起诉讼。根据盖尤斯在《法学阶梯》中说法，根据法律提起诉讼的方式有五种：采用誓金（sacramento）、要求指派审判员（iudicis postulationem）、请求给付（condictionem）、要求拘禁（manus iniectionem）、要求扣押（pignoris capionem）。[2] 法律诉讼的弊端就在于程序繁琐严格，而且执法官也不能受理法律没有规定的诉讼，他没有权力根据新的需要创设新的诉讼，也不能改善既存诉讼的不足。大约在公元前2世纪，《爱布兹法》（Lex Aebutia）颁布，新的程式诉讼被确立，法律诉讼则于公元前17年被废除了。[3] 程式诉讼最大的特点就是它赋予了执法官很大的自由裁量权，在法律没有规定的情况下，执法官也可以赋予诉权，于是，在权利与诉权之间的对应关系就松动了，因为执法官并没有立法权，只是为执法而设，执法官不能创设新权利，只能在其告示中宣布根据特定条件可以合法地进行哪些诉讼。这样，在程式诉讼之下，就出现了市民法诉讼（actio civilis）和执法官诉讼（action honoraria）两类，前者是由市民法规范确定的诉讼，当事人直接根据法律的规定进行诉讼，而执法官诉讼则是执法官根据自己的权利按照实际情况而创设的诉讼。

这种在程式诉讼中由执法官创造的诉讼形式可以为在实践中新形成的事实上的权利提供诉权的保障，具体来说，执法官是通过三种技术将现有的诉讼套用在新形成的事实权利上。第一种方式是拟制，即在现实中的权利义务关系缺少某些法定要素而不能应用既存的法定诉讼形式时，执法官就假设该种要素存在，从而赋予当事人该种法定诉讼形式，这种办法被称为“拟制诉讼”（actio ficticia）。第二种方式是执法官将适用于特定情况或关系的法定诉讼形式扩展到某些类似

---

〔1〕［意］彼德罗·彭梵得：《罗马法教科书》，黄风译，中国政法大学出版社2005年版，第65页。

〔2〕［古罗马］盖尤斯：《法学阶梯》，黄风译，中国政法大学出版社1996年版，第290～291页。关于这五种法律诉讼方式的详细介绍，可以参见黄风：《罗马法》，中国人民大学出版社2009年版，第29～32页。

〔3〕费安玲：《罗马私法学》，中国政法大学出版社2009年版，第138页。

的情况，这种办法被称为“扩用诉讼”（actio utilis）。[1] 第三种方式是，执法官不借助于既存的法定诉讼形式，而是直接赋予某一类未被市民法承认的新权利或新关系以诉讼保护，这一种办法被称为“事实诉讼”（actio in factum）。[2] 此外，执法官还通过赋予被告抗辩（exceptio）等方法干预诉讼，事实上也为某些市民法未规定的新权利或新关系提供了保护。[3]

从上面的分析中，我们可以看到，在罗马法上，特定的权利或关系必然有特定诉讼类型或抗辩类型与之相对应，执法官通过创造新的诉讼类型或抗辩，事实上扩展着受法律保护的新权利或新关系。因此，当事人在寻求公力救济时，其关注的重点是，是否满足了特定诉讼类型或抗辩的前提条件，而不是其在实体法上是否拥有某种权利。

二、对物之诉与对人之诉的区分

正是由于罗马法更多是基于诉讼而非权利而发展起来的，罗马人通常不会考虑是否拥有某项特定权利，而是考虑是否拥有某项特定的诉讼来保护该法律地位，因此我们现在常说的物权和债权的区分，在罗马法时代的对应物大体上即为对物之诉（actio in rem）和对人之诉（action in personam）的区分。对物之诉是为维护物权而提起的诉讼，它以不特定的人为对象，因此可以针对任何侵犯物权的人提起，其中最为典型的就是“所有物返还之诉”（rei vindicatio）和“排除妨害之诉”（actio negatoria）。[4] 对人之诉所涉及的特定人之间的法律关系，如果特定关系中的义务人侵犯权利人的权利，那么该权利人就可以，并且只能对此特定义务人提起诉讼，以维护自己的权利，最为典型的对人之诉是“请求给付之诉”

---

[1] 黄风：《罗马法》，中国人民大学出版社 2009 年版，第 21 ~ 23 页；费安玲：《罗马私法学》，中国政法大学出版社 2009 年版，第 140 页。关于拟制之诉，最著名的例子是普布利西安之诉（actio Publiciana），该诉讼允许根据“正当原因”但未采取法定方式受让物的受让人主张所有物返还之诉；关于扩用之诉，例如，阿奎利亚法诉讼最初仅适用于所有权人遭受损害而提出损害赔偿，后来被执法官扩用至用益权人。

[2] ［意］彼德罗·彭梵得：《罗马法教科书》，黄风译，中国政法大学出版社 2005 年版，第 69 页。例如，罗马法上对无名契约的保护，就采取了事实诉讼的方法。

[3] 在法律诉讼时代，是不存在抗辩的，而在程式诉讼时期，市民法和执法官都创造了一些抗辩，这些可以在诉讼中主张的抗辩实际上使被告的权利获得了保护，执法官创造抗辩，实际上就是承认了被告拥有市民法上所没有的权利。例如，早先简约（pactum）在市民法上并无债的效力，但后来执法官赋予了当事人可依据简约提出简约抗辩，也就变相承认了简约在债法上的效力。

[4] 当然，对物之诉并不仅仅限于对物权的保护，它的保护对象还包括可能遭受任何第三人侵犯的绝对权利，对身份权利、资格权利以及家庭权利提起的诉讼都属于一般意义上的对物之诉。参见［意］彼德罗·彭梵得：《罗马法教科书》，黄风译，中国政法大学出版社 2005 年版，第 66 页。

(condictio),针对各种债之关系出现的专门诉讼形式,如委托之诉、寄托之诉等,都属于对人之诉。在对物之诉与对人之诉区分的情况下,一项法律地位或法律关系究竟是否属于物权或财产权,关键在于权利人运用何种诉讼来保护其权利。相应地,我们在考察罗马法上是否存在物权类型封闭原则(*numerus clausus* of property rights)时,这个问题就转化为罗马法上是否存在对物之诉的类型封闭原则(*numerus clausus* of action in rem),或者说对物之诉的适用范围是否被限定。

三、重要物权类型及对物之诉类型的扩展

(一)罗马法上的所有权及保护所有权的诉讼类型

罗马法上的所有权,在观念上被认为是所有人在事实上或法律上的可能范围内,对物的最完全、最绝对的权利,具有三重特性:绝对性,即在法律许可的范围内,所有人可以任意主宰其物;排他性,即权利人可以排除他人行为对施加于其物上的任何行为;永久性,即所有权不因终期之到来或解除条件之完成,而丧失其所有权。至于将所有权的效力细分为使用权、收益权、处分权三种的提法,是中世纪注释法学家的成果,在古代著作中并不存在。[1]

罗马法上起初并无统一的所有权形态,其最原初的所有权形态为"市民法上的所有权"(dominium ex jure quiritium),该所有权的主体、客体以及取得方式都有严格条件限制,主体须为罗马市民、客体须为罗马物,转让方式仅可以通过"要式买卖"(mancipatio)或"拟诉弃权"(cessio in jure)。同时,市民法上的所有权也可以通过时效取得(usucapio)来取得,《十二表法》规定,时效取得的期限对土地是两年,对其他物是一年。[2] 在对市民法上所有权的保护方面,所有权人可以提起"返还所有物之诉"(actio rei vindicatio)[3]、"排除妨害之诉"(actio negatoria)[4]、"窃盗之诉"(actio furti et furtiva)以及"侵害财产之诉"(actio damnum in juria datum)。[5] 前两个诉可以类比于现代民法中的所有物返还请求权、排除妨害请求权、消除危险请求权,后两个诉则可类比于侵权损害赔偿请求权。

---

〔1〕 陈朝璧:《罗马法原理》,法律出版社 2006 年版,第 252 ~ 253 页;[意]彼德罗·彭梵得:《罗马法教科书》,黄风译,中国政法大学出版社 2005 年版,第 148 ~ 150 页。

〔2〕 [意]彼德罗·彭梵得:《罗马法教科书》,黄风译,中国政法大学出版社 2005 年版,第 166 页。

〔3〕 返还所有物之诉,所有权人可用以请求返还其被他人非法占有之物。

〔4〕 排除妨害之诉,所有权人可以提起本诉,排除侵犯其权利的轻微行为,不管这类侵犯行为已经出现,还是所有权人担心它会出现。

〔5〕 陈朝璧:《罗马法原理》,法律出版社 2006 年版,第 282 页。

由于市民法上的所有权的转让方式非常严格，在生活中出现了以让渡（traditio）的方式转让要式物的现象，如果严格按照市民法，让渡并不能使市民法上的所有权发生变动，出让人仍然享有所有物，只有取得时效届满后，受让人才能取得市民法上的所有权。为保障受让人在取得时效届满之前的利益，在其占有被他人侵夺时，执法官创造了普布利西安之诉（actio publiciana），允许受让人提起返还之诉。这种诉讼实际上就是一种建立在返还原物之诉基础上的拟制诉讼，其中所拟制的因素就是取得时效期间已经届满，当然，取得时效的其他要素，即善意、正当名义、可适用时效之标的物以及占有持续仍需存在。对于市民法上的所有权人，如果他在普布利西安之诉中提出“正当所有权抗辩”（exceptio iusti dominii），那么受让人可以提出“欺诈答辩”（replicatio doli）或“出卖和让渡物答辩”（replicatio rei venditae et tracditae）排除市民法上所有权人的抗辩。此后，盗窃之诉和侵害财产之诉对普布利西安之诉保护下的法律地位也可以适用。[1] 在这种情况下，我们可以看到，通过执法官的诉权授予，一种不同于市民法上所有权的权利类型产生了，它基本上与市民法上的所有权无异，取得了几乎相同的诉权保护，理论上就把这种法律地位称为“执法官法上的所有权”（dominium bonitarium）或者“善意拥有”（in bonis habere），因此一种新的所有权类型就在司法实践中产生了。

随着罗马国家疆域的扩大，在意大利半岛之外设置了行省，于是就引发了行省土地利用的问题。根据罗马制定法，行省土地被分为纳税地和贡赋地两种，前者的所有权人为皇帝，后者的所有权人为元老院，[2] 私人对行省土地的利用分为两种情形：其一是短期租赁；其二是将行省土地授予私人加以处置，但以支付一定的赋税为前提，而后一种利用形式则产生了“行省所有权”的类型。[3] 在罗马人的观念上，所有权应当免除土地税，因为在早期人看来这种税具有为使用和占有支付补偿的性质，而应该接受这种补偿的人相反应该是所有人，[4] 因此以支付赋税为前提支配行省土地的法律地位难以构成市民法上的所有权，因为行省土

---

〔1〕 陈朝璧：《罗马法原理》，法律出版社 2006 年版，第 282 页、第 288～289 页；[意]彼德罗·彭梵得：《罗马法教科书》，黄风译，中国政法大学出版社 2005 年版，第 187～189 页。

〔2〕 [古罗马]盖尤斯：《法学阶梯》，黄风译，中国政法大学出版社 1996 年版，第 84 页。

〔3〕 费安玲：《罗马私法学》，中国政法大学出版社 2009 年版，第 174～175 页。

〔4〕 [意]彼德罗·彭梵得：《罗马法教科书》，黄风译，中国政法大学出版社 2005 年版，第 149 页。

地并非罗马法,私人对该土地的利用须承担支付赋税的责任,而且法律已经将该土地划为皇帝所有或元老院所有。这就导致这种法律地位无法得到“返还所有物之诉”和“排除妨害之诉”的保护,同时由于行省土地不属于意大利土地,因此它无法使用《十二表法》所规定的时效制度,因而也无法受到“普布利西安之诉”的保护。[1] 但在实际利用上,这种行省土地上的利用关系与市民法上的所有权几乎完全一致,只不过前者要缴纳赋税,否则就会失去土地。后来,在司法实践中,执法官开始授予行省土地权利人以对物之诉,“返还所有物之诉”和“排除妨害之诉”都可提起,通过扩用的方式,其他市民法上所有权的救济措施都得到了适用。同时,为维护行省土地的占有利益,长期时效制度也产生了。这样一来,“行省所有权”也得到了确认,它与市民法上所有权的差异已经不大了。

罗马统治疆域内也存在未获得罗马市民权外国人,外国人不能取得市民法上的所有权,也无法得到市民法的保护,因此原则上他们不能提起市民法上保护所有权的各种对物之诉。为保护这些外国人的对特定标的物支配利用的法律地位,执法官借助拟制技术,允许外国人提起盗窃之诉以及侵害财产之诉,随后,市民法上规定的“返还所有物之诉”和“排除妨害之诉”,外国人也可以援用。在提供充分诉权保护的情况下,这种外国人对特定标的物的支配利用的法律地位已经与市民法上的所有权非常接近了,它因此被称为“万民法上的所有权”(dominium ex jure gentium)。

从上面的分析来看,原来罗马法上标准的“所有权”只有“市民法上的所有权”一种,其主体、客体以及转让方式都有严格的限制,并受到市民法上的诉讼的保护。随着时代的变迁,执法官将市民法上保护所有权的诉讼,通过拟制、扩用的方法,用以保护不符合市民法上所有权要件的法律地位,这些对物全面支配利用的法律地位实际上就构成了各种所有权的亚类型。

(二)罗马法上的他物权及保护他物权的诉讼类型[2]

罗马法上最古老的他物权为役权(servitutes),它可以为某一特定土地或某

---

〔1〕 [意]彼德罗·彭梵得:《罗马法教科书》,黄风译,中国政法大学出版社2005年版,第167页;陈朝璧:《罗马法原理》,法律出版社2006年版,第282页。

〔2〕 请注意,我们在此处使用“他物权”这一概念只是为了表述方便,严格来说,“他物权”(iura in re aliena)是由雨果·多诺首次提出的,罗马法并没有明确区分所有权与所有权以外的他物权,也并无“他物权”概念存在,只是在实践中形成了一系列受到“对物之诉”保护的法律地位。

一特定人而设立的利用他人之物(一般为土地)的权利,前者为地役权(servitutes praediorum),后者为人役权(servitutes personarum),地役权出现时间很早,而人役权直到共和国末期才出现。[1] 地役权可分为乡村地役权(servitutes praediorum rusticorum)和城市地役权(servitutes praediorum urbanorum)。乡村地役权主要包括通行权(iura itinerum)和用水权(iura aquarum)两类,是最古老的市民法上的地役权,被归属为要式役权。城市地役权出现的时间较晚,主要包括通水权(iura stillicidii)、立墙权(iura parietum)和采光权(iura luminum)。人役权可分为用益权(usufructus)、使用权(usus)、居住权(habitatio)以及奴隶及家畜使用权(operae servorum vel animalium)。用益权是指在不毁坏物的实体的情况下使用他人物品并收获其孳息的权利,用益权一般只能针对不可消耗物,如果在可消耗物上设定用益权,那么在用益权消灭时,必须归还同等数量的相同可消耗物,这种权利被称为准用益权。使用权是使用他人之物的权利。居住权是在他人房屋中居住的权利,奴隶及家畜使用权则是使用他人的奴隶和家畜进行劳作的权利,这两种权利实际上是比较特殊的使用权。[2]

从历史的角度来看,役权的原初形态为乡村地役权,在早期罗马人的观念中,通行权和用水权这样的乡村地役权被视为需役地的所有权人对供役地上他行使地役权的部分拥有某种类型的所有权,因此这些古老的地役权的取得方式为要式买卖、拟诉弃权以及时效取得。后来由于法学理论上认为地役权是无体物,不能被时效取得,故而时效取得的方式被废弃。[3] 城市地役权、用益权等产生在乡村地役权之后的役权类型,其取得方式为拟诉弃权。对于这些市民法上的役权,早期法律上为之提供保护诉讼类型为“所有物返还之诉”,后来役权逐渐被视为他物权,于是法律提供的保护诉讼类型转变为“役权诉讼”(vindicatio servitutis),又称为“确认役权之诉”(actio confessoria),起初这一类诉讼所针对的仅仅是负担他物权的所有权人,因此具有对人之诉的特征,后来这类诉讼可以针对任何阻止权利行使的第三人提起,并可以获得损害赔偿,因此具备了对物之诉

---

〔1〕 [意]彼德罗·彭梵得:《罗马法教科书》,黄风译,中国政法大学出版社 2005 年版,第 191 页。

〔2〕 参见周枏:《罗马法原论》(上册),商务印书馆 1994 年版,第 389 ~ 406 页;费安玲:《罗马私法学》,中国政法大学出版社 2009 年版,第 220 ~ 229 页;陈朝璧:《罗马法原理》,法律出版社 2006 年版,第 301 ~ 315 页。

〔3〕 费安玲:《罗马私法学》,中国政法大学出版社 2009 年版,第 229 页;[意]彼德罗·彭梵得:《罗马法教科书》,黄风译,中国政法大学出版社 2005 年版,第 197 页。

的特征,[1]而役权也就成为真正的物权。

由于市民法对役权设立方式的严格规定,外国人不能根据市民法获得役权,行省土地之上也不能设定役权。为了满足实践的需要,现实生活中出现了依据简约或要式口约设定役权的情况,这样役权人可以对抗负担他物权的物的所有权人,但问题在于,这样的简约或要式口约仅仅具有债的效力,尚难以认定权利人获得了物权地位。随着时间的流逝,执法官也承认此类役权的权利人可以提起对物之诉来保护自己,不仅可以对抗所有权人,也能对抗其他第三人对役权形式的侵扰,执法官采取的方法就是允许权利人提起"扩用的确认役权之诉"(actio confessoria utilis)。[2] 如此一来,此类役权也获得了与市民法上的役权同样地物权地位。

除了役权之外,罗马法上尚有两种利用他人之物的权利——地上权(superficies)和永佃权(emphyteusis),也获得了物权的地位。对于土地与地上物的关系,罗马法原则上采取土地吸附地上物原则(superficies solo cedit),即地上物属于土地的组成部分,归土地所有权人所有。但这种情况并不适应社会经济的发展,现实生活中逐渐出现了在公共土地和私人土地上进行建筑使用并支付租金的情况。对于前者,地上权人在共和国时期就获得了地上权令状,其对土地的占有可受到保护,随后在哈德良皇帝的谕令中地上权人可以提起对物之诉,由于受到的诉权保护严密,地上权人的法律地位逐渐被视为一种物权类型;对于后者,地上权人原本只能提起租赁之诉或买卖之诉这样的对人之诉,只能对抗土地所有权人,但后来地上权令状扩展适用于私人土地上的地上权,地上权人也被允许提起"准对物之诉"(quasi in rem actio)或"扩用的所有物返还之诉"(utilis vindicatio)。于是,后一种类型的地上权也获得了物权的地位。[3] 罗马法上的永

---

[1] 费安玲:《罗马私法学》,中国政法大学出版社 2009 年版,第 232~233 页;[意]彼德罗·彭梵得:《罗马法教科书》,黄风译,中国政法大学出版社 2005 年版,第 200 页。

[2] [意]彼德罗·彭梵得:《罗马法教科书》,黄风译,中国政法大学出版社 2005 年版,第 197 页;陈朝璧:《罗马法原理》,法律出版社 2006 年版,第 316~317 页;费安玲:《罗马私法学》,中国政法大学出版社 2009 年版,第 232~233 页。

[3] 陈朝璧:《罗马法原理》,法律出版社 2006 年版,第 293~294 页;[意]彼德罗·彭梵得:《罗马法教科书》,黄风译,中国政法大学出版社 2005 年版,第 202~203 页;费安玲:《罗马私法学》,中国政法大学出版社 2009 年版,第 233~235 页;丘汉平:《罗马法》,中国方正出版社 2004 年版,第 245~247 页;周枏:《罗马法原论》(上册),商务印书馆 1994 年版,第 420~421 页;[意]桑德罗·斯契巴尼选编:《物与物权》,范怀俊译,中国政法大学出版社 1999 年版,第 163~165 页。

佃权制度的前身是对公地利用,即“赋税田的出租”(locatio degli agri vectigales),承租人只要正常纳税,就可以长期或永久使用这些公地,在这种制度下,承租人不仅获得了占有令状的保护,也可以提起一种对物之诉——“赋税田之诉”(actio in rem vectigalis)。〔1〕 后来,私人土地所有权人也开始仿照赋税田制度,形成了长期租赁或不定期的永久租赁,对于这种土地利用关系的性质,学说上出现了买卖关系和租赁关系的争论,后芝诺皇帝将其宣布为独立的一种契约,既非买卖,也非租赁,〔2〕在实践中,执法官也承认权利人可以受占有令状的保护,并可以提起对物之诉(actio in rem utilis),因此永佃权就成为一种私法上的物权。〔3〕

在担保物权方面,罗马法上最早存在的担保物权形态是信托担保(fiducia),这种担保形式实际上是为担保为目的而让与所有权。除此之外,在债权人与债务人之间还存在一项简约,依据该简约,债务人可以在清偿债务后要求债权人返还信托物。信托担保的客体是要式物,其转让方式只能通过要式买卖和拟诉弃权进行,因此债权人实际上取得了市民法上的所有权,债务人与债权人之间的“信托简约”(pactum fiducia)只能在债权人与债务人之间产生债的关系,债务人可以提起的“信托之诉”(actio fiducia)也是对人之诉。〔4〕 但这种信托担保却存在以下弊端:其一,在信托担保制度之下,债权人已经取得了市民法上的所有权,这实际上是自动流质,对债务人较为不利,债务人和债权人不得不在信托简约中订立禁止流质约款,约定在不能清偿时,债权人只能出卖标的物并以价金取偿,而不能直接取得所有权。这种约定在实践中逐渐变为常态。〔5〕 其二,信托担保的设定方式严格,外国人和非要式物均不得适用,无法满足现实的需要。〔6〕 因此,现实生活中逐渐形成了另一种担保物权形式——质押(pignus),在这种担保物权类型中,债务人无须转让所有权,只需将物的占有转移给债权人,当债权人的占有受到侵害时,执法官可授予占有令状的保护,但此时的债权人拥有的只是一种受保护的占有地位,债务人仍然拥有质押物的所有权,债权人对质押物的处

---

〔1〕 [意]彼德罗·彭梵得:《罗马法教科书》,黄风译,中国政法大学出版社2005年版,第201页。

〔2〕 丘汉平:《罗马法》,中国方正出版社2004年版,第240页。

〔3〕 陈朝璧:《罗马法原理》,法律出版社2006年版,第296~297页。

〔4〕 [意]彼德罗·彭梵得:《罗马法教科书》,黄风译,中国政法大学出版社2005年版,第260页、第277~278页。

〔5〕 费安玲:《罗马私法学》,中国政法大学出版社2009年版,第238~239页。

〔6〕 陈朝璧:《罗马法原理》,法律出版社2006年版,第326页。

分还需要与债务人特约，还不能认为是名副其实的物权。[1] 随后，在现实中又出现了质押的变体——抵押（pignus conventum，hypotheca），这种担保形式原本是针对佃农带进出租地的耕作工具的，如果采用质押的形式，债务人将无法使用农具进行劳作，因此产生了不转移占有的抵押。为保护债权人的利益，执法官创造了萨尔维令状（interdictum Salvianum），允许出租人在佃农未交租的情况下，占有耕作工具；执法官又授予债权人“塞尔维之诉”（actio Serviana），这种诉讼是一种对物之诉，债权人可以用以恢复对物的支配，并可以对抗任何人。后来塞尔维之诉扩展适用于其他标的物的抵押，也扩展适用于质押，于是债权人在抵押和质押中均获得了物权人的地位。[2]

四、查士丁尼法典化——物权类型及对物之诉扩展的终止

从前面的分析中，我们可以看到，罗马法上的物权类型实际上是处于不断演化发展的过程中，罗马法物权的原初形态只有市民法上的所有权、乡村役权以及信托担保三种，在实践中所涌现出来的各种新的所有权类型、役权类型以及担保物权类型，主要是通过执法官授予占有令状和对物之诉的方式得到承认的，既然获得可以对抗任何人的对物之诉，那么其反射利益就可以被认为是一种对世性的物权。从罗马帝国后期及至6世纪查士丁尼时期，皇帝及其法学家们对实践中形成的物权类型进行了总结改造：第一，所有权趋于统一。卡拉卡拉皇帝授予罗马境内所有自由人以公民权，要式物和略式物的区分被废除，意大利土地和非意大利土地的区分也被废除，行省所有权的特殊形态也不存在了，要式买卖和拟诉弃权也被废除，交付开始被认为属于唯一的继受取得方式，市民法所有权与执法官法上的所有权的区分也被取消，长期时效也取代了时效取得。[3] 第二，在用益物权方面，查士丁尼在法典编撰中发展出了广义的役权范畴，用益权、使用权等人役权与地役权一起，也被纳入役权的范畴。由于要式买卖和拟诉弃权的废止，人们可以通过简约或要式口约来设立任何役权，长期时效也可导致役权的产

---

〔1〕 费安玲：《罗马私法学》，中国政法大学出版社2009年版，第240页；陈朝璧：《罗马法原理》，法律出版社2006年版，第327页。

〔2〕 费安玲：《罗马私法学》，中国政法大学出版社2009年版，第240～241页。

〔3〕 费安玲：《罗马私法学》，中国政法大学出版社2009年版，第177～178页、第209页；［意］彼德罗·彭梵得：《罗马法教科书》，黄风译，中国政法大学出版社2005年版，第164～168页、第260页。

生。[1] 永佃权和地上权的物权地位也进一步得到巩固。[2] 第三，在担保物权方面，信托担保随着要式买卖和拟诉弃权的废弃而消失，质押和抵押已经完全取代了信托担保，查士丁尼确认了君士但丁对流质约款的废除，并且将债权人对质押物、抵押物的出卖权确定为质押、抵押的实质性要素，当事人无需通过简约进行约定，也不能通过简约对其进行变通，这样质押、抵押的权利内容也被法定化了。[3]

虽然查士丁尼对罗马法的法典化使实践中逐渐发展起来的物权类型得到了梳理和总结，但这也标志着物权类型的发展从此受到了重大的限制。在查士丁尼法典化之前，罗马法的法律渊源是多元化的，包括了习惯法、制定法、平民会议决议、元老院决议、执法官告示、法学家的解答以及皇帝谕令，从前面的分析中，我们已经看到，在物权类型的发展过程中，执法官告示发挥了重大的作用，许多实践中形成的物的利用形态都是先获得了对物之诉的保护，才逐渐被认可为物权。但在查士丁尼法典化之后，查士丁尼明令废止了未被编入《查士丁尼法典》《法学阶梯》《学说汇纂》的法规，规定人们在引用法律时，只能以这三部典籍和新颁布的谕令为准，不能再引用其他条文或学说，这样一来，法典和皇帝新谕令就成为唯一的法律渊源。[4] 在法律渊源单一的情况下，没有新谕令，新的对物之诉和物权类型就无法得到发展了。

五、罗马法上存在对物之诉的类型封闭吗？

在通过前面对罗马法上物权类型和对物之诉类型的简要分析后，我们现在可以回到本节开始时提出的问题。由于罗马法上诉讼与权利的关系与现代法不同，我们在考察罗马法上是否存在物权类型封闭原则（*numerus clausus* of property rights）时，这个问题就转化为罗马法上是否存在对物之诉的类型封闭原则（*numerus clausus of actions in rem*）。或者说，对物之诉的适用范围是否被限定。

---

〔1〕［意］彼德罗·彭梵得：《罗马法教科书》，黄风译，中国政法大学出版社 2005 年版，第 199～200 页、第 260 页。

〔2〕费安玲：《罗马私法学》，中国政法大学出版社 2009 年版，第 234～236 页；［意］彼德罗·彭梵得：《罗马法教科书》，黄风译，中国政法大学出版社 2005 年版，第 203～204 页、第 260 页。

〔3〕费安玲：《罗马私法学》，中国政法大学出版社 2009 年版，第 239 页、第 244 页；［意］彼德罗·彭梵得：《罗马法教科书》，黄风译，中国政法大学出版社 2005 年版，第 260～261 页。

〔4〕陈朝璧：《罗马法原理》，法律出版社 2006 年版，第 19 页；周枏：《罗马法原论》（上册），商务印书馆 1994 年版，第 77 页。

第一,我们可以肯定地回答,罗马法上对物之诉的类型及其适用范围的有限性,导致其物权类型也是有限的。罗马法上每一种对物之诉都确定保护某一种财产关系,当事人之间的财产关系只有符合对物之诉的授予条件或形式才能获得诉权的保护,在查士丁尼法典化之前,执法官可以通过拟制、扩用既存对物之诉或创造新的对物之诉的方法,使现实中新产生的财产关系获得对物之诉的保护,当事人基于这种对物之诉所获得反射利益自然可以被视为一种新的物权。在查士丁尼法典化之后,由于法典和皇帝的新谕令成为唯一的法律渊源,因此只有法典或新谕令中明确提及的对物之诉,才能被适用,由此带来的后果就是对物之诉的类型及其适用范围更加明确,但也更加封闭僵化,执法官在物权领域的法律续造权限被剥夺了。因此,在罗马法上,对物之诉类型及其适用范围属于公共事务,无论在罗马法的哪个发展阶段,当事人之间并不能自由地塑造财产关系的内容,如果他们想建立具有对抗第三人效力的财产关系,那么他们就只能选择已经受到既定对物之诉所保护的财产关系类型,在查士丁尼法典化之前,可选择的对物之诉来源于制定法和执法官法,在查士丁尼法典化之后,可选择的对物之诉就仅限于法典中所包含的类型,同时,为获得对物之诉的保护,当事人之间建立的财产关系的内容也必须符合制定法或执法官法的要求。因此,用今天的话来讲,在罗马法上,私人在形成财产关系时,不仅受到类型约束(Typengebundenheit),而且形成自由(Gestaltungsfreiheit)也受到限制。

第二,虽然在罗马法上私人在财产关系的形成方面的类型选择和形成自由都受到了约束,但在某些权利类型下,只要在一定的界限内,当事人仍然存在形成自由的空间。役权就是一个典型的例子。虽然各种役权的亚类型在渐进式的发展中,但在古典法时期,罗马法学家们就已经为役权提出了五个抽象化的标准:地役权存在于相邻的两块土地之间(vicinitas),役权须存在于他人的所有物上(nulli res sua servit),地役权对需役地必须具有现实的利益(utilitas fundi),该现实利益具有永久性(perpetua causa),地役权不得包含供役地权利人的积极义务(servitus in faciendo consistere non potest),[1]只要满足以上几个标准,当事人之间创设的新财产关系就会获得执法官的承认,并获得"役权诉讼"(vindicatio

[1] 当然,也存在例外,即支撑役权(oneris ferendi),这种地役权要求供役地的权利人的建筑物对需役地上的建筑物进行支撑,供役地的权利人实际上是承担了一种积极义务。

servitutis)的保护。在查士丁尼法典化之后,法律对待役权的态度也是如此,只要满足上述五个标准,即可获得"确认役权之诉"(actio confessoria)的保护。[1] 因此,即便是在对物之诉的类型和适用范围有限的情况下,当事人对财产关系内容的形成自由也并非绝对不存在。

第三,虽然我们认为罗马法上存在对物之诉的类型及适用范围限制,进而认为罗马法存在物权类型封闭原则,但我们必须认识到,罗马法上的物权类型封闭原则与现代意义上的物权类型封闭原则的意义存在差异。这一点必须放在整个私法的价值脉络中才能凸显出来。现代法中的物权类型封闭原则之所以在近年来受到广泛的质疑是因为它与私法自治的价值取向存在差异,与合同法中的合同自由原则形成鲜明对比,因此在整个私法中显得非常另类。而在罗马法上,其私法根本未树立私法自治的价值取向,即便是在债法领域也处于类型约束(Typengebundenheit)之中,合同自由并没有得到承认,当事人只能选择受到诉权保护的债的关系类型,[2]因此罗马法的整个私法都处于诉权类型限制的桎梏中,这种情况延伸到物权领域,自然就是对物之诉的类型限制。因此,可以说,罗马法上物权类型封闭原则的形成机理和现代法中的物权类型封闭原则的形成机理是不同的,因此在现代法的语境下将物权类型封闭原则的源头追溯到罗马法上是没有太大意义的。

但是,对罗马法的考察对现代社会物权类型封闭原则的理解也并非全无助益,只要我们注意到罗马法对非典型的债之关系的态度:第一,虽然罗马法上的类型约束也在债法领域贯彻,但罗马法上存在要式口约(stipulatio)的订约形式,只要以这种形式设立债之关系,当事人就享有很大的形成自由,可以约定各种类型的交易,并受到"要式口约之诉"(actio ex stipulatu)的保护,但这种缔约存在很多严格的形式要求,因此对缔约双方非常不便。[3] 第二,罗马法上对无名契约和简约效力的承认也在很大程度上松动了债法领域的类型约束。无名契约原本无法得到诉权的保护,但执法官在司法实践中逐渐允许就无名契约提起"事实诉

---

[1] Bram Akkermans, *The Principle of Numerus Clausus in European Property Law* (diss.), Maastricht University, 2008, pp. 43 – 44, 55.

[2] Kaser und Knütel, *Römisches Privatrecht*, 18. Auflage, Verlag C. H. Beck, 2005, SS. 162 – 163; Honsell, *Römisches Recht*, Springer, 2010, S. 100.

[3] Kaser und Knütel, *Römisches Privatrecht*, 18. Auflage, Verlag C. H. Beck, 2005, S. 163;陈朝璧:《罗马法原理》,法律出版社 2006 年版,第 115 ~ 117 页。

讼”(actio in factum),在查士丁尼时期,部分无名契约不仅得到了法律的承认,还出现了有名化的倾向。[1] 简约原本也没有债的效力,后在司法实践中部分简约也逐渐获得了诉权保护,在查士丁尼法典化时,法律已经允许不享有专门诉权保护,并依据简约为给付的当事人提起“对待给付之诉”,在这种情况下,简约基本上等同于无名契约了。[2] 因此,我们可以说,虽然罗马法在整个私法领域中都充满了诉权类型限制的约束,无论在物权领域还是债权领域都不存在原则上的差异,但在契约法领域,这一约束明显比物权领域要宽松得多,只是还没有像近现代法那样将契约自由奉为契约法的首要原则。如果说近现代法中的物权法与契约法在价值取向上存在质的差异,那么罗马法中的物权法和契约法则只有量的差异。又或许两者之间本没有这么大的差异,只是近现代法将这个差异夸大了?

第二节 从中世纪到法国大革命——物权类型封闭原则的消亡与重现

一、中世纪日耳曼习惯法:以持有(Gewere)作为对物之诉的适用标准

日耳曼人的持续内迁和入侵导致罗马帝国在西欧和中欧的统治逐渐瓦解,国家统治机构消失,在持续数百年的无政府混乱之后,秩序得以重新建立,但却以与古代迥然不同的形态出现了。这种新的社会形态被学者称为封建(feudalism)。关于封建的含义,有广义和狭义两种见解:比利时著名历史学者冈绍夫(Ganshof)持狭义见解,他将封建定义为:“一套制度,它们创造并规定了一种自由人(附庸)对另一种自由人(领主)的服从和役务——主要是军役——的义务,以及领主对附庸提供保护和生计的义务。”[3] 法国学者布洛赫采用了较为广义的理解,他将封建视为一种社会形态,“依附农民;附有役务的佃领地(采邑)而不是薪俸的广泛使用;专职武士等级的优越地位;将人与人联系起来的服务——保护关系(这种关系在武士等级内部采用被称作附庸关系的特定形式);

[1] 费安玲:《罗马私法学》,中国政法大学出版社 2009 年版,第 311 页;[意]彼德罗·彭梵得:《罗马法教科书》,黄风译,中国政法大学出版社 2005 年版,第 296 ~ 298 页。

[2] 费安玲:《罗马私法学》,中国政法大学出版社 2009 年版,第 312 页。

[3] [法]马克·布洛赫:《封建社会》,商务印书馆 2007 年版,第 8 页。

必然导致混乱状态的权力分割；在所有这些关系中其他的组织形式即家族和政府的存留；这些似乎就是欧洲封建主义的基本特征"。[1] 狭义的理解仅仅将"封建"限于"封君—封臣"之间，而广义的"封建"则包括了"封君—封臣"以及"领主—农民"两种依附关系。这两种关系在法律上形态是不同的：前者建立在两个自由人之间的"效忠契约"（contract of homage）之上，封臣向封君效忠，提供各种封建义务，封君则授予封臣以采邑封地，封臣可以享受采邑带来的经济利益，这种"封君—封臣"关系由采邑法调整；后者则建立在农民对领主的依附之上，绝大多数农民并非自由人，他们耕作领主赋予的土地，并向领主缴纳赋税，提供各种劳役，这种"领主—农民"关系由庄园法调整。从本质上来讲，这两种关系是同质的，均是人身关系、财产关系与政治权力的结合：封君对封臣、领主对农民享有司法裁判权；在土地之上形成了从国王到农民的层层分封关系，实际利用人是农民，处于链条顶端的是国王，他们都对土地享有地产权，但任何一个人的权利都不能被视为罗马法上的"所有权"。从 11 世纪、12 世纪开始，"封君—封臣"关系的人身属性开始减弱，财产属性逐渐增强，封君对封臣的各种形式的人身依附关系转变为各种财产义务，即人身义务可以由金钱支付来代替，直接的经济支配权也转化为征税，采邑的可继承性也成了客观普遍的规范，[2] 同时，农民对领主的人身依附关系也开始减弱，农民提供的各项劳役义务也开始固定化，并且可以以货币来代替，庄园制也开始转变为纯粹的经济性。[3]

虽然在 11 世纪、12 世纪之后，学术化的罗马法和教会法开始形成欧洲共同法（ius commune），其适用范围也在扩展，但地方法（ius proprium）仍然处于主要法源的位置上。在财产法领域中，这一点就表现得特别明显：在中世纪时期，商品经济欠发达，整个社会的经济支柱是庄园农业经济，土地成为最为重要的财产，动产、货币以及市场交易在经济生活中处于边缘状态，因此上述封建法和庄园法就成为中世纪最为重要的财产法渊源，并且以地方习惯法的形态存在。可以说，中世纪财产法主要是以地方习惯法的形态存在的土地法（封建法和庄园

---

〔1〕［法］马克·布洛赫：《封建社会》，商务印书馆 2007 年版，第 5 ~ 6 页。

〔2〕［美］哈罗德·J. 伯尔曼：《法律与革命》（第 1 卷），贺卫方等译，法律出版社 2008 年版，第 298 ~ 299 页。关于采邑制度，可参见［法］马克·布洛赫：《封建社会》，商务印书馆 2007 年版，第 12 章、第 14 章。

〔3〕［法］马克·布洛赫：《封建社会》，商务印书馆 2007 年版，第 437 ~ 438 页。关于庄园制度，可参见本书第 18 章、第 20 章以及哈罗德·J. 伯尔曼：《法律与革命》（第 1 卷），贺卫方等译，法律出版社 2008 年版，第 10 章。

法)，而非共同法。[1] 因此，我们在回答中世纪是否存在财产权类型封闭原则时，不能诉诸共同法，只能以封建法和庄园法为考察对象。虽然美国学者伯尔曼认为在11世纪、12世纪封建关系和庄园关系中的习惯都转变成了一种具有客观性和普遍性的法律制度，[2] 当时的封建习惯法也确实被收录进一本被称为《封土之律》(Libri Feudorum)的习惯法记录中，但这也只能说明这些五花八门的封建习惯法具有某些共同的特点，封君或领主向封臣或农民授予地产权或主张封建义务时需要遵循既定的习惯，但很难推断出当时的土地权利类型是封闭的。[3]

实际上，如果我们从当时日耳曼习惯法上的持有制度(Gewere)出发，恰好可以推断出相反的结论。日耳曼习惯法上的"持有"是指对物的实际控制形式，它的构成要件有两个：其一是实际控制，其二是权利主张。实际控制并不仅仅限于对土地的直接利用，还包括了各级领主要求土地直接利用人服役、缴纳租金、税收，因此中世纪土地法中就存在多重的持有。权利主张是指持有人须对土地享有某种权利，这种权利主张是持有人的主观态度，不一定为所有权，也可以是对用益权、租赁权或质权的主张。这种持有制度恰恰是对中世纪土地分封关系的法律描述。[4] 在日耳曼习惯法中，同样存在对物之诉和对人之诉的区分，只有具有"持有"这种形式才能提起对物之诉，也即"持有"成为决定对人之诉和对物之诉适用范围的标准。例如，德国学者哈斯勒(Heusler)认为，中世纪日耳曼法将一切具有物上实际控制形式的权利——或者用术语来说，处于持有(Gewere)中的权利——作为区别于其他权利的一组特殊权利来对待；一切以持有为表征的权利，都是物权，一切基于对物之持有而提起的诉讼，则都是对物之诉。德国学者胡布纳(Hübner)清楚地说明了持有、对物之诉以及对世效力三者的关系，他认为，如果某种权利缺乏对世效力，只能是因为其不具备持有的形式，从而缺乏提起对物之诉的基础，因为对物之诉必须基于持有才能提起，如果缺乏持有，就只

---

〔1〕 [德]迪尔克·赫尔鲍特：《封建法：欧洲真正的财产共同法——我们应当重新引入双重所有权?》，载《中德私法研究》(2008年总第4卷)，北京大学出版社2008年版，第128～130页。

〔2〕 [美]哈罗德·J.伯尔曼：《法律与革命》(第1卷)，贺卫方等译，法律出版社2008年版，第298页、第315页。

〔3〕 Bram Akkermans 也持同样观点，参见 Bram Akkermans, *The Principle of Numerus Clausus in European Property Law* (diss.), Maastricht University, 2008, p. 81。

〔4〕 金可可：《持有、向物权(ius ad rem)与不动产负担——论中世纪日耳曼法对债权物权区分论的贡献》，载《比较法研究》2008年第6期，第45～47页。

能提起针对合同相对方的对人之诉。[1] 从持有与对物之诉的关系来看，虽然日耳曼法没有形成现代意义的物权概念，但实际上是以对物的实际控制作为物权性的标准，而包含在"持有"这一形式之下的财产关系类型却是多样的，因此我们可以合理的推断，中世纪日耳曼法上实际上没有对物之诉采取类型封闭原则，而是采取了开放性的标准，无论何种财产关系只要具备了持有的形式，即可获得对物之诉的保护，用今天的话来讲，日耳曼法采取的是物权类型开放原则。

虽然当时的共同法在财产法领域处于次要地位，但当时学者的理论研究却对后世的财产权观念以及民法典的制定产生了重大的影响，因此本节的以下部分还是要对共同法中的财产法进行简要考察。

二、注释法学派与后注释法学派时期：双重所有权（duplex dominium）观念的诞生

注释法学派对罗马法文本的研究方法主要是注释或经院哲学的解释的方法，目的是探求文本的真实含义，鉴别不同手稿的差异，在遇到自相矛盾的内容时，尝试将它们的表述同一起来或者在两者之间确定一个更佳的说法。注释法学派的研究集中于《民法大全》的文本，但偏离了司法实践，只是一种纯粹学理上的研究。注释法学派的代表人物是伊纳留斯（Inerius）、布尔加鲁斯（Bulgarus）、马丁努斯（Martinus）、雅各布斯（Jacobus）、阿佐（Azo）以及阿库修斯（Accursius）。与注释法学派不同，后注释法学派或评论法学派虽然也运用经院哲学的解释方法，但他们不再对《民法大全》的文本进行总体解释，而是更加关注地方习惯法和司法实务，重点对个别法律问题进行深入讨论，力图解决社会面临的个案，这种方法被称之为"意大利风格"（mos Italicus）。这种研究方法虽然实现了罗马法研究和具体案件裁判的结合，但却存在为了灵活运用而曲解罗马法原典的弊端。

---

[1] Heusler, *Institutionen des deutschen Privatrechts*, *Systematisches Handbuch der deutschen Rechtswissenschaft*, B. Ⅱ, Ⅰ, S. 384 et seq., quoted in Hübner, p. 162; Rudolf Hübner, *A H istory of Germanic Private Law*, The Continental Legal History Series, V. IV, Boston Little, Brown, and Company, 1918, p. 162. 转引自金可可：《持有、向物权（ius ad rem）与不动产负担——论中世纪日耳曼法对债权物权区分论的贡献》，载《比较法研究》2008年第6期，第45～47页。

这一学派的代表人物是巴图鲁斯(Bartolus)和巴尔杜斯(Baldus)。[1]

在前面对罗马法的分析中,我们已经知道罗马法上只有“对物之诉”和“对人之诉”的区分,当时也没有形成现代的权利观念。在注释法学派和后注释法学派对罗马法进行学术化的研究后,他们开始探寻“诉”背后的“原因”(causa),也即为什么罗马法会在某些情形下为当事人提供“诉”的保护。这种对“诉”背后的“原因”的探寻导致了现代意义上的“权利”观念的逐渐生成。[2] 在这种语境下,“对物权”(ius in re)和“对人权”(ius in personam)的观念从“对物之诉”和“对人之诉”背后形成了。最早使用“对物权”概念的是注释法学派,但他们尚未将其与“对人权”对照区分,真正将“对物权”作为与“对人权”相对立的权利类型的是后注释法学派,他们使用的术语分别是 iura realia 和 iura personalia。[3]

注释法学家们对罗马法的研究使他们理解了罗马法语境下的所有权概念(dominium),但当他们尝试用这一概念来解释封建法时却陷入了窘境:究竟是封君还是封臣享有所有权?注释法学家们并没有将所有权完全认定为一方所有,而是将双方都称为所有权人。封君享有的是直接所有权(dominium directum),而封臣享有扩用所有权(dominium utile),这两种所有权实际上是与罗马法上的“直接所有物返还之诉”(vindicatio directum)和“扩用所有物返还之诉”(vindicatio utile)相对应的。[4] 这就是著名的双重所有权理论,这一理论具有非常强的解释能力,能够用来描述非常多样化的关系,在封臣继续分封的情况下,就可以形成多重所有权,最下层的封臣享有扩用所有权,而其他封臣及封君则享有直接所有权。此外,双重所有权理论不仅可以用来解释封建关系,还可以用来

---

〔1〕 关于注释法学派和后注释法学派的研究方法,可参见[英]梅特兰:《欧陆法律史概览——事件、渊源、人物及运动》,屈文生译,上海人民出版社 2008 年版,第 110~118 页;戴东雄:《中世纪意大利法学与德国的继受罗马法》,中国政法大学出版社 2003 年版,第 2 章第 2 节、第 3 节;[德]弗朗茨·维亚克尔:《近代私法史》(上册),陈爱娥、黄建辉译,上海三联书店 2006 年版,第 3 章、第 5 章。

〔2〕 Bram Akkermans, *The Principle of Numerus Clausus in European Property Law* (diss.), Maastricht University, 2008, p. 60.

〔3〕 Robert Feenstra, *Dominium and ius in alliena: The Origins of a Civil Law Distinction*, *Legal Scholarship and Doctrines of Private Law*, *13th – 18th Centuries*, Variorum 1996, p. 112; Robert Feenstra, *Real Rights and Their Classification in the 17th century: the Role of Heinrich Hahn and Gerhard Feltmann*, *Legal Scholarship and Doctrines of Private Law*, *13th – 18th Centuries*, Variorum 1996, p. 106. 转引自金可可:《对人权与对物权的区分理论的历史渊源——从罗马法的复兴到自然法学派》,载《私法研究》(2004 年第 1 期总第 4 卷),中国政法大学出版社 2004 年版,第 463~464 页。

〔4〕 [德]迪尔克·赫尔鲍特:《封建法:欧洲真正的财产共同法——我们应当重新引入双重所有权?》,载《中德私法研究》(2008 年总第 4 卷),北京大学出版社 2008 年版,第 135 页。

描述不同种类的保有权,在当时,永佃权(emphyteusis)、地上权(superficies)以及长期租赁权都被普遍被视为一种扩用所有权。[1]

虽然双重所有权的观念已经被接受,但注释法学派却没有给出“所有权”的定义,直到后注释法学派,所有权的定义才出现。巴图鲁斯将所有权定义为:除非法律所禁止,对有体物的任意处置权。但这一定义并不意味着巴图鲁斯只承认一种类型的所有权,他将所有权分为直接所有权、扩用所有权以及准所有权,直接所有权的享有人是封君,扩用所有权的享有人是附庸、永佃权人、地上权人以及长期占有人,准所有权的享有人是尚未完成取得时效但受到善意占有之诉保护的占有人。巴图鲁斯对所有权的定义和分类具有很大的影响,其学生巴尔杜斯也接受了他的学说。

在前面谈及罗马法时,我们虽然也使用了“他物权”一词,但严格来说,在罗马法上并没有“他物权”的概念存在,只是在实践中形成了一系列受到“对物之诉”保护的法律地位,因此,罗马法上并没有明确区分所有权与所有权以外的他物权。在注释法学派和后注释法学派的学说中,由于出现了双重所有权观念,因此罗马法遗留下来的权利类型和各种封建土地权利都被纳入双重所有权的解释框架中,所有权以及其他对物权之间的界限就很不明显。后注释法学派的巴尔杜斯首次列举了对物权(iura realia)的各种类型,包括上面所提及的三种所有权以及继承权(ius hereditatis)、地役权和人役权(iura servitutum realium et personalum)、抵押权(hypotheca)。其中,人役权包括用益权(usufructus)、使用权(usus)及居住权(habitatio)。巴尔杜斯虽然将列举了各种对物权的类型,但并没有将所有权与其他四种对物权对立起来。[2] 可以说,在注释法学派和后注释法学派时期,法学家已经从对物之诉与对人之诉的区分中推导对人权和对物权的区分,但由于双重所有权观念的存在,所有权与他物权的区分尚不存在,也没有人提出他物权(ius in re aliena)的概念。

值得我们注意的是,在注释法学派和后注释法学派之间的 13 世纪,还存在

---

〔1〕 Bram Akkermans, *The Principle of Numerus Clausus in European Property Law* (diss.), Maastricht University, 2008, p. 61.

〔2〕 关于巴尔杜斯对对物权(iura realia)的列举,可参见金可可:《对人权与对物权的区分理论的历史渊源——从罗马法的复兴到自然法学派》,载《私法研究》(2004 年第 1 期总第 4 卷),中国政法大学出版社 2004 年版,第 464 ~ 465 页。

新奥尔良法学派,这一学派的法学家雅克·德·惹维尼(Jaques de Revigny)还提出了介于对人权和对物权之间的一种中间类型的权利——向物权(ius ad rem)。[1] 向物权实际上与罗马法没有关系,而是来源于日耳曼法上的观念持有(ideelle Gewere)。前文已述,满足实际控制和权利主张两个要件才构成持有,才可以提起对物之诉,但也存在例外情形,即只有权利主张而无实际控制的情况下也能提起对物之诉,这种例外情形被称为观念持有,具体包括因土地让与合意而产生的观念持有;因司法判决而产生的观念持有;因继承而产生的观念持有;因非法剥夺持有而导致的观念持有。之所以要承认这种观念持有,是因为在中世纪的强制执行法中对人之诉以"作为"为客体,不能强制对方实际履行,而对物之诉则可以通过强制执行保证原告取得对物的实际控制。[2] 后来由于受到罗马法上的占有制度的影响,日耳曼法上的观念持有逐渐消亡,法学家于是就创造了向物权这一概念来替代观念持有的功能。需要注意的是,无论是观念持有还是向物权,权利人虽然可以提起对物之诉,但观念持有和向物权都只有相对效力,而不具有对世效力。换言之,观念持有和向物权都是为了规避对人之诉在强制执行法上的困难而产生的,允许权利人提起对物之诉,主要是为了保证他们能够通过强制执行实现对物的实际控制,而非使他们获得对世的法律地位。因此向物权又被称为"相对的物权"(relativ-dingliches Recht)。[3]

三、人文主义与自然法时期:统一所有权观念的产生

人文主义法学兴起于后注释法学派之后,它的产生原本是对后注释法学派研究方法的反动变革。伯尔曼将人文主义法学思潮分为三个阶段:第一个阶段是语言学和历史学阶段,也可以被称为怀疑论阶段,这一阶段主要是对注释法学

---

〔1〕 惹维尼对向物权的定义为:一种从他人那里要求得到某物的积极权利,"ius ad rem 就是要求某物的权利,例如当你允诺给我一匹马,我就有权要求得到它,虽然对他尚未形成权利(ius to demand it, but not a ius in it)"。Richard Tuck, *Natural Rights Theories: Their Origin and Development*, Cambridge Unniversity Press, 1979, 14, 17. 转引自朱晓喆:《近代欧陆民法思想史——十六至十九世纪》,清华大学出版社 2010 年版,第 39 页,注释 1。

〔2〕 金可可:《持有、向物权(ius ad rem)与不动产负担——论中世纪日耳曼法对债权物权区分论的贡献》,载《比较法研究》2008 年第 6 期,第 48 ~ 49 页。

〔3〕 中世纪的对人之诉在强制执行方面的限制明显是受到了罗马法的影响,在罗马法程式诉讼时期,对人之诉的强制执行只适用于以确定金额的债为标的之诉讼,而不适用于以作为标的之诉讼。可参见金可可:《对人权与对物权的区分理论的历史渊源——从罗马法的复兴到自然法学派》,载《私法研究》(2004 年第 1 期总第 4 卷),中国政法大学出版社 2004 年版,第 466 ~ 471 页。

以及后注释法学的研究成果进行批判,主张剥除原始文本以及经典注释的神圣性,回到《民法大全》的文本本身以及历史地理解罗马法;第二个阶段和第三阶段分别是"原则化"和"体系化"的阶段,从第一阶段的单纯批判转向了自己的理论建构,这两个阶段的人文主义法学开始形成自己的研究方法,认为法律分析的出发点不再是文本,也不是对文本的注释,而是法律原则和概念,并在此基础上进行体系化。这种研究方法被称为高卢模式(mos gallicus),与注释法学派的意大利模式形成了对比。[1] 大陆法系的法律研究从决疑论式的个别问题探讨转向了以法律制度的整体关系为导向的系统论,这实际上是近代民法的开端。人文主义法学原则化阶段的代表人物为法国人纪尧姆·布德(Guillelmus Budaes),德国人乌尔里奇·查修斯(Uldaricus Zasius)以及意大利人安德烈亚·阿尔恰托斯(Andrea Alciatus),体系化阶段的代表人物则有法国人雨果·多诺(Hugo Donellus)和德国人菲利普·梅兰希顿(Philip Melanchthon)、约翰·阿佩尔(Johann Apel)以及康拉德·拉各斯(Conrad Lagus)。[2] 在人文主义思潮和新研究方法的影响下,财产权的观念也开始发生变化,现代财产权的体系逐渐开始显现。

人文主义学派最明显的财产权观念变化就在于他们拒绝分裂的所有权观念,反对将所有权分为直接所有权和扩用所有权。大多数人文主义法学家更喜欢区分完全所有权(dominium plenum)和不完全所有权(dominium minus plenum)的区分。完全所有权就是罗马法上的所有权,权利人可以任意处分标的物,不完全所有权则是指完全所有权以外的其他财产权利。[3] 从这种区分方法来看,我们已经可以看到罗马法上统一所有权观念回归的苗头了,因为在直接所有权和扩用所有权的区分中,两者并无高下之分,就是对所有权的简单分割,但在完全所有权和不完全所有权的分割中,前者是完整的,而后者是残缺的,前者在理念上似乎具有更高的地位。

德国法学家阿佩尔是最早使用民法(civil law)来指代财产法、契约法和侵权法以及其他调整私人关系的法律规范的法学家之一,他在查士丁尼《法学阶梯》

---

〔1〕 可参见[美]哈罗德·J. 伯尔曼:《法律与革命》(第2卷),袁瑜铮等译,法律出版社2008年版,第109~119页。

〔2〕 可参见朱晓喆:《近代欧陆民法思想史——十六至十九世纪》,清华大学出版社2010年版,第1章。

〔3〕 Bram Akkermans, *The Principle of Numerus Clausus in European Property Law* (diss.), Maastricht University, 2008, p. 63.

“人、物、诉讼”的基础上开始建构整个私法权利体系，并对其进行了改造。他首先把“物”（res）区分为“对物权”（ius in re）和“向物权”（ius ad re）两类。对物权包括了所有权（dominium）、准所有权（quasi dominium）以及特殊对物权（ius in re specificum），但阿佩尔仍然保留注释法学派的分割所有权观念，仍然将所有权区分为收益（ususfructus）和支配（proprietas），也即直接所有权和扩用所有权；准所有权是指在时效取得完成之前的权利；特殊对物权包括了地役权、质权、抵押权以及留置权，这种特殊对物权实际上涵盖了现代社会直接对物支配利用以外的其他他物权。对于向物权，阿佩尔也用债（obligatio）来称谓它，包含了契约、准契约、私犯、准私犯，诉讼也被阿佩尔纳入债的范畴。[1] 整体来看，如果不考虑诉讼的因素，阿佩尔的对物权和向物权的区分实际上就是现代社会意义上的物权和债权的区分，在对物权的内部，阿佩尔虽然区分了所有权与特殊对物权，但由于他没有完全放弃分割所有权的观念，这一区分尚不能等同于现代意义上的所有权与他物权的区分。

法国法学家雨果·多诺将民法视为一个私权的体系，首先可以区分为原本就属于某人的权利和他人欠我们的权利，前者包括人格以及对物的权利，后者则包括契约之债和侵权之债。在雨果·多诺的物权体系中，双重所有权的财产权结构被转化为了“所有权——他物权”结构，在所有权恢复其绝对性观念的同时，他物权（iura in re aliena）的概念首次被提出了。对于现实中存在的佃户的权利，多诺认为其并非扩用所有权，而是一种独立的他物权，即永佃权。在多诺的财产权体系中，除了永佃权，还包括了地上权、地役权、善意占有的权利以及质权，这些权利在罗马法时代就已经存在，多诺首次将它们囊括在他物权这一概念之下。[2]

在雨果·多诺之后，海因里希·汉恩（Heinrich Hahn）的学说中也区分了对物权和向物权。他所理解的向物权基本上与阿佩尔相同，即将向物权理解为对人权或债权，而对物权则是使物直接受到影响的权利，某项权利是否为对物权，

---

〔1〕 朱晓喆：《近代欧陆民法思想史——十六至十九世纪》，清华大学出版社 2010 年版，第 38～40 页；[美]哈罗德·J. 伯尔曼：《法律与革命》（第 2 卷），袁瑜铮等译，法律出版社 2008 年版，第 124～126 页。

〔2〕 朱晓喆：《近代欧陆民法思想史——十六至十九世纪》，清华大学出版社 2010 年版，第 31～34 页。

关键在于其是否能提起对物之诉。[1] 他通过对罗马法上诉的研究,从中提取出了所有权、质权、役权、占有和继承权五种对物权,这种“汉恩五权列举”(Hahn's Pentarchy)在当时是被普遍接受的做法,并对后世产生了重大影响。

人文主义法学派摆脱了注释法学派和后注释法学派的“意大利方法”,开始运用逻辑分类对罗马法上的材料进行体系化的构造,进而形成了私权体系以及财产权体系。对人权(债权)和对物权的区分更加明确,处于中间类型的对物权也被纳入债权的范畴,同时双重所有权的财产权结构被“所有权—他物权”所取代,学者们对对物权的类型进行列举也让人隐隐觉得在学理上存在对物权类型封闭的观念。实际上,这是对罗马法材料进行整理必然会得出的后果:罗马法上对物之诉的适用范围仅限于个别法律地位,因此从对物之诉背后推导出的对物权的类型必然是有限。

四、自然法和理性法时代:“所有权—他物权”结构的巩固

17、18 世纪是欧洲的自然法和理性法时代,这个时代的法学的鲜明特征是受到了启蒙思想的影响,将人的理性视为自然法的来源,具有最高的正当性,在这种因素的影响下,在私法领域,罗马法的权威首次发生了动摇,法学家们可以以自己的理性为依据,在学术研讨中去除社会生活的非理性因素,摆脱罗马法文本和权威意见的束缚,自主地建构私法体系。这一思潮的代表人物主要有荷兰人胡果·格劳秀斯(Hugo Grotius)、德国人普芬道夫(Pufendorf)和克里斯蒂安·沃尔夫(Christian Wolff)。虽然理性法思潮对私法影响很大,但我们需要注意的是,这种影响主要是在体系建构和观念层面发生作用。在具体私法制度层面,理性法思潮对合同、法律行为制度存在较大影响,[2] 但对物权法领域的影响就颇为有限。

在整体私权体系构造方面,格劳秀斯在《荷兰法学导论》中放弃采纳《法学阶

---

〔1〕 金可可:《对人权与对物权的区分理论的历史渊源——从罗马法的复兴到自然法学派》,载《私法研究》(2004 年第 1 期总第 4 卷),中国政法大学出版社 2004 年版,第 480 ~ 481 页。

〔2〕 例如,在学说上,合意原则在这一时期成为了契约约束力的基础,成为了契约的本质。在前文中我们已经知道,罗马法对契约采取严格的形式主义,当事人的主观意图并没有被视为契约效力的根源,一项契约是否能得到诉的保护,往往取决于形式要件是否满足。中世纪教会法中虽然也有“协议必须恪守”(pacta sunt servanda)的原则,但协议效力的来源主要是对上帝的许诺,而没有归结到个人意志上来。在近代自然法时期,契约拘束力的基础才真正落实到双方合意之上,从此合意成为契约的本质,也是各项契约制度的内在价值。

梯》“人法—物法—诉讼”的结构，将“无形物”从物法中分离出去，作为与“对物权”（ius in rem）相对的“对人权或债权”（ius in personam sive creditum）。“对人权或债权”包括赠与、契约、无因管理、不当得利、侵权行为等多种债的类型。“对物权”被分为“占有权”（ius possessionis）和“所有权和准所有权”（ius dominii vel quasi），后者又分为完全的所有权（dominium plenum）和不完全所有权（dominium minus plenum），完全的所有权是权利人在法律不禁止的情况下对客体进行任意利用的权利，不完全所有权是指欠缺部分权能的所有权。不完全所有权包括了役权（servitudes）和 tocht，前者包括乡村地役权和城市地役权，后者包括用益权（usufruct）、永佃权（emphyteusis）、封建地产权（feudal tenture）、地上权（ius superficiarum）、使用权（usus）、征收十一税的权利（ius decimarum）、占有质权、非占有质权。对于存在用益权、永佃权的土地，在同一时间段存在两个以上的权利人，究竟哪一个才是完全所有权人？格劳秀斯特别提出，享有权利的大部分的人是完全所有权人，但判断那一部分更大时，应该从价值而非从现实利益来判断，能够在可继承租赁关系中收取租金的是完全所有权人，而非从土地上获得最大现实利益的人。此外，基于身份产生的财产关系（夫妻共同财产以及财产继承）也被放在第二卷对物权部分。[1] 从上述分析来看，格劳秀斯的“不完全所有权”实际上囊括了现代民法中几乎所有类型的他物权以及现代民法中不存在的封建物权，可以说他对“完全所有权—不完全所有权”财产权结构基本上和多诺提出的“所有权—他物权”结构基本一致。[2] 值得我们格外注意的是，格劳秀斯对对物权与对人权的区分不仅在静态权利体系中区分，而且还将这一区分贯彻到了权利变动领域：在所有权变动方面，买卖契约并不能使买受人取得所有权，只能取得要求交付标的物的对人权，只有在交付物之后买受人才能成为所有人；在用

---

〔1〕 参见朱晓喆：《近代欧陆民法思想史——十六至十九世纪》，清华大学出版社 2010 年版，第 83 ~ 99 页；Bram Akkermans, *The Principle of Numerus Clausus in European Property Law* (diss.), Maastricht University, 2008, pp. 71, 75。

〔2〕 当然，也有学者认为，格劳秀斯仍然受到了分割所有权理论的影响，因为他在对 Tocht 进行注释时，仍然使用了“扩用所有权”（dominium utile）一词。同时，他在阐述“不完全所有权”的概念时还使用了“上位所有权”（opper-eigendom）的表述，这个词实际上来自拉丁文 dominium superior，巴尔杜斯在与“直接所有权”（dominium directum）相同的意义上使用过这个词。Robert Feenstra, *Dominium and Ius in Re Aliena: The Origins of a Civil Law Distinction*. New Perspectives in the Roman Law of Property. Essays for Barry Nicholas, Edited by Peter Birks, Clarendon Press, Oxford, 1989. p. 120. 转引自方新军：《盖尤斯无体物概念的建构与分解》，载《法学研究》2006 年第 4 期，第 97 ~ 98 页。

益物权方面,例如,格劳秀斯在《荷兰民法导论》第二卷“对物权”中讨论了永佃权的性质、客体、取得、转让等只涉及物权内容的问题,至于设定永佃权的契约,则在第三卷“对人权”作为具体的契约类型来讨论;在担保物权方面,格劳秀斯仍然在对物权部分讨论了质押权的物权内容,至于设定质押权的契约则放在对人权部分讨论。[1]

德国理性法学者普芬道夫在讨论对物权时也将其分为所有权和他物权(jure in res alienas),他物权即对他人之物进行使用、收益的权利,包括永佃权(jus emphyteuticum)、地上权(jus superficiarum)、善意占有人的权利(获取占有物的收益、处分占有物、对抗第三人、主张时效取得)、质权与抵押权、役权(用益权、居住权、使用权、地役权等)。对于继承,普芬道夫倾向于将其理解为所有权的取得方法,而非一种权利类型。[2]

虽然在理性法时期,法学家们开始从唯理主义的哲学理念出发,从权利义务的视角思考私法问题,并提出自己的私法体系,但正如前面所说,这种观念的更新更多只是对法学研究方法的影响,在具体的私法制度上,他们不可能完全抛开罗马法上的材料以及前辈法学家的积累。在对物权领域,理性法学派的法学家们没有太多的创建,仍然维持了人文主义法学家们提出的“所有权—他物权”财产权结构,在此基础上对他物权的具体类型进行列举。

五、法国大革命废除封建制将导致物权类型封闭原则吗?

经过人文主义法学和理性法学的发展,在学理上双重所有权的观念已经被统一所有权观念和“所有权—他物权”的财产权利结构所取代,但在实践中,所有权分裂现象依然普遍存在,土地依然存在封建关系的桎梏中,各种类型的封建物权或特权依附在土地上,封建附庸,特别是佃农承担了非常繁重的封建负担。这种实践与理论背离的情况直到法国大革命爆发才开始得到改变。

在法国大革命爆发前的旧法(Ancien Droit)时期,法国的状况与其他处于封建制下的国家一样,所有权处于被肢解状态,任何人对土地拥有的权利都不是绝

---

〔1〕 Hugo Grotius, *The Jurisprudence of Holland*, Vol. I, Translated by Robert Warden Lee, Scientia Verlag Aalen, 1977, p. 95, p. 383, pp. 341 – 342. 转引自朱晓喆:《近代欧陆民法思想史——十六至十九世纪》,清华大学出版社 2010 年版,第 89 ~ 91 页。

〔2〕 Samuel Pufendorf, *De jure naturae et gentium libri octo*, the photographic reproduction of the edition of 1688, Clarendon Press, Oxford, 1934. 转引自杨代雄:《古典私权一般理论及其对民法体系构造的影响》,北京大学出版社 2009 年版,第 17 页。

对的。封建领主将其拥有的大片土地租让给自由租地持有人(tenanciers),持有人向领主支付租金(cens),可获得实际经营使用土地的扩用所有权(domaine utile)、领主则保有封地复合权(le complexum fédale),这种权利包括支配性所有权(domaine éminent)以及各种特别权利(les droits spéciaux)。租地持有人必须经过领主同意,向领主缴纳转让税(un droit de mutation),才能转让土地。早期领主享有的支配性所有权被认为是真正的所有权,权利人可以从物上享有各种收益和服务,但到了法国旧法的末期,持有人享有权利逐渐演变为真正的所有权,而支配性所有权反而转变为一种纯粹的领主权利,并被租地持有人视为不可忍受的封建负担。[1] 这种观念已经与学理上始终将领主权利视为真正所有权的观念不同了。除上述土地负担外,由于当时的资金短缺,土地出卖人与买受人往往通过签订"定期金租约"(bail à rente)的形式转让土地权利,这种定期金租约使买受人获得了一种永久性物权(un droit reel perpétuel),买受人的后手也需要按照之前的约定支付定期金;同时,在现实中还存在期限为99年的"长期租约",承租人可获得具有物权性质的永租权(emphytéose)。[2]

1789年7月4日,第三等级攻占巴士底狱,法国大革命爆发。在随后的8月11日,国民议会颁布《废除封建制的法令》,宣布彻底废除封建制度,但在具体做法上仍然比较审慎,法令将封建制度分为两个部分:产生自或代表人身依附关系的封建义务均无偿废除;其他税费则要通过赎买的方式废除,在未赎买之前,仍然要履行这些封建义务。当时被废除的封建制度包括农奴制、排他性的狩猎权、大部分的征收十一税的权利以及庄园法院裁判权。[3] 国民议会专门设立封建委员会(Comité de féodalité)来具体决定哪些权利应该立即废除,哪些权利在赎回后废除:人身性的权利被归入支配性封建权利(féodalité dominante)应当无须补偿地立即废除;财产性权利属于契约性封建权利(féodalité contractante)应当在支付赎金的情况下被废除。1790年5月3日,国民议会通过法令,对可赎回的封建权利进行出售,但这一措施并没有收到很好的效果,因为赎金往往太高,农民无

---

〔1〕 尹田:《法国物权法》(第2版),法律出版社2009年版,第121~123页;[法]弗兰索瓦·泰雷、菲利普·森勒尔:《法国财产法》(上),罗结珍译,中国法制出版社2008年版,第135~136页。

〔2〕 [法]弗兰索瓦·泰雷、菲利普·森勒尔:《法国财产法》(上),罗结珍译,中国法制出版社2008年版,第136~137页。

〔3〕 廖世虎:《法国大革命时期土地政策的发展及其实践》,载《西南民族大学学报》(人文社科版)1985年第4期,第105~110页。

法支付,同时,由于当时存在“没有无领主之土地”(nulle terre sans seigneur)的信条,某一块土地之上是否存在封建权利需要农民来举证,而这种证明是十分困难的。[1] 随着革命程度日趋激烈,变革土地制度的措施也越来越激烈:1792 年 8 月 25 日的法令将举证责任从农民转移到领主身上,原则上土地都是自由的,除非领主能证明其上存在可赎回的封建权利;到了 1793 年 7 月 17 日,国民议会废除了所有封建权利且农民无须支付任何补偿,只有非封建的财产关系才能保留。[2] 在这种情况下,封建权利被彻底废除,原本的扩用所有权成为真正的所有权,绝对完整的土地所有权首次在现实中出现了,这恰恰与人文主义和理性法学派的法学家们所设想的完全相反。法国大革命也导致土地上的其他权利发生变化,例如,长期租赁不再使用,被短期租赁(les baux à court terme)所取代。[3] 但需要注意的是,大革命时期只是废除了具有封建属性的地上权利,不具有封建属性的权利仍然可以存在,例如,罗马法上使用权、担保物权都可以在土地上继续存在,只是在统一的土地所有权已经出现的情况下,其他土地上的权利只能以他物权的形式存在,因此“所有权—他物权”的财产权结构也在现实中出现了。

法国大革命导致法国的土地法律制度发生了巨大的变化,土地上的封建权利被废除,学理上的统一所有权观念和“所有权—他物权”的财产权结构终于在现实中得到了实现。此时我们需要再回到本书的中心问题上来——法国大革命是否导致物权类型封闭原则(*numerus clausus*)的出现?从上面的分析来看,答案是否定的。虽然大革命导致学理上的财产权结构转变为现实,但大革命期间的法令只是废止具有封建属性的权利,也即由议会设立的封建委员会来判断哪些权利为封建物权并加以废止,这种做法实际上是先提出抽象标准,然后再依据此标准废除部分物权,并非是对物权的正面列举。在封建物权废除后,除了罗马法上的物权类型可以继续存在,法国本土习惯法中不具有封建属性的习惯物权也可以继续存在,其类型和数量仍然是不确定的。因此,很难说法国大革命确立了物权类型封闭原则。法国大革命对财产法的重大意义还在于它终结了欧洲共同

---

〔1〕 Bram Akkermans, *The Principle of Numerus Clausus in European Property Law* (diss.), Maastricht University, 2008, pp. 73 – 74.

〔2〕 廖世虎:《法国大革命时期土地政策的发展及其实践》,载《西南民族大学学报》(人文社科版)1985 年第 4 期,第 105 ~ 110 页。

〔3〕 [法]弗兰索瓦·泰雷、菲利普·森勒尔:《法国财产法》(上),罗结珍译,中国法制出版社 2008 年版,第 139 页。

法的时代,在随后民族国家兴起的法典化时代,物权类型封闭原则是否存在只能就具体国家的情况分别进行讨论了。

第三节 小 结

本章对物权类型封闭原则进行了历史追溯。在罗马法上,“权利”与“诉权”还处于浑然一体的状态,并分为“对人之诉”和“对物之诉”两类,对物权类型的考察就转化为了对“对物之诉”的考察。经过研究,我们可以肯定地回答,罗马法上对物之诉的类型及其适用范围都是有限的,这也导致其物权类型也是有限的。但是,罗马法上的对物之诉类型封闭与现代意义上的物权类型封闭存在明显差异,因为罗马法的整个私法都处于诉权类型限制的桎梏中,这种情况延伸到物权领域,自然就是对物之诉的类型限制。由于形成机理不同,在现代法的语境下将物权类型封闭原则的源头追溯到罗马法上是没有太大意义的。在中世纪日耳曼习惯法中,虽然也存在着对物之诉和对人之诉的区分,但却以“持有”(Gewere)作为提起对物之诉的标准。从持有与对物之诉的关系来看,虽然日耳曼法没有形成现代意义的物权概念,但实际上是以对物的实际控制作为物权性的标准,无论何种财产关系只要具备了持有的形式,即可获得对物之诉的保护,用今天的话来讲,日耳曼法采取的是物权类型开放原则。与日耳曼习惯法相比,欧洲共同法处于次要地位,历经注释法学派、后注释法学派、人文主义、自然法、理性法时期,双重所有权观念逐渐被统一所有权观念取代,“所有权—他物权”结构也在学说中得以形成,法学家们在学术著作中开始列举他物权的类型。由于法学家们主要从罗马法的对物之诉中提炼物权类型,因此他们在学术著作中列举的物权类型也是有限的,最具代表性的就是“汉恩五权列举”,它对后世产生了深远的影响。直到法国大革命爆发后,学理上的统一所有权观念和“所有权—他物权”财产结构才在现实中得以实现。但是,大革命时期的法令只是废止具有封建属性的权利,并没有对物权类型进行正面列举,在封建物权废除之后,罗马法上的物权类型以及法国本土习惯法中不具有封建属性的习惯物权仍然可以继续存在,因此,很难说法国大革命确立了物权类型封闭原则。

第二章　物权类型封闭原则的生成

第一节　法国民法中的财产权类型及财产权类型封闭原则

一、法国民法典的形成及其基本结构

在法国大革命之前，法国国内大体上可以分为两个法区，南部1/3区域为适用罗马法的成文法区（pays de droit écrit），北部为适用日耳曼习惯法的习惯法区（pays de droit coutumier）。[1] 由于罗马法在学理上的优越性和12世纪罗马法的复兴，罗马法也开始对习惯法产生了影响，在13世纪的一部法国习惯法著作《博韦习惯法》（*Coutume de Beauvaisis*）中，作者博马努瓦尔爵士（Sire de Beaumanoir）虽然并没有将罗马法作为权威来对待，但在罗马法规范得到习惯法或裁判承认时，他也会对罗马法规范进行引用。[2] 到15世纪中叶时，私人对习惯法的汇编很多，但官方修订的版本却很少，由于习惯法的主旨含混不清，实务中对习惯法的调查工作也很繁重。因此从15世纪末开始到16世纪进行一系列由官方主导的习惯法汇编工作，汇编完成后，需要由三级会议和王室认可，这样每一

---

〔1〕［英］R. C. 范·卡内冈：《欧洲法：过去与未来——两千年来的统一性与多样性》，清华大学出版社2005年版，第4页。

〔2〕［英］保罗·维诺格拉多夫：《中世纪欧洲的罗马法》，钟云龙译，中国政法大学出版社2010年版，第60～62页。

个行省都有了自己的习惯法汇编,官方的认可又使它们拥有了成文法的效力。在众多的习惯法汇编中,《巴黎习惯集》(*Coutume de Paris*)具有最重要的地位,并成为了法国普通法的基础。[1] 虽然习惯法的汇编大大减少了习惯法的不确定性,但直到18世纪时,法国私法的支离破碎的状态还是没有得到改变——正如伏尔泰(Voltaire)的名言,"旅行法国者更换适用于其法律次数之多,犹如其换乘马匹一样频繁"。在大革命前,法国就已经有制定民法典的计划,但始终受到地方割据势力的抵触。但无论如何,习惯法的逐步成文化以及南方罗马法的影响,构成了法国民法典制定的基础。

在法国大革命后,由于拿破仑的积极推动,法国民法典草案终于在极短的时间内被制定出来,该草案分成36部法律在一年的时间内逐一通过,然后通过共和12年的风月30日法(1804年3月21日)被汇集为一部法典,同时共和12年的风月30日法还规定:"自这36部法律生效之日起,罗马法、法令、地方习惯法及普遍习惯法、法则、规章均停止作为一般法或特别法而对已有本法规定的事务具有法律效力。"[2]这样,《法国民法典》就取代了其所规定领域的所有旧法,成为了这些领域唯一的法律渊源。《法国民法典》是法国大革命精神的直接产物,体现了个人主义、自由、平等等启蒙时代的理念,对后世产生了重大影响。[3] 但在法典结构和具体内容,特别是财产法方面,《法国民法典》仍然采取了较为保守的态度,沿袭了传统的体例。[4] 整体来看,1804年《法国民法典》采取了法学阶梯式的体例:第一卷为"人",包括了民事主体、国籍、婚姻、亲子关系等人身属性的事务;第二卷为财产以及"所有权的各种限制",包括了所有权、用益权、使用权、居住权及役权;第三卷为"取得财产的各种方法",包括了继承、赠与、遗嘱、契

---

〔1〕 参见[英]梅特兰:《欧陆法律史概览——事件、渊源、人物及运动》,屈文生译,上海人民出版社2008年版,第205~208页。

〔2〕 参见[英]梅特兰:《欧陆法律史概览——事件、渊源、人物及运动》,屈文生译,上海人民出版社2008年版,第224页。

〔3〕 当然,也有学者对此持否定态度,他们认为,《法国民法典》并没有开创自由主义的法律理念,所谓的自由主义精神是19世纪的注释者通过解读法典而赋予它的。See James Gordley, *Myths of the Civil Code*, The American Journal of Comparative Law, 1994, 42:459;傅静坤:《法国民法典改变了什么》,载《外国法译评》1996年第1期,第45~54页。

〔4〕 从《法国民法典》的制定过程来看,在拿破仑的压力下,待在巴黎的四位民法典起草者特隆歇(Tronchet)、马勒维(Maleville)、普雷亚梅纽(Préameneu)、波塔利斯(Portalis)是不可能在极短的时间内凭空捏造出几千条法律条文,于是他们不得不依赖旧法时期的习惯法、罗马法以及学者的著作。

约、合伙、担保物权、时效取得等内容。这种编撰体例与18世纪上半叶的法国习惯法学家弗朗索瓦·布尔琼(Francois Bourjon)的《法国普通法与巴黎习惯法》中的体例完全一致。[1] 被誉为"民法典之父"的法学家波蒂埃(Pothier)在其著作《新编学说汇纂》中所采用的体例也是人、物、诉讼的法学阶梯式的结构,在波蒂埃的另一本著作《论所有权的支配》中,虽然作者首次使用了"物权"(Droit Réel)这个概念,并在本书开始时论及对物权(ius in re)与向物权(ius ad rem)区分(波蒂埃称前者是针对物的权利,后者虽然与物相关,但却是针对人的权利),但他在后面的论述中却抛弃了物权的概念以及对物权和向物权的区分,并没有以对人权、对物权的区分来建构体系,而仅仅以所有权为核心来建立其概念体系,这一态度当然也影响到了《法国民法典》的结构。[2]

由于上述因素的影响,《法国民法典》并没有将人文主义法学以来就已经存在的对物权与对人权的区分作为民法典的基本结构,而是退回到了较为保守的《法学阶梯》三编制体例,只是将诉讼剔除出去了。除了人法之外,《法国民法典》是以财产的静态归属为中心建立的民法体系,在这种体系下,虽然仍然存在财产法与债法(契约法)的分离,但债法并没有获得与财产法同等的法律地位,它只是作为财产取得的一种方法,与继承、遗嘱、时效取得等并存于民法典的第三卷中,这样整个民法典第三卷就显得像杂乱无章的大汇编。同时,财产法与债法的分离在《法国民法典》中也非常不彻底,最明显的例子就是《法国民法典》采纳了合意主义的物权变动模式,原则上只要合同订立生效,物权就发生变动。这就是说,《法国民法典》在对人权与对物权之间并没有做到彻底分离。

值得注意的是,在2006年以后,《法国民法典》的整体结构已经发生了变化:在2006年3月,法国通过第2006-346号法令对《法国民法典》原第三卷中的保证、质押、优先权与抵押的条款进行了修改,并将上述内容移入第四卷,卷名定为"担保"(sûretés),该卷以"人的担保"和"物的担保"为基本的分类结构。如此一来,法国传统的民法结构就出现了变化,《法国民法典》的基本结构

〔1〕[美]艾伦·沃森:《民法法系的演变及形成》,李静冰、姚新华译,中国法制出版社2005年版,第155页。

〔2〕See Herman and Hoskins, *Perspectives on Code Structure: Historical Experience, Modern Formats, and Policy Consideration*, Tulane Law Review, 1980, 54: 1019;唐晓晴:《拉丁法系视野下的物权概念以及物权与对人权(债权)的区分》,载《私法》(2010年第8辑第2卷总第16卷),华中科技大学出版社2010年版,第93~120页。

成为“人—财产—财产取得方法—担保”的四卷制体例。[1] 在2007年,法国又通过第2007-211号法令,在第三卷财产取得方法中加入了关于信托(la fiducie)的规定,适用于管理性信托和担保性信托,在2008年和2009年,法国又通过了一系列的法令,扩大了信托制度的适用范围,在第四卷中增加了关于让与担保的规定。[2]

二、法国财产法的术语界定及民法典的财产法结构

由于《法国民法典》中的术语与我国民法学界经常使用的术语有所不同,所以在对《法国民法典》中的财产权进行分析前,我们先要对法国财产法中的一些术语进行解释:

第一,“物”(les choses)主要是在“有体物”的意义上来使用的,它是指以物质形态存在的,可以通过触觉感知的实在客体。[3]《法国民法典》较少在这个意义上使用这个概念,主要是在提及各种财产权的客体时,例如将“物”(chose)作为所有权的客体[4]和用益权的客体[5]。

第二,“财产”(les biens)是《法国民法典》中常用的概念,但从法典的条文来看,其含义却不甚明确:从《法国民法典》第二卷第一编的规定来看,“财产”分为“动产”和“不动产”两类。[6] 不动产又可以分为依性质、依用途和依其附着的客体为不动产,[7]按照这种三分法,第一类不动产是指土地以及土地之上的定着物,第二类不动产是指因用途原因而成为第一类不动产的附属物的动产物或永久附着于第一类不动产的动产物,第三类不动产是指以不动产为客体的权利,包括不动产物的用益权、役权以及返还不动产诉权。[8] 动产可以分为依性质和依法律规定两类,[9]第一类即可以改变位置的物体,[10]第二类即以到期款项或动

---

〔1〕 当然,《法国民法典》还有第五卷,即适用于法国海外省马约特岛的特别规定。

〔2〕 参见李世刚:《法国担保法改革》,法律出版社2011年版,第5~18页、第194~226页;李世刚:《论法国民法典对罗马法信托概念的引入》,载《中国社会科学》2009年第4期,第106~116页。

〔3〕 尹田:《法国物权法》(第2版),法律出版社2009年版,第15页。

〔4〕《法国民法典》第544条。

〔5〕《法国民法典》第578条。

〔6〕《法国民法典》第516条。

〔7〕《法国民法典》第517条。

〔8〕《法国民法典》第518~526条。

〔9〕《法国民法典》第527条。

〔10〕《法国民法典》第528条。

产为标的的债权与诉权、在公司类的股份与权益以及定期金。〔1〕按照《法国民法典》中的规定，“财产”一词所涵盖的内容，不仅包括有体物，还包括了权利，这样就导致了逻辑不清，因为有体物是权利的客体，“财产”一词实际上是将两个不同层次的概念放到了同一个层面来列举。同时，属于财产的，不仅仅有不动产物权，甚至还包括了债权、股权等其他类型的权利，这就使“财产”成为大杂烩。对于这些有体物以外的“财产”，法国又将其称为无形的（l'incorporel）、非物质的（l'immatériel）财产，债权、有价证券均为无形财产，〔2〕随着时代的发展，无形财产或无形物的处于不断扩张状态，涵盖了商业营业资产（fonds de commerce）、基于行政许可产生的权利、知识产权（droits intellectuels）以及互联网上的虚拟物（le virtuel）等。〔3〕

第三，“所有权”（propriété）也是《法国民法典》中的重要概念，但它的客体也因为“财产”概念模糊而变得不清晰。《法国民法典》第544条规定：“所有权是绝对地享用和处分物的权利，但法律或条例禁止的使用除外。”〔4〕这一条款对“所有权”作出了定义，其客体是有体物，即chose，因此所有权是在有体物上权能最广泛的权利。但第543条却规定：“对于财产，得享有所有权，或者享有单纯的用益权，或者仅享有可以主张的地役权。”根据这个条款，所有权的客体又是“财产”（bien），考虑到“财产”一词所包含的内容，那么不仅有体物上能成立所有权，权利之上也可以成立所有权了，于是就会出现“用益权的所有权”“债权的所有权”“股权的所有权”这些奇怪的概念。随着无形财产的扩张，人们也习惯于把所有权加在其他权利之上，于是又出现了“文学与艺术所有权”（propriété littéraire et artistique）、“工业所有权”（la propriété industrielle）、“商业所有权”（la propriété commerciale）这样的说法。但法国学者还是很清楚地认识到，这些所谓的“所有权”与有体物上的所有权是存在差异的。〔5〕

---

〔1〕《法国民法典》第529条。

〔2〕［法］弗兰索瓦·泰雷、菲利普·森勒尔：《法国财产法》（上），罗结珍译，中国法制出版社2008年版，第78～81页。

〔3〕［法］弗兰索瓦·泰雷、菲利普·森勒尔：《法国财产法》（上），罗结珍译，中国法制出版社2008年版，第91页以下。

〔4〕关于《法国民法典》的条文翻译，参见罗结珍译《法国民法典》，北京大学出版社2010年版。

〔5〕［法］弗兰索瓦·泰雷、菲利普·森勒尔：《法国财产法》（上），罗结珍译，中国法制出版社2008年版，第113～115页以下。

第四，概括财产（le patrimoine）也是法国法中使用的概念，它是指属于一个人的具有金钱价值的全部权利与义务组成的整体，是一个人现在和将来拥有的、包括资产与负债、债权与债务在内，并构成一个不可分割的法律上的整体（une universalité juridique）。我国也有学者将它翻译为广义财产。[1] 形象地比喻，概括财产就是一个容器，其中的内容是可以变化的。概括财产与法律主体紧密相连，只有法律主体可以享有概括财产，一切法律主体均享有概括财产，每一个法律主体只享有一项概括财产，概括财产与法律主体共生共灭。目前在法国法上，上述理论也受到了挑战，法律在传统的人格意义的概括财产外，也承认了其他的概括财产，例如夫妻共同财产、继承法中继承人暂时享有自己和被继承人的两项概括财产、海商法中的海上财产、商法中的商业营业资产及其抵押、信托制度中受托人同时享有个人财产和信托财产两项概括财产。[2] 概括财产在法律上的多样体现，也说明了其重要的理论价值。此外，法国法中还有概括财产权（les droits patrimoniaux）的说法，它是指可以用金钱来评价的，具有交换价值的全部权利，包括了所有权和债权。

第五，对物权（droit réel）与对人权（le droit personnel）。《法国民法典》基本上没有使用物权的概念，但对人权与对物权的区分已经被法国学者采纳，他们认为这种区分构成了财产权利的脊梁。[3] 物权是对物的直接的权利，债权（le droit de créance）或对人权要求他人特定给付的权利，物权具有对世效力（erga omnes），追及权、优先权、债权不具上述效力。对物权包括主物权（droits réels principaux）以及从物权（droits reels accessoires），前者是指民法典第二卷列举的权利（所有权、用益权、使用权、居住权、地役权等），后者是指物的担保（sûreté réelle），即就债务人的一项或数项财产或全部财产优先受偿的权利，包括抵押权、质权以及优先权。

整体来看，法国法中的财产法术语多样繁复，既有含混不清的“财产”，也有较为清晰的“对物权”与“对人权”的区分，这种分裂状态除了反映出现实生活的

---

〔1〕 尹田：《法国物权法》（第2版），法律出版社2009年版，第4页。

〔2〕 参见尹田：《法国物权法》（第2版），法律出版社2009年版，第3～14页；[法]弗兰索瓦·泰雷、菲利普·森勒尔：《法国财产法》（上），罗结珍译，中国法制出版社2008年版，第29～50页。

〔3〕 参见 Carbonnier, *Les biens*, p. 38。转引自尹田：《法国物权法》（第2版），法律出版社2009年版，第25页；[法]弗兰索瓦·泰雷、菲利普·森勒尔：《法国财产法》（上），罗结珍译，中国法制出版社2008年版，第87页以下。

复杂性外，还有一个重要原因——法学阶梯体系与现代权利观念存在内在矛盾，这也是导致法国法上“财产”概念模糊不清的根本原因。在罗马法上，法学阶梯式的“人—物—诉讼”中的“物”实际上是主体可以拥有的一切，也即罗马法上的dominium，它既包含了有体物，还包含了继承、债、用益、地役等内容，盖尤斯为了将继承、债、用益、地役纳入“物”，与有体物并列，就创造了“无体物”这个概念，查士丁尼的法学阶梯也维持了这种做法。前面已经谈到，罗马法上还没有权利的观念，所以法学阶梯三编制体例以及有体物与无体物的二分并非基于权利的分类。与此同时，罗马法还存在“对物之诉”和“对人之诉”的区分，中世纪法学家从“诉”抽象出了“权利”的观念，并形成了对物权和对人权的划分，后来对物权又有了所有权和他物权的划分。在权利观念以及不同权利类型形成后，法典的编撰就可以建立在权利分类的基础上了，《法国民法典》的编纂者们显然注意到了权利之间的差异，因此将静态的对物权和动态的契约分属第二卷和第三卷，但第二卷中的“财产”概念却暴露了法学阶梯“物法”对他们的影响，“财产”包含有体物，又包含了用益权、地役权、债权等权利，学说上又将这些权利称为“无体财产”或“无体物”，但是在存在权利分类观念的情况下，债权、用益权、地役权这些权利的内容和效力都具有很大的差异，将它们放在一起并与有体物并列，没有任何实际意义，只会造成逻辑上的层次混乱。虽然法国法上的“无体物”或“无形财产”似乎可以容纳现代社会中形成的知识产权等新型权利，但这也仅仅是阴差阳错的结果，将这些新型权利归入“无形财产”的范畴本身没有任何意义，因为只要看一下《法国民法典》第二卷第二编、第三编、第四编的具体规定就知道，它完全是适用于有体物的法律规范。〔1〕

在《法国民法典》中，所有权以及用益物权被规定在第二卷第二编（所有权）、第三编（用益权、使用权和居住权）、第四编（地役权）中，而质权、优先权与抵押权则始终游离在外，原先规定在第三卷第十七编（质权）和第十八编（优先权与抵押权）中，2006年修法后则规定在第四卷第二编（物的担保）之中。此外，2007年到2009年，法国又对民法典进行了一系列修改，也涉及了所有权，关于所有权归属的信托规定在第三卷第十四编（财产托管）中，关于担保性所有权（包括

〔1〕 关于这个问题，可以参见方新军：《盖尤斯无体物概念的建构与分解》，载《法学研究》2006年第4期，第88～101页。

所有权保留与让与担保)的规定位于第四卷第二编第四章(以担保的名义留置或让与所有权)中。

三、法国法中的财产权类型及其演变

(一)所有权

《法国民法典》中对所有权的定义在第544条,该条规定:“所有权是绝对地享用和处分物的权利,但法律或条例禁止的使用除外。”这一条文既明确了所有权的特性,也明确了所有权的内容。所有权的特性主要体现为绝对性、排他性以及永久性三个方面,根源还是在于“绝对性”之上,它是所有权的首要特性。对绝对性的理解,首先要放在《法国民法典》形成的历史背景下来考虑,即反对封建体制下的分割所有权观念,在封建体制下,所有权是分裂多样的,权利人对土地的权利都是相对的,而在统一所有权观念下,所有权是最完整的权利,包括了使用、收益以及处分的完整权能,权利人可以对其进行自由的支配。在绝对性之下,既然权利人可以对物进行自由的支配,那么必然意味着该权利具有对世效力(erga omnes),可以排除他人对物的使用、收益和处分。同时,对物的完整权利当然也意味着所有权的永久性,它始终与物共存。[1]

虽然法典上对所有权作出了上述定位,但在现实中当事人的意志不可避免对法定的所有权产生了影响,这些影响也获得了法院或制定法的承认,这样就形成了一些特殊的所有权亚类型。

1. 不得转让条款(clauses d'inaliénabilité)下的所有权

由于处分权能被视为所有权的核心权能之一,承认遗嘱或买卖合同中的“不可转让条款”的效力实际上就改变了民法典对所有权的规定。早期法国法院担心旧法复辟,并不承认这种条款的效力,认为它违反了公共秩序和民法典确定的所有权概念,并认为根据《法国民法典》第537条第1款,[2]只有法律才能限制所有权的处分权能。但从18世纪中叶开始,法国最高法院(Cour de cassation)的态度发生了转变,在1858年的一项判决中,法国最高法院承认这种条款的效力,但需要满足两个条件:其一是不可转让条款的效力必须有时间限制,不能是永久

[1] 参见尹田:《法国物权法》(第2版),法律出版社2009年版,第138页以下。

[2] 《法国民法典》第537条第1款规定:“个人得自由处分属其所有的财产,但应遵守法律规定的各种限制。”

的,其二是制定不可转让条款须具有正当利益。这样一来,法院实际上允许当事人设计一种新的所有权分解形式,创造了一种类似于用益权的"没有转让权的所有权"(une propriété sans droit d'aliénation)。对于违反这类条款的后果,法国法提供"相对无效之诉"(action en nullité)的救济,即只有不可转让条款的受益人可以主张转让无效。对于恶意取得人,可以强制其返还财产;对于善意取得人,在标的物是动产的情况下,他可以受到《法国民法典》关于动产善意占有制度的保护;对于善意取得人,在标的物是不动产的情况下,不可转让条款也可以对抗善意第三人,但在1955年地产公告制度改革后,不可转让条款须进行公告后才能对抗善意第三人。因此,在1955年后,当事人通过合同即可创设"没有转让权的所有权":动产之上成立的该种权利不具有对抗善意第三人的效力,不动产上成立该种权利,在进行地产公告后,可对抗所有的第三人。1971年后,司法实践中形成了这种所有权的亚类型被纳入到《法国民法典》中,规定在第900－1条中:"规定赠与或遗赠的财产不得转让的条款,仅在其属于临时性质并且有重大合法利益证明其属于必要时,始为有效;即使在此种情况下,如经证明据以订立不得转让条款的原因已经消失,或者更为重要的利益有此要求,受赠与人或受遗赠人得经法院裁判允许处分其受赠与或受遗赠的财产。"[1]

2. 附条件转让的所有权

附条件转让所有权在现实中也极为常见,在所有权转让中所付的条件,对于买受人来说是停止条件,对于出卖人来说是解除条件,法国的学说认为,在条件悬而未决的时间段中,出卖人与买受人分别享有"解除条件下的所有权"和"停止条件下的所有权",在这种情况下,所有权实际上出现了暂时的分解。在条件未决期间,解除条件下的所有权的权利人可以对物行使使用、收益和处分权能,停止条件下的所有权的权利人也可以将权利转让给他人。在条件确定成就后,已经成就的条件具有溯及既往的效力,出卖人在条件未决期间进行的转让行为或设置物权的行为将失效,这就涉及如何保护善意第三人的问题:在标的物是动产的情况下,他可以受到《法国民法典》中动产善意占有制度的保护;在标的物是不动产的情况下,则须要借助地产公告制度。根据1955年关于地产公告的法令,

---

[1] 关于不可转让条款下的所有权,可以参见[法]弗兰索瓦·泰雷、菲利普·森勒尔:《法国财产法》(上),罗结珍译,中国法制出版社2008年版,第194页以下。

只有在转让财产的文书及其包含的条件都进行公告的情况下，才能对抗第三人。[1] 因此，可以认为，在动产交付以及不动产转让条件进行公告后，买受人所享有的“停止条件下的所有权”基本上可以被视为一种可以对抗第三人的物权，所有权确实在出卖人和买受人之间出现了分解。

3. 管理性信托所有权（propriété fiduciaire – gestion）

管理性信托所有权是财产托管制度（Fiducie）的产物，它本身来源于罗马法。财产托管制度是指根据一项法律行为，财产所有人（托管人）将财产的所有权临时地、完全信赖地转移给另一人（受托人或管理人），后者按约定对财产进行使用之后，负责将财产重新转归托管人或特定第三人所有。在托管期间，受托人对托管财产享有完全的所有权（包括占有、使用、处分），但他须按照约定为他人（托管人或受益人）的利益服务。因此，这种托管人所获得的“所有权”并不符合《法国民法典》的规定，它被视为一种“降级的所有权”，但另一方面，受益人或托管人对该财产却没有任何物权。《法国民法典》的起草人并没有采纳此种制度，而是将它视为封建社会的遗迹，但现实生活中对此又有现实需要，法律禁止这种做法没有合理的理由。2007 年通过《关于建立信托制度的法律》，正式将信托纳入《法国民法典》，规定在第三卷中，作为财产取得的方式。2008 年、2009 年法国又对上述信托规定作出了修改。《法国民法典》中的管理性信托有以下几个特点：信托财产的所有权归受托人；信托财产与受托人的其他资产互相独立；受托人仅限于部分金融机构；信托合同采取登记生效，应该在受托人的税务机构进行登记，否则无效；信托财产涉及不动产的，应该进行地产公告，否则无效；信托财产涉及债权，必须通知债务人才能对债务人产生对抗效力。[2] 这样一来，法国法上的信托并没有导致英美信托法上“普通法所有权”与“衡平法所有权”分离的状态，基本上维持了大陆法系的“统一所有权”的观念，但又通过信托公示，使所有权的权能受到限制，形成了“管理性信托所有权”这种所有权的亚类型。

---

〔1〕 关于附条件转让的所有权，可以参见［法］弗兰索瓦·泰雷、菲利普·森勒尔：《法国财产法》（上），罗结珍译，中国法制出版社 2008 年版，第 215 页以下。

〔2〕 关于管理性信托所有权，参见尹田：《法国物权法》（第 2 版），法律出版社 2009 年版，第 335 页以下；李世刚：《论法国民法典对罗马法信托概念的引入》，载《中国社会科学》2009 年第 4 期，第 106 ~ 116 页。

4. 担保性信托所有权[1]

担保性所有权是因为所有权保留和让与担保而产生的一种所有权亚类型，担保性所有权的权利人不占有标的物，也不拥有使用、收益权能，只是在债务人不履行债务时，可以行使取回权或以所有权变价清偿债务。

所有权保留通常在动产买卖中使用，即出卖人在买受人完全支付价款前，保留标的物的所有权。在法国的司法实务中，曾经认为保留所有权的条款在破产程序中不具有对抗第三人的效力，但后来通过立法正式确立了保留所有权条款在破产程序中对第三人的对抗效力。2006 年担保法改革，正式将所有权保留确立为一种正式担保，动产所有权和不动产所有权都可以用来设立所有权保留，但并没有要求对所有权保留条款进行公示，只是要求所有权保留条款以书面形式订立，同时，所有权保留具有对债权的从属性，在不能返还所有权时，可以就再次转让的价款、财产保险金和同质种类物主张物上代位权。这样，所有权保留中的"所有权"完全被改造成了一种担保物权。

让与担保是指债务人将财产所有权转让给债权人用于担保一定数额的借款，在返还借款后，债权人将所有权返还给债务人。在 2007 年信托法制定前，让与担保主要以金钱或债权为标的。2007—2009 年民法典中纳入了信托的一般规定以及让与担保的规定，让与担保完全适用于动产以及不动产所有权。关于民法典第三卷中关于信托的一般性规定也适用于让与担保，关于让与担保的特殊规定则在第四卷中。

（二）"分解的所有权"与物的担保

1. "分解的所有权"

法国民法理论中并未使用用益物权的概念，而是使用了"分解的所有权"（propriété démembrée）或"所有权的派生权利"（démembrements de propriété）的说法。[2]《法国民法典》中列举的分解所有权包括用益权、使用权、居住权以及地役权。

用益权是指对他人之物享有使用、收益的权利，在所有权分解出用益权时，

[1] 以下关于担保性信托所有权，参见李世刚：《法国担保法改革》，法律出版社 2011 年版，第 183 页以下。

[2] ［法］弗兰索瓦・泰雷、菲利普・森勒尔：《法国财产法》（上），罗结珍译，中国法制出版社 2008 年版，第 916 页；尹田：《法国物权法》（第 2 版），法律出版社 2009 年版，第 347 页。

剩下的部分就构成了虚有权。在效力方面,用益权为一项物权,具有对抗第三人的效力,但用益权必须限定在一定时间范围内,可以是约定的时间,也可以以用益权人的死亡时间为终止时间。在权能方面,用益权人使用标的物,享有标的物的法定孳息和天然孳息,还可以处分其用益权。相应地,虚有权人可以在用益权结束时,收回标的物,使其权利恢复到所有权的状态。传统的用益权一般发挥生存保障功能,即年老的所有权人出卖或赠与所有权但保留用益权,以获得生活来源,或者为配偶设定用益物权以保障其生活。用益权原本只能设立在不可消耗物上,但随着实践的发展,可消耗物上设立的用益权也得到了承认,1960 年《法国民法典》第 587 条承认了就金钱、谷物、饮料等可消耗物设立用益权,用益权人可以消费标的物,只要用益权消灭时归还已使用物的价值即可。同时,1960 年《法国民法典》第 616 条还承认了在集合物上设立用益权,既可以在畜群上设立用益权,用益权消灭时,用益权人有义务补足牲畜数目。此外,用益权的标的还扩展至概括财产(如商事营业资产)、无体物(如股权、知识产权、债权)等。[1] 由此可见,法国法上的用益权的标的几乎可以在一切财产上设置,权能也非常广泛,除了不能处分财产本身(可消耗物除外),用益权人可以对财产进行几乎所有的使用、收益,还可以处分用益权。

使用权和居住权实际上是权能缩减的用益权,居住权就是以房屋为标的的使用权。使用权的权能仅限于使用权人自己及其家庭需要而使用财产,为本人及家庭的需要也能收取部分物的孳息。使用权与居住权具有人格属性,不能转让,也不能出租,也不能就这两种权利设定抵押。[2]

法国法上的役权就是指地役权,它是指为属于另一所有权人的不动产的使用与便利而对不动产所加的一种负担,具体来说,地役权被认为是一种从供役地所有权中分解出部分权能,由需役地所有权人获得,因此地役权是供役地上的一种负担并且为需役地的便利而设,附属于需役地所有权,具有恒久性。地役权的存在,是为了需役地的利益而设,而非为了人的利益而设,同时,地役权是从供役地中分解出来的,因此其不能包含对供役地所有权人课加的积极义务。当然,在

---

〔1〕 关于用益权,参见[法]弗兰索瓦·泰雷、菲利普·森勒尔:《法国财产法》(上),罗结珍译,中国法制出版社 2008 年版,第 921 页以下;尹田:《法国物权法》(第 2 版),法律出版社 2009 年版,第 349 页以下。

〔2〕 [法]弗兰索瓦·泰雷、菲利普·森勒尔:《法国财产法》(上),罗结珍译,中国法制出版社 2008 年版,第 997 ~ 1006 页以下;尹田:《法国物权法》(第 2 版),法律出版社 2009 年版,第 377 ~ 379 页以下。

必要限度内也可以存在“物上义务”(obligation réel),供役地所有人只有通过抛弃物权才能解除这一义务,例如,根据《法国民法典》第698条、第699条对供役地所有权人课加的支付工程费用的义务,就属于这种“物上义务”。地役权可以因为自然状况、法律规定或当事人之间的约定而设立,通过法律行为设定地役权需要进行地产公告,否则对第三人没有对抗效力。由于地役权是有上述抽象标准构成的,其实质内容需要进行约定,因此地役权的应用可以非常广泛,实践中存在地役权的亚类型非常多,也引发了许多争议,例如,为了商业营业资产或商业经营利益而强加的负担是否构成地役权经常引发争议,判断标准在于商业经营本身可否与所在的不动产分开,如果可以分开则不构成地役权,但这需要依具体个案判断并依赖于条款的拟定技巧。[1] 在有法律特别规定的情况下,法国也存在不具有需役地的役权,例如,《法国民法典》第649条规定:“由法律设立的役权,以公共便益或市镇行政区或私人便益为目的。”法国最高法院在判决中,也认为:“由法律规定设定的役权,不以‘存在供役地和需役地’为其存在之主要条件(最高法院第一民事庭,1963年4月30日)。”[2]

除了《民法典》规定的上述几种分解所有权,司法实践和特别法中还承认了地上权(le droit de superficie)、永租权(emphytéose)、建筑租约(bail à construction)以及不动产租赁(la concession immobilière):(1)地上权并没有明确在《法国民法典》中规定,但第553条承认了对地面建筑物或种植物的权利可以与对土地的权利分离,因此地上权是指拥有地表上的建筑物或种植物或地下的隧道、仓库等构筑物的所有权的权利。地上权被认为是一种物权,通常由协议(出让合同、租赁合同以及长期租赁合同)设定,并可以抵押。早期法国人认为地上权只能针对既存的建筑物和种植物存在,而现在承认在建筑物不存在前,即可对“立体空间”拥有地上权。[3] (2)永租权是指一种时间很长的租约,因此又称为长期租约,承租人缴纳租金,并对土地进行耕作。《法国民法典》并没有承认永租权,但在1857年法院通过判例承认了它是物权,并将其归入所有权的分解权利。1902年这种租约获得了法律的明确承认,其最短期间为18年,最长期间为

---

〔1〕[法]弗兰索瓦·泰雷、菲利普·森勒尔:《法国财产法》(上),罗结珍译,中国法制出版社2008年版,第1007页以下;尹田:《法国物权法》(第2版),法律出版社2009年版,第414页以下。

〔2〕《法国民法典》,罗结珍译,法律出版社2005年版,第518页。

〔3〕尹田:《法国物权法》(第2版),法律出版社2009年版,第380~384页。

99 年，订立这种租约须采用公证文书的形式，还需要进行地产公告，永租权在租约期间可以继承，并且可以抵押，也可以为其便宜获得地役权。[1] (3)建筑租约基本上就是对长期租约的技术转用，1964 年获得了《建筑与住宅法典》的承认，它是指承租人在出租人的土地上进行建筑并且在整个租约期间保持建筑物处于良好维护状态的租约，其最短期间为 18 年，最长期间为 99 年，建筑租约权的设立与变动均应进行地产公告，否则对第三人不具有对抗效力，建筑租约权可以抵押，也可以为其获得地役权。(4)不动产租赁是 1967 年的一项特别法创设的一种以不动产为标的的租赁合同，其最短期间为 20 年，设立需要进行地产公告。这种不动产租赁权与永租权、建筑租约权非常接近，但关于其是物权还是债权，仍然存在争议。[2]

2. 物的担保

法国民法并未适用担保物权的概念，而是使用了“物的担保”这一概念。在 2006 年担保法改革前，《法国民法典》存在优先权、质权和抵押权三种。

优先权是指根据债权的性质，给予某一债权人优于其他债权人，甚至是优于抵押权人，受清偿的权利。[3] 优先权可以在动产和不动产上设立，并且可以分为对特定动产的优先权、对一般动产的优先权、对特定不动产的优先权、对不特定动产的优先权。优先权都是由法律直接列举规定。关于优先权是否为真正的物权，理论界一直存在争议，其关键在于优先权是否具有追及性，这涉及交易安全问题。但实际上，这个问题的实际意义并不大：对于动产来说，无论优先权存在于一般动产还是特定动产，善意第三人都能受到善意取得制度(占有相当于权利证书)的保护；对于不动产来说，存在于特定不动产上的优先权已经被纳入不动产公示制度，而存在于一般不动产上的优先权只有诉讼费、工资、版税三种，数额一般不大，即便有追及性，也不会对交易安全造成太大伤害。[4]

---

[1] 同样适用《法国民法典》的比利时，在 1824 年就已经通过特别法的形式重新引入了地上权和永租权。Belgian Official Gazette, 1824, nr. 14. See: Vincent Sagaert, *Party Autonomy in French and Belgian Law, The Interconnection between Substantive Property Law and Private International Law*, in Party Autonomy In international Property Law, edited by Roel Westrik and Jeroen van der Weide, sellier. European Law Publishers GmbH, Munich, p. 121.

[2] [法]弗兰索瓦·泰雷、菲利普·森勒尔：《法国财产法》(上)，罗结珍译，中国法制出版社 2008 年版，第 1077 页以下。

[3] 2006 年修改之前的《法国民法典》第 2095 条。

[4] 于海涌：《法国不动产担保物权研究》(第 2 版)，法律出版社 2006 年版，第 24～25 页。

在法国法中，质权既可以在动产之上设立，也可以在不动产之上设立，其特性在于以标的物的占有转移为成立要件，由于法国法并没有将合同与物权变动一体把握，因此质押合同被认为是实践合同(contrat réel)，而非诺成合同。对于动产质权，早期一般以有体动产为标的，后来质权的标的逐渐扩展到一切的动产，包括债权、有价证券、存单，由此带来的后果是"占有转移"的方式多样化，例如，债权质权的设立要求采取与债权转让相同的方式，有价证券质权要求转移有价证券的占有，存单质权要求背书交付，由于动产质权的标的范围扩展越来越大，法国也开始承认只要质权的表现方式是完全的，债务人丧失占有这一要求可以被免除。[1] 对于不动产质权，必须转移不动产的占有才能设立，质权人对不动产享有用益权，其收益不仅可以抵充利息，还可以抵充债权本金。在1955年后，不动产质权被纳入登记制度，只有登记之后才能对抗第三人。[2]

抵押权可分为约定抵押权、法定抵押权以及裁判抵押权，约定抵押权由当事人通过公证文书设立，并且经过抵押权登记才能具有对抗效力。法定抵押权由法律直接规定，裁判抵押权则由法院判决形成。抵押权具有附属性，同时抵押的标的物只能是特定的不动产，而不能是未来财产，受抵押担保的债权也需要特定。

2006年之后，法国的担保法改革，除了优先权的规定外，对物的担保进行较大程度的调整。在此之后，《法国民法典》上的物的担保按照动产和不动产分为了两大类。动产之上的物的担保包括动产优先权、有体动产质权(gage)、无体动产质权(nantissement)、所有权保留以及让与担保。新规定的有体动产质权的创新之处在于它放弃了质押财产的交付，即是否转移占有不影响质权的成立，占有的转移只是对抗要件，并且除了转移占有外，质权还可以通过登记获得对抗效力，这种质权登记是属人性质的登记，需要在商事法庭进行登记。由于质权设立不再需要转移占有，有体动产质权的标的就扩展到了种类物和未来财产，只要财产可以确定即可。[3] 无体动产质权是指以某一无体动产或某些无体动产为债权设定担保，这些无体动产可以是现存的，也可以是将来的。《法国民法典》关于无

---

〔1〕 尹田：《法国物权法》(第2版)，法律出版社2009年版，第476～481页。
〔2〕 于海涌：《法国不动产担保物权研究》(第2版)，法律出版社2006年版，第119页。
〔3〕 李世刚：《法国担保法改革》，法律出版社2011年版，第87页以下。

体动产质权的条款主要是关于债权质押的规定,可以质押的债权的范围是非常广泛的,包括了现存的债权和未来的债权,还可以账户设定质押,债权质押需要以书面形式设立,通知债务人时产生对抗效力。[1] 不动产上的物的担保包括不动产优先权、不动产质权(antichrèse)、不动产抵押以及所有权保留和让与担保。不动产质权的设立需要订立书面合同,并且要转移占有才能生效,因此不动产质押合同是实践合同,且与不动产抵押一样,需要经过登记公示才能对抗第三人。[2] 不动产抵押方面最明显变化就是增加了"可再负担抵押"这种新型抵押形式,也即只要在文书明确规定,可以在设立后,被用于担保除设立文书所列债权以外的债权,这种新型的抵押是对从属性以及担保债权特定性的突破。此外,在法国就留置权是否构成一项物权一直存在争议,2006 年的担保法改革将留置权规定了在第四卷的一般规定中,并没有将其纳入人的担保或物的担保中。留置权是指债权人可以留置本应返还给债务人的财产直到债务被完整地支付,但留置权人对标的物并无处分权,也无优先权。

四、法国法上存在财产权类型封闭原则吗?

在前面对法国法上的财产权制度进行简单梳理后,现在我们可以来回到本节的核心问题:法国法上存在财产权类型封闭原则(*numerus clausus*)吗? 此处我们之所以把"*numerus clausus*"翻译成"财产权类型封闭原则",主要是因为法国法多使用"财产"这个概念,而甚少使用"物权"一词。虽然对人权和对物权的区分没有成为《法国民法典》的建构基础,但从前面的分析来看,不仅法国民法学界承认对人权和对物权的区分,法国法中的主要财产权类型也都是特定客体上具有排他性、对世性的权利,与德意志法系中的物权类型大体相当。

(一)19 世纪上半叶的法国学说与判例

法国民法是否存在财产权类型封闭原则,并无法从《法国民法典》的条文中直接体现出来。该法典第 543 条规定:"对财产,得享有所有权,或享有单纯的用益权,或者仅享有可以主张的地役权。"关于这一条款是否意味着法国民法中的财产权的类型仅限于所有权、用益物权或地役权这三种类型并不明确。《法国民法典》的起草者之一特雷伊雅(Treilhard)似乎认为第 543 条意味着财产权类型封

---

〔1〕 李世刚:《法国担保法改革》,法律出版社 2011 年版,第 105 ~ 109 页。

〔2〕 李世刚:《法国担保法改革》,法律出版社 2011 年版,第 115 页以下。

闭,他在关于本条的说明中称:“一个人只能在客体上拥有三种类型的权利:所有权、使用权和土地负担。通过这种方式,我们的民法典废除了封建领主优先支配权的基础。”〔1〕但法国学者图理厄(Toullier)却持不同意见,他认为,原则上谁都可以将自己的所有权按最绝对的方法加以处分,把自己的权利按希望的那样进行扩张或限制。简而言之,限于在不违背法律和公共秩序的前提下,各人可以按照自己认为是适当的方式分割权利。图理厄所说的“法律和公共秩序”的限制实际上就是指阻止由于法国大革命而被废止的封建权利关系通过当事人的合意再次复活。〔2〕笔者认为,第543条并非是对物权类型的穷尽式列举,因为民法典中明确规定的“使用权”“居住权”都没有被纳入第543条,因此单纯从逻辑和文义上来看,似乎很难认为立法者有通过第543条限制物权类型的意图。

从19世纪上半叶的判例来看,法国司法实务中并没有将第543条理解为财产权类型封闭原则。1834年,法国最高法院(Cour de cassation)在著名的Caquelard v. Lemoine案中,明确否定了特雷伊雅(Treilhard)的观点。这个案件针对的一块灌木土地的共有协议,根据这项协议,原告享有使用灌木的权利,被告享有树上果实的收益权。原告认为他对树上的果实享有权利,因为所有权的权能已经由法院强制规定了。但最高法院明确拒绝了原告的观点,法院认为:“民法典第544条、第546条以及第522条确定了所有权性质和效力的一般规定,但却不是禁止性的:无论是这些条款还是其他制定法的规定,都没有排除对所有权权能的不同的修改和分割。”〔3〕1835年,法国亚眠裁判所也认可这一观点,法院在一起出卖土地所有权但保留狩猎权的案例的判决中,认为:“通过契约转让所有权时,如不违反法律和公序良俗就有承认其一切条件和条款的余地。为此,拍

〔1〕 Locre, Législation civile, VI, 32. See: Vincent Sagaert, *Party Autonomy in French and Belgian Law, The Interconnection between Substantive Property Law and Private International Law*, in Party Autonomy in International Property Law, edited by Roel Westrik and Jeroen van der Weide, sellier. European Law Publishers GmbH, Munich, p. 122.

〔2〕 图理厄:《根据民法顺序的法国公民权》(第3卷),1842年第5版,第62、96页。转引自段匡:《德国、法国以及日本法中的物权法定主义》,载《民商法论丛》(1997年第1号总第7卷),法律出版社1997年版,第266页。

〔3〕 Cass. fr. 13 februari 1834, Sirey 1834, I, 205. See: Vincent Sagaert, *Party Autonomy in French and Belgian Law, The Interconnection between Substantive Property Law and Private International Law*, in Party Autonomy in International Property Law, edited by Roel Westrik and Jeroen van der Weide, sellier. European Law Publishers GmbH, Munich, pp. 122 – 123.

卖时卖主也就是所有者在转让土地的自己有关权利中可以保留其任何部分，特别是关于从权利以及作为所有权分割的狩猎权。这种保留在它施行时不仅是为了卖主，也是为了他的继承人所必须保护的效力。总之，作为所有权分割的狩猎权正像第一审裁判官所认定的那样，完全没有封建的性格。"[1]从上述法院的意见来看，在19世纪上半叶，法国法院实际上是持财产权类型开放原则（Numerus Apertus）的态度，当事人可以自由地从所有权中分割出各种权利，只要分割出来的权利不具有封建属性即可，因此，这种观点实际是以类型开放为原则，排除封建权利为例外。可以说，不把《民法典》第534条理解为类型封闭原则的观点也是符合法国大革命的土地改革的精神与做法的，因为在法国大革命期间通过的废除封建制度的法令也只是废除了封建土地权利，并没有将土地上的权利类型限制在某一范围内。

（二）19世纪下半叶至20世纪的法国学说与判例

但是，从19世纪下半叶开始，法国民法学界的观点开始发生变化。著名学者德莫隆布（Demolombe）认为："《法国民法典》第543条限制了物权的范围，当事人能够设定于财产上的权利只能是以下三种之一：或为所有权；或为用益权，即收益、使用或居住的权利；或为地役权。在这一范围内，合同的自由应当变为支配财产的自由。在以外的权利，一律都属于对人权，如租赁产生的权利等。"[2]奥布里（Aubry）和劳（Rau）也赞同这个观点。他们的理由大体上有两个：第一，通过契约自由加公序良俗限制的模式不足以制止封建权利复活，从物权和债权的区分出发，物权应当具有可转让性、可继承性以及相对第三人的对抗效力，因此也应当限定物权的种类；第二，1834年最高法院的裁判的案例只说明了所有权共有形式下各共有人的权利分配问题，这与法律禁止所有权分割是无关的。法国学者帕托（Patault）认为，法国法学界的态度之所以发生改变，是因为受到了统一所有权观念以及德国学者萨维尼和历史法学派学者债权和物权划分的影响，他认为，虽然法国大革命废除了双重所有权，但统一排他所有权观念在司法实践中被普遍接受实际上是19世纪下半叶的事，而只有为了保

---

〔1〕 Amines 2 déc. 1835, S. 1836, Ⅱ, 198. 转引自段匡：《德国、法国以及日本法中的物权法定主义》，载《民商法论丛》（1997年第1号总第7卷），法律出版社1997年版，第266页。

〔2〕 Ch. Demolombe, *Cours de Code Napoléon*, t. IX, 2e éd., Hachette, 1861, n. 519. 转引自尹田：《法国物权法》（第2版），法律出版社2009年版，第38页。

护统一排他的所有权观念才有必要对他物权进行清楚的列举。例如,19 世纪上半期,在他人土地上的房屋的所有权人被认为是土地所有权的共有人,直到 1858 年之后,这种权利才被确认为地上权。因此,只有到了 19 世纪下半叶,判例法和学者的著作才被迫澄清财产权的种类。虽然最高法院对财产权类型封闭原则采取了较为弹性的态度,仍然在判决中承认了一些新的财产权类型[1],但像 19 世纪上半叶那样承认当事人可以自由创设新财产权的观念被认为是难以想象的。[2]

在 20 世纪,认为第 543 条体现财产权类型封闭原则的观念已经成为法国的主流观点,这一原则被认为是维护统一所有权和债权平等原则的要求。[3] 但是,仍有部分学者坚持认为法国民法中并不存在这个原则,他们认为:第一,根据契约自由原则,在不违反公序良俗的情况下,应该允许创设第 543 条以外的物权。第二,第 543 条不是关于公序的规定,而有关登记公示的规定才是关于公序的规定,只有违反登记公示的规定创设物权才是不可能的。1955 年的地产公示法令中规定了可以公示的行为的范围,不仅列举了某些特定行为(例如,12 年以上的租约、共有协议、禁止转让条款等),还包括了一切有关不动产的行为,范围非常广泛。第三,虽然登记机关不能受理法定范围以外的公示要求,但法国学者马洛里和埃勒斯发现,地役权、地上权这类的物权具有充分的可塑性,只要当事人给予其设定的物权以一种"法定"物权的名称,就足以使登记机关不得不接受他们

---

[1] Cass. fr. 12 December 1899, Sirey 1901, I, 497; Cass. 25 Octorber 1886, Sirey 1887, I, 373; Cass. 5 Noverber 1866, Dalloz 1867, I, 32; Cass. fr. 20 February 1851, Dalloz 1851, I, 54. See: Vincent Sagaert, *Party Autonomy in French and Belgian Law, The Interconnection between Substantive Property Law and Private International Law*, in Party Autonomy in International Property Law, edited by Roel Westrik and Jeroen van der Weide, sellier. European Law Publishers GmbH, Munich, p. 123.

[2] Patault, A. M., *La propiété non exclusive au XIXe siècle: historie de la dissociation juridique de l'immeuble, Revue historique de droit français et étranger*, 1983, pp. 217 – 237. See Bram Akkermans, *The Principle of Numerus Clausus in European Property Law* (diss.), Maastricht University, 2008, pp. 164 – 167.

[3] See Bram Akkermans, *The Principle of Numerus Clausus in European Property Law* (diss.), Maastricht University, 2008, pp. 167 – 168;段匡:《德国、法国以及日本法中的物权法定主义》,载《民商法论丛》(1997 年第 1 号总第 7 卷),法律出版社 1997 年版,第 271 页;尹田:《法国物权法》(第 2 版),法律出版社 2009 年版,第 38 ~ 39 页。目前认为法国存在财产权类型封闭原则的法国学者有:Chabas、Crocq、Cabrillac、Mouly、Carbonnier、Larroumet、Zenati。

的公示申请，因为登记机关无权评价申请行为的合法性。[1] 目前，法国司法实务界也认可物权类型封闭原则，但也会通过判决零星承认当事人创设的权利具有物权效力。例如，在1984年，法国最高法院在一起判决中，承认了当事人创设的权利具有财产权的效力。在该案中，一方当事人为第三人创造了在其房屋的墙上永久张贴广告的权利，最高法院认为这个权利并非用益权，因为它不符合《法国民法典》第578条对用益权的定义，但最高法院还是承认了这个约定的权利具有财产权的效力。由于这种权利明显也不符合地役权的要件，即不具备需役地，因此它也很难被归入地役权的范畴。因此，这一判决实际上是承认了新型财产权，并得到了许多批判财产权类型封闭原则的学者的支持。[2] 值得我们注意的是，在同样适用《法国民法典》的比利时，却对同样类型的案件采取了较为严苛的态度，不承认约定具有财产权的效力。在比利时最高法院1966年审理的Blieck案中，为市政当局的利益承担保留在土地上的公园的义务被认为不构成一项地役权，原因是地役权须为需役地的利益而设，但本案中的约定并非为需役地的利益，因此不满足地役权的构成要件。比利时的学者普遍将本案作为了财产权类型封闭原则在比利时法中存在的证明。[3]

就法国法未来是否要坚持财产权类型封闭原则，在推动了法国继承法和担保法改革的法国亨利·卡皮登法律文化协会（Henri Capitant des Amis de la Culture Juridique Française）提出的财产法改革建议稿中，第516条规定："除另有规定外，本编关于'财产'的规定是公共秩序的一部分。"当然，建议稿的起草者也注意到了这一条款对私法自治的限制，因此在第608条中创造了一个开放性的特殊用益权（droit de jouissance spéciale），它的内容由合同约定，只要当事人遵守

---

〔1〕 参见尹田：《法国物权法》（第2版），法律出版社2009年版，第40～41页；段匡：《德国、法国以及日本法中的物权法定主义》，载《民商法论丛》（1997年第1号总第7卷），法律出版社1997年版，第269页；Bram Akkermans, *The Principle of Numerus Clausus in European Property Law* (diss.), Maastricht University, 2008, p. 167。目前认为法国不存在财产权类型封闭原则的法国学者有：Atias、Terré、Simler。

〔2〕 Cass. fr. 18 January 1984, Bull. civ., Ⅲ, No. 16, Dalloz 1985, jur., 504, note F. See Vincent Sagaert, *Party Autonomy in French and Belgian Law, The Interconnection between Substantive Property Law and Private International Law*, in Party Autonomy in International Property Law, edited by Roel Westrik and Jeroen van der Weide, sellier. European Law Publishers GmbH, Munich, p. 123; Bram Akkermans, *The Principle of Numerus Clausus in European Property Law* (diss.), Maastricht University, 2008, p. 162.

〔3〕 Vincent Sagaert, *Party Autonomy in French and Belgian Law, The Interconnection between Substantive Property Law and Private International Law*, in Party Autonomy in International Property Law, edited by Roel Westrik and Jeroen van der Weide, sellier. European Law Publishers GmbH, Munich, p. 125.

公共秩序。鉴于公共秩序被认为是强行法的一部分,整个财产法编也就成为不容当事人任意变更的强行法,因此,第516条明确表明了采纳财产权类型封闭的态度。〔1〕如果该财产法改革建议稿被法国立法者采纳,那么财产权类型封闭原则将在正式法律条文中得以确立。

从上面的分析来看,法国法的财产权体系本身也充满了弹性,这主要是因为两个因素造成的:在财产权的标的方面,法国法中的所有权、用益物权、担保物权的标的物都不局限于有体物,而是包含了无体物(债权、知识产权等权利),部分财产权的标的还扩张至集合物、概括财产之上,具有非常大的弹性;在财产权的种类方面,各种用益物权、担保物权的种类较为丰富,同时法国法明确承认不动产长期租赁权的物权属性,可以进行地产公告;此外,法国法上的地役权实际上是框架性权利,法律只规定了地役权的抽象法定条件,其具体内容需要当事人自行约定,但在现实中抽象法定条件具有很大的不确定性,只要当事人约定条款巧妙,某些不太符合抽象条件的权利也可以作为地役权创设,例如,营业禁止地役权。最为重要的是,法国法并没有清晰地区分对人权和对物权,在财产权的变动方面选取的是公示对抗模式,因此法国法对"财产权"设定的标准往往要低于德国法对"物权"设定的标准。〔2〕虽然较多的法国学者认为法国法上存在财产权类型封闭原则,当事人不得任意创设财产权,只有制定法和法院可以承认新的财产权类型,但从本节的分析来看,很难认为《法国民法典》本身采纳了财产权类型封闭原则。法国法虽然强调"统一所有权"维护,禁止当事人分解所有权,并对当事人排除所有权处分权能持严格限制态度,但是,在"所有权—他物权"的财产结构下,创设新的他物权并不必然导致"统一所有权"本身的瓦解,只是会增加所有权上可能存在的负担种类而已。从"反封建"出发,也无法得出物权类型封闭的结论,因为对革命成果的维护只需消极排除具有封建属性的物权类型即可,而无

---

〔1〕 相关条款可以在 www. henricapitant. org 上找到,可参见 Vincent Sagaert, *Party Autonomy in French and Belgian Law*, *The Interconnection between Substantive Property Law and Private International Law*, in Party Autonomy in International Property Law, edited by Roel Westrik and Jeroen van der Weide, sellier. European Law Publishers GmbH, Munich, pp. 124 – 125.

〔2〕 在不动产方面,《法国民法典》颁布之时,立法者似乎并不重视财产权的公示,1855年后建立不动产公示制度后所采取的财产权变动模式也是公示对抗主义,公示只是赋予财产权以对抗第三人的效力,当事人不办理公示,并不影响财产权变动,因此实践中就存在着不具有对抗第三人效力的"财产权"。从这一点来看,可以说明法国人并没有将公示能力作为财产权的本质来对待。

法得出必须将物权类型限制在法律明确列举的范围之内的结论。将整个"财产编"的规定视为"公共秩序",固然可以使财产权类型封闭原则得以确立,但仅仅基于这个理由,实际上是放弃了民法体系内部的逻辑论证。法国法学界在 19 世纪下半叶之所以会出现主张类型封闭的观点,其实是受到了德国潘德克顿学派物债二分观点的影响,这实际上也说明了财产权类型封闭不是内生于《法国民法典》的原则。[1]

第二节　另外两部自然法法典中的物权类型封闭原则

在 1806 年前,欧洲德语世界在名义上归属于神圣罗马帝国,神圣罗马帝国的疆域内在一南一北存在两个强权,位于北方的是普鲁士王国,位于南方的是奥地利王国,奥地利王国的统治者哈布斯堡王朝又兼领神圣罗马帝国皇帝,在 1806 年哈布斯堡王朝败于拿破仑后,神圣罗马帝国遂告终结,奥地利君主仅保持奥地利帝国皇帝的称号。在德意志第二帝国成立前,这两个德语世界的大国就已经制定了民法典,分别是 1794 年生效的《普鲁士普通邦法》(*Allgemeines Landrecht für Preussischen Staaten*, ALR)和 1811 年的《奥地利民法典》(*Allgemeines Bürgerliches Gesetzbuch*, ABGB),这两部法典在制定时受到了自然法思潮的重大影响,它们和《法国民法典》一起并成为三个自然法法典,但与《法国民法典》相比,这两部法典对后世的影响力就小得多了。它们对物权类型封闭原则又采取

---

〔1〕 受《法国民法典》影响的其他拉丁法系国家的状况也可以佐证上述结论,这些国家既包括直接适用《法国民法典》的比利时以及受《法国民法典》影响的西班牙、葡萄牙、荷兰。目前,比利时已经采纳了法国的主流观点,认为第 543 条体现了财产权类型封闭原则。1889 年颁布的《西班牙民法典》深受法国影响,在西班牙沿用至今,但是西班牙目前仍然采取财产权类型开放的态度,至少在不动产领域如此。荷兰和葡萄牙的学者认为,受《法国民法典》影响的 1838 年《荷兰民法典》和 1867 年《塞亚布拉法典》均采纳了物权类型开放原则,但后来两国受到了潘德克顿法学的影响,逐渐接受了物权类型封闭原则,并且将这一原则明确规定在新法典中。See Vincent Sagaert, *Party Autonomy in French and Belgian Law, The Interconnection between Substantive Property Law and Private International Law*, in Party Autonomy in International Property Law, edited by Roel Westrik and Jeroen van der Weide, sellier. European Law Publishers GmbH, Munich, p. 125; Bram Akkermans, *The Principle of Numerus Clausus in European Property Law* (diss.), Maastricht University, 2008, p. 550;唐晓晴:《论物权类型法定原则——兼论澳门民法典第 1230 条的渊源与范围》,载《法学论丛》2006 年第 2 辑;黄泷一:《物权类型开放的得失——来自南非的启示》,载《法治社会》2016 年第 4 期,第 113 页。对葡萄牙和荷兰相关情况的详细介绍,可参见本书第三章第一节和第二节中的相关内容。

了何种态度呢？

一、《普鲁士普通邦法》中的物权类型开放主义

《普鲁士普通邦法》虽然生效于1794年，但早在一个世纪以前普鲁士就已经开始法典编撰工作了。这部法典受到了自然法学家普芬道夫（Samuel Pufendorf）和沃尔夫（Christian Wolff）的影响，其主要内容由自然法思想演变而来，大部分来自沃尔夫，最终来自普芬道夫，同时它也受到了普鲁士君主开明专制的影响。[1] 在法典的内容方面，该法典非常全面、繁复，不仅仅包括了私法，还包括了公法。在法典的体系结构方面，除了位于开头的序言外，这部法典主要分为两部分：第一部分包括23题，主要是权利法，包括了人及其权利的一般规定、物、行为及其产生的权利、意思表示、契约的一般规定、不法行为产生的权利义务、占有、所有权、所有权的取得、救济、权利义务的消灭、共有、在他人财产上享有的物权与对人权总则、土地权利的相互关系等；第二部分为身份法，包括了婚姻家庭法、关于团体的一般规定、农民、商人、贵族、公务员的身份及权利义务以及学校、政府的权利义务等。[2] 很显然，根据如此的划分方法，第一部分除了关于主体的规定外，主要就是财产权及其变动。值得我们注意的是，第一部分第2题“物”中，第1条规定了该法典对“物”的定义：“法律意义上的物是指所有能够成为权利或义务之标的的东西。”[3]因此，从这条规定来看，这部法典的“物”实际上不仅限于有体物，而是包括了无体物，这一点和《法国民法典》的做法相同。因此，在《普鲁士普通邦法》没有也不可能向后世《德国民法典》那样区分物权法和债法，而是将债法引入了物权法，或者说债法和物权法处于混杂的财产法中。不仅如此，《普鲁士普通邦法》还承认了具有物权效力的债权，这也与上述理性法中的财产权概念密切相关。[4] 此外，《普鲁士普通邦法》还保留了所有权分割的观念，第一部分第8题“所有权”第16条规定：“在包含在所有权之内的不同权利属于不

---

〔1〕 [美]艾伦·沃森：《民法法系的演变及形成》，李静冰、姚新华译，中国法制出版社2005年版，第148～149页。

〔2〕 杨代雄：《古典私权一般理论及其对民法体系构造的影响》，北京大学出版社2009年版，第51～52页。

〔3〕 ALR I 2 § 1. 参见杨代雄：《古典私权一般理论及其对民法体系构造的影响》，北京大学出版社2009年版，第53页。

〔4〕 [德]弗朗茨·维亚克尔：《近代私法史》（上册），陈爱娥、黄建辉译，上海三联书店2006年版，第329页。

同的人时，标的物的所有权被分割。”[1] 从这一点来看，《普鲁士普通邦法》并未确立统一所有权观念，保留了封建残余，很显然这是因为普鲁士没有像法国一样发生大革命涤荡封建制度。

正是由于《普鲁士普通邦法》没有确立统一所有权的观念，因此立法和实践中并没有形成抑制当事人自由进行所有权分解的观念，反而受到了中世纪日耳曼法的影响，采取了物权自由创设的态度。前面我们已经谈到，日耳曼法中有“持有”（Gewere）的观念，它是对物的实际控制与对物的权利相结合的一种观念，只要对物拥有权利，并对物实际控制，即构成了持有，而是否构成持有正是可否提起对物之诉的标准。在这种制度下，只要构成了持有就可以提起对物之诉，至于持有中包含何种权利并不重要。这就形成了与罗马法完全不同的态度。《普鲁士普通邦法》正是采取了这种做法，无论何种限制物权，都可以基于持有提起诉讼，因此它们的数量从理论上来讲是无限的。物权的数量与罗马法中基于债权而占有权的数量是相同的。这种做法被《普鲁士普通邦法》采纳，第一部分第 2 章第 135 条（ALR I 2 § 135）规定：“某人对某物享有对人权，如果基于这种权利，占有可以被建立，那么通过这个过程，物上就出现了物权。”（Wenn demjenigen, de rein persönliches Recht zu einer Sache hat, der Besitz derselben auf den Grund dieses Rechtes eingeräumt wird, so entsteht dadurch ein dingliches Recht auf die Sache.）根据这条规定，任何可以占有物的债权性权利，只要权利人取得占有，该权利就会转变为物权。权利人可以针对地位劣于其的权利人提出“基于先前占有之诉”（Klagen aus älterem Besitz）。[2] 因此，普鲁士法上没有物权类型封闭原则，每一个占有权都可以物权化。此外，根据《普鲁士普通邦法》第一部分第 4 章第 15 条，当事人可以通过约定将物权排除流通领域，[3] 这样一来，只要结合当事人之间的对物利用的积极约定，新的物权类型也可以产生。虽然如此，我们也需要注意，在普鲁士法上，来自罗马法上的物权以及租赁权（Miete und Pacht）似乎就已经满足需要

[1] Wiegand, *Zur theoretischen Begründung der Bedenmobilisierung in der Rechtswissenschaft: der abstracte Eigentumsbegriff, Wissenschaft und Kodification des Privatrechts im 19. Jahrhundert*, Ⅲ, Frankfurt am Main: Vittorio Klostermann, 1976, S. 131.

[2] ALR I 7 § § 161; I 15 § 34.

[3] ALR I 4 § 15. Rüdiger Liebs, *Die unbeschränkbare Verfügungsbefugnis*, Archiv für die civilistische Praxis, 175. Bd., H. 1\2 (1975), S. 13.

了,普鲁士法上并没有再创造其他物权的尝试。[1] 1900 年《德国民法典》施行,《普鲁士普通邦法》就寿终正寝了。[2]

二、《奥地利民法典》中的物权类型封闭原则

18 世纪中叶开始,奥地利也开始了法典化运动,经过长期的努力,1811 年《奥地利民法典》终于颁布,并于 1812 年生效。在思想指导方面,《奥地利民法典》受到了自然法的影响,其创始人马蒂尼(Martini)和蔡勒(Zeiller)都是自然法学家,法典中最为典型的自然思想代表条款为第 7 条和第 16 条,第 7 条确立了法官可以依据"自然的法律原则"进行漏洞填补,第 16 条则确立了自然人都可以因理性而获得天赋的权利。[3] 在法典的内容方面,《奥地利民法典》仅限于私法,其体例则回到了传统的法学阶梯体例,除了序编外,法典分为人法(Personenrecht)、物法(Sachenrechte)以及适用于人法和物法的一般规定三编。物法的内容最多,又分为两个分编:第一分编为对物权(Von den dinglichen Rechten),内容包括占有、所有权、所有权的取得方式、担保物权、役权、继承权、共有等内容;第二分编为对人的物权(Von den persönlichen Sachenrechten),主要是各种合同以及损害赔偿法。从第二编的规定来看,《奥地利民法典》实际上已经对对人权与对物权做了较为清晰的区分,物权和债权基本上取得了平等的地位,例如买卖合同在第二分编,而所有权的取得则在第一分编,在物权变动模式方面,奥地利法采纳了自然法学家的"名义(Titulus)与形式(Modus)一致"原则,即合同的效力直接影响物权变动的效力。但是,正如上面所说,《奥地利民法典》仍然维持罗马法的法学阶梯结构,将物权与债权同归于物法中,因此法典所称的"物"(Sache)也不仅限于有体物,该法典第 285 条规定:"所有区别于人的,并且可以供人使用的一切,被称为法律意义上的物",第 292 条明确将物分为有体(körperliche)和无体(unkörperliche)两类,有体物是指可触摸的物,其他的物为无

---

〔1〕 Hans Josef Wieling, *Sachenrecht*, Band 1 *Sachen, Besitz und Rechte an beweglichen Sachen*, 2 Auflage, Springer, 2006, SS. 25 – 26.

〔2〕 目前国内学者谈及普鲁士法对物权的态度时,都会将其作为"物权放任主义"的典型代表,并认为其依据是"取得权源与形式"的理论。国内学者的这种看法都来源于段匡的文章(段匡:《德国、法国以及日本法中的物权法定主义》,载《民商法论丛》(1997 年第 1 号总第 7 卷),法律出版社 1997 年版,第 258 页),但段匡并没有在文中注明这种观点的来源。本人认为,"取得权源与形式"的物权变动理论似乎与"物权放任主义"没有太大的联系。

〔3〕 《奥地利普通民法典》,周友军等译,清华大学出版社 2013 年版,第 6 页。

体物,包括狩猎权、捕鱼权以及其他一切权利。这里的其他一切权利,自然包括基于合同产生的债权,虽然在《奥地利民法典》中它被称为"对人的物权"。这样一来,所有权(Eigentum)的标的就必然包含有体物和无体物两类(《奥地利民法典》第353条)。[1] 非常值得我们注意的是,《奥地利民法典》仍然承认了所有权分割和不完整的所有权,其第363条规定:"不完整的所有权人,包括上位所有权人(Obereigentümer)与用益所有权人(Nutzungseigentümer),同样享有前条规定的权利,但双方均不得从事任何有损于对方权利的行为。"

奥地利法并没有像普鲁士法那样明确采取物权类型开放原则,但是也没有任何一个条文明确表示采取物权类型封闭原则。该法典第308条的表述与《法国民法典》第543条类似:"物权包括占有权、所有权、担保物权、役权和继承权。"这一条文对物权类型的列举明显是受到了著名的"汉恩五权列举"(Hahn's Pentarchy)[2]的影响,但从其具体文义来看,其是否为对物权类型的穷尽式列举并不明确。笔者认为,结合法典中的其他条款来看,立法者在此进行的应该仅仅是例式性的列举而非穷尽式的列举,理由有二:第一,当时的奥地利没有将统一所有权的观念贯彻到民法典中,既然允许所有权分割,似乎就没有理由否定所有权人自由地分解所有权。前面已经提到,《奥地利民法典》第363条显然是承认了分割所有权。第二,第308条的列举就连《奥地利民法典》之内的物权类型都没有穷尽,那么就只能说明此条为例示性列举。例如,该法典第530条规定了"请求支付定期金的权利",并明确指出其并非人役权,因此可以被继承,学说上指出此种权利为"物上负担"(Reallast)[3]。

虽然从文义和体系上看,很难认为《奥地利民法典》第308条规定了物权类型封闭原则,但目前奥地利民法学界的通说却依此认为奥地利存在物权类型限制原则(Typenbeschränkung):物权性的法律地位只能由法律承认,不仅包括民法典第308条列举的类型,还包括特别法规定的物权类型;民法典第308条中的"占有权"和"继承权"目前已经不再被视为物权,前者只是有法律后果的事实状态,后者虽然是绝对的,但却不具有物权性,但民法典中第530条规定的物上负担则属于物

---

〔1〕 周友军教授将Sache和Eigentum都翻译为财产,似有不妥。参见《奥地利普通民法典》,周友军等译,清华大学出版社2013年版,第285条、第292条、第353条。

〔2〕 关于"汉恩五权列举",可参见本书第一章第二节中的相关内容。

〔3〕 Gert Iro, *Sachenrecht*, 4. Auflage, Springer, Wien\New York, 2010, S. 267.

权;特别法承认的物权包括建筑权(Baurecht)、采矿权(Bergwerksberechtigung)、公寓所有权(Wohnungseigentum)。此外,还存在类型强制原则(Typenzwang),即物权的内容由法律强制规定,但在法律规定的限度内仍然存在私法自治的空间。奥地利民法学界对第308条的态度显然与法国民法学界对《法国民法典》第543条的态度类似,应该也是受到了潘德克顿法学派的影响。[1]

从前面的分析来看,《普鲁士普通邦法》和《奥地利民法典》均没有明确规定物权类型封闭原则,前者所采取的恰恰是相反的物权类型开放原则,而后者状况与《法国民法典》类似,仅仅是后世学者将原本例示性的物权列举规定理解为了物权类型封闭原则。因此,我们可以认为,至少在18世纪初期三大自然法典颁布时,物权类型封闭原则还未产生。下一节,我们来详细分析,潘德克顿学派是如何对物权类型封闭原则的生成作出贡献的。

第三节 德国民法中的物权类型及物权类型封闭原则

一、潘德克顿法学的贡献与《德国民法典》的形成

19世纪初德意志的政治版图四分五裂,虽然已经颁布了《普鲁士普通邦法》和《奥地利民法典》两部法典,但由于邦国林立,民法的适用仍然极不统一。1814年海德堡大学教授蒂堡(Anton Friedrich Justus Thibaut)发表了《论统一民法对于德意志的必要性》一文,主张迅速制定适用于整个德意志地区的民法典,对于民法典的内容和基础,蒂堡认为应该反思卷帙浩繁和晦暗不明的罗马法,主张以理性为基础,制定一部理性法、自然法的法典。[2] 蒂堡的观点遭到了萨维尼(Friedrich Carl von Savigny)的批评,萨维尼在《论立法与法学的当代使命》一文中,从历史主义的观点出发,批评理性法切断了法律的历史联系,反对自然法学家抽去法律的历史根基,他认为,法律根植于民族精神(Volksgeist),在制定法律之前,需要发掘体现民族精神的民众法,有学者将其提炼为学者法,在法律科学

〔1〕 关于潘德克顿法学对奥地利民法的影响,参见 Christian Baldus, *Export des Pandektensystems?* Journal für Rechtspolitik 16,23 – 26 (2008)。

〔2〕 [德]蒂堡、萨维尼:《论统一民法对于德意志的必要性——蒂堡与萨维尼论战文选》,朱虎译,中国法制出版社 2009 年版,第 1 页以下。

成熟的情况下再将其转变为法典。[1] 但是,萨维尼自身的学术实践恰恰偏离了历史法学的方法,他并不重视日耳曼法或者实践中的罗马法,而是注重梳理罗马法的原典,并以罗马法的材料为基础建立法学体系。[2] 虽然萨维尼自身没有遵循历史主义的研究路径,但萨维尼以历史主义和民族精神为论证理由确实切合了当时德国浪漫主义思潮对理性主义的反动和拿破仑战争之后高涨的民族意识,因此成功地阻止了民法典的制定。但实际上,萨维尼并不反对制定民法典,他只是反对在19世纪初德国法学尚无充分准备的情况下就仓促制定法典。正如维亚克尔所说:"就蒂堡而言,在于其要求以共通法典作为国族统一与自由的保证;萨维尼则在于预言,只有透过更新的法学,质言之,学术性的文化,德意志才有能力创造此等法典。"[3] 萨维尼与蒂堡的论战成功地延宕了德国民法典的制定,为法学家们赢得了体系构建的宝贵时间,试想一下,如果德国在19世纪初期就制定了民法典,那么该法典只能是法学阶梯体系的翻版。1900年生效的《德国民法典》之所以与它之前的各国民法典迥然不同,就在于19世纪德国潘德克顿法学派构建的私法体系成熟了。

潘德克顿学派早期的代表胡果首次提出了五编制的潘德克顿体系,包括了物权法(所有权、役权和质权)、债法、亲属法、继承法以及诉讼法。胡果体系中最典型的特征就是将继承法从物权法中分离了出来,并且基于对人权与对物权的区分将罗马法中的物法一分为二为物权法和债法。一般认为,潘德克顿体系的基础是由海瑟(Arnold Heise)奠定的,在他于1807年出版的《普通民法体系概要:潘德克顿教程》中,创立了潘德克顿的新体系:总则、物权法(物权通则、所有权、役权、永租权、地上权与质权)、债务法、亲属法、继承法、恢复原状。海瑟的体系基本上构成了后世民法学和民法典的基本结构,后世的潘德克顿学者都是在海瑟的基础上进行细微调整。[4] 在债法以及继承法从物法中分离出去后,物法中所剩下的内容就是以有体物为客体的物权,无体物的概念就被取消了。萨维尼对潘德克顿体系的贡献也是巨大的,这主要表现在以下几个方面:第一,萨维

---

〔1〕[德]萨维尼:《论立法与法学的当代使命》,许章润译,中国法制出版社2001年版。

〔2〕谢鸿飞:《法律与历史:体系化法史学与法律历史社会学》,北京大学出版社2012年版,第104页。

〔3〕[德]弗朗茨·维亚克尔:《近代私法史》(下册),陈爱娥、黄建辉译,上海三联书店2006年版,第384页。

〔4〕谢鸿飞:《法律与历史:体系化法史学与法律历史社会学》,北京大学出版社2012年版,第151~154页。

尼将主体之外的外部世界（客体）分为两类：其一是对特定空间单元（Stück）的支配，那就是物，由此产生了物权；其二是对他人为客体的法律关系，这又可以分为两种，第一种是债权关系，支配的对象是他人的特定行为，第二种是家庭关系，包括了婚姻、家长权与亲属关系。债权关系和物权关系统称财产，它使权利人的力量得以延伸到其自然本质以外的外部领域，用于规范它们的法律制度统称财产法（Vermögenrecht）。第二，除了按照上述客体分类标准为，萨维尼还按照权利的效力范围进行分类，即权利是一般性地指向任何人，还是仅仅指向特定人：第一类是物权与继承权，它们可以对抗任何人，第二类是家庭关系与债权，它们仅仅只能对抗特定人。[1] 第三，萨维尼对德国民法体系最大的贡献就是发展了胡果的物权变动理论，提出了独立和抽象的物权合同理论，使物权法和债法彻底区分，从而使总则中的法律行为得以抽象出来。[2] 在萨维尼之后，经过普赫塔（Georg Friedrich Puchta）和温德沙伊德（Bernhard Windscheid）的发展，潘德克顿体系终于成熟，《德国民法典》正是建立在物权法和债法彻底划分的五编制民法体例之上的。

1871 年，德意志第二帝国成立，制定民法典的政治条件已经具备，学者的学术积累也已经成熟。1873 年，五位实务家组成的“前置委员会”（Vorcommission）被委托提出专家建议计划。1881 年，民法典第一起草委员会开始工作，1887 年第一草案以及动机说明（Motive）公布，分为五编，格布哈特（Alber Gebhard）起草总则部分，约霍夫（Reinhold Johow）负责物权法部分，普朗克（Gottlieb Planck）负责亲属法，施密特（Gottfried Ritter von Schmitt）负责继承法，债务关系法以 1865 年的德累斯顿草案为基础，由屈贝尔（Franz Philip von Kübel）负责起草。这一草案受到了温德沙伊德的强烈影响。但是，草案公布后，很快就遭到了基尔克（Otto von Gierke）和门格尔（Anton Menger）的批评。1890 年第二起草委员会成立，1895 年第二草案以及议事记录（Protokolle）公布，但第二草案对第一草案的变动不大，保留了潘德克顿法学的特点。第二草案在经过官方修改后，成为第三草案，并于 1896 年通过公布，于 1900 年正式施行。[3]

---

[1] 杨代雄：《古典私权一般理论及其对民法体系构造的影响》，北京大学出版社 2009 年版，第 86～88 页。

[2] [德]雅科布斯：《十九世纪德国民法科学与立法》，王娜译，法律出版社 2003 年版，第 160 页以下。

[3] [德]弗朗茨·维亚克尔：《近代私法史》（下册），陈爱娥、黄建辉译，上海三联书店 2006 年版，第 451～454 页。

二、“物权法的自治性”以及物权类型封闭原则的诞生

(一)物权法自治性观念与物权类型封闭原则

《德国民法典》体现了潘德克顿体系物权法与债法彻底分离的特征,与《法国民法典》和《普鲁士普通邦法》形成了鲜明的对比。物权法和债法的彻底分离,要求物权法成为一个独立自主的体系:在民法典第一草案的动机说明(Motive)中,对于物权法在民法典中的地位,起草者约霍夫认为:“物权法在草案的体系中拥有一个独立的地位(selbständige Stellung)。一方面,它独立于债务关系法和亲属法;另一方面,它也独立于继承法。它的独立性(Selbständigkeit)建立在物权和债权的区别之上。”[1]为了维持物权法的这种独立地位,约霍夫提出了三个制度要求:

第一,物权的标的物必须为有体物。约霍夫认为,对世效力(Erga-omnes-Wirkung)是物权与其他绝对权利共同的特征,而物权的性质在于“人对物的直接控制力”“由此可以得出,物权只能产生于本来意义上的物,即有体物。对于那些仅存于概念上的物,例如聚合物和权利,是不能够行使真正的控制力的”。如果物权标的不限于有体物,那么将会出现《法国民法典》《奥地利民法典》那样“无体物”,出现对“债权的所有权”或“对人的物权”这样的怪异概念,进而导致债权与物权混淆,债法与物权法无法分离。[2]

第二,物权的数量必须限于法律规定。约霍夫明确指出,除了标的物限于有体物外,为了保证物权法的独立性,还必须对物权的取得进行限制,“为了保障物权法的独立性,物权法必须根据存在于本领域内的关键点对物权的取得进行规范……因此,一个人不能自由地赋予存在于物上的任意一个权利以物权的性质。在债法领域中居统治地位的契约自由原则,在物权法领域中不适用。此处存在相反的原则,当事人只能建立法律所许可的权利。因此,物权的

---

〔1〕 Das Sachenrecht nimmt in dem System des Entwurfs eine selbständige Stellung ein. Es schliesst sich ab einerseits gegen das Recht der Schuldverhältnisse und das Familienrecht, anderseits gegen das Erbrecht. Seine Selbständigkeit beruht wesentlich in dem Gegensatz zwischen dinglichem und persönlichem Rechte. *Motive zu dem Entwurfe eines Bürgerlichen Gesetzbuches für das Deutsche Reich*, Ⅲ, 1888, S. 1.

〔2〕 关于有体物概念的体系意义,可参见王伟伟:《论有体物概念的体系价值——以德国法及其发展为研讨对象》,中国政法大学 2011 年博士学位论文。

数量必然是封闭的”。[1] 如果放任当事人赋予任何物上的权利以物权的特性,那么物上的债权就会转化为物权,物权的内容就会受到各种债权约定的影响,自然也无法保持物权法与债法的分离。

第三,物权变动须依赖于独立于债权契约的物权契约,并且物权契约的效力不受债权契约效力的影响,也即物权行为独立性和抽象性。约霍夫指出,“1794年《普鲁士普通邦法》关于‘名义与形式’的理论,混淆了物权法与债法的区别,对于这两个根本不同且各自独立的制度,应当根据它们的固有性质加以整理。因此在物权法领域,必须有其自身的契约即物权契约,此项契约是独立的,不依赖于债权契约而存在的。所谓所有权转移应当依赖于债权契约的存在以及有效的观念,必须被抛弃”。[2] 如果不承认物权契约的独立性与抽象性,物权变动将受制于债权契约,物权法中物权变动的规范也就无法与债法规范相区分,自然也无法保持物权法与债法的分离。

德国学者维甘德(Wolfgang Wiegand)指出,约霍夫的思想无疑是受到了萨维尼的影响,在他提交的物权法前草案中,对上述观点的理由比立法动机说明要详细地多,他对物权法和债法分离的观点明显来自萨维尼的《当代罗马法体系》,并且明确引用了萨维尼对物权法和债法区分的学说。[3] 这种将物权法作为法典中彻底独立自在的部分的观念,被学者称为“独立的物权法观念”(Das Konzept des selbständigen Sachenrechts)、“物权法的自治性”(Autonomie des Sachenrechts)、“物权法的抽象性”(Abstraktheit des Sachenrechts)。[4] 从前面的论述中,我们可

[1] Das Sachenrecht muss, um seine Selbständigkeit zu wahren, die Erwerbung der dinglichen Rechte nach Gesichtspunkten ordnen, die auf seinem Gebiete liegen... Den Betheiligten kann es daher nicht freistehen, jedem beliebigen Rechte, welches sich au seine Sache bezieht, den Karakter des dinglichen zu verleihen. Der Grundsatz der Vertragsfreiheit, welcher das Obligationenrecht beherrscht, hat für das Sachenrecht keine Geltung. Hier gilt der umgekehrte Grundsatz: die Betheiligten koennen nur solche Rechte begründen, derren Begründung das Gesetz zulässt. Die Zahl der dinglichen Rechte ist daher notwendig eine geschlossene. *Motive zu dem Entwurfe eines Bürgerlichen Gesetzbuches für das Deutsche Reich*, Ⅲ, 1888, S. 3.

[2] *Motive zu dem Entwurfe eines Bürgerlichen Gesetzbuches für das Deutsche Reich*, Ⅲ, 1888, S. 6.

[3] Wolfgang Wiegand, *Die Entwicklung des Sachenrechts im Verhältnis zum Schuldrecht*, Archiv für die civilistische Praxis, 190. Bd., H. 1\2 (1990), SS. 113 – 114.

[4] Wolfgang Wiegand, *Die Entwicklung des Sachenrechts im Verhältnis zum Schuldrecht*, Archiv für die civilistische Praxis, 190. Bd., H. 1\2 (1990), SS. 113 – 120;专门讨论这一问题的专著可参见 Füller, *Eigenständiges Sachenrecht?*, Tübingen: Mohr Siebeck, 2006. 关于物权类型封闭原则与抽象原则对物权法独立性的保障,还可参见 Astrid Stadler, *Gestaltungsfreiheit und Verkehrsschutz durch Abstraktion, Eine rechtsvergleichende Studie zur abstrakten und kausalen Gestaltung rechtsgeschäftlicher Zywendungen anhand des deutschen, schweizerischen, österreichischen, französischen und US-amerikanischen Rechts*, J. C. B. Mohr (Paul Siebeck), Tuebingen, 1996, SS. 110 – 111。

以看到，物权类型封闭原则实际上仅仅是这一观念的其中一环，也是伴随着这一观念而产生的。[1]

值得注意的是，德国民法学说也抛弃了分割所有权，接纳了统一抽象所有权的观念，建立了“所有权—他物权”的物权法结构，但是却没有将统一所有权观念与物权类型封闭原则联系起来。普赫塔将所有权理解为以有体物为标的，具有完全性、排他性和弹力性，对物的完全管领权。既然所有权是对物最完整的权利，那么就不可能存在并存的同等级别或者更高级别的权利，所有权之外的物权只能是他物权(jus in re aliena)。他物权无论权能多么广泛都不具有所有权的完全性，无论它如何削弱了所有权，它相对于所有权来说都是有期限的，所有权可以从中解放出来。[2] 但从抽象所有权的观念中只能推断出他物权的非完整性以及有期限性，并无法推论出物权的类型是有限的。维甘德指出，无论是在普赫塔的引文中，还是在19世纪其他文献中，都没有由于抽象所有权的观念因此将物权限于特定的、有限的几种类型的要求，充其量只有格吕克(Glück)持例外观点(他认为，仅可以有四种先验的物权)。[3] 因此可以说，在德国的理论界，单独的抽象所有权观念并无法直接导出物权类型封闭原则。这一点与以法国民法为代表的拉丁法系的情况有所不同。

虽然在立法过程中，物权类型封闭原则作为自明之理得到了许多学者的支持，但仍然有反对的声音。1989年普鲁士邦经济研讨会决议认为：“草案中设计的物权的封闭系统是有问题的，因为它很难持续地满足交易的需求。主要是将物上使用权限于土地特许权、人役权和土地负担更是有问题的，因为现在就存在大量其他类型的物上使用权。”[4]基尔克对此也持反对意见，他认为：“草案的非

---

[1] 关于物权类型封闭原则与抽象原则对物权法独立性的保障，还可参见 Astrid Stadler, Gestaltungsfreiheit und Verkehrsschutz durch Abstraktion, Eine rechtsvergleichende Studie zur abstrakten und kausalen Gestaltung rechtsgeschäftlicher Zywendungen anhand des deutschen, schweizerischen, österreichischen, französischen und US-amerikanischen Rechts, J. C. B. Mohr (Paul Siebeck), Tuebingen, 1996, SS. 110 – 111。

[2] [德]普赫塔:《当代罗马法讲义》(第4版)，1854，§144和146。转引自[德]沃尔夫冈·维甘德(Wolfgang Wiegand):《物权法定原则——关于一个重要民法原理的产生及其意义》，载《中德私法研究》(2006年第2卷总第2卷)，北京大学出版社2007年版，第93页。

[3] [德]沃尔夫冈·维甘德(Wolfgang Wiegand):《物权法定原则——关于一个重要民法原理的产生及其意义》，载《中德私法研究》(2006年第2卷总第2卷)，北京大学出版社2007年版，第93页。

[4] [德]沃尔夫冈·维甘德(Wolfgang Wiegand):《物权法定原则——关于一个重要民法原理的产生及其意义》，载《中德私法研究》(2006年第2卷总第2卷)，北京大学出版社2007年版，第102页。

德意志原理，即在物权领域内，不给当事人留有实施创设性行为空间的理论，必须取消！它阻碍了未来法律发展的命脉，并且具有使我们的法律陷于保守和僵化的危险！”[1]

（二）物权类型封闭原则与《德国民法典》第137条

在民法典草案以及《德国民法典》的条文中，物权法自治性观念得到了明确体现，“物权标的限于有体物”的观点和“物权行为”被直接规定在第一草案和《德国民法典》的条文中。关于有体物，第一草案第778条规定：“法律意义上的物仅为有体物。”《德国民法典》第90条也规定：“法律意义上的物，仅为有体的标的。”关于物权契约，第一草案第828条规定了以法律行为进行不动产物权变动须缔结契约（Vertrag），第829条明确规定第828条所称契约的生效，无须说明法律上的原因。这两条即为不动产领域的物权契约独立性与抽象性。同时，第一草案第874条规定了以法律行为进行动产所有权的转移须缔结契约（Vertrag），第829条的规定也可以适用。因此，动产领域也规定了物权契约的独立性和抽象性。在后来的《德国民法典》中，第873条和第929条仍然规定了不动产和动产物权变动的合意（Einigung），但未指明其为契约（Vertrag），原第一草案第829条规定的抽象性也没有在《德国民法典》中得到明确规定，但无论是理论界和实务界，均认为《德国民法典》采纳了物权行为的独立性与抽象性。

然而，物权类型封闭原则却没有在《德国民法典》中以法律条文的形式直接体现。与物权类型封闭原则存在紧密关联的条文是第137条，这一条文来源于前草案第91条和第一草案第796条，其主旨是当事人关于处分限制的约定，对第三人没有效力。前草案第91条规定：“所有权人承担的不出让或不设定物上负担的契约义务，对第三人没有效力。”[2]这一条款也出现在了第一草案第796条中，该条规定：“对于所有权或物上其他权利的处分权限，不能通过法律行为以对

[1] [德]基尔克：《民法典草案中的人的集合体和财产典范》（Personengemeinschaften und Vermögensinbegriffe in dem Entwurfe eines Bürgerlichen Gesetzbuches）（1889），第50页。转引自[德]沃尔夫冈·维甘德（Wolfgang Wiegand）：《物权法定原则——关于一个重要民法原理的产生及其意义》，载《中德私法研究》（2006年第2卷总第2卷），北京大学出版社2007年版，第102页。

[2] Die vertragsmässige Verpflichtung des Eigenthümers, die Sache nicht zu veräußern oder zu belasten, ist gegen Dritte wirkungslos. $91 des Entwurfs Johow.

抗第三人的效力排除或限制,只要不是法律另有规定。"[1]在第一起草委员会的讨论记录中,起草委员会的成员针对本条进行了讨论,他们的问题集中在没有登记在土地登记簿中的通过法律行为约定的处分限制能否因善意取得而失效以及哪些通过法律行为约定的处分限制能够被登记在土地登记簿中。起草委员会的成员认为,只有法律能够决定哪些通过法律行为约定的处分限制具有对抗第三人的效力,[2]他们对此的讨论明确与物权数量有限的观念联系了起来:"当事人通过自由地登记,可以为对人权创造物权或绝对效力的观点是不能成立的。接受这样的观点是没有必要的。根据已经被委员会接受的总则和债务关系法,法律行为上的行动自由原则只在债法领域有效。私人只能在法律允许的范围内创设物权和绝对权。"[3]从上面的讨论记录来看,起草委员会的观点明确反对《普鲁士普通邦法》那种通过登记即可使对人权具有物权效力的做法,而是基于物权法自治性观念,认为行为自由仅限于债法领域,进而认为关于处分限制的约定仅仅在法律有规定时才具有对抗第三人的效力。对于第一草案中的第 796 条的规定,第二草案认为其适用范围不仅仅限于物权领域,而应该扩展到所有可以处分的权利,[4]于是就出现了《德国民法典》总则中的第 137 条:"处分某项可让与权利的权能,不得以法律行为予以排除或限制。对此种权利不予处分的义务之生效,不因前句的规定而受影响。"[5]目前德国学者均认为《德国民法典》第 137 条

---

[1] "Die Befugnis desjenigen, welchem das Eigenthum oder ein anderes Recht an einer Sache zusteht, über sein Recht zu verfügen, kann nicht durch Rechtsgeschäft mit Wirkung gegen Dritte ausgeschlossen oder beschränkt werden, soweit nicht das Gesetz ein Anderes bestimmt." Siehe Entwurf eines bürgerlichen Gesetzbuches für das Deutsche Reich. Erste Lesung. Ausgearbeitet durch die vom Bundesrathe beruht auf einem Beschluss der Redaktionskommission. Amtliche Ausgabe 1888. Rüdiger Liebs, *Die unbeschränkbare Verfügungsbefugnis*, Archiv für die civilistische Praxis, 175. Bd., H. 1\2 (1975), S. 15. 另外需要注意的是,在第一草案的债法部分中,第 295 条第 2 段也有类似的规定:"不能通过法律行为对债权的可转让性进行具有对抗第三人效力的排除。"

[2] Protokolle der Ersten Kommission, 305. Sitzung vom 24. 3. 1884 S. 3615. Rüdiger Liebs, *Die unbeschränkbare Verfügungsbefugnis*, Archiv für die civilistische Praxis, 175. Bd., H. 1\2 (1975), S. 17.

[3] Protokolle der Ersten Kommission, 306. Sitzung vom 26. 3. 1884 S. 3625. Rüdiger Liebs, *Die unbeschränkbare Verfügungsbefugnis*, Archiv für die civilistische Praxis, 175. Bd., H. 1\2 (1975), S. 17.

[4] Protokolle der Kommission für die zweite Lesung des Entwurfs eines Bürgerlichen Gesetzbuchs. Im Auftrage des Reichsjustizamts, bearbeitet von Achilles, Gebhard, Spahn, Bd. Ⅲ *Sachenrecht*, 1899, S. 256 f. Rüdiger Liebs, *Die unbeschränkbare Verfügungsbefugnis*, Archiv für die civilistische Praxis, 175. Bd., H. 1\2 (1975), S. 20.

[5] 但在债法领域中,立法者的态度却发生了变化,允许当事人通过约定排除债权的处分权能。《德国民法典》第 399 条规定:"不变更债权的内容就不能向原债权人以外的人进行给付,或让与被与债务人的约定所排除的,债权不得被让与。"因此,关于债权的约定处分限制,不适用第 137 条。

从侧面维护了物权类型封闭原则，因为本条可以阻止以下的情况发生：通过处分限制和债务契约的结合，任意创设新的物权；或者合同改变法律规定的物权内容。[1] 因此，虽然《德国民法典》没有从正面规定物权类型封闭原则，但第137条实际上从侧面起到了维护这一原则的作用。

从上面的分析中，我们可以得出这样一个结论：物权类型封闭原则虽然没有在《德国民法典》中得到明确规定，但是它是作为“物权法的独立性”观念的重要一环而先验地存在于立法者的意识中的。在“物权法的独立性”的另外两环——“物权标的限于有体物”以及独立和抽象的物权契约已经被《德国民法典》所采纳的情况下，立法者是没有理由拒绝物权类型封闭原则，况且这一原则已经受到了第137条的侧面维护。

三、德国民法中的物权类型及其变迁

1900年，《德国民法典》颁布实施。在《德国民法典》的权利类型清单中，主要包括所有权（Eigentum）、役权（Dienstbarkeit）、物权性先买权（dingliches Vorkaufsrecht）、物上负担（Reallast）、抵押权（Hypothek）、土地债务（Grundschuld）、定期土地债务（Rentenschuld）、动产质权（Pfandrecht an beweglichen Sachen）和权利质权（Pfandrecht an Rechten）。虽然《德国民法典》中只纳入了上述几种物权类型，但从当时立法者的态度来看，《德国民法典》中对物权类型的列举并非是穷尽的。[2] 在理论上，上述权利被学者分为所有权以及限制物权（beschränkte dingliche Rechte）两类，后者又可以分为用益物权（Nutzungsrechte）和变价权（Verwertungsrechte）。值得注意的是，德国民法理论上一般不使用担保物权的概念，原因是德国法上存在土地债务，该物权类型并非以担保某个债权为目的，而是直接以土地变价求偿为目的的权利，因此如果使用担保物权的概念，土地债务制度将无法被归类。

（一）所有权

德国民法中的所有权属于物上最完整的权利，其标的物仅限于有体物，所有

---

〔1〕 Rüdiger Liebs, “Die unbeschränkbare Verfügungsbefugnis”, Archiv für die civilistische Praxis, 175. Bd., H. 1\2 (1975), p. 26；[德]沃尔夫冈·维甘德（Wolfgang Wiegand）：《物权法定原则——关于一个重要民法原理的产生及其意义》，载《中德私法研究》（2006年第2卷），北京大学出版社2007年版，第98页以下。

〔2〕 [德]沃尔夫冈·维甘德（Wolfgang Wiegand）：《物权法定原则——关于一个重要民法原理的产生及其意义》，载《中德私法研究》（2006年第2卷），北京大学出版社2007年版，第90页。

权人可以对物享有全面的使用权利与支配权利，当然这种全面的权能并非没有任何限制，而是指相对于其他限制物权，所有权的权能是最为全面的。[1]《德国民法典》第 903 条对所有权的定义为："在不与法律或第三人的权利相抵触的限度内，物的所有人可以随意处置该物，并排除他人的一切干涉。"从《德国民法典》物权编的结构来看，物权的规则基本上都是围绕着所有权来建立，"所有权"一章中的许多规则都可以类推适用于其他物权类型的，包括土地所有权和动产所有权的变动规定、因所有权而发生的请求权（所有物返还请求权、排除妨害请求权、消除危险请求权）。对于动产上的物权变动原则上适用动产所有权的变动规则，即双方当事人的合意与交付相结合，对于不动产上的物权变动原则上适用不动产所有权的变动规则，由双方当事人的合意与登记相结合。

所有权的典型形态是单个法律主体对有体物的直接支配和全面利用，但在民法典、特别法中还规定了所有权的其他形态，司法实践中也形成了一些所有权的亚类型：

1. 共同共有（Gesamthandseigentum）和按份共有（Miteigentum nach Bruchteil）

共同共有和按份共有是《德国民法典》明确规定的特殊所有权形态，它们的特点在于所有权主体的复数性。共同共有并没规定在物权编中，而是规定在了债务关系编第 8 章第 16 节"合伙"（Gesellschaft）以及第 17 节"共同关系"（Gemeinschaft）中，在共同共有中，所有权只能由多数权利人组成的团体（Gesamthandsgemeinschaft）行使，而不能由单一的权利人行使共同的所有权。在德国法中，这样的共有形式只能间接地通过法律行为实现，并且在法律上仅限于以下四种情形：民事合伙（Gesellschaft des bürgerlichen Rechts）、合伙企业（Personenhandelsgesellschaften）、夫妻财产（eheliche Gütergemeinschaft）以及尚未分割的共同继承财产（Miterbengemeinschaft）。按份共有则规定在物权编所有权一章的第五节中，它才是《德国民法典》所称的共有，指的是各权利人对物有确定的份额，但是物并未在空间上分割开的共同所有权，按第 1008 条的规定，即某物的所有权按各个部分属于一人以上。至于按份共有人之间的法律关系，仍然要

---

〔1〕［德］鲍尔、施蒂尔纳：《德国物权法》（上册），张双根译，法律出版社 2004 年版，第 515 ~ 516 页。

适用债务关系编第8章第17节的“共同关系”的规定。[1] 值得注意的是，根据《德国民法典》第1010条的规定，不动产按份共有人之间关于标的物的管理和使用的安排，可以作为按份共有的负担登记在登记簿中，只有上述内容登记在登记簿中，才能对共有人之一的继受人产生效力。

2. 住宅所有权（Wohnungseigentum）

住宅所有权并没有在民法典中规定，而是由1951年的《住宅所有权与长期居住权法》（Gesetz über das Wohnungseigentum und Dauerwohnrecht，WEG）引入的。住宅所有权主要有两方面的内容构成，其一是对住宅享有排他性的所有权，其二是对土地的按份共有权利。这种特殊的所有权形式，实际上突破了传统民法理论以及民法典中的相关规定。第一，民法理论及民法典第93条、第94条均将建筑物视为土地的重要组成物，即房地一体，为一个有体物，所有权也只能存在于一个独立的有体物上，在物的组成部分上不得成立所有权；第二，在共有理论中，份额只存在于观念中，而并不存在于物的特定部分之上。在住宅所有权制度中，上述两点均被突破了，权利人对建筑物的特定部分可以享有排他性的所有权，同时，权利人享有的住宅所有权可以像正常的所有权一样转让和设定负担，对他人的非法干涉行使物权请求权。但是，由于住宅所有权的特殊性质，个别权利人的权利可能会受到约定的限制，而这些限制对于普通所有权人来说是不存在的。例如，根据WEG第10条的规定，所有权人之间可以通过合同就相关事项作出约定，同时根据WEG第12条的规定，对住宅所有权还可以约定转让限制，即约定无其他所有权人或第三人的同意，不得出让住宅所有权（明显是突破了《德国民法典》第137条的规定）。当然，根据WEG第10条第2项的规定，上述约定只有登记为住宅所有权的内容时，才具有约束第三人的效力。[2]

3. 担保性所有权（Sicherungseigentum）

在德国民法中，担保性所有权是指让与担保（Sicherungsübereignung）中，受让人所拥有的所有权类型以及在所有权保留（Eigentumsvorbehalt）中，出买人所拥有的所有权类型。

---

[1] 孙宪忠：《德国当代物权法》，法律出版社1997年版，第183～185页；Vieweg Werner，*Sachenrecht*，5. Auflage，Vahlen，2011，SS. 67－69。

[2] 参见［德］鲍尔、施蒂尔纳：《德国物权法》（上册），张双根译，法律出版社2004年版，第634页以下；［德］M. 沃尔夫：《物权法》，吴越、李大雪译，法律出版社2004年版，第65～67页。

让与担保只能在动产上成立，它的出现是为了解决动产质权的缺陷，即动产质权必须转移占有，债务人不能再继续使用质物，不符合经济需要。这种所有权类型与普通所有权具有很大的差异，所有权人不能享有使用、收益权，只能在债务不履行时，就标的物行使变价权。受让人虽然获得了所有权，但其权能受到了担保合同（Sicherungsvertrag）的限制，通常来讲，担保合同的约定有两种类型：其一是约定在债务履行时，担保性所有权的所有权人须将所有权重新转移给原所有权人；其二是约定附解除条件的让与，只要债务清偿，解除条件就成就，所有权自动回复给原所有权人。正是由于担保性所有权不同于一般所有权，联邦最高法院（Bundesgerichthof，BGH）在一系列的判例中形成了对担保性所有权人的限制，其依据主要是《德国民法典》第 138 条，形成的限制包括：所有权人在债务不履行时，必须将标的物变价，也即流质禁止条款是适用的；如果出让人不合比例地依赖于所有权人以至于不能正常享有标的物，那么就构成了束缚（Knebelung），这将导致担保合同无效，出让人可以依据不当得利要求返还所有权；在标的物的价值过分地高于担保的债权时，构成过度担保（Übersicherung），这也会导致担保合同无效。此外，在破产程序中，根据破产法第 47 条的规定，担保性所有权也被作为质权来对待，也即所有权人不能行使取回权，只能就标的物价款优先受偿。由于这种特殊的所有权受到担保合同的约束，因此让与担保也被认为是一种信托。〔1〕

在所有权保留中，所有权的转移是附以价金的全部支付为延缓条件而进行的，这种交易形式在《德国民法典》第 449 条有规定。在条件成就之前，出卖人保留了所有权中的变价权，而买受人获得了占有和用益权，因此出卖人所享有的所有权实际上受到买卖合同约束的，实际上已经克减为一种非转移占有的质权了，在实践中，这种担保性所有权演化中多种类型，如延长的所有权保留（所有权保留被延长到代偿物上）和扩展的所有权保留（所有权保留的担保范围扩展自其他债权）。所有权保留中的“所有权”权能比让与担保中的“所有权”权能要强，在买受人破产时，出卖人仍然可以行使取回权。〔2〕

让与担保和所有权保留是德国目前采用的主要动产担保制度，不以书面创

---

〔1〕［德］M. 沃尔夫：《物权法》，吴越、李大雪译，法律出版社 2004 年版，第 330 页以下。

〔2〕［德］鲍尔、施蒂尔纳：《德国物权法》（下册），申卫星、王洪亮译，法律出版社 2006 年版，第 531 页以下、第 684 ~ 685 页。

设合同为必要，无须登记，缺乏公示性，在强调物权公示原则的德国属于异类。〔1〕

4. 信托所有权（Teuhandeigentum）

在信托关系中，委托人（Treugeber）将标的物的所有权转让给受托人（Treuhänder），受托人须根据信托合同为委托人或受益人的利益行使所有权。在这种情况下，信托人虽然享有所有权，但其权能受到了信托合同的约束。在《德国民法典》通过之前，帝国法院在判决中就已经承认了“法律所有权”与“经济所有权”的分离，受托人享有的是法律上所有权，而受益人享有的是经济上的所有权。在《德国民法典》颁布后，这种观点也得到了联邦法院（BGH）的承认。〔2〕严格按照法律来讲，拥有所有权的是受托人，信托合同只是使他对受益人或委托人负有债法上的义务。但在实践中，受益人的权利逐渐开始具有对世效力：第一，在委托人违反委托合同处分财产时，如果第三人知道或因重大过失不知道信托关系，那么委托人可以请求第三人返还财产；第二，在第三人知晓信托关系时仍然实施某一行为，信托关系可以对第三人产生效力，第三人对受益人利益的侵害可能要依照第823条承认侵权损害赔偿责任；〔3〕第三，在破产程序中，受托人的债权人不能执行处于信托之下的标的物，同时委托人可以根据民事诉讼法（Zivilprozessordnung，ZPO）第771条的规定提出第三人异议之诉，阻止受托人的债权人执行信托财产；第四，破产法（Insolvenzordnung，InsO）第47条，赋予委托人在受托人破产时从受托人处取回标的物的权利。上述这些做法被认为是经济所有权的体现。〔4〕正是由于委托人的权利具有了一定的对世性，并构成了对受托人所有权的限制，因此也可以说受托人的所有权实际上构成了一种所有权的亚类型即管理性信托所有权（Verwaltungstreuhandeigentum）。前面谈及的担保性所有权实际上就是担保性信托所有权。

（二）限制物权

在所有权以外，德国民法理论将其他的物权类型称为限制物权（beschränkt

---

〔1〕 王泽鉴：《动产交易法三十年》，载《王泽鉴法学全集》（第8卷），中国政法大学出版社2003年版，第334页。

〔2〕 Wolfgang Wiegand, *Die Entwicklung des Sachenrechts im Verhältnis zum Schuldrecht*, Archiv für die civilistische Praxis, 190. Bd., H. 1\2 (1990), S. 126.

〔3〕 BGH NJW – RR 1993, 367

〔4〕 Bram Akkermans, *The Principle of Numerus Clausus in European Property Law* (diss.), Maastricht University, 2008, p. 185；孙静：《德国信托法探析》，载《比较法研究》2004年第1期，第85～95页。

dingliche Rechte)。与法国民法理论不同,德国并没有强调他物权是从所有权中分解出来的,而是将他物权视为对所有权的一种限制,因此有限制物权的称谓。在限制物权消灭时,所有权就回到了其圆满的状态。[1] 这种理论上差异看似不大,但却有实际意义,如果采取分解所有权理论,那么就无法实现所有权人用益物权或所有权人土地债的存在,因为此时必然导致混同,但如果采取限制理论,那么所有权人用益物权或所有权人土地债仍然是可以理解的,并且某些不来自于所有权的权利类型也可以被物权化。

1. 用益物权

在用益物权方面,《德国民法典》中列举了役权(Dienstbarkeit)和实物负担(Reallast)两种,其中役权又包括用益权(Niessbrauch)、地役权(Grunddienstbarkeit)、限制人役权(Beschränkte Persönliche Dienstbarkeit)、居住权(Wohnungsrecht)。

用益权是对物的全面用益权利,仅限于权利人本人享有,不能转让,也不能继承,其标的不仅限于不动产,还包括了动产与可转让的权利。当事人也可以在概括性的财产上设立用益权,但仍然须就各财产客体分别为之。在实践中,用益权主要出现在两种情形中:用益权可以为供养亲属而设立,也可以为不动产担保物权人设立,这样就可以创设用益担保物权。值得注意的是,德国民法不承认不动产上的处分用益权,即用益权人不能处分物的本体。在动产领域,用益权有自身的特点:用益权一般在集合物上设定,常见的就是企业上的用益权(Niessbrauch an einem Handelsgeschaeft);对于消费物上的用益权,用益权人还可以取得物的所有权,但须在用益结束时进行价值补偿。用益权同样也可以在可转让的权利上成立,例如合伙企业的份额、公司的股份、债权、有价证券等。对于财产集合以及遗产,也可以成立用益权。[2]

地役权和限制人役权仅能在不动产上设立。根据《德国民法典》第 1018 条对地役权的界定,地役权是指为一块土地的利益,而使该土地的所有权人利用他人土地,或者要求他人在自己的土地上不为某种行为的权利。《德国民法典》并没有强行规定地役权的内容,而是规定了地役权的标准,只要当事人约定的具体

---

〔1〕 Vieweg Werner, *Sachenrecht*, 5. Auflage, Vahlen, 2011, S. 557.

〔2〕 [德]鲍尔、施蒂尔纳:《德国物权法》(上册),张双根译,法律出版社 2004 年版,第 695 页以下;[德]鲍尔、施蒂尔纳:《德国物权法》(下册),申卫星、王洪亮译,法律出版社 2006 年版,第 531 页以下、第 725 页以下。

内容符合地役权的法定标准,就可以被认可为地役权:第一,地役权的存在是为了有利于供役地的需要,而非为了特定人的需要;第二,地役权是需役地所有权人对供役地在特定方面予以使用,或者要求供役地所有权人不作为,或者排除供役地所有权人的部分权利;第三,不得为供役地所有权人课加积极作为义务。[1]除地役权外,法典中还规定了限制人役权,这种役权在内容上与地役权相同,但不同之处在于,限制人役权是为特定人的利益而创设,并非为了特定需役地的土地的利益,限制人役权不能转让和继承,但如果是为法人创设,这样的权利实际上可以永久存在。这样一来,限制人役权的适用范围就非常广泛,现实中常见的有在他人土地上铺设电线、电杆、油管、采石、汲水或建造加油站等。[2] 在现实中,除了地役权和限制人役权外,德国司法实践中还承认了一种新的役权形式——竞业上的役权(wettbewerbliche Dienstbarkeit)。这种新型役权可以使其他土地的所有权人不能从事具有竞争性的营业或者对其他土地的所有权人进行销售约束,例如,当事人可能会创设不得建立餐馆或加油站、不能销售某种类型的啤酒等内容的役权。在实践中,竞业上的役权可以采取地役权的形式,也可以采取限制人役权的形式存在,以是否有利于需役地为判断标准。这种竞业上的役权使许多债权性质的约定获得了物权性的效力,在现实中可能构成对市场竞争的重大限制,因此虽然司法实践中承认了这种新型役权,但其效力仍然受到《德国民法典》第138条和《反限制竞争法》的约束。[3]

《德国民法典》第1093条中规定的居住权也是限制人役权的一种,它是指将建筑物或建筑物的一部分当作住宅予以使用,并具有排除所有权人之效力。因为其被定位为限制人役权,所以不能继承,也不能被转让,出租也要经过所有权人的许可,这种属于限制人役权的居住权在实践中主要作为终老财产来应用。除了民法典中的居住权外,德国还通过《住宅所有权与长期居住权法》引入了长期居住权(Dauerwohnrecht),这种居住权在非住宅用房中则为长期使用权(Dauernutzungsrecht),这种类型的居住权可以转让、继承,权利人也对其享有全面的用益权,有权进行使用出租和用益出租。

---

〔1〕 [德]鲍尔、施蒂尔纳:《德国物权法》(上册),张双根译,法律出版社2004年版,第708页以下。

〔2〕 [德]鲍尔、施蒂尔纳:《德国物权法》(上册),张双根译,法律出版社2004年版,第728页以下。

〔3〕 [德]鲍尔、施蒂尔纳:《德国物权法》(上册),张双根译,法律出版社2004年版,第715~718页以下;[德]M.沃尔夫:《物权法》,吴越、李大雪译,法律出版社2004年版,第416~417页。

《德国民法典》还规定了实物负担这种独特的限制物权类型，它是指对权利人可以获得来自土地的继续性给付，土地所有权人不履行给付时，土地负担的权利人可以就土地申请强制执行变价。这种土地负担物权可以转让也可以被继承。土地负担中的履行给付实际上是对所有权人课加了一种积极义务，并将其物权化，因此它与地役权或限制人役权不同，役权不能为所有权人课加积极义务。实物负担中的给付义务并不限于土地出产物，也可以是其他的劳务给付，只要该给付是继续性的即可。这种土地负担物权实际上封建土地制度的残留，虽然在《德国民法典》中得到了保留，但各州可以立法拒绝该种物权类型或对它进行限制。在现实中，土地负担主要用于农民的养老，但在工商业中也有适用的空间，被称为工业实物负担（Industriereallast），例如，对发电厂的土地设定一项实物负担，要求其保证履行每天最低供应电量，或者对土地所有权设定一项实物负担，要求其使用远距离供暖企业的供暖服务。[1]

《德国民法典》原本还规定了地上权（Erbbaurecht）这种物权类型，是作为共有的一种形态规定在第1012～1017条中。在第一世界大战后，由于住房紧张，导致对地上权的需求增大，原本民法典中的条款已经显得过时，因此1919年德国颁布了《地上权条例》，替代了原民法典中的规定。[2] 在德国法上，地上权是以在受负担的土地地面上或地面下，拥有建筑物为内容之可转让并可继承的权利。虽然严格来说，地上权是限制物权的一种，但它通常被视为类所有权的权利，即其拥有专门的地上权登记簿，地上的建筑物是地上权的组成部分，并受到类似于土地所有权般的保护。地上权人须向土地所有权人支付租金，这种租金请求权也被登记而物权化，实际上构成了地上权上的一种实物负担。地上权人可以在地上权上再为他人设定次地上权，也可以将地上权抵押。同时，根据《住宅所有权与长期居住权法》在地上建筑物成立住宅所有权时，各住宅所有权人对地上权享有按份共有的权利。同时，地上权是有期限的权利，在到期时，地上权人享有展期优先权，土地所有权人取得建筑物时，须对地上权人进行补偿，但如果土地所有权人考虑到建筑物的寿命主动延期，而地上权人拒

〔1〕 [德]鲍尔、施蒂尔纳：《德国物权法》（上册），张双根译，法律出版社2004年版，第735页以下；[德]M. 沃尔夫：《物权法》，吴越、李大雪译，法律出版社2004年版，第370页。

〔2〕 Jan Wilhelm, *Sachenrecht*, 4. Auflage, De Gruyter, 2010, p. 831.

绝,则不得主张补偿请求权。[1]

2. 变价权

前面已经提到,德国的变价权包括抵押权、土地债务、定期土地债务、动产质权和权利质权五种。由于土地债务对债权不具有附属性,因此严格来说不能将其称为担保权,但在实践中,土地债务基本上就是在发挥担保债权的作用,因此将上述五种权利称为担保物权,问题也不大。

《德国民法典》中的抵押权(Hypothek)是以不动产为标的的一种担保物权,对金钱债权具有附属性,抵押权只能在债权产生时才能产生,只有当债权存续时,才能存续,随着债权转让,抵押权也随之转让。[2] 由于抵押权对债权的附属性,因此债权必须是确定的,但也有例外规定,也即债权是可以附条件和附期限的,当债权因附条件或附期限尚未成立时,可以设立抵押权,只是现在的抵押权实际上是以所有权人土地债务的形式存在。[3] 但与其他法域不同的是,《德国民法典》中规定了多种类型的抵押权:(1)按照流通性来分类,可以分为流通性抵押权(Verkehrshypothek)和保全性抵押权(Sicherungshypothek)。流通性抵押权的最大特点在于它为了流通便利,对从属性进行了限制,根据《德国民法典》第1138条的规定,在债权的受让人相信抵押权登记的外观时,即便债权已经不存在,受让人也取得抵押权,在这种情况下受让人可以对抵押人主张抵押权,但不能向债权人主张对人的债权。而保全性抵押权就不能按照上述规定取得抵押权,必须严格遵守抵押权的从属性原则,不能以登记来证明债权的存在,也不能善意取得抵押权。在《德国民法典》中,流通式抵押权被认为是一般规定,当事人如果要选择保全性抵押权需要特别指出。(2)按照创设以及流通方式来分类,可以分为证书式抵押权(Briefhypothek)和登记式抵押权(Buchhypothek)。前者需要物权合意和登记设立抵押权,并且签发抵押权证书(Hypothekenbrief),当事人在进行债权让与时,只需交付抵押权证书就可以实现抵押权的转移。后者需要物权合意和登记设立抵押权,但不签发抵押权证书,当事人在进行债权让与时,

---

〔1〕 [德]鲍尔、施蒂尔纳:《德国物权法》(上册),张双根译,法律出版社2004年版,第647页以下;孙宪忠:《德国当代物权法》,法律出版社1997年版,第226页以下。关于《地上权条例》的中译本,可参见李静译:《地上权条例》,载《中德私法研究》(2006年第1卷),北京大学出版社2006年版,第259页以下。

〔2〕 [德]鲍尔、施蒂尔纳:《德国物权法》(下册),申卫星、王洪亮译,法律出版社2006年版,第34页。

〔3〕 孙宪忠:《德国当代物权法》,法律出版社1997年版,第273页。

需要进行物权合意和登记才能转移抵押权。这两种类型的抵押权会导致不动产登记簿的公信力存在差异,前者需要结合登记簿和证书,并且查看前手的债权转让文书,并前后衔接追寻到登记簿才能主张公信力;后者则只需依登记簿主张公信力保护。证书式抵押被认为是一般规定,如果当事人特别约定排除抵押权证书的签发,才会采取登记式抵押。流通性抵押权可以采取证书式,也可以采取登记式,而保全式抵押只能采取登记式。〔1〕(3)最高额抵押(Hoechstbetragshypothek)和总括抵押(Gesamthypothek)。《德国民法典》还规定了这两种特殊的抵押权。最高额抵押是保全性抵押的一种,其特点在于在抵押权设立时只约定债权的最高限额,具体的债权数额在以后才能确定,这种抵押形式主要存在于持续的银行信贷和供应合同中,在个别债权被转让时,即被排除在担保范围之外。总括抵押,也称为共同抵押,即数个不动产连带为一个债权进行抵押担保,债权人可以任意就任何一块土地清偿部分或全部债务。〔2〕

德国特有的土地债(Grundschuld)是指从土地获得一定数额金钱的支付的物权变价权,其特点即在于它的抽象性,并不依赖于任何债权的存在,并不像抵押权那样具有附随性:它的成立、转移、实现都不以债权的存在为前提,但在现实中独立的土地债务比较少见,实践中多以土地债来担保某项债权,形成担保式土地债(Sicherungsgrundschuld),但这种将土地债与债权牵连的做法仅仅只有债法上的效力,而不具有物权法上的效力。土地债务的设立方式既可以是证书式,也可以是登记式。在土地债务内部的不同类型之间以及土地债务与抵押权之间是可以灵活转换的,证书式土地债务和登记式土地债务之间可以互相转化,土地债务与抵押权之间也可以互相转化。《德国民法典》还规定了所有权人土地债(Eigentümergrundschuld)、定期金债务(Rentenschuld)和无记名证书式土地债务(Inhabergrundschuld)。所有权人土地债可由土地所有权人为自己创设,在日后转让给他人,也可能是将土地所有权转让给他人,但保留土地债。所有权人土地债也可能是因为抵押权人或土地债权利人取得所有权而形成的,也可能土地所有权人清偿债务而获得的。定期金债务是指在土地上设定的以定期给付一定金

---

〔1〕 黄家镇:《德国流通式不动产担保物权制度研究》,法律出版社 2010 年版,第 142 页以下;[德]鲍尔、施蒂尔纳:《德国物权法》(下册),申卫星、王洪亮译,法律出版社 2006 年版,第 72 页以下。

〔2〕 孙宪忠:《德国当代物权法》,法律出版社 1997 年版,第 293 页。

额为目的的土地债务,这种特殊的土地债务实际上可以通过实物负担来代替,而且土地所有权人可以支付一定的金额来赎回该土地债务。无记名证书式土地债务,即土地债务证书上不注明权利人的姓名,其转让是按照无记名债券的方式进行的,这样无记名证书式土地债务就实现了完全的动产化,只需交付即可转移土地债务。[1] 与抵押权相比,由于土地债没有附随性,所以债权人行使土地债务权利时,只需证明其对物权的享有,而无需就债权进行举证,具有较为优越的地位,因此在实践中绝大多数对债权的担保都是采取土地债的形式,甚至是在其他国家较为新颖的最高额抵押的生存空间也被土地债所挤压了。[2]

在不动产以外的领域,《德国民法典》还规定了动产质权(Pfandrecht an beweglichen Sachen)和权利质权(Pfandrecht an Rechten)两种担保物权。动产质权以动产为标的,须转移占有,在债务人不能清偿债务时,质权人可以将动产变价,清偿债权。德国司法实践中还承认押金(Kaution)可以作为质权的标的。动产质权在德国的实践中意义不大,由于其需要转移占有,不能满足现实需要,现在已经逐渐被让与担保和所有权保留所取代了。权利质权是在权利之上成立的质权,动产质权的规定一般可以适用于权利质权。权利质权包括债权质权、有价证券质权等,但在实践中债权质权逐渐被债权担保让与(Sicherungsabtretung)所取代,因为债权质权实际上就是一种附条件的债权让与。[3] 除了上述意定质权外,《德国民法典》中还规定了法定质权,诉讼法中还规定了扣押质权。

3. 取得权(Erwerbsrecht)

除了用益物权和变价权两种限制物权外,德国民法理论中把物权性先买权(dingliches Vorkaufsrecht)、预告登记(Vormerkung)以及期待权(Anwartschaftrecht)作为独立的一类限制物权来对待。

物权性先买权是《德国民法典》中明确规定的物权类型,它是指排除他人而优先购买不动产所有权的权利,是不动产所有权上的一种负担。具体来说,在不动产所有权人出卖不动产时,先买权人可以以相同条件在自己和不动产所有权

---

〔1〕 关于土地债的相关内容,可参见黄家镇:《德国流通式不动产担保物权制度研究》,法律出版社2010年版,第5章;孙宪忠:《德国当代物权法》,法律出版社1997年版,第7章第3节;[德]鲍尔、施蒂尔纳:《德国物权法》(下册),申卫星、王洪亮译,法律出版社2004年版,第三分编。

〔2〕 黄家镇:《德国流通式不动产担保物权制度研究》,法律出版社2010年版,第236~237页。

〔3〕 孙宪忠:《德国当代物权法》,法律出版社1997年版,第八章第三节、第五节。

人之间形成买卖契约，此时在不动产所有权人与先买权人之间以及不动产所有权人与第三人之间就形成了两个买卖契约，物权性先买权可以对抗第三人，即使第三人已经变更登记，取得不动产所有权，该处分行为对于先买权人也是无效的，他可以请求第三人变更不动产所有权登记。而债权性先买权则不具有这种效力，如果第三人已经取得所有权，他只能向原所有权人请求损害赔偿。作为一种物权类型，物权性先买权需要物权合意，并在登记簿中登记才能设立。[1]

预告登记也在《德国民法典》中明确规定，但并没有将其作为物权类型，而是将它作为登记制度来对待。预告登记的客体实际上是一种债权请求权，这种请求权的内容是请求不动产物权变动，包括物权设立、废止、内容变更以及顺位变更，可以是将来的或附条件的请求权。这种请求权只能是请求物权变动，而不能是请求债权变动，即租赁权这类的债权是不能以预告登记的形式进行登记的。在请求权以预告登记的形式被登入登记簿后，预告登记的作用就类似于限制物权，不动产的权利人仍然可以处分物权，但处分行为如果损害了预告登记人的利益，则该处分行为相对预告登记权利人不生效力，被预告登记保护的请求权确定能够实现。虽然学理上关于预告登记是否是一种限制物权仍然存在争议，但它无疑使其保护下的请求权具有了对世效力，当然具有了一定的物权属性。[2]

期待权则完全是经由判例法形成的一种限制物权类型，它主要是指取得物权的某些条件已经实现，而另一些条件还未成就的情形，其成立的最低条件应该是，所要取得之完全权利的结构及其权利人，已经能为外部所认识。期待权可以转让、扣押，也受到侵权法的保护。期待权的主要情形体现为所有权保留中买受人的地位、不动产物权取得人在已作出有约束力的物权合意表示，且由取得人提起登记申请之后，而在登入土地登记簿之前的地位、在被担保债权成立之前的抵押权人之地位。[3] 实践中最为常见的期待权就是所有权保留中的买受人地位：德国法院自 1970 年以来就承认了期待权不是债权，不能因约定而排除处分权能，其法律依据就是《德国民法典》第 137 条。期待权转让须遵守关于动产转让的法律规

---

〔1〕 孙宪忠：《德国当代物权法》，法律出版社 1997 年版，第 169 页以下；［德］鲍尔、施蒂尔纳：《德国物权法》（上册），张双根译，法律出版社 2004 年版，第 464 页以下。

〔2〕 ［德］鲍尔、施蒂尔纳：《德国物权法》（上册），张双根译，法律出版社 2004 年版，第 413 页以下。

〔3〕 ［德］鲍尔、施蒂尔纳：《德国物权法》（上册），张双根译，法律出版社 2004 年版，第 46 ~ 48 页以下。

定,并且可以善意取得。[1] 期待权也可以被买受人的债权人扣押,同时,期待权也被认为是《德国民法典》第 823 条的绝对权,而受到侵权法的保护。[2]

四、德国物权类型封闭原则面临的危机和挑战

既然在《德国民法典》制定时期,立法者明确认为物权的数量是封闭有限的(eine geschlossene Zahl),那么在经过前面对德国民法物权类型的考察后,我们可以对这个封闭的权利清单做一个整体性的评价。这个物权体系虽然以统一所有权为核心,但却建立数量繁多,变化多端的限制物权类型:

(1)在所有权方面,除了法典中规定的统一所有权外,德国通过《住宅所有权与长期居住权法》引入了住宅所有权,在司法实践中承认了担保性所有权和信托所有权这两种亚类型。

(2)在对物的直接使用收益方面,在《德国民法典》初始颁布时期,法典中就已经采纳了用益权、地役权、限制人役权、居住权、实物负担五种权利类型:用益权可以满足对动产、不动产、权利以及财产的全面用益权;地役权与限制人役权同时存在,不仅可以实现为需役地利益或特定人利益,在特定方面利用他人土地或限制他人土地利用的传统需要,而且可以根据具体情况的不同将竞业禁止役权分别纳入地役权或限制人役权,使役权制度重新焕发生机;实物负担制度可以使与土地有关或无关的积极作为义务物权化,这又弥补了役权制度不能为供役地所有权人课加积极作为义务的缺陷;同时,役权和实物负担都是框架性的权利,其内容有待当事人具体约定,因此为当事人提供了充分的形成自由空间。在民法典中的用益物权类型不能满足现实需要时,德国及时通过《地上权条例》的形式更新了原本寄生在土地按份共有中的地上权,又通过《住宅所有权与长期居住权法》引入了长期居住权、长期使用权的住宅用益权。品种繁多的用益物权与共有分管契约登记相结合,又能够创造出更多的物权性权利,充分满足了现实需要,例如,目前欧美流行的分时度假房屋,在德国的法律构造就有多种:分时居住人可以按份共有住宅所有权,也可以按份共有长期居住权,只要将分时居住的约定列入共有分管契约并登记入登记簿中即可。[3]

---

〔1〕 孙宪忠:《德国当代物权法》,法律出版社 1997 年版,第 346 ~ 347 页。
〔2〕 [德]鲍尔、施蒂尔纳:《德国物权法》(上册),张双根译,法律出版社 2004 年版,第 686 页以下。
〔3〕 [德]鲍尔、施蒂尔纳:《德国物权法》(上册),张双根译,法律出版社 2004 年版,第 676 ~ 679 页。

(3)在不动产担保领域,由于德国人对抽象构思的偏好以及对日耳曼法土地债和罗马法上抵押权的同时保留,将抵押权分为流通式和担保式,规定了最高额抵押,并且采用了证书式和登记式两种担保物权设定模式。同时,担保物权和用益权相结合,还可创设出不动产质权(antichrèse)这种法典未规定的类型。这些因素相结合导致不动产担保物权类型变化范围非常大,充分满足现实的需要。有学者甚至认为不动产担保物权类型变化范围远比实际需要大得多。[1]

(4)在动产担保和权利担保领域,虽然法典中规定的质权类型难以满足现实需要,但在司法实践中,通过判例法的形式形成了让与担保、债权担保让与、所有权保留等制度,也满足了现实需要。

(5)同时,《德国民法典》中的物权性先买权、预告登记以及期待权形成了取得权类型。物权性先买权使不动产所有权转让请求权获得了物权效力,预告登记使得所有以物权变动为内容的请求权获得了物权效力,这都是利用不动产登记簿使请求权获得了对世效力。司法实践中承认的期待权也使得某些尚不构成物权地位的过度性法律地位获得了物权效力。

(6)对于《德国民法典》颁布之前就已经存在于邦法中的物权如何处理,《民法典施行法》(Einführungsgesetz zum Bürgerlichen Gesetzbuch,EGBGB)第三部分"民法典和邦法的关系"(Verhältnis des Bürgerlichen Gesetzbuches zu den Landesgesetzen)做了专门规定。根据第55条的原则性规定,只要在民法典或施行法中没有作出特别规定,邦法中的私法规范都失效,但在这部分中的规定,许多邦法上的物权都原封不动地保留了下来(unberührt bleiben):例如,第59条规定的家族信托遗赠(Familienfideikommisse)和氏族世袭财产(Stammgüter),第63条保留了永佃权(Erbpachtrecht),其中还包括了有房无地的小农的建筑权利,第64条保留了关于农业和森林土地的长子单独继承权(Anerbenrecht),第65条保留了水利权,第66条保留了堤坝和水门权利(Deich – und Sielrecht),第67条保留了矿业权(Bergrecht),第68条保留了采掘权(Abbaurecht),第69条保留了狩猎和渔业权(Jagd und Fischerei),第133条保留了教堂和墓地的土地使用权(Kirchenstühle und Grabstätte)等。此外,《民法典施行法》第四部分"过渡规定"

[1] [德]鲍尔、施蒂尔纳:《德国物权法》(下册),申卫星、王洪亮译,法律出版社2004年版,第43页。

(Übergangsvorschriften)中第 184 条对限制物权的法律适用作出了规定:对于民法典生效时已经存在于物上或权利上的限制物权,其内容和顺位原则上仍然依照旧法来判断,但抵押权、土地债的法律适用应当依照《民法典施行法》第 192 ~ 195 条的特殊规定,地上权和地役权则应该适用民法典中的规定。因此,总体上来看,虽然德国民法中的物权类型是封闭的,但由于结合了罗马法和日耳曼法双重渊源,物权类型非常丰富,许多物权类型属于框架性权利,当事人就权利的具体内容具有形成自由,基本可以满足现实的需要,特别法引入的新物权对民法典中的物权清单有补充作用,法院通过对实践中交易习惯的认可,也通过裁判法的形式承认了新的物权类型,同时还以《民法典施行法》的形式保留了大量邦法上的物权。

自《德国民法典》颁布以来,物权类型封闭原则在制度层面上一直被维护着。虽然德国民法中建立了完善的不动产登记制度,但始终没有回到普鲁士法物权创设放任主义的道路上去。虽然地役权、限制人役权、实物负担属于框架性的物权类型,当事人可以约定具体的内容,而且也不必完全与土地相关,但意图在这三种框架性权利外,任意登记其他约定的权利还是不可能的。预告登记的请求权,也只能指向现存法秩序已经认可的物权的变动,而不能是指向当事人约定的其他权利的变动。因此,何种权利具有登记能力(Eintragungsfähigkeit)并且可以在登记簿中进行登记也是封闭的,虽然《德国民法典》和《土地登记条例》并没有明确列举哪些权利或法律关系能够在登记簿中登记。现在司法实践中可以登记的法律地位是土地物权与视同土地的权利(地上权)、在土地物权上设立的物权、法律规定的相对处分限制(《德国民法典》第 135 条、第 136 条)异议登记、预告登记。未被承认的物权、债权性权利与债权性约定、个人情况、法律规定的绝对处分限制、法律行为方式的处分限制(《德国民法典》第 137 条)等内容都不能进行登记。[1]

在《德国民法典》颁布后的学说讨论中,对物权类型封闭原则进行反思的首要人物当属菲利普 · 海克(Philipp Heck)。1930 年,海克在他的《物权法基础》(Grundriss des Sachenrechts)一书中,首次将物权数量有限用拉丁术语"*Numerus*

〔1〕 [德]鲍尔、施蒂尔纳:《德国物权法》(上册),张双根译,法律出版社 2004 年版,第 289 ~ 295 页。

Clausus der Sachenrechte”[1]来表达,相应的德文术语是“Typenzwang”,并将这个原则渊源追寻自罗马法上的对物之诉的限制。海克认为,德国历史上对罗马法的继受并没有清除掉日耳曼法中非常丰富的土地权利类型,除了罗马法上的物权类型外,日耳曼法上的物权类型同时存在;[2]《普鲁士普通邦法》采纳了日耳曼法上的类型自由原则(Typenfreiheit),动产上的对人权通过交付,不动产上的对人权通过登记就可以成为对物权;在18世纪和19世纪上半叶的农业改革使自由的所有权得以出现,部分旧物权转化为所有权,部分旧物权则被废除或赎买;《德国民法典》最终采纳了罗马法的类型封闭原则。[3] 海克认为,从立法资料中并不能明确找到民法典采纳物权类型封闭原则的理由,而他自己则对该原则提出了两个解释理由:第一,对法生活(Rechtsleben)的自由保护(Freiheitsschutz),只给予在历史上就已经获得承认的重要权利类型以物权保护,可以防止任意给权利提供物权保护给他人造成的侵害,因为物权为绝对权而且其延续期限也较长,如果对缺乏利益的权利提供物权保护,那么对法生活的损害比债权保护要大;[4]第二,简明化原则(Vereinfachungsprinzip),也即类型封闭原则可以简化法律制度,使得登记簿简明,避免不必要的内容登入。[5] 但海克经过分析,还是对类型封闭原则持怀疑态度,其理由在于:(1)社会发展迅速,采取类型封闭原则难以满足现实需要;(2)对第三人的保护可以通过信赖保护加以解决;(3)州法仍然提供了多种多样的物权,民法典采取类型封闭原则的优点也被削弱了。[6] 从前述内容中,我们可以发现,海克对物权类型封闭原则合理性的研究并非是从概念体系出发,而是着眼于寻求该原则的实质合理性。

时至今日,德国民法学界的多数学说仍然坚持物权类型封闭原则。柏杰(Berger)将物权类型封闭原则表述为“*numerus clausus*”和“Typenzwang”,前者是指物权的数量是封闭有限的,后者则是指内容法定,采取这一原则的理由是物权

---

〔1〕 “*Numerus Clausus*”的术语首先有赫克所使用(1930年),数年之后,维亚克尔(Franz Wieacker)在著作《土地法》(Bodenrecht,1938,p.111)中也使用了这一术语。See T. H. D. Struycken, *The Numerus Clausus and Party Autonomy in the Law of Property*, in Party Autonomy in International Property Law, edited by Roel Westrik and Jeroen van der Weide, sellier. European Law Publishers GmbH, Munich, p. 60.

〔2〕 Heck, *Grundriss des Sachenrechts*, Scientia Xalen, 1960, S. 85.

〔3〕 Heck, *Grundriss des Sachenrechts*, Scientia Xalen, 1960, SS. 86 – 87.

〔4〕 Heck, *Grundriss des Sachenrechts*, Scientia Xalen, 1960, S. 87.

〔5〕 Heck, *Grundriss des Sachenrechts*, Scientia Xalen, 1960, SS. 87 – 88.

〔6〕 Heck, *Grundriss des Sachenrechts*, Scientia Xalen, 1960, S. 91.

是对世权，因此需要法律上的明晰（Rechtsklarheit）。[1] 塞勒（Seiler）也使用"*numerus clausus*"和"Typenzwang"来表述物权类型封闭原则，认为物权的类型由制定法、习惯法以及法官法列举，当事人只能在既定的物权中选择。[2] 威宁（Wieling）对物权类型封闭原则的表述方法也和塞勒相同，也承认法官通过法的续造可以承认新的物权类型。[3] 鲍尔（Bauer）、施蒂尔纳（Stürner）、菲威克（Vieweg）、维尔纳（Werner）以及沃尔夫（Wolf）则同时使用"*numerus clausus/*Typenzwang"和"Typenfixierung"，前者是指当事人只能在有限的物权类型中选择，后者是指物权至少其轮廓应由法律强制性规定，当事人只具有在法律规定的限度内对物权内容的形成自由。上述几位学者均承认，物权类型封闭原则只限制了当事人私法自治，而不限制以立法或法官法律续造的方式承认新物权。[4]

除了在概念法学内部的原因外，德国学者也从体系外寻求对物权类型封闭原则进行解释，他们通常从保障财物流通性的角度来说明物权类型封闭原则的实质合理性。例如鲍尔和施蒂尔纳认为：在逻辑上，物权的绝对性效力，任何人都负有尊重义务，对物权的绝对性保护，也仅仅在确实有此需求时，才能为法律所保障，这就必然不能任由当事人随意创设物权；从交易简便和安全的角度来考虑，也需要对物上权利的种类和内容进行强制性的规定，如果物权可以任意创设，那么物权取得人为弄清自己取得的是什么，就必须承担沉重的调查任务，这必然会窒碍权利交易以及金融流通；债法领域之所以没有类型封闭原则，原因在于债权转让并非常规，退一步来讲，即使发生了债权转让，取得人也必须清楚地知道债权发生的原因是什么，否则当债务人对其提出抗辩时，将猝不及防，但法律创设物权性的权利，就是要让权利人适于发生变更，因此法律必须自始告诉取得人，他取得的是什么，否则财产的流转或变价，将受到严重窒碍。[5] 维甘德也

---

〔1〕 *Jauernig Kommentar zum Bürgerlichen Gesetzbuch*, 14, neubearbeitete Auflage, Verlag C. H. Beck München, 2011, S. 1261.

〔2〕 *Staudingers Kommentar zum Bürgerlichen Gesetzbuch*, Buch 3, Sachenrecht, Einleitung zum Sachenrecht, Neubearbeitung, 2007, Sellier-de Gruyter, Berlin, Rn. 38 – 47. 根据 Seiler 的观点，*Numerus Clausus* 与 Typenzwang 同义，而 Typenfixierung 的表述则是不必要的，因为类型只能通过内容来确定。

〔3〕 Hans Josef Wieling, *Sachenrecht*, 5. Auflage, Springer, 2007, S. 9.

〔4〕 Vieweg Werner, *Sachenrecht*, 5. Auflage, Vahlen, 2011, S. 4；［德］M. 沃尔夫：《物权法》，吴越、李大雪译，法律出版社 2004 年版，第 14 ~ 15 页；［德］鲍尔、施蒂尔纳：《德国物权法》（上册），张双根译，法律出版社 2004 年版，第 7 页。

〔5〕 ［德］鲍尔、施蒂尔纳：《德国物权法》（上册），张双根译，法律出版社 2004 年版，第 7 ~ 8 页。

持同样观点,他指出,其实在立法过程中,立法者就已经将财产流通性与物权类型封闭原则联系了起来,被视为物权类型封闭原则保护条款的《德国民法典》第137条规定权利的处分权能不能以法律行为的方式排除,因为当时的立法者就已经意识到处分限制和债权上的约定相结合,不仅能破坏物权类型封闭原则,还会使整个财产失去其流通性。因此,财产的流通性实际上在立法时就已经成为物权类型封闭原则在法律政策方面的动因。[1] 维甘德认为,理解物权法自治性和物权类型封闭原则可以结合19世纪的历史背景,19世纪的私法首先是交易法(Verkehrsrecht),至少在财产法领域是这样,法律构造必须要适宜自由市场经济,因此不能以法律行为排除所有权的处分权能就成了满足财货流通和交易安全的前提条件,尽量限制具有第三人效力的法律地位并明确确定其内容也可以从这个角度来理解。[2] 他还认为,物权类型封闭原则并不排除通过立法或法律续造来创设和准许新的物权类型,只要不能根据当事人的意思任意创设,就遵循了物权类型封闭原则。[3] 受美国法律经济分析学派的影响,德国学者霍尔格·弗莱舍(Holger Fleischer)尝试从法律经济分析的角度对物权类型封闭原则进行解释,他认为传统理由主要有三方面:从法教义学的角度来看,物权类型封闭原则是物权法的自治性导致的;从法律史的角度来看,物权类型封闭原则是为了阻止封建财产结构;从法哲学的角度来看,这一原则是为了个体的自由保护。他认为,现代的理由可以分为两方面,即交易利益和交易保护以及有利于阐明;从法律经济

---

〔1〕[德]沃尔夫冈·维甘德(Wolfgang Wiegand):《物权法定原则——关于一个重要民法原理的产生及其意义》,载《中德私法研究》(2006年第2卷),北京大学出版社2007年版,第100页。

〔2〕Wolfgang Wiegand, *Die Entwicklung des Sachenrechts im Verhältnis zum Schuldrecht*, Archiv für die civilistische Praxis, 190. Bd., H. 1\2 (1990), SS. 120-121. Wiegand在本书中同时从法教义学和历史背景的角度讨论了物权类型封闭原则和物权法自治性观念的原因,但究竟是萨维尼学说的说服力,还是市民社会的市场需要导致了上述立法选择呢? Wiegand认为的任意一个因素都不是决定性的,从到目前的发展来看,这些因素都在起作用。笔者认为,萨维尼的法学多是对罗马法材料进行体系分析,逻辑推演,很少考虑社会现实情况,而在《德国民法典》的制定时期,概念法学影响力还非常强大,因此当时的法律人之所以选择物权法自治性观念估计多半还是受了萨维尼的影响。从上面Johow的立法理由中,我们看到的基本上都是法教义学的理由,而很少有经济社会方面的理由。目前的法学已经经历过自由法学、利益法学、价值法学、评价法学等多重洗礼,自然不满足于法教义学的解释,但如果把今人的观念移植到19世纪末期的法律人身上,就犯了时代错误。

〔3〕[德]沃尔夫冈·维甘德(Wolfgang Wiegand):《物权法定原则——关于一个重要民法原理的产生及其意义》,载《中德私法研究》(2006年第2卷总第2卷),北京大学出版社2007年版,第103页。Liebs也持同样地观点。Rüdiger Liebs, *Die unbeschränkbare Verfügungsbefugnis*, Archiv für die civilistische Praxis, 175. Bd., H. 1\2 (1975), S. 26.

学的角度来看则有三个理由,即标准化以降低信息成本,阻止所有权过分分裂以及降低制度成本。[1]

虽然在制度层面和学说上均坚持物权类型封闭原则,但这个重要原则在20世纪的发展中却已经出现了隐隐危机。这并不是因为司法实践中承认了新的物权类型,因为前面已经谈到,德国法学界认为物权类型封闭原则仅仅是对当事人私法自治的限制,而非对法官法律续造的限制。德国学者认为,物权类型封闭原则真正的危机来自以下几个方面:

第一,《德国民法典》并没有严格遵循物权法自治性观念。例如,在确定物权的客体为有体物时,德国民法典也承认权利上的物权,最典型的就是权利用益权和权利质权。基于担保的目的,抵押权对债权具有从属性。债法请求权的一些规定也可以适用于物权请求权。更为重要的是,所有权人和限制物权人之间存在一些法定的债之关系,也适用债法的一些规则。[2] 上述内容说明,在法典制定时,立法者就没有完全坚持物权法自治性观念。

第二,物权法自治观念在20世纪的发展中也逐渐松动。例如,所有权人——占有人关系不仅适用物权法上的规定,在这个领域,物权法规范和债法规范是相互啮合的。[3] 在物权变动领域,物权行为的抽象性原则也开始软化,出现了瑕疵同一性(Fehleridentität)、行为一体性(Geschäftseinheit)以及条件关联性(Bedingungszusammenhang)三种使负担行为与处分行为共生共灭的做法。虽然学说上对这三种做法是否真正动摇了抽象原则存在质疑,但这些学说的出现无疑是反映出了实践对抽象原则缓和的需求。[4] 在法律规定和实践中,出现了"债权物权化":在不动产领域,《德国民法典》第566条规定了"让与不破租赁",实际上是法定的契约承受;在动产领域,第986条第2款规定债权性的占有人可

---

〔1〕 Holger Fleischer, *Der Numerus Clausus der Sachenrechte im Spiegel der RechtsÖkonomie*, *Internationalisierung des Rechts und seine ökonomische Analyse*, Festschrift für Hans-Bernd Schäfer zum 65. Geburtstag, 2008, SS. 125 – 138.

〔2〕 Lieder, *Die Anwendung schuldrechtliche Regeln im Sachenrecht*, Jus 2001, 875f. 转引自朱虎:《物权法自治性观念的变迁》,载《法学研究》2013年第1期,第146页。

〔3〕 Wolfgang Wiegand, *Die Entwicklung des Sachenrechts im Verhältnis zum Schuldrecht*, Archiv für die civilistische Praxis, 190. Bd., H. 1\2 (1990), SS. 121 – 122.

〔4〕 Wolfgang Wiegand, *Die Entwicklung des Sachenrechts im Verhältnis zum Schuldrecht*, Archiv für die civilistische Praxis, 190. Bd., H. 1\2 (1990), SS. 122 – 126. 中国学者对这一问题的详细分析,可参见赵冀韬:《负担行为与处分行为的区分——以德国法为考察对象》,法律出版社2006年版,第215页以下。

以以其与原所有权人之间的合同所产生的针对返还原物请求权的抗辩对抗新所有权人，德国司法实践认为，经由占有，债权转化为一项公开化权利，该等债权应为他人所尊重，从而予以物权式的保护。同时，“物权化的债法约定”也存在，用益权人与所有人、地上权人与所有权人、按份共有人之间以及住宅所有权人之间的共有关系也能约束物权的继受人，它们被称为“物上之债”（Realobligation），部分合同之债也出现了物权化的现象，因标的物的转让发生法定的契约承受，例如，被保险之物出让后，受让人进入到保险关系之中。〔1〕 以上内容说明，在实践发展中，物权法自治性观念已经发生了松动，债法和物权法的交融程度上升。如果物权法自治观念都已经发生了松动，那么作为这种观念的组成部分的物权类型封闭原则在法教义学上还能有坚实的基础吗？

第三，信托制度的挑战。对物权类型封闭原则最大的打击可能会来自信托制度，信托制度的发展可能直接突破了这一原则。德国学者通常将信托分为担保性信托和管理性信托两类。对于担保性信托，所有权保留和让与担保下的担保性所有权实际是不转移占有的质权，内容差异不大，司法实践中对担保性所有权的承认属于法律续造，按照德国民法学界的观点，这并未突破物权类型封闭原则。但是，管理性信托所有权的承认就具有不同的意义了：在目前德国的司法实践中，委托人已经可以提起第三人异议之诉，可以在受托人破产时行使取回权，而且在第三人知晓信托关系时，信托合同也能对第三人产生效力。这样一来，委托人的权利实际上已经具有了物权属性，而委托人的权能与受托人的权能恰好是由当事人约定的，这种具有对抗第三人效力并且限制受托人权能的约定恰恰就突破了《德国民法典》第137条的规定。前文已述，第137条具有维护物权法定原则的功能，如果第137条被突破了，那么物权法定原则就处于风雨飘摇的状态了。〔2〕 如何协调与管理性信托的关系，显然是物权类型封闭原则和第137条当前面临的最大的法教义学挑战。

---

〔1〕 朱虎：《物权法自治性观念的变迁》，载《法学研究》2013年第1期，第145～146页。

〔2〕 参见 Wolfgang Wiegand, *Die Entwicklung des Sachenrechts im Verhältnis zum Schuldrecht*, Archiv für die civilistische Praxis, 190. Bd., H. 1\2 (1990), SS. 126－128；［德］沃尔夫冈·维甘德（Wolfgang Wiegand）：《物权法定原则——关于一个重要民法原理的产生及其意义》，载《中德私法研究》（2006年第2卷总第2卷），北京大学出版社2007年版，第105页；朱虎：《物权法自治性观念的变迁》，载《法学研究》2013年第1期，第147页；孙静：《德国信托法探析》，载《比较法研究》2004年第1期，第95页。

第四节 瑞士民法中的物权类型及其物权类型封闭原则

一、瑞士民法中的物权类型简介

1912年《瑞士民法典》生效，该法典被认为是学说汇纂法学的第二次法典化，该法典体现了学说汇纂法学物债二分的体例，但与《德国民法典》不同的是，它并没有总则，代替总则的是包括10个条文的导言。导言以外的法典，被分为人法、亲属法、继承法、物权法和债务法五编，因此从实质上来看，《瑞士民法典》仍然体现了学说汇纂学派的五编制结构。维亚克尔认为，《瑞士民法典》是德语法学中最成熟的果实，在立法技术和法律语言的清晰、质朴和可理解性方面，甚至超越了《德国民法典》。[1]

《瑞士民法典》的物权编包括了所有权、限制物权、占有以及土地登记三个部分。限制物权包括了役权（Dienstbarkeit）和土地负担（Grundlast）、不动产担保物权（Grundpfandrecht）、动产担保物权（Fahrnispfandrecht）。

在所有权方面，除了正常的所有权外，《瑞士民法典》中也规定了按份共有、合手共有以及建筑物区分所有（Stockwerkeigentum）这些特殊的所有权类型。在按份共有中，瑞士民法也承认共有人之间共管契约、决议、法院判决可以约束按份共有份额的后手，在按份共有的不动产中也是如此。与德国法不同的是，按照《瑞士民法典》中第649a条的规定，上述共管契约、决议以及法院判决对后手的约束力无须在不动产登记簿中登记即可对后手产生约束力，在登记簿中登记仅仅有信息提示的功能，但这些内容必须是直接与物的管理利用相关的。[2] 这一规定对建筑物区分所有也适用。[3]

在用益物权方面，《瑞士民法典》规定了役权和土地负担两大类型。与《德国民法典》相同，瑞士民法中的役权制度同样包括了地役权（Grunddienstbarkeit）和人役权（Personaldienstbarkeit）两种；与德国民法不同之处在于，在《瑞士民法典》

---

〔1〕［德］弗朗茨·维亚克尔：《近代私法史》（下册），陈爱娥、黄建辉译，上海三联书店2006年版，第472～473页。

〔2〕 Joerg Schmid/Bettina Huerlimann-kaup, *Sachenrecht*, 3. Auflage, Schulthess, 2009, S. 170.

〔3〕 Joerg Schmid/Bettina Huerlimann-kaup, *Sachenrecht*, 3. Auflage, Schulthess, 2009, S. 246.

中,用益权(Baurecht)、居住权(Pflanzungsrecht)、建筑权(Baurecht)、种植权(Pflanzungsrecht)[1]、取水权(Quellenrecht)都被归入人役权的范畴,用益权和居住权不可转让,建筑权、种植权、取水权是可以转让的,对于当事人约定的其他人役权,除明确约定可转让外,属于不可转让的权利。瑞士法上的土地负担的法律结构也与《德国民法典》中的实物负担相同,均为承受负担的不动产所有人的积极给付义务的物权化;但《瑞士民法典》对其内容明确进行了限制,即作为土地负担内容的给付义务只能来源于承受负担的土地的经济本性(aus der wirtschaftlichen Natur des belasteten Grundstücks)或者为了权利人的土地的经济需要(für die wirtschaftlichen Bedürfnisse eines berechtigten Grundstücks),立法者的目的在于阻止封建状态的重新出现。[2] 现实中存在的给付类型可以分为金钱给付、自然出产物给付以及劳务给付,但不符合上述两个条件的给付不能作为土地负担的内容。

在不动产担保物权方面,《瑞士民法典》只列举了三种类型,少于德国民法典中的规定,仅限于抵押证书(Grundpfandverschreibung)、债务证券(Schuldbrief)以及定期金证券(Gült)。

抵押证书是一种保全式土地担保物权(Sicherungsgrundpfandrecht)。抵押证书具有以下特征:第一,它可以担保任何债权,包括现存的、将来的或可能的债权,而且它所担保的债权金额可以是不确定或可变化的,金额变更并不影响顺位,因此抵押证书可以设置成最高额抵押。第二,抵押证书的设立并且不签发证券(Wertpapier),它附属于债权,随债权的转让而转让,不需要变更登记,并且随债权的消灭而消灭。第三,由于登记簿公信力只延及抵押证书而不延及债权,债务人可以以对抗原债权人的抗辩对抗债权受让人,债务人以外的抵押物所有权人也可以以对抗债权的抗辩对抗物权请求权。此外,《瑞士民法典》还规定了若干法定抵押证书,不需要登记,即可生效。[3]

---

〔1〕 种植权被规定在第678条第2款,土地所有权的限制一章中。

〔2〕 *Basler Kommentar*, *Zivigesetzbuch* Ⅱ, 3. Auflage, Helbing Lichtenhahn Verlag, S. 1516; Joerg Schmid/Bettina Huerlimann-kaup, *Sachenrecht*, 3. Auflage, Schulthess, 2009, SS. 367 – 368.

〔3〕 *Basler Kommentar*, Zivigesetzbuch Ⅱ, 3. Auflage, Helbing Lichtenhahn Verlag, SS. 1677 – 1678; Joerg Schmid/Bettina Huerlimann-kaup, *Sachenrecht*, 3. Auflage, Schulthess, 2009, S. 407; Walther Hadding und Uwe H. Schneider, *Recht der Kreditsicherheiten in europäischen Ländern*, *Teil V*: *Schweiz*, Duncker&Humblot/Berlin, 1983, S. 267.

债务证券是一种债权与担保物权的结合，它是一种流通式土地担保物权（Verkehrsgrundpfandrecht）。债务证券具有以下特征：第一，债务证券在创设时，产生了一项债权及担保此项债权的担保物权，这项债权与担保物权不可分，并以证券（Wertpapier）为载体，在创设后，作为原因的原债权关系则因债务更新而消灭；第二，债务证券中的债权不得附条件和对待给付，所以其流通性不易被损害；第三，担保物的所有人可以与债务人分离，并可以享有债务人的抗辩；第四，由于债务证券已经证券化，所以债务人仅在债券出示时才能履行债务；第五，债务证券受到了公信力的保护，当事人可以信赖登记簿和证券，两者存在冲突时，以前者为准，债务人只能就登记或证券上的内容或者其与债权人之间的个人关系提出抗辩，而不能向债权人主张对其前手的抗辩；第六，由于债务证券中的债权更新了原债权，因此它是一种非从属性的担保物权，债务人可以清偿原债权，从而将债务证券担保新债权，但由于公信力保护的存在，债务人有双重给付的风险。[1]

定期金证券实际上是以某债权在土地上设定的土地负担（Reallast）。定期金证券在许多方面都与债务契约相同，例如，设定、转让、消灭、因债务更新而导致的非从属性、公信力的保护等规则，但也有自己的特点：第一，定期金证券并无人的责任，只有物的责任；第二，只能在耕地、住房或建筑工地上设定，并且法律规定了负担的最高限度；第三，负担定期金证券的是该土地的所有人，因此不存在第三人担保关系。在当前的生活中，定期金证券扮演的角色已经越来越小了。[2]

除了上面的三种不动产担保物权类型外，在实践中还形成了一种新型的担保形式，即以抵押证书担保证券化的债权，这种担保形式被称为抵押债务（Hypothekarobligation），它能够使抵押证书的登记在债券上被证明。这种担保形式也被司法判决所承认。[3]

在动产担保物权方面，《瑞士民法典》规定了动产质权（Faustpfandrecht）、留置权（Retentionsrecht）、权利质权（Pfandrecht an Forderungen und anderen Rechten）

---

〔1〕 Joerg Schmid/Bettina Huerlimann-kaup, *Sachenrecht*, 3. Auflage, Schulthess, 2009, SS. 463 – 467; Walther Hadding und Uwe H. Schneider, *Recht der Kreditsicherheiten in europäischen Ländern, Teil V: Schweiz*, Duncker&Humblot/Berlin, 1983, SS. 299 – 314.

〔2〕 Joerg Schmid/Bettina Huerlimann-kaup, *Sachenrecht*, 3. Auflage, Schulthess, 2009, SS. 486 – 487.

〔3〕 Walther Hadding und Uwe H. Schneider, *Recht der Kreditsicherheiten in europaeischen Laendern, Teil V: Schweiz*, Duncker&Humblot/Berlin, 1983, SS. 343 – 344.

以及典当权(Versatzpfand)。动产质权是在动产上成立,须转移占有的动产担保物权。留置权也可以被称为法定动产担保物权,它是因法律规定而产生的担保物权,并不需要标的物所有权人的同意,在特定条件下债权人可以留置与债权有关联并已经由其占有动产或有价证券,并像质权人一样行使变价权。权利质权是指以可让与的债权或其他权利为标的而成立的质权。典当权是一种特殊的动产担保物权,仅存在于典当行业中,它是指债务人将动产交付给典当行,并以此作成典当证书,在约定期限内未赎回,典当行则可以请求官方变卖质物,但典当行对债务人并无请求权。[1]

此外,瑞士法上也存在不转移占有的动产担保物权:《瑞士民法典》第 885 条规定了家畜抵押权,在登记簿上登记后设立;特别法上还存在船舶、航空器抵押权。但是,目前《瑞士民法典》中以转移占有的质权为中心建立起来的动产担保物权体系却越来越不能满足实践的需要,除了所有权保留在民法典中有所规定外[2],大量的动产担保都是在实践中形成并以习惯法为依据获得承认的。[3] 除所有权保留外,获得承认的动产担保形式有融资租赁(Finanzierungsleasing)、不规则质权(irreguläres Pfandrecht)[4]、让与担保(Sicherungsübereigung)、债权让与担保(Sicherungszession)、担保寄存(Sicherungshinterlegung)[5]。

二、瑞士民法中的物权类型封闭原则

和《德国民法典》一样,《瑞士民法典》中并没有关于物权类型封闭原则的明确规定,但这一原则在瑞士的登记制度中得到了体现,也即可登记的权利类型是有限的(*numerus clausus* eintragbarer Rechte),哪些权利可以登记需要由法律预先规定。[6] 根据《瑞士民法典》第 958 ~ 962 条的规定,可以登记的权利仅限于所有

---

[1] 关于动产担保物权的规定,参见《瑞士民法典》,殷生根译,法律出版社 1987 年版,第 244 页以下。

[2] 《瑞士民法典》第 715 条对动产所有权保留作出了规定,采取了登记生效主义,只有在受让人住所所在地的主管官员的登记簿上登记,才能产生效力。但这种登记不能排除第三人从买受人处善意取得。See *Basler Kommentar*, *Zivigesetzbuch* Ⅱ, 3. Auflage, Helbing Lichtenhahn Verlag, S. 1299.

[3] Joerg Schmid/Bettina Huerlimann-kaup, *Sachenrecht*, 3. Auflage, Schulthess, 2009, S. 523.

[4] 不规则质权是指转移可替代物的所有权给债权人以担保某一债权,在债权消灭时,债权人返还同等价值的物。这种担保形式的标的物多为押金(Barkaution),用以担保未来不确定的债权。

[5] 担保寄存是指债务人或第三人为担保债权人的债权,将标的物交付给保管人,在债务不履行时,债权人可以就寄存物变价受偿。这种担保形式一般涉及寄托人(债务人或第三人)、保管人和债权人三方。

[6] Joerg Schmid/Bettina Huerlimann-kaup, *Sachenrecht*, 3. Auflage, Schulthess, 2009, S. 104.

权、地役权、土地负担、担保物权、预告登记(Vormerkung)、说明(Anmerkung)。对于可预告登记的权利,同样存在类型封闭原则(*numerus clausus* der vormerkbaren Rechte),这也需要法律预先规定。[1] 与德国相比,瑞士法上预告登记的权利类型虽然须有法律明确规定,但并不仅限于指向物权变动的请求权,根据瑞士法律可以进行预告登记的权利不仅包括买受权、先买权、买回权,还包括了租赁权(Miete und Pacht)。在进行预告登记后,这些对人权具有了一定的物权效力,它们通常被称为物上义务(Realobligation),可以对任何后来取得所有权的人主张。除了权利外,预告登记的对象还包括处分限制、暂时登记,对于基于法律行为而产生的处分限制类型,必须有法律的明确规定才能进行预告登记。说明则包括了对附属物、共有物共管契约、住宅所有权规约等内容的登记,这些登记虽然不具有生效要件,但却有信息提示功能,能够击破善意。[2]

在学说上,瑞士民法学界将物权类型封闭原则作为物权法的基本原则。根据瑞士学者的看法,物权类型封闭原则是较为年轻的原则,它在19世纪才出现,在《德国民法典》制定时,这一原则就已经得到了贯彻,它对《瑞士民法典》的制定者欧根·胡贝尔(Eugen Huber)的影响也是决定性的。[3] 学者们所理解的物权类型封闭原则是指,物权法为当事人提供了确定数量的权利类型供他们选择,创设物权须受到这些类型的约束。瑞士学者通常使用"数量有限"(*numerus clausus*)、"类型约束"(Typengebundenheit)或"类型强制"(Typenzwang)来表达这一原则。除此之外,一般观念也认为"类型固定"(Typenfixierung)是类型强制的补充,它是指物权类型在内容上的具体化也是由法律规定的。[4] 在司法实践中,瑞士联邦法院在判决中将这一原则概括为:"物权类型封闭原则是物权法的首要原则,也即不同物权的内容由法律规定。"[5] 从今天的理解来看,物权类型封闭原则的法政策目标是保障物的流通能力,为达到这一目标,对第三人生效的物上负担不仅要清晰可见(这要求公示原则),而且还要确定它们的内容和含义,必须要使第三人可以信赖由立法者所规定的权利内容。[6] 当然,在瑞士法中,物

[1] *Basler Kommentar*, *Zivigesetzbuch* Ⅱ, 3. Auflage, Helbing Lichtenhahn Verlag, S. 2269.

[2] Joerg Schmid/Bettina Huerlimann-kaup, *Sachenrecht*, 3. Auflage, Schulthess, 2009, SS. 105 – 112.

[3] *Basler Kommentar*, *Zivigesetzbuch* Ⅱ, 3. Auflage, Helbing Lichtenhahn Verlag, S. 789.

[4] Joerg Schmid/Bettina Huerlimann-kaup, *Sachenrecht*, 3. Auflage, Schulthess, 2009, SS. 17 – 18.

[5] BGE 116 Ⅱ, 277,相似的案例还有 BGE 103 Ⅱ 17, 181。

[6] *Basler Kommentar*, *Zivigesetzbuch* Ⅱ, 3. Auflage, Helbing Lichtenhahn Verlag, S. 790.

权类型封闭原则当然也不是完全排除了私法自治的空间，前面已经谈到的地役权和人役权，在满足法律规定的条件下，当事人可以约定具体内容。同时，瑞士民法也承认司法实践中通过法律续造可以承认新的物权类型，不动产担保领域的抵押债务，动产担保领域的让与担保、不规则质权就是典型的例子。这就说明，瑞士民法学界与德国民法界关于物权类型封闭原则的理解是一样的，即该原则只限制当事人的私法自治，但不限制法官通过法律续造承认交易中形成的新型物权。

第五节　小　结

本章通过对法国、普鲁士、奥地利、德国、瑞士五国的物权法（财产法）的分析，试图探寻物权（财产权）类型封闭原则在现代大陆法系国家的起源。从前面的研究来看，类型封闭原则并非内生于《法国民法典》的原则，虽然法国立法者和法官一直有维护"统一所有权"和公共秩序的意图，但单从这两者尚不足以推出财产权类型封闭原则，这就是为什么法国民法学界一直无法就财产权类型封闭原则达成共识的根本原因。与《法国民法典》相比，《普鲁士普通邦法》与《奥地利民法典》在理念上显得较为落后，在法典中保留了分割所有权的规定。《普鲁士普通邦法》沿袭了日耳曼习惯法物权类型开放的传统，任何占有物的债权性权利，只要权利人取得占有，该权利就会转变为物权。《奥地利民法典》虽然没有像普鲁士法那样明确采纳物权类型开放原则，但《奥地利民法典》第 308 条与《法国民法典》第 543 条表述非常类似，结合该法典的其他条款来看，奥地利的立法者实际上并没有采纳物权类型封闭原则的意思。因此，我们认为，在《普鲁士普通邦法》《法国民法典》《奥地利民法典》这三大自然法法典中，并无物权（财产权）类型封闭原则的体现。真正在理论上确立物权类型封闭原则的实际上是 19 世纪才彻底成型的潘德克顿法学。德国潘德克顿法学派首次在物权和债权区分的基础上构建私法体系，将整个私法分为物权法和债法两个部分，并且形成了"物权法自治性观念"：物权法被想象为与债法彻底分离，不受债法影响的独立的私法组成部分。"物权数量有限"与"物权以有体物为标的"、"独立和抽象的物权行为"一道，成为"物权法自治性观念"的重要组成部分。虽然《德国民法典》最后并未明确规定物权类型封闭原则，但学者普遍将该原则视为自明之理，并认为《德国民法典》第 137 条是对类型封闭原则的侧面维护。同属潘德克顿法学产物的《瑞士民法典》也没有明确规定物权类型封闭原则，但瑞士学者均认同这一原则。潘德克顿法学的物债二分体系形成后，对法国和奥地利的学者产生了强大的影响，物权类型封闭原则也被注入法国和奥地利的民法学说和司法实践中。在这一过程中，物权类型封闭原则在大陆法系中取得了全面的认可。此处，需要强调的是，无论是在原发国，还是在学说继受国，物权类型封闭原则都仅仅是限制当事人的私法自治，而不限制法官造法，交易实践中形成的习惯物权也可以通过法官法得到承认。在当前，由于“物权法自治性观念”的松动以及信托制度的影响，物权类型封闭原则的地位已经不像往日那么稳固了。

第三章　物权类型封闭原则的立法化

第一节　葡萄牙民法中的物权类型及物权类型封闭原则

一、1867年《塞亚布拉法典》中的物权类型及物权类型开放主义

19世纪葡萄牙民法理论受到了《法国民法典》的重大影响，1867年葡萄牙颁布了《塞亚布拉法典》，这部法典是葡萄牙第一部具有现代意义的民法典，贯彻了理性自然法思想，在意识形态、编制体例以及主要制度方面均深受《法国民法典》的影响，[1]但美国学者沃森则认为其对《法国民法典》的依赖相对其他拉丁法系国家较少。[2]

在财产法部分，《塞亚布拉法典》区分了所有权与他物权，但使用的却是完全所有权（propriedade perfeita）与不完全所有权（propriedade imperfeita）这一对概念。该法典第2168条规定："所有权可以是绝对的与可解除的、单独的与共有的以及完全的与不完全的。"第2187条对完全所有权和不完全所有权作出了定义："完全所有权是对所有权所包含的全部权利的享益；

---

〔1〕《葡萄牙民法典》，唐晓晴译，北京大学出版社2009年版，简介部分。

〔2〕［美］艾伦·沃森：《民法法系的演变及形成》，李静冰、姚新华译，中国法制出版社2005年版，第170～171页。

不完全所有权是对这些权利的部分享益”。同时，该法第 2189 条对不完全所有权的类型进行了列举，包括永佃权（enfiteuse）与次级永佃权（subenfiteuse）、长期租赁（censo）、土地份额（quinhão）、用益权、使用权以及居住权（usufruto，uso e habitação）、共同种植权（compáscuo）、地役权（servidões）。[1] 从第 2187 条对不完全所有权的定义来看，当时葡萄牙立法者采纳的是法国式的所有权分解理论，也即所有权以外的他物权是对所有权的分解而产生的。但是，这种观点受到了当时葡萄牙法学家库尼亚·贡萨尔维斯（Cunha Gonçalves）教授的评判，他认为除了土地分额权或永佃权，其他物权并非是对所有权的永久割裂，因为所有权具有弹性，可以恢复原状，而且“将非表见消极地役权视为所有权的分割是荒谬的，例如限制建筑物或限制建筑物加高役权，其权利人不作出任何类似与所有权人作出的行为”“基于这些理由，我们可以认为，物权应该被认为是对所有权的或多或少的限制，是赋予他人的部分享益。”[2] 对于第 2189 条对不完全所有权的列举是否是穷尽的，也即是否承认物权类型封闭原则，学说一般持否定态度。葡萄牙学者莫佐斯（J. L. de Los Mozos）和阿森萨（José de Oliveira Ascensão）均认为《塞亚布拉法典》与《法国民法典》均没有贯彻物权类型封闭原则，因为所有权的绝对性原则仅仅是使所有权人免除封建权利的束缚，但并没有禁止当事人对所有权设定新的限制，贯彻在《法国民法典》中的自然法思想承认人的自由意志能力，不仅能决定所有权的创设，当然也能决定对所有权进行物权性质的限制。阿森萨（José de Oliveira Ascensão）教授明确指出，法国所奉行的是类型开放（numerus apertus）的物权体系。[3] 这一观点也可以从西班牙民法理论中得到佐证，西班牙和葡萄牙同样位于伊比利亚半岛，同属拉丁法系并且深受法国民法影响，1889 年颁布的《西班牙民法典》在西班牙沿用至今，西班牙所采纳的正是物权开放，至少

---

〔1〕 唐晓晴：《民法基本理论与澳门民法的研究》，中山大学出版社 2008 年版，第 148 页。此文原载于澳门大学法学院《法学论丛》2006 年第 2 期。

〔2〕 Luiz da Cunha Gonçalves，*Tratado de Direito Civil*，Vol. XI，Tomo I，Max Limonad，págs. 163 e 164. 转引自艾林芝：《澳门物权法》，社科文献出版社 2013 年版，第 34 页。

〔3〕 J. L. de Los Mozos，*Estudios osbre Derecho de los bienes*，Madrid，1991，pgs. 54 e segs；José de Oliveira Ascensão，*A Tipicidade dos Direitos Reais*，Lisboa，1968，pg. 71 e segs. 转引自唐晓晴：《民法基本理论与澳门民法的研究》，中山大学出版社 2008 年版，第 144 页。

在不动产领域是这样。虽然如此,西班牙法中也并没产生新的财产权类型。[1]

二、1966 年《葡萄牙民法典》的体例结构变化及物权类型

随着 20 世纪以来德国民法理论对葡萄牙的影响越来越大,《塞亚布拉法典》与葡萄牙理论界和实务界的距离越来越远。1966 年,葡萄牙制定了一部新的民法典,新的《葡萄牙民法典》在编撰体例上明显是潘德克顿法学的产物,葡萄牙放弃了原来拉丁法系的体例,改采潘德克顿"总则—债法—物法—亲属法—继承法",并且在总则中规定了"法律行为"。在物法中,《葡萄牙民法典》规定了所有权、用益权、使用权、居住权、永佃权、地上权、地役权这几种权利类型。但是,法典仍然保留了拉丁法系的两个特征:担保物权没有纳入物法之内,而是规定在了债的担保之中,属于债法,包括了收益用途之指定、质权(包括动产质权以及权利质权)、抵押权、优先受偿权(动产一般优先权、动产特别优先权、不动产特别优先权);[2] 在物权变动方面,《葡萄牙民法典》还是保留了合意主义的物权变动模式,第 408 条第 1 款规定,"特定物之物权,基于合同之效力即足以设定或移转,但法律所定之例外情况除外",第 879 条规定,"买卖合同的基本效力如下:a)将物之所有权或权利之拥有权转移……"

《葡萄牙民法典》中的担保物权具有自身的特点:第一,它并没有严格的遵循附随性原则,也即收益用途之指定、质权、抵押权均可以担保将来的债权或附条件的债权,特别是在担保将来债权的这种情形中,担保物权可以先于债权而存在,可以说是对附随性的突破;第二,《葡萄牙民法典》中还规定了收益用途之指定,这种特殊的担保物权,也即可以通过对某些不动产或须登记的动产作出收益用途之指定,来担保某一债务的履行,这种担保物权采取登记设立主义,既可以由所有权人继续管领,也可以由债权人进行管领,收益用途可以抵充本金和利息;第三,《葡萄牙民法典》第 409 条也规定了所有权保留这种担保形式,并且明

---

[1] Goni Rodriguez de Almeida 2006, O'Callaghan 2002, Fulgencia Angosto Sáez 2006, p. 281 et seq. See: Bram Akkermans, *The Principle of Numerus Clausus in European Property Law* (diss.), Maastricht University, 2008, p. 550.

[2] 此处需要特别说明的是,葡萄牙民法学界就收益用途之指定、质权、抵押权、特别优先受偿权、留置权这些担保物权是否属于物权仍然存在争议:Cunha Gonçalves 和 José Tavares 认为担保物权不是物权,因为它并没有赋予权利人真正的对物权利,拉丁法系与日耳曼—瑞士法系不同,其不承认独立的担保物权,担保物权完全依附于债权,因此担保物权是债权性质的法律关系。Pinto Coelho 和 Pires de Lima 则认为担保物权属于物权,因为它赋予了权利人对交换价值的处分权,对物的利用也可以表现为对物的处分,同时,葡萄牙法上的担保物权可以担保将来之债,在这种情况下,担保物权的独立性和自主性是显而易见的。参见艾林芝:《澳门物权法》,社科文献出版社 2013 年版,第 53 ~ 54 页。

确规定:不动产或登记动产的所有权保留,只有在有关保留条款已被登记时,才可以对抗第三人。

除了用益物权和担保物权之外,葡萄牙民法学者往往还会提及取得权这一类物权,这也是葡萄牙受到德国民法理论影响的标志之一。虽然就是否将取得权作为独立的物权种类尚有争议,但学者在讨论取得物权时,至少会将有物权效力的预约和有物权效力的优先权列入。[1] 这两种权利类型也没有规定在物权编中,而是规定在债法的"预约合同"和"优先权之约定"中。有物权效力的预约规定在第 413 条中,该条规定,就不动产或登记动产之转让或设定负担的预约,可以通过明示的意思表示和登记,赋予该预约以物权效力。这种预约登记制度实际上和德国法上的预告登记制度的效果是一样的。《葡萄牙民法典》第 414 条以下规定的"优先权"实际上是优先购买权,有物权效力的优先购买权规定在第 421 条中,当事人之间就不动产或登记动产约定的优先购买权,也可以通过明示意思表示和登记的方式使之具有物权效力。

三、物权类型封闭原则的立法化:新法典第 1306 条

在新民法典制定之前,葡萄牙的民法学界及司法实务界就已经有强烈的呼声,要求在物权法中引入"物权类型封闭原则"(*numerus clausus*)。[2] 在新民法典的起草过程中,利马(F. A. Pires de Lima)所撰写的"所有权草案"(Anteprojecto do Direito de Propriedade)第 5 条即对物权类型封闭原则做了规定,标题同样为"*numerus clausus*"。该作者所建议的文本(包括标题)除句式上稍加修改外,完全被 1966 年《葡萄牙民法典》的立法者所采纳,正式规定在第 1306 条中。[3] 这样,"物权类型封闭原则"在欧洲各国的民法典中得到了第一次的明文规定。《葡

---

〔1〕 艾林芝:《澳门物权法》,社科文献出版社 2013 年版,第 54 ~ 55 页。

〔2〕 Pires de Lima, Antunes Varela, *Código Civil Anotado*, Vol. Ⅲ, 2ª Edição (Reimpressão), Coimbra, 1987, p. 95. 转引自唐晓晴:《民法基本理论与澳门民法的研究》,中山大学出版社 2008 年版,第 148 页。

〔3〕 F. A. Pires de Lima 所建议的文本为:"Não se podem constituir, com carácter real, restrições ao direito de propiedade ou figuras parcelares deste direito, senão nos casos previstos na lei. Toda a restrição resultante de negócio jurídico, que não esteja nestes condições, tem natureza obrigacional."(参见 Anteprojecto do Direito de Propriedade, 载 Boletim do Ministério da Justiça, n° 123, 1963。)

而最后被《葡萄牙民法典》所采纳的文本则为:"Não é permitida a constituição, com carácter real, de restrições ao direito de propriedade ou de figuras parcelares deste direito senão os casos previstos na lei; toda a restrição resultante de negócio jurídico, que não esteja nestas condições, tem natureza obrigacional."(参见 Código Civil, artigo 1306°, Coimbra Editora, 1967。)转引自唐晓晴:《民法基本理论与澳门民法的研究》,中山大学出版社 2008 年版,第 147 页。

萄牙民法典》第 1306 条:“除法律规定之情况外,不容许设定物权性质的对所有权的限制或该权利的割裂形态;凡通过法律行为而产生之不符合上述要求之限制,均属债权性质。”[1] 从这一条文的行为来看,立法者并没有直接将“物权类型封闭原则”表达为“类型强制”、“类型法定”或“内容法定”,而是从禁止所有权限制或分割的角度来做出的规定。对于这种表述,曾经有葡萄牙学者做出过批评,认为一项物权法的一般原则不应该仅仅从所有权的层面来表述,[2] 但如果我们结合葡萄牙民法学界长期以来对他物权(不完全所有权)与所有权(完全所有权)关系的认识,就可以很好地理解第 1306 条了。前面已经谈到,《塞亚布拉法典》第 2187 条曾将不完全所有权理解为是完全所有权的一部分,即分割的所有权,但这种对他物权的理解遭到了学者的批评,因为有些他物权不能被视为所有权的分割,而只能是对所有权的限制。在 20 世纪,葡萄牙学者对他物权的理解基本上包括了两个方面,要么是所有权的部分内容,要么是所有权的分割,例如,新民法典物权编的起草者瓦雷拉(Antunes Varela)以及利马(Pires de Lima)指出:“任何具有物权特征的权利,要么就是所有权的限制(restrição),要么就是所有权的部分内容(parcelamento)……”[3] 这种对他物权的理解方式实际上是结合了法国法上的所有权分解理论和德国法上的限制物权理论,从这一点上也可看出葡萄牙民法学界对拉丁法系和德意志法系的融合吸收。因此,结合葡萄牙民法学界对他物权的理解,第 1306 条前半句“除法律规定之情况外,不容许设定物权性质的对所有权的限制或该权利的割裂形态”很明确地表达出了物权法定的含义,即他物权的类型仅限于法律规定。由于这个条文的明确规定,物权类型封闭原则(*numerus clausus*)在葡萄牙民法中也被称为“物权类型法定原则”了。根据葡萄牙学者的主流意见,物权类型封闭原则可以推导出两个较为具体的规则:第一,当事人仅得创设法律明确规定的物权类型;第二,当事人不得修改或调整

---

〔1〕 本条文翻译参考了唐晓晴译:《葡萄牙民法典》,北京大学出版社 2009 年版。为便于理解,照顾通行的翻译习惯,将唐晓晴教授所译的“法律事务”改译为“法律行为”。

〔2〕 Oliveira Ascensão, *A Tipicidade dos Direitos Reais*, Lisboa, 1968, p. 185. 转引自唐晓晴:《民法基本理论与澳门民法的研究》,中山大学出版社 2008 年版,第 149 页。

〔3〕 Pires de Lima, Antunes Varela, *Código Civil Anotado*, Vol. Ⅲ, 2ª Edição (Reimpressão), Coimbra, 1987, p. 95, 注 2。转引自唐晓晴:《民法基本理论与澳门民法的研究》,中山大学出版社 2008 年版,第 148 页。

法律所规定之物权的内容。[1] 很显然,物权类型封闭原则所约束的对象为当事人,而不约束立法者。

但是,葡萄牙民法学界对物权类型封闭的理解仍然存在争议,主要体现在两个方面:第一,在法律适用中,法官是否受到物权类型封闭的严格约束,这主要是指法官可否在司法实践中类推适用法定物权的法律规范:桑托斯(Elsa Sequeira Santos)认为,关于某一法定物权的法律规范可以类推适用于没有被界定为物权的情况,也可以类推适用于其他的法定物权类型;[2] 马沙度(Baptista Machado)和科尔代鲁(Menezes Cordeiro)则认为只要法律使用完全列举(*numerus clausus*),类推适用就被禁止,物权法领域就是如此,因为类推适用是以法律存在漏洞为前提的,但在实行类型法定的领域,是不存在任何漏洞的。[3] 第二,关于物权类型封闭是否意味着创设物权的法律事实也应该法定,葡萄牙法学界也存在争议:阿森萨(Oliveira Ascensão)教授认为,第1306条的表述不清楚,即可以理解为物权类型的法定,也可以理解为物权创设事实类型法定;[4] 平托(Mota Pinto)教授则明确表示,存在物权创设方式的法定,如果法律没有明确指出物权创设方式包括合同,那么就不能通过合同来创设物权,如果法律没有指出取得时效是物权的创设方式,那么就不能通过取得时效来取得物权;[5] 但是,第1306条的起草者瓦雷拉(Antunes Varela)以及利马(Pires de Lima)则明确表示,该条的意思就是物权类型的法定,而非物权创设事实的法定。[6]

《葡萄牙民法典》第1306条后半句“凡通过法律行为而产生之不符合上述要求之限制,均属债权性质”是对违反物权类型封闭原则后果的规定。此处的规定被认为是法定的法律行为转化,不同于民法总则中的法律行为转化。民法总则

---

〔1〕 唐晓晴:《民法基本理论与澳门民法的研究》,中山大学出版社2008年版,第155页。

〔2〕 Elsa Sequeira Santos, *Analogia e Tipicidade em Direitos Reais*, in Estudos em Homenagem ao Professor Doutor Inocência Galvão Telles, Vol. IV, Almedina, 2003, p. 491. 转引自唐晓晴:《民法基本理论与澳门民法的研究》,中山大学出版社2008年版,第160页。

〔3〕 马沙度(Baptista Machado):《法律及正当论题导论》,黄清薇、杜慧芳译,澳门大学法学院2007年版,第167页。转引自艾林芝:《澳门物权法》,社科文献出版社2013年版,第41~42页。

〔4〕 Oliveira Ascensão, *Direito Civil-Reais*, Coimbra Editora, 1993, p. 157. 转引自艾林芝:《澳门物权法》,社科文献出版社2013年版,第42页。

〔5〕 Carlos Mota Pinto, *Direitos Reais*, com a colaboração de Álvaro Moreira e Carlos Fraga, Almedina, p. 118. 转引自艾林芝:《澳门物权法》,社科文献出版社2013年版,第42页。

〔6〕 Pries de Lima e Antunes Varela, *Código Civil Anotado*, Vol. Ⅲ, com a colaboração de Henrique Mesquita, Coimbra Editora, 1987, p. 96. 转引自艾林芝:《澳门物权法》,社科文献出版社2013年版,第42页。

中的法律行为转化被认为应当具备三个要件:符合另一个行为的实质要件、形式要件以及双方当事人有转化的意思,但第1306条的法定转化只要符合另一个行为实质要件和形式要件即可,第三个要件由法律推定。但是,葡萄牙民法学界就如何理解后半句的“限制”一词,又发生了争议:阿森萨(Oliveira Ascensão)教授认为,后半句的“限制”包含了前半句的“所有权的限制或该权利的割裂形态”,是一个较广义的概念,此处存在立法技术的纰漏;〔1〕但是条文起草者瓦雷拉(Antunes Varela)和利马(Pires de Lima)则认为,后半句的“限制”与前半句的“限制”是同义词,对进行“所有权割裂”的法律行为的转化应该适用民法总则的规定,并认为“所有权割裂”通常导致法律行为无效。〔2〕

除了从解释论的角度对《葡萄牙民法典》第1306条的讨论外,葡萄牙学者们在立法论层面上就是否采纳物权类型封闭原则也产生了争议。第1306条的起草者利马(Pires de Lima)和瓦雷拉(Antunes Varela)认为从外部角度对物权类型封闭原则提出了三个理由:第一,物权具有绝对性,自由创设物权可能会对财产自由流转造成障碍,使得法律交易变得困难;第二,自由创设物权将导致数人对同一物共同拥有权利,无论从经济还是社会方面都会造成极大的不便,因此会影响财产的个人和社会效益;第三,物权是国家开发利用既有财产的法律工具,因此只能由国家对这些工具进行定义,不能由私人订立简单的标准。〔3〕利马(Pires de Lima)和瓦拉雷(Antunes Varela)的观点被立法者所采纳,物权类型封闭原则得以在立法上得到承认。对物权类型封闭原则持否定态度的学者有科尔代鲁(Menezes Cordeiro)和阿森萨(Oliveira Ascensão)两位学者。科尔代鲁(Menezes Cordeiro)认为,支持物权类型封闭原则的学者提出的理由并不成立:第一,物权类型封闭原则可以使立法者控制物的利用方式,排除造成不便的情况,但是采取类型开放也能达到同样的效果,只要对类型开放课加一定的限制即可;第二,不

〔1〕 Oliveira Ascensão, *A Tipicidade dos Direitos Reais*, Lisboa, 1968, p. 31. 转引自艾林芝:《澳门物权法》,社科文献出版社2013年版,第44~45页。

〔2〕 Pries de Lima e Antunes Varela, *Código Civil Anotado*, Vol. Ⅲ, com a colaboração de Henrique Mesquita, Coimbra Editora, 1987, pp. 98~99. 转引自艾林芝:《澳门物权法》,社科文献出版社2013年版,第45页。

〔3〕 Pires de Lima, Antunes Varela, *Código Civil Anotado*, Vol. Ⅲ, 2ª Edição (Reimpressão), Coimbra, 1987, pp. 97-98, 注5. 转引自唐晓晴:《民法基本理论与澳门民法的研究》,中山大学出版社2008年版,第163~164页。

采纳物权类型封闭原则也不会影响财产在动态方面的清晰性以及登记的便利性；第三，从比较法来看，绝对性并非物权的特征，认为类型封闭原则来源于物权绝对性的观点并非事实，物权是对一物的拨归，而不是单纯的给付，这赋予了它更大的社会意义，正是这个事实导致了公示的必要，而非类型法定。[1] 阿森萨（Oliveira Ascensão）教授认为，从应然法的角度来看，类型开放会更符合现实的需要，至于类型开放原则可能带来的弊端可以通过以下途径解决：第一，当事人自由创设物权带来的种种不便，可以通过对私法自治进行限制来避免；第二，无名物权可以通过公示来避免不便，对于不动产或需要登记的动产，要求权利的设定事实进行登记，登记官有权确认提交的设定名义是否符合"固有权利"概念的最起码特征，对于动产可以将交付或占有设定为权利的设定要件；第三，体系的清晰性只是一种工具性的因素，其重要性不应该过分高估，在实行类型开放的体系中，也没有看到登记受到多大的影响。[2] 阿森萨（Oliveira Ascensão）教授的说理太简单，其观点是否成立，我们可以结合西班牙的情况进行验证：西班牙采取的是物权类型开放主义，西班牙的学者认为可以基于物权的性质以及特殊功能对私法自治进行必要的限制，可以从物权客体特定原则、设定物权之法律行为的方式、公示原则以及设定物权的法律原因等方面对私法自治进行限制，因此阿森萨（Oliveira Ascensão）教授的第一个理由是可以成立的；但其提出的第二个、第三个理由，却难以成立，因为有西班牙学者指出，类型开放原则导致实务上由于标准不明确而不时造成解释和识别困难，登记机关也经常面对争议。[3]

四、附论：《澳门民法典》第1230条及学说讨论

葡萄牙的法律状况对我国具有特殊意义，我国澳门地区的民法典基本上就是对《葡萄牙民法典》的翻译，无论是物权类型的配置还是对待物权类型封闭原

---

〔1〕 Menezes Cordeiro, *Direitos Reais*, Lex, 1979, p. 338. 转引自艾林芝：《澳门物权法》，社科文献出版社2013年版，第47页。

〔2〕 Oliveira Ascensão, *Direito Civil-Reais*, Coimbra Editora, 1993, pp. 154－155. 转引自艾林芝：《澳门物权法》，社科文献出版社2013年版，第47～48页。

〔3〕 Antonio Roman Garcia, *La tipicidad en los derechos reales*, Montecorvo, 1994, pp. 131－170, 196. 转引自唐晓晴：《民法基本理论与澳门民法的研究》，中山大学出版社2008年版，第165页。西班牙的这种情况并非个例，在采取物权开放原则的南非，登记机关和当事人之间就某一项权利是否具有登记能力也屡屡发生争议。关于南非的情况，后文将详细分析。

则的态度都是如此。我国《澳门民法典》第1230条规定："除法律规定之情况外，不容许对所有权设定物权性质之限制或其他具有所有权部分内容之权利；凡透过法律行为而产生之不符合上述要求之限制，均属债权性质。"这一规定与《葡萄牙民法典》第1306条的内容完全一致，实际上就是对第1306条的翻译。从我国澳门地区学者的观点来看，他们对废弃物权类型封闭原则还是持保守态度：唐晓晴教授认为，物权类型法定原则不是不能改变，但对它的改变必须伴随着民法理论体系的整体更新，因为物权类型法定原则是一个牵一发而动全身的问题，如果废弃物权类型封闭，可能会导致物债二分的民法体系的动摇，登记官员的自由裁量权将被极大地扩张，使得其权力近似于法官；[1]艾林芝教授认为，物权类型法定原则具有意义，公示制度不能将其完全推翻，一方面，动产公示的可行性存疑；另一方面，公示制度在交易成本上将给整个制度带来不可承受之重。[2]

第二节 荷兰民法中的物权类型及物权类型封闭原则

一、1838年《荷兰民法典》中的物权类型及物权类型开放主义

尼德兰地区在18世纪末19世纪初也进入了法典化时代。在1795年法国大革命到达尼德兰之时，尼德兰地区的法律状况处于分裂状态，各地区适用不同的地方法。主要的法律渊源是习惯法，并辅之以罗马法作为补充，典型代表即荷兰省形成的"罗马—荷兰法"(Rooms Hollands recht)，并受到了格劳秀斯自然法学派思想的影响。[3] 1807年，在拿破仑侵入荷兰后，他的兄弟路易·波拿巴成为了荷兰国王，拿破仑要求其在荷兰引入《法国民法典》，但路易并没有直接引入《法国民法典》，而是对《法国民法典》进行了修订，使之适应了荷兰的具体状况，因此1809年颁布的法典与《法国民法典》大部分内容相同。1810年，荷兰被纳入法兰西帝国，《法国民法典》被直接适用于荷兰。随着1813年荷兰独立，民族法

---

〔1〕 唐晓晴：《民法基本理论与澳门民法的研究》，中山大学出版社2008年版，第165页。

〔2〕 艾林芝：《澳门物权法》，社科文献出版社2013年版，第50页。

〔3〕 [英]梅特兰：《欧陆法律史概览——事件、渊源、人物及运动》，屈文生译，上海人民出版社2008年版，第349页以下。

典的编撰工作开始了，并受到当时法国法理论的重大影响。1838 年《荷兰民法典》颁布。

1838 年的《荷兰民法典》（旧法典 *Oud Burgerlijk Wetboek*）无疑也无法摆脱《法国民法典》的影响，除了许多人法和家庭法（特别是夫妻共同财产法）、继承法和财产法中重要的部分外，该法典主要是根据《法国民法典》制定的，许多规定仍然是一字不差地照搬。但在体系上，这部法典并没有照搬法国民法典。在所有权让与方面，《荷兰民法典》坚持了罗马法和古荷兰法上的交付原则，因此对财产法和债法做了明确的区分，分别规定在第 2 编和第 3 编中。其中，继承法被规定在第 2 编财产法中，第 3 编债法部分则设有债法总则，这都是与《法国民法典》的体系结构不同的。法典的第 4 编则是关于证据法和时效法的规定。因此，1838 年法典的结构是"人法—财产法—债法—诉讼"，这样的体系与盖尤斯和查士丁尼的法学阶梯结构十分相似，同时也与格老秀斯在《荷兰法学入门》的观点很相似。[1]

在财产法方面，1838 年法典规定了占有权、所有权、继承权、用益权、地役权、质权、抵押权、永租权、地上权以及一些日耳曼法上的限制物权类型，例如定期金债务。[2] 但是，除了这些列举的物权类型外，当事人得否创设新的物权类型呢？也即，荷兰旧民法典是否确立了物权类型封闭原则？从 1838 年《荷兰民法典》的条文来看，答案并不明确。1838 年《荷兰民法典》第 584 条规定："在客体上，可以享有占有权，或所有权，或继承权，或用益权，或地役权，或质权，或抵押权。"这一条文的行文方式与《法国民法典》第 543 条、《奥地利民法典》第 308 条非常相似，自然也引发了关于物权数量是否存在限制的问题的讨论。笔者认为，第 584 条对权利类型的列举当然不是穷尽性的，因为民法典中明确承认的永租权、地上权以及定期金债务等日耳曼法上的物权类型均没有被列举在第 584 条中。从 19 世纪初期的立法史来看，1816 年草案的起草者肯珀（Joan Melchior Kemper）曾经明确表示，可以在他人财产上成立的物权只能是在法典中列举物权类型，所有的其他权利都是对人权。但这一体现荷兰民族特色的草案并没有被采纳，取

〔1〕 参见［荷］亚瑟·S. 哈特坎普：《荷兰民法典 1947 ~ 1992 年的修订》，吴民许等译，载王卫国主编：《荷兰经验与民法再法典化》，中国政法大学出版社 2007 年版，第 39 页以下。

〔2〕 AJH Pleysier, *Why is Dutch Law not Hampered by a Numerus Clausus* （ *Gesloten Systeem*, *Geslote Kategorie*） *of Real Rights*? 2 Fundamina 298 1996, pp. 298 – 303.

而代之的是受《法国民法典》影响的1838年《荷兰民法典》,因此自然也就出现了与《法国民法典》第543条相似的1838年《荷兰民法典》第584条。由于第584条并不能为物权类型封闭原则提供充分的制定法基础,因此在19世纪,荷兰法院倾向于赋予当事人相当大的自由,允许他们创设民法典规定范围之外的物权类型。[1] 此处还存在一个有意思的问题:既然第584条并非是对物权类型的穷尽式列举,那么立法者选取列举的权利类型的标准是什么呢?换言之,为什么立法者不列举永租权、地上权等权利类型呢?荷兰学者多认为,第584条只能从历史发展中寻找原因:梅杰斯(Meijers)认为第584条对权利的列举显然是受到了"汉恩五权列举"(Hahn's Pentarchy)的影响;[2]普雷斯尔(Pleysier)认为第584条所选取的权利类型是受到了"物权与对物之诉相对应"的观念的影响,既然罗马法上的对物之诉是有限的,那么此处列举的物权类型也只能是有限的,例如,所有权是与"返还之诉"(rei vindicatio)相对应的,用益权和地役权是与"确认役权之诉"(actio confessoria)相对应的,质权与抵押权是与"塞尔维之诉"(actio Serviana)对应的,占有权和继承权则分别与"普布利西安之诉"(actio Publiciana)和"继承之诉"(hereditatis petition)相对应,之所以没有列举永租权和地上权,是因为这两种权利是由"扩用的返还之诉"(rei vindication utilis)来保护的,被认为是"扩用所有权"(Dominium utile),不具有独立的诉权保护。[3] 笔者认为,这样的解释具有较为充分的说服力,既然《荷兰民法典》第584条是受《法国民法典》第543条影响而产生的,那么上述解释自然也可以用来说明《法国民法典》第543条的形成。

二、学术界和司法实务界对物权类型封闭原则的继受

虽然《荷兰民法典》第584条没有为物权类型封闭原则提供制定法基础,但在理论界一直存在支持物权类型封闭原则的声音。19世纪的两位非常重要的荷

---

〔1〕 T. H. D. Struycken, *The Numerus Clausus and Party Autonomy in the Law of Property*, in Party Autonomy in International Property Law, edited by Roel Westrik and Jeroen van der Weide, sellier. European Law Publishers GmbH, Munich, pp. 64 – 65.

〔2〕 自然法时代的法学家海因里希·汉恩(Heinrich Hahn)通过对罗马法中诉的研究,从中提取出了所有权、质权、役权、占有和继承权五种对物权,被称为"汉恩五权列举"(Hahn's Pentarchy)。See Bram Akkermans, *The Principle of Numerus Clausus in European Property Law* (diss.), Maastricht University, 2008, p. 320.

〔3〕 A. J. H. Pleysier, *Why is Dutch Law not Hampered by a Numerus Clausus* (*Gesloten Systeem*, *Geslote Kategorie*) *of Real Rights*? 2 Fundamina 298 1996, pp. 300 – 302.

兰学者迪菲斯(Diephuis)和普祖默(Opzoomer)在描述和分析物权法中的限制时,明确倾向于对民法典中的条款进行严格解释,他们还大量引用了法国学者德莫隆布(Demolombe)的观点。当时法国的法院和学术界都倾向于在财产法领域给予当事人充分的私法自治,但德莫隆布(Demolombe)却坚持当事人可创设的物权仅限于法律已经明确列举的。[1] 迪菲斯(Diephuis)和普祖默(Opzoomer)对物权类型封闭原则的坚持并没有遭到太多的反对就被荷兰法学所接受了。在19世纪下半叶,潘德克顿法学开始对荷兰法学产生影响,该学派所强调的在物权法领域对私法自治的限制、抽象绝对的所有权概念、有体物观念、对具有物权效力的处分禁止的拒绝、相对于债法独立自主的物权法观念、保障物的可转让性、保护善意买受人等观念都被荷兰法学界所接纳,物权类型封闭的观念也得到了强化。[2]

在实务界领域,物权类型封闭原则也被逐步接受,法院的态度也开始发生变化。1905年,荷兰最高法院(Hoge Raad)在Blaauboer v. Berlips一案[3]中的判决被认为是物权类型封闭原则在司法界得以确立的标志性案件,也是严格区分债法和物权法的分水岭,在此之前,创设具有物权效力的合同是可能的。[4] 在Blaauboer v. Berlips一案中,Berlips将一块土地转让给Blaauboer,并且约定在自己的相邻土地上为Blaauboer修筑和维持一条道路,随后Berlips并没有修筑该条道路,而是将自己的那块相邻土地也转让给了他人。Blaauboer遂向Berlips主张损害赔偿,而Berlips则认为Blaauboer的权利属于对土地的物权,而非针对自己的对人权,因此只能向土地的新所有权人主张。在诉讼中,地方法院和上诉法院均赞成Berlips的观点,认为与土地有关的债务随土地转移。但荷兰最高法院采取了完全不同的立场,这一立场一直维持至今。最高法院认为,Blaauboer的权利并非对物权,土地所有权人所负担的在相邻土地上筑路的义务不能约束其后手,只有债法上的约束力,原因在于:第一,荷兰民法典明确区分对人权与对物权,荷

---

〔1〕 可参见本书第三章第一节的相关内容。

〔2〕 See T. H. D. Struycken, *The Numerus Clausus and Party Autonomy in the Law of Property*, in Party Autonomy in International Property Law, edited by Roel Westrik and Jeroen van der Weide, sellier. European Law Publishers GmbH, Munich, p. 65.

〔3〕 HR 3 March 1903, W. 1905, 8191 (Blaauboer v. Berlips).

〔4〕 Bram Akkermans, *The Principle of Numerus Clausus in European Property Law*, Maastricht University, 2008, p. 321.

兰物权法承认物权类型封闭原则(*numerus clausus*),物权已经被明确列举在民法典中了;第二,作为一项作为义务(Obligation in faciendo),它不符合地役权的要件;第三,物权要求公示性,这项作为义务没有被登记入公共土地登记簿中,因此没有满足公示要件。从这一判决的理由来看,最高法院不仅重申了物权和债权严格区分,也表明了对物权类型固定(Typenfixierung)的赞成。[1] 1914年,荷兰公证人协会(Brotherhood of Notaries)举办了一场正式会议来讨论可否在已经被承认的物权之外创设新的物权类型,讨论的核心就是民法典第584条,经过会议讨论,荷兰公证人协会也认为当事人不能在法律认可的范围外创设新物权。[2] 虽然荷兰最高法院在1905年后坚持严格的物债二分和物权法定原则,但在司法实践中,迫于现实需要的压力,在1929年最高法院还是通过判例法承认了没有法律依据的物权类型——担保性所有权。由于旧民法典中只承认占有质权,在实践中不能满足需要,因此当事人签订让与担保协议,由债务人将标的物所有权转让给债权人,同时约定债务人继续占有标的物,在债务清偿后,债权人再将所有权返还给债务人。从最高法院的判例法来看,这种担保性所有权与普通所有权的效力具有较大差异,它并不能对抗所有的第三人,对债权具有附随性,而且最高法院认为民法典中关于质权的规定可以适用于担保性所有权。因此,这种担保性所有权实质上就是一种非占有的质权,它是在实践中形成,并且被最高法院所认可的新型担保物权。[3]

从上面的分析来看,在1838年民法典并无明确依据的情况下,最迟在20世纪初期荷兰的法学界和实务界都已经接受了物权类型封闭原则,当事人只能在法律所承认的范围内创设物权,但法院也可以通过判例法承认实践中形成的新型物权,也即物权类型封闭原则只限制当事人的私法自治,但不限制法官的法律续造。

---

〔1〕 J. M. Milo, *Country Report: The Netherlands*, Columbia Journal of European Law Online, Winter 2012, Vol. 18, 2 (The topic is the trust in continental Europe), pp. 71 – 71; Bram Akkermans, *The Principle of Numerus Clausus in European Property Law* (diss.), Maastricht University, 2008, p. 321.

〔2〕 Broederschap der Notarissen in Nederland 1914, p. 345. See Bram Akkermans, *The Principle of Numerus Clausus in European Property Law* (diss.), Maastricht University, 2008, pp. 320 – 321.

〔3〕 Bram Akkermans, *The Principle of Numerus Clausus in European Property Law* (diss.), Maastricht University, 2008, pp. 263 – 265.

三、1992 年《荷兰民法典》中的体例结构变化及物权类型

随着时间的流逝,1838 年民法典显得越来越过时,大量的特别法游离在民法典之外,使法律状况难以概观,特别法之间也存在矛盾,民法典中的许多规定变得陈旧过时,法国式的民法典结构不再令人满意,因为该结构无法合乎逻辑地整合各种特别法。在"二战"爆发之前,荷兰政府就委任了一个委员会对法典进行修改和漏洞填补,这一阶段的主导思想仅仅是制定"修补性立法"。当时荷兰最著名的民法学者莱顿大学教授梅杰斯(Meijers)对此非常不满,他在 1928 年提出了一个清单,列举了民法典中的 100 处缺陷,并认为通过修订的办法使民法典得以完善难以成功,因为广义财产法(patrimonial law)是一个具有内在联系的统一整体,修正某些孤立的部分而让法典的其他部分保持原封不动的做法并不合适,唯一的办法就是制定一部新的法典。1947 年荷兰政府委托梅杰斯(Meijers)开始起草一部新的民法典,荷兰正式开始了再法典化的过程。1970 年新民法典第 1 编(人法与家庭法)颁布,1976 年第 2 编(法人)颁布,1980 年第 3 编、第 5 编、第 6 编通过,到 1986 年各编文本都得以确定,新民法典在 1992 年生效。[1] 新民法典在体例结构方面摆脱了《法国民法典》的体例,但是与《德国民法典》潘德克顿式的体例也不同:在整体上,新《荷兰民法典》可以分为主体法和广义财产法两部分,主体法包括第 1 编"人法与家庭法"和第 2 编"法人",广义财产法则包括了第 3 编到第 9 编,第 10 编属于单独的国际私法。广义财产法部分在立法技术上采取了《德国民法典》"抽象——具体"的立法技术,第 3 编为财产法总则,适用于整个广义财产法部分,从第 4 编到第 9 编分别为继承法、物权法、债法、具体合同、运输法、工业和知识财产权法。

荷兰广义财产法的立法模式与其他民法法系国家,特别是德意志法系的国家最大的不同之处就是在物权法和债法之前规定了适用于整个广义财产法领域的财产法总则,根据《荷兰民法典》第 3:1 条和第 3:2 条的规定,财产包括了所有的物和所有的财产权利,物是为人类所能控制的有形客体。在这种观念之下,只能以有体物为客体的权利被规定在第 5 编中,只能以他人行为为客体的权利被规定在第 6 编、第 7 编的债法和合同法中,工业产权和知识产权与上述两类都不

[1] [荷]J. 海玛:《荷兰新民法典的基础及体现的趋势》,薛启明等译,载王卫国主编:《荷兰经验与民法再法典化》,中国政法大学出版社 2007 年版,第 16 ~ 21 页。

同,因此被规定在第9编中,而在所有的财产上都能成立的权利就被规定在了第三编财产法总则中。因此,新《荷兰民法典》的财产法部分的各编实际上是以客体为基本划分标准的,并非以绝对的物权和相对的债权为划分标准的,同时新《荷兰民法典》所采纳的财产法体例可以容纳潘德克顿体系所不能包容的知识产权法,财产法总则的存在也使得整个财产法体系具有开放性,像互联网域名这样的新型财产在民法典中没有具体规定时,也可以通过总则加以调整。此处我们需要注意的是,虽然新《荷兰民法典》没有将物权法和债法的区分作为民法典的基本结构,但在广义财产(patrimony)之下仍然严格区分对物权(right in rem)和对人权(right in personam),前者包括了对有体物的权利(狭义的物权,即所有权和所有权分离出来的限制物权)以及对无体物的权利(例如著作权),权利人可以以此对抗任何人,是一种绝对权,而后者着眼于人与人之间的关系,只能对相对人主张,是一种相对权。[1] 由于严格按照权利客体进行广义财产法的内部划分,传统民法理论中的物权(除了知识产权以外的绝对权,即《德国民法典》中的物权)在荷兰民法中就分别规定在了第3编财产法总则和第5编物权法中,第3编规定的权利类型包括用益权、使用权、居住权、质权、抵押权、优先权、留置权,因为这些权利的客体并不限于特定的有体物,还包括了知识产权、债权以及集合财产,第5编规定了所有权、地役权、永租权、地上权、公寓权,这些权利的客体仅限于有体物。

与德国一样,新《荷兰民法典》中的所有权是在有体物上成立的最广泛的权利。值得注意的是,虽然在1929年荷兰最高法院就已经承认了让与担保,实践中也有管理性信托,但新民法典第3:84(3)款规定:"以提供担保为目的而转让财产的法律行为,或者并非旨在转让后将该财产归入受让人财产的转让财产的法律行为,不构成转让该财产的合法名义。"这一条款实际上否定了让与担保(fiducia cum creditore)和信托转让(fiducia cum amico)的合法性,因此在荷兰民法中目前并不存在管理性信托所有权,也不能通过让与担保设立担保性所有权。但是,《荷兰民法典》在第3:92条中还是承认了所有权保留,因此在目前的荷兰

---

〔1〕 参见[荷]桑尼·泰克玛:《荷兰私法概况》,胡利玲等译,载王卫国主编:《荷兰经验与民法再法典化》,中国政法大学出版社2007年版,第62页;[荷]亨克·J.施耐德:《荷兰财产法》,载王卫国主编:《荷兰经验与民法再法典化》,中国政法大学出版社2007年版,第105~106页;Bram Akkermans, *The Principle of Numerus Clausus in European Property Law* (diss.), Maastricht University, 2008, p. 256。

法上，担保性所有权的存在只能在所有权保留的情况下产生。[1] 对于多人共同享有某一财产权利的规定在第3编第7章“共同体”和第5编第5章“共有”之中，后者仅适用于所有权。在“共同体”和“共有”中，民法典就权利人之间的权利义务作出了规定，但根据第3:168条和第3:175条，各共有人可以就共同财产的收益、使用、管理订立分管合同，对特定份额的处分权也可以通过协议安排，最为重要的是，根据第3:168(4)款和第3:175(2)款，上述分管合同和对份额处分权的约定不仅约束共同体成员自己，也可以约束他们的继受人。同时，根据第3:17(1)d项的规定，对于登记财产的共同权利人之间达成的章程或其他规定可以载入登记簿，也即上述分管合同具有登记能力，第三人可以查知分管合同的内容。

在用益性分项权利方面，《荷兰民法典》的规定除了编排体例有所不同外，并无太多特殊规定，也即用益权可以在他人的财产上成立，并不限于有体物，因此被规定在第3编中。用益权存在期限限制，用益权人是自然人的，最长期限为终身，用益权人是法人的，最长期限为30年。使用权和居住权是两种特殊的用益权，不能转让。《荷兰民法典》中关于地役权的规定也较为传统，原则上只能为供役地所有权人设立容忍或不作为义务，例外情况仅限于为满足地役权行使的需要，而在供役地上建设、种植或维护建筑物、工作物或植物的义务。永租权和地上权非常相似，前者是在一定期限内持有和使用他人不动产的权利，后者是在他人所有的不动产内、不动产上或不动产上空拥有或取得建筑物、工作物或种植物的物权，在地上权上还可设立次地上权。《荷兰民法典》中的公寓权被作为他物权来规定，是指所有权人、永租权人和地上权人有权将其享有对建筑物、建筑物占用的土地及两者的附属物的权利区分为公寓权，公寓权因区分契据的登记而产生，公寓权人之间可以通过章程或细则约定建筑物的使用、管理、维持的具体规定，这些章程和细则也适用于后手取得人，并且可以登记在公共登记簿中。

---

[1] 新荷兰民法典之所以禁止让与担保(fiducia cum creditore)和信托转让(fiducia cum amico)，原因在于起草者Meijers教授的明确反对，他认为让与担保和信托转让实际上使得受让人获得他不需要的过多的权利，而且造成了所有权分裂。荷兰学者Struycken对此提出了疑问，既然让与担保被禁止，那么也会导致担保性所有权的所有权保留也应该被废除，可是新法典却承认了所有权保留，因此就存在内在的价值矛盾。See T. H. D. Struycken, *The Numerus Clausus and Party Autonomy in the Law of Property*, in Party Autonomy in International Property Law, edited by Roel Westrik and Jeroen van der Weide, sellier. European Law Publishers GmbH, Munich, pp. 74 – 76.

《荷兰民法典》中的担保性分项权利主要是质权和抵押权，抵押权设立在可登记财产上，质权可以设立在除了可登记的财产以外其他所有财产上，包括有体物、无体物、债权。在质权方面，《荷兰民法典》维持了质权对债权的附属性，但有所缓和，即质权可以担保将来债权，只要该债权可以充分确定即可。《荷兰民法典》中对质权的比较特殊的规定在于，在传统的占有质权、公开质权（以转移占有或通知质押债权的债务人的方式公示）外，还在第3:237条和第3:239条中规定非占有质权、隐秘质权（不转移占有，也不通知质押债权的债务人）。立法者规定非占有质权，主要是为了弥补让与担保被禁止所导致的制度空缺。非占有、隐秘质权的设立方式为公证契据或经登记的非公证契据：公证契据具有可执行性，无须提起诉讼获得执行名义，只要法庭事务官通知债务人后，即可执行该公证契据；非公证契据的登记机关则是有权的税务机关。在债务人或质押人未履行义务或质权人有理由担心义务得不到履行时，可以要求转移占有或通知质押债权的债务人，将隐秘质权转为公开质权。与公开质权相比，隐秘质权的质权人受到的保护要弱得多，根据第3:238(1)款和第3:239(4)款的规定，在质押人是无权处分人的情况下，只有公开质权的善意质权人才能受到保护，非公开质权的善意质权人得不到保护。更为重要的是，隐秘质权不具有公示性，实践中并不存在记载出质信息的公共登记簿，也不存在债权人能够据以知悉债务人的财产上负担有除抵押权以外的担保物权的公共登记簿，非公开质权在税务机关的登记也是不公开供公众查询的。[1] 因此，质押人处分财产，隐秘质权无法为善意的取得人所查知，根据第3:86(2)款的规定，作为分项权利的隐秘质权在善意取得人获得权利时消失，获得被设定有非公开质权的财产的善意第三人将获得法律的保护。《荷兰民法典》中的抵押权并无特殊之处，它对债权也具有附属性，但所担保的债权可以是现存的，可以是将来的，在债权的数额无法确定时，也可以约定最大数额，因此最高额抵押权在荷兰民法典也得到了反映。受法国法的影响，《荷兰民法典》第3编中还规定了优先权和留置权，但学术界并不把这两种权利纳入物权的范畴，因为优先权虽然被赋予了优先受偿的地位，但一般并不具有追及性

〔1〕［荷］图恩·冯·麦尔罗：《荷兰财产法的基本原则》，载王卫国主编：《荷兰经验与民法再法典化》，中国政法大学出版社2007年版，第175～176页。

(Droit de suite),在标的物转让时,优先权消灭。[1]

四、物权类型封闭原则的立法化:新法典第3:81(1)款、第3:83条、第3:84(3)款

1992年的新民法典也贯彻了早已被荷兰学术界和实务界接受了的物权类型封闭原则。在起草者梅杰斯(Meijers)提交的第一草案解释性备忘录中,他明确提及这个草案采纳了物权类型封闭原则(*numerus clausus*)。在20世纪60年代和70年代,立法机关在讨论新民法典各草案时也详细考虑了物权类型封闭原则[2],明确认为荷兰民法中的物权类型清单是封闭的,当时的讨论记录清楚地体现了立法机关的态度:"在大陆法系中,物权法与合同法不同,是一个封闭的制度。"[3]立法机关认为,允许当事人自由创设物权会使所有权负担过重,同时也会危及法的安定性,使人无法清晰地知道何种客体上可以成立何种权利。立法机关在对这一问题进行讨论的过程中,还引用了荷兰最高法院在Blaauboer v. Berlips一案中的判决理由。[4]

与《葡萄牙民法典》一样,《荷兰民法典》对物权类型封闭原则的采纳明确地体现在了法律条文中,最具代表性的就是第3:81(1)款,该条款规定:"独立且可转让的权利的持有人,可以在该权利范围内,设定法律承认的分项权利。该权利也可以在同时遵守有关此种财产转让和此种分项权利设定的规则的情形下将负担有分项权利的权利转让。"荷兰学者阿克曼斯(Bram Akkermans)和斯特鲁肯(Struycken)均认为,这一规定不仅要求当事人可选择的物权类型仅限于法律承认的范围,即类型强制(Typenzwang),而且还由法律规定了物权的内容,只有符合法律规定的标准的权利类型才能被认定为该物权,即类型固定(Typenfixierung)。[5] 这一规定

[1] Bram Akkermans, *The Principle of Numerus Clausus in European Property Law* (diss.), Maastricht University, 2008, p. 298.

[2] T. H. D. Struycken, *The Numerus Clausus and Party Autonomy in the Law of Property*, in Party Autonomy In international Property Law, edited by Roel Westrik and Jeroen van der Weide, sellier. European Law Publishers GmbH, Munich, pp. 62 – 63.

[3] Parlementaire Geschiedenis NBW – Boek 5, 1981, p. 3. See Bram Akkermans, *The Principle of Numerus Clausus in European Property Law* (diss.), Maastricht University, 2008, p. 320.

[4] Parlementaire Geschiedenis NBW-Boek 5, 1981, p. 13. See Bram Akkermans, *The Principle of Numerus Clausus in European Property Law* (diss.), Maastricht University, 2008, p. 320.

[5] T. H. D. Struycken, *The Numerus Clausus and Party Autonomy in the Law of Property*, in Party Autonomy in International Property Law, edited by Roel Westrik and Jeroen van der Weide, sellier. European Law Publishers GmbH, Munich, pp. 61 – 62; Bram Akkermans, *The Principle of Numerus Clausus in European Property Law* (diss.), Maastricht University, 2008, pp. 322 – 323.

与《葡萄牙民法典》第1306条的含义相同，只是前者是正面要求当事人设定分项权利仅限于法律承认的类型，后者则是从反面否定当事人创设法律所不承认的限制物权。

在担保物权领域，第3:277(1)款规定："除法律承认的优先受偿的事由外，在支付执行费用后，债权人之间对债务人的财产的净收益享有平等的按照其债权比例获得清偿的权利。"本条款是物权类型封闭原则在担保物权领域的贯彻，也即当事人对担保物权的设立也仅限于法律承认的类型，自行创设的新担保物权无法获得优先受偿权。

除此之外，《荷兰民法典》在第3:83条中也和《德国民法典》第137条一样，规定了权利的可转让性不可通过约定排除，从侧面上维护的物权类型封闭原则，[1]该条第1项规定："除被法律或权利的性质所排除外，所有权、分项权利和债权均可以转让"，第2项规定："债权的可转让性可由债权人和债务人协议排除"。也即，只有债权的可转让性才可以约定排除，所有权或分项权利可让与性的约定排除不能对抗第三人，这样的状况实际上就和《德国民法典》第137条结合第399条所导致的后果一致了。

值得特别注意的是，前面提到过的的第3:84(3)款的规定："以提供担保为目的而转让财产的法律行为，或者并非旨在转让后将该财产归入受让人财产的转让财产的法律行为，不构成转让该财产的合法名义。"这一条款否定了让与担保(fiducia cum creditore)和信托转让(fiducia cum amico)，实际上是信托禁止条款，对信托行为的禁止排除了双重所有权现象的出现，也排除法律所未规定的所有权分割形态的出现，因此这一条款也构成了物权类型封闭原则的基础之一。[2]从这一点来看，《荷兰民法典》对物权类型封闭原则的维护比《德国民法典》更严密，在前文对德国法的分析中，我们已经提到，德国学术界已经将信托视为对物权类型封闭原则的威胁了。上面的几个条款相结合，构成了物权类型封闭原则的严密架构，第3:81(1)款、第3:277(1)款正面表达了物权类型封闭原则的主

---

〔1〕 如果权利的可转让性，特别是所有权的可转让性可以通过约定排除，也即约定排除可转让性具有物权效力，那么排除可转让性的约定与债权契约相结合，实际上就可以创设新型的对世权利，这样就突破了物权类型封闭原则。

〔2〕 T. H. D. Struycken, *The Numerus Clausus and Party Autonomy in the Law of Property*, in Party Autonomy in International Property Law, edited by Roel Westrik and Jeroen van der Weide, sellier. European Law Publishers GmbH, Munich, p. 62.

旨,第3:83条从侧面维护了这一原则,第3:84(3)款规定的信托禁止防止了信托行为对物权类型封闭原则的威胁。[1]

五、物权类型封闭原则的松动及学术界的讨论

值得我们注意的是,虽然《荷兰民法典》严格区分绝对权与相对权,遵循物权类型封闭原则,但当事人之间的契约并非完全不能取得对抗第三人的效力,同时,在实践需要的压力、欧盟指令以及国际条约的影响下,信托在荷兰仍然存在,这些因素导致了物权类型封闭原则的松动。

第一,法律直接规定了某些合同关系可以产生对抗第三人的效力:(1)在不动产租赁领域,根据第7:226条的规定,"买卖不破租赁"的规定在荷兰也得到了承认,租赁合同对不动产的买受人也有约束力。(2)在委托合同领域,根据第7:423条(排他性委托)的规定,在受托人以自己的名义行为并排除委托人权限的,在约定期限内排除委托人处分权的约定可以对抗第三人,但第三人如果不知道或不应该知道,则不能对抗第三人。这样一来,即如果第三人知道或应该知道委托合同的内容,那么委托合同实际上就对第三人产生了效力。荷兰学者米洛(Milo)认为,在第3:84(3)款禁止信托之后,让与担保(fiducia cum creditore)的替代物是非公开质权,而信托转让(fiducia cum amico)的替代物则是第7:423条规定的排他性委托。[2]

第二,当事人可以通过登记,使合同产生对抗第三人的效力:(1)根据第3:17(1)款的规定,登记簿原则上只能登记造成应登记财产法律地位变化的法律行为、关于应登记财产的判决或者处分应登记财产的依据、对应登记财产的扣押三种事实,但第3:17(2)款又开了一个口子,即在法律规定允许时,创设或消灭对人权的事实也具有登记能力。(2)对人权登记最明显的条款即第6:252条。该条第1款规定:"合同可以约定当事人之一的以其登记财产有关的容忍或者不作为

〔1〕 荷兰民法未修正前,让与担保制度广泛被适用于机器设备、存货、债权及股份之担保,1992年新法废除此制之后,依旧法成立的担保利益,自新法生效日起,即自动依法转换为非占有质权。同样的情形也发生在融资性租赁,其在新法施行以前所成立者,则依其情形,分别转换为所有权移转或非占有质权。See Hendrik J. Cornelis & Arjen J. P. Tillema, *Major Revisions in Netherlands Law: Adoption of New Civil Code and Implementation of EC Directives*, 26 The Inernational Lawyer 1083 - 1084 (1992). 转引自陈荣传:《由最高法院实例论物权法制的变迁——以台湾日据时期的不动产物权为中心》,载《物权·亲属编》,中国政法大学出版社2002年版,第109~110页。

〔2〕 J. M. Milo, *Country Report: The Netherlands*, Columbia Journal of European Law Online, Winter 2012, Vol. 18, 2 (The topic is the trust in continental Europe), p. 72.

的义务转移给通过特别资格取得财产的人,并且该约定也可以约束从财产权利人处获得财产使用权的人。"该条第 2 款规定:"为了第 1 款所称的约定有效,双方当事人应当作成合同的公证契约,并将该公证契约登记于公共登记簿。"这一条实际上赋予了合同当事人很大的私法自治空间,只要是与登记财产有关的容忍或不作为义务都可以通过登记方式使之能够约束财产取得人。从立法资料来看,立法者之所以不允许积极义务登记,是担心封建关系复活。[1] 但是,根据本条第 5 款的规定,"本条不适用于对权利人转让财产或在财产上设定负担的权利进行限制的义务",也即不能通过第 6:252 条排除第 3:83 条。(3)为了保护消费者房屋买卖合同的买受人,根据《荷兰民法典》第 7:2 条和第 7:3 条的规定,消费者房屋买卖合同应当以书面形式签订,并且可以登记在公共登记簿中,在登记之后,即可对抗包括在后买受人、破产管理人在内的第三人,其效果与德国民法中预告登记相似。

第三,对物权类型封闭原则冲击最大的来自《欧盟金融担保安排指令》(EC Financial Collateral Arrangements Directive)以及《海牙信托公约》(Hague Convention on Trusts),因为它们直接动摇了《荷兰民法典》中的第 3:84(3)款规定的信托禁止。(1)虽然《欧盟金融担保安排指令》中所规定担保权利仅适用于金融机构和大型企业,但对荷兰财产法具有重大影响,因为这一指令要求承认担保让与(collateral transfer)。但是,让与担保已经被《荷兰民法典》明确拒绝,并试图以非公开质权取代之,因此欧盟指令与荷兰财产法就可能存在冲突了。如何协调这样的冲突呢? 事实上,荷兰最高法院在 1995 年就已经重新承认了让与担保,在 1995 年的 Sogelease 案[2]中,最高法院认为,第 3:84(3)款所禁止的是导致权利分裂的让与担保,如果是真实的权利转让,也即出让人对物只保留债法上的权利,那么就是允许的。荷兰司法部认为,欧盟指令中的担保让与(collateral transfer)正是这样一种真实的权利转让,它并不违反第 3:84(3)款,因此在荷兰法上也是可能的。[3] 这种协调方法实际上是建立在对第 3:84(3)款进行目的性

---

〔1〕 Parlementaire Geschiedenis NBW-Boek 6 1981, p. 944. See: Bram Akkermans, *The Principle of Numerus Clausus in European Property Law* (diss.), Maastricht University, 2008, p. 313.

〔2〕 HR 19 May 1995, NJ 1996/119 (Sogelease).

〔3〕 Bram Akkermans, *The Principle of Numerus Clausus in European Property Law* (diss.), Maastricht University, 2008, pp. 315 – 318.

限缩的基础上的。(2)另一个冲击来自海牙信托公约。海牙信托公约则要求缔约国承认外国信托,该条约第 2 条规定:信托是指受托人为受益人利益或为特定目的而控制财产,财产以受托人的名义持有,但信托财产是独立的,并非受托人财产的组成部分,这样的规定实际上将受托人作为法律上的所有权人,但受益人同样对信托财产拥有财产权。但是,这样的规定与荷兰国内财产法是存在冲突的,根据《荷兰民法典》第 3:84(3)款的规定,信托让与是被禁止的,也即受托人只能享有管理权,而不能享有所有权,同时信托财产独立于受托人的其他财产的做法与第 3:276 条的规定[1]也存在冲突。荷兰不得不通过《关于信托的国际私法》(Wet Conflictenrecht Trusts,WCT)第 4 条来解决这一困境,即在根据国际公约承认外国信托时,荷兰法中关于所有权转让、担保权或破产法中的债权人保护条款不再适用。[2] 如何在理论上协调欧盟指令、海牙信托公约与荷兰财产法的关系,荷兰学者仍然没有给出圆满的解决方案。[3] 荷兰的状况表明,在法律一体化的欧洲,即使国内法明确禁止信托,也无法完全摆脱欧盟法和国际法中的信托的影响。

在新《荷兰民法典》颁布后,荷兰学者们对物权类型封闭原则的合理性及其未来的命运也开始进行反思。从笔者收集的资料来看,荷兰学者基本上都认可物权类型封闭原则的合理性,分歧之处在于是采取严格的物权类型封闭原则,还是缓和的物权类型封闭原则。大多数的荷兰学者认为,应该采取缓和的物权类型封闭原则,即允许法官在法定物权之外承认新物权类型或具有第三人效力的法律关系。

斯特鲁肯(Struycken)是物权类型封闭原则的坚定支持者,并且不赞成以法律续造的方法承认新物权,他认为:第一,物权类型封闭原则不仅仅是选择某些类型的物权而排除另外一些,而是反映了特定国家的立法机关的伦理选择,是为了废除封建制度以保护当事人的基本自由;第二,物权类型封闭原则能够促进交易,保障财产的可流通性,也可以使得交易双方清晰地查知物权的内容、适用的

---

[1] 《荷兰民法典》第 3:276 条:"除法律或合同另有规定外,债权人为其债权可以对其债务人的所有财产进行追索。"

[2] Bram Akkermans, *The Principle of Numerus Clausus in European Property Law* (diss.), Maastricht University, 2008, pp. 318 – 320.

[3] 关于这一问题,可参见 J. M. Milo, *Country Report: The Netherlands*, Columbia Journal of European Law Online, Winter 2012, Vol. 18, 2 (The topic is the trust in continental Europe), pp. 67 – 80。

法律规范以及衍生的权利义务，同时，由于物权具有对抗第三人效力，立法者也可以通过将特定财产之上的权利认定为物权，从而促进立法者所偏好的特定财产的交易；第三，物权类型封闭原则作为立法技术，能够提高法的安定性，便于公示。[1] 对于物权类型封闭原则的未来，斯特鲁肯认为，虽然萨维尼的私法体系出现了危机，但物权类型原则与统一所有权、物权的对世性、权利的可流通性、保护善意第三人等规则密不可分，共同促进了交易，保障了法的安定性和可预见性，物权类型封闭原则在伦理、经济和法技术方面的存在理由仍然成立。对于法官通过法律续造的方法承认新物权，斯特鲁肯持消极态度，他认为物权类型封闭原则不仅是对当事人私法自治的限制，也关涉立法和司法分权的问题，考虑到物权对社会具有重大的影响，需要更高的法的安定性，同时物权的长期性也使物权的承认涉及政策选择（policy choices），因此立法机关比法院更适合担此重任，因此立法机关在新物权的承认中应该占据首要地位，这就要求立法者保持充分的立法积极性。[2]

新民法典的起草者之一斯尼德斯（Snijders）也捍卫物权类型封闭原则，但他的立场稍有缓和，他提出可以第 3:6 条[3]为基础，以法律续造的方法承认某些具有排他性的权利（exclusive rights）：第一，荷兰民法典区分对人权和对物权，坚持物权类型封闭原则，禁止那些不符合物权法要求的权利分割，这是一种法律政治选择（legal-political choice），即便是在债法领域，当事人的约定仍然要符合法律的要求；第二，对于法律没有规定的信托关系，如果它符合法律承认的现有物权，那么就可以被承认，斯尼德斯认为，信托关系可以以荷兰财产法所承认的“管理他人财产”（bewind）制度[4]的形式而存在；第三，荷兰的财产法制度并不是过

[1] T. H. D. Struycken, *The Numerus Clausus and Party Autonomy in the Law of Property*, in Party Autonomy in International Property Law, edited by Roel Westrik and Jeroen van der Weide, sellier. European Law Publishers GmbH, Munich, pp. 69 – 72.

[2] T. H. D. Struycken, *The Numerus Clausus and Party Autonomy in the Law of Property*, in Party Autonomy in International Property Law, edited by Roel Westrik and Jeroen van der Weide, sellier. European Law Publishers GmbH, Munich, pp. 78 – 80; Bram Akkermans, *The Principle of Numerus Clausus in European Property Law* (diss.), Maastricht University, 2008, pp. 327 – 328.

[3] 《荷兰民法典》第 3:6 条：“财产权利是指可以单独或者与另一权利相结合而转让的权利，亦指旨在使其持有人获得物质利益而设立的权利，或者为获得现实的或者预期的物质利益而通过交换取得的权利。”

[4] 该制度被安排在《荷兰民法典》第 3 编第 6 章中，但具体条款尚未制定出来。

分僵化教条的,在社会发展需要的情况下,可以通过判例法的形式承认新形成的财产关系,《荷兰民法典》第3:6条实际上为这种渐进式的发展提供了足够的空间,对于这类新型的财产关系,斯尼德斯认为这些新型财产权利具有排他性(exclusivity),但并没有回答这些权利是物权还是债权,是绝对权还是相对权,例如,斯尼德斯认为,"域名权"(domain-name)并没有被法律所承认,但仍然被承认为排他性的权利。[1] 范·埃普(Sjef van Erp)教授也是持缓和立场,他提出应该以"准物权类型封闭原则"(numerus quasi-clausus)取代《荷兰民法典》中严格的物权类型封闭原则(*numerus clausus*)。范·埃普教授认为,物权类型封闭原则虽然具有减少信息成本、提高法的安定性的优点,但严格的物权类型封闭原则无法满足现实的需要,例如分时共有和信托在荷兰法律实践中遇到的障碍就是例证,因此在立法存在空缺的情况下,法院应当审慎地承认新型物权。同时,对当事人的约束应该放松,应当赋予当事人更大的权限来塑造既存的物权类型,在特定条件下,可以承认当事人可以创设新型的物权,这样的权利不必具备完全的对世效力,但可以对抗某些特定的第三人,现在的《荷兰民法典》第6:252条就体现了这样的理念。[2] 学者贝伦舍(Rank-Berenschot)尝试对《荷兰民法典》中的物权和具有对抗第三人效力的对人权进行整体性的解释,她认为,私法关系都是人与人之间的关系,而物权的本质实际上是具有第三人效力的对人权,在私法关系光谱中,一端是当然具有对世效力的物权,另一端是纯粹的对人关系,而在这中间的就是具有第三人效力的对人权,如果法律关系没有落入封闭的物权清单中,那么就属于纯粹的对人权,除非法律另有规定。[3] 阿克曼斯(Akkermans)认为,贝伦舍的解释可以作为对斯尼德斯观点的支持,虽然荷兰私法建立在对人权和对物权区分的基础上,但这一区分并不是神圣的,物权类型可以保持封闭,但具有第三人效力的法律关系可以在具备充分理由的情况下扩展,立法机关和法院都有决定权,至于这些具有第三人效力的法律关系是被定性为绝对权,还是被定性为

---

〔1〕 See Bram Akkermans, *The Principle of Numerus Clausus in European Property Law* (diss.), Maastricht University, 2008, pp. 326 – 327.

〔2〕 Sjef van Erp, *A Numerus Quasi-Clausus of Property Rights as a Constitutive Element of a Future European Property Law*, http://www.ejcl.org/72/art72 – 2.doc; Sjef van Erp, *From "classical" to modern European property law*? http://papers.ssrn.com/sol3/papers.cfm? abstract_id = 1372166.

〔3〕 Bram Akkermans, *The Principle of Numerus Clausus in European Property Law* (diss.), Maastricht University, 2008, p. 327.

具有第三人效力的合同，并不重要，但法定物权以外的何种法律关系可以被赋予第三人效力，仍然不明确。[1]

第三节　日本民法中的物权类型及物权法定原则

一、1890年《博瓦索纳德民法草案》中的物权类型及物权法定原则

日本是东亚地区最早对西方法律进行主动继受的国家。1868年明治维新5年后的1873年，法国学者博瓦索纳德（G. E. Boissonade）即受邀前往日本担任法学教育、立法、外交等多个领域的顾问，并在1879年正式受托起草民法典。为了与后来正式生效的《日本民法典》相区分，这部法典被称为“旧民法典”。在旧法典的起草过程中，财产法部分主要由博瓦索纳德负责，而亲族法和继承法本分则由日本法学家组成的起草委员会负责。1890年旧民法典草案公布。由于博瓦索纳德本人的法国背景及其在法律委员会内的绝对权威，旧民法典当然受到了法国民法典及法国民法学说的重大影响，毋宁说，这部法典是以法国民法典为基础，同时又接受了法国民法典实施后判例学说的影响。在法典的体例结构上，这部法典的基本框架基本遵循了法国民法典，但又与法国民法典有所不同，旧民法典由五编构成，即人事编、财产编（物权与债权总论、侵权行为）、财产取得编（契约与继承）、债权担保编（物的担保与人的担保）以及证据编（时效等内容），各编的条文数的排列并非从始至终一气贯通，而是分各编排列条文数。[2]

在财产法的物权部分，旧民法典规定了14种物权类型，即所有权、用益权、使用权、居住权、租赁权、永租权、地上权、占有权、地役权、留置权、动产质权、不动产质权、先取特权、抵押权。这些权利都在旧民法典财产法第2条中得到了明确列举，该条规定：“（1）物权是可直接在物上行使，且可对抗一切人的权利。物权有主物权和从物权。（2）主物权有四类：第一，完整或无缺陷的所有权；第二，

[1] Bram Akkermans, *The Principle of Numerus Clausus in European Property Law* (diss.), Maastricht University, 2008, pp. 328–329.

[2] 参见渠涛编译：《日本民法典》，法律出版社2006年版，第366～367页。

用益权、使用权、居住权；第三，租赁权[1]、永租权、地上权；第四，占有权。(3)从物权有六类：第一，地役权；第二，留置权；第三，动产质权；第四，不动产质权；第五，先取特权；第六，抵押权。(4)上述的地役权是所有权的从物权，留置权以下是为债权提供担保的从物权。"此处有疑问的是，上述第2条所列举的物权，是否是穷尽性的列举呢？换言之，是否存在法律所未明确承认的物权？从博瓦索纳德个人的学术背景来看，他对19世纪下半叶法国民法学界关于《法国民法典》第543条是否限定物权种类以及质权、永佃权、租赁权是否为物权的争议必然是清楚的。从旧民法典草案注释以及理由书中关于财产法第2条的说明来看，博瓦索纳德明确是将第2条中对物权的列举视为限定性的，理由主要在两方面：其一，物权与债权不同，后者不能限定性地列举，可由当事人自由创设，但物权具有对抗效力，能对抗与设定者无关的第三人，因此不能承认私人可以创设法定物权以外的物权，必须对物权采取限定列举；其二，限定性列举能够明确物权的种类，在法国法中，由于没有明确第543条是否为限定性列举，导致租赁权、质权、永佃权是否为物权始终存在争议，因此，日本法必须采纳限定性列举，防止此类问题遗留下来。对于习惯中的物权是否应该被承认，博瓦索纳德的态度较为开放，过去习惯中好的、有用的物权可以继续维持。[2] 从上述分析可见，日本旧民法典草案财产编第2条是对物权的限定性列举，当事人不能任意创设新物权类型，但从博瓦索纳德的态度来看，第2条并没有排除习惯法上的物权。

二、1898年《日本民法典》中的体例变化及物权类型

在旧民法典草案公布后，日本出现了就博瓦索纳德民法典实施展开的断行派和延期派之间的论争。博瓦索纳德和梅谦次郎主张立即实施本法典，梅谦次郎认为，日本急于编纂法典的目的在于修改不平等条约，废止治外法权，虽然旧民法有诸多缺陷，但仍有必要实施这部民法典。穗积陈重、穗积八束、富井政章则主张延期实行该法典，穗积陈重认为，法典编纂应该由日本自己的学者和实务人员参加，并且从学术角度对旧法典编纂方式进行了批判，穗积八束则从价值取

---

[1] 关于租赁权应该规定为债权还是物权，立法过程中有争议，大多数的起草委员赞成将租赁权规定为债权，但博瓦索纳德认为租赁权的对抗力需要明确化，租赁权的抵押应该得到承认，应该赋予租赁人物上诉权，等等。由于博瓦索纳德的绝对权威，最终租赁权还是被规定为物权。参见渠涛编译：《日本民法典》，法律出版社2006年版，第367页。

[2] 参见段匡：《德国、法国以及日本法中的物权法定主义》，载梁慧星主编：《民商法论丛》(1997年第1号)，法律出版社1997年版，第271～272页。

向方面对旧法典进行了批判，认为个人本位的旧法典与日本的国情相悖。最后日本政府决定对旧法典财产编、财产取得编以及人事编进行修正，决定将民法典的实施日期延至1896年。至此，日本民法典的编撰进入了第二阶段。1898年，经修正的民法典草案终于获得了议会审议通过，现行民法典终于得以出台。在编纂体例方面，《日本民法典》与旧民法典相比，存在巨大的变化，明显是受到了潘德克顿法学的影响，采纳了“总则—物权—债权—亲族—继承”五编制，在总则中规定了德意志法系的典型特征“法律行为”制度，但是民法典仍然保留许多法国法系的标志，例如，采纳法国法系的公示对抗主义的物权变动模式，物权的设定及移转仅因当事人的意思表示而发生效力，不动产不登记不能对抗第三人，动产不交付不能对抗第三人；物权法领域中保留了优先权(先取特权)。因此，《日本民法典》只是在体例上区分了物权和债权，但并没有将这一区分贯彻到物权变动领域，可以说，在潘德克顿民法的结构下，隐藏着法国民法的实质。这种状况本身也是符合日本民法典的形成历史的，因为民法典立法的第二阶段并非是重新立法，只是在博瓦索纳德民法典的基础上进行修改。《日本民法典》的状况与1966年《葡萄牙民法典》的状况非常相似，都是在结构上采取了潘德克顿法学体系，而在内容上保留了大量法国法系的实质内容。

在1898年颁布之时，《日本民法典》第二编中规定了占有权、所有权、地上权、永佃权、地役权、入会权、留置权、先取特权(一般先取特权、动产先取特权、不动产先取特权)、质权(动产质权、不动产质权、权利质权)、抵押权。与博瓦索纳德民法典草案相比，《日本民法典》中规定的物权类型较少，缺少了用益权、使用权、居住权和租赁权。从整体上来看，在物权法的范围内，民法典第二阶段的立法者只是以修改旧民法为基础，参照西欧各国民法典学说，并在原草案的基础上确定了具体条文，这就当然导致1898年《日本民法典》中的物权类型与欧洲各国民法典中的规定大同小异。在所有权和用益物权领域，有三点值得我们注意：第一，是关于共有人之间债权债务关系对份额承受人的效力的规定。《日本民法典》第254条规定：“共有人中的一人，就共有物对其他共有人所享有的债权，也可以对其特定的承受人行使。”按照这一规定，共有人之间如果存在关于共有物管理、使用、收益的约定，也能约束任一共有人的后手。第二，《日本民法典》中的地上权与欧洲各国也有所不同：德国、法国等欧陆国家采用“地上物归属土地”(Superficies solo cedit)的理论，因此这些国家的地上权是在他人土地之上所有建筑物、工作物的权利,而日本采纳的是建筑物、竹木与土地相互独立,因此地上权的本体是使用他人土地的权利,即便土地上尚无建筑物或建筑物已经灭失,地上权仍然存在。第三,在用益物权领域,《日本民法典》所独有的就是入会权。在立法过程中,关于入会权的习惯调查是普遍比较认真的,但起草委员对调查资料并没有完全彻底地消化,最终导致入会权被分为带有共有性质的入会权和无共有性质的入会权,分别纳入共有部分(第263条)和地役权部分(第294条)。《日本民法典》上的入会权是指一定地域的居民,在一定山林、原野等之上,共同收益(主要是采伐杂草、饲草、薪炭用杂木等)的习惯上的权利,从法律性质上来讲,如果入会地由该地域的居民所有时,则属于共有性质,如果入会地不属于居民所有时,则属于地役权性质。由于入会权的享有取决于部落民的资格,不承认个别成员对入会权的份额以及份额请求权,因此成员之间的关系属于总有或准总有的关系。在法律适用方面,入会权首先适用习惯,其次才适用共有或地役权的规定。[1] 在担保物权领域,1898年《日本民法典》所规定的留置权、先取特权、质权以及抵押权并无特殊之处,此处不再赘述。

三、东亚法系物权法定原则的诞生:1898年《日本民法典》第175条

对于物权类型是否仅限于法律规定,《日本民法典》沿袭了博瓦索纳德民法典财产法第2条的态度,但没有采纳第2条的列举模式,而是采纳了抽象规定,也即《日本民法典》第175条:"物权,除本法或其他法律规定者外,不能创设。"那么第175条是如何出现,其背后的缘由何在呢?在立法过程中,起草委员穗积陈重是本条的审议报告人,他对本条提出了五点说明:第一,民法典之所以要禁止依"人意"创设物权,是因为物权是强有力的、可以对抗一切人的权利,基于这一属性,从公益的角度来说,不允许依人的意思创设各种物权,否则,第三人将不得不面对无法知悉其内容的权利或缺少必要元素的所有权;第二,民法典也禁止依据习惯创设物权,原因在于物权是绝对权,习惯只有相关的当事人才知道,如果肯定习惯可以创设物权,那么就等于肯定了可依"人意"创设物权;第三,本条还有一个重要目的,即明确物权的种类,统一各国法典中不同的规定及学说中存在的争议,例如本法明确规定租赁权不是物权,质权是物权,从而使其效力不再受学者见解不同的影响;第四,之所以采纳非列举的概括式立法,是因为其他法律中

---

〔1〕[日]我妻荣:《新订物权法》,罗丽译,中国法制出版社2008年版,第451页以下。

也有物权或与物权效果相同的权利，从比较法的角度来看，各国法典对物权种类的规定大致上分为列举式和非列举式两种，德国民法第一草案第796条即属于非列举式，即不得创设无处分权的所有权，草案说明中隐含了不得依“人意”创设物权的原则。〔1〕穗积陈重的上述观点反映在了乙7号议案〔2〕第一条中，即“物权除民法及其他法律规定的以外不予承认”。在审议过程中，就否定基于习惯创设物权这一点，起草委员富井政章也专门作出了说明。民法典主查委员会对本议案进行审查后，未对本议案做任何修改，就直接接受了。第五，乙7号议案第一条被搬入到民法典条文中，于是就有了《日本民法典》第175条。〔3〕与博瓦索纳德民法典财产法第2条相比，《日本民法典》第175条主要存在两点不同，其一是采纳了非列举的抽象式立法，其二是排除习惯创设物权。平心而论，采纳非列举式立法的理由比较具有说服力，但排除习惯创设物权的理由就有所欠缺，穗积陈重似乎没有区分“习惯”和“习惯法”，如果穗积陈重所说的“习惯”就是指“习惯法”，那么依据习惯法上的物权显然不能等同于依“人意”创设物权。但是，日本当时立法者的态度无疑是明确排除习惯物权的，这在同年颁布的《民法施行法》第35条中得到了明确地反映，该条规定：“习惯上承认的物权性权利，虽在民法施行前已经存在，但在民法施行后未经民法及其他法律规定者，不具备物权效力。”在《日本民法典》颁布初期，日本法学界也赞成立法者的选择，例如富井政章和松冈参太郎同样认为不得依据习惯创设异种物权。〔4〕值得我们注意的是，1898年日本还颁布了属于国际私法的《日本法例》（以下简称《法例》），《法例》第2条承认了习惯的法源地位：“不违反公共秩序及善良风俗的习惯，限于依法令规定被认许者或有关法令中无规定的事项者，与法律有同一效力。”就《法例》

---

〔1〕申政武：《物权的本质论与物权法定原则》，载渠涛主编：《中日民商法研究》（2007年第1号/总第6卷），北京大学出版社2007年版，第92～93页。

〔2〕法典调查会的议案基本上可以非为甲号议案、乙号议案以及丙号议案。甲号议案是修改旧民法典的法案，在甲号议案中一般列举有参照条文，如旧民法、外国法、法规、指令等。乙号议案是就民法中的重大问题确定基本态度的所谓“预决议案”，例如，在乙第9号议案中曾经有过“地上权应作为物权存在之”这样的内容。因此，上述乙第7号议案中“物权除民法及其他法律规定的以外不予承认”也属于民法中的重大问题。

〔3〕段匡：《德国、法国以及日本法中的物权法定主义》，载《民商法论丛》（第7卷），第272～273页。

〔4〕［日］富井政章：《民法原论（第二卷·物权上）》，有斐阁1906年版，第34页；［日］冈松参太郎：《注释民法理由（中卷·物权编上）》，有斐阁1897年版，第12页。转引自段匡：《德国、法国以及日本法中的物权法定主义》，载梁慧星主编：《民商法论丛》（1997年第1号/总第7卷），法律出版社1997年版，第275页。

第2条与《日本民法典》第175条的关系，三潴信三明确提出："'本法或其他法律'者，即宪法上之狭义法律，其不得以当事人之意思创设，自不待论，并不得以敕令、阁令、部令，或其他各种命令，设定新种类之物权……具有法例第二条要件之习惯，与法律有同一效力。惟不得因之，创设新种类之物权，自属明甚。"[1]因此，在19世纪末20世纪初期，日本立法者和学术界均认为物权仅限于法律承认的范围，除非法律承认，习惯法上的物权不具有物权效力，而《日本民法典》也仅仅只以两个条文承认唯一的一种习惯物权——入会权，日本朝野对待习惯物权的态度如此严苛，不仅与德国、瑞士、荷兰相异，甚至比经历过激进革命洗礼的法国都更加严苛。这就不得不让人疑问，究竟是什么导致日本朝野改变了博瓦索纳德民法典的温和立场？原因恐怕还是要回到当时日本的历史背景中，当时的日本朝野的共识是尽快建立新的法律秩序，废除治外法权，将物权限定于法律承认的范围，原则上否定习惯物权的效力，能够迅速废止封建制度，更新日本土地制度，强行建立新制度，帮助国家尽快实现"脱亚入欧"。如果原则上承认习惯物权，那么制度更新的进程就将被大大延宕。[2] 在上述因素的影响下，《日本民法典》第175条开创了东亚模式的物权类型封闭原则，严格来说就是我国大陆和台湾地区学者所称之"物权法定原则"或"物权法定主义"，在世界范围内，这也是物权类型封闭原则在法典中的首次明确体现。汉语法学界之所以将*numerus clausus*译为"物权法定"，其原因也可以追溯到《日本民法典》第175条。

四、严格物权法定原则的缓和：司法实践中对习惯物权的承认

虽然在立法层面上，《日本民法典》第175条采纳了严格的物权法定原则，但在司法实践中习惯物权并没有被一概否认，不仅民法典实施前就存在的部分旧物权得到了司法实践的承认，而且市场交易中新形成的部分交易习惯也得到了判例或立法的承认，纳入了法律体系。

早期司法实践对于旧习惯物权是否应该承认态度不一，但后来承认旧习惯物权的判例逐渐增多：

（1）在大审院大正六年2月10日的判决中，大审院否认了旧习惯法中的"田

〔1〕［日］三潴信三：《物权法提要》（上、下卷）（昭和2年第21版），孙芳译，中国政法大学出版社2005年版，第15页。

〔2〕参见申政武：《物权的本质论与物权法定原则》，载渠涛主编：《中日民商法研究》（2007年第1号/总第6卷），北京大学出版社2007年版，第95页。

面权”。在本案中，开荒人曾以佃农身份被赋予了田面权，但随之明治时期地券交付制度的实施，所有权和利用权分化，佃农成为单纯的利用权人，后来因为地价上涨，地主要求加租。对此，佃农以习惯法上的物权——田面权相对抗，认为田面权是比地上权更强而接近于所有权的权利，因此地主无权加租。最终，大审院以田面权“非为我民法所承认”为由，予以驳回。[1]

(2)在大审院大正六年2月6日和大审院大正十四年12月11日的判决中，大审院承认了旧习惯法中的“水利权”或“流水利用权”。这种习惯物权，在农村特指引河流或池塘的水灌溉水田或作其他利用的权利，对农村生活起着生死攸关的作用。在前一个判决中，大审院认为，“利用他人所有土地上涌出之流水长年灌溉自己田地已成惯行时，被灌溉田地所有人因之享有流水利用权”；[2]在后一个判决中，大审院认为，“自天明年间至今一直引水经营水磨业者，享有以水磨使用为目的的水利权”。[3]

(3)在大审院昭和十五年9月18日的判决中，大审院承认了旧习惯法的“温泉权”或“温泉出水口权”，并且明确提出了习惯物权得以对抗第三人的要件。这起判决就是著名的“鹰之汤温泉事件”。在本案中，温泉旅馆经营者A先将温泉出水口权质押给B，在此之后A又将温泉土地的所有权和温泉出水口权以让与担保的方式抵押给了C银行。随后B申请对出水口权查封执行，C银行提起了执行异议之诉。本案的争点在于C银行是否具备了对抗温泉出水口权查封执行的要件。一审、二审判决均认为，C银行具备了土地的所有权登记，因此判定C银行胜诉。但是，终审法院却认为：“本案所争议的温泉专用权，即所谓温泉出水口权，在该温泉所在地长野县松本地区属于一种从温泉涌出地(泉源地)输引使用温泉水的物权性权利，地方习惯法一般认为其处分可独立于泉源地的所有权。既然依地方习惯可以承认上述权利为排他性支配权，则应按其权利性质类推适用民法第177条规定，即应解释为：非通过足以使第三人明确认知之方式公示其权利变动者，不得以之对抗第三人。”据此，大审院认为，下级法院没有判断C银

[1] 大审院大正6年2月10日判决，载《民事判决录》第23辑，第138页。转引自[日]近江幸治：《民法讲义Ⅱ物权法》，王茵译，北京大学出版社2006年版，第8页。

[2] 大审院大正6年2月6日判决，载《民事判决录》第23辑，第202页。转引自[日]近江幸治：《民法讲义Ⅱ物权法》，王茵译，北京大学出版社2006年版，第7页。

[3] 大审院大正14年12月11日判决，载《民事判例集》第4卷，第709页。转引自[日]近江幸治：《民法讲义Ⅱ物权法》，王茵译，北京大学出版社2006年版，第7页。

行取得温泉出水口权是否具有能使第三人明确认知的公示方式，因此作出了撤销原判、发回原审的判决。[1] 本案的重要之处不仅在于大审院再次承认了习惯物权，更具意义的是大审院通过类推适用第177条的方式，明确习惯物权的物权变动要件，也即习惯物权的物权变动以第三人明确认知为对抗要件，如果不能为第三人明确认知，则不能对抗第三人。目前，日本的温泉权普遍以第三人明知作为公示方法，但具体的公示方法各地存在差异（记入账册或树立标牌），一般由各温泉行会管理。[2]

在《日本民法典》颁布后，交易实践中也逐渐形成了一些习惯法物权，主要集中在担保领域，包括让与担保、根抵押以及代物清偿预约，它们都得到了司法实践的承认，后两个最后还在交易习惯的基础上实现了立法化：

（1）让与担保。在实践中，《日本民法典》所规定的占有质权也不能满足实践的需要，因此出现了不转移占有的担保模式——让与担保。早期日本的学说多认为这种担保模式属于规避禁止使用占有改定设立质权（第345条）和禁止流质契约（第349条）的行为，因此无效。但司法实践却很早就承认了让与担保的效力，早期主要以“所有权构成说”来解释让与担保，后来则转向了更加实质化的“担保权构成说”，也即让与担保只是担保权的设定，所有权仍然归属担保人。[3] 例如，最高裁判所1994年2月22日的判决认为：“本判决作为问题并非直接适用民法第369条，是就‘让与担保’作出的判决。由于没有其他合适的条文，姑且列举同样是非占有、约定担保权意思的条文。”[4] 也即最高裁判所通过类推适用第369条（抵押权）的规定来解决让与担保的问题，这也反映了日本司法实践中倾向于从实质面向来把握让与担保。我妻荣教授认为，虽然判例法承认了让与担保，但它毕竟没有被立法从正面认可，由于让与担保缺乏公示性，债权人可能因债务人的不诚实而丧失担保，普通债权人的利益也可能受到损害，通过解释无法达到理想状态，因此提出应该通过立法来解决。[5]

（2）根抵押制度。在《日本民法典》颁布之前，日本交易实践中就已经出现了

---

〔1〕 大审院昭和15年9月18日判决，载《民事判例集》第19卷，第1611页。转引自[日]近江幸治：《民法讲义Ⅱ物权法》，王茵译，北京大学出版社2006年版，第8页。

〔2〕 [日]近江幸治：《民法讲义Ⅱ物权法》，王茵译，北京大学出版社2006年版，第124页。

〔3〕 [日]近江幸治：《担保物权法》，祝娅译，法律出版社2000年版，第251～252页。

〔4〕 最高裁判所1994年2月22日判决，载《民事判例集》第48卷第2号，第414页。

〔5〕 [日]我妻荣：《新订担保物权法》，申政武译，中国法制出版社2008年版，第544页。

据置担保、信用抵当，实际上就是根抵押的前身，它是指为担保将来不特定债权，而设定抵押，并约定最高抵押额。这种担保方式就是我国学者所称的最高额抵押权。1898年《日本民法典》并没有规定根抵押，而是选择了抵押权严格依附于债权的保全性抵押权，但实践中商人与银行之间为担保一系列将来的债权而设定根抵押的习惯依然存在。早期日本司法实践并不承认，首先否定根抵押效力的是明治三十四年6月28日东京控诉法院的判决，判决认为"抵押权是从物权，无可于主债权未成立前独自成立之理由，故本案抵押权之设定为无效"。[1] 但随后本案判决被大审院否决。大审院在明治三十四年10月25日判决和明治三十五年1月27日判决中，肯定了根抵押的效力，理由主要有三个方面：其一，根抵押的交易习惯已经广泛存在，从尊重客观事实、保护相关当事人利益的角度来讲，有必要承认其效力；其二，根抵押是为将来债权或附期限债权的担保而创设，因此在抵押权与债权之间仍然存在从属性；其三，在民法典以及其他法令的个别条款中，已经承认为将来债权以及附条件债权设定抵押的条款，因此通过类推适用，也可以承认根抵押与民法等法律制度的内涵不相违背。[2] 从大审院的判决说理来看，实际上是采用了对"从属性"进行从宽解释，并运用了类推适用的法律技术，将根抵押纳入民法典所承认的典型抵押权之下，承认了习惯法中的担保物权。在随后的发展中，实践中又出现了概括性根抵押，这种根抵押所担保的债权不限于特定种类债权，而是担保当事人之间的所有债权，在担保合同中出现了对"现在及将来的一切债务"一并予以担保的抽象性条文。这种概括性根抵押又引发了争议，法务省曾经以违背从属性为由，禁止设立概括性根抵押，但遭到了实务界的一致反对。后来，东京和大阪的法院均承认了概括性根抵押的有效性，法务省也撤回了上述禁令。[3] 由于根抵押制度在现实中屡屡引起争议，最后日本通过将根抵押制度立法化，正式纳入了民法典中，规定在第398条之二以下。从

〔1〕 判决例：《破产案件之债权及优先权确定请求控诉事件》，明治三十四年8月5日，载《法律新闻》第46号。转引自郭延辉：《金融担保创新与物权法定——日本根抵押制度的立法化》，载梁慧星主编：《民商法论丛》（第55卷），法律出版社2014年版，第467页。

〔2〕 大审院明治三十四（1901）年10月25日判决，大审院民事判决录第7辑第9卷第137页；大审院明治三十五（1902）年1月27日判决；转引自郭延辉：《金融担保创新与物权法定——日本根抵押制度的立法化》，载梁慧星主编：《民商法论丛》（第55卷），法律出版社2014年版，第468～470页。

〔3〕 郭延辉：《金融担保创新与物权法定——日本根抵押制度的立法化》，载梁慧星主编：《民商法论丛》（第55卷），法律出版社2014年版，第499～512页。

民法典第398条之二来看，日本并没承认概括性根抵押，根抵押所担保的债权仍然限定于特定持续性交易、特定种类的交易、基于特定原因发生的债权以及票据或支票上的请求权。就笔者看来，虽然在根抵押制度中，抵押权对债权的从属性较弱，但这种从属性毕竟在抵押权实现时肯定存在，因此从理论上来讲，它仍然是抵押权的亚类型，但法院在立法化之前通过扩张解释和类推适用的方式承认交易习惯中的根抵押，的确是松动了物权法定原则。

(3)代物清偿预约。在日本的交易实践中，还有代物清偿预约这种担保形式，它实际上是代物清偿与假登记(临时登记)的结合，也即债权人和债务人约定当发生债务不履行时，转移事先指定的某个特定财产来进行清偿，然后对该标的物进行假登记，预告债权人将来取得此物的权利，以此来担保债权。这种非典型担保模式的优越性在于借助假登记作为公示形式，同时可以通过私力实现担保权，当债务不履行时，权利人可以直接将假登记推进到本登记即可实现标的物所有权的转移。这一交易习惯首先被司法实践所承认，后来通过昭和五十三年(1978年)的《假登记担保契约法》被立法化。《假登记担保契约法》对实践中的交易模式进行了一定程度的调整，增强了对其他债权人和债务人的保护：在其他债权人就标的物申请了拍卖时，假登记担保就不进入私力实现程序，而是被拟制为抵押权，在拍卖程序中获得清偿；在标的物的价额高于债权额时，对债权人课以强制清算义务，债权人在主张本登记请求权和标的物交付请求权时，向债务人支付差额清算金。日本对待代物清偿预约的态度与对待根抵押的态度一样，都是有司法机关承认其为习惯法上的担保形式，再通过立法化的手段对其进行调整。

五、学术界关于物权法定原则缓和的学说以及物权法定原则的危机

正是由于司法实践对旧习惯物权以及实践中形成的新习惯物权的承认，日本学术界就如何理解《日本民法典》第175条、《法例》第2条以及《民法施行法》第35条的学说也发生了变化，19世纪末20世纪初期的严守物权法定原则，一概否认习惯物权的学说已被放弃了。目前就如何对待习惯法上的物权，日本民法学界主要存在四种学说：

(1)第175条无视说。此说的支持者为末弘严太郎和石田文次郎。末弘严太郎和石田文次郎认为，源于社会需求而生成的习惯法是无法阻止的，而且即便可以阻止对社会也是有害的，所以在习惯法物权的承认上，应无视第175条的存在。[1]

(2)习惯法包含说。此说认为第175条中的"法律"包含了"习惯法",支持者有稻本洋之助、末川博、川井健、我妻荣。稻本洋之助、末川博、川井健认为,《法例》第2条规定"法令未规定事项的习惯与法律有同一效力",因此习惯法已经被涵盖在了第175条的"法律"之中。[2] 我妻荣也认为,虽然从民法典第175条与《法例》第2条的理论解释出发,无法得出结论,但也应该肯定第175条的"法律"包含了习惯法,理由是:第一,第35条没有否定民法施行后依据成熟的习惯所产生的物权;第二,当依习惯法而产生新的公示方法时,即使与此相关而承认依习惯法产生的物权,也不会存在破坏物权法的公示原则之虞;第三,通过承认习惯法上的新形成的物权,能够使物权法定原则适用经济社会的发展,消除其僵化的弊端;第四,民法制定过程中对土地耕作关系中的习惯物权不予承认的做法有欠妥当,承认习惯法上的旧物权,能够保护土地耕作关系中的土地使用人的利益。[3]

(3)习惯物权有限承认说。此说的支持者主要有舟桥谆一、铃木禄弥、近江幸治,他们认为,"习惯法"与第175条的"法律"无关,但在不与第175条立法目的相抵触的前提下,可以承认习惯法上的物权。此说的理由在于:第一,"第175条无视说"没有实定法上的依据;第二,第175条的本意就在于表明物权由狭义的法律加以规定,"习惯法"包含说等于无视了第175条本来的文义;第三,第175条的立法目的有两个,其一是在于清理废止封建物权,防止封建复活,其二是出于交易安全的考虑,需要建立公示制度,如果社会惯行上所产生的物权不违反近现代所有权观念,不属于封建物权,同时具备恰当的公示方法,那么承认这样的习惯物权就不会与第175条的立法目的相抵触,对于这样的习惯物权,可以直接

---

〔1〕[日]末弘严太郎:《物权法》(上卷),一粒社1960年版。转引自[日]近江幸治:《民法讲义Ⅱ物权法》,王茵译,北京大学出版社2006年版,第9页。

〔2〕[日]稻本洋之助:《民法(2)物权》,青林书院新社1983年版,第56页。转引自陈华彬:《民法物权论》,中国法制出版社2010年版,第91页。末川博:《物权法》,日本评论社1956年版,第27页;川井健:《民法教室·物权法》,日本评论社1985年版,第8页。转引自[日]近江幸治:《民法讲义Ⅱ物权法》,王茵译,北京大学出版社2006年版,第9页。

〔3〕[日]我妻荣:《新订物权法》,罗丽译,中国法制出版社2008年版,第27~28页。

依据《法例》第2条承认该习惯物权。[1] 近江幸治还认为，民法典上的物权当然被总括性地赋予了物权性效力，对于习惯法上的物权，没有必要总括性地承认其具有物权的全部效力，只是根据具体情况予以有限地承认即为已足，例如让与担保权承认优先受偿权即可，流水权承认按比例之使用权和继承权即可，而无须考虑对抗问题。从这一点来看，对习惯法上物权的承认与第175条也没有抵触。[2]

（4）物权法定缓和说。此说的支持者为原岛重义、高岛平藏，他们认为，社会交易惯行上新产生的物权，如果不违反物权法定原则的立法旨趣，同时又具备一定的公示方法时，可以从宽解释物权法定主义的内容，将其解释为非新类型的物权。[3] 例如，日本司法实践中对根抵押的承认，就是通过从宽解释"从属性"的含义，将根抵押认定为民法典上抵押权的亚类型，从而加以承认。

从上面四种学说来看，承认习惯物权已经成为了日本民法学界的共识，对《日本民法典》第175条的理解应该从其目的出发，民法施行前发生的违反近代所有权秩序，基于封建关系的习惯物权已经由《民法施行法》第35条所废除，而不违背近代所有权秩序、不具有封建属性的习惯物权则由《法例》第2条加以承认。[4] 至于承认的方法，司法机关需要根据习惯事实判断权利是否存在、权利内容有哪些以及权利能否对抗第三人，运用法律解释或类推适用的方法，根据不同的具体情况，可以是赋予其个别的物权效力，可以将其作为法定物权的亚类型来对待，也可以承认其为新的物权种类。[5]

除了对习惯法物权的承认外，严格的物权法定原则还受到了更为严重的冲

---

〔1〕［日］舟桥谆一：《物权法》，有斐阁1960年版，第18页。转引自陈华彬：《民法物权论》，中国法制出版社2010年版，第92页。铃木禄弥：《物权法讲义》（第三修订版），创文社1985年版，第300页。转引自［日］近江幸治：《民法讲义Ⅱ物权法》，王茵译，北京大学出版社2006年版，第9页。

〔2〕［日］近江幸治：《民法讲义Ⅱ物权法》，王茵译，北京大学出版社2006年版，第9～10页。

〔3〕［日］原岛重义、高岛平藏：《民法讲义（2）物权》，有斐阁1982年版，第17页。转引自陈华彬：《民法物权论》，中国法制出版社2010年版，第92页。

〔4〕这样的理解也可以从立法史中找到蛛丝马迹，在《法例》第2条审议时，梅谦次郎在说明这条立法宗旨时，曾经提出把通行权、渔业权作为按照《法例》第2条处理的见解。从这一点来看，也可以认为日本民法典的起草者保留了旧习惯物权，容忍它们继续存在。对此，川岛武宜认为，民法典中没有被规定的旧习惯物权，只要不被明治维新各种改革所否认，明治政府就有使其延续的意图，所以依据《法例》第2条，这些习惯可以理解为与法律具有同样的效力。川岛武宜：《近代法体系与旧惯上的温泉权》，载《川岛武宜著作集》（第9卷），岩波书店1986年版，第313页。转引自段匡：《德国、法国以及日本法中的物权法定主义》，载梁慧星主编：《民商法论丛》（1997年第1号），法律出版社1997年版，第273～274页。

〔5〕关于日本学者讨论习惯法上物权的承认方法，可详见段匡：《德国、法国以及日本法中的物权法定主义》，载梁慧星主编：《民商法论丛》（1997年第1号），法律出版社1997年版，第276～278页。

击，主要表现在两个方面：第一，当事人之间的契约并非完全不能取得对抗契约当事人以外的第三人之效力，这种中间类型的、具有部分物权效力的债权已经得到了法律的承认。这方面最为典型的就是不动产租赁权的物权化。依《日本民法典》第566条的规定，不动产租赁，一经登记，对于其后就其不动产取得物权的人也发生效力。如此一来，土地租赁与地上权就趋同了。在现实中，由于租赁比地上权的设定在内容上更为灵活，因此土地所有人更倾向于通过租赁来利用其经济上的优势地位，这就导致目前日本住宅地的使用关系几乎全部是租赁而不是地上权。[1] 正是由于土地租赁与地上权的趋同化以及现实中土地租赁的广泛应用，立法者也将“以建筑物所有为目的的地上权或土地租赁权”统一作为“借地权”来调整，通过一系列关于借地借家的法律，加强对土地使用人的保护。正是由于这些特别法，土地租赁的物权效力进一步得以强化，根据《借地借家法》第10条的规定，以房屋所有为目的的地上权或土地租赁权，即使没有地上权或租赁权的登记，如存在于该地上并为保存登记之房屋为借地人所有时，得以地上权或租赁权对抗第三人，甚至在建筑物灭失的情况下，地上权或租赁权在一定期限内都具有对抗力。[2] 另外，在租赁以外，部分债权也可以通过登记来取得对抗第三人之效力，例如，《日本民法典》第556条规定的不动产买卖预约完结权、第579条规定的买回权、《土地征用法》第106条规定的买回被征用地的请求权均可通过登记获得排他性效力。这种可登记的取得不动产物权的请求权，也被学理上认为是一种物权取得权。[3] 第二，与其他大陆法系国家一样，信托的存在同样也危及到了物权法定原则。以契约对所有权进行权能分割，并使之具有对世效力的信托显然与物权法定的要求存在冲突，这一问题也引发了日本信托法学者对物权法定原则的合理性从立法论的角度进行反思。研究信托法的著名学者能见善久教授率先对物权法定原则提出了挑战，他认为物权法定原则在近代发挥着保障交易安全、降低交易成本、维护物权的绝对性、保障所有权自由四个功能，但在现代，物权法定原则仅对降低交易成本有意义，可问题是，债权显然同样需要降低交易成本，而迄今为止这个问题并没有得到回答，因此应该从根本上修正物

---

〔1〕［日］我妻荣：《新订物权法》，罗丽译，中国法制出版社2008年版，第349～350页。

〔2〕［日］我妻荣：《新订物权法》，罗丽译，中国法制出版社2008年版，第350～355页；［日］近江幸治：《民法讲义Ⅱ物权法》，王茵译，北京大学出版社2006年版，第198～199页。

〔3〕［日］我妻荣：《新订物权法》，罗丽译，中国法制出版社2008年版，第38页。

权法定原则。[1]

第四节 民国民法中的物权类型及物权法定原则

一、《大清民律草案》与《民国民律草案》中的物权类型及物权法定原则

我国民法近代化的起步比日本晚了二十余年,肇始于清末修律。清廷之所以主动推行法律近代化,其原因与日本相同,即尽快收回领事裁判权,使国家主权恢复完整。光绪二十八年(1902 年),清政府在上海与美国、日本、英国、葡萄牙签订商约,四国都承诺:"一俟查悉中国律例情形及其审断办法及一切相关事宜,皆臻完善,即允弃其治外法权。"[2]由于西方列强允诺放弃领事裁判权的条件是中国律例及审断办法等"皆臻完善",因此,清末法律家认为,"首先收回治外法权,实变法自强之枢纽"。[3] 在收回领事裁判权的直接触动下,清廷于 1906 年开始起草民法典,从法典的起草方法来看,明显是受到了日本的影响,即由外人起草总则、债法、物权法,而由本国人起草亲属法、继承法。起草总则、债法、物权法的是日本学者志田钾太郎和松冈义正,起草亲属法和继承法的是法律馆和礼学馆。1911 年《大清民律草案》编纂完成,在体例上采用了德国潘德克顿五编制,分为"总则—债法—物权—亲属—继承"。虽然当时的中国是通过日本继受潘德克顿法学,但《大清民律草案》与《日本民法典》相比,采纳了形式主义的物权变动模式,[4]无疑更彻底地贯彻了物债二分,摆脱了拉丁法系的影响。因此,虽然《大清民律草案》由日本人起草,但该草案无论在形式还是在内容上都完全属于

〔1〕 [日]能见善久:《信托和物权法定主义——信托与民法的交错》,载《西原道雄先生古稀纪念论文集》(2001 年 12 月)。转引自申政武:《物权的本质论与物权法定原则》,载渠涛主编:《中日民商法研究》(2007 年第 1 号/总第 6 卷),北京大学出版社 2007 年版,第 94 页。

〔2〕 《大清法规大全·外交部》卷一。转引自张生:《民国初期民法的近代化——以固有法与继受法的整合为中心》,中国政法大学 2000 年博士学位论文,第 10 页。

〔3〕 《大清法规大全法律部》卷三,《修订法律大臣奏请变通现行律例内重法数端折》。转引自张生:《民国初期民法的近代化——以固有法与继受法的整合为中心》,中国政法大学 2000 年博士学位论文,第 10 页。

〔4〕 在不动产物权变动方面,《大清民律草案》第 979 条规定:"依法律行为而有不动产物权之得、丧及变更者,非经登记,不生效力。"在动产物权变动方面,《大清民律草案》第 980 条规定:"动产物权之让与,非经交付动产,不生效力。但让受人先占有动产这,其物权之移转于合意时,生效力。"

德意志法系。

在《大清民律草案》第三编物权中，规定了所有权、地上权、永佃权、地役权、抵押权、土地债务、不动产质权、动产质权、权利质权。在民法典的制定过程中，清政府曾经对全国的民商事习惯做过广泛的调查，但对物权法的制定并没有吸收对习惯物权的调查结果，而是直接采纳了德国的物权类型和日本的物权类型，例如，《德国民法典》中的土地债务和《日本民法典》中的不动产质权，对于中国习惯法上的田面权、典权、先买权等则完全没有采纳。[1] 值得注意的是，《大清民律草案》与《日本民法典》一样，同样缺少了欧陆各国民法典所普遍规定的用益权、使用权和居住权。受《日本民法典》第175条影响，《大清民律草案》同样采取了概括抽象的"物权法定原则"，草案第978条规定："物权，于本律及其他法律有特别规定外，不得创设。"其立法理由为："查民律草案第978条理由谓：物权有极强之效力，得对抗一般之人。若许其以契约或依习惯创设之，有害公益实甚，故不许创设。又，民法为普通私法，故其他特定物权，如渔业权、著作权、专用权等，及附随其他物权之债权，应以其他法律规定之。此本条所由设也。"[2] 同时，物权法定的观念还明确扩及担保物权领域，《大清民律草案》第六章第一节为担保物权的通则，其中第1125条规定："担保物权，为抵押权、土地债务、不动产质权。但法令有特别规定者，不在此限。"[3] 由此可见，《大清民律草案》第978条实际上就是《日本民法典》第175条的翻版，就连立法理由也与穗积陈重对《日本民法典》第175条的说明相同。因此，按照物权编选取的物权类型以及第978条的立法理由，《大清民律草案》物权编不仅没有正面规定习惯物权，而且与《日本民法典》一样，不仅排除了通过私法自治创设物权，还排除了依习惯创设物权的可能性。既然《大清民律草案》选择了来自日本民法的严格物权法定原则，那么与严

---

〔1〕 这种做法引起了学者们的批评。例如，民国修订法律馆总裁江庸认为："前案多继受外国法，于本国固有法源，未甚措意。如民法物权编于'老佃''典''先卖'等全无规定，而此等法典之得失，于社会经济消长盈虚，影响极巨，未可置之不顾——欲存旧制，适成恶法，改弦更张，又滋纠纷，何去何从，非斟酌尽美，不能遽断。"参见谢振民编著，张知本校订：《中华民国立法史》（下册），中国政法大学出版社1999年版，第903～904页。

〔2〕 申政武：《物权的本质论与物权法定原则》，载渠涛主编：《中日民商法研究》（2007年第1号），北京大学出版社2007年版，第93页。

〔3〕《大清民律草案》第1125条虽然明确了物权法定原则在担保物权领域的适用，但内容却有值得商榷之处。第一，条文未列入法典明确规定的"动产质权"，不知何故；第二，土地债务是独立的变价权，对债权并无从属性，因此不能被纳入担保物权的范畴。

格物权法定原则紧密相关的问题自然相伴而生：第一，历史上既存的习惯物权的效力如何？清廷并未颁布类似《日本民法施行法》第35条[1]的规定，依据法不溯及既往原则，很难否认法律颁布之前习惯物权的效力；第二，不同于日本通过《日本法例》第2条[2]承认习惯的法源地位，《大清民律草案》第1条明确承认了"习惯法"的民法法源地位，即"民事本律所未规定者，依习惯法；无习惯法者，依法理"，那么如何协调第1条和第978条的关系就成为问题；第三，在司法实践中，如果当事人主张习惯物权，司法机关应该如何对待呢？《大清民律草案》的物权编的起草者松冈义正也许并没有考虑到上述问题，因为《日本民法典》自身也刚刚生效，上述问题恐怕要在长期的司法实践中才越发明显。《大清民律草案》提交当年，辛亥革命爆发，第二年民国成立，清帝退位，民律草案还没有通过审议，就被搁置了。

民国元年，民国临时政府司法部总长伍廷芳曾提请临时大总统咨由参议院暂时援用《大清民律草案》作为裁判依据，待正式民法典颁布之后，即行废止，其理由主要是清律废除后，民事司法缺乏统一的裁判依据，但编纂民法典尚有困难，因此在民法典制定完成之前，援用《大清民律草案》可以作为权宜之计。[3]但民国参议院却没有采纳伍廷芳的建议，于民国元年4月3日作出决议："民律草案，前清时并未宣布，无从援用。嗣后凡关民事案件，应仍照前清现行律中规定各条办理。"[4]后来北洋政府于1915年10月30日的《司法公报》明确宣布："前清现行律关于民事各条，除与国体及嗣后颁行成文法相抵触之部分外，仍应认为继续有效。"[5]这样一来，民国初年的民法状况就出现了立法和司法二元化，一方面，立法机关继续研究制定新民法典；另一方面，司法机关继续适用《大

[1] 《日本民法施行法》第35条："习惯上承认的物权性权利，虽在民法施行前已经存在，但在民法施行后未经民法及其他法律规定者，不具备物权效力。"

[2] 《日本法例》第2条："不违反公共秩序及善良风俗的习惯，限于依法令规定被认许者或有关法令中无规定的事项者，与法律有同一效力。"

[3] 参见《中华民国民法制定史料汇编》，台湾"司法行政部"1976年印行，下册第1～2页。转引自张生：《民国初期民法的近代化——以固有法与继受法的整合为中心》，中国政法大学2000年博士学位论文，第11页。

[4] 参见罗志渊：《近代中国法制演变研究》，台北，正中书局股份有限公司1976年版，第252页。转引自张生：《民国初期民法的近代化——以固有法与继受法的整合为中心》，中国政法大学2000年博士学位论文，第11页。

[5] 1915年10月30日司法部《司法公报》第三次临时增刊。转引自杨立新点校：《大清民律草案·民国民律草案》，吉林人民出版社2002年版，第7页。

清现行刑律》中的民事部分进行司法裁判。1918 年，北洋政府重新开始进行民商事习惯调查，并着手编纂民法草案。这次编纂，都是由国内学者起草，其中物权编的起草人为黄右昌。1925 年，草案完成，史称《民国民律草案》。[1] 这一草案仍然维持了五编制的潘德克顿体例。在物权编中，关于"担保物权"的通则被删除，规定了所有权、地上权、永佃权、地役权、抵押权、不动产质权、动产质权、权利质权、典权，与《大清民律草案》相比，"土地债务"被删除，增加了"典权"这种中国传统的习惯物权，但同样也没有规定用益权、使用权和居住权。对于《大清民律草案》中的"物权法定原则"，《民国民律草案》仍然保持，但位置略有变化，从第三编第一章首条移到了第三编第一章最后一条，即第 760 条规定："物权于本法及其他法律有特别规定外，不得创设。"《民国民律草案》制定完成后，由于政治变故，并没有正式颁行，但司法部仍然通令各级法院作为条理适用。[2]

二、民国初期大理院对习惯物权的态度

由于《民国民律草案》迟迟未能颁行，所以从 1912 年一直到 1929 年《中华民国民法典》颁布之前，大理院审理民事案件的法律渊源主要是制定法、习惯法、条理，以及具有司法解释功能的判例要旨。制定法中涉及物权法的主要是《大清现行刑律》中的田宅门（其中包括典卖田宅）、钱债门（未尽取利、得遗失物）以及《户部则例》中的田赋门（其中包括了开垦事宜、寺院庄田、撤佃条款），此外还包括民国时期颁布的单行法，例如民国四年颁布的《管理寺庙条例》，民国六年颁布的《清理不动产典当办法》（明定不动产回赎最长年限），民国十一年颁布的《不动产登记条例》。由于民国初期，制定法不完备，民事习惯成为地方审判机关的重要裁判依据，如《中华民国习惯调查录》发刊辞称："原来中华民国，注重习惯者颇深，诸班法律皆以此为准，如审判判决之时，在法律内缺欠此种条文时，则尽根据习惯以为通例也。"[3] 条理实际上就是法理，条理的法源地位本来是最弱的，但为了适应社会经济的发展，推进民法的近代化，大理院在审判实践中，条理往往可以扩张性地解释制定法和民事习惯，经过民庭总会议决，甚至可以推翻现行律和民事习惯，因此，从实际功能上来讲，在民国初年，条理实际上起到了输入西

---

〔1〕 杨立新点校：《大清民律草案 · 民国民律草案》，吉林人民出版社 2002 年版，第 7 ~ 8 页。

〔2〕 杨立新点校：《大清民律草案 · 民国民律草案》，吉林人民出版社 2002 年版，第 8 页。

〔3〕 《日华对译中华民国习惯调查录》，中华法令编印馆 1943 年刊行，发刊辞。转引自张生：《民国初期民法的近代化——以固有法与继受法的整合为中心》，中国政法大学 2000 年博士学位论文，第 24 页。

方民法理念、改造中国固有法的作用。判例要旨,是指大理院资深推事对民事判决进行抽象提取,将判例中具有普遍规范效力的部分从判例全文中分离出来,形成抽象规范。在司法实践中,判例要旨经常被当事人援用,地方法院也依据它进行裁判,因此其功能类似于今日中国之司法解释。[1]

由于《大清民律草案》和《民国民律草案》一直没有施行,两部草案中关于"物权法定原则"的条款自然也没有生效,但作为条理的《民国民律草案》对司法实践也会产生影响,至少"物权法定原则"对于大理院的推事来说,并非陌生。例如,民国四年上字第659号判决书的判例要旨即体现了"物权法定原则"的观念:"凡物权不能由权利人随意创设而妨害物之利用,以创设物权者,尤非法所应许。"[2]这一判例明显排除了当事人自由创设物权的可能,但没有否定依习惯创设物权的可能性,也即当时法官所理解的"物权法定原则"只禁止当事人通过法律行为创设新物权,但并不否认习惯法上的物权。这一种理解与当时的司法实践状况是相符合的,在以清廷旧律和民间习惯为主要法律渊源的民国初期,自然不可能否定习惯物权。大理院民国四年上字第2354号判决书的判例要旨,明确肯定当事人可以在制定法没有明文的情况下,根据民事习惯主张权利,当事人所依据之民事习惯"经审判衙门调查属实,可认为有合法之效力者,自应援用之以为判断之准据"。[3] 结合其他判例来看,此处的"依据民事习惯主张权利",自然包括"依据民事习惯主张物权"。

值得我们注意的是,习惯物权虽然原则上得到大理院的尊重,但并非毫无保留地全面承认。

(1)对于某些习惯物权,大理院径行承认其效力。大理院对铺底权的承认,就是一例。铺底权来源于铺底习惯,在清朝时期逐渐形成,其内容为从事商事营业之人向房屋铺面所有权人支付租金,并长期使用铺面,其中拥有铺面房屋所有权的人称为房东,通过铺底关系取得铺底权利的称为铺东,铺东对房屋享有永久使用权,并可以转让、租赁其权利,房东收取的租金则固定不变。房东和铺东对

---

[1] 关于民国初年条理和判例要旨的介绍,可参见张生:《民国初期民法的近代化——以固有法与继受法的整合为中心》,中国政法大学2000年博士学位论文,第24页。

[2] 大理院判例要旨,民国四年上字第659号。转引自朱宏达编辑:《民法物权集解》,世界书局中华民国二十二年版,第8页。

[3] 大理院判例要旨,民国四年上字第2354号。转引自张生:《民国初期民法的近代化——以固有法与继受法的整合为中心》,中国政法大学2000年博士学位论文,第24页。

铺面房屋拥有的权利如同田底权人(地主)和田面权人(佃农)对土地拥有的权利。清朝时,制定法并没有对铺底习惯作出调整。进入民国时期,大理院通过民国五年上字第1270号判决,明确将铺东的权利认定为一种物权:“铺底的构成,以铺房之永久使用权,即铺底权为必要之原素,供营业用的家具的所有权或使用权,虽非构成铺底所必要,而亦常为其构成原素之一种。”[1]显然,大理院是将铺东的权利理解为了在铺房所有权之上成立之永久使用权。在民国七年统字第919号解释例要旨中,针对营业转让、房屋出租与铺底权的关系,大理院再次承认了铺底权这种习惯物权:“租房与营业转移之关系应查照地方关于铺底之习惯办理。”[2]在民国八年大理院编辑的《大理院解释例要旨汇览第一卷》中,大理院将自民国元年以来的解释例按照《大清民律草案》的体例进行编排分类,在物权编中设专章规定了“铺底权”,与所有权、地上权、地役权、典权、佃权并列。[3]

(2)在某些情况下,大理院会依据现代民法理念,否认习惯物权之效力。大理院对族邻优先留买权的否认,就是一例。大理院在民国二年上字第3号判决的判例要旨中称:“凡习惯法成立之要件有四:(一)有内部要素,即人人有确信以为法之心;(二)有外部要素,即于一定期间内就同一事项反复为同一之行为;(三)系法令所未规定之事项;(四)无悖于公共秩序及利益。吉林习惯对于本族、本旗、本屯卖地时有先买之权。此种习惯不仅限制所有权之处分作用,即于经济之流通与地方之发达均不无障碍,为公共之秩序及利益计,断难予以法之效力。”[4]亲族、邻人之先买权(族邻优先留买权),是传统中国的习惯物权,在本案中,大理院认为此种习惯物权违背了公共秩序及利益,进而不承认其物权效力,使先买权人不得对抗第三人(物权取得人)。同样的态度还反映在大理院上字第

[1] 大理院判例要旨,民国五年上字第1270号。转引自倪宝森:《铺底权要论》,作者1942年初版,第45页。

[2] 大理院解释例,民国七年统字第919号:“甲将自业房屋辗转租于丁营业,嗣丁将该房连同营业部出租于戊,限期交房。届期丁不践约,由戊诉经判决确定,令丁照约交房于。判决后,甲向丁收房另租,丁无房可交,而戊则据判请求执行。查甲既以所有人资格将租房收回,丁戊间之判决亦无拘束甲之效力,则执行程序自不能就原出租人甲之业产实施。戊只能对甲主张其转租之效力仍依转租法例处断或对于丁请求赔偿因不履行转租契约所受之损失。惟丁租房之时,如系自称业主,则甲之收回该房不肯交出,戊尚可对甲提出所有权确认并交房之诉。倘甲本非业主,系由丁与之串通侵害戊之权利者,得本于不法行为之原则对甲及丁请求交房及赔偿。如该地方有铺地习惯,而丁之营业亦有铺地者,则其营业移转与租房之关系仍应查找习惯办理。”

[3] 《大理院解释例要旨汇览》(第一卷),大理院编辑处,民国八年版,第23页。

[4] 大理院判例要旨,民国二年上字第3号。

282 号判例中，对于湖南浏邑的习惯，“凡卖业必先尽亲房，外姓不得迳行夺买”，大理院判例要旨称：“卖业先尽亲房之说，则以该邑习惯为据，兹姑不论是否有此项习惯之存在，既属限制所有权之作用，则于经济上流通及地方之发达均有障碍，亦难认为有法之效力。”[1]

（3）大理院也会运用现代民法理念（公共利益、经济流通）对习惯物权进行调整，通过判例对习惯法上的田面权（永佃权）进行改造就是一例。中国习惯法上的田面权与田底权实际上是“一田二主”的双重所有权关系，田面权人对土地有使用收益的权利，并且可以转让、出租土地，田底权人只能收取田租，不能干涉田面权人转让、出租土地，也不能因田面权人欠租而夺佃。因此，田面权人对田面部分实际上享有近似于所有权的权利。[2] 对于习惯法上的田面权，大理院一方面尊重习惯法，承认田面权人转租、出卖的权利，例如民国四年上字第 302 号判例谓：“典卖永佃之权本属典权人之自由，不得以之为撤佃之原因”，民国四年上字第 252 号、民国七年上字第 983 号判决同样承认了佃户转租的权利。[3] 但在另一方面，大理院判例又明显背离习俗，赋予地主增租以及在永佃权人欠租的情况下撤佃的权利，否定了永佃权人通过交清田租回复佃权的物权效力。在增租方面，大理院民国三年上字第 708 号判决要旨认为：“当事人间订立永远存续之租佃契约苟具备其他之契约成立要件即不得谓为无效，惟当事人间订立此种契约往往以经济上通常状况为决定意思之基础，而事后发生之特别情形则有非所预测者，自应本于解释当事人意思之法则以适合公安利益为条理而予以适当之判断。故当事人立约之初虽泛言永久不得增租夺佃，如系有法律上正当理由，仍可认一方有解约（如佃户欠租之类）或增租（如经济情形确定大变动之类）之权利。”[4] 在欠租撤佃方面，大理院在民国二年上字第 104 号判决的判例要旨中

---

〔1〕 黄源盛纂辑：《大理院民事判例全文汇编第一册》（点校本），第 55 ~ 57 页。

〔2〕 黄宗智：《法典、习俗与司法实践：清代与民国的比较》，法律出版社 2014 年版，第 80 页以下；江琳：《中华民国民法中的民事习惯——以物权编为考察中心》，载《中国政法大学学报》2008 年第 3 期，第 122 页。

〔3〕 大理院判例要旨，民国四年上字第 302 号，民国四年上字第 252 号、民国七年上字第 983 号。郭卫编：《大理院判例全书》，会文堂新记书局，民国二十一年版。转引自邹亚莎：《从一田二主到永佃权　清末民国民法对永佃制的继承和改造》，载《政法论坛》2010 年第 6 期，第 158 页。

〔4〕 大理院判例要旨，民国三年上字第 708 号。郭卫编：《大理院判例全书》，会文堂新记书局，民国二十一年版。转引自邹亚莎：《从一田二主到永佃权　清末民国民法对永佃制的继承和改造》，载《政法论坛》2010 年第 6 期，第 158 页。

认为,“佃权消减之原因虽不一端而如交租年分不按照原约或裁判所定租额交租者可举为一例”,其理由为,“既经业主有效撤佃之后,若佃户付清欠款不经业主同意既可回复佃权,殊于土地之移转经济之流通以及权利之效用等多有窒碍。即使有此习惯亦应认为有背公益不能采用”。大理院的这一态度在民国四年上字第389号、民国四年上字第582号以及民国九年统字第1232号大理院致浙江高等审判厅的解释例中得到维持。[1]

从前文的分析中,我们可以看到,正是由于《大清民律草案》被搁置,《民国民律草案》又不得生效,导致1912年到1929年的十几年中,恰恰给予了立法机关和司法机关对传统习惯物权进行现代化改造的机会,立法机关主要是通过《清理不动产典当办法》,改变了我国典权习惯中无期限回赎的习惯,[2]司法机关虽然接受了“物权法定”观念,否定当事人可以自由创设新物权,但并没有一概否认习惯物权的效力,而是针对具体物权类型,根据促进市场经济、物的流通、保障交易安全等现代民法理念,或承认其物权效力,或否定其物权效力,或通过部分承认其效力,对其进行改造。

三、东亚法系物权法定原则的再现:《中华民国民法典》第757条

南京国民政府成立后,1929年再次开始编纂民法典,仍然沿用了潘德克顿体系,严格区分物权和债权、物权变动与债权变动。1929年11月30日,南京国民政府公布了民法典物权编,并规定于1930年5月5日起开始实施。在物权类型的选择方面,《中华民国民法典》(以下简称《民国民法典》)物权编规定了所有权、地上权、永佃权、地役权、抵押权、动产质权、权利质权、典权、留置权,与《民国民律草案》相比,《民国民法典》删除了不动产质权,增加了留置权。同样,《民国民法典》也明确采纳了“物权法定原则”,物权编首条即第757条规定:“物权,除本法或其他法律有规定外,不得创设。”其立法理由谓:“物权有极强之效力,得

---

[1] 大理院判例要旨,民国二年上字第104号,民国四年上字第389号、民国七年上字第582号。郭卫编:《大理院判例全书》,会文堂新记书局,民国二十一年版。大理院解释例,民国九年统字第1232号。郭卫编:《大理院解释例全文》,会文堂新记书局,民国二十一年版。转引自邹亚莎:《从一田二主到永佃权 清末民国民法对永佃制的继承和改造》,载《政法论坛》2010年第6期,第158页。

[2] 关于典的回赎期限,习惯法上一般没有规定,如山东省堂邑、滋阳两县有“典当不动产回赎无期限”的习惯,民间有“典在千年”“一典千年活”的谚语,甘肃省有“典当不动产,屡经找贴,如无绝卖字样,年代虽久,所有权人仍可以主张回赎”。参见前南京国民政府司法行政部编:《民事习惯调查报告录》(上),中国政法大学出版社2000年版,第135页、第389页。

对抗一般之人,若许其以契约或依习惯创设之,即有害公共之利益,故不许创设。又,所谓其他法律者,系指特别法律而言,例如规定渔业权、著作权或专用权之类是也。”无论是从条文的行为方式,还是从立法理由来看,都与《大清民律草案》第978条以及《民国民律草案》第760条如出一辙,明显是继受《日本民法典》第175条及其学说。依《民国民法典》第757条,物权仅限于民法典及其他法律规定之类型,当事人不能自由创设新物权类型,也不能依据习惯法创设物权。在特别法律规定的物权类型方面,主要有《土地法》第196条、第197条规定的耕作权、[1]先买权,《海商法》第27条至第33条规定的优先权、第34条至第38条规定的船舶抵押权,《水利法》第13条规定的水权,《矿业法》第12条规定的矿业权,《渔业法》第5条规定的渔业权、第11条规定的入渔权,《民用航空器法》第29条、第30条规定的航空器抵押权。此外,针对当时外国教会在中国占有地产的情况,中国政府否认外国教会可以拥有土地所有权,并颁布了《内地外国教会租用土地房屋暂行章程》,该章程第6条规定赋予外国教会对占有的土地享有永租权。

随着《民法典》物权编施行,中国与日本面临同样的问题,也即如何对待法典实施之前就已经存在的物权,与日本相比,民国政府的态度明显要宽容得多,1930年同期颁行的《民法物权编施行法》(以下简称《施行法》)第1条规定:“民法物权编施行前发生之物权,除本施行法有特别规定外,不适用民法物权编之规定。”也即,对物权编施行前就已经存在的旧物权,原则上不适用物权编之规定,因此也就不受物权法定原则条款的限制,其效力如何,应该依旧法来判断。对于那些民法典施行前就已经存在,同时又被物权编所采纳的物权类型,《施行法》第2条规定:“民法物权编所定之物权,在施行前发生者,其效力自施行之日起,依民法物权编制规定。”也即,在物权编施行后,判断此类物权的效力,不再依据旧法,而要依据物权编的规定。同时,《施行法》对质权和典权还做了专门的规定。《施行法》第14条规定:“民法物权编关于质权之规定,于当铺或其他以受质为营业者,不适用之。”第14条的规定主要是针对当铺质权,民法典中关于禁止流质的

---

〔1〕《土地法》第196条规定:“承垦人自垦竣之日起无偿取得土地耕作权。”第197条规定:“前条耕作权视为物权,除本法有规定外,准用民法关于永佃权各条之规定。”耕作权是荒地开垦人因开垦荒地而取得的耕作土地的权利,而土地所有权仍然归属于国家。参见王效文:《土地法论》(上册),会文堂新记书局,民国二十二年版,第252~253页。

规定不适用于当铺质权，原因在于在当铺质权关系中，出质人仅以质物为责任的限度，是一种物的责任，出质人如果期满不赎回，质权人即取得质物所有权，质物价格超出债权金额，质权人无须返还，质物价格低于债权金额，质权人也不能向债务人主张债权。在民国时期，当铺质权主要以《押当业管理规则》为法律依据。[1]《施行法》第15条规定："民法物权编施行前定有期限之典权，依旧法规得回赎者，仍适用旧法规。"第15条构成了第2条的例外，因为旧法上的回赎期限可能长于物权编的规定，因此对于物权编施行前就存在的有期典权的回赎，仍然适用旧法。另外，需要我们注意的是，《民国民法典》依照《大清民律草案》，也明确承认习惯的法源地位。《民国民法典》第1条规定："民事，法律所未规定者，依习惯；无习惯者，依法理。"第2条对适用习惯进行了一定限制："民事所适用之习惯，以不背于公共秩序或善良风俗者为限。"

在《民国民法典》颁行后，学者们基本上都赞成第757条的规定，否定当事人任意创设新物权或依习惯法创设物权。从解释论的层面来看，民国时期的学者基本上都按照条文的本意来对第757条进行解释：(1)对于第757条所规定的"其他法律"，当时的学者均认为是立法机关所制定的成文法，而不包括行政命令和习惯法，[2]对于物权编施行前就已经存在的习惯物权可以继续存在，但在物权编施行后，当事人不能再设定习惯物权。[3] (2)对于何谓法律规定的物权或法

---

[1] 史尚宽：《物权法论》，台北，荣泰印书馆1979年版，第339页。

[2] 例如，柯凌汉认为："'其他法律'是指民法以外由立法机关制定的成文法，不包含行政命令和习惯法在内。所以根据行政命令和习惯法所设定的物权，还不能算是适法。"参见柯凌汉：《民法物权》，商务印书馆，民国二十四年版，第13~16页。胡长清认为："所谓其他法律，指其他特别法而言，盖物权非必悉以民法规定，如著作人之著作权，发明人之专用权，亦一种物权，而以规定于特别法规是。"参见胡长清：《民法物权》，商务印书馆，民国二十三年版，第7~8页。刘鸿渐认为："物权必须依宪法上之法律始能创设，依法律行为不能创设物权，固不待言。即令依习惯创设物权，亦所不许。"参见刘鸿渐：《中华民法物权法论》，北平朝阳学院，民国二十二年版，第22~25页。

[3] 张企泰较为全面地论述了习惯物权问题，他认为："有习惯相沿之物权，应与法律规定者同。如系全国性之习惯，则全国人民既有同一之意志与同一之确信，自应与法律等视。盖其与成文法律所应具之实质上要素，初无二致。但据吾人所知，于物权方面，尚无此全国性之习惯。如系地方习惯，则不能以一地人民之法律确信，而变为全国之法律。况民法第一条规定民事法律所未规定者，依习惯。于今第七五七条明文规定，除本法或其他法律有规定外，而不依据习惯，习惯自无被采用之余地(二十二年上字七四一判例)。""物权限定主义，仅适用于物权编施行之后，而不溯及同编施行之前。施行前发生之物权，除施行法有特别规定外，不适用物权编之规定。故如依大理院判例所认可而设定之先买权、铺底权及不动产质权等，或依地方一般交易观念，以工厂之机器不移转占有而设定担保物权，仍发生物权之效力(十九年上字一〇四五判例、二四年院字一二一三解释)，但物权编施行后，该种物权，已为民法所不认许，自不得再设定之。"参见张企泰：《中国民法物权论》，大东书局，民国三十五年版，第15~17页。

律未规定的物权,民国学者一般从类型和内容两个方面进行阐述,认为无论是创设法律未规定的物权类型,还是擅自改变物权的法定内容,均属于创设法律未规定的物权。[1] (3)对于违反物权法定的后果,学者的意见也是雷同的,即法律有特别规定的,依其规定;法律没有特别规定的,不发生物权效力,只具有债法上的约束力。[2] (4)除了从上述三个方面对第757条进行解释外,个别学者对物权法定原则的理解较为深入,其解释也较为深刻。例如,刘鸿渐明确地将物权法定原则与处分权能不能依法律行为排除联系了起来,这种观点明显与欧洲各国法典学说接近。他认为:"处分物权之权能,尤为物权最重要之内容,故不许以法律行为禁止或限制之,即令就某物权有如斯之禁止或限制之特约,亦仅于当事人间发生债权的效力而已,物权绝无因是不能处分之理,违反禁止或限制物权处分契约指处分,仍属有效,不过对于相对人发生损害赔偿之义务而已。但法律有例外的规定允许以法律行为禁止或限制物权之处分时(共有物不分割契约、地上权禁止让与、典权禁止转典),则物权之处分,均得以法律行为禁止或限制之也。"[3]

在立法论层面上,民国学者对物权法定原则提出的理由主要有两种:(1)多数学者从物权的强大效力及其与债权的差异出发,认为物权具有对抗一般人的

---

[1] 例如,柯凌汉认为:"法律没有规定的物权,可以分为两类:法律上全没有规定的物权,例如,先买权、不动产质权和土地债务等;内容和法定物权相异的物权,例如有期限的永佃权,不必交付质物的动产质权。"参见柯凌汉:《民法物权》,商务印书馆,民国二十四年版,第13~16页。冯涵清认为:"盖亦采限定主义,认非依民法或其他法律,不得创设新物权或变更其物权内容之义,诚以物权内容若许其变更之时,则与间接许其创设新物权无异故也。"参见冯涵清:《民法物权要论》,福文洪印书局,"康德四年",第5页。刘鸿渐认为:"民法不仅限定物权之种类,并就各种物权一一规定其内容,与物权以法定以外之内容,亦为法所不许。是为原则。若例外允许与物权以法定以外之内容时,则以明文规定容许私意之范围。而许以私意之范围,依物权种类不同而有广狭之差。于所有权,其范围最为狭小,于限制物权,则最为宽大也。许容私意之范围以外法律所规定之物权之内容,则即属创设法律所不承认之物权矣。"参见刘鸿渐:《中华民法物权法论》,北平朝阳学院,民国二十二年版,第22~25页。

[2] 例如,柯凌汉认为:"照原则来说,这种创设行为违反禁止性规定,应该全然无效,不能发生什么物权(第71条前段)。但是有两个例外情形:法律有不使它全然无效,仅仅关于违法的部分无效,其余的部分还能够发生物权的(例如,第873条第2项规定:约定于债权已届清偿期而未为清偿时,抵押物之所有权移属于抵押权人者,其约定为无效。可见他的抵押权还可以发生);法律有不许它发生物权,而许它发生债权的[例如,第842条第2项规定:永佃权之设定,定有期限者,视为租赁、适用关于租赁之规定。即在这时候,他们的设定行为只发生租赁权(债权),不发生永佃权(物权)]。"参见柯凌汉:《民法物权》,商务印书馆,民国二十四年版,第13~16页。冯涵清认为:"违反民法第七五七条之法律行为,一般虽为无效,但有时应认其债权行为之效力者。又或法律有明文认其法律行为之一部得有效者(九一二条:典权期限超过三十年的,缩短为三十年),是应注意者也。"参见冯涵清:《民法物权要论》,福文洪印书局,"康德四年",第5页。

[3] 刘鸿渐:《中华民法物权法论》,北平朝阳学院,民国二十二年版,第22~25页。

效力,如果不法定,将导致权利混乱,当事人难以查知,危害交易安全。[1] (2)另有少数学者则提出了与官方立法理由不同的观点,他们认为,物权法定原则能够防止一物之上存在多种物权的情形出现,这种情况会导致多数权利人对物的使用改良难以达成共识,不利于经济发展。例如,钟洪声认为,"凡一财产有完全之所有权而不设定有其他之权利,则持此财产者,乃肯为永久之计划而加以改良,于是财产上之利益,亦得因此增加。若一物之上,设有多数物权,将受多数人之管领,不独各持偏见,不能为统一之筹划,且分利者多,有资力者或至懒于投资,而终无改良进步之希望矣。凡此皆不利于一国之经济,故物权种类,必严于限制者,此为一大原因也"。[2] 周新民认为,"凡持有财产者,始肯为改良的计划,而使经济上的权利得以增加。若就一物设有多种物权,其权利人既各持偏见,未能统一筹划,则一国经济亦必无由改良。故欧洲在前世纪,物权之制颇紊,几无完全的不动产物权,而使交易上经济上均发生莫大的影响,迄今世纪,莫不限制物权的种类,以防止弊端之发生"。[3]

与此同时,民国时期的司法机关在司法实践中也基本上按照上述理解来解释第757条。

(1)一般性地阐明第757条意旨的有1932年上字第741号判例,该判例称:"于今第七五七条明文规定,除本法或其他法律有规定外,而不依据习惯,习惯自

[1] 例如,柯凌汉认为:"因为物权有强固的效力,可以对抗一般人在交易上占重要的地位,假如许当事人随意创设,一定会阻碍财产的流通和交易的安全,所以民法特地加以限制。"参见柯凌汉:《民法物权》,商务印书馆,民国二十四年版,第13~16页。胡长清认为:"就纯理而言之,吾人于物上所有制权利,非不可悉数作为物权,但物权有对抗一般之效力,若许其以契约或依习惯随意创设,其结果必至酿成权利之混乱,妨害交易之安全。"参见胡长清:《民法物权》,商务印书馆,民国二十三年版,第7~8页。王去非认为:"因物权为直接管领物之权利,其效力之强大,远在债权之上,若采放任主义,则当事人能任意创设物权,于交易上、信用上必多窒碍,其影响于经济界甚大。反之,法定主义则物权之种类预以法律限定,当事人无自由变更之余地,则权利分明,交易上可保安全,经济界不受影响。"参见王去非:《民法物权总论》,上海会文堂书局,民国十九年版,第10~11页;王去非:《现代物权法论》,世界书局,民国二十二年版,第11~12页。钟洪声认为:物权法定的目的在于保护交易之安全,"土地上物权设定若无限制,则负担过重,且当事人难以查知,视为畏途,交易不行。"参见钟洪声:《物权新论》,大东书局,民国二十一年版,第16~20页。周新民认为:"物权有排他性,直接关系第三人之利益甚大,法律对于物权的种类及内容,如不加以限制,一任当事人自由的约定,其结果不仅使其权利关系复杂,易启争端,亦必使世人无由探悉底细,常受种种损害,故为社会祛除此等流弊,不能不采法定主义。"参见周新民:《物权法要论》,商务印书馆,民国二十五年版,第22~24页。刘鸿渐认为:"物权有强大的效力,为国家社会经济组织的基础,若任当事人之自由意思随意创设,其结果必至酿成权利之混乱、妨害交易之安全。"参见刘鸿渐:《中华民法物权法论》,北平朝阳学院出版,民国二十二年版,第22~25页。

[2] 钟洪声:《物权新论》,大东书局,民国二十一年版,第16~20页。

[3] 周新民:《物权法要论》,商务印书馆,民国二十五年版,第22~24页。

无被采用之余地”,明确排除了当事人依习惯设定物权的可能。对于物权编实施之前的旧习惯物权,1930 年上字第 1045 号判例承认其效力,但在物权编实施后则不得再行设立:“第 66 条规定称不动产者,谓土地及其定着物。工厂中之机器,虽有附着于土地者,然其性质,究可离土地而独立。申言之,即不必定着于土地,自应认为动产。故在物权编施行后,就机器设定质权,固非移转占有不生效力,然在物权编施行以前,尚无法定明文限制。倘该地方一般交易观念,以工厂之机器不移转占有,而设定担保物权已成习惯,在审判上即亦不妨认其有担保物权之效力。”〔1〕1947 年最高法院决议再次声明:“民法第 757 条所称之法律,不包含习惯法在内。”〔2〕

(2)在其他涉及物权法定原则的判例中,最高法院基本上否定了当事人创设了习惯物权。例如,1938 年抗字第 820 号判例依据一物一权原则,明确排斥了“一田二主”的存在,同时根据物权法定原则,否定了“田面权”等习惯物权。1933 年上字第 813 条否认了“亲房不动产先买权”:“亲房先买之习惯,历来判例不认为有法之效力。”1941 年上字第 1710 号判例也采取了同样的态度:“卖产应先尽亲房之物权习惯有悖于公共秩序,不能认有法之效力。”对于“承租人先买权”,最高法院在著名的 1941 年上字第 2040 号判例中也持否定态度:“第 757 条规定:物权,除本法或其他法律有规定外,不得创设。此所谓法律,按之采用物权限定主义之本旨,系指成文法而言,不包含习惯在内。故依地方习惯房屋之出租人出卖房屋时,承租人得优先承买者,惟于租赁契约当事人间有以为契约内容之意思时,发生债之效力,不能由是创设有物权效力之先买权。”1942 年上字第 2235 号判例除了否定先买权这种习惯物权外,也明确否定了先前与现行法律相悖的民事判例:“依民法第 757 条之规定,承租人对于租用之房屋,既不得依习惯取得有物权效力之先买权,自难援用民法物权编施行前之十八年上字第 153 号判例,以排斥民法第 757 条之适用。上诉人徒以该判例载有凡是租房以开设工厂或商店之长期租户,如依地方习惯应有先买权,固无妨认其习惯有法之效力等语,即谓上诉人长期租房开设酒坊,依某地习惯及上开判例,应有先买权,因而指摘原判

---

〔1〕 但由于实践的需要,后司法院以院字第一五一四号解释,将机器解释为工厂的从物,得并同工厂设定担保抵押权:“工厂中的机器生财,如与工厂同属一人,自为工厂之从物,若以工厂设定抵押权,除有特别约定外,其效力及于机器生财。申请登记时,虽未一并注明,与抵押权之效力,不生影响。”

〔2〕 高点:《初探物权新法下的物权法定主义》,载《法观人月刊》2010 年总第 156 期,第 5 页。

决适用法规为不当,亦无足采。”

(3)对于当事人创设法律所不承认的物权或改变法定物权内容的约定,最高法院也不承认其约定具有物权效力。在1941年上字第121号判例中,最高法院依据物权法定原则否定了当事人之间所有权禁止处分特约的物权效力,这也表明最高法院不承认当事人创设新物权或改变法定物权内容:“所有权之让与人与受让人,于不违反公益之程度,所订禁止受让人处分所有权之特约,固应认为有效,但仅于当事人间发生债之关系,不能发生物权的效力。”在1943年上字第5011号判例中,最高法院否认当事人将典权改造为不动产质权的约定具有设立典权的效力,该判例称:“典权人支付之典价为取得典权之对价,非以此成立借贷关系,故出典人有于一定期间内以原典价回赎典物之权利,不负返还原典价之义务。虽其典物因不可抗力而消灭,或价值低落至少于原典价,典权人亦不得请求出典人返还原典价之全部或一部——为典权之特质所在,而与他国民法所认为之不动产质权不同者也。当事人之一方移转不动产之占有于他方以押借金钱,约定他方得就其卖得价金受清偿,如有不足仍得请求补偿者,不过与他国民法所认之不动产质权相当,在现行民法上无论是否可认为他方就该不动产有抵押权,要不得谓为典权之设定。”在1949年穗上字第283号判例也否定当事人可以改变法定物权的内容:“未定期限之典权,订明回赎时,须先订立永久批约。虽非无债权的效力,但变更物权内容即属于创设物权,依民法第757条规定,不能发生物权效力。”[1]

四、严格物权法定原则的缓和:新习惯物权的承认以及学说变化

1945年,中国收回对台湾的主权,《中华民国民法典》开始在台湾实施。1949年大陆政权更替,“国民政府”迁往台湾,随后大陆新政府废除六法全书,但台湾、澎湖、金门、马祖地区仍然继续适用1929年颁布的“民国民法典”。在“国民政府”迁台早期,物权法制的主要变化是四五十年代对日据时期物权的转化以及60年代早期“动产交易法”的颁布。

(1)对日据时期物权的转化。在1923年以前,在物权领域,台湾适用的是前清旧法及地方习惯,在1923年后则统一适用《日本民法典》,旧物权不再被承认。

[1] “司法院”法学资料检索系统,http://jirs.judicial.gov.tw/Index.htm,转引自曾品杰:《民法物权编所有权修正评析——以通则部分为中心》,载《“国立”中正大学法学集刊》2009年第27期,第17页。

在"民国民法典"适用于台湾之后,首要的问题即是如何解决依日本法所设定的物权。"国民政府"实际上是按照"民法物权编施行法"第1条和第2条的精神来处理的。前者主要是针对《日本民法典》中规定的不动产质权、不动产先取特权等"民国民法典"所不承认的权利,"行政院"及"最高法院"都承认这些物权的效力继续有效,继续适用日本民法中的规定。[1] 后者主要针对永小作权等与"民国民法典"中规定的物权相类似的权利,这种物权则被转化为"民国民法典"中相应的权利,例如永小作权被转化为永佃权,适用永佃权的规定。[2]

(2)"动产交易法"的颁布。由于"民国民法典"中的动产担保仅有动产质权以及留置权两种,均以转移占有为必要,难以适应社会经济的发展,"国民政府"受美国影响,于1963年颁布"动产担保交易法",规定了动产抵押、附条件买卖以及信托占有三种动产担保交易形态:动产抵押是指在动产上设立的抵押权,无须转移占有;附条件买卖实际上就是所有权保留,出让人在取得价金之前,保留标的物的所有权;信托占有主要运用在国际贸易中,实际上也是一种所有权担保,与融资租赁的关系相似,只是采取了信托的形式,在信托占有交易中,信托方(借款人)取得标的物的所有权,并以信托的形式委托受托人(贷款人)占有处分标的物,在受托人不能清偿债务时,信托人即取回信托财产以清偿债务。这三种动产担保的设立方式为书面设立,非经过登记不能对抗善意第三人。可作为担保的标的物由行政院确定,范围非常广泛,采用了分别登记的方式,不同的动产标的由不同的行政机关进行登记。[3]

在台湾地区"立法机关"为实践需要通过立法增加物权类型的同时,"最高法

---

〔1〕 就不动产质权及不动产先取特权,"行政院"于1951年以命令补订办法,规定准予由权利人申请登记"临时典权",作为过渡。对于日据时代成立的不动产质权的效力,"最高法院"也肯定其效力,在1954年台上字第282号判例称:"我民法虽无不动产质权之规定,本件既发生于台湾光复以前,按诸'民法物权编施行法'第一条之规定,自应认其已取得之不动产质权,仍属存在,从而台湾省公产管理处审核本件不动产质权认为有效,被上诉人在其质权设定存续期间,应有使用及收益之权利,自无不当。"1955年台上字第1730号判例亦承认设立于日据时期之不动产质权。

〔2〕 "最高法院"将日据时期设定的永小作权,在光复后转换为我民法上的永佃权,并完全适用民法关于永佃权的规定。1987年台上字第222号判决认为:"按日据时期之永小作权,与我民法规定之永佃权相当,而永佃权之设定,定有期限者视为租赁,适用关于租赁之规定,民法第848条第2项定有明文。上述土地十笔既设定永小作权二十一年,即应适用租赁之规定,该永小作权自日据时期大正十五年(1926年)四月十九日起,至1947年届满,以后承租人谢春仍继续耕作该十笔土地,出租人即上诉人谢启章等十三人不即为反对之表示,依法视为以不定期限继续契约。"

〔3〕 参见台湾地区"动产担保交易法";王泽鉴:《动产交易法三十年》,载《王泽鉴法学全集》(第8卷),中国政法大学出版社2003年版,第334页。

院”对物权法定原则的理解开始软化，逐渐开始承认交易实践中形成的习惯物权，对某些当事人约定的契约关系，“最高法院”也认为具有约束第三人的效力。

(1)在“国民政府”迁台初期，“最高法院”仍然遵循物权法定原则否定习惯物权，后期亦有判例反对通过类推适用的方法承认物权。例如，1949年台上字第269号判例即坚持物权法定否定习惯法上的承租人先买权：“上诉人主张讼争房屋伊有先买权，无非以本院18年上字第153号判例为其依据。依‘民法’第757条之规定，承租人对于租用之房屋既不得依习惯取得有物权效力之先买权，自难援用民法物权编施行前之上项判例，以排斥该条之适用。”1988年台上字第1916号仍然以物权法定为依据，反对法院通过类推适用扩大法定物权的范围：“按地上权之发生，有基于法律行为者，例如本于契约而设定地上权是，有基于法律规定者，即依法律之特别规定而发生地上权是，此即所谓法定地上权。故法定地上权，必须合于法律之特别规定，始能发生，且物权除本法或其他法律有规定外，不得创设，第757条有明文。原审未注意及此，竟本于类推适用，而认为林幸美就系争土地有法定地上权存在，自属可议。”[1]

(2)物权法定在司法实践中缓和的最明显的表现是“最高法院”承认了两种实践中形成的担保物权类型——最高额抵押和让与担保。“民国民法典”与《日本民法典》一样，原本并无最高额抵押，对于实践中形成的最高额抵押交易习惯，行政机关早已通过行政命令的方式承认[2]，“最高法院”自1958年以来也通过对“债权从属性”进行扩张解释，以判例的形式承认了最高额抵押权。[3] 较为典型的有1983年台上字第4064号：“所谓最高限额之抵押契约，系指所有人提供抵押物，与债权人订立在一定金额之限度内，担保现在已发生及将来可能发生之债权之抵押权设定契约而言。故此种抵押权所担保之债权，除订约时已发生之债权外，即将来发生之债权，在约定限额之范围内，亦为抵押权效力所及。”在承认最高额抵押之后，“最高法院”持续性地通过判例和民事庭会议决议的方式完

---

〔1〕 王泽鉴:《民法物权·通则·所有权》,中国政法大学出版社2001年版,第47页。

〔2〕 台湾地区的登记机关是依据省政府颁布的行政命令[台省政府(43)府民地用字四五三一号令],在登记时加注“最高限额”字样办理,“司法行政部”亦通过台五十一年民0791号令承认最高额抵押权。参见欧阳家教:《最高额抵押之合法性》,载郑玉波主编《民法物权论文选辑(下)》,五南图书出版公司1984年版,第755页。

〔3〕 1958年台上字第535号、1973年台上字第776号、1977年台上字第1097号。

善这一制度。[1] 与此同时,实践中常见的让与担保也被“最高法院”承认,例如1981年台上字第104号称:“债务人为担保其债务,将担保物所有权转移与债权人,而使债权人在不超过担保之目的范围内,取得担保物所有权之信托的让与担保,并非双方通谋而为之虚伪意思表示,不能认其为无效。本件被上诉人萧月琴系为担保其对上诉人之借款债务,将其所建造之讼争房屋所有权保存登记为上诉人所有,在卷附追加契约条件可稽,并为两造所不争。原审人讼争房屋登记为上诉人所有,为双方通谋而为之虚伪意思表示,依法无效,显有未合。”1995年台上字第808号亦采同样的见解。[2]

(3)除了承认实践中形成的习惯物权外,“最高法院”还在特定情况下承认契约具有约束第三人的效力。1959年台上字第1065号承认共有物分管契约具有约束后手的效力:“共有人于与其他共有人订立共有物分割或分管之特约后,纵将其应有部分让与第三人,其分割或分管契约,对于受让人仍继续存在。”“司法院大法官释字”第349号并不反对分管契约可以约束第三人,但强调分管契约约束第三人的前提是第三人知悉:“民法上之法律行为,有债权行为与物权行为,除法律有特别规定外,前者于特定人间发生法律上之效力,后者于以公示方法使第三人得知悉之状态下,对任何第三人均发生法律上之效力。故动产以交付为公示方法,不动产以登记为公示方法,而以之作为权利取得、丧失、变更之要件,以保护善意第三人。如其事实为第三人明知或可得而知,纵为债权契约,其契约内容仍非不得对第三人发生法律上之效力……就维持法律秩序之安定性而言,固有其必要,惟应有部分之受让人若不知悉有分管契约,亦无可得而知之情形,受让人仍受让与人所订分管契约之拘束,有使善意第三人受不测损害之虞,与宪法保障人民财产权之意旨有违,首开判例在此范围内,嗣后应不再援用。”这一解释实际上是认为,受让人仅于善意且无可得知共有人间存在分管契约之情形,始不受分管契约之拘束,方有保护交易安全之必要。这一观点在2008年台上字第

---

〔1〕 关于这一过程可参见蔡明诚:《我国最高限额抵押制度之探讨》,载《月旦法学杂志》2003年第4期总第95期,第29~43页。

〔2〕 1995年台上字第808号:“按债务人为担保其债务,将担保物所有权移转登记与债权人,而使债权人在不超过担保目的范围内取得担保物所有权者,为信托让与担保,债务人在未清偿其债务前,不得片面终止信托让与担保关系,请求债权人返还担保物。”参见蔡明诚:《民法物权编的发展与展望》,载谢在全等主编:《民法七十年之回顾与展望纪念论文集(三)·物权亲属编》,中国政法大学出版社2002年版,第52~53页。

1729 号中再次出现。[1]

(4)前述情况已经充分表明，物权法定原则在台湾的司法实践中已经发生了松动，而 1997 年台再字第 97 号判决则完全无视了物权法定原则的存在，尤为值得注意："物权之新种类或新内容，倘未违反物权之支配与保护绝对性，并能以公示方法确保交易安全者，即可认为与物权法定主义存在之宗旨无违。"这一判决表面上承认了物权法定原则，但实际上是以支配性、绝对性以及有公示方法保障交易安全作为承认新物权的标准，实际上架空了物权法定原则。

在司法机关的态度逐渐缓和的情况下，学者的态度也在发生改变，赞成缓和物权法定的学者越来越多，赞成完全采取物权自由创设的学者亦不乏其人。

(1)史尚宽教授的观点仍然与 1949 年前的民法教科书中的主流观点完全一致，他认为，无限制增加物权种类，将有害交易安全，第 757 条所称的"法律"不包括习惯法、行政命令以及当事人的意思。[2]

(2)王泽鉴教授与谢在全教授都认为物权法定原则有重要价值，并且仍然认为第 757 条的"法律"仅限于制定法，但他们都认为应该通过对现有的物权法条款进行扩张解释，将实践中形成的新物权纳入现有物权体系之中。王泽鉴教授提出，物权法定原则的四点理由为：物权的绝对性（许其以契约或依习惯创设之，有害公益实甚）、物尽其用（任意创设，对所有权设种种的限制及负担，妨碍所有权自由，影响物的利用）、交易安全与便捷（物权种类和内容的法定化便于公示）、整理旧物权，[3]依据文义、立法理由和规范目的，第 757 条的"法律"，应该指成文法，不包括习惯法在内，也不得类推适用而创设物权。同时，王泽鉴教授又称："为缓和物权法定原则的僵硬，宜认为新成长的物权具有一定公示方法时，宜将

---

〔1〕 2008 年台上字第 1729 号判决："按以不动产为标的之债权行为，除法律另有规定外，固仅于特定人间发生法律上之效力（对人效力之债权相对性），而非如物权行为，以登记为公示方法使第三人得知悉之状态下，并以之作为权利取得、丧失、变更之要件，俾保护善意第三人，而对任何第三人均发生法律上之效力（对世效力之物权绝对性）。惟特定当事人间倘以不动产为标的所订立之债权契约，其目的隐含使其一方继续占有该不动产，并由当事人依约交付使用，其事实为第三人所明知者，纵未经以登记为公示方法，因已具备使第三人知悉该状态之公示作用，自应与不动产以登记为公示方法之效果等量齐观，并使该债权契约对于受让之第三人继续存在，此乃基于'债权物权化'法理所衍生之结果，观之'民法'第 425 条第 1 项规定：出租人于租赁物交付后，承租人占有中，纵将其所有权让与第三人，其租赁契约，对于受让人仍然继续存在，特揭橥'租赁物交付后，承租人占有中'等公示作用之文字，并参照'司法院'释字第 349 号解释文、理由书及协同意见书、部分不同意书、不同意见书及本院四十八年台上字第 1065 号判例意旨自明……"

〔2〕 史尚宽：《物权法论》，荣泰印书馆 1979 年版，第 11～12 页。

〔3〕 王泽鉴：《民法物权·通则·所有权》，中国政法大学出版社 2001 年版，第 44～45 页。

其纳入现行物权体系，承认其效力。”其所举的例子就是司法实践中对债权从属性从宽解释，将最高额抵押解释为抵押权的一种。[1] 值得注意的是，王泽鉴教授对1959年台上字第1065号以及“司法院大法官释字”第349号持批判态度，他认为：“基于物权法定原则，并为维护自主的物权，物权关系上的债权约定原则上应不具对抗第三人的物权效力，否则将难维持物权法秩序的安定性……此项解释将债权契约对第三人的效力系于第三人明知或可得而知，须就个案认定，实难维持物权法秩序的安定性，在立法例上，尚未见有采此判断标准。”[2] 谢在全教授也是从物权绝对性、反封建、整理旧物权、便于公示的角度说明物权法定的意义，也认为第757条之“法律”不包括习惯法，但他提出：“对于新生之物权，苟不违反物权法定主义之立法旨趣，又有一定之公示方法时，应可自物权法定内容从宽解释之方法，解为非新种类之物权，该此仅为物权内容得以变更之界限问题。如我实务上对最高限额抵押权，即系将抵押权之从属性从宽之解释，而承认其仍系物权上所定之抵押权。或者，就一般所承认之现有物权制度加以利用，以弥补物权法定之不足。例如让与担保，即系以所有权移转之构造与信托约款之债之关系，获得其法律上之地位。”[3]

（3）郑玉波和刘志敭教授的观点则认为，应该承认习惯物权，在司法实践中应该将第757条中的“法律”理解为包含习惯法。刘志敭教授认为，“我国国土辽阔，各地习尚殊异，若制定一种普通民法必难以尽合于各地经济状态。且‘民法’颁行以后未有立法理由书公布，对于‘民法’第757条所载‘其他法律’一语是否应依单纯文义解释仅指制定法一项而言亦属一种解释问题，本不妨取广义见解将习惯法包含在内”。[4] 郑玉波教授认为，“物权法定主义过于硬化，难以适应现实社会经济之发展，倘于习惯上能有适宜的公示方法之新物权之生成，自不妨予以承认。同时，旧习惯之物权，虽因不合现行法之规定而被抹煞，但行之自若者亦非无有，对此种社会事实若绝对严守物权法定主义而不予承认，则法律将不免与社会脱节，若竟视若无睹，不加可否则又将贻人以掩耳盗铃之讥”。[5]

---

〔1〕 王泽鉴：《民法物权·通则·所有权》，中国政法大学出版社2001年版，第47页。

〔2〕 王泽鉴：《民法物权·通则·所有权》，中国政法大学出版社2001年版，第41~42页。

〔3〕 谢在全：《物权法定主义》，载《东吴法律学报》1987年2月总第5:1期，第117~124页。

〔4〕 刘志敭：《民法物权》（上卷），第二章第二节。转引自郑玉波：《民法物权》，三民书局1982年版，第20页。

〔5〕 郑玉波：《民法物权》，三民书局1982年版，第20页。

（4）除了前两种对物权法定原则进行缓和的观点外，20世纪90年代以来，台湾学者开始从物权的本质、物债二分、公示制度、信托制度出发，并借用法律经济分析作为理论工具，对物权法定原则进行深层次的反思，又形成了物权法定废弃说和物权法定维持说两种观点。前者以苏永钦教授和谢哲胜教授为代表，他们从立法论上对物权法定原则进行了批判，认为应该果断废弃物权法定原则，放开物权自由创设。苏永钦教授是这种观点的典型代表，他对物权法定原则的研究持续了二十多年，他认为仅仅从物权具有绝对性这种观点出发，并不能直接推导出物权法定，原因有二：其一，在建立公示制度、占有推定制度以及善意保护制度的情况下，自由创设物权并不会危害交易安全；其二，任意创设不会对交易以外的第三人的行为自由造成损害，因为创设的物权效力必然小于所有权的效力。同时，反封建并不能构成物权法定的理由，因为在市场经济之下，封建物权会被逐渐淘汰。苏永钦教授从经济分析的角度入手，认为在估量成本和挫折成本交叉下存在物权的标准数量，在标准数量很大的情况下，应当放弃物权法定的选择，让民间也参与标准化的过程，进而提高效率。[1] 谢哲胜教授认为，从现代的发展趋势来看，物权与债权已经难以严格区分，并以1959年台上字第1065号判例以及“司法院大法官释字”第349号解释为例说明债权在某些情况下并不仅限于拘束相对人，[2]同时又以1997年台再字第97号判决为例，说明实践中已经放弃物权法定，改采物权自由原则。[3] 他还提出，在台湾地区引进信托法后，既然具有物权效力的受益权可以自由约定，那么在信托法的框架下，物权已经可以自由创设了，这样一来物权法定也没有太大意义了。[4] 后者以王文宇教授为代表，他也从物债二分以及公示制度出发，结合经济分析理论对物权法定原则进行了反思，但他并没有得出废止物权法定原则的观点，他认为，物权法定原则实际上是一种“强制化的标准化权利义务关系”，物权法定原则和公示制度实际上构成了减少咨询搜寻成本和保障交易安全的双重保护机制，在公示机制强大的情况

---

〔1〕 苏永钦：《物权法定主义松动下的民事财产权体系——再探中华人民共和国民法典的可能性》，载《厦门大学法律评论》（2004年第8辑），厦门大学出版社2004年版，第42页。

〔2〕 谢哲胜：《从释字第三四九号解释论随土地所有权移转的债权契约》，载《财产法专题研究》，三民书局1995年版，第62~63页。

〔3〕 谢哲胜：《物权法定原则与限制》，载《月旦法学教室》2005年第27期，第12~13页。

〔4〕 谢哲胜：《中国大陆物权法制的立法建议》，载《财产法专题研究（三）》，中国人民大学出版社2004年版，第122页。

下,应该对物权法定原则进行松绑。但他又认为,公示制度不能完全取代物权法定原则,因为五花八门的公示制度即便能够公示出来,也会造成极高的咨询成本和外部性。[1]

五、2009 年"修法"后的物权法定原则

司法实务和法学界缓和物权法定原则的裁判和呼吁最终也反映到了立法机关。2009 年,台湾地区"立法院"对实施了七十余年的物权编进行修改,对物权法定原则进行缓和,主要体现在以下几个方面:

(1)对第 757 条进行修改,明确承认可以依据习惯法创设物权。修正后的第 757 条为:"物权除依法律或习惯外,不得创设。"其立法理由为:"为确保交易安全及所有权之完全性为基础所建立之物权体系及其特性,物权法定主义仍有维持之必要,然未免过于僵化,妨碍社会之发展,若新物权秩序法律未及补充时,自应许习惯予以填补,故习惯形成之新物权,若明确合理,无违物权法定主义存立之旨趣,能依一定之公示方法予以公示者,法律应予承认,以促进社会之经济发展,并维护法秩序之安定,爰仿韩国民法第 185 条规定修正本。又本条所称'习惯'系指具备惯行之事实及法的确信,即具有法律上效力之习惯法而言,并予指明。"由此看出,台湾地区"立法院"并没有抛弃物权法定主义,而是在一定条件下(明确合理,无违物权法定主义旨趣,有公示方法),承认习惯物权,作为补充。

(2)除了直接对第 757 条进行修改外,立法者放宽对用益物权"次类型"的约定,也可以视为物权法定原则的松动。

对于地上权,将原第 832 条修改为:"称普通地上权者,谓以在他人土地之上下有建筑物或其他工作物为目的而使用其土地之权。"同时,新增加第 836 条之 2:"地上权人应依设定之目的及约定之使用方法,为土地之使用收益;未约定使用方法者,应依土地之性质为之,并均应保持其得永续利用。前项约定之使用方法,非经登记,不得对抗第三人。"立法者的立法理由是:"又当事人间为上开目的约定已构成地上权之内容,地政机关于办理登记时,宜将该设定目的予以配合登记……若地上权有约定之使用方法者,其约定须经登记,方能构成地上权之内容,发生物权效力,足以对抗第三人,故土地及地上权之受让人或其他第三人

[1] 王文宇:《物权法定原则与物权债权区分——兼论公示登记制度》,载《月旦法学杂志》2003 年第 93 期,第 138 ~ 165 页。

（例如抵押权人），当受其拘束，爰增订第二项。”也就是说，在新法之下，目的和使用方法都是地上权的内容，均可纳入登记范围，约定的使用方法采取登记对抗主义，这样一来，当事人皆可以借助使用方法的约定，设定各种亚类型的地上权。

对于地役权，此次“修法”将其改为“不动产役权”，扩大了标的物的范围，修法后的第851条为：“称不动产役权者，谓以他人不动产供自己不动产通行、汲水、采光、眺望、电信或其他以特定便宜之用为目的之权。”立法理由为：“不动产役权系以他人之不动产承受一定负担以提高自己不动产利用价值之物权，具有以有限成本实现提升不动产资源利用效率之重要社会功能，然因原规定‘便宜’一词过于抽象及概括，不仅致社会未能充分利用，且登记上又仅以‘地役权’登记之，而无便宜之具体内容，无从发挥公示之目的，爰明文例示不动产役权之便宜类型，以利社会之运用，并便于地政机关为便宜具体内容之登记……不动产役权便宜之具体内容属不动产役权之核心部分，基于物权之公示原则以及为保护交易之安全，地政机关自应配合办理登记，并予指明。”同时新增加的第859条之2将前述第836条之2准用于不动产役权。这样一来，在役权领域，其内容也可由当事人自由创设，可以设定各种亚类型的不动产役权。

另外，“修法”后新增加第850条之1新增农育权：“称农育权者，谓在他人土地为农作、森林、养殖、畜牧、种植竹木或保育之权。”第850条之6规定：“农育权人应依设定之目的及约定之方法，为土地之使用收益；未约定使用方法者，应依土地之性质为之，并均应保持其生产力或得永续利用。”立法理由称：“又当事人间为上开目的之约定，已构成农育权之内容，地政机关于办理农育权登记时，宜将该农育权之设定目的予以配合登记。”同时新增加的第850条之9将第836条之2准用于农育权。如此一来，通过对使用方法的登记，当事人在农育权之下也可创设若干亚类型。

（3）值得注意的是，此次“修法”，“立法机关”遵循了“司法机关”的认识，明确承认某些债权契约在一定条件下可以约束第三人。

对于区分所有的建筑物，新增的第799条之1第4款规定：“区分所有人间依规约所生之权利义务，继受人应受拘束；其依其他约定所生之权利义务，特定继受人对于约定之内容明知或可得而知者，亦同。”立法者是从团体法的角度对其进行解释的。[1] 但笔者认为，区分所有规约之所以可以无条件约束后手，是因为“公寓大厦管理条例”第24条已经向继受人课加了查询义务，[2] 至于其他约定，只有在继受人明知或可得而知的情况下，才能对其有拘束力。

对于不动产共有物的分管契约，新增第826条之1第1项规定：“不动产共有间关于共有物使用、管理、分割或禁止分割之约定或依第820条第1项所为之决定，于登记后，对于应有部分之受让人或取得物权之人，具有效力。其由法院裁定所定之管理，经登记后，亦同。”立法理由称：“上述契约、约定或决定之性质均属债权行为，基于债之相对性原对第三人不生效力，惟为保持原约定或决定之安定性，立法者特赋予物权效力，爰参照‘司法院’释字第349号解释，并仿德国与瑞士之立法例，于不动产为上述约定或决定经登记后，即对应有部分之受让人或取得物权之人，具有效力。”从上述条文及立法理由来看，不动产共有物的分管契约，以登记对抗主义为要件，可以具有物权之效力。

对于动产共有物分管契约，新增的第826条之1第2项规定：“动产共有人间就共有物为前项之约定、决定或法院所为之裁定，对于应有部分之受让人或取得物权之人，以受让或取得时知悉其情事或可得而知者为限，亦具有效力。”由于动产并无全面的登记制度，从这条的行文来看，应该也是受到了释字第349号的影响，对第三人课加了一定的探知义务，只有在第三人明知或可得而知的条件下，才能对其有拘束力。

从上面三个方面来看，在习惯物权承认、用益物权亚类型创设以及分管契约具有第三人拘束力的情况下，建立在严格类型法定和内容固定基础上的物权法定原则无疑已经松动了。对于部分权利的处分禁止约定，“修法”后也承认可以通过登记取得对抗效力。例如，修订后的第383条规定：“地上权人得将其权利让与他人或设定抵押权。但契约另有约定或另有习惯者，不在此限。前项约定，

---

〔1〕 本条立法理由为：“区分所有建筑物之各区分所有人因各专有该建筑物之一部或共同居住其内，已形成一共同团体。而规约乃系由区分所有人团体运作所生，旨在规范区分所有人相互间关于区分所有建筑物及其基地之管理、使用等事项，以增进共同利益，确保良好生活环境为目的，故区分所有人及其继受人就规约所生之权利义务，依团体法法理，无论知悉或同意与否，均应受其拘束，方足以维持区分所有人间所形成团体秩序之安定。”参见曾品杰：《民法物权编所有权修正评析——以通则部分为中心》，载《“国立”中正大学法学集刊》2009年第27期，第12~13页。

〔2〕 “公寓大厦管理条例”第24条：“区分所有权之继受人，应于继受前向管理负责人或管理委员会请求阅览或影印第三十五条所定文件，并应于继受后遵守原区分所有权人依本条例或规约所定之一切权利义务事项。”

非经登记,不得对抗第三人。”新增的第850条之3亦规定:“农育权人得将其权利让与他人或设定抵押权。但契约另有约定或另有习惯者,不在此限。前项约定,非经登记不得对抗第三人。”[1]另外,在此次“修法”中,在司法实践中被认定为抵押权亚类型的最高额抵押权也被立法化,纳入了民法典中。

在“立法机关”“修法”后,台湾地区的“司法机关”也随之对以往的判例作出了调整,废止了部分与新法不符的判例。由于新法的修订主要立基在司法实践的积累上,因此司法机关所废止的判例主要是依据原第757条否定习惯物权的判例,例如前述1941年上字第2040号、1942年上字第2235号、“最高法院”1947年度决议、1949年台上字第269号。这些判例于2010年2月23日经“最高法院”2010年第1次民事庭会议决议不再援用,并于2010年3月22日由“最高法院”依据“最高法院判例选编及变更实施要点”第9点规定以台资字第0990000237号公告之。不再援用的理由是,“本则判例认为不得依习惯创设物权,与修正‘民法’第757条得依习惯创设物权之规定未尽相符”。[2]

从理论层面来看,此次对第757条的修改反映了王泽鉴、谢在全、郑玉波、刘志歇等物权法定缓和论者的观点。虽然台湾地区民法学界基本上没有人再坚持严格的物权法定原则,但学者们对此次修改的评价仍然存在分歧,部分学者持赞许态度,同意在保持物权法定原则的基础上对其进行缓和,另有部分学者则认为立法者的步子太保守,未来还是应该改采物权自由。苏永钦教授和谢哲胜教授认为第757条过于保守,未来应该改采物权自由:苏永钦教授认为,将第757条修改为“物权除依法律或习惯外,不得创设”的意义不大,因为真正使物权法定原则松绑的是物权次类型的开放约定和共有不动产分管契约的开放登记,不动产分管契约可以实现“量共有”向“质共有”转化:如果甲希望为乙设定一个物权法所未承认的“租屋权”,那么甲可以将乙登记为共有人,并且通过分管契约使共有人

〔1〕 此处需要注意的是,王泽鉴教授对此持明确反对态度。对于何种物权关系上的债权约定得经登记而物权化,他认为:“关于共有物的管理或分割,空间地上权人互相使用收益,因涉及物之本身的使用收益,将其债权约定予以物权化,容有必要。至于地上权或农用权不得让与约定的物权化,则有推究余地:其理由有三:(1)物权的让与有助于增进物的最适利用,应尽量减少其限制;(2)地上权或农用权人违反约定而将地上权或农用权让与第三人时,应负债务不履行损害赔偿责任。此种救济方法更能兼顾债权与物权关系;(3)扩大债权约定的第三人效力,将影响物权关系的安定性,增加土地登记的负担。”参见王泽鉴:《民法物权　通则·所有权》,中国政法大学出版社2001年版,第43~44页。

〔2〕 参见高点:《初探物权新法下的物权法定主义》,载《法观人月刊》2010年第156期,第5页。

乙单独使用整个房屋,并按月向共有人甲支付一定数额的金钱,这样的分管契约可以通过登记具有物权效力,如此一来,具有物权效力的“租屋权”就产生了,实践中需要的养老权也可以通过分管契约登记来实现;[1] 据此,苏永钦教授认为,物权法定原则实际上已经淡出,第757条的保留只是过渡性质,交易者只要善用不动产分管契约登记就可以创设足够多的新物权,达到一定程度后,废除物权法定原则的时机就到了。[2] 谢哲胜认为,习惯可创设物权,那么物权法定主义就已经被废弃,在加入登记对抗主义之后,物权的范围也会扩大,从发展趋势来看,物权与债权已经难以严格区分,债权在某些情况下并不仅限于拘束相对人,例如租赁权的物权化、区分所有规约、占有的债权本权、信托契约、共有物分割分管契约、释字第349号的债权等;从保护交易安全的角度入手,采取“使交易第三人无法明知或可得而知的权利瑕疵或物上负担不能对交易第三人主张”的标准即可保护交易安全,采取“剥夺当事人创设新种类新内容的自由”的物权法定原则并无必要,属于对私法自治的过分限制,可能违反“宪法”第二十三条。[3] 曾品杰教授对修订后的第757条持赞成态度,他认为,在承认习惯法物权后,物权法定原则是否“违宪”,应该就当事人约定的后果具体判断,如果当事人的约定已经是一种习惯物权,并且得到了法院的承认,那么自然就具有物权的效力,如果法院不承认此种习惯物权,那么原则上仅具有债法上的效力,但不排除该债权契约可以借由一定的公示方法,对于明知或可得而知的第三人发生效力的可能,因此物权法定原则仅仅是在对世效力的范围内剥夺了当事人创设新种类与新内容的自由,并没有违反“宪法”;曾品杰同时认为,立法者实际上是以习惯法作为债权物权化的阶梯,通过法院对习惯法的承认,将具有债权效力的约定提升到法定物权的层次,这是一种由下而上的法秩序形成过程,不但强化了物权法定主义之类型

---

〔1〕 苏永钦:《可登记财产利益的交易自由——从两岸民事法制的观点看物权法定原则松绑的界限》,载《南京大学法律评论》(2010年秋季卷),法律出版社2010年版,第16~44页;苏永钦:《物权自由了》,载《寻找新民法》,北京大学出版社2012年版,第475页以下。

〔2〕 苏永钦:《为什么通则不通——从民法典的角度看物权编通则的修正》,2009年5月。转引自曾品杰:《民法物权编所有权修正评析——以通则部分为中心》,载《“国立”中正大学法学集刊》2009年第27期,第16页。

〔3〕 谢哲胜:《民法物权编修正:第一讲通则》,载《月旦法学教室》2011年第110期,第45~56页;谢哲胜:《民法物权编(通则章)修正综合评析》,载《月旦法学杂志》2009年第167期,第116~122页。

流动性,同时也支持了物权法定主义之民主正当性。[1]

六、附论:《韩国民法典》中物权类型及物权法定原则

朝鲜在1945年之前的日本殖民时期主要适用《日本民法典》,并没有独立的民事法律。1948年韩国成立后,政府即开始推动民法典的制定。法典编撰委员会于1948年完成《朝鲜临时民法典编纂纲要》,1950年完成《民法典编纂纲要》,1953年提出正式的民法典草案。该草案在1954年获得国会通过,并于1960年开始施行。[2] 韩国民法的立法者在立法过程中,参考了日本民法学的最新研究成果,删除了许多来自法国民法的制度,更多地吸收了德国民法以及瑞士债务法中的诸多制度。[3] 因此,虽然《韩国民法典》在体例上采取的仍然是日本式的潘德克顿体例"总则—物权—债权—亲属—继承",但明显比日本更加彻底地贯彻了物债二分,最为典型的就是《韩国民法典》第186条和第188条采纳了形式主义的物权变动模式,[4]但对于是否承认物权行为的独立性与无因性,韩国学术界仍然存在争议。[5]

在物权类型的选择方面,《韩国民法典》规定了所有权、地上权、地役权、传贯权、留置权、动产质权、权利质权以及抵押权,没有规定法国法系中的先取特权和不动产质权。在所有权方面,《韩国民法典》的特殊之处在于规定了三种共有模式,即按份共有、合有、总有,其中"总有"是指非法人社团的会员以集合体的形式享有对物的所有权,成员个人不得享有份额,成员对总有物的权利义务,随成员地位之得失而得失。在限制物权方面,《韩国民法典》的特殊之处在于规定了传贯权。传贯权是韩国独有的物权种类,它是由一种特殊的租赁制度演化而来的,[6]具有用益物权和担保物权双重属性,它是指传贯权人向不动产的所有权人

---

〔1〕 曾品杰:《民法物权编所有权修正评析——以通则部分为中心》,载《"国立"中正大学法学集刊》2009年11月第27期,第15~19页。

〔2〕 参见梁彰洙:《关于民法案成立过程的小考》,崔吉子译,载《韩国最新民法典》,北京大学出版社2010年版,第13~28页。

〔3〕 参见梁彰洙:《关于民法案成立过程的小考》,崔吉子译,载《韩国最新民法典》,北京大学出版社2010年版,第33页。

〔4〕 《韩国民法典》第186条:"因法律行为取得、消灭或变更不动产物权的,经登记始生效力。"第188条:"(一)动产物权的转让,交付该动产时,始生效力。(二)受让人已占有该动产的,依当事人的意思表示,发生效力。"参见崔吉子译:《韩国最新民法典》,北京大学出版社2010年版。本书引用的韩国民法典条文均出自此译本。

〔5〕 崔吉子:《韩国民法典内容简介》,载《韩国最新民法典》,北京大学出版社2010年版,第109页。

〔6〕 在1950年《民法典编撰纲要》中,传贯权仍然被规定在租赁合同中。

支付传贳金,在一定期限内享有使用收益的权利;在传贳权消灭后,所有权人向传贳权人返还传贳金,传贳权人向所有权人返还不动产;同时,传贳权人就传贳金享有就该不动产优先受偿的权利;传贳权人可以转让、出租传贳权,也可以以传贳权向他人提供担保;在设定后因外在因素导致传贳金不合理的,当事人可以请求增减。传贳权的存在,实际上发挥了不动产用益物权和不动产质权的作用。除了《韩国民法典》中规定的物权类型外,《关于假登记担保等的法律》规定了假登记担保权,即为担保债权,对不动产所有权移转请求权办理假登记的担保权,在债权人未获清偿时,可以请求办理本登记。《关于假登记担保等的法律》还规定了不动产的让与担保,让与担保权人自支付清算金时,取得所有权。[1]

《韩国民法典》中也采纳了东亚法系的物权法定原则,但与《日本民法典》的规定有所不同。在1948年的《朝鲜临时民法典编纂纲要》中,《物权法纲要》首条即规定:"物权除了本法及其他法律规定外,不得创设。"[2]在1950年的《民法典编纂纲要》中,《物权法纲要》第1条亦规定:"除本法以及其他法律规定外,不得创设物权。"[3]这两个纲要中的条文均与《日本民法典》第175条相同。但是,在正式颁布的《韩国民法典》第185条中,物权法定的条款变为:"物权,除依法律或习惯法外,不得任意创设。"这样一来,韩国已经明确承认了习惯法可以是物权的渊源,无论是民法典颁布前的固有习惯物权,还是民法典颁布后新形成的习惯物权,均一体承认。目前,韩国所承认的习惯法上的物权包括坟墓基地权、法定地上权和动产让与担保。[4]

物权法定原则在《韩国不动产登记法》[5]上也得到了反映,也即只有法律明确列举的权利类型才具有登记能力,该法第2条规定可登记的权利为所有权、地上权、地役权、传贳权、抵押权、权利质权以及租赁权。此处,借助登记制度,韩国民法中也有债权物权化的现象:《韩国民法典》第621条明确将不动产租赁权登

---

〔1〕 崔吉子:《韩国民法典内容简介》,载《韩国最新民法典》,北京大学出版社2010年版,第120页。

〔2〕 参见梁彰洙:《关于民法案成立过程的小考》,崔吉子译,载《韩国最新民法典》,北京大学出版社2010年版,第16页。

〔3〕《民法典编纂纲要》,载《韩国最新民法典》,北京大学出版社2010年版,第38页。

〔4〕 崔吉子:《韩国民法典内容简介》,载《韩国最新民法典》,北京大学出版社2010年版,第108页。

〔5〕《韩国不动产登记法》,参见《韩国最新民法典》,崔吉子译,北京大学出版社2010年版,第276页以下。

记，作为对抗第三人的要件，[1]因此在《不动产登记法》第2条中也有反映。同时，《韩国不动产法登记法》第3条规定了假登记制度，相当于我国《物权法》中的预告登记制度，针对第2条中列举的权利的请求权可以办理假登记，该请求权为附期限或附停止条件以及其他将来能够确定的请求权，也可以办理假登记。这样，《韩国民法典》第592条规定的不动产买回权登记也可以通过假登记制度实现。[2] 值得我们特别注意的是，《韩国不动产登记法》第117～129条尚有关于不动产信托登记的规定：要求信托登记与因信托的不动产所有权转移登记，应在同一文书上办理；申请信托登记时，须在申请书附加关于委托人、受托人、受益人、信托管理人、信托标的、管理方法、信托终止事由等内容的书面资料，这些书面资料作为信托原簿，视为登记簿的一部分，其记载视为登记。在引入信托制度，建立信托登记的情况下，韩国民法学界必然也会和其他引入信托制度的大陆法系国家一样，面临信托制度与物权法定原则的协调问题。[3]

第五节　小　结

本章对物权类型封闭原则的立法化进行了研究。物权类型封闭原则虽然起源于德国潘德克顿学派，并且在法国、瑞士、奥地利取得了主流学说的地位，但这些国家的民法典都没有明确规定这一原则。换言之，物权类型封闭原则只以理论的形式存在着。随着潘德克顿法学影响力的进一步扩展，物权类型封闭原则在一些继受国也获得了承认，并且被立法化，获得了民法典的明确承认。从大陆法系的范围来看，物权类型封闭原则的立法化主要以葡萄牙、荷兰两个原拉丁法系国家以及日本等东亚国家和地区为代表。

葡萄牙《塞亚布拉法典》和《西班牙民法典》均属于拉丁法系，学者普遍认为这两部法典采纳的是物权类型开放原则。《塞亚布拉法典》保留了分割所有权的

---

〔1〕《韩国民法典》第621条："（一）若当事人之间无相反约定，不动产承租人可请求出租人协助办理租赁登记。（二）办理不动产租赁登记的，自登记时起对第三人发生效力。"

〔2〕《韩国民法典》第592条："买卖标的物为不动产时，办理买卖登记的同时亦办理保留买回权登记的，对第三人发生效力。"

〔3〕由于笔者的语言能力有限，尚未查阅到韩国学者关于这个问题的讨论。

现象，其第2189条与《法国民法典》第543条的行文方式是相似的。但是，葡萄牙法学界从20世纪开始就不断受到潘德克顿法学的影响，终于在1966年的新民法典中采纳了物债二分的民法体系。虽然葡萄牙新民法典仍然保持了许多拉丁法系的色彩，第1306条也是从维护所有权的角度来阐述物权类型封闭原则，但葡萄牙学者还是将物权类型封闭原则理解为德国式的类型强制和类型固定，并且以物权的绝对性作为采纳物权类型封闭原则的首要理由。荷兰旧民法典也属于受《法国民法典》影响的产物，其第584条与《法国民法典》第543条的行文方式也是相似的。在整个19世纪，荷兰法学界和司法实务的主流观点均认为荷兰采纳类型开放原则。但进入20世纪以来，荷兰法学界受到潘德克顿法学的影响越来越大，最高法院与学术界的主流意见倒向了物权类型封闭原则，并认为第584条是对物权类型的穷尽列举。1992年荷兰新民法典颁布，该法典虽然归纳出了财产法通则，但在财产法之下仍然清晰地划分了债法与物权法，并且以3个条文组成的规范群严密地维护物权类型封闭原则。虽然物权类型封闭原则在新法典中得到了明确承认，但该法典仍然存在大量的债权物权化现象，最为典型的就是开放登记财产的容忍或不作为义务登记。需要注意的是，荷兰新法典虽然严密维护物权类型封闭原则，但该原则并不限制法官的法律续造，通过法官法承认交易实践需要的习惯物权仍然常见。

《日本民法典》虽然保持了大量拉丁法系的特征，但在体例上采纳了潘德克顿式的物债二分体系。《日本民法典》第175条是世界上首次将物权类型封闭原则立法化，该条文的缩略语即“物权法定”，因此可以说第175条开创了东亚国家“物权法定原则”的先河。与其他欧洲国家相比，《日本民法典》第175条呈现出了非常严格的法定主义，物权的法源仅限于议会制定的法律，习惯法被排除在外，无论是立法之前已经存在的习惯物权，还是嗣后形成的习惯物权，原则上均不被承认。这种严苛的态度只能放在日本特定的历史背景下才能被理解，当时日本急于“脱亚入欧”，实现物权制度的整体更新，所以才采纳了如此激进的态度。但是，在后来的司法实践中，无论是传统习惯物权，还是交易实践中形成的新习惯物权，均获得了法院的承认，学术界也提出了若干缓和严格物权法定原则的学说。我国民法近代化受日本影响颇深，早在清末修律和民国初年的民律草案中，我国民法草案中就已近采纳了与《日本民法典》第175条同样的条款，在立法理由上都与穗积陈重的学说如出一辙。但是，由于战乱的阻隔，民初大理院实际上还是在沿用习惯法来进行民事裁判,立法的滞后为大理院对习惯物权的改造提供了契机。后来的"民国民法典"第757条虽然在行文方式上与《日本民法典》第175条完全相同,但民国时期对习惯物权的态度还是要比日本温和得多,民法典实施以前存在的习惯物权原则上其效力都获得了尊重,只是在民法典实施后,当事人不得再另行创设。"国民政府"迁台后,严格的物权法定原则发生了松动,法院开始承认实践中形成的习惯物权,学者也开始主张缓和物权法定原则。2009年"修法",我国台湾地区终于明确承认习惯法得为物权的正式法源,并且通过引入共有物分管契约登记和伴随物权的债务关系登记,大规模地松动了物权法定原则。

第四章　英美法系的财产权类型封闭原则

在前面三章中，我们已经了解了物权类型封闭原则的历史渊源、产生以及在大陆法系各国民法中的存在形态，在本章中，我们将要转向大陆法系以外的国家和地区，探寻物权（财产权）类型封闭原则在这些国家和地区是否存在以及以何种方式存在。那么这样的研究意义何在呢？

一方面，我们已经发现，在大陆法系各国中，物权类型封闭原则是与统一所有权、物债二分的民法体系、物权法的自治性观念紧密相关的，在逻辑结构上，物权类型封闭原则具有维护统一所有权、物债二分的民法体系以及物权法自治性的作用。但是，这些来源于罗马法和潘德克顿法学的教条和体系原则并不具有普世性。在英美法系中，就完全采用了迥然不同的话语体系，不仅没有使用“物权”“债权”这一对术语，建立在判例基础上的普通法也不重视私法的结构体系，那么在这种情况下，财产权类型封闭原则（*numerus clausus*）是否还存在呢？如果英美法系不存在财产权类型封闭原则，那么该原则很可能就只具有外在体系的维护意义，而不具有实质合理性。反过来，如果财产权类型封闭原则在英美法系也同样存在，那么这一原则背后就必然存在超越外在体系的内在价值和实质合理性。[1] 另一方面,在法系融合的趋势下,英美法系中的信托制度也普遍进入到了大陆法系国家,从前面三章的内容研究来看,信托制度与大陆法系固有的财产法体系存在一定的冲突,各国学者普遍注意到了信托制度对物权类型封闭原则的冲击,但如果英美法系本身就存在财产权类型封闭原则,那么它和信托制度又是如何兼容的呢?

从我国学者的研究文献来看,学术界就英美法系是否存在财产权类型封闭原则的问题存在分歧。部分学者认为英美法系并不存在财产权类型封闭原则,例如马俊驹和梅夏英认为,"英美财产法缺乏严密的理论体系,反而摆脱了概念法学的束缚。如它不局限于'物权法定原则',可以根据社会需要,以契约形式设定财产权,以保证人们对财产的充分利用。"[2]我国台湾地区学者谢哲胜系留美学者,他也认为,在英美法中,物权的创设原则上是自由的。[3] 另有部分学者认为英美法系存在财产权类型封闭原则,例如张鹏教授认为,"从美国司法实践中的一系列案例看,美国法是奉行物权法定的,一般不允许当事人创设新的财产权种类"。[4] 国内专门研究英美财产法的吴一鸣教授也赞成这种观点,他认为英美法就物权的种类和内容都存在法定原则。[5] 大部分学者对这个问题保持沉默,并没有表态。鉴于对英美法系财产权类型封闭原则研究的重要意义以及我国对此问题的研究欠缺,本书准备在这一章对这个问题进行详细的研究。

此外,我国主张物权自由的学者多认为交易安全保护的关键在于公示制度,只要公示制度足够完善,那么物权类型封闭原则就是不必要的,因此他们基本上都主张在某类标的物存在登记制度情况下,应该允许当事人借助登记制度在该

---

[1] 英美法系的学者对此问题研究较少,但从笔者掌握的文献来看,他们基本上也认为英美法系存在财产权类型封闭原则。例如,Bernard Rudden, *Economic Theory v. Property Law*: *The Numerus Clausus Problem*, in John Eekelaar & John Bell (eds.), Oxford Essays in Jurisprudence: Third Series, Oxford: Clarendon Press, 1987, pp. 239 – 241; Thomas W. Merrill and Henry E. Smith, *Optimal Standardization in the Law of Property*: *The Numerus Clausus Principle*, 110 Yale L. J. 1, 2000 – 2001, p. 4; Henry Hansmann and Reinier Kraakman, *Property, Contract, and Verification*: *The Numerus Clausus Problem and the Divisibility of Rights*, 31 J. Legal Stud. S. 373, 2002。

[2] 马俊驹、梅夏英:《财产权制度的历史评析和现实思考》,载《中国社会科学》1999 年第 1 期,第 90 ~ 105 页。

[3] 谢哲胜:《中国大陆物权法制的立法建议——兼评王利明教授物权法草案建议稿》,载《财产法专题研究(三)》,中国人民大学出版社 2004 年版,第 122 页。

[4] 张鹏:《美国法上的物权法定原则》,载《法学》2003 年第 10 期,第 108 ~ 118 页。

[5] 吴一鸣:《英美物权法——一个体系的发现》,上海人民出版社 2011 年版,第 157 页以下。

类标的物上自由创设物权。[1] 但他们对物权自由的主张及制度设想基本上都停留在推理层面，这种学理上的观点一旦转化成现实的制度，恐怕就会产生意想不到的负面效果。在现实中，的确存在开放不动产登记，允许当事人自由设立物权的国家——南非。因此，本章最后一节将对南非的物权自由创设制度的具体运行状况进行研究，希望能够查知物权自由创设制度在实际运行中的得失利弊。

第一节 英美财产法的基本概念及范围

在考察英美法系是否有与大陆法系中的物权法定原则相对的类似原则时，我们首先要对英美法系财产法的相关概念进行厘清，因为“物权”“债权”“所有权”这些我国常见的概念是以罗马法为基础的大陆法国家的法律术语，而以普通法判例为基础的英美财产法采取了与大陆法系迥然不同的财产法术语和观念：第一，英美法中并不存在囊括土地和土地以外其他财物的统一的财产法，我们对其进行研究时，应该注意到其与大陆法系物权法的差别；第二，英美法内部存在普通法和衡平法的二元分立，这就导致其财产权也分为普通法上的财产权和衡平法上的财产权，但衡平法财产权在效力上与普通法财产权存在差异，如何理解衡平法财产权对本书的研究主题也至关重要；第三，英美法信托制度目前对大陆法系各国影响较大，为避免误解，有必要简要回顾信托制度在英美法中的发展演变过程；第四，英美法中的“财产权”是否同样为对世性的权利(right in rem)，“财产权”与“合同权利”之间是否存在质的差异，这个财产权类型封闭原则的前置问题也需要作出解答。本节将专门对上述几个问题进行研究。

一、分裂的财产法：“land law”和“personal property law”

英美财产法的一个显著特征即“land law/real property law”和“personal property law”的二元分立，前者的调整对象是土地或土地上的权利或利益(land

---

〔1〕 参见苏永钦：《可登记财产利益的交易自由——从两岸民事法制的观点看物权法定原则松绑的界限》，载《南京大学法律评论》(2010 年秋季卷)，法律出版社 2010 年版，第 16～44 页；刘正峰：《论无名物权的物权法保护——从对物权法定原则的检讨展开》，载《法商研究》2006 年第 2 期，第 9～16 页；常鹏翱：《体系化视角中的物权法定》，载《法学研究》2006 年第 5 期，第 3～16 页；杨代雄：《物权法定原则批判——兼评物权法第 5 条》，载《法制与社会发展》2007 年第 4 期，第 20～31 页。

or real property),后者则针对土地或土地上的权利或利益以外的其他财产权利或利益(chattel or personal property)。

这种区分的存在主要是历史造成的,在封建时代普遍存在于整个欧洲地区,但在罗马法复兴后,欧洲大陆各国又重新回到了统一的财产法制度之下,而几乎未受罗马法影响的英国则将这种区分保留到了今天。诺曼人征服英格兰后,就将欧洲大陆的土地分封制带到了英格兰,建立了土地保有制度。封建制度的特征就在于对土地的权利与对土地的主权不分,拥有某一块土地不仅意味着可以享有土地的经济收益,而且还意味着对土地上的居民和发生的事件享有管理权。因此,在封建时代,土地(land)权利具有非同寻常的重要性,是封建社会的基石,而土地以外的其他财产权利或利益(chattel)就不具有这种重要性。鉴于这种不同,司法制度对上述两种不同的财产权益采取了不同的诉讼保护方式——"real action"和"personal action"。在"real action"中,财产受到侵夺的权利人可以要求被告返还该财产(recover),权利人通过"real action"重新获得对土地的占有(seisin),但在"personal action"中,财产受到侵夺的权利人不能要求被告返还财产,被告有权选择是返还原物(recover)还是赔偿损失。[1] 这种损失赔偿实际上是一种侵权(Tort)救济。在"real action"和"personal action"的基础上,形成了"real property"和"personal property",分别指代"real action"和"personal action"所保护的财产权益。在"real property"和"personal property"的基础上,又形成了"Real Property Law"和"Personal Property Law"。由于"real action"的保护范围主要是自由持有地产(freehold estate),因此"Real Property Law"与"Land Law"实际上是同义词。

在英美法中,"real property"和"land"不仅指土地本身,还包括了土地之上的权利或利益,既包括实际占有支配土地的权利(corporal hereditaments),例如非限嗣继承地产权(fee simple)、限嗣继承地产权(fee tail)、终身地产权(life estate),也包括非实际占有支配土地的无形权利(incorporal hereditaments),例如地役权(easement)、定期给付权(rentcharge over land)。

"chattel"是指"real property"以外的其他财产权益,起初它就是指有形的动

---

[1] 参见 W. S. Holdsworth, *Historical Introduction to the Land Law*, Oxford: Clarendon Press, 1927, pp. 11 – 12; F. H. Lawson and Bernard Rudden, *The Law of Property*, 3rd, Oxford University Press, 2002, pp. 13 – 14。

产,但随着时代的发展,其外延不断扩展:实践中形成的租赁地产权(leasehold)并不属于土地保有,因此只能归为"chattel",但由于它与土地直接相关,所以租赁地产权就被称为"chattel real",这样一来,租赁地产权以外的其他"chattel"就被称为"chattel personal"。"chose in action"原本是一种基于侵权或合同要求对方给付金钱的诉权,原本不具有财产属性,因为它不可转让,后来这种金钱债权的可转让性得到承认,也就具有了财产属性,由于其与"real property"无关,所以只能被纳入"chattel"之中,这样无形权利就开始进入"chattel"的范围了,今天"chose in action"已经包含了公司股权、汇票、知识产权和债权,"chattel"的范围也得到了极大扩展。随着"chattel"范围的扩展,它原初所指的有形动产就用"chose in possession"来指代了,在现代英美法文献中,"chose in possession"这一术语基本上已经不再使用了,现在用来表示有体动产的术语主要是"movables""movable property""things movable""corporal movable"。在商事交易中,有体动产通常被称为货物(goods)。由此可见,英美法中"real property"的外延大致上相当于大陆法系中的不动产物权,而"personal property"或"chattel"的外延则相当于大陆法系中除了不动产物权以外的其他具有财产价值的权利,包括动产物权和无体动产(intangible personal property),例如知识产权、股权、汇票、可转让的债权、债券、特许经营权、许可权等。[1]

从前面的分析来看,在外延方面,英美法中的"real action"和"personal action"与罗马法中的对物之诉(actio in rem)和对人之诉(action in personam)并没有对应关系,英美法中的"real property"和"personal property"与大陆法系中的对物权(right in rem)和对人权(right in personam)也没有对应关系。[2] 但是,在内涵方面,英美法中的"real action"和"personal action"与罗马法中的对物之诉和对人之诉、对物权和对人权又有实质相似性,因为"real action"提供恢复原物占有的救济,"personal

---

〔1〕 参见 Bram Akkermans, *The Principle of Numerus Clausus in European Property Law* (diss.), Maastricht University, 2008, pp. 332 – 334。吴一鸣:《英美物权法——一个体系的发现》,上海人民出版社2011年版,第8页以下。[美]约翰·G. 斯普兰克林:《美国财产法精解》(第2版),钟书峰译,北京大学出版社2009年版,第9~10页。

〔2〕 梅特兰认为,引用罗马法的相关理论来对英国诉讼形式进行分类是危险的。在《普通法的诉讼形式》一书中,梅特兰指出,罗马法上对人之诉和对物之诉早就已经出现在了格兰维尔和布拉克顿的著作中,但这些诉讼分类从未与英国本土的法律相契合,布拉克顿就明确说英格兰法中没有与动产相应的对物诉讼,对动产提起的诉讼都是对人诉讼,要么是契约之诉,要么是侵权之诉。参见[英]梅特兰:《普通法的诉讼形式》,王云霞等译,商务印书馆2010年版,第112~115页。

action"只提供损害赔偿的救济,那么与这两种救济相对应的受害人的权利实际上就有了对物权和对人权的差异。从大陆法系的视角来审视,英美法系中的"personal property"实际上是除了不动产物权以外的"大杂烩",既包括了大陆法系中属于绝对权的动产物权、知识产权,又包括了属于相对权的债权,因此,英美法中的"property"大致相当于德国民法中的"Vermögen",法国民法中的"les biens"。[1]

二、分裂的财产法:普通法(Common Law)与衡平法(Equity)

除了前述"Land Law"和"Personal Property Law"的分立外,英美法中存在的普通法和衡平法的分立对财产法也产生了影响,导致在财产法内部形成了普通法财产权与衡平法财产权的区别。普通法财产权与衡平法财产权的分立也需要回溯到历史中寻找其根源。起初,英国法中只有普通法上的财产权,但后来为了缓和普通法的僵化和严苛,大法官在普通法之外通过判例又形成了另一套规则体系——衡平法,依据衡平法保障的财产权即衡平法财产权。这种分立完全是因为普通法院和大法官法院(Court of Equity,Court of Chancery)两套法律救济机制造成的,当事人的正当权益如果因普通法的僵化严苛而得不到救济,那么就可以向大法官寻求衡平法上的救济。就普通法与衡平法的关系来说,"衡平法遵从法律"(equity follows the law),衡平法并不否定普通法,而是对普通法的补充,这一关系也反映在财产权方面,普通法财产权构成了英美财产法的基本架构,而衡平法财产权只是对这一架构进行补充和完善。

衡平法地产权可以分为两类:一类是与普通法地产权类型相对应的,例如衡平法上的非限嗣继承地产权、衡平法上的终身地产权、衡平法上的租赁地产权等,它们实际上是通过信托的方式被创设出来的,也即以信托受益人权益的形态存在。[2] 另一类衡平法地产权则是衡平法独创的,在普通法上并无对应形态,例如地产权合同(estate contract)[3]、限制性约据(restrictive

---

[1] 参见本书导论第四节、第二章第一节、第二章第三节中的相应内容。

[2] 关于信托受益人权益,在后文中将作详细的论述。

[3] 地产权合同是指所有以土地权益的移转为内容的合同,但该土地权益要等到契据交付以后才发生实际转移。在地产权合同签订后,契据交付以前,受让人并不享有普通法地产权,如果出让人违反合同,那么受让人只能得到损害赔偿。衡平法院认为,在地产权合同生效后,契据交付之前,受让人享有衡平法上的地产权,有权要求出让人实际履行,除了善意买受人外,可以对抗任何人。

convenant)[1]、抵押人的回赎权(mortgagor's equity of redemption)[2]、衡平留置权(equitable lien)[3]、衡平法负担(equitable charge)[4]等。从衡平法财产权的产生来看,它实际上是大法官通过判例赋予并加强某些法律地位的对抗效力而形成的,这些法律地位在普通法上原本完全得不到保护(例如,信托受益人的权利)或仅仅具有合同效力(限制性约据)。这种对抗效力是通过个案渐进式获得的,而并非直接取得了对抗所有人的效力。[5] 实际上,对财产权的承认与发展来说,普通法和衡平法都是通过判例逐步扩展财产权的种类和范围,两者并没有实质的区别,相较而言,只是后者出现的时间较晚,受过去的先例和教条约束较少,法官更倾向于依据自然正义对权利人进行救济,法官能动性更强而已。

虽然普通法财产权与衡平法财产权都具有对抗第三人的效力,但两者有一个重大区别,即衡平法财产权不能对抗善意买受人。在现代登记制度建立以前,普通法地产权能够对抗第三人,无论该第三人是否知道该地产权的存在,衡平法地产权也能对抗第三人,但如果该第三人是普通法地产权的善意买受人,衡平法地产权就不能对抗该善意买受人。这就是衡平法上著名的善意买受人原则,其全称是"未注意到(衡平法地产权存在)的、支付了对价的、普通法地产权的善意买受人原则"(the doctrine of the bona fide purchaser for value of the legal estate without notice)。善意买受人的构成有四个要件:(1)买受人所买受的必须是普通法地产权,不仅包括不限嗣继承地产权的买受人,还包括土地的抵押权人、地

---

〔1〕 限制性约据是指土地转让时,出让人与受让人对该土地用途进行限制的约定,在受让人将土地再次转让给第三人时,除了该第三人是善意买受人的情况外,该限制性约据能够约束第三受让人。

〔2〕 抵押人的回赎权是指在抵押人将土地转让给债权人作为借款担保,那么他就拥有清偿债务后赎回土地的权利,这一权利是衡平法上的权利,可以对抗除善意买受人以外的所有人。如果债权人在债务清偿前将土地转让给买受人,并且该买受人知道抵押人的回赎权,那么抵押人有权要求买受人返还土地。

〔3〕 如果甲将土地转让给乙,而乙未付清所有的价款,那么甲在未付清的价款的数额内对土地享有衡平留置权。

〔4〕 如果甲向乙借款,并以土地作担保,但不转让土地的普通法地产权,那么乙对土地的权利就是一种衡平法权利。

〔5〕 此处仅以用益或信托受益人的权利来简单说明这个问题,在下文涉及具体的衡平法财产权类型时,还会再详细阐述。用益或信托受益人权利的可对抗的第三人的范围是基于衡平法院的个案判决逐渐扩展的:1465年,第三人在向受托人购买土地时,如果已经注意到了土地上设定的用益,受益人就可以对抗该第三人;1522年,受益人可以对抗受托人的继承人;1595年的Chudleigh's Case中,第三人如果从受托人处无偿受让信托土地,即使其不知道信托,受益人也可对抗该第三人;1660年,如果受托人以信托土地清偿自己的债务,受益人的权利可以对抗受让土地的债权人。E. H. Burn, *Cheshire and Burn's Modern Law of Real Property*, 16th ed., London: Butterworths, 2000, p. 57. 转引自吴一鸣:《英美物权法——一个体系的发现》,上海人民出版社2011年版,第93页。

役权人、承租人等受让普通法地产权益的人；(2)买受人已经支付了对价；(3)买受人未注意到衡平法地产权的存在；(4)买受人在主观上必须善意。[1] 例如，在普通法地产权的买受人善意且不知道该地产权上存在信托受益权或限制性约据时，信托受益权人或限制性约据的权利人即不能向买受人主张权利，只能向出卖人寻求损害赔偿。从这一点来看，衡平法财产权的效力比普通法财产权的效力要弱，因此，能否对抗善意买受人也成为衡平法地产权与普通法地产权之间的差别。但是，在现代登记制度建立后，上述区别的重要性就大大降低了：根据英国不动产登记法，任何应该登记而未登记的不动产权利，不论其性质如何，均不发生对抗效力，即使第三人明知其存在；根据美国大多数州的登记法，任何不动产权利，不论其性质如何，只要未登记，即不能对抗善意买受人。[2] 虽然如此，限制衡平法财产权效力的善意买受人原则仍然在一些领域发挥着作用。

1875 年，英国进行了司法改革，将普通法院和衡平法院合并，在此之后，法院既可以按普通法进行裁判，也可按衡平法进行裁判。虽然司法机关实现了融合，但普通法和衡平法并没有随之融合，仍然是两种不同的规则体系，针对不同性质的权利提供救济。因此，这次改革只是程序上的改革，实体法律制度没有改变，英美财产法中普通法财产权与衡平法财产权的分立仍然存在。

三、英美财产法的特殊制度：信托

英美法系的信托制度虽然已经开始在大陆法系各国扩展，但是一直困扰着各国民法学者，部分学者认为信托制度不仅与统一所有权观念发生了冲突，而且与物权类型封闭原则格格不入。为了能够很好地回答本章的问题，我们最好先对它进行简要分析。

信托制度原本来源于中世纪的用益制度(Use)，也即为了规避封建义务，地产权持有人将该地产权转让给受托人，并与受托人约定，由受益人享有土地的用益。从本质上来看，受托人只是挂名的权利人，对土地实际占有、使用、收益的都是受益人。从 15 世纪初开始，大法官开始向受益人提供救济，起初并没有把受益人的权利与土地直接挂钩，而只是作为对人权(right in personam)来对待，要求

---

〔1〕 参见高富平、吴一鸣：《英美不动产法：兼与大陆法比较》，清华大学出版社 2007 年版，第 91 页。Bram Akkermans, *The Principle of Numerus Clausus in European Property Law* (diss.), Maastricht University, 2008, pp. 336 – 337。

〔2〕 吴一鸣：《英美物权法——一个体系的发现》，上海人民出版社 2011 年版，第 80 ~ 81 页。

名义持有人按道德的要求诚信行事。随着时间的推演,大法官开始将受益人的权利视为一种土地权益,进而认为名义持有人拥有普通法上地产权(legal title),而受益人享有实质上的地产权,衡平法上的地产权(equitable title)。这样,"双重土地权利"(duality of landownership)就被引入了英国法。[1] 1535 年,英国通过了《用益法》,试图对现实中发生的用益进行限制,该法律不承认名义持有人的权利,直接将受益权认定为普通法上的地产权,但是这部法律并没有达到实际效果,当事人通过设立"双重用益"来规避《用益法》,大法官也对受益人的权益进行了保护,并且获得了"信托"这个新名称。[2] 同时,与用益相比,信托制度有以下几个变化:第一,用益制度的客体原来仅限于非限嗣继承地产权,而信托制度的客体则扩张到了任何财产利益,包括限嗣继承地产权、终身地产权、租赁地产权等;第二,在用益制度中,受托人完全是个消极的挂名权利人,但在信托制度,受托人开始负有积极的管理义务,例如出售土地、收取土地收益等;[3]第三,在用益权的对抗力范围方面,从用益制度到信托制度,大法官不断通过判例扩大受益权对抗效力的范围,除了普通法地产权的善意买受人外,受益权能对抗几乎所有第三人;第四,对抗效力范围的扩展也要求信托财产必须是特定的和可辨认的,在受托人违反约定处分信托财产且买受人知情时,受益人可以要求买受人返还该信托财产,在受托人破产时,受益人也可以取回该信托财产。[4] 除了当事人自愿设定的信托外,英美法中还存在法定的信托关系,包括推定信托(constructive trust)和归复信托(resulting trust/presumptive trust/implied trust)。推定信托是指法律根据当事人的某些行为以及衡平原则推定产生的信托关系,以阻止不法行为人从其不法获得的财产上不当得利。归复信托是指财产转让的情形表明让与人并没有使受让人从财产受益的意图时,法律就将其规定为信托。[5]

从前面的简要分析来看,英国法早期的用益制度类似于我国今天普遍存在

---

〔1〕 高富平、吴一鸣:《英美不动产法:兼与大陆法比较》,清华大学出版社 2007 年版,第 82 ~ 83 页。

〔2〕 高富平、吴一鸣:《英美不动产法:兼与大陆法比较》,清华大学出版社 2007 年版,第 88 ~ 89 页。

〔3〕 高富平、吴一鸣:《英美不动产法:兼与大陆法比较》,清华大学出版社 2007 年版,第 89 页。

〔4〕 Bram Akkermans, *The Principle of Numerus Clausus in European Property Law* (diss.), Maastricht University, 2008, pp. 340 – 341.

〔5〕 参见薛波主编:《元照法律词典》,法律出版社 2003 年版,第 305 页和第 1193 页。关于推定信托和归复信托的较为详细的介绍,可参见 Bram Akkermans, *The Principle of Numerus Clausus in European Property Law* (diss.), Maastricht University, 2008, pp. 341 – 343。

的房产借名登记或股权借名登记，而近代形成的信托制度实际上是对普通法财产权的一种持有方式，也即当事人可以为了自己的利益持有普通法财产权，也可以为了他人的利益持有普通法财产权，后面这种情况就是信托。从这个意义来讲，受益权并非是从普通法财产权中分裂出来的，[1]而是基于信托关系产生的对人权，只是大法官通过判例赋予并不断增强其对抗效力而已，用大陆法系的观念来看，这实际上就是一种“债权物权化”。[2]

目前我国学者普遍将英美法中的信托理解为“双重所有权”，这实际上是对信托的一种误解，这种误解产生的源头可能是对“duality of landownership”的误译。在英美不动产法中，大陆法系“土地所有权”的功能对应物实际上是“非限嗣继承地产权”(fee simple)，而“ownership”或“own”实际上仅仅是泛指财产的归属，其含义就是我们日常用语中的“拥有”，例如“我拥有土地所有权”“我拥有建设用地使用权”“我拥有地役权”。因此，“duality of landownership”应该翻译为“双重土地权利”，信托并不会导致在同一块土地上存在两个效力相同的普通法财产权，也不会导致普通法财产权的分裂。

四、财产权类型封闭原则的前置问题：财产权与合同权利的区分

从前面的分析来看，英美财产法对术语的使用可能会让人产生这样的疑问：既然“Property”一词的外延包含了权利本身以及权利客体，包含了不动产物权、动产物权、知识产权以及债权，其外延基本上等同于德国民法中的“Vermögen”，那么在英美法中还存在像大陆法系一样的对物权(right in rem)与对人权(right

---

〔1〕 这种观点也被英国上议院判例所承认，在 Westdeutsche Landesbank Girozentrale v. Islington LBC ([1996] AC 699, HL)一案中，Lord Browne-Wilinson 认为：“对财产或金钱享有普通法和衡平法上的全部利益的人，对该财产并不享有衡平利益(equitable interest)。普通法权利(legal title)包括了所有的权利。除非或者直到存在普通法地产权和衡平法地产权分离的情况，独立的衡平利益并不存在。所以，谈论出让人‘保留’衡平利益是没有意义的。唯一的问题是，金钱已经给付的情况是否在衡平法上对受让人课加了信托义务。如果是这样，衡平利益才根据该信托首次产生。”从 Lord Browne-Wilinson 的观点来看，信托受益人的权利并非是普通法权利的一部分，换句话说，信托并没导致普通法权利或普通法地产权的分裂，受益人享有的衡平权益是“无中生有”，附加到受托人享有的普通法权利之上的。参见 Bram Akkermans, *The Principle of Numerus Clausus in European Property Law* (diss.), Maastricht University, 2008, pp. 342 – 343。

〔2〕 关于信托受益人权利是对人权还是对物权，英国法学界也有争论：梅特兰认为，信托受益人的权利几乎等同于对物权，但是由于该权利不能对抗善意受让人，因此信托受益人的权利不是真正的对物权；奥斯丁·斯各特则认为信托受益人的权利是真正的对物权，因为其他对物权也可能因时效取得而失效，因此与其他对物权相比，信托受益人的权利并没有处于一种更糟的地位，只是信托受益人的权利比受托人的权利更易受到侵害。参见[英]F. H. 劳森、B. 拉登：《财产法》(第2版)，施天涛等译，中国大百科全书出版社1998年版，第55～56页。

in personam)的区分吗？这个问题对本章的研究至关重要:因为物权类型封闭原则的潜在前提就是承认物权与债权的区分,并在此前提之下,肯定当事人对债权类型的创设自由,否定当事人对物权类型的创设自由;如果不承认物权和债权的区分,那么讨论债权自由或物权类型封闭就不具有任何意义了。从笔者收集到的资料来看,英美法中的"Property"虽然类似于大陆法系中的广义财产权,但英美法的学者仍然承认对人权与对物权的区别。

在英美法经典作家的著作中,就已经存在将财产权(property right)理解为对世性权利(in rem)的观念,也即该权利赋予了权利人在某物上排除多数不特定的其他人的效力,在这个意义上,财产权与对人权不同,对人权由合同或司法判决产生,只能对抗一个或少数特定的其他人。财产权的对世性被认为是为对抗多数人干涉提供了安全基础。威廉・布莱克斯通(William Blackstone)将"财产"定义为:"一个人可以对世界中的外在事物进行独占专横支配的领域,并且可以排除世界中的任何个人的权利。"从这个定义来看,布莱克斯通显然是从对世性的角度来理解财产权的,并且将财产权想象为在未来对特定资源进行使用收益的期待的保障。[1] 亚当・斯密(Adam Smith)同样强调了对人权与对世权的区分,他提出"不仅是财产权(Property),所有的排他性权利都是对世权",并且以对书的著作权和对机器的发明专利为例来说明对世权。[2] 杰里米・边沁(Jeremy Bentham)也是从对世性的角度来解释财产权,"授予特定人对某物的财产权,就是禁止不特定人干涉的指令。"[3]

这种将财产权理解为对物权的观念在当代英国财产法学家的著作中也得到了明确反映。在劳森(F. H. Lawson)和拉登(Bernard Rudden)的《财产法》(*The Law of Property*)第三版中,明确使用了"real right""property right"或"proprietary right"来表示对世性的权利,而用"contractual right"来表达合同权利。他们特别指出,"real property"是指土地,而"real right""property right"或"proprietary right"是指任何具有以下特征的权利:可转让;权利随标的物的灭失而消失;可以对抗

[1] William Blackstone, *Commentaries*. See:Thomas W. Merrill and Henry E. Smith, *What Happened to Property in Law and Economics*? 111 Yale L. J. 357 2001 – 2002, pp. 360 – 361.

[2] Adam Smith, *Lectures on Jurisprudence* 9 – 86 (R. L. Meek et al. eds., 1978). See Thomas W. Merrill and Henry E. Smith, *What Happened to Property in Law and Economics*? 111 Yale L. J. 357 2001 – 2002, p. 362.

[3] Jeremy Bentham, *The Limits of Jurisprudence* Defined 164, See Thomas W. Merrill and Henry E. Smith, *What Happened to Property in Law and Economics*? 111 Yale L. J. 357 2001 – 2002, p. 363.

不确定的人;在物的持有人破产时,权利人可以取回该标的物。而与“real right”相对的“contractual right”就只能向合同相对人主张权利。[1] 在劳森(F. H. Lawson)和拉登(Bernard Rudden)的《财产法》(*The Law of Property*)第二版中,对这一问题的阐述更加细致,他们从法律关系出发来说明财产与合同的区别:法律关系可以分为物的关系与人的关系,两者的区别在于,前者是权利人与一切人的法律关系,它拘束着整个世界,后者是权利人与相对人的法律关系,它拘束着某一特定的人。但是,作者又强调,在现实中,物的关系并没有拘束所有人,而是只拘束着知情人或者受公示的人,此处的知情人并不仅仅是实际知情的人,还包括那些能够知情而被推定受公示的人。因此,笔者认为,不仅拘束任何人的法律关系为物的关系,而且只拘束受公示的人的关系也属于物的关系。换句话来说,合同权利仅仅对特定人有效,而财产权利则对不特定的人(一切人或受公示的知情人)有效。[2]

虽然英国法学家们继续延续经典著作中的观念,从权利的效力范围出发区分财产权利与合同权利,但是在20世纪的美国学术界却出现了对上述区分标准进行解构的做法,进而产生了对财产权利的另一种界定。这种解构首先是从20世纪早期的霍菲尔德(Wesley Newcomb Hohfeld)开始的。霍菲尔德认为,虽然对人权是对抗一个或某些特定人的权利,对物权与此相反是对抗多数不特定人的权利,但是对人权与对物权都是由权利(right)、特权(privilege)、责任(duty)这些最小公因子组成的,唯一的区别是受到约束的人的范围不同。他显然忽视了对物权与对人权的一个本质不同,即对物权与特定物有关。[3] 20世纪二三十年代的法律现实主义者(legal realists)在霍菲尔德理论的基础上,进一步解构对物权与对人权的区别,例如科宾(Arthur Linton Corbin)认为,“我们关于财产的概念已经发生了变化……财产不再是对物或客体的描述,它仅仅是一束法律关系(a

[1] F. H. Lawson and Bernard Rudden, *The Law of Property*, 3rd, Oxford University Press, 2002, pp. 14 - 15.

[2] [英]F. H. 劳森、B. 拉登:《财产法》(第2版),施天涛等译,中国大百科全书出版社1998年版,第2~3页。

[3] Wesley Newcomb Hohfeld. *Fundamental Legal Conceptions as Applied in Judicial Reasoning*, 26 Yale L. J. 710 (1917), pp. 718 - 733. 关于霍菲尔德对对物权和对人权的分析,还可参见 Thomas W. Merrill and Henry E. Smith, *The Property\Contract Interface*, 101 Colum. L. Rev. 773, 2001, pp. 780 - 783。

bundle of legal relations)——权利、权力、特权、豁免。"[1]这样,将财产(property)理解为"权利束"(bundle of right)的观念就产生了,这种观念也被六七十年代兴起的法律经济分析学派所采纳。在今天,将财产理解为权利、权力和责任的结合体的观念在美国似乎已经成为正统观念。[2] 在近年美国出版的财产法教科书中,学者们仍然从权利束的角度解释财产权,例如美国财产法权威约翰·G. 斯普兰克林(John G. Sprankling)认为,财产是"权利束",其中包括了排他权、转让权、占有使用权,但这三种权利都不是财产权的必备要素,考虑到财产权利人既享有权利又负有义务,因此将财产定义为与物有关的、人与人之间的关系更为准确。[3] 但是,这种定义显然已经看不出财产权利与合同权利的区别了。目前,有美国学者已经开始对"权利束"的观念进行批判,强调应该回到传统,从对世性(in rem)的角度来理解财产权利与合同权利的区分。例如,贝尔(Bell)和帕乔莫夫斯基(Parchomovsky)认为,"与合同权利仅能对抗协议的另一方不同,财产权可以对抗世界上的任何一个人,不管其是否同意。"[4] 梅瑞尔(Thomas W. Merill)和史密斯(Henry E. Smith)认为,"无论是大陆法系还是英美法系,长期以来都承认,某些权利能够对抗所有人,而其他权利仅能对抗特定的人或特定的团体。"[5] 近年来,史密斯(Henry E. Smith)还对"权利束"观念进行了系统性批判,明确提出应当从"物法"(law of things)的角度来理解财产权,并由此出发建立了财产理论。[6]

我们认为,虽然英美法中并没有以物权和债权来构建财产法体系,但英美法还是认识到了财产法内部不同权利之间存在效力范围的差异,自觉地将不同权

---

〔1〕 Arthur Linton Corbin, *Taxation of Seats on the Stock Exchange*, 31 Yale L. J. ,429 (1922).

〔2〕 对于20世纪美国财产观念的变迁,可以参见 Thomas W. Merrill and Henry E. Smith, *What Happened to Property in Law and Economics?* 111 Yale L. J. 357, 2001 - 2002。

〔3〕 [美]约翰·G. 斯普兰克林:《美国财产法精解》(第2版),钟书峰译,北京大学出版社2009年版,第4~7页。

〔4〕 Abraham Bell and Gideon Parchomovsky, *A Theory of Property*, 90 Cornell L. Rev. 531, 2005, p. 533.

〔5〕 Thomas W. Merrill and Henry E. Smith, *The Property\Contract Interface*, 101 Colum. L. Rev. 773, 2001, p. 781. 这两位学者还认为,忽视财产权的对世性,是导致法律经济分析学者难以理解某些问题的原因,例如从财产权的对世性出发,就很容易理解"*Numerus Clausus*"原则。参见 Thomas W. Merrill and Henry E. Smith, *What Happened to Property in Law and Economics?* 111 Yale L. J. 357 2001 - 2002, pp. 385 - 397。

〔6〕 Henry E. Smith, Property as the Law of Things, 125 Harv. L. Rev. 1691. 国内对"权利束"观念的批判研究,可参见冉昊:《法经济学中的"财产权"怎么了? 一个民法学人的困惑》,载《华东政法大学学报》2015年第2期,第61~73页;冉昊:《反思财产法制建设中的"事前研究"方法》,载《法学研究》2016年第2期,第79~97页。

利划分在了“contractual right”和“property right”之下，前者是仅能对抗特定合同相对人的权利，后者则具有对抗不特定多数人的效力。我们可以认为，“contractual right”实际上就是大陆法系中的合同权利，但是“property right”与大陆法系中的物权却存在差异，因为“property right”不仅包含大陆法系中的物权，还包括知识产权等绝对权。值得注意的是，有些英美法学者在使用“property right”一词时，并非都是指对抗“一切人”的权利，还包括了对抗“不特定多数人”的权利，有些“property right”仅仅对抗“受公示的知情人”，例如前文中劳森和拉登的看法。这一点可能与大陆法系的观念有所不同，在大陆法系的概念体系中，物权是对世性的权利，原则上能够对抗任何人。无论如何，只要英美法区分对抗特定人的合同权利（contractual right）和对抗不特定多数人的财产权（property right），讨论财产权类型封闭原则的前提条件就已经满足了。此处还需要说明的是，本章将“*numerus clausus*”翻译为“财产权类型封闭原则”，主要是因为英美法系多使用“财产权”的概念，但讨论的财产权类型仍然仅限于有体物上的财产权，而不包括知识产权等无形财产权。

第二节　英国的财产权类型及财产权类型封闭原则

本节试图说明英国是否存在财产权类型封闭原则（numerus clausus of property right），在此之前，笔者将简要介绍英国的主要财产权（property right）类型。此处首先要说明的是，本书的目的是与大陆法系进行比较，因此此处介绍的财产权类型仅限于有体物上的财产权，而不包括知识产权等无形财产权（intangible personal property）。此外，由于英国财产法有普通法和衡平法两部分，虽然本节所介绍的财产权类型以普通法财产权为基础，但不限于普通法财产权，还包括了衡平法中可以对抗不特定多数第三人的权利。在完成对英国财产权类型的概观介绍后，我们将回到本节的主要问题上，即当事人是否可以自由创设财产权类型或改变财产权内容，也即当事人能否自由地使合同发生约束第三人的效力，此处我们需要特别注意 1925 年英国财产法改革的影响。

一、土地上的首要权利:非限嗣继承地产权(fee simple)

(一)非限嗣继承地产权的历史演变

英国土地法来自诺曼征服后从欧洲大陆带来的土地保有制度(tenure),在这种制度下,土地归属国王所有,国王将土地分封给自己的封臣,封臣又可以继续分封土地。在这种体制下,只有国王是土地的所有权人,各级领主都是土地的持有人(holder)。在封建契约下,下级领主持有土地的条件是向上级领主履行封建义务,否则其土地将会被收回,但如果持有人只要忠实履行义务,上级领主就不得收回土地。[1] 因此,各级领主对土地所拥有的权利并非罗马法中的所有权,而是一种地产权(Estate),地产权的具体内容决定了持有人可以对土地行使的权利。这种土地保有制度在封建时代的英格兰和欧洲大陆都是普遍存在的,但在罗马法复兴后,英格兰和欧洲大陆走上了不同的道路:欧洲大陆受罗马法的影响,法学家们首先是运用罗马法中的概念术语来描述封建土地制度,即直接所有权(dominium directum)和扩用所有权(dominium utile),在封建制度废除和逐渐消亡后,罗马法中的所有权概念在大陆法系中就正式回归了;英格兰的法律并没有像欧洲大陆那样受到罗马法影响,并没有套用罗马法概念来解释封建土地制度,在封建土地制度逐渐没落消亡后,土地保有时代的法律术语仍然被保留了下来。[2]

在早期土地保有制度中,土地权利并不能继承,未经领主同意也不能自由转让。在持有人死亡时,上级领主即可收回土地,持有人的继承人如果想继续享有土地权利,必须向领主效忠,缴纳继承金(relief),举行正式的占有权交付仪式(delivery of seisin)。后来,占有权交付仪式逐渐被取消,继承人仅需交付继承金即可继承土地权利,无须领主同意,只要继承人继续履行封建义务即可。在土地权利的可继承性被确立的同时,继承人的范围也从长子扩展到了旁系亲属。[3] 在土地权利转让方面,1290年《完全保有法》(*Quia Emptores*)正式运行土地权利的自由转让,也即自由保有土地的持有人有权转让土地的全部或一部分,而无须征得领主的同意,受让土地的人取代原持有人而成为新持有人,继续向领主承担

〔1〕 E. H. Burn, *Cheshire and Burn's Modern Law of Real Property*, 16th ed., London: Butterworths, 2000, p. 26. 转引自吴一鸣:《英美物权法——一个体系的发现》,上海人民出版社2011年版,第58页。

〔2〕 Bram Akkermans, *The Principle of Numerus Clausus in European Property Law* (diss.), Maastricht University, 2008, p. 343.

〔3〕 吴一鸣:《英美物权法——一个体系的发现》,上海人民出版社2011年版,第62~63页。

各种封建义务。同时，为保护上级领主的利益，1290 年《完全保有法》禁止土地持有人继续分封土地，也即土地保有层级不得再增加，这种做法使中间领主数量大量减少，土地保有的金字塔结构开始瓦解。[1] 在土地权利继承方面，1540 年《遗嘱法》(*Statute of Wills*)开始允许遗嘱继承，但在此之前，土地权利人就已经开始用设定用益(Use)的办法来规避遗嘱继承禁止了。[2] 在封建义务方面，1660 年《保有废除法》废除了除领主收回权、没收权、免役税、继承金、忠诚义务以外的几乎所有封建义务，在此之后，领主与土地持有人之间就仅仅存在经济关系了。随着金钱的持续贬值，领主很少收取免役税和继承金，这两项金钱给付也逐渐名存实亡。[3] 1925 年英国财产法改革之后，土地持有人所负的封建义务被正式废止了。至此，土地持有人基本上可以按照自己的意愿对土地进行使用、收益、处分，并且可以以遗嘱指定继承人，这样一来，非限嗣继承地产权(fee simple)实际上就与大陆法系的土地所有权几乎完全一致了。

准确来说，非限嗣继承地产权(fee simple)是一个较为概括的称谓，其本体是"占有性的、绝对的非限嗣继承地产权"(fee simple absolute in possession)，严格来说，"占有性的、绝对的非限嗣继承地产权"才是与大陆法系中的土地所有权相当的地产权。在实践中，"占有性的、绝对的非限嗣继承地产权"又衍生出多种变体，本体和变体可以概括地称为非限嗣继承地产权。

(二)非限嗣继承地产权的本体与变体

1. 非限嗣继承地产权的本体：占有性的绝对的非限嗣继承地产权(fee simple absolute in possession)

占有性的绝对的非限嗣继承地产权，是英国法中权利人对土地可以享有的最大权利。"Fee"表明这种权利是可继承的，"simple"表明此种权利的继承人不限于直系后代，还包括所有旁系继承人，这两点使其区别于终身地产权(life estate)和限嗣继承地产权(fee tail)，终身地产权不可以被继承，在权利人死亡时，权利终止，限嗣继承地产权只能由直系后代继承。"Absolute"表明该权利未附加自动终止条件、未附加收回权、未附加期待权益，只要土地本身不灭失，土地权利

---

[1] 高富平、吴一鸣：《英美不动产法：兼与大陆法比较》，清华大学出版社 2007 年版，第 56 ~ 57 页。

[2] Bram Akkermans, *The Principle of Numerus Clausus in European Property Law* (diss.), Maastricht University, 2008, p. 344.

[3] 高富平、吴一鸣：《英美不动产法：兼与大陆法比较》，清华大学出版社 2007 年版，第 59 ~ 62 页。

就始终存在，这一点使其与可灭失的非限嗣继承地产权不同，后者实际上是为非限嗣继承地产权附加了条件，权利人的地产权只能在一定时间段存在，或取决于约定条件成就与否。可灭失的非限嗣继承地产权实际上就是非限嗣继承地产权的一种变体，在后面我们会较为详细地介绍它。"in possession"意味着权利人对土地享有的权益是现实的，也即当下就可以从土地上获得使用收益，包括权利人直接对土地进行使用收益或者将土地出租并收取租金等，这一点使其与未来土地权益(future interest)相区别，后者只能使其权利人在未来某一时间享有土地收益。[1] 按照习惯，如果未作明确说明，英国法中提到"fee simple"时，一般就是指"fee simple absolute in possession"。

在权利客体方面，英国普通法中的早期判例就已经将注释法学家们提出的法谚——"土地上穷天寰、下及地心"(Cujus est solum ejus est usque ad coelum)——适用于非限嗣继承地产权。但是，权利客体也并非没有限制，权利人必须容忍上空的飞行物，地下的矿产，包括金、银、煤矿、石油也是属于国王所有。[2] 在当代，非限嗣继承地产权还受到城乡规划法等公法的约束。在权利保护方面，非限嗣继承地产权受到了恢复占有之诉(specific recovery)和非法侵入之诉(trespass)的保护，前者可以使权利人恢复对土地的占有，后者是一种侵权之诉(Tort)，权利人可以通过该种诉讼获得损害赔偿。[3] 从这两个方面来看，我们可以更加清楚地看出非限嗣继承地产权与大陆法系土地所有权的相似性。

在权利主体方面，非限嗣继承地产权同样可以由多个主体享有。在普通法上，共有的模式可以分为共同持有(joint tenancy)和按份持有(tenancy in common)。在共同持有中，多个权利人共有持有地产权，但共有人之间对地产权并无份额，他们只能共同处分该地产权。共同持有通常要具备共同占有、共同利益、同等权利、同一时间四个条件，现实生活中的常见形态为家庭共有或婚姻共有。此外，共同持有还有一个重要的特征，即在一名持有人死亡后，由于不存在份额，因此不发生继承，其权益由其他持有人享有，最后一名活着的持有人将独自享有地

---

〔1〕 高富平、吴一鸣：《英美不动产法：兼与大陆法比较》，清华大学出版社2007年版，第128～131页；吴一鸣：《英美物权法——一个体系的发现》，上海人民出版社2011年版，第63～65页。

〔2〕 黄泷一：《关于"土地上穷天寰、下及地心"的法谚的探析——兼论土地所有权的范围》，载《中山大学法律评论》(2012年第10卷第1辑)，法律出版社2012年版，第238～259页。

〔3〕 Bram Akkermans, *The Principle of Numerus Clausus in European Property Law* (diss.), Maastricht University, 2008, p. 347.

产权,这一规则又称为“生存者权利”(right of survivorship or *ius accrescendi*)。共同持有可能因为某一持有人对其共有利益的处分或共有人之间的分割协议而转化为按份持有,进而对地产权进行分割。[1] 在按份持有中,多个权利人对地产权享有未分割的份额(undivided share),权利人可以转让该份额。按份持有的特征是只要求具备共同占有和同一时间,而且持有人不具有生存者权利,持有人死亡时发生份额的继承。[2] 在共同持有和按份持有不明确时,普通法更倾向于共同持有,因为共同持有最终导致最后生存的持有人独立享有地产权,有利于领主行使权利,但衡平法倾向于按份持有,因为“生存者权利”经常导致不公平的后果。[3] 除了上述两种共有形式外,2002 年英国颁布《公寓共有与租赁改革法》(*Commonhold and Leasehold Reform Act* 2002)创设“commonhold”这种共有形式,“commonhold”主要适用于对建筑物的区分所有,在此之前,公寓住宅权利只能以租赁(lease)的形式存在。在“commonhold”之中,多数权利人以“commonhold”的形式共同享有地产权,权利人组成“commonhold association”享有建筑物的共有部分,权利人对建筑物的各独立空间可以享有无期限的自由保有(freehold),同时,该法案要求,“commonhold”共同体须制定公寓规约(community statement),规定权利人之间的权利义务,这些条款对各权利人及其后手都有约束力。[4]

2. 非限嗣继承地产权的变体:可灭却的非限嗣继承地产权(fee simple defeasible)

地产权人在转让非限嗣继承地产权时也可能会与受让人约定一些意定事实(条件),在这一事实成就时,受让人的非限嗣继承地产权自动终止或出让人可以行使收回权。在这种条款之下,受让人获得的非限嗣继承地产权即为可灭却的非限嗣继承地产权(fee simple defeasible),不具有绝对性(absolute)。这种可灭

---

[1] 参见高富平、吴一鸣:《英美不动产法:兼与大陆法比较》,清华大学出版社 2007 年版,第 276 页以下;F. H. Lawson and Bernard Rudden, *The Law of Property*, 3rd, Oxford University Press, 2002, pp. 93 – 97。

[2] 参见高富平、吴一鸣:《英美不动产法:兼与大陆法比较》,清华大学出版社 2007 年版,第 283 页以下;F. H. Lawson and Bernard Rudden, *The Law of Property*, 3rd, Oxford University Press, 2002, p. 92。

[3] Bram Akkermans, *The Principle of Numerus Clausus in European Property Law* (diss.), Maastricht University, 2008, pp. 349 – 350.

[4] Bram Akkermans, *The Principle of Numerus Clausus in European Property Law* (diss.), Maastricht University, 2008, pp. 350 – 351.

却的非限嗣继承地产权主要可以分为自动终止非限嗣继承地产权(fee simple determinable)、附收回权的非限嗣继承地产权(fee simple subject to condition subsequent)以及附期待权益的非限嗣继承地产权(fee simple subject to executory limitation)三种:

自动终止非限嗣继承地产权(fee simple determinable)是指地产权人将土地转让给受让人时,与受让人约定,在特定事实发生时,非限嗣继承地产权即终止,该权利由出让人或其继承人自动回复取得。这种转让方式类似于大陆法系中的附解除条件的处分行为,在条件成就时,处分行为失效,权利自动回复到出让人处。自动终止非限嗣继承地产权通常用作控制土地用途,使之不被用于出让人反对的用途。

附收回权的非限嗣继承地产权(fee simple subject to condition subsequent)是指地产权人将土地转让给受让人时,与受让人约定,在发生特定事实时,出让人有权终止并收回土地使用权。它与自动终止的非限嗣继承地产权的区别在于,前者的终止取决于出让人行使收回权,而后者则在特定事实发生时自动终止。从大陆法系的角度来看,附收回权的非限嗣继承地产权实际上是赋予了出让人一个附条件的请求权,并且这一请求权属于绝对请求权,无论谁享有非限嗣继承地产权,都可以对其主张。

附期待权益的非限嗣继承地产权(fee simple subject to executory limitation)包括两种情况:其一是指出让人将地产权转让给受让人,并与受让人约定,在特定事实发生时,地产权转由第三人取得;其二是指出让人为自己保留该地产权,在特定事实发生时,受让人始取得该地产权。这样,在特定事实发生前,权利人所拥有的地产权就是附期待权益的非限嗣继承地产权,在特定事实发生后,期待权益转变为非限嗣继承地产权,权利人的非限嗣继承地产权就消失了。

这三种可灭却的非限嗣继承地产权实际上是当事人通过约定,对绝对的非限嗣继承地产权的内容进行改变。虽然这三种变体满足了当事人私法自治的需求,但却使地产权的归属长期处于不稳定的状态,可能会影响权利人对土地的利用,也不利于土地交易。因此,英国普通法和制定法通过以下两种途径对可灭却的非限嗣继承地产权进行限制:

第一,法律在一定期限内容忍这种地产权归属的不稳定状态,在这一期限后,法律就以绝对的非限嗣继承地产权取代可灭却的非限嗣继承地产权。(1)法律可以直接规定条件的存续期限，期限届至时，如果条件成就或未成就，可灭却的非限嗣继承地产权就直接转化为绝对的非限嗣继承地产权。[1] (2)法律通过“禁止永久性规则”(rule against perpetuities)[2]否定一些长期无法确定的待定权益，进而将一部分可灭却的非限嗣继承地产权转化为绝对的非限嗣继承地产权。在禁止永久性规则之下，可灭却的非限嗣继承地产权按照以下规则转化为绝对的非限嗣继承地产权：对于自动终止非限嗣继承地产权，在法定期限内终止事实发生的，自动终止的非限嗣继承地产权无效，出让人重新获得了绝对的非限嗣继承地产权，在法定期限内终止事实无法确定的，自动终止的非限嗣继承地产权即转化为了绝对的非限嗣继承地产权；[3]对于附收回权的非限嗣继承地产权，在法定期限内约定事实发生并且出让人行使收回权的，附收回权的非限嗣继承地产权消失，出让人获得绝对的非限嗣继承地产权，在法定期限内终止事实无法确定的，则附收回权的非限嗣继承地产权即转化为绝对的非限嗣继承地产权；[4]对于附期待权益的非限嗣继承地产权，在法定期限内约定事实发生的，附期待权益的非限嗣继承地产权无效，期待权人获得了绝对的非限嗣继承地产权，在法定期限内约定事实无法确定的，附期待权益的非限嗣继承地产权即转化为了绝对的非限嗣继承地产权。

第二，法律可以直接规定某些条件为无效条件。在条件无效时，可灭却的非限嗣继承地产权按照以下规则进行转化：对于自动终止的非限嗣继承地产权，如

---

〔1〕 参见 Emanuel, *Property*, New York: Aspen Publishers, Inc., 2001, pp. 54 – 58。转引自吴一鸣:《英美物权法——一个体系的发现》，上海人民出版社 2011 年版，第 65 页，注释 1。

〔2〕 现代的禁止永久性规制来源于 1833 年的 Cadell v. Palmer 案，也即一个土地权益，除非其必定能在所有参照人死亡后 21 年内确定下来，否则就是一个无效的土地权益。这就是说，待定的土地权益只有能而且仅能在法定期限(所有参照人死亡后 21 年)内确定下来，才是有效的土地权益，如果待定的土地权益有可能在法定期限之后确定，无论它可能性多么微小，它都是一个无效的土地权益。判断待定权益能否在法定期限内确定的时间点是设定文书的生效时间，如果在该时间点，待定权益有可能在法定期限之外确定，那么该待定权益就是无效的，即使该事实真的在法定期限内发生，也是如此。1964 年的《禁止永久性和禁累积法》重申了禁止永久性规则，但又引入观望原则(principle of wait and see)对禁止永久性规则进行缓和，依据观望原则，需要在法定期限届满之时观察待定权益是否已经确定，如果在法定期限内该事实已经发生，那么就是有效权益。因此，对 1964 年以后生效的文书，需要结合禁止永久性规则和观望原则，来判断待定权益是否有效：第一，依据禁止永久性规则，对于那些肯定要在法定期限之后才能确定的待定权益，则肯定是无效的；第二，对于那些可能在法定期限内，也可能在法定期限外确定的待定权益，则需要等到法定期限届满时才能知道其是否有效。参见高富平、吴一鸣:《英美不动产法：兼与大陆法比较》，清华大学出版社 2007 年版，第 252 ~ 254 页、第 261 ~ 262 页。

〔3〕 高富平、吴一鸣:《英美不动产法：兼与大陆法比较》，清华大学出版社 2007 年版，第 136 ~ 139 页。

〔4〕 高富平、吴一鸣:《英美不动产法：兼与大陆法比较》，清华大学出版社 2007 年版，第 139 ~ 143 页。

果终止限定无效,则地产权转让无效,自动终止的非限嗣继承地产权消灭,出让人恢复绝对的非限嗣继承地产权;对于附收回权的非限嗣继承地产权和附期待权益的非限嗣继承地产权,如果所附条件无效,那么附收回权的非限嗣继承地产权和附期待权益的非限嗣继承地产权就转化为绝对的非限嗣继承地产权。无效条件包括以下三种类型:(1)与非限嗣继承地产权的法定内容相矛盾的条件,常见的有:禁止转让约定、[1]禁止以土地权益清偿债务的约定;(2)与公共政策相矛盾的条件,常见的有:对婚姻进行限制的条件;影响父母义务履行的条件;(3)不确定的条件,也即难以判断特定事实是否已经发生。[2]

3.非限嗣继承地产权的变体:恢复的非限嗣继承地产权(fee simple in reversion)和剩余的非限嗣继承地产权(fee simple in remainder)

在英国法中,当事人除了创设可灭却的非限嗣继承地产权这种变体外,还可以对非限嗣继承地产权在时间上进行切割,其结果就是诞生了恢复的非限嗣继承地产权(fee simple in reversion)和剩余的非限嗣继承地产权(fee simple in remainder)这两种变体。这两种非限嗣继承地产权与占有性的非限嗣继承地产权(fee simple in possession)的区别在于,占有性非限嗣继承地产权属于现实权益,而恢复性非限嗣继承地产权与剩余性非限嗣继承地产权则是未来权益,它们两种的区别在于,恢复性非限嗣继承地产权是指在未来,占有性非限嗣继承地产权复归出让人,而剩余性非限嗣继承地产权则是指在未来,占有性非限嗣继承地产权由第三人取得。在英国法中,恢复性非限嗣继承地产权与剩余性非限嗣继承地产权主要是由于出让人设定限嗣继承地产权(fee tail)、终身地产权(life estate)以及定序授予(settlement)而产生的未来权益。

(1)限嗣继承地产权(fee tail)

限嗣继承地产权是指持有人对土地享有的权利只能由其直系卑亲属继承,如果最后一代持有人死亡后没有直系卑亲属,则该地产权就会被出让人收回或

---

[1] "根据转让的权力是所有权必需的、不可分离的组成部分这一基本原则,在长期的司法审判中形成了一系列判决,根据这些判决,如果授予受让人一个绝对的土地权益——不论是 fee simple, fee tail,还是 life interest——任何实质性剥夺这一转让权力的限制,都会因为与所有权概念相矛盾而无效。" *Cheshire and Burn's Modern Law of Real Property*, pp. 367 – 368. 转引自高富平、吴一鸣:《英美不动产法:兼与大陆法比较》,清华大学出版社 2007 年版,第 145 页。

[2] 参见高富平、吴一鸣:《英美不动产法:兼与大陆法比较》,清华大学出版社 2007 年版,第 144 ~ 147 页。

者由出让人指定的其他人取得,也即出让人在设立限嗣继承地产权时,为自己保留了一个恢复性的非限嗣继承地产权或者为他人创设了一个剩余性的非限嗣继承地产权。

在13世纪,实践中就已经出现了将土地权利转让给受让人及其特定继承人的做法,目的是保持家族中某一系的地位。但是,当时的法院认为这种做法限制了土地的自由交易,因为无论特定继承人是否出生,受让人都不能自由处分财产。因此法院认为,一旦交易所确定的特定继承人出生,受让人就可以自由转让其地产权。法院的这一态度导致受让人所获得的权利被称为"附条件的非限嗣继承地产权"(estate in fee simple conditional),又称"附条件地产权"(conditional fee),在约定的特定继承人出生后,条件即成就,该权利即转化为绝对的非限嗣继承地产权。[1] 但是,法院的做法违背了土地贵族的意愿,因此英国议会在1285年颁布《附条件赠与法》(*De Donis Conditionalibus*),明确废除普通法中的附条件的非限嗣继承地产权,其核心原则在于:出让人设定地产时表明的意愿应当得到尊重和贯彻。[2] 这一制定法就导致限嗣继承地产权的诞生。在限嗣继承地产权之下,持有人及其后辈卑亲属都对土地享有权利,只不过他们对土地的权利在不同的时间段分别享有,每一代持有人虽然可以将自己的土地权益转让给他人,但不能妨害其继承人的权利,即便该继承人尚未出生也是如此。在这种情况下,在限嗣继承地产权消灭之后才能实现的恢复性非限嗣继承地产权或剩余性非限嗣继承地产权即长期处于悬而未决的状态,占有性的、绝对的非限嗣继承地产权(fee simple absolute in possession)已经在时间上被分解了。

限嗣继承地产权的存在巩固了土地贵族的势力,危及王权,同时又限制了土地交易,因此在司法实践中,法官和律师开始用共谋回复诉讼(common recovery)和和解诉讼(fine)这两种拟制诉讼的方式来截断限嗣继承地产权,使持有人的权利从限嗣继承地产权扩展为非限嗣继承地产权,废止继承人权益、出让人享有的恢复性非限嗣继承地产权或他人享有的剩余性非限嗣继承地产权。[3] 1833年

---

〔1〕 吴一鸣:《英美物权法——一个体系的发现》,上海人民出版社2011年版,第142~143页。

〔2〕 咸鸿昌:《英国土地法律史——以保有权为视角的考察》,北京大学出版社2009年版,第165~166页。

〔3〕 关于共谋回复诉讼和和解诉讼的详细情况,可参见高富平、吴一鸣:《英美不动产法:兼与大陆法比较》,清华大学出版社2007年版,第157~159页。

英国议会通过《和解诉讼和共谋回复诉讼法》(*Fines and Recoveries Act* 1833)废除了共谋回复诉讼和和解诉讼,并规定了一种简单的方式来截断限嗣继承地产权,只需要成年持有人签署一份废除契据,限嗣继承地产权即转化为了非限嗣继承地产权,原出让人享有的恢复性非限嗣继承地产权或他人享有的剩余性非限嗣继承地产权就消灭了。[1] 1925 年《财产法》(*Law Property Act* 1925)颁布后,限嗣继承地产权不再是普通法性质的地产权,只能以衡平法利益(equitable interest)的形式存在,因此,在 1925 年后,普通法上的限嗣继承地产权就转化为衡平法上的限嗣继承利益(entailed interest)了。[2] 同时,根据 1925 年《定序授予土地法》(*Settled Land Act* 1925)的规定,限嗣继承利益只能存在于定序授予中。[3] 也就是说,在 1925 年之后,限嗣继承利益的存在并不会导致非限嗣继承地产权在时间上的中断,在普通法上,受让人从出让人处获得的是占有性的、绝对的非限嗣继承地产权,但是受让人持有非限嗣继承地产权并非完全是为了自己的利益,因为受让人的限嗣继承人对土地还享有限嗣继承利益,这实际上就构成了一种信托。但是,限嗣继承利益仅仅是衡平权益,受让人有权转让非限嗣继承地产权,在非限嗣继承地产权转让后,根据超越原则(doctrine of overreaching),衡平利益不具有对抗力,限嗣继承人对转让取得的收益享有衡平权益。[4] 同时,出让人享有的恢复性非限嗣继承地产权和第三人享有的剩余性非限嗣继承地产权属于未来权益,根据《财产法》(*Law Property Act* 1925)也被转化为衡平法利益,在普通法地产权转让时被超越。在 1996 年《土地信托和受托人任命法》(*Trusts of Land and Appointment of Trustees Act* 1996)颁布后,设定新的限嗣继承利益的可能性也被排除了。[5] 因此,从目前的状况来看,英国普通法中的限嗣继承地产权已经不存在了,现实中尚存的限嗣继承利益、恢复性非限嗣

---

〔1〕 吴一鸣:《英美物权法——一个体系的发现》,上海人民出版社 2011 年版,第 151 页。

〔2〕 除此之外,限嗣继承利益不仅可以存在于不动产之上,还可存在于动产、股票、证券之上,而 fee tail 只能存在于不动产之上。参见高富平、吴一鸣:《英美不动产法:兼与大陆法比较》,清华大学出版社 2007 年版,第 162 ~ 163 页。

〔3〕 高富平、吴一鸣:《英美不动产法:兼与大陆法比较》,清华大学出版社 2007 年版,第 194 页。

〔4〕 根据 1925 年《财产法》的规定,不论定序授予或不动产信托中受益人的衡平权益是否经过登记,只要买受人向受托人正确地支付了价款,并受让了普通法地产权,受益人的权益就被超越(overreach),受益人的权益即指向转让价款。也就是说,受益人权益不对买受人发生对抗效力。(Law of Property Act 1925, S. 2.)

〔5〕 高富平、吴一鸣:《英美不动产法:兼与大陆法比较》,清华大学出版社 2007 年版,第 164 页。

继承地产权或剩余性的非限嗣继承地产权只能作为衡平利益存在，普通法上完整的非限嗣继承地产权始终存在。

(2)终身地产权(Life estate)与定序授予(Settlement)

英国普通法中的地产权原本都是终身性质的地产权，持有人死亡后，领主将收回土地并重新授予他人。在可继承的非限嗣继承地产权产生后，终身性质的地产权仍然存在，也即终身地产权(life estate)。终身地产权人可以占有、使用、收益土地，也可以对终身地产权进行处分，但受让人的权利期限仍然取决于原终身地产权人的生命长短。在创设终身地产权后，完整的非限嗣继承地产权在时间上就中断了，分解为了终身地产权和恢复性非限嗣继承地产权或剩余性非限嗣继承地产权。

早期的终身地产权是一种商业性质的地产权，拥有大量土地的教会通常将终身地产权授予需要的人，并收取一定的金钱。后来，终身地产权逐渐成为家庭性质的土地权益，用以保障家族成员的经济来源，存在于定序授予(Settlement)中。[1] 所谓定序授予，实际上就是限嗣继承地产权的高级形态，它是指土地出让人将土地权益按顺序授予相继的人，但这些人可能并不是直系亲属关系。例如，土地出让人可以将终身地产权授予A，在A死亡后，由B取得终身地产权，在B死亡后，由C取得剩余性的非限嗣继承地产权。这个例子仅仅是简单的定序授予，在实践中，当事人还可通过较为复杂的定序授予，使每一代人都仅仅享有终身地产权，从而将土地保留在家族之内。[2] 定序授予的存在使土地流转受到了严重的束缚，因为只要土地上存在定序授予，完整的非限嗣继承地产权就在时间上被分解了，终身地产权人只能处分自己的利益，这种受到定序授予限制的土地被称为“永业”(perpetuity)。

由于定序授予对土地流转的束缚不再符合经济社会的需求，它开始逐渐被售卖信托(trust for sale)所取代。在售卖信托之中，受托人将享有完整的非限嗣继承地产权，并且可以按照契据中的指令出售非限嗣继承地产权，并且以出售价款进行投资，出让人所指定的相继受益人并不直接利用土地，而是对信托财产的收益享有信托受益权。[3] 这种机制实际上既满足了家族后代的经济利益，同时

---

〔1〕 高富平、吴一鸣:《英美不动产法:兼与大陆法比较》,清华大学出版社2007年版,第168页。

〔2〕 吴一鸣:《英美物权法——一个体系的发现》,上海人民出版社2011年版,第145~147页。

〔3〕 高富平、吴一鸣:《英美不动产法:兼与大陆法比较》,清华大学出版社2007年版,第191~192页。

也保证了土地的流转功能。为了保障土地流通的顺畅,立法机关也开始通过制定法扩大终身地产权人的权利,1882 年颁布的《定序授予土地法》赋予占有土地的终身地产权人以完整的经营管理土地的权利(包括出卖、出租、抵押等)。不过,虽然终身地产权人的权利有所扩大,但该制定法仍然规定,终身地产权人在行使权力时,不能损害定序授予中其他受益人的利益,因此终身地产权仍然不是完整的非限嗣继承地产权。[1] 1925 年《财产法》(*Law Property Act* 1925)颁布后,终身地产权不再是普通法性质的地产权,只能以衡平法利益的形式存在,因此,在 1925 年后,普通法上的终身地产权就转化为衡平法上的终身利益(life interest)了。同时,定序授予由 1925 年《定序授予土地法》调整,而售卖信托则由 1925 年《财产法》调整。[2] 也就是说,在 1925 年后,原来的终身地产权持有人的权利扩展为完整的非限嗣继承地产权,但他持有非限嗣继承地产权并非完全是为了自己的利益,因为以后的终身利益权利人对土地还享有衡平法利益,这实际上就构成了一种信托,在持有人出让非限嗣继承地产权后,其他人享有的衡平利益即被超越,他们只能对土地价额享有衡平利益。同时,出让人享有的恢复性非限嗣继承地产权和第三人享有的剩余性非限嗣继承地产权属于未来权益,根据 1925 年《财产法》也被转化为衡平法利益,在普通法地产权转让时被超越。[3] 1996 年《土地信托和受托人任命法》颁布后,定序授予和售卖信托被统一的土地信托(trust of land)所取代,地产权人就不得再设定新的定序授予和售卖信托了。至此,尚存的终身利益、恢复性非限嗣继承地产权或剩余性的非限嗣继承地产权只能作为衡平利益存在,普通法上完整的非限嗣继承地产权始终存在。

(三)针对非限嗣继承地产权的形成自由

前面已经谈到,非限嗣继承地产权的本体是占有性的、绝对的非限嗣继承地产权,这种权利实际上就相当于大陆法系中的土地所有权。随着社会环境的变迁,在当事人约定、习惯、司法判例和制定法四种因素的共同作用下,非限嗣继承地产权的本体中逐渐演化出多种变体,包括三种可灭却的非限嗣继承地产权,与限嗣继承地产权、终身地产权相结合的恢复性非限嗣继承地产权和剩余性非限嗣

---

〔1〕 高富平、吴一鸣:《英美不动产法:兼与大陆法比较》,清华大学出版社 2007 年版,第 220 页。
〔2〕 高富平、吴一鸣:《英美不动产法:兼与大陆法比较》,清华大学出版社 2007 年版,第 205 ~ 206 页。
〔3〕 吴一鸣:《英美物权法——一个体系的发现》,上海人民出版社 2011 年版,第 71 页。

嗣继承地产权。在这种情况下,当事人针对非限嗣继承地产权的形成自由空间就逐渐扩展,不仅可以通过附条件的办法改变非限嗣继承地产权的内容,还可以通过在时间上对非限嗣继承地产权进行切割,与大陆法系当事人针对所有权的形成自由相比,在英国财产法中,当事人对非限嗣继承地产权的形成自由空间明显要大得多。

但是,形成自由空间的扩大也需要付出代价,其后果是非限嗣继承地产权的本体被消解了。在土地交易不频繁的中世纪,非限嗣继承地产权的本体消解并不会造成弊端,但在土地资本化的近现代,碎片化的土地权属状况不仅阻碍了土地流转,也导致交易安全欠缺。因此,进入近现代以来,我们可以看到英国法上的明显趋势就是尽量减少土地上的地产权类型,防止非限嗣继承地产权的本体被消解,这个过程也是由交易习惯、司法判例和制定法合力完成的。

第一,为保障土地流通便利,当事人会选择避免非限嗣继承地产权本体被消解的交易方式,例如售卖信托的产生就是如此,既保障了受托人取得完整的非限嗣继承地产权,同时又能保障家族后代的经济收入,形成交易习惯后就逐渐取代了定序授予。

第二,司法机关也通过判例法所形成的规则,尽量使破碎的权利扩展成为完整的非限嗣继承地产权,例如,通过禁止永久性规则,废止未来权益,将可灭却的非限嗣继承地产权扩展为绝对的非限嗣继承地产权;直接认定当事人的约定为无效条件,废止可灭却的非限嗣继承地产权或将可灭却的非限嗣继承地产权扩展为绝对的非限嗣继承地产权;通过拟制诉讼,中断限嗣继承地产权,将限嗣继承地产权持有的权利扩展为完整的非限嗣继承地产权。

第三,在恢复完整的非限嗣继承地产权方面,制定法发挥的功能是最大的,从 18 世纪末以来的一个世纪内,英国议会颁布了一系列的制定法来达到这个目标:1882 年《定序授予土地法》赋予占有土地的终身地产权人以完整的经营管理土地的权利;1925 年《财产法》明确将普通法上的土地首要权利定位为占有性的绝对的非限嗣继承地产权,自此以后,限嗣继承地产权、终身地产权以及未来权益都转化为了衡平法权益,现实占有人的权利扩展为完整的非限嗣继承地产权,并拥有处分权,在非限嗣继承地产权转让后,上述衡平权益就被超越,不能对抗受让人,只能存在与转让价款之上。1925 年《定序授予土地法》重新规制了各类定序授予中作为衡平权益的未来权益。1964 年《禁止永久性和禁累积法》完善和修正了司法实践中形成的禁止永久性规则。1996 年《土地信托和受托人任命法》正式用统一的土地信托代替了定序授予与售卖信托。

在上面几个因素的结合下,目前英国的私人土地上始终存在占有性的绝对的非限嗣继承地产权,可灭却的非限嗣继承地产权也因为制定法和判例法的限制而逐渐减少,也就是说,在普通法上,当事人针对非限嗣继承地产权的本体的形成自由空间几乎已经不存在了,因土地权利碎片化窒碍土地交易的时代已经一去不复返了。如果当事人要对土地权益进行多样化的安排,就只能通过土地信托来实现,但土地信托中的衡平权益可以被超越,一般不能对抗买受人,[1]因此不会阻碍土地的流转。

二、土地上的用益权利与担保权利

(一)土地上的用益权利

1. 租赁地产权(leasehold estate)

在 13 世纪之前,土地租赁并非是一种财产权(property right),而仅仅是一种合同权利(contractual right)。当时的用途主要有两个:其一是在金钱借贷的场合,通过租赁的形式来规避高利贷法(laws against usury),也即贷款人向土地持有人支付一笔金钱,土地持有人将土地租赁给贷款人,贷款人通过对土地的使用收益获得贷款利息;[2]其二是土地持有人将土地租给无地的农民进行耕作。[3]由于土地租赁仅仅被视为对人权,因此租赁人虽然获得了对土地的占有(possession),但并没有获得针对土地的占有权(seisin),也无法提起"real action"来保护自己对土地的占有。

从 13 世纪开始,土地租赁人的地位开始得到重视,其权利开始越来越具有地产权的特征。土地租赁人首先获得了对抗土地持有人的占有保护,在土地租赁人对土地的占有受到土地持有人剥夺时,可以通过诉讼要求实际履行合同

---

〔1〕 根据超越原则,当买受人按照法律的规定从受托人处买受信托土地后,信托受益人的权益就不对买受人产生拘束,他们的权益从指向土地变为指向土地出卖后所得的价款,即使受托人存在未尽职责的行为,买受人的权益也不会受影响。只有当买受人对严重违背信托义务的行为存在明知时,他受让的土地权利才不能超越信托受益人的权益。参见高富平、吴一鸣:《英美不动产法:兼与大陆法比较》,清华大学出版社 2007 年版,第 218 ~ 219 页。

〔2〕 E. H. Burn & J. Cartwright, *Cheshire and Burn's Modern Law of Real Property*, 17th edition, Oxford University Press, 2006, p. 36.

〔3〕 吴一鸣:《英美物权法——一个体系的发现》,上海人民出版社 2011 年版,第 87 页。

(specific performance),这明显是属于"personal action"的例外,因为原则上"personal action"的被告可以在实际履行和损害赔偿之间进行选择。随后,土地租赁人的权利开始具有对抗第三人的效力。在1235年左右出现了新令状"quare ejecit infra terminum",这种令状允许土地租赁人对侵害其占有的买受人提起诉讼,要求损害赔偿。在此之后,又出现了"ejectione firmae"令状,这种令状赋予了土地租赁人向第三人主张损害赔偿的权利,但是如果他想要恢复占有,仍然要请求土地持有人向第三人提起"real action"。直到15世纪,土地租赁人终于可以依据"ejectione firmae"令状要求侵害人实际履行,进而恢复占有。[1] 这一改变的意义重大,直接使租赁人的权利具有了"real property"的特征。同时,租赁契据(lease)经常会约定承租人的继承人在租赁期间可以继续承租土地,因此租赁人对土地的权利也具有了可继承性。虽然在实践中,土地租赁已经具有了地产权的效力,但是由于土地租赁并不能被纳入封建地产制度,因此学者们并没有明确承认其为"real property",例如,波洛克(Frederick Pollock)和梅特兰(Frederic William Maitland)就认为,土地租赁实际上是对土地的金融投资,因此其地位介于土地法和"personal property law"之间,可以被认定为"chattel real"。[2]

1925年财产法改革后,租赁地产权正式取得了地产权(estate)的地位,被称为"a term of years absolute",与"fee simple absolute in possession"共同成为普通法上仅有的两种地产权。[3] 在登记制度方面,1925年《土地登记法》(*Land Registration Act*)将租期或剩余租期超过21年的租赁地产权作为可登记产权(registrable title)来对待,可以单独登记并拥有独立产权编号和独立登记簿,当然这种租赁地产权也可以作为非限嗣继承地产权或上级租赁地产权的负担进行登记。[4] 对于租期在21年以下的租赁地产权,它并不能作为可登记产权取得登

---

〔1〕 A. W. B. Simpson, *A History of the Land Law*, 2nd edition, Oxford University Press, 1986, pp. 74 – 75. 关于土地租赁权性质的变迁,还可参见咸鸿昌:《英国土地法律史——以保有权未视角的考察》,北京大学出版社2009年版,第255页以下。

〔2〕 Pollock & Maitland, *The History of English Law-before the time of Edward I*, Volume Ⅱ, 2nd edition, Cambridge University Press, 1898 (2004, 5th reprinted edition). See Bram Akkermans, *The Principle of Numerus Clausus in European Property Law* (diss.), Maastricht University, 2008, pp. 352 – 353.

〔3〕 1925 Law of Property Act, s. 1.

〔4〕 吴一鸣:《英美物权法——一个体系的发现》,上海人民出版社2011年版,第185页。

记,但《土地登记法》将这种租赁地产权归为"优先利益"(overriding interests)[1],无论它是否经过登记,都可以使非限嗣继承地产权的受让人受到租赁地产权的约束。另外,英国法上仍然存在衡平法上的租赁地产权[2],根据《土地登记法》,衡平租赁地产权属于"次级利益",只有登记后才能产生对抗效力。值得注意的是,前述关于租赁地产权登记的论述都是针对已经进行过产权登记的土地上的租赁地产权,对于未经过产权登记的土地上的租赁地产权则适用1925年《土地负担法》(*Land Charges Act*),对于普通法上的租赁地产权,无论是否登记,无论非限嗣继承地产权的受让人是否知晓,都不因非限嗣继承地产权的转让而失去效力,因此仍然能拘束非限嗣继承地产权的受让人。对于衡平法上的租赁地产权,只有登记后,才能拘束非限嗣继承地产权的受让人。[3]

在构成要件方面,租赁地产权具有四个特征:第一,租赁地产权承租人获得的是排他性的占有(exclusive possession)。这一要件是租赁与许可(licence)的区别,后者仅仅允许权利人进入或使用土地,但没有赋予其排他性的占有,许可仅仅是一种对人权。第二,租赁地产权的持续时间没有长度限制,但必须有确定的终止时间。这一要件是历史形成的,也是租赁地产权与普通法上的自由持有地产权(包括非限嗣继承地产权、限嗣继承地产权、终身地产权)的区别,后者的终止时间是不确定的。第三,租赁契据(lease)中的内容决定出租人与承租人的权利义务。如果当事人没有作出安排,就适用法定的权利义务,包括出租人保障土地适宜居住、承租人支付合理租金。由于英国法中的租赁地产权是一种财产权,当事人通过租赁契据约定的内容构成了租赁地产权的一部分。第四,只要租赁契约未作限制,承租人有权自由转让租赁地产权或转租。在承租人转让租赁地产权或出租人转让非限嗣继承地产权时,租赁契据中的内容即可约束租赁地产权的受让人或非限嗣继承地产权的受让人。

---

〔1〕 1925年《土地登记法》第3条对"优先利益"进行了定义:优先利益是指未记载到登记簿,但对根据本法而发生效力的登记产权的处分产生拘束的所有负担、土地利益、权利、权力。See 1925 Land Registration Act, s. 3 (xvi).

〔2〕 需要指出的是,租赁地产权并非全部都是普通法权利。在没有采取契据的形式授予租赁地产权时,承租人获得的租赁地产权就仅仅具有衡平法性质。这种衡平法上的租赁地产权属于地产权合同(estate contract),是一种衡平法上的财产权。

〔3〕 衡平法上的租赁地产权属于地产权合同(estate contract),根据1925年《土地负担法》属于可登记的负担,因此,只要进行了登记,仍然可以约束fee simple的受让人。参见高富平、吴一鸣:《英美不动产法:兼与大陆法比较》,清华大学出版社2007年版,第507页、第512~513页。

在许多情况下,出租人和承租人可能会在租赁契据之外对有关租赁的事项进行约定,包括了租金、保险、维持费用、维修工作的分摊等内容,这种约定通常被称为约据(covenant)。[1] 从理论上来讲,约据中的权利义务仅仅具有合同性质,在租赁地产权转让或非限嗣继承地产权转让后,约据并不能约束受让人。但问题是,约据与租赁契据同样都是当事人之间的约定,为何后者构成租赁地产权的组成部分,而前者仅仅具有合同性质呢?英国的司法实践并没有严格遵循合同相对性原则(privity of contract)。在1995年之前,司法实践就开始承认约据中的部分条款约束租赁地产权或非限嗣继承地产权的受让人,只要这些条款"与土地利用直接相关"(touching and concerning the land),但原出租人或承租人仍然要就这些条款承担合同责任。在1995年《出租人与承租人法》(*Landlord and Tenant Act*)颁布后,"与土地利用直接相关"的要件被废除了,除了属人性的(personal)条款(出租人与承租人没有使之约束后手的意图),约据中的所有条款都能够约束租赁地产权或非限嗣继承地产权的受让人,而且原出租人或承租人不需要再就这些条款承担合同责任。[2] 因此,在1995年之后,租赁地产权的财产权性质得到了进一步的增强。

目前,英国法中的租赁地产权有多种类型,每种都有其特殊的规定:例如在适用于住宅的长期租赁(long tenancies),根据1967年《租赁地产权改革法》(*Leasehold Reform Act*),只要符合法定条件,承租人有权要求取得房屋所有权或延长租期;在商业租赁(business tenancies)中,根据1954年《出租人与承租人法》,除非出租人有法定反对理由,承租人有续租权;对于经营性农业租赁(agricultural holdings or farm business tenancies),则由1986年《农业租赁法》(*Agricultural Holdings Act*)和1995年《农业租赁法》(*Agricultural Tenancies Act*)来专门调整。因此,英国法中的租赁地产权是一种外延广泛的用益权利,其在大陆法系物权法中的对应物包括了地上权、永佃权、永租权等。

2. 地役权(easement)、获益权(profit)与限制性约据(restrictive convenant)

土地上除了非限嗣继承地产权和租赁地产权两种地产权外,还存在其他对

---

[1] 约据就是指当事人达成的协议或允诺。在不动产法中,约据通常是指在转让契据或者其他文据中达成的与不动产有关的允诺。

[2] Bram Akkermans, *The Principle of Numerus Clausus in European Property Law* (diss.), Maastricht University, 2008, pp. 356 - 358.

世性的权利，这些权利可以被称为土地权益（interest）。英国法存在三种较为常见的用益性质的非占有权利，即地役权（easement）、获益权（profit）与限制性约据（restrictive convenant），前两种权利是普通法上的土地权益，而限制性约据则是衡平法上形成的土地权益。

（1）地役权（easement）

英国学者对地役权的定义是，附属于他人的特定土地（供役地），允许权利人以特定方式使用供役地或者在某种程度内限制供役地的地产权人使用该供役地的权利。英国普通法上的地役权是一种无获益的特权（a privilege without a profit），也即权利人不能获取供役地的自然出产物或土壤、沙石。普通法上的地役权是对物权，而不是对人权，它可以约束供役地，并随着供役地的转让而约束供役地的地产权受让人。〔1〕在权利义务的内容方面，英国法上的地役权可以分为积极地役权（positive easement）和消极地役权（negative easement）两类，前者是指地役权的权利人可以在供役地上为某一行为，后者是指供役地的地产权人对土地的利用受到限制。〔2〕

英国法中的地役权具有以下几个特征要件：第一，必须存在归属于不同主体的供役地（servient tenement）和需役地（dominant tenement）。也就是说，英国法上的地役权都是附属于需役地的附属地役权（easement appurtenant），只为特定人利益而创设的独立地役权（easement in gross）并没有得到法律的承认；〔3〕第二，权能有限。权利人仅能以特定方式使用供役地或只能在特定方面限制地产权人对供役地的利用，这实际上构成了地役权与地产权之间的区别；第三，不可分性，也即设定地役权后，即使地产权发生分割，地役权仍然存在，这也导致地役权可以存在与终身地产权、租赁地产权等各种类型的地产权之上；第四，非占有性。地役权人仅可以在特定方面对他人的土地进行利用，供役地地产权人仍然占有

---

〔1〕 E. H. Burn, *Cheshire and Burn's Modern Law of Real Property*, 16th ed., London: Butterworths, 2000, pp. 568 – 569.

〔2〕 Bram Akkermans, *The Principle of Numerus Clausus in European Property Law* (diss.), Maastricht University, 2008, p. 359.

〔3〕 Re Ellenborough Park (1956) Ch 131.［英］黛安·查佩尔：《土地法》（影印本），法律出版社 2003 年版，第 383 ~ 384 页。

土地,因此地役权属于非占有权利;〔1〕第五,罗马法中“役权不得表现为要求作为”(servitus in faciento consistere nequit)的原则也在英国法中得到承认。也即地役权只能使供役地的地产权人承担不作为义务,而不能对他课加积极作为义务。〔2〕在实践中,英国法中也形成了一些定型的地役权类型,如通行权、采光权、支撑权等。地役权的亚类型并不是封闭的,只要当事人约定的内容符合上述四个要件,就会被法院认定为地役权,如果当事人的约定不符合要件,例如约定供役地的地产权人须积极支付金钱或者地役权人可以全面占有使用供役地,则不会被法院认定为地役权,这样的约定仅仅具有合同效力。〔3〕此处需要特别提及的是,英国普通法倾向于对消极地役权进行限制,因为英国法院认为消极地役权会阻碍土地流通,同时土地的买受人难以查知其存在,因此英国普通法仅仅承认了四种消极地役权,即采光权、通风权、通水权以及建筑物支撑权。〔4〕

对于已经进行过产权登记的供役地,根据1925年《土地登记法》的规定,其上存在的普通法地役权属于优先利益,无须登记即可对抗供役地地产权受让人,对于其上存在的衡平法地役权,则属于次级利益,需要登记后才能对抗供役地地产权受让人。〔5〕对于未进行过产权登记的供役地,根据1972年《土地负担法》其上的普通法地役权由于其普通法权利的性质,当然能够约束供役地地产权受让人,对于其上存在的衡平法地役权,则属于可登记的负担,需要登记才能约束供役地地产权受让人。〔6〕

(2)获益权(profit à prendre)

英国法上的获益权是指进入他人土地并从土地上取走某物之权利,它与地

〔1〕参见高富平、吴一鸣:《英美不动产法:兼与大陆法比较》,清华大学出版社2007年版,第650~651页。

〔2〕F. H. Lawson and Bernard Rudden, *The Law of Property*, 3rd, Oxford University Press, 2002, p. 154.

〔3〕Bram Akkermans, *The Principle of Numerus Clausus in European Property Law* (diss.), Maastricht University, 2008, p. 361.

〔4〕[美]约翰·G. 斯普兰克林:《美国财产法精解》(第2版),钟书峰译,北京大学出版社2009年版,第532~533页。

〔5〕高富平、吴一鸣:《英美不动产法:兼与大陆法比较》,清华大学出版社2007年版,第550页、第558~559页。但在司法实践中,法院在Celsteel Ltd. v. Alton House Holdings Ltd. ([1985] 1 WLR 204)和Thatcher v. Douglas ([1996] 146 NLJ 282)两案中又认为公开行使的衡平法地役权属于优先利益,无须登记即可约束供役地地产权受让人。

〔6〕高富平、吴一鸣:《英美不动产法:兼与大陆法比较》,清华大学出版社2007年版,第507页、第514页。

役权的区别在于,前者只能使用供役地而不能分享土地出产物或土地成分,而后者的主要目的就是分享土地出产物或土地成分。[1] 在工业化时代之前,获益权主要是指在他人的土地上砍柴、打猎捕鱼、放牧、获取牲畜饲料,今天获益权主要是指在他人土地上伐木、开采天然气、石油等矿产资源的权利。依据获益权是否需要有需役地存在,获益权可以分为附属性获益权(profit appurtenant)和独立获益权(profit in gross),依据获益是否可以独享,获益权又可以分为独享获益权和共享获益权。[2] 在英国法中,获益权与地役权非常接近,基本上与地役权适用同样的规则。大陆法系并无英国法中这种独立的获益权,在大陆法系当中,在他人土地上获取特定出产物或土地成分的权利属于地役权。[3]

对于进行过产权登记的供役地,根据 1925 年《土地登记法》,其上的普通法获益权属于优先利益,无须登记即可约束供役地地产权受让人,其上的衡平法获益权属于次级利益,只能在登记后才能对抗供役地地产权受让人。[4] 对于未进行产权登记供役地,1972 年《土地负担法》其上的普通法获益权由于其普通法权利的性质,无论供役地地产权受让人是否知晓,均可以约束他,其上的衡平法获益权,属于可登记的负担,需要登记后才能约束供役地地产权受让人。[5]

(3)限制性约据(restrictive convenant)

前面我们在租赁地役权部分就已经涉及了约据,此处我们要讨论的是限制性约据,也即出让人将自己某块土地的地产权转让给受让人时,与受让人约定不得在该土地上为特定行为。这种限制性约据的主要功能是保障出让人所保有的其他土地的价值,例如出让人将两块相邻土地中的一块转让给受让人,由于出让人保留的另一块土地的目的是作为自己的居住用地使用,因此他可能与受让人

---

〔1〕 E. H. Burn, *Cheshire and Burn's Modern Law of Real Property*, 16th ed., London: Butterworths, 2000, p. 569.

〔2〕 Bram Akkermans, *The Principle of Numerus Clausus in European Property Law* (diss.), Maastricht University, 2008, p. 362.

〔3〕 参见[德]鲍尔、施蒂尔纳:《德国物权法》(上册),张双根译,法律出版社 2004 年版,第 712 页;尹田:《法国物权法》,法律出版社 2009 年版,第 433 ~ 434 页;史尚宽:《物权法论》,中国政法大学出版社 2000 年版,第 234 页。

〔4〕 高富平、吴一鸣:《英美不动产法:兼与大陆法比较》,清华大学出版社 2007 年版,第 550 页、第 558 ~ 559 页。

〔5〕 Bram Akkermans, *The Principle of Numerus Clausus in European Property Law* (diss.), Maastricht University, 2008, p. 362.

约定，禁止对交易的土地进行商业开发，否则将影响到自己的生活安宁。限制性约据本身只是出让人与受让人之间的合同，从原则上讲并不能约束出让人和受让人的后手，但在司法实践中，衡平法院逐级承认了限制性约据对第三人的约束力，使之成为衡平法上权利。

最早承认限制性约据对供役地受让人的约束力的是 1848 年的 Tulk v. Moxhay 案。[1] 在本案中，塔尔克(Tulk)在 1808 年将莱斯特(Leicester)广场周围的一块土地转让给了埃尔姆(Elms)，并约定埃尔姆要保持该块土地作为公园的状态，不能在该土地上建筑，并允许居民在支付合理费用后使用这个公园，经过多次转手，莫克思(Moxhay)取得了这块土地，尽管他知道约据的存在，但仍然准备在这块土地上进行建筑。随后，塔尔克寻求衡平法院的救济，请求法院发布禁令禁止莫克思实施施工行为。审理本案的科特纳姆法官(Lord Cottenham)认为，本案的问题并不在于约据能否随土地转让而转移，而在于买受人在购买土地时明知约据存在的情况下，他对土地的使用方式是否可以与约据所规定的不同。科特纳姆法官认为，莫克思必须按照约据所规定的方式使用土地，原因在于受到约据限制的土地的价格必然比一般的土地价格低，如果允许买受人不按照约据使用土地或者再次转让时允许其后手不按约据使用土地，那么买受人将获得不当得利，因此法官认为如果一个地产权人对其土地拥有的利益存在缺陷，那么从他那里受让地产权的人应与其处于同样的地位，故而约据可以约束莫克思。[2] 在这个案件中，虽然法院没有直接肯定约据随土地转让而转移，但实际上是承认限制性约据对供役地受让人的约束力。这一判例实际上就肯定了这一类约据具有衡平法上的财产权效力。

在 Tulk v. Moxhay 案之后，法院陆续通过一系列的判例对限制性约据的构成要件进行了界定。在 1881 年 Haywood v. Brunswick Permanent Benefit Building Society 一案[3]中，出让人与受让人在约据中约定，受让人应该使土地上的建筑处于修缮完好的状态，法院认为修缮义务属于积极义务，不属于限制性约据，因此不能约束供役地的受让人。本案实际上是通过类推适用地役权的规定，将限

---

[1] Tulk v. Moxhay (1848) 2 Ph 774.

[2] Tulk v. Moxhay (1848) 2 Ph 774, pp. 777 - 778.

[3] Haywood v. Brunswick Permanent Benefit Building Society (1881) 8 QBD 403.

制性约据的内容限制为不作为义务。在 1900 年 Rogers v. Hosegood 一案[1]中,柯林斯(Collins)法官认为,“约据能够发生继受效力,并不是因为任何一方当事人注意到其存在,而是因为买受人买到了一个内含于(inhered in)或附属于(annexed to)土地的东西。这就可以解释在约据义务问题上,为什么对于最初交易中所设定的属人性约据,买受人即使注意到其存在,其良心也不受影响;而当该约据直接与土地有关的时候,他的良心会因为注意而受到影响。”[2]这个案件实际上就提出了限制性约据最核心的要件,即约据内容与土地直接相关(touch and concern the land)。1914 年 London County Council v. Allen 一案,[3]原地产权人与伦敦郡议会(London County Council)签订约据,承诺在该土地上不进行建设,受让人艾伦(Allen)虽然知道这一约据,但仍然在土地上进行建设。本案法官巴克利(Buckley L. J.)认为,由于伦敦郡议会并不拥有可以从约据中获益的土地,因此本案中并不存在限制性约据。也就是说,本案要求限制性约据是附属性的,必须存在需役地。

通过实践中判例的积累,作为衡平法权利的限制性约据的构成要件逐渐明晰:第一,限制性约据存在的前提是需役地存在;第二,限制性约据中约定的义务必须是消极不作为义务;第三,限制性约据约定的义务必须与土地直接相关(touching and concerning the land);第四,当事人之间需要有使约据随供役地转让而转移的意图。在这四个要件中,弹性最大的就是“与土地直接相关”,虽然现在法院仍然在使用这一原则,但法官更多考虑的是约据内容是否违反公共政策,例如约据意图实现的目的是否合理,约据内容是否公平,约据对土地可交易性、自由竞争的影响以及对个人自由的干涉程度等。[4] 实际上,在实践中,“不违反公共政策”已经逐渐取代了“与土地直接相关”这一要件。

由于限制性约据是一种衡平法财产权,因此,在现代登记制度建立以前,限制性约据并不能约束支付了对价的供役地地产权的善意买受人。在 1925 年财

---

[1] Rogers v. Hosegood (1900) 2 Ch 388.

[2] Rogers v. Hosegood (1900) 2 Ch 388, p. 407. 转引自吴一鸣:《英美物权法——一个体系的发现》,上海人民出版社 2011 年版。

[3] London County Council v. Allen (1914) 3KB 642.

[4] Jesse Dukeminier, James E. Krier: *Property*, 5th ed., New York: Aspen Publishers, Inc., 2002, pp. 884 – 885. 转引自吴一鸣:《英美物权法——一个体系的发现》,上海人民出版社 2011 年版,第 104 页。

产法改革之后，情况发生了一定变化。对于已经进行了产权登记的土地，根据1925年《土地登记法》，限制性约据属于次级利益，只有登记后才能约束供役地的受让人，即便受让人知道约据存在也是如此；[1]对于未进行产权登记的土地，根据1972年《土地负担法》，限制性约据属于可登记的负担，只有经过登记后，才能约束供役地的受让人。[2]

3. 土地上的定期给付(rentcharge over land)[3]

英国普通法上还存在土地上的定期给付(地租)，它是指权利人可以向地产权人定期收取金钱，在地产权人不履行支付义务时，权利人可以进入土地并扣押变卖地产权及土地上的动产的权利。在定期给付权利人与地产权人之间并无土地保有关系，因此权利人无法行使普通法上的扣押权(distress)，因此权利人与地产权人之间一般会通过签订约据的方式赋予权利人在地产权人不履行时的扣押权利。这种权利一般存在于三种情形中：第一，在地产权转让时，以定期给付的方式代替价金的支付；第二，保障家庭年金(family annuity)的支付而设定的定期给付；第三，加强限制性约据的效力而设定的定期给付。[4] 定期给付明显与地役权不同，后者只能课加消极义务，而前者向负担土地的地产权人课加了积极支付金钱的义务。从它的用途来看，既有担保的效果，也有土地用益的效果(收取法定孳息)，实际上类似于《德国民法典》中规定的实物负担(Reallast)和定期金债务(Rentenschuld)。

对于已经进行产权登记的土地，根据1925年《土地登记法》的规定，定期给付属于次级利益，只有经过登记才能约束地产权受让人；[5]对于未经产权登记的土地，根据1925年《土地负担法》，属于可登记的负担，也需要经过登记才能约束地产权受让人。[6] 根据1977年《定期给付法》，大多数的定期给付都被废除了。

---

〔1〕 高富平、吴一鸣：《英美不动产法：兼与大陆法比较》，清华大学出版社2007年版，第558～559页。

〔2〕 高富平、吴一鸣：《英美不动产法：兼与大陆法比较》，清华大学出版社2007年版，第507页、第514页。Bram Akkermans, *The Principle of Numerus Clausus in European Property Law* (diss.), Maastricht University, 2008, p. 365.

〔3〕 《元照英美法词典》将"rentcharge"翻译为"地租"。参见薛波主编：《元照英美法词典》，法律出版社2003年版，第1180页。

〔4〕 Bram Akkermans, *The Principle of Numerus Clausus in European Property Law* (diss.), Maastricht University, 2008, p. 365.

〔5〕 高富平、吴一鸣：《英美不动产法：兼与大陆法比较》，清华大学出版社2007年版，第558～559页。

〔6〕 高富平、吴一鸣：《英美不动产法：兼与大陆法比较》，清华大学出版社2007年版，第510页。

对于前面提到的三种常见的适用情形,1977 年之后不能再设定定期给付来代替价金的支付,1977 年之前就已经设定的,最迟将在 2037 年终止。为保障家庭年金或加强限制性约据效力而设定的定期给付仍然得以保留。[1]

(二)土地上的担保权利

1. 按揭权(mortgage)

与大陆法系各国一样,在英国法中,债务人同样可以用不动产对债权进行担保,这就是英国法中的"mortgage",中文一般翻译为"按揭"。

英国法中的按揭最早是由两种较为原始的担保(pledge)的形式发展而来的——活质(living pledge,vivum vadium)或死质(dead pledge,mortuum vadium),前者是指金钱出借人占有土地,并收取租金和土地收益用以抵偿本金和利息,后者是指当事人收取租金和土地收益仅仅只能抵偿利息,本金的债务仍然存在。[2]到十二三世纪时,为了规避高利贷法的制裁,债务人以设定租赁地产权的方式担保债权,也即债务人为债权人设立租赁地产权,债权人可以占有土地,并收取土地收益来抵充借款或作为债权人的收益。在债务人到期无法清偿债务时,租赁地产权就自动转化为了非限嗣继承地产权。[3] 这种担保方式实际上类似于法国法系中的不动产质,并且包含流质条款。到了 15 世纪时,权利让与式的担保占据了主流地位,在这种模式中,债务人将非限嗣继承地产权[4]转让给债权人,并由债权人现实占有,但附有一个条件,即在债务人清偿债务后,债权人应当将非限嗣继承地产权返还给债务人。因此,债权人获得的实际上是可灭却的非限嗣继承地产权(fee simple defeasible)。如果债务人没有在约定期限之前偿还债务,债权人的可灭却的非限嗣继承地产权即转化为绝对的非限嗣继承地产权。但是,这仅仅是剥夺了债务人回复非限嗣继承地产权的权利,并不会免除其债务。[5] 至 17 世纪初期,英国法上的按揭制度发生了两个重大变化:第一,当时的

---

[1] Bram Akkermans, *The Principle of Numerus Clausus in European Property Law* (diss.), Maastricht University, 2008, p. 365.

[2] 毛和文:《不动产按揭法律制度研究》,中国民主法制出版社 2010 年版,第 19 ~ 20 页。

[3] 吴一鸣:《英美物权法——一个体系的发现》,上海人民出版社 2011 年版,第 279 页。

[4] 这种权利让与式的担保的标的物并不以 fee simple 为限,也包括其他土地上的普通法权益和衡平法权益。相应地,以普通法权益为担保标的物的为普通法抵押(legal mortgage),以衡平法权益为担保标的物的为衡平法抵押(equitable mortgage)。

[5] E. H. Burn & J. Cartwright, *Cheshire and Burn's Modern Law of Real Property*, 17th edition, Oxford University Press, 2006, p. 721.

有偿借贷已经不再是高利贷行为,因此利息可以在按揭权的担保范围之内,因此债权人占有土地并收取土地收益就成为额外获利,因此衡平法院判决债权人应当向债务人支付租金,这就使债权人占有土地成为无利可图的事情,于是,不转移占有的按揭权开始形成;[1]第二,按照普通法中的严苛规定,只要债务人没有在约定期限之前清偿债务就确定失去地产权,即便债务人后来偿还了债务也不能再赎回地产权。衡平法认为这种状况不公平,因此为债务人提供了救济,只要他偿还了债务,即可享有衡平法上的赎回权(equity of redemption, equity of redeem)。[2] 这种赎回权属于衡平法权利,适用善意买受人原则,也即如果债权人在按揭期间将地产权转让给第三人,并且该第三人对赎回权善意不知情且支付了对价,那么债务人在清偿债务后就不得向第三人主张赎回权,只能向债权人主张损害赔偿。至此,现代按揭权制度的几个基本特征已经具备:以担保债务为目的、不转移占有、流抵押禁止。

1925年财产法改革后,按揭制度又发生了变化,主要体现在设定方法方面。1925年《财产法》改变了按揭权的设定方法[3]:第一,从1926年开始,不得通过让与非限嗣继承地产权的方式设定按揭权。第二,这部法律恢复了以设定租赁地产权的方式设定按揭权的模式,也即债务人为债权人设定租赁地产权,在债务人清偿债务后,租赁地产权即自动终止,如果债务人在租赁到期时没有清偿债务,则这种租赁地产权自动转化为非限嗣继承地产权。[4] 在现实中,为设立按揭权而设立的租赁地产权的期限通常是3000年,为设立后顺位的按揭权所设立的租赁地产权通常比前顺位的租赁地产权多一天。[5] 此处值得注意的是,租赁地产权并非是外在于按揭权的权利,而是按揭权的一个成分,当事人除了设定租赁地产权外,还会约定债权人的强制拍卖权、优先受偿权等,这些因素共同构成了按揭权。第三,另一种设定按揭权的方式较为简单,也即通过契据在土地上设立

〔1〕 W. S. Holdsworth, *Historical Introduction to the Land Law*, Oxford: Clarendon Press, 1927, p. 259.

〔2〕 E. H. Burn & J. Cartwright, *Cheshire and Burn's Modern Law of Real Property*, 17th edition, Oxford University Press, 2006, p. 722.

〔3〕 Land of Property Act 1925, S. 85.

〔4〕 E. H. Burn & J. Cartwright, *Cheshire and Burn's Modern Law of Real Property*, 17th edition, Oxford University Press, 2006, p. 722.

〔5〕 Kate Greem, Joe Cursley, *Land Law*, 4th ed., London: Palgrave MacMillan Publishers Ltd., 2001, p. 81. 转引自吴一鸣:《英美物权法——一个体系的发现》,上海人民出版社2011年版,第281页。

一个负担(charge by the way of mortgage),而无须转让或设定任何地产权,这种设定方式较为简单,逐渐成为最为常见的设定方式。在2002年之后,按揭权的设定方法又被修改,根据2002年《土地登记法》,2003年10月之后,按揭权只能通过设定负担的方式来设立(charge by the way of mortgage),通过设立租赁地产权设立按揭权的方式被废除。[1] 因此,在2003年后,英国法中的按揭权设立方式已经与大陆法系中的抵押权设立方式非常近似了。除此之外,在1926年后,长期租赁地产权之上也可以设定按揭权,也即通过分租(sublease)的方式在租赁地产权之上为债权人设立租赁地产权,[2]在2002年后,租赁地产权上也可以以设定负担的方式设定按揭权。[3]

在按揭权的登记方面,对于未进行产权登记的土地,根据1925年、1972年《土地负担法》,其上存在的普通法按揭权不因地产权转让而失效,当然约束受让人,但其上存在的后顺位普通法按揭权和衡平法按揭权[4]则属于可登记的负担,登记后才能约束受让人;[5]对于已经进行了产权登记的土地,根据1925年《土地登记法》,其上存在的普通法按揭权和衡平法按揭权均属于次级利益,只有进行登记后,才能约束受让人。[6]

此处我们还需要对目前英国法按揭制度中,按揭权人(mortgagee)和按揭人(mortgagor)的主要权利义务进行简要说明:(1)按揭权人的占有权。虽然在实践中按揭权人一般并不占有土地,但英国制定法和普通法仍然保留这一历史遗迹,承认按揭合同签订时,按揭权人就可以占有土地。[7] 但是,按揭权人行使占有权却仍然有限制,他必须善意地、为了实现担保目的占有按揭物,例如为了出卖按揭物时能够将其完整地交给买受人,或者为了防止按揭人过分损耗或降低

〔1〕 Land Registration Act 2002, S. 23 (1).

〔2〕 Law of Property Act 1925, S. 86.

〔3〕 吴一鸣:《英美物权法——一个体系的发现》,上海人民出版社2011年版,第282页。

〔4〕 衡平法抵押权(equitable mortgage)一般两种类型:其一是以衡平法权益为担保标的物的抵押权;其二是设立普通法抵押权时,由于没有履行形式要件,而产生的衡平法抵押权,例如以设立租赁地产权的方式设立抵押权时,只签订地产合同(estate contract),但没有进行契据交付,此时普通法抵押权没有产生,但却产生了衡平法抵押权。

〔5〕 高富平、吴一鸣:《英美不动产法:兼与大陆法比较》,清华大学出版社2007年版,第507页、第511~512页。

〔6〕 高富平、吴一鸣:《英美不动产法:兼与大陆法比较》,清华大学出版社2007年版,第558~559页。

〔7〕 Law of Property Act 1925, S. 87 (1). Four-Maids Ltd. v. Dudley Marshall (Properties) Ltd. (1957) CH 317.

按揭物的价值。[1] 在实践中,按揭人和按揭权人通常会通过合同约定排除按揭权人的占有权,如果按揭权人通过司法程序要求行使占有权,按揭人也可以行使制定法上赋予的权利要求法院推迟按揭权人的占有权行使。[2] (2)按揭权人的出卖权。即便当事人没有明确约定,只要满足了制定法上规定的条件,按揭权人就可以行使出卖权:债务到期后三个月未履行;利息延期支付超过两个月;违反了按揭契据中的其他条款。[3] 按揭权人也可以委托管理人(receiver)来变卖按揭物。(3)按揭人的回赎权。虽然现代英国法已经否定了通过权利让与式的按揭,但按揭人回赎权仍然得到了坚持,债务得到清偿后,按揭人即可主张回赎权,将按揭权人的租赁地产权或负担消除。这种规定是强制性的,当事人不能通过约定来规避,也即流抵押条款禁止。[4] 但目前,法院的态度开始出现缓和,例如在当事人在独立于按揭合同的另一份合同中作出排除回赎权的约定,上议院就认可了该约定的效力。[5] 在商事领域有特殊规定,公司为发行债券而设定的按揭,可以约定为不可回赎或仅仅在特定期限内可回赎。[6] (4)按揭人对土地的处分权。按揭人可以在设定按揭权后再为他人设定租赁地产权,但在按揭权人行使按揭权时,该租赁地产权不能对抗按揭权。按揭人和按揭权人可以通过约定排除按揭人设立租赁地产权的权利,如果按揭契据中做了这样明确的约定,该租赁对按揭权人无效。另外,按揭人无须按揭权人同意,在任何时候都可以转让地产权,但按揭权继续有效。[7]

此外,在按揭权对债权的附随性方面,英国法的态度一直较为灵活,允许担保债权金额的变化。在1925年《财产法》颁布之前,英国法中就存在添加制度(tacking),它是指按揭权人在土地上取得按揭后,又对按揭人贷款,此时按揭权人可以将第二次贷款债权添加到第一次贷款债权中,使两次的贷款债权取得顺位相同的按揭权。这种普通法中的添加权是普通法按揭权人的一种特权,它的

〔1〕 吴一鸣:《英美物权法——一个体系的发现》,上海人民出版社2011年版,第285页。

〔2〕 Adiministration of Justice Act 1970 S. 36. 在这个程序中,如果债务人有清偿可能性,法院往往会对占有权的行使前置一个短暂的期限。

〔3〕 Law of Property Act 1925, S. 101, 103.

〔4〕 Bram Akkermans, *The Principle of Numerus Clausus in European Property Law* (diss.), Maastricht University, 2008, p. 370.

〔5〕 Kreglinger v. New Patagonia Meat and Cold Storage Co Ltd. (1914) AC 23.

〔6〕 Companies Act 1985, S. 193.

〔7〕 吴一鸣:《英美物权法——一个体系的发现》,上海人民出版社2011年版,第288~289页。

存在实际上使后顺位的普通法按揭权人和衡平法按揭权人的利益处于极不稳定的状态。1925 年《财产法》对添加制度进行了全面修正：第一，所有按揭权人，包括普通法按揭权人和衡平法按揭权人都可以进行添加；第二，先顺位的按揭权人实施添加须满足一定条件，要么先顺位按揭权的设定文书中规定了追加贷款的权利，要么获得后顺位按揭权人的同意。添加制度的存在，使按揭权可以为未来不确定债权提供担保，实际上发挥了大陆法系最高额抵押制度的作用。[1] 但是，1925 年《财产法》中的添加制度却存在一定的问题，理由很简单：如果土地上已经存在了可以追加贷款的先顺位按揭权，那么债权人一般不会愿意接受后顺位的按揭权，因为在先顺位按揭权人可以不受限制地自行追加贷款的情况下，后顺位的按揭权很可能不足以担保债权金额；另外，后顺位的按揭权人也不太可能同意先顺位按揭权人追加债权，因为这会危及自己的担保利益。从这个角度来看，英国法中的添加制度与大陆法系的最高额抵押相比，略逊一筹。[2]

2. 土地负担（charge of land）

除了按揭（mortgage）之外，英国法上的不动产担保权利还包括土地负担（charge of land），它实际上是存在于土地权利之上的财产负担（charge）。财产负担是指为清偿债务，将特定动产或不动产从一般财产中划出，在债务人无法清偿债务时，债权人（chargee）得变卖该特定动产或不动产以清偿债务。英国学者通常这样定义财产负担（charge）："债务人拨出财产，以清偿债务，但不把担保物的绝对产权、特别产权、占有权转移于债权人，只给予债权人这个权利：在担保的义务不履行时，向法庭要求把担保物变卖。"[3] 从上述定义来看，财产负担主要有两个特征：第一，在设立方面，不需要转让标的物，也不需要转移占有；第二，在权利的实现方式方面，债权人只能通过司法程序来满足其就担保物的变价优先受偿权。英国法上的财产负担是一种"定制的担保物权"（tailor-made security

---

〔1〕 陈本寒：《担保物权比较法研究》，武汉大学出版社 2003 年版，第 74～77 页；费安玲主编：《比较担保法》，中国政法大学出版社 2004 年版，第 255～256 页。

〔2〕 英国法中按揭对于银行活期账户适用的添加制度，就与最高额抵押相似：银行享有优先权的债权数额，在后设定的按揭设定时自动规定，该固定的数额即是"最高额"，此后，银行追加贷款在此限额内享有添加效果。即其原理类似于最高额抵押，只不过最高额抵押中的"最高额"是在抵押设定时约定的，而英国法银行活期账户的添加制度中的"最高额"限制是在后顺位按揭设定时才自动确定的。参见费安玲主编：《比较担保法》，中国政法大学出版社 2004 年版，第 256～257 页。

〔3〕 *Fisher and Lightwood's Law of Mortgage*, by E. L. G. Tyler, Butterworths, 1977, p. 22. 转引自陈本寒：《担保物权比较法研究》，武汉大学出版社 2003 年版，第 193 页。

right)，其具体内容主要取决于当事人设立财产负担的协议，但是一旦财产负担设立，其救济方式就基本上是相同的，在债务不履行时，权利人申请取得担保物的占有或任命管理人(receiver)代表他取得占有，以及行使最终权利，请求法院变卖担保物。[1]

在1925年财产法改革之前，按揭(mortgage)与土地负担(charge of land)有较大差异，因为前者主要是权利让与式的担保，而后者则不存在权利让与。但在1925年财产法改革后，按揭与土地负担的差异逐渐缩小：第一，权利让与式的按揭被废除，实践中以土地负担的方式设立按揭(charge by the way of mortgage)逐渐成为设立按揭的主要方式，在2002年后，按揭只能以土地负担的方式设立。这样一来，按揭(mortgage)与负担(charge)的术语经常被互相替代使用，属于按揭的土地负担(charge by the way of mortgage)实际上成为土地负担(charge of land)中最重要的一种。[2] 第二，依照英国判例法的规则，即使当事人设定的是财产负担，但若协议赋予权利人直接处分担保财产的权利时，财产负担也可以转化成按揭。[3] 时至今日，英国法学家认为，按揭与财产负担已经渐渐融合，尽管其基本差异仍然保留着，但人们对它们已经不再进行区别。[4]

就目前英国的法律状况来看，按揭之外的土地负担种类繁多，不仅包括普通法上的土地负担，还包括了衡平法上的土地负担(equitable charge)，例如土地出让人的衡平留置权(unpaid vendor's equitable lien)[5]，即在受让人未完全支付价款的场合下，出让人以未支付价款数额为限对土地拥有留置权，在受让人不能支付的情况下，出让人可以将土地变卖清偿债权。对于未进行产权登记的土地，根

---

〔1〕 Bram Akkermans, *The Principle of Numerus Clausus in European Property Law* (diss.), Maastricht University, 2008, pp. 372 – 373.

〔2〕 Swiss Bank Corp v. Lloyds Bank Ltd. (1980) 2 All ER 419, at 425. Bram Akkermans, *The Principle of Numerus Clausus in European Property Law* (diss.), Maastricht University, 2008, p. 371. 从 Law of Property Act 1925 S. 1 的行文方式来看，英国立法者确实是将定期给付(rentcharge)和按揭(charge by the way of mortgage)作为"charge"的下位概念。

〔3〕 陈本寒：《担保物权比较法研究》，武汉大学出版社2003年版，第193页。

〔4〕 *Cheshire and Burn's Modern Law of Real Property*, 13th ed. Butterworths, 1982, pp. 4 – 5. 转引自陈本寒：《担保物权比较法研究》，武汉大学出版社2003年版，第194～195页。

〔5〕 请注意，此处虽然将英国法上的"lien"翻译为"留置权"，但其与大陆法系中的以动产占有为特征的留置权是不同的。英国法上的留置权(lien)，包括占有留置权(possessory lien)、海事留置权(maritime lien)和衡平留置权(equitable lien)。前两种是普通法上的权利，以动产为标的，而衡平留置权则以不动产为标的，是一种法定担保。参见陈本寒：《担保物权比较法研究》，武汉大学出版社2003年版，第195～196页。

据 1972 年《土地负担法》,其上存在的普通法土地负担不因地产权转让而失效,当然约束受让人,衡平法上的土地负担则属于可登记的负担,只有经过登记才能约束地产权的受让人。[1] 对于已经进行产权登记的土地,各种土地负担都属于次级利益,只有经过登记才能约束地产权受让人。[2]

(三)土地上的其他财产权利

1. 地产权合同(Estate contract)

地产权合同是指转让或设立普通法地产权(例如非限嗣继承地产权、租赁地产权),设立普通法地产权的选买权、优先购买权,设立普通法地役权等的合同。根据英国普通法,上述土地权利需要契据交付才能转让或设立,单纯的合同并不能使买受人取得土地权利,只能获得针对出卖人的对人权,也即在完成契据交付之前,如果出卖人拒绝履行义务或将地产权转让给第三人,买受人只能向出卖人主张损害赔偿而无法要求其实际履行合同。这种状况明显对买受人不公。因此,衡平法院向买受人提供救济,允许其提出实际履行请求,[3] 在普通法上,买受人的权利仅仅是对人权,但衡平法却拟制认为权利转移已经完成。[4] 这样的结果是,买受人获得了衡平法上的土地权利,而出卖人仍然拥有普通法上的土地权利,在地产权合同签订后,在买受人和出卖人之间就形成了推定信托关系(constructive trust),出卖人为买受人的利益持有地产权。[5] 因此,在衡平法的介入下,地产权合同实际上赋予了买受人衡平法上的财产权,买受人可以转让这种权利,并且可以对抗除善意买受人以外的所有第三人:在出卖人转让地产权时,这种衡平法权利可以对抗受让人,除非该受让人对地产权合同的存在善意不知情且支付了对价。

在 1925 年财产法改革后,对于未经产权登记的土地,根据 1972 年《土地负

[1] 高富平、吴一鸣:《英美不动产法:兼与大陆法比较》,清华大学出版社 2007 年版,第 507 页、第 512 页。

[2] 高富平、吴一鸣:《英美不动产法:兼与大陆法比较》,清华大学出版社 2007 年版,第 558 ~ 559 页。

[3] E. H. Burn & J. Cartwright, *Cheshire and Burn's Modern Law of Real Property*, 17th edition, Oxford University Press, 2006, p. 66.

[4] Lysaght v. Edwards (1876) 2 Ch D 499, Walsh v. Lonsdale (1882) 21 Ch D 9.

[5] Lysaght v. Edwards (1876) 2 Ch D 499.

担法》,地产权合同属于可登记的负担,只有登记后才能约束受让人;[1]对于已经进行了产权登记的土地,根据 1925 年《土地登记法》,地产权合同应该属于次级利益,只有经过登记,才能约束受让人。[2] 英国法上的地产权合同与登记制度相结合,实际上发挥着德国法中的“取得权”(Erwerbsrecht)的功能,其制度设计也与大陆法系中的预告登记制度(Vormerkung)非常接近:在登记对象方面,两者的登记对象都是指向不动产权利的请求权;在登记效力方面,两者都不阻碍出卖人对土地进行再次处分,只是第三人所取得的土地权利不能对抗在先买受人。

2. 购买选择权(option to purchase)

与地产权合同法律结构相似的还有购买选择权,也即依据双方约定,不动产的权利人同意他方当事人在特定时间或将来合理时间内享有以特定价格购买该不动产的权利,但并不使后者负有必须购买的义务。[3] 这种购买选择权在不动产买卖合同签订之前存在。购买选择权是一种衡平法上的权利,可以依据衡平法被强制执行。在 1882 年 London and South Western Railway v. Gomm 一案中,地产权的出让人与受让人签订了一份约据(covenant),该约据规定,在土地转让后,只要出让人发出通知并支付价款就可以回购(repurchase)土地。随后,受让人将土地转让给了第三人,第三人对原出让人的购买权是知晓的。但是,在原出让人向第三人主张购买权时,第三人拒绝了。审理本案的杰塞尔法官(Jessel LJ)认为,购买权属于衡平法上的财产权利,随土地转让而转移(run with the land),因此约束第三人。[4]

由于购买选择权是衡平法财产权利,因此它并不能约束善意不知情且支付了对价的第三人。在 1925 年现代登记制度建立后,购买选择权的效力有所变化。对于未进行产权登记的土地,根据 1925 年和 1972 年《土地负担法》,购买选

〔1〕 1972 年《土地负担法》对“地产权合同”(estate contract)的定义是“地产权所有人,或者在合同签订之日有权受让一份普通法地产权的人转让或创设普通法地产权的合同,包括以明示或法定默示的方式转让选买权、优先购买权或其他相似权利的合同。”在实践中,地产权转让合同就是指普通法 fee simple、普通法租赁地产权以及购买这些地产权的选买权、优先购买权的买卖合同,承租人向出租人放弃租赁地产权的合同,买卖衡平法租赁地产权的合同,授予普通法地役权的合同等,但不包括信托中的土地权益的买卖合同。参见高富平、吴一鸣:《英美不动产法:兼与大陆法比较》,清华大学出版社 2007 年版,第 512 页。

〔2〕 高富平、吴一鸣:《英美不动产法:兼与大陆法比较》,清华大学出版社 2007 年版,第 558 ~ 559 页。

〔3〕 薛波主编:《元照英美法词典》,法律出版社 2003 年版,第 1007 页。

〔4〕 London and South Western Railway v. Gomm (1882) 20 Ch D 562.

择权被纳入地产权合同的范畴,属于可登记的负担,只有登记后才能约束受让人。[1] 对于已经进行产权登记的土地,根据 1925 年《土地登记法》,购买选择权属于次级利益,只有登记后才能约束受让人。[2]

三、动产上的首要权利、用益权利与担保权利

在本章第一节中,我们已经谈到,英国财产法中存在“real property”和“personal property”的区分,并在这一区分的基础上形成了两套独立的财产法体系。前文已经对土地上的财产权体系进行了梳理,现在我们主要来讨论有体动产上的财产权类型。

(一)动产上的首要权利(title/ownership)

英国普通法不仅在不动产领域没有接受大陆法系的所有权概念,而且在动产领域,也没有形成统一所有权观念。英国学者在讨论动产上的存在的永久占有性权利时通常会使用“title”或“ownership”这两个术语,但它们都不是大陆法系中绝对、统一的所有权。英国学者之所以不采纳大陆法系的所有权概念,只能从历史传统来解释,主要原因有两个:其一是相对权利观念(relative of title),也即普通法学者不认为“title”或“ownership”是人对物可能拥有的最复杂的权利,而是进行占有的更好且没有争议的权利,因此“title”或“ownership”都是相对权,它的强度或有效性依赖于他人提出更好的权利的可能性或风险。在发生权利争议时,法律保护更为优先的权利。动产上的绝对产权的观念通常只在产品制造者原始取得的情况下存在。[3] 其二是普通法上对有形动产权利的保护与大陆法系对动产所有权的保护也存在差异,因为有形动产属于“personal property”,在占有受到侵夺时,普通法是通过侵占之诉(tort of conversion)来进行保护,这种侵权之诉只能提供损害赔偿的救济,而不能强制回复占有。这两个历史上的观念就导致普通法难以接纳大陆法系中的所有权概念。

虽然大陆法系的所有权概念与普通法的历史传统不相容,但在权能方面,动

---

[1] [英]黛安·查佩尔:《土地法》(影印本),法律出版社 2003 年版,第 458 ~ 459 页;高富平、吴一鸣:《英美不动产法:兼与大陆法比较》,清华大学出版社 2007 年版,第 512 页。

[2] 高富平、吴一鸣:《英美不动产法:兼与大陆法比较》,清华大学出版社 2007 年版,第 558 ~ 559 页。

[3] 参见 F. H. Lawson and Bernard Rudden, *The Law of Property*, 3rd, Oxford University Press, 2002, pp. 64 – 65;[英]F. H. 劳森、B. 拉登:《财产法》(第 2 版),施天涛等译,中国大百科全书出版社 1998 年版,第 43 ~ 44 页、第 46 ~ 47 页。

产上的"title"或"ownership"与大陆法系中的所有权实际上是相同的。例如,英国学者劳森和拉登即认为,拥有"ownership"的权利人可以对该标的物为所欲为,他可以适用、消耗、闲置、毁灭、放弃、出借、出卖、设定担保或通过遗嘱处分。[1] 布里奇(Bridge)认为,"title"或"ownership"包含永久占有权、永久使用受益权、转让权以及毁损权。[2] 最为引人注目的是奥诺雷(Honoré)的观点,他首先对"ownership"的权能进行了列举,包括占有权、使用权、管理权、收益权、变价权、担保权等内容,[3] 并且提出权利人可以将"ownership"中的部分权能授予他人,从而形成新的财产权,而"ownership"的本质就是最后剩余的权能,它使权利人能够收回授予他人的权能。[4] 因此,奥诺雷提出,"ownership"是"成熟法律制度中所承认的物上最大可能的利益"。[5] 另外,在权利保护方面,虽然普通法只对侵夺动产占有提供损害赔偿的保护,但衡平法会提供实际履行(specific performance)的救济,足以帮助受害人恢复占有。在动产被侵夺占有时,现代英国法也提供回复占有、返还原物的司法保护。[6] 因此,我们认为,英国法在有形动产领域适用的"title"或"ownership"实际上相当于大陆法系中的动产所有权。

(二)动产寄托(bailment)

英国法中的动产寄托(bailment)类似于大陆法系的"所有人—占有人关系",也即动产所有人(owner)在特定时间段将其对动产的占有(possession)授予另一人,在期限届满后,占有人须将动产返还所有人,在这种法律关系中,所有人被称为寄托人(bailor),占有人被称为受寄人(bailee)。英国学者对动产寄托的定义为:"寄托是指寄托人将动产占有转移给受寄人的占有关系。寄托可以是不定期的,即寄托人可以在任何时候要求返还货物,也可以是固定或有期限的,即受寄

---

[1] F. H. Lawson and Bernard Rudden, *The Law of Property*, 3rd, Oxford University Press, 2002, p. 90.

[2] M. Bridge, *Personal Property Law*, 3rd edition, Oxford: Oxford University Press, 2002, p. 30.

[3] A. M. Honoré, *Ownership*, in : A. G Guest, Oxford Essays in Jurisprudence (Oxford 1961), pp. 112 – 124.

[4] A. M. Honoré, *Ownership*, in: A. G Guest, Oxford Essays in Jurisprudence (Oxford 1961), pp. 116 – 128.

[5] A. M. Honoré, *Ownership*, in : A. G Guest, Oxford Essays in Jurisprudence (Oxford 1961), pp. 107 – 108. 关于普通法学者对"ownership"和"title"的认识,还可参见欧洲民法典研究组、欧盟现行私法研究组:《欧洲私法的原则、定义与示范规范:欧洲示范民法典草案》(第8卷),朱文龙等译,法律出版社2014年版,第41页。

[6] F. H. Lawson and Bernard Rudden, *The Law of Property*, 3rd, Oxford University Press, 2002, pp. 63 – 64.

人可以对抗寄托人要求提前返还动产的请求。”[1]

由于动产寄托只是一种笼统的“所有人—占有人关系”,因此其囊括了很多种不同的情形,包括借用、修理、保管、担保(pledge)、商业动产租赁(chattel lease, Hire of goods)、融资租赁(finance lease)。由于这种寄托关系涉及动产的占有,因此它实际上横跨了合同和财产两个领域,英国学者关于寄托关系中的受寄人的权利是否为一种财产权利存在争议。第一,寄托是一种合同关系,除了不定期的任意寄托外,受寄人可以对抗寄托人违反约定的要求;第二,受寄人获得了占有(possession),享有侵占之诉(tort of conversion)的保护,可以对抗侵犯其占有的第三人。也就是说,受寄人的权利超越了一般的合同权利,但是其是否达到了财产权利的程度呢?英国学者施瓦丁(Swadling)认为,占有和受到侵占之诉的保护并不意味着受寄人的权利就成为一种财产权,因为许可(licence)也使权利人获得了占有,但却不是财产权。[2]

笔者认为,虽然寄托中的受寄人权利可以对抗第三人,的确比一般的合同权利效力强大,但仍然不能笼统判断它是财产权或不是财产权。第一,侵占之诉来源于其对动产的占有,而非其作为受寄人的法律地位,只能对抗那些占有权较弱的侵占人,因此不能认为受寄人的权利是可以对抗任意第三人的普通法财产权。第二,在寄托关系的部分类型中,受寄人的法律地位的确构成了财产权,质押(pledge)就是一个例子。在质押中,作为质押权人的受寄人,可以对抗作为质押人的寄托人,也可以对抗侵占其占有的任何第三人,在质押人转让标的物后,还可以对抗标的物的买受人。因此,在质押关系中,受寄人的权利构成了财产权。第三,在另一些寄托关系类型中,受寄人的法律地位就不构成财产权利,动产租赁(chattel lease)就是例子。在动产租赁中,作为受寄人的承租人可以对抗作为寄托人的出租人,也受到侵占之诉的保护,[3]但是在出租人转让动产时,承租人不能对抗受让人,在失去占有时,只能向出租人主张违约损害赔偿。[4] 这一点表明了动产租赁与不动产租

---

〔1〕 M. Bridge, *Personal Property Law*, 3rd edition, Oxford: Oxford University Press, 2002, p. 33.

〔2〕 W. J. Swadling, *Property: General Principles*, in: A. Burrows (ed.), English Private Law, Oxford: Oxford University Press, 2007, pp. 262 – 267.

〔3〕 F. H. Lawson and Bernard Rudden, *The Law of Property*, 3rd, Oxford University Press, 2002, p. 81.

〔4〕 F. H. Lawson and Bernard Rudden, *The Law of Property*, 3rd, Oxford University Press, 2002, pp. 115 – 117.

赁的显著差异,前者并不是可以对抗任意第三人的财产权,而后者则属于对抗任意第三人的财产权。因此,寄托关系中的受寄人权利虽然比一般的合同权利效力强,但并非都构成了财产权,需要针对各种不同的寄托关系具体判断。

(三)占有式担保权利

英国法上占有式担保权只适用于有体动产,[1] 包括质押(pledge)或典当(pawn)以及占有性留置(possessory lien)。

前面已经谈到,质押是动产寄托的一种类型,不仅仅是合同关系,质押权人因此获得了两种权利,一种是占有动产,另一种是在债务不能清偿时的变卖权。由于质押权人对动产享有占有权,因此,质押具有非常强大的公示性,任何第三人都能注意到质押权人对动产享有的权利。因此,在出质人将动产转让给第三人时,质押权人能够以其质权对抗该第三人,在债务没有得到清偿时,受让人不能取回质物,在债务人不能清偿债务时,质押权人有权出卖质物,并就价金享有优先受偿权。典当营业人(pawnbroker),也即以放贷和占有动产作为担保权的营业人,受到特别制定法的调整。[2]

质押权的设立需要转移动产占有,这就使它在很多情况下无法满足现实需要,因为质押人往往需要使用该动产进行营业以清偿债务。因此,司法实践中也出现了对占有要件进行缓和的现象,主要表现为两种形式:其一是承认通过协议(attornment)使质权人成为受寄人,以代替实际的占有转移。[3] 其二是在质权有效设立后,允许质押人重新取得对质押物的占有。质押人重新取得对质押物的占有仅仅限于有限的目的(limited purpose),例如质押人需要占有质押物以进行营业。这种占有恢复通过信托收据(trust receipt)进行,使质押人成为质押权人的受托人。[4] 从大陆法系的视角来看,这实际上是用观念交付代替了现实交付,

---

〔1〕 [英]F. H. 劳森、B. 拉登:《财产法》(第2版),施天涛等译,中国大百科全书出版社1998年版,第43~44页、第188页。Bram Akkermans, *The Principle of Numerus Clausus in European Property Law* (diss.), Maastricht University, 2008, p. 384.

〔2〕 F. H. Lawson and Bernard Rudden, *The Law of Property*, 3rd, Oxford University Press, 2002, p. 139. [英]F. H. 劳森、B. 拉登:《财产法》(第2版),施天涛等译,中国大百科全书出版社1998年版,第188~189页。

〔3〕 Dublin City Distillery Ltd. and Another v. Doherty (1914) AC 823, HL.

〔4〕 Mercantile Bank of India Ltd. v. Central Bank of India Ltd. (1938) AC 287, PC; North Western Bank Ltd. v. John Ponter, Son & Macdonalds (1895) AC 56, HL; L. D. Smith, "*Security*", in: P. Birks (ed.), English Private Law, Volume I, Oxford University Press, 2000, pp. 413-414.

必然会影响到质权的公示性。

另一种动产上的占有性担保权是占有性留置权(possessory lien),它是指权利人有权保留对动产的占有直到债务清偿。这种权利与质权的不同之处在于并不存在占有的转移,只是通过留置使债务人无法对标的物进行使用收益,从而迫使他清偿债务。占有性留置权只赋予了权利人的占有,但其本身并不包含变卖的权利,因此更多的是一种抗辩权、救济权。[1] 基于上述性质,占有性留置权也不能转让,在权利人失去占有时,留置权也消失了。[2] 实践中,占有性留置权可能通过两种方式产生:其一是留置权人(lienee)与留置人(lienor)之间已经存在了占有关系(possessory relationship),例如修理厂与汽车所有人之间的占有关系;其二是因法律规定,使留置权人可以阻止留置人的占有权行使,例如飞机场扣押拖欠费用的航空公司的飞行器,[3]货物出卖人在价金支付前留置货物。[4] 占有性留置还可以分为特别留置(special)和一般留置(general),前者是指留置物与其担保的债权存在特定联系,后者是指留置物与担保债权不存在特定联系,多指商事领域的留置。[5]

(四)非占有式担保权利

由于占有式动产担保权利不能满足现实的需要,因此英国法中也存在一些非占有式动产担保权利,包括权利保留(retention of title)、动产按揭(mortgage of chattel)、固定抵押(fixed charge)和浮动抵押(floating charge)。

1. 权利保留式担保(retention of title)

英国交易实践中形成的租购(Hire Purchase)、分期付款买卖与权利保留条款(retention of title clause)与大陆法系国家的所有权保留非常相似,都是货物出卖人保留对货物的权利(title)直到价款付清。租购由租赁和买卖两个法律关系组成,是指意图购买或使用动产的人在一定期限内租赁货物并支付租金,在租期届满时如果其已经支付了全部租金,就可以选择以一笔很少的价款买断该货物。

---

〔1〕 费安玲主编:《比较担保法》,中国政法大学出版社2004年版,第453~454页。

〔2〕 Albemarle Supply Co. v. Hind (1928) 1 KB 307; M. Bridge, Personal Property Law, 3rd edition, Oxford: Oxford University Press, 2002, p. 172.

〔3〕 Bristol Airport plc v. Powdrill (1990) Ch 744, CA.

〔4〕 Sale of Goods Act 1979, S. 41.

〔5〕 Bram Akkermans, *The Principle of Numerus Clausus in European Property Law* (diss.), Maastricht University, 2008, p. 386.

实践中的融资租赁(finance lease)经常采用租购的形式。分期付款买卖通常与权利保留条款相结合,根据1979年《货物买卖法》(*Sale of Goods Act* 1979)第17条的规定"货物的所有权根据合同双方当事人的意愿而转移",在价款未付清之前,出卖人将保留货物的所有权。通过权利保留的方式进行担保,买受人可以在货款未付清之前就使用货物,同时出卖人的债权也有保障,在买受人不履行时,他可以取回货物。[1]

对于权利保留,我们还需要注意两个问题:第一个问题是,在买受人不是消费者时,他可能会对标的物进行加工或再出卖,因为这是其营业的内容。在买受人对标的物进行加工的情况下,如果对货物进行加工生产并产生了新物,那么货物就不存在了,出卖人的权利(title)也随之消失了,为保障其货款请求权,出卖人通常会与买受人再进行约定,在出产物上设定抵押(charge)。[2] 在买受人需要对标的物再出售时,出卖人通常会授权其处分标的物,此时出卖人就对再次出卖的收益(proceeds)享有了衡平法上的抵押权(equitable charge)。[3] 第二个问题是,在分期付款买卖中买受人的法律地位。在普通法中,买受人只享有占有,即便其已经支付了99%的货款,其对货物仍然不享有权利(title),这明显会导致不公平的情况出现。因此在司法实践中,法院已经将买受人的法律地位视为一种可以量化并不断增加的财产权。[4]

上述几种权利保留式的担保存在一个较为严重的弊端,即英国法没有建立起配套的登记制度,在占有已经转移的情况下,从买受人手中购买货物的善意购买人或买受人的其他债权人无法知晓动产的权利还保留在出卖人手中。[5] 对于善意购买人来说,虽然英国法没有建立一般性的善意取得制度,而是坚持罗马法

---

〔1〕 F. H. Lawson and Bernard Rudden, *The Law of Property*, 3rd, Oxford University Press, 2002, pp. 146 – 148.

〔2〕 Borden (UK) Ltd. v. Scottish Timber Products Ltd. and Another (1981) Ch 25; Modelboard Ltd. v. Outer Box Ltd. (in liquidation) (1992) BCC 945.

〔3〕 E Pfeiffer Weinkellerei-Weineinkauf GmbH & Co v, Arbuthnot Factors Ltd. (1998) 1 WLR 150; Tatung (UK) Ltd. v. Falex Telesure Ltd. (1989) BCC 325; Compaq Computer Ltd. v. Abercorn Group Ltd. (1993) BCLC 602.

〔4〕 F. H. Lawson and Bernard Rudden, *The Law of Property*, 3rd, Oxford University Press, 2002, pp. 148 – 149.

〔5〕 F. H. Lawson and Bernard Rudden, *The Law of Property*, 3rd, Oxford University Press, 2002, pp. 147 – 148.

上的“不得转让大于自己所拥有的产权”(memo dat quod non habet)的原则,但是根据1979年《货物买卖法》(*Sale of Goods Act* 1979)第25条,在占有转移后,即便出卖人保留权利,从买受人处购买货物的善意第三人仍然能取得动产权利。[1] 但是,在欠缺登记制度的情况下,买受人的其他债权人的利益仍然存在风险。

2. 动产按揭(mortgage of chattel)

英国法上还有一种常见的权利让与式担保,即动产按揭。英国法上的按揭制度不仅可以适用于不动产担保,还可以适用于动产担保。在1925年之前,土地上的按揭和动产按揭都采取的是权利让与式担保,但在1925年之后,权利让与式的土地按揭被废止,而权利让与式的动产按揭仍然保留下来。这种动产按揭类似于大陆法系中的让与担保。在动产按揭中,按揭人将动产的权利(title)转让给按揭权人,但不转移占有,在按揭人清偿债务后,按揭权人再将动产权利返还给债务人。但是,由于不转移占有,因此第三人很难判断何人对动产享有权利,债权人很可能被误导,因此,在登记制度建立之前,法院要求动产按揭须转移占有,否则按揭无效。[2]

1878年和1882年《卖据法》(*Bill of Sale Acts*,1878,1882)正式建立起动产按揭登记制度。卖据(bill of sale)是指将动产绝对地或通过担保方式转让给他人的一种契据,在实践中最常用的是指将动产如设备、马匹、商品存货等卖据进行按揭转让作为债的担保,当债务清偿后,受让人依约定返还让与人。[3] 《卖据法》对卖据的形式要件进行了规定,同时规定,为动产按揭而签发的卖据在成立后必须在若干日内在最高法院进行登记,否则该卖据无效,在破产时按揭权人不能对抗按揭人的其他债权人。在卖据进行登记后,它们就会受到贸易保护机构的注意,这些机构的职责是负责将此类事务通知它们的客户,因此卖据登记在英国具有很强的公示效力。[4] 在登记制度建立后,英国司法系统接纳了不转移占

[1] 吴一鸣:《英美物权法——一个体系的发现》,上海人民出版社2011年版,第216~219页。

[2] L. D. Smith, "Security", in: P. Birks (ed.), *English Private Law*, Volume I, Oxford University Press, 2000, pp. 415–416.

[3] 参见薛波主编:《元照英美法词典》,法律出版社2003年版,第152页。

[4] "The Acts Require Such Documents to be Attested and Registered in the Supreme Court by the Creditor Against the Name of the Transferor." F. H. Lawson and Bernard Rudden, *The Law of Property*, 3rd, Oxford University Press, 2002, p. 141;[英]F. H. 劳森、B. 拉登:《财产法》(第2版),施天涛等译,中国大百科全书出版社1998年版,第189~190页;薛波主编:《元照英美法词典》,法律出版社2003年版,第152页。

有的动产按揭,在动产按揭中,按揭人与按揭权人享有的权利义务与土地按揭基本相同:在按揭人不能履行债务时,按揭权人可以取得占有,任命管理人,变卖该动产;按揭人则享有衡平法上的赎回权(equity of redemption),在债务清偿后,可以要求按揭权人返还动产权利。[1]

此处还需要顺带说明,英国法上的权利转让型担保的标的物并不仅仅限于有体动产,包括公司股份、信托基金、债权、专利等都可以作为担保标的。以公司股份为担保,按揭人必须将股份转让给按揭权人,并在公司股东名册办理登记,按揭权人因此成为公司的股东并享有分红的权利,同时双方在担保文件中须载明股权转让只是为了债务担保,并且给予公司一个"停止通知"(stop notice),作为按揭权人的股东即不可出售股份。以信托基金中的权益进行担保,须将该权益转让给按揭权人,附带将来债务清偿后的回复条件,并且通知信托受托人。以债权(应收账款)进行担保,须将债权转让给按揭权人,并通知债务人。以专利作为担保,须将专利权利转让给按揭权人而保留回赎权,同时要在专利登记处进行登记。[2] 此外,在未来的有形动产上也可以设定按揭,只是这种按揭只能是衡平法按揭,因为普通法按揭只能在既存的有形动产上设立。未来有形动产上的衡平法按揭只需要双方达成协议即可设立,一旦债务人取得该动产,衡平法按揭就自动附着于其上而无须实行任何手续。[3]

3. 固定与浮动担保(fixed charge and floating charge)

英国法上的财产负担(charge)也可以在动产之上存在,它既不涉及占有的转移,也不涉及权利变动,仅仅是一种当事人之间的协议。实践中的动产财产负担一般都是由企业公司在其所拥有的动产集合上设立,分为固定担保(fixed charge)和浮动担保(floating charge)两类。

固定担保是指担保标的物为明确且特定的动产,并且设定此类型担保的公

---

〔1〕 L. D. Smith, "Security", in: P. Birks (ed.), *English Private Law*, Volume I, Oxford University Press, 2000, pp. 415 - 419.

〔2〕 F. H. Lawson and Bernard Rudden, *The Law of Property*, 3rd, Oxford University Press, 2002, pp. 140 - 141.

〔3〕 Re Clarke (1887) 36 Ch D 348; M. Bridge, *Personal Property Law*, 3rd edition, Oxford: Oxford University Press, 2002, pp. 180 - 181; L. D. Smith, "Security", in: P. Birks (ed.), English Private Law, Volume I, Oxford University Press, 2000, pp. 413 - 414; 高圣平:《动产担保交易制度比较研究》,中国人民大学出版社 2008 年版,第 50 ~ 51 页。

司在未经债权人同意之前,不得处分该担保标的物。在固定担保中,担保权人的权利与按揭权人的权利相似,在债务不履行时,担保权人可以行使占有权,出卖担保物,任命管理人。[1]

但是,固定担保制度并不能满足实践需要,因为设定担保的公司通常需要对财产进行经营,要按照经营需要处分货物,也可能会获得新的动产,如果处分任何标的物都需要债权人的同意,就会非常不方便。19 世纪下半叶,通过判例的积累,逐渐形成了浮动担保制度。1862 年 Holroyd v. Marshall 案[2]首先肯定了突破普通法的限制,承认衡平法担保(charge in equity)可以在未来取得的动产上成立,在债务人取得新设备时,该设备就成为担保的标的物。1870 年 Re Panama, New Zealand and Australian Royal Mail Company 案[3]开始承认债务人对货物的处分权。在 1903 年 Re Yorkshire Woolcombers Association Ltd. 案[4]中,罗默法官(Romer L. J.)明确了浮动担保的三个要件:浮动担保的内容包含现在和未来的动产;动产集合的内容随着时间而变化;在担保确定之前,担保人在经营中可以自由处分动产。[5] 这样,浮动担保制度就成型了。在担保物特定化(crystallisation)之后,浮动担保就转化为了固定担保,担保物特定化的事由有多种,例如债务人破产、停止营业或出现了约定事由。

浮动担保虽然比固定担保更加灵活,但其效力却弱于固定担保。如果动产集合上既存在浮动担保又存在固定担保,那么固定担保的效力优先,即便浮动担保设立在先也是如此。另外,立法也对浮动担保的效力进行限制,税收、工资等优先权优先于浮动担保,但不优先于固定担保。因此,在债务人破产时,浮动担保权人的地位更弱。[6] 在实践中,当事人经常会约定,在浮动担保期间债务人不得为他人设定固定担保(negative pledge clause),但法院认为这样的条款不能对抗第三人。[7]

---

〔1〕 Bram Akkermans, *The Principle of Numerus Clausus in European Property Law* (diss.), Maastricht University, 2008, p. 383.

〔2〕 Holroyd v. Marshall (1862) 10 HL Cas 191.

〔3〕 Re Panama, New Zealand and Australian Royal Mail Company (1870) 5 Ch App 318.

〔4〕 Re Yorkshire Woolcombers Association Ltd. (1903) 2 Ch D 284.

〔5〕 Re Yorkshire Woolcombers Association Ltd. (1903) 2 Ch D 284, p. 295.

〔6〕 高圣平:《动产担保交易制度比较研究》,中国人民大学出版社 2008 年版,第 53 页。

〔7〕 Griffiths v. Yorkshire Bank Ltd. (1994) 1 WLR 1427.

对于固定担保和浮动担保，英国法也建立了登记制度，但只为公司企业设定担保的行为提供登记。这种登记制度依托于英国已经建立的全国性的公司法人登记制度，因为动产担保的主要设定者就是公司企业。根据 1985 年《公司法》（*Company Act* 1985）第 12 部分（Part 12）的规定，公司设定的固定担保和浮动担保，均须登记在公司本身的登记簿和公司登记处（Registrar of Companies），这种登记采取的是登记对抗主义，未经登记不能对抗债务人的其他债权人。[1] 由于 1878 年和 1882 年的《卖据法》要求债务人在对动产设定担保时，必须逐一登记每一件动产，因此自然人无法设定浮动担保。[2]

四、英国法上存在财产权类型封闭原则吗？

在本章第一节的分析中我们已经明确了英国法中对合同权利（contractual right）和财产权（property right）进行了区分，区分的标准就是能否对抗第三人。按照这一标准，本节首先对英国法中的财产权进行了梳理。虽然英国法上存在普通法与衡平法的区分，存在"real property law"与"personal property law"的区分，在历史传统上英国财产法也与大陆法系的物权制度存在较大差距，但从英国法现有的财产权利类型来看，它与大陆法系中的差距并不大。

在不动产方面，英国法上非限嗣继承地产权在权能和实际功能上都是与大陆法系中的土地所有权相当的权利；租赁地产权在权能上相当于大陆法系中的土地用益物权，由于其亚类型众多，在实际功能上发挥了地上权、永佃权、永租权的作用；英国法上的地役权、获益权和限制性约据在外延上较为广泛，在功能上与大陆法系中的地役权和人役权相当；定期给付在权能和实际功能上相当于定期金债务；不动产按揭制度虽然在历史上多次变化，但最终的法律结构、权能和实际功能上与大陆法系的抵押制度趋同。

在动产方面，动产上的"title"或"ownership"实际上就是动产所有权，但英国法中并没有形成欧洲大陆法系国家的动产用益物权制度；占有性的动产担保权利包括质权与留置权，与大陆法系国家中的质权、留置权没有区别；在非占有性动产担保上，就个别动产可以成立权利保留担保和动产按揭，实际上相当于大陆法系中的所有权保留和让与担保，就集合动产可以成立固定担保和浮动担保，主

---

〔1〕 王文宇：《建构资讯时代之担保权法制》，载《月旦法学杂志》2003 年第 95 期，第 66～67 页。

〔2〕 F. H. Lawson and Bernard Rudden, *The Law of Property*, 3rd, Oxford University Press, 2002, p. 145.

要在商事交易中使用，前者与大陆法系中的财团抵押类似，后者这是英国法独有的担保制度。

那么，英国法上究竟有没有财产权类型封闭原则（*numerus clausus*）呢？由于英国法的财产法渊源包括判例法（普通法和衡平法）和制定法两部分，前者甚至是主要的渊源，因此我们在回答这个问题时也要兼顾这两方面。

（一）司法实践中对财产权类型封闭原则的遵循

司法实践中是否存在财产权类型封闭原则的判断标准是法院是否按照当事人的意愿一概赋予其约定具有对抗不特定第三人的效力，具体来说包括两类：其一，当事人的约定是法律所未承认的财产权类型；其二，当事人的约定是对既存财产权类型的修正。换言之，司法实践中是否遵循类型强制原则（Typenzwang）和类型固定原则（Typenfixierung）。从以下案例来看，英国法院实际上遵循了上述两个原则。

1. 体现财产权类型封闭原则的典型判例

英国司法系统遵循财产权类型封闭原则最为典型的案例为1834年的Keppel v. Bailey案。[1] 本案的案情如下：在1795年，一家经营制铁厂的公司修建了一条铁路，将附近一家采石场出产的石灰石运输到制铁厂。制铁厂公司与采石场主人签订了一份约据（covenant），该约据规定，制铁厂公司以及它们的继承人、管理人以及受让人将会从该采石场取得他们所需要的所有石灰石。在1833年，制铁厂的部分业务被转让给了约瑟夫（Joseph）和克劳谢·贝利（Crawshay Bailey），他们在受让时已经注意到了上述约据的存在，但是他们仍然试图修建另一条铁路，并从其他采石场获取石灰石。采石场的主人因此向法院提起诉讼，要求约瑟夫和克劳谢·贝利使用已经修好的那条铁路，并使用自己采石场出产的石灰石。就本案中的约据是否创设了一项财产权利，审理本案的布鲁厄姆法官（Brougham L. C.）认为："财产及其享益所附带的内容（incident）是已经被确切知道的；对财产可能产生影响的负担，或者所有人以外的其他人在财产上创设享有的权利，必须被法律所认可。在占有方面，财产可以由某一人享有，回复权由另一人享有；在用益方面，终身地产权可以由某一人享有，剩余地产权由第二个人享有，回复权可以由第三人享有。因此，在享益方面，一个人可以拥

[1] Keppel v. Bailey (1834) 2 My & K 517.

有占有和非限嗣继承地产权，另一人享有地租权（rent）、十一税权利（tithe）或者地役权。所有的这些财产权都被法律所熟知并由其调整。但是，并不能因此就认为，所有权人可以按照自己的想象（fancy）和任意（caprice）设计新颖种类（novel kind），并将其依附在财产上。这样的自由空间对于法律科学（science of law）和公共福利（public weal）都会造成不便。赋予当事人创设只约束他们自己和他们代理人的不动产和动产协议的全面自由并不会遭到损害，在协议被违反时，只需以损害赔偿进行救济。这是合理的自由，并不会造成损害。但是，如果当事人被允许自由创设新的不动产持有模式和享益模式，并使之依附于土地或房屋，随地产权的转让而转移，就会造成重大弊端和权利混乱。每一块土地，每一栋房屋，可能都会以数种方式被持有着；这样几乎就很难知道在取得土地时被授予了哪些权利或者被课加了哪些义务。"布鲁厄姆法官的判决意见不仅旗帜鲜明地表明了英国法不承认当事人任意创设财产权利的自由，强调财产权利需要得到法律的认可，而且说明了理由，因为采取自由创设主义会导致财产权利持有模式的多样化，难以查知标的物上的权利义务关系，导致权利混乱，损害公共福利。

1863年财税法院（Court of Exchequer）审理的Hill v. Tupper案[1]也遵循了财产权类型封闭原则。在本案中，一块土地上有一条运河，该土地的非限嗣继承地产权人授予了本案原告一项租赁权，明确约定原告享有在运河上使用船舶的排他性的权利和自由，并且进行船舶出租。本案被告是在运河的一侧进行营业的旅馆主人，他也开始进行船舶出租。原告认为被告侵犯了其财产权利，因此提起诉讼。就本案的约定是否构成了一项排他性的财产权利，审理本案的波洛克法官（Pollock CB）认为，"这仅仅作为转让人给予的许可或约据，能约束转让人自己和受让人，但是并没有赋予他以自己的名义提起侵害所谓排他权的诉讼的权利。原告声称，正如地产权人有权授予挖掘泥煤、渔猎的权利，没有任何理由否认他可以授予本案原告所主张的权利。答案是，法律不允许他这样做。正如法律不允许地产权人将权利或者授予男性继承人或者授予女性继承人一样。新的无形地产权益（incorporeal）不能由财产权人任意或按其喜好来创设；他必须接受法律所规定的地产权以及对地产权的处分权，它们由法院判决或议会制定法来决定和控制。转让人可以任意授予他人拥有在自己财产上的权利，并使自己

[1] Hill v. Tupper (1863) 2 H & C 121.

受到约据的约束,但他不能在财产上附加新的内容(incident),正如本案使受让人以自己的名义就这样的限制权利提起侵害之诉。"[1]审理本案的法官马丁(Martin B.)持同样观点,他认为,"承认这种权利将导致土地上可以创设无数多种权益,也会无限增加可能的地产权种类。"[2]因此,在本案中,波洛克法官再次确认财产权利只能由判例或制定法来决定,而不能由当事人任意创设,进而认为本案的约据只能约束合同当事人,而这种"运河使用权"不是具有对抗第三人效力财产权利,因此拒绝提供侵权法上的保护。在一年后的 Stockport Waterworks v. Potter 案中,法官布拉姆韦尔(Bramwell B.)再次确认了上述观点,直接提出"新的财产权不能被创设"。[3]

在 1916 年的 King v. David Allen and Sons, Billposting, Ltd. 一案[4]中,英国上议院也否定了当事人创设新型财产权利的自由。在本案中,建筑物的所有人通过协议授予了原告一项在建筑物的外墙张贴广告的权利,后来建筑物的所有人将建筑物租给了本案被告,虽然租赁合同并没有提及建筑物所有人与原告的协议,但被告知道该协议的存在。被告承租房屋后,拒绝原告在房屋墙壁上张贴广告。原告认为,协议授予的广告张贴权具有财产权性质(proprietary nature),因此能够约束被告。审理本案的巴克马斯特法官(Buckmaster L. C.)在考虑了所有的财产权利类型后,认为原告的权利不能被归入已经被承认的财产权类型,因此只能是对人权,他所获得的只是许可(licence)。从本案的判决思路来看,法官明确认为英国法中的财产权类型是封闭的,存在有限的类型,如果当事人的约定不能满足任何一种财产权类型的构成要件,就只能是对人权,不能约束第三人。

1965 年的 National Provincial Bank v. Ainsworth 案[5]同样具有重要意义,英国上议院再次表明了对类型封闭原则的坚持,同时在一般意义上说明了财产权的特征,具有重大的理论意义。本案所涉及的是妇女对婚姻房屋的居住权是否构成一项可约束第三人的财产权。在本案中,居住在房屋中的妇女已经被其丈夫抛弃,该房屋后被其丈夫设定了担保权,争点在于妇女的居住权是否能约束作

[1] Hill v. Tupper (1863) 2 H & C 121, pp. 123 – 124.
[2] Hill v. Tupper (1863) 2 H & C 121, p. 128.
[3] Stockport Waterworks v. Potter (1864) H & C 300, p. 321.
[4] King v. David Allen and Sons, Billposting, Ltd. (1916) 2 AC 54, HL.
[5] National Provincial Bank v. Ainsworth (1965) AC 1175, HL.

为担保权人的银行。审理本案的霍德森(Hodson)法官在考虑了现存土地上的各种财产权类型后,认为本案妇女的权利不属于其中的任何一种,因此只能是对人权,不能约束银行。[1] 威尔伯福斯(Wilberforce)法官认为,之所以不承认妇女的权利是财产权,是因为:"财产权与对人权的区分,尽管宽泛或者暧昧不清,但妻子的权利应该归属何处是毫无疑问的。在一种权利或利益被承认为财产权或具有财产权效力之前,它必须是可定义的,可被第三人识别的,在性质上有被第三人查知的可能,并且在一定程度上具有持久性和稳定性。妻子的权利并不具有上述特征,而是呈现出相反的特点。"[2] 这个判决的思路与 King v. David Allen and Sons, Billposting, Ltd. 案一样,同样也是将案件中争议的权利与现存的财产权类型进行比较,如果该权利不符合任何一种现存财产权的构成要件,即为对人权。

法院对类型固定原则的坚持,在涉及租赁权、地役权以及限制性约据的案件中表现得特别明显。在 1936 年的 Clore v. Theatrical Properties 案中,可以看见法院对租赁权构成要件的严格遵循。在本案中,地产权人授予被告租赁地产权,允许其使用房屋的前庭(front of house)以及部分房屋。随后,地产权人将地产权转让给原告,原告试图阻止被告行使其基于租赁契据而获得的权利。本案的争议点在于,被告的权利是否构成租赁地产权。审理本案的赖特法官(Lord Wright)认为,租赁需要授予受让人对土地的排他性占有(exclusive possession),但在本案中,部分房屋是由地产权人和被告共同占有的,被告并没有获得排他性占有,因此其权利只能是一种对人权,属于许可。[3] 在许多案件中,法院继续坚持租赁权的构成要件,区分许可与租赁地产权,例如 1985 年的 Street v. Mountford 案中,法官强调排他性占有、特定时间段以及支付地租为租赁权的三个构成要件[4],在 1989 年的 Ashburn Anstalt v. Arnold 案中,则认为租赁权的构成要件仅包括排他性占有与特定时间段两个。[5] 对于地役权,1956 年的 Re Ellenborough Park 案提出了四要件:存在需役地和供役地;权利是为了供役地的利益;需役地和供役地

---

[1] National Provincial Bank v. Ainsworth (1965) AC 1175, HL, pp. 1220 - 1225.

[2] National Provincial Bank v. Ainsworth (1965) AC 1175, HL, pp. 1247 - 1248.

[3] Clore v. Theatrical Properties (1936) 3 All ER 483, CA.

[4] Street v. Mountford (1985) AC 809, HL, p. 818.

[5] Ashburn Anstalt v. Arnold (1989) Ch 1, CA, p. 9.

由不同的主体享有；授予的权利必须确定。[1] 这几个要件一直被法院在判断是否构成地役权时所遵循，只要不满足构成要件，即不属于地役权。例如，在前面所提及的 King v. David Allen and Sons, Billposting, Ltd. 案中，由于不存在需役地，不符合地役权的构成要件，因此约定权利被认为不属于地役权。同样，前面所提及的 Hill v. Tupper 案的约定权利也明显不符合地役权的要件，因为该权利的存在是为了特定人的利益，而非特定土地的利益。

上述这些案例揭示，英国法院都较为严格地遵循了财产权类型封闭原则，并不承认当事人的约定权利具有对抗第三人的效力。在类型强制方面，英国法院在遇到主张第三人效力的约定权利时，一般都会仔细检索现行法律所承认的各种财产权类型，如果系争权利不符合任何一种既存的财产权利，法院就会将该种权利认定为对人权。在类型固定方面，法院一般都会遵循该种财产权利的构成要件，如果当事人约定的权利不满足构成要件，即不是该种财产权利。从英国法院的判决中也可以看出法官反对自由创设财产权利的理由，即自由创设财产权利，将导致权利混乱，第三人难以查知财产的持有方式以及其上的权利义务关系。

2. 财产权类型封闭原则在普通法和衡平法上的体现与差异

在普通法上，英国法院都较为严格地遵循财产权类型封闭原则，并不承认当事人的约定权利具有对抗第三人的效力，在租赁地产权被认定为普通法财产权后，司法实践中就没有承认过新的普通法财产权。在衡平法方面，英国法院的态度较为宽松，通过判例承认了一些实践中形成的约定具有对抗第三人的效力，但这并不意味着衡平法上不存在财产权法定原则。从整体上来看，衡平法所承认的财产权利只是对普通法财产权利的补充，其效力也弱于普通法上的财产权利，不能对抗善意且支付了对价的买受人。因此，从大陆法系的物权观念（对世权）出发，衡平法财产权利是否能归入物权范畴仍然值得怀疑。衡平法财产权利大体上可以分为两类：其一是与普通法财产权利相对应的衡平法财产权利，或者说这一类衡平法财产权利是普通法财产权利在衡平法中的反映；其二是衡平法独有的财产权利，这一类衡平法财产权利在普通法上没有与之相对应的形态。另外，信托受益人权利也是一种较为特殊的衡平法财产权利，需要我们专门加以

---

〔1〕 Re Ellenborough Park (1956) Ch 131.［英］黛安·查佩尔：《土地法》（影印本），法律出版社 2003 年版，第 383～384 页。

考虑。

第一类衡平法财产权利，是依据“做它应该做的”（as done which ought to be done）的衡平法理念所承认的，大多数是当事人在设定财产权利时没有满足普通法上的形式要件，例如仅签订了合同但没有进行契据交付，这种不满足形式要件的财产权利自然无法得到普通法的承认，但衡平法从公平理念出发仍然承认财产权利的存在。前面所谈及的衡平法上的租赁权（equitable leasehold estate）、衡平法上的按揭权（equitable mortgage）、衡平法上的担保权（equitable charge）都属于这一类。1848年Tulk v. Moxhay案所承认的限制性约据（restrictive covenant）实际上就是没有通过契据设定的地役权，它在美国法上的名称就是衡平役权（equitable servitude）。这种衡平法上的财产权利也是由法院所承认的，而非当事人自行创设的，当然获得对抗第三人的效力。同时，其自身也具有严格的构成要件，例如在涉及限制性约据时，法院非常注重限制性约据中只能包含消极义务的要求，如果当事人的约定中包含积极义务，即不构成限制性约据。[1] 其实，从本质上来看，这一类衡平法财产权利很难说是新的财产权利，它们实际上只是法院为了缓和普通法的严苛要求，而赋予了财产权效力。如果普通法上根本没有某一种财产权利，那么追随普通法的衡平法（equity follows law）也无法承认一种与之对应的衡平法财产权。

第二类衡平法财产权利是衡平法所独有的，在普通法上没有对应形态，主要是指前面所说的地产权合同和购买选择权。这两种权利本质上是为取得普通法财产权利的对人权，只是衡平法赋予了这种对人权以对抗第三人的效力，其实际效果犹如大陆法系中法官对期待权的保护。从本质上来看，这两种衡平法财产权还是依附于普通法财产权的，它们实际上是对普通法财产权的一种期待权，如果地产权合同或购买选择权所追求的不是既存的普通法财产权，就不可能被认为是衡平法财产权。因此，它们在内容上是受到严格限制的，当事人并不能任意创设。

此处需要特别指出的是，衡平法承认信托受益人权利为财产权利并不意味着财产权类型封闭原则被违背了。早期信托（用益）是为了规避法律而出现的，普通法上的地产权人（受托人）只是名义上的地产权人，受益人才是真正且直接

---

〔1〕 Rhone v. Stephens (1994) 2 AC 54, HL.

对土地进行占有、使用、收益的人，受益人对土地使用收益并不依赖于受托人，这只能说是一种名义权利与实质权利的分离，但在受托人开始实际享有管理权时，受益人对土地的全面权利就逐渐蜕化为单纯的收益权，并且还要依赖于受托人对信托合同的履行。从信托制度的结构来看，它实际上是受托人对普通法财产权的一种持有方式，如果没有普通法财产权，自然也不可能在其上成立信托。信托的特殊之处在于，受益人权利的具体内容实际上是由信托合同约定的，本质上是受益人对受托人行使的对人权，只是衡平法院逐渐增强了其效力，使之具有了对抗第三人的效力。但是，我们不能因为受益人权利可以通过信托合同进行塑造就认为财产权类型封闭原则被违背了。其实，我们可以将受益人权利视为一种框架性权利，当事人可以对其具体内容进行约定，而在英国法既存的财产权利类型中，框架性权利并不鲜见，地役权、限制性约据或租赁地产权都属于框架性权利，〔1〕但没有人会认为上述这三种框架性权利的存在就是对财产权类型封闭原则的违背。从本质上来讲，信托受益人权利实际上就是一种“对人权的物权化”或“债权物权化”，只有在受托人破产，受益人行使取回权时，才可以看到对物权的特征。在1925年财产法改革后，我们可以看到信托受益人权利的对抗效力大幅萎缩，下文将继续讨论这个问题。

从上面的分析来看，衡平法上所承认的财产权利基本上都不是独立的财产权类型，它们要么是为了缓和普通法财产权的严格要件而被承认的，要么是作为对普通法财产权的期待保护而被承认的，信托的本质也是一种对普通法财产权的持有方式。法院所承认的衡平法财产权基本上都是以普通法财产权为基础的，并且也具有自己的构成要件，当事人的约定同样要符合既存衡平法财产权类型的构成要件，才能取得对抗第三人的效力。当然，对于限制性约据、信托受益人权利这些框架性的权利，当事人拥有较大的形成自由。与普通法相比，衡平法更多地赋予了实践中形成的约定具有对抗第三人的效力，但这也不意味着是对财产权类型封闭原则的突破，因为当事人固然创设了法律关系，但对抗第三人的效力实际上是法院赋予的，某一种衡平法财产权的构成要件也是通过判例累积

---

〔1〕 在符合构成要件的情况下，地役权和限制性约据的内容可以由当事人约定。租赁地产权也有严格的构成要件，但其具体内容可以由租赁契据约定，与租赁地产权相关的约据也可以随非限嗣继承地产权或租赁地产权的转让而转移。因此，地役权、限制性约据，甚至租赁地产权都可以视为框架性的财产权，当事人对这些财产权，拥有较大的形成自由空间。

形成的。衡平法与普通法在这方面的差异，只是说明衡平法领域法院的能动性较强而已。因此，在衡平法方面，英国法院同样遵循财产权类型封闭原则。

（二）1925 年以来制定法的影响

在财产权方面，相比于司法系统，英国议会一直扮演着较为次要的作用，但是 1925 年财产法改革以来，英国议会颁布了一系列的制定法，这些制定法使英国财产法在 20 世纪发生重大的转变，主要表现在两个方面，其一是通过制定法对普通法地产权和土地权益的种类进行压缩和限制；其二是建立登记制度。这两个重大转变对英国法中的财产权类型封闭原则也产生了一定的影响。

1. 普通法地产权和土地权益的制定法主义

1925 年《财产法》第 1 节明确规定："（1）法律上能够存在或转让或创设的地产权仅限于：a）占有性的、绝对的非限嗣继承地产权；b）定期租赁地产权。（2）法律上能够存在或转让或创设于土地之上的权益或负担仅限于：a）为了与占有性的、绝对的非限嗣继承地产权或租赁地产权相当的权益，在土地上的地役权、权利或特权；b）在土地上的永久或定期的地租权；c）以按揭方式设定的负担；d）……不以文契（instrument）设定的其他类似的土地负担；e）可对租赁地产权行使的或依附于地租权的进入权（rights of entry）。（3）土地上所有其他的地产权、权益和负担只有衡平法权益的效力。"[1]

这一条款实际上是大幅压缩了普通法上可以设定的地产权、土地权益和土地负担的种类，地产权仅限于非限制继承地产权和定期租赁地产权两种，土地权

---

〔1〕 Law Property Act 1925, S. 1. Legal estates and equitable interests.

(1) The only estates in land which are capable of subsisting or of being conveyed or created at law are-

a) An estate in fee simple absolute in possesseion;

b) A term of years absolute.

(2) The only interests or charges in or over land which are capable of subsisting or of being conveyed or created at law are-

a) An easement, right, or privilege in or over land for an interest equivalent to an estate in fee simple absolute in possession or a term of years absolute;

b) A rentcharge in possession issuing out of or charged on land being either perpetual or for a term of years absolute;

c) A charge by way of legal mortgage;

d)... and any other similar charge on land which is not created by an instrument;

e) Rights of entry exercisable over or in respect of a legal term of years absolute, or annexed, for any purpose, to a legal rentcharge.

(3) All other estates, interests, and charges in or over land take effect as equitable interests.

益和土地负担只能是地役权、地租权、按揭权和其他土地负担，凡是不被第 1 节所列举到的地产权和土地权益都被转变为衡平法权益。在立法和司法的权力分配方面，1925 年《财产法》第 1 条实际上剥夺了法院承认新普通法财产权的权力，自此之后，承认新普通法财产权的权力由司法系统转到了议会，法院只有承认新衡平法财产权的权力。

议会除了限制普通法财产权的种类，将限嗣继承地产权、终身地产权、定序授予、未来地产权益转为衡平法财产权外，还陆续通过制定法消除这些权利的对抗效力。在 1925 年之后，上述权利只能作为衡平法权益存在，并由 1925 年《定序授予法》调整，在 1996 年之后，这些衡平法权益又因为 1996 年《土地信托和受托人任命法》被土地信托所代替。同时，根据 1925 年《财产法》第 2 条，信托受益人的权利属于可超越的权利，即不管该权利是否被登记，也不管买受人是否注意到信托受益人的权利，只要其向受托人正确地支付了对价，信托受益人的权利对买受人就不具有约束力，信托受益人的权利转而存在于价金之上。[1] 这一规定实际上是否定了受益人权利的对抗效力，使之重新恢复到对人权的本来面目。正是通过上述途径，大量的普通法财产权先是被转化为衡平法权益，接着被转化为信托受益权，最终被消除了对抗效力，失去了财产权利的特征。在这一系列改革下，当事人对非限嗣继承地产权的形成自由空间也基本消失了。

2. 登记制度建立的影响

1925 年后英国财产法的另一个重大变化就是登记制度的建立，登记制度的建立使英国法上判断财产权利是否具有对抗效力的标准成为登记。前面我们已经提到，在登记制度建立前，普通法财产权采取的是“设立在先，权利优先”原则，先设立的普通法财产权当然具有对抗其后所有人的效力，无论它是否能被他人知悉；衡平法财产权也具有对抗力，但却不能对抗善意买受人。但在登记制度建立后，普通法财产权和衡平法财产权在对抗效力方面的区别逐渐失去了意义，除个别例外情况，登记与否成为是否具有对抗效力的标准。此处就有一个需要回

---

〔1〕 Law of Property Act 1925, S. 2. 英国法在 20 世纪初消灭信托受益人权利的对抗效力的做法是符合社会发展的，因为在工商业社会，信托财产更多是以货币形态表现出来的，受益人对信托财产享有的权利也多是取得金钱给付，在这种情况下，信托财产由哪些具体内容构成对受益人来说并不重要。受益人权利如果具有较强的对抗力，反而会阻碍信托财产的处分流通，不利于信托财产的保值增值，进而影响信托目的的实现。

答的问题，既然登记成为取得对抗效力的标准，那么英国法的可登记权益的类型是否为开放的呢？也就是说，当事人是否可以通过登记赋予任何土地权益以对抗效力呢？这对回答本书的问题至关重要。

在1925年之后，英国法实际上采取了双轨制登记模式：一种是1925年《土地负担法》所建立的负担登记制度，主要针对未进行产权登记的土地；另一种是1925年《土地登记法》所建立的产权登记制度，针对的是已经进行产权登记的土地。前一种实际上是一种过渡模式，后一种才是英国法旨在最终确立的登记制度，英国法通过特殊的机制，逐渐引导当事人进行产权登记，目前英国绝大多数的土地已经进行了产权登记。[1]

在1925年、1972年《土地负担法》之下，普通法财产权与衡平法财产权的差异仍然具有意义。凡属于1925年《财产法》所规定的普通法负担（租赁地产权、地役权、地租权、按揭权以及其他类似负担），无论是否登记，均具有对抗所有人的效力。对于衡平法上的负担，则需要分为以下三类：第一类是制定法规定的可登记的五种负担，包括了后顺位按揭权、一般性的衡平法负担、地产权合同、限制性约据等，只要登记就可以对抗所有人；第二类是可超越（overreaching）的负担，主要是指：定序授予、信托受益权，无论是否登记，都不能约束正常支付对价的买受人；第三类是不可登记又不可被超越的负担，这类负担是否能够约束买受人，仍然要依据注意原则（doctrine of notice）来判断，也即这类负担不能约束善意且支付了对价的买受人。因此，土地负担登记制度并没有从根本上改变英国法财产权利的效力规则，只是将部分衡平法财产权纳入了登记对抗模式。[2]

1925年之后建立的产权登记制度，则从根本上改变了英国财产权利的效力规则。除了非限嗣继承地产权和租赁地产权两种可登记产权外，其他的土地权益被分为了优先利益（overriding interest）和次级利益（minor interest）两个种类。优先利益无须登记就具有对抗效力，可以约束地产权买受人，包括地役权、获益权、根据时效法已经或正在取得的权利、地方土地负担，租期小于21年的租赁地产权、实际占有土地人的权利。在这些优先利益中，除了地方土地负担属于公法

---

〔1〕 吴一鸣：《英美物权法——一个体系的发现》，上海人民出版社2011年版，第184页以下；高富平、吴一鸣：《英美不动产法：兼与大陆法比较》，清华大学出版社2007年版，第536页以下。

〔2〕 [英]黛安·查佩尔：《土地法》（影印本），法律出版社2003年版，第114～117页；高富平、吴一鸣：《英美不动产法：兼与大陆法比较》，清华大学出版社2007年版，第506页以下。

性质的负担外,其他种类都属于占有性的土地权益,一般通过现场查验就可以发现这类土地权益的存在,因此,虽然优先利益无须登记即可取得对抗效力,但它们对交易安全并不会构成太大的妨害。值得特别注意的是,“实际占有土地人的权利”是一种开放性的权利类型,也即只要某种土地权益“和土地直接相关”(subsist in reference to land),并且权利人实际占有了土地,那么就构成了优先利益。[1] 次级利益是指除了优先利益以外的所有土地权益,又可以分为两种:其中一种主要是指信托受益人权利,无论是否登记,均在地产权转让时被超越,不能约束地产权买受人;另一种就是除了信托受益人权益以外的所有次级利益,这类次级利益是否能对抗受让人只取决于是否进行了登记。因此,英国法中属于次级利益的权利类型是开放的,当事人可以选择的登记方式包括:声明(notice)、警告(caution)、限制(restriction)和禁止(inhibition)四种,[2] 在登记之后,次级利益就取得了可以对抗地产权受让人的效力。[3] 因此,在产权登记制度建立以后,土地权益是否具有对抗效力已经不再取决于该种权益的性质(普通法财产权抑或衡平法财产权)以及注意原则,而是取决于权益的外观——登记以及不动产占有。由于优先利益中存在开放性的“实际占有土地人的权利”以及次级利益本身

---

〔1〕 根据1925年《土地登记法》第70条(1)(g)的规定,这种“实际占有土地的人的权利”是指“实际占有土地的人,或收取土地租金和其他土地收益的人所拥有的权利,除非经过对该人的调查但其未披露这一权利。”2002年《土地登记法》已经将“收取租金”这个类型废除了。从上述规定来看,占有人的权利要成为优先利益,还要具备一个条件,即如果买受人在对占有人进行调查时,占有人没有披露自己的权利,那么这个权利就不能成为优先利益。现实中,归属于“实际占有土地的人的权利”的优先利益包括基于买卖合同先行占有不动产的买受人的权利、因禁反言的许可而占有不动产的权利、承租人购买租赁土地地产权的选买权、优先购买权、配偶一方对不动产拥有的衡平法土地权益都属于优先利益。虽然在理论上,对人权不属于土地权益,即使实际占有,也不足以构成优先权益,但是在司法实践中,也出现了将对人权认定为优先利益的判决。例如在2001年的Saeed v. Plustrade Ltd. [2001] EWCA Civ. 2011一案中,上诉法院认为,停产的权利既可以是地役权,也可以是契约性的对人权,但无论是契约性对人权还是地役权,均可以成为土地登记法规定的优先权益。参见高富平、吴一鸣:《英美不动产法:兼与大陆法比较》,清华大学出版社2007年版,第551~554页;陈永强:《英国土地登记法研究》,中国法制出版社2012年版,第113~115页。

〔2〕 声明是指将次级利益记载于产权登记簿的负担登记栏和产权证书上,进行声明登记必须取得登记产权人的同意。警告是指在登记簿的权属登记栏中进行次级利益登记,在登记产权人不同意次级利益权利人进行声明登记时间,次级利益权利人就会选择警告登记。限制就是在权属登记栏中对产权处分方式所作的限定,产权只有根据这一限定的方式进行处分,受让人才不会受到特定土地权益的拘束,它通常被用来保护信托中受益人的利益。禁止是指法院或登记机关签发的完全禁止或在一定时间内禁止对产权进行处分的禁令,例如在破产程序中在权属登记栏中记载破产禁令,防止产权人处分产权。参见高富平、吴一鸣:《英美不动产法:兼与大陆法比较》,清华大学出版社2007年版,第560~563页。

〔3〕 关于1925年后的产权登记制度,还可参见[英]黛安·查佩尔:《土地法》(影印本),法律出版社2003年版,第114~117页。

的开放性,当事人实际上可以通过土地实际占有和登记赋予任何直接针对土地的权益以对抗效力。因此,我们可以说,产权登记制度已经使不动产领域的财产权类型封闭原则发生了松动。

(三)学说与总结

在英国学者的著述中,我们也可以看到他们对财产权类型封闭原则的承认。例如,拉登(Rudden)认为,财产权利的种类是固定的,其标准被限定并且至少被切割为提前规定的模式,但是合同就可以按照当事人的需要进行约定和修改,因此"想象只属于合同,不适用于财产"(fancies are for contract, not property)。〔1〕在其与劳森(Lawson)合著的《财产法》中,他们认为,财产法的大多数领域都被一些标准的权益(standard interests)所涵盖,包括所有权、终身权益、租赁、信托受益人权益、按揭、固定担保、浮动担保、地役权以及限制性约据。除此之外,大多数其他对财物的权利不能算作财产权利,只能算作债权,因此英国法上确实存在封闭的财产权益名单(a closed list of interests in property),但是制定法和法院还是可以承认新的财产权利。〔2〕施瓦丁(Swadling)也认为,英国法和其他所有的成熟土地法律体系一样,也建立在财产权类型封闭原则基础上。〔3〕英国学者斯帕克斯(Sparkes)指出,由于英国法中没有财产权利的单一定义,所以英国法上财产权类型封闭原则的表现形态是"封闭的区域"(an enclosed area)而非财产权的列举清单(a list),这一点与大陆法系不同,但是他同样认为,普通法地产权的数量存在正式的限制,衡平法权益的数量也存在理论上的限制。从功能的角度来看,斯帕克斯认为,财产权类型封闭原则的功能是减少土地上的负担,特别是积极作为义务,以提高土地的流通性(saleability of land)。〔4〕

从上面的分析来看,笔者认为,虽然英国法并没有像大陆法系那样明确地提出财产权类型封闭原则,但在司法实践和立法中,法官和立法者一直默默地遵循

---

〔1〕 Bernard Rudden, *Economic Theory v. Property Law: The Numerus Clausus Problem*, in John Eekelaar & John Bell (eds.), Oxford Essays in Jurisprudence: Third Series, Oxford: Clarendon Press, 1987, p. 239.

〔2〕 F. H. Lawson and Bernard Rudden, *The Law of Property*, 3rd, Oxford University Press, 2002, pp. 193 - 195.

〔3〕 W. Swadling, *Land Burdens-An English Perspective*, in S. Van Erp & B. Akkermans (eds.), Towards a unified System of Land Burdens, Intersentia, Antwerp 2006, p. 121; W. Swadling, *Opening the Numerus Clausus*, 116. LQR (Law Quarterly Review) 2000, p. 354.

〔4〕 Peter Sparkes, *Certainty of Property: Numerus Clausus or the Rule with No Name?* European Review of Private Law 3 - 2012, pp. 769 - 804.

着这一原则，这实际上也反映出了财产权类型封闭原则的内在价值。

第一，英国法在不动产领域的非限嗣继承地产权和动产领域的“title”，在权能和实际功能上与大陆法系的所有权并无实质区别。在历史上，当事人针对非限嗣继承地产权拥有较大的形成自由空间，但仍然受到了判例法的种种限制。进入近代以来，司法实践和立法的整体趋势是逐渐压缩当事人对非限嗣继承地产权的形成自由空间，尽量减轻非限嗣继承地产权被消解所带来的弊端，以促进土地的流通。1925 年的财产法改革将众多普通法地产权被转化为衡平法权益，当事人针对非限嗣继承地产权的形成自由空间基本上就不存在了。在此之后，大量衡平法权益又被转化为可超越的信托受益权，进一步消除了土地流通的障碍。

第二，英国法上的财产权都是由制定法或法院承认的，并且具有明确的构成要件。在司法实践中，如果当事人之间约定的法律关系不符合任何一种既存财产权类型的构成要件，通常就会被当作对人权来处理，因此英国法院遵循类型强制和类型固定原则。

第三，从法院的判决意见来看，法官们之所以遵循类型封闭原则，主要是从交易安全的角度进行考虑的，即第三人很难查知当事人任意创设的法律关系，如果这些法律关系都具有对抗效力，那么买受人就无法明确获知其享有何种权利，被课加了何种义务，这将导致物上权利的混乱。

第四，就议会和法院的权力分配，在 1925 年之前，承认新财产权类型的任务主要由法院来承担，但在 1925 年后，承认新普通法财产权的权力已经被议会垄断，法院只具有承认新衡平法财产权的权力。考虑到普通法财产权才是英国财产权制度的基础，1925 年后的法院实际上仅仅扮演了次要角色。

第五，虽然英国法遵循财产权类型封闭原则，但是仍然承认了一些框架性的财产权利，例如租赁地产权（与租赁有关的约据）、地役权、限制性约据，这些权利的构成要件都是抽象的，当事人可以约定具体的权利义务关系，创设各种亚类型的财产权利。

第六，值得注意的是，英国法上始终存在一些介于合同权利与财产权利之间的法律关系类型，例如动产寄托中占有人权利的效力比一般合同权利要强，受到侵权法的保护；在 1925 年财产法改革后，随着登记制度的建立以及财产权效力规则的变化，财产权类型封闭原则也出现了较为明显的松动，属于优先利益的

"实际占有土地的权利"以及次级利益都是开放性的,当事人之间约定的土地权益只要通过实际占有或登记就能获得对抗效力,能够约束地产权的受让人。

第三节　美国的财产权类型及财产权类型封闭原则

美国是英美法系中的重要国家,其财产法渊源于英国普通法。在英属殖民地时期,殖民地各州适用的是英国财产法,在独立之后,虽然主流的革命思想是反对英国王室,但迫于现实需要,仍然援用了相对熟悉的在殖民时期就被采用的英国普通法。这一点在不动产领域表现得尤为明显,各州广泛采纳了调整地产权和未来权益的英国法的基本原则,但属于封建遗迹的则被拒绝接受。[1] 虽然在美国独立之后,其财产法走上了独立发展的道路,但由于其与英国财产法的同源性,美国的主要财产权类型仍然与英国相仿,因此在本节中,我们将以较为简短的篇幅说明美国财产权的类型,然后再讨论美国法上是否存在财产权类型封闭原则。

一、美国法上的财产权类型简述

在进入正式讨论前,我们还是要进行一些说明:第一,和英国法一样,美国的财产法体系同样建立在"real property"和"personal property"分立的基础上,因此我们在谈及美国财产权类型时仍然会遵循这一区分,另外,考虑到本书的主旨,对"personal property"的讨论一般仅限于有体物上的财产权。第二,一般来说,美国学术著作和立法上的"财产法"仅包括财产的归属以及用益,并没有包含担保权利在内,例如,《加利福尼亚州民法典》的第二编"财产法"(Property)并未包含担保权利,担保权利被放在第三编"债法"(Obligation)第四部分"特定交易之债"(Obligations Arising from Particular Transactions)第 14 目"财产的担保"(Lien)中,许多州的动产担保也不是放在财产法的汇编中,而是规定在商法典中,美国《统一商法典》第九编"担保交易"(Secured Transactions)专门规定了动产担

[1] [美]约翰·G. 斯普兰克林:《美国财产法精解》(第 2 版),钟书峰译,北京大学出版社 2009 年版,第 95 页。

保。[1] 考虑到本书的研究主旨,我们仍然将担保权利纳入讨论范围。第三,美国财产法主要由州法组成,因此本书研究只能是概览式的,主要考虑共同的规则,详细讨论每一州的财产法状况是不可能完成的任务。

(一)土地上的首要权利、用益权利和担保权利

1. 土地上的首要权利——非限嗣继承地产权及其变体

美国与英国一样,在土地上的首要权利为绝对非限嗣继承地产权(fee simple),它是美国法上得到承认的土地上可以存在的最大的财产权利,权利人可以永久使用、独占土地,也可以自由转让该权利。从权能上看,它与大陆法系中的所有权相当。目前在美国,超过99%的私有土地都是以非限嗣继承地产权的形式持有的,在转让时,如果当事人措辞不清,法院一般也推定是转让非限嗣继承地产权。[2]

从当事人对非限嗣继承地产权的形成自由来看,美国法上的空间较大,因为除了创设可灭却的非限嗣继承地产权(fee simple defeasible)以外,由于美国没有经历英国1925年的财产法改革,因此在普通法上仍然可以存在限嗣继承地产权(fee tail)、终身地产权(life estate)以及相应的未来权益(future interest)。但是,从目前的状况来看,立法和司法实践对上述各种地产权持限制态度,它们基本处于消亡状态或者仅存在于信托之中。

在美国法上,当事人在转让非限嗣继承地产权时,也可以通过约定限制非限嗣继承地产权的效力,创设可灭却的非限嗣继承地产权,包括自动终止非限嗣继承地产权(fee simple determinable)、附收回权的非限嗣继承地产权(fee simple subject to condition subsequent)以及附期待权益的非限嗣继承地产权(fee simple subject to executory limitation)三种。[3] 与英国法不同的是,美国法上的自动终止非限嗣继承地产权和附收回权的非限嗣继承地产权不受禁止永久性规则的限制,但许多州通过时效法将上述两种可灭却的非限嗣继承地产权转化为绝对的非限嗣继承地产权;对于附加在自动终止非限嗣继承地产权之上的或然回复权,

---

[1] 吴一鸣:《英美物权法——一个体系的发现》,上海人民出版社2011年版,第38~39页。

[2] [美]约翰·G.斯普兰克林:《美国财产法精解》(第2版),钟书峰译,北京大学出版社2009年版,第101~103页。

[3] [美]约翰·G.斯普兰克林:《美国财产法精解》(第2版),钟书峰译,北京大学出版社2009年版,第100页。

有些州规定,从自动终止的非限嗣继承地产权创设时起经过若干年(比如40年),或然回复权就失效,这样自动终止的非限嗣继承地产权就转化为了绝对的非限嗣继承地产权,当然,也有些州规定,或然回复权的时效期间是从终止事实发生时起算;[1]对于附加在附收回权的非限嗣继承地产权上的收回权,很多州也通过时效法对收回权的行使进行限制,只不过时效期间从收回条件成就时开始起算,而且时效期间非常短。[2] 附加在附期待权益的非限嗣继承地产权上的期待权益则受到禁止永久性规则的限制。[3] 除了通过时效法和禁止永久性规则将部分可灭却的非限嗣继承地产权转化为绝对的非限嗣继承地产权外,美国法与英国法一样,也对当事人约定的条件进行了严格限制,例如禁止处分、禁止以不动产清偿债务或违背公共政策的条件通常被认定为无效。[4] 如果当事人在转让非限嗣继承地产权时没有语意明确地表达限制条件,导致既可以解释为设立绝对非限嗣继承地产权,又可以解释为可灭却的非限嗣继承地产权,法院均优先解释为绝对的非限嗣继承地产权,从这一点来看,美国法院在传统上就对可灭却的非限嗣继承地产权持抑制态度,其原因主要在于法院认为可灭却的非限嗣继承地产权会阻碍土地自由流转,同时未来权益人获得意外之财通常是不公平的。[5] 目前,由于社会经济文化的变化以及制定法和司法的限制,可灭却的非限嗣继承地产权已经处于消亡状态,土地权利人极少设立可灭却的非限嗣继承地产权。[6]

在美国,绝大多数的州都承认1258年英国《附条件赠与法》的效力,但是大多数州已经通过制定法废除了限嗣继承地产权(fee tail)。早在美国建国之初,杰斐逊就认识到了限嗣继承地产权与民主社会的不相容,并说服弗吉尼亚州通

---

〔1〕 高富平、吴一鸣:《英美不动产法:兼与大陆法比较》,清华大学出版社2007年版,第139页。

〔2〕 高富平、吴一鸣:《英美不动产法:兼与大陆法比较》,清华大学出版社2007年版,第141页。

〔3〕 高富平、吴一鸣:《英美不动产法:兼与大陆法比较》,清华大学出版社2007年版,第144页。

〔4〕 吴一鸣:《英美物权法——一个体系的发现》,上海人民出版社2011年版,第164~165页。对于转让限制,美国法院一致认为,无论限制的形式如何,任何完全或者绝对限制非限嗣继承地产权转让的规定都是无效的;对于限制受让人数量或者防止在一定期限内进行转让的约定,多数法院也会认定其无效。但是,《财产法第二次重述》采取了较为缓和的观点,它建议目的、性质以及期限合理的部分限制转让的约定应该有效。参见[美]约翰·G.斯普兰克林:《美国财产法精解》(第2版),钟书峰译,北京大学出版社2009年版,第118~119页。

〔5〕 [美]约翰·G.斯普兰克林:《美国财产法精解》(第2版),钟书峰译,北京大学出版社2009年版,第116~117页。

〔6〕 [美]约翰·G.斯普兰克林:《美国财产法精解》(第2版),钟书峰译,北京大学出版社2009年版,第117页。

过立法废除了限嗣继承地产权。目前，绝大多数州都通过制定法废除了限嗣继承地产权，德克萨斯州和俄克拉荷马州甚至通过宪法将其废除，仅有特拉华州、缅因州、马萨诸塞州和罗德岛州尚可以设立限嗣继承地产权。但是，即便在这些州，限嗣继承地产权人也可以轻易取消限嗣规定，因为他们可以向他人转让非限嗣继承地产权，因此通过拟制交易，就可以将限嗣继承地产权转化为非限嗣继承地产权。[1] 在制定法废除限嗣继承地产权之后，如果当事人又尝试设立限嗣继承地产权，那么后果如何呢？部分州规定，限嗣继承地产权的效力仅仅只能持续一代人，受让人的继承人即可获得非限嗣继承地产权；也有部分州规定，如果当事人设立限嗣继承地产权，那么受让人获得终身地产权，其继承人则获得剩余性质的非限嗣继承地产权；大部分的州则直接规定，即便当事人意图创设限嗣继承地产权，受让人也直接获得非限嗣继承地产权。目前，限嗣继承地产权数量很少，基本上已经从现实生活中消失了。[2]

在美国，普通法上的终身地产权（life estate）仍然存在，如果非限嗣继承地产权人为受让人设立终身地产权，那么普通法上的非限嗣继承地产权就瓦解了，它被分解为终身地产权和剩余性质的非限嗣继承地产权。这种状况明显不利于土地的流通，因为在终身地产权的存续期间，无人能够转让非限嗣继承地产权，因此，当事人可能通过契据授予终身地产权人转让非限嗣继承地产权的权利，法院在特定情况下，也会依申请强制出售非限嗣继承地产权。多数州在近几十年都颁布制定法，扩大法院判决强制出售或者以其他方式转让非限嗣继承地产权的权力。[3] 由于非限嗣继承地产权瓦解对交易的阻碍，这种家庭性质的普通法终身地产权逐渐被信托（衡平法上的终身地产权）所取代，因此终身地产权也处于逐渐消亡状态。[4]

因此，虽然美国并没有像英国法那样直接将普通法上的限嗣继承地产权、终身地产权以及相应的未来权益转化为衡平法权益，但是制定法和司法实践都对

---

〔1〕［美］约翰·G. 斯普兰克林：《美国财产法精解》（第2版），钟书峰译，北京大学出版社2009年版，第105～106页。

〔2〕高富平、吴一鸣：《英美不动产法：兼与大陆法比较》，清华大学出版社2007年版，第164～165页。

〔3〕高富平、吴一鸣：《英美不动产法：兼与大陆法比较》，清华大学出版社2007年版，第171～172页；［美］约翰·G. 斯普兰克林：《美国财产法精解》（第2版），钟书峰译，北京大学出版社2009年版，第109页。

〔4〕［美］约翰·G. 斯普兰克林：《美国财产法精解》（第2版），钟书峰译，北京大学出版社2009年版，第109～110页。

限制非限嗣继承地产权效力以及对非限嗣继承地产权在时间上进行分割的做法持否定态度,因此当事人针对非限嗣继承地产权的形成自由空间是受到严格限制的。实际上,由于普通法上的限嗣继承地产权,终身地产权以及可灭却的非限嗣继承地产权在现实生活中逐渐消亡,绝对的非限嗣继承地产权仍然占据主导地位,其效果与英国 1925 年财产法改革所欲追求的目标相一致。对于普通法上仍然存在但已经罕见的未来权益,在许多州生效的"可交易产权法"(marketable title acts)实际上已经取消了它们的效力,因为根据这些可交易财产法,若干年之前(通常为 40 年)设定的土地权益或瑕疵将不对受让人发生效力,这就使得许多未来权益在被权利人实际享有之前就已经失效了。[1]

此处需要特别提及的是,终身地产权以及各种土地上未来权益目前大都以信托受益权的形式存在,那么美国法上的信托受益权是否具有对抗效力呢?实践中受益人通常不会将自己的权利进行登记,而受托人在对信托财产进行登记时会注明其是"作为受托人"(as trustee)拥有财产。受益人权利的对抗力在各州存在差异,但总体来看都是限制受益人权利的对抗效力:有些州直接否定受益人权利具有对抗力,规定受益人权利不对买受人及其后手发生对抗效力;有些州规定,信托财产的买受人无须对受益人权利进行调查,除非受益人实际占有信托财产,且其权利能够通过合理的调查被发现,否则,受益人权利不对买受人发生对抗效力;[2]也有些州规定,从最初交易之日起,经过一定时间,受益人的权利就不再对在后的买受人发生拘束力。[3] 因此,虽然美国各州没有一致采纳英国法上的超越原则,但明确表现出了限制受益权对抗力的态度,这样一来,美国法上受益人权利的财产权利属性就被极度弱化了。

2. 土地上的用益权利

美国法中最重要的土地用益权利就是租赁地产权,与英国法一样,美国法上

---

〔1〕 [美]约翰·G. 斯普兰克林:《美国财产法精解》(第 2 版),钟书峰译,北京大学出版社 2009 年版,第 165 页;吴一鸣:《英美物权法——一个体系的发现》,上海人民出版社 2011 年版,第 208 页。

〔2〕 Iowa Code § 614.24 (1992); Mass. Gen. L. ch. 184, § 34 (1987); Ohio Rev. Code Ann. § 5301.03 (1989); Wyo. Stat. § 34-2-123 (1992). 转引自吴一鸣:《英美物权法——一个体系的发现》,上海人民出版社 2011 年版,第 95 页。

〔3〕 Iowa Code § 614.14 (5) (1992). 转引自吴一鸣:《英美物权法——一个体系的发现》,上海人民出版社 2011 年版,第 95 页。关于美国法上的信托登记以及信托受益人权利的对抗效力,还可参见高富平、吴一鸣:《英美不动产法:兼与大陆法比较》,清华大学出版社 2007 年版,第 602~603 页。

的租赁地产权也属于财产权利而非合同权利。在美国,租赁地产权通常被分为四种:定期租赁地产权(the term of years tenancy)、续期租赁地产权(the periodic tenancy)、随时终止租赁地产权(tenancy at will)以及宽容租赁地产权(tenancy at sufferance)。[1] 定期租赁地产权是租期确定的租赁地产权,该地产权的主要特点是存续时间固定,普通法并没有对期限作出限制,但美国一些州规定了租赁地产权的最高期限,例如51年或99年;[2]续期租赁地产权即事先约定一定的租赁周期,每当周期届满时,自动续展同样的期限,除非出租人或承租人有一方提出终止租赁关系;随时终止租赁地产权即期限不固定的租赁地产权,这种租赁地产权的终止时间完全取决于出租人或承租人的意愿;宽容租赁地产权是指承租人在租赁期届至后,未经出租人的同意仍然占用地产,就形成了宽容租赁地产权,如果承租人继续向出租人支付租赁并且出租人接受,那么他们之间就会形成推动的续期租赁地产权。那么当事人可否创设其他类型的租赁地产权呢?"这种普通法分类制度非常严格。每一种租赁地产权都必须归为这四种类型中的某一种,即使牺牲其逻辑上的协调性。"[3]

在对他人土地的利用方面,美国法与英国法一样,同样承认地役权(easement)、获益权(profit)和限制性约据(restrictive convenant)三种权利类型,但是在具体内容上存在不同。第一,美国法明确承认了独立地役权(easement in gross),也即地役权并不仅仅限于附属地役权(easement appurtenant)。在19世纪晚期,美国就已经允许创设独立地役权,只是当时的判例对独立地役权作了较大的限制,不能被转让,也不能被继承,只属于地役权人本人,具有较强的人身性,到了20世纪中期,美国的立法正式承认独立地役权可以继承和转让。[4] 2000年《财产法重述(役权)》第1.2条第(3)款也规定:"地役权或获益权的负担总是具有附属性的;但它们的获益既可以是附属性的,也可以是独立性的(in

---

[1] [美]约翰·G.斯普兰克林:《美国财产法精解》(第2版),钟书峰译,北京大学出版社2009年版,第211页以下;[美]史蒂文·L.伊曼纽尔:《财产法》(影印版),中信出版社2003年版,第161页以下;[美]罗杰·H.伯恩哈特、安·M.伯克哈特:《不动产》(第4版影印版),法律出版社2004年版,第131页以下。

[2] 高富平、吴一鸣:《英美不动产法:兼与大陆法比较》,清华大学出版社2007年版,第311页。

[3] [美]约翰·G.斯普兰克林:《美国财产法精解》(第2版),钟书峰译,北京大学出版社2009年版,第211页。

[4] Richard R. Powell, *Powell on Real Property*, Matthew Bender & Company Inc., 2003, § 34.02 [2] [d].

gross)。"[1]这也就是说,美国法上的地役权必须要存在供役地,但需役地则是不必要的。附属地役权与罗马法上的地役权以及大陆法系各国的地役权相同,而独立地役权则相当于大陆法系国家(德国)的限制人役权。独立地役权在目前的典型适例就是通信公司、能源公司在他人的土地上铺设供通信设施或能源输送设施。[2] 第二,美国法上的获益权与地役权基本上被归为同一类,获益权被视为特别的地役权种类,适用相同的规则,例如美国 2000 年《财产法重述(役权)》指出,"在美国的法律中,地役权和获益权在创设、解释、转让和终止等方面,通常适用相同的规则。"[3]第三,美国法也承认积极地役权(positive easement)和消极地役权(negative easement)的区分,但是早期美国法院受到英国法的影响,将消极地役权限于采光权、通风权、通水权和支撑权四种。这种对消极地役权的限制明显不能满足现实需要,于是又和英国法一样采纳了限制性约据,只是美国法将其称为衡平役权(equitable servitude)。同时,美国法院也承认了一些新的消极地役权,例如眺望地役权(easement in view),各州也通过制定法承认了保护性地役权(conservation easement)和太阳能地役权(solar easement),前者用于自然环境或历史建筑的保护,后者保障需役地上的太阳能系统运作。[4] 在 2000 年《财产法重述(役权)》中,美国学者对积极地役权、消极地役权以及限制性约据进行了重新整合,第 1.2 条规定:"(1)地役权创设了一个进入并使用他人占有之土地的非占有性权利,并使该占有人负有不得对地役权人基于地役权而对土地进行的利用进行干涉的义务……(4)在本重述中,'地役权'包括进入并利用他人占有的土地的不可撤销的许可,但不包括消极地役权。消极地役权(negative easement)属于第 1.3 条所规定的限制性约据(restrictive convenant)。"[5]很显然,2000 年《财产法重述(役权)》所称的"地役权"仅仅指"积极地役权","消极地役权"已经被整合到"限制性约据"中去了。

此处需要特别提及美国法上的"随土地转移的约据"(covenant running with

---

[1] Restatement of Property (Servitudes)(2000), § 1.2.

[2] 吴一鸣:《英美物权法——一个体系的发现》,上海人民出版社 2011 年版,第 264 页以下。

[3] Restatement of Property (Servitudes)(2000), § 1.2, commente.

[4] [美]约翰·G. 斯普兰克林:《美国财产法精解》(第 2 版),钟书峰译,北京大学出版社 2009 年版,第 533 ~ 534 页。

[5] Restatement of Property (Servitudes)(2000), § 1.2. 转引自吴一鸣:《英美物权法——一个体系的发现》,上海人民出版社 2011 年版。

the land)或"不动产约据"(real covenant)。"'约据'(covenant)就是两个以上当事人间达成的关于做某事、将做某事或不做某事的协议或允诺。在现代,约据这个术语通常是指在产权转让契据或其他文据中设定的、与不动产有关的允诺。"[1]从约据的定义来看,它是一种合同,根据合同的相对性原则(privity of contract),只能约束合同当事人。"随土地转移的约据"是指上述与不动产有关的允诺,不仅能约束合同相对人,还能够约束不动产的受让人,它实际上是对合同相对性原则的突破。英国法上并没有一般性地承认"随土地转移的约据",因为英国普通法原则上只允许约据中的获益(benefit)随地而走,禁止约据中的负担(burden)随地而走。[2] 作为例外,英国在普通法只承认与租赁地产权相关的约据可以随土地转移,在衡平法上只承认限制性约据可以随土地转移。美国法的态度较为宽松,一般性地承认了随土地转移的约据,既包括积极约据(positive covenant, affirmative covenant),也包括消极约据(negative covenant, restrictive covenant),前者是指义务人允诺积极实施某一行为,后者是指义务人允诺不实施某一行为,实际上就是前面所说的限制性约据。美国学者通常将"随土地转移的约据"与衡平役权并列讨论,[3]但也有学者直接将衡平役权作为"随土地转移的约据"的一个亚类型。[4] 在美国法上,"随土地转移的约据"具有严格的构成要件:[5]第一,约据必须采取书面形式;第二,当事人必须具有约束继受人的意

---

〔1〕 Richard R. Powell, *Powell on Real Property*, Matthew Bender & Company Inc., 2009, § 60.01 [2].

〔2〕 Austerberry v. Corporation of Oldham (1885) 29 Ch D 750. 在本案中,一条道路的拥有者通过约据承诺,他们和他们的继受人将保持对道路的维修。后来,道路被卖给了本案的被告。法院认为,该约据并未随地而走,本案被告无须承担维修道路的义务。Rhone v. Stephens [1994] 2 AC 310, [1994] 2 All ER 65. 在本案中,两栋建筑物有共同的屋顶,曾共同属于一人。1960 年,其中一幢建筑物被卖掉,出卖方在契据中承诺保持共有屋顶的防风、防水状态。后来这两栋建筑被分别出售。法院认为,尽管限制性约据的负担在衡平法中可以随地而走,但积极约据(即要求作出承诺一方为特定行为的约据)的负担仍然不能随地而走。转引自高富平、吴一鸣:《英美不动产法:兼与大陆法比较》,清华大学出版社 2007 年版,第 722 页。

〔3〕 [美]约翰·G. 斯普兰克林:《美国财产法精解》(第 2 版),钟书峰译,北京大学出版社 2009 年版,第 536 页以下;[美]史蒂文·L. 伊曼纽尔:《财产法》(影印版),中信出版社 2003 年版,第 260 页以下。

〔4〕 [美]罗杰·H. 伯恩哈特、安·M. 伯克哈特:《不动产》(第 4 版影印版),法律出版社 2004 年版,第 230 页以下。

〔5〕 [美]约翰·G. 斯普兰克林:《美国财产法精解》(第 2 版),钟书峰译,北京大学出版社 2009 年版,第 540 页以下;[美]史蒂文·L. 伊曼纽尔:《财产法》(影印版),中信出版社 2003 年版,第 260 页以下;[美]罗杰·H. 伯恩哈特、安·M. 伯克哈特:《不动产》(第 4 版影印版),法律出版社 2004 年版,第 234 页以下。

图;[1]第三,约据内容必须"与不动产有关"(touch and concern the land);第四,现时受益地地产权人与负担地地产权人之间存在"地产权关系"(privity of estate);[2]第五,继受人知悉该约据。[3] 在实践中,最常引起争议,也最具弹性的要件当属"与不动产相关"。法院一般认为,"与土地相关"是指负担与不动产的占有、使用或享受有关,但这一标准实际上是充满弹性的。就消极约据来说,限制允诺人不动产用途的消极约据一般都符合这一要件,实践中存在争议的主要是竞业禁止约据(non-competition clause),但目前几乎所有的法院都认为竞业禁止约据是"与土地相关"的。积极约据经常会在这个要件上产生争议,在传统上,法院不愿意强制要求允诺人的继受人执行积极约据,除非该约定与不动产具有密切关系,例如维护不动产上各种设施的义务,目前许多金钱支付义务也被认为与不动产相关,例如支付租金、物业管理费等;实际中经常引发争议的积极约据还有"排他交易约据"(exclusive dealing clause or "trade only" clause),也即允诺人承诺只与受诺人进行交易,对于这种约据,法院通常会详细审查这种约定是否会给地产权人造成不合理的负担(unduly burdensome),这种审查比竞业禁止约据更加严格。[4] 从美国交易实践来看,美国法院经常混淆随土地转移的约据与衡平役权,现实中采用的大部分约据也都是限制性约据。[5]

从美国第三次《财产法重述(役权)》来看,美国学者建议简化以前的法律,将地役权、衡平役权以及"随土地转移的约据"合并为一种权利——役权。重述中的"役权"设立非常简单,合同或不动产转让契据都可以设立,限制性约据和随土地转移的约据中"与土地相关"的要件被"不违法、不违宪或者不违反公共政

---

〔1〕 当事人具有约束继受人的意图,最常见的是可以通过约定中的明文规定予以发现,诸如"受让人"(assigns)或"继受人"(successors)这样的措辞就可以证明上述意图。即使没有上述明示条款,约束继受人的意图也可以从限制规定的性质、当事人的地位以及约定的其他情形中推定。

〔2〕 "地产权关系"(privity of estate)又分为原约据相对人之间的平行关系(horizontal privity)和原约据当事人与其继受人之间的垂直关系(vertical privity)。对于平行关系,越来越多的州已经取消了这一要求;垂直关系则要求原约据当事人将其全部地产权转让给继受人。参见[美]约翰·G. 斯普兰克林:《美国财产法精解》(第2版),钟书峰译,北京大学出版社2009年版,第545~547页。

〔3〕 只有继受人知悉该约据才受其拘束,善意且支付了对价的购买人不受其约束。至于是否知悉或是否应该知悉,则需要结合美国各州的契据登记制度来判断。参见[美]约翰·G. 斯普兰克林:《美国财产法精解》(第2版),钟书峰译,北京大学出版社2009年版,第547~548页。

〔4〕 [美]史蒂文·L. 伊曼纽尔:《财产法》(影印版),中信出版社2003年版,第263~266页;[美]约翰·G. 斯普兰克林:《美国财产法精解》(第2版),钟书峰译,北京大学出版社2009年版,第541~544页。

〔5〕 [美]约翰·G. 斯普兰克林:《美国财产法精解》(第2版),钟书峰译,北京大学出版社2009年版,第537页;高富平、吴一鸣:《英美不动产法:兼与大陆法比较》,清华大学出版社2007年版,第719页。

策”的要件所取代了。[1]

3. 土地上的担保权利

常见的土地上的担保权利包括按揭(mortgage)、信托契据(deed of trust)以及分期付款不动产买卖合同(installement land contract),但主要的担保方式还是按揭。

由于美国各州的法律不同,因此英国历史上出现过的多种按揭方式在美国都存在。正是由于按揭方式的不同,目前在美国关于按揭的性质存在三种不同的理论:某些州持产权理论(title theory),也即按揭是将担保物的产权转移给了债权人,债权人在理论上无须实现按揭权就有权占有不动产,进而取得租金和收益,但在实践中,债务人在未拖欠债务之前,债权人很少会行使占有权;某些州持折中理论(intermediate theory),即债权人取得了担保物的产权,但只能在债务人拖欠债务时,按揭权实现之前有权占有不动产;大约2/3的州持优先受偿权理论(lien theory),也即按揭只是以不动产上的一种优先受偿权,债权人只能取得担保权益(security interest),而不能取得产权,因此在实现按揭权之前,债权人不享有占有权。[2] 因此,“在美国的绝大多数州,按揭会转移普通法产权这种普通法观念已经彻底消亡,取而代之的是衡平法观念,即产权依然在按揭人的手中,而按揭权人所拥有的只是一个担保性权益。”[3] 1997年美国《财产法第三次重述(按揭)》尝试进行法律统一,将“按揭”定义为“为担保债务的履行而转让不动产权益的行为”,[4]并且认为,无论是通过转让普通法产权还是通过设定担保性权益来设定按揭,其结果并无差异,[5]但是重述还是明确采纳了优先受偿权理论。[6] 因此,从美国法的主流来看,其按揭制度已经与英国法上“以负担方式设定按揭”(charge by the way of mortgage)没有区别了。

早期美国法在实现按揭的方式上采取的是绝对实现按揭权(strict foreclosure),

---

〔1〕 [美]约翰·G.斯普兰克林:《美国财产法精解》(第2版),钟书峰译,北京大学出版社2009年版,第570~572页。

〔2〕 [美]约翰·G.斯普兰克林:《美国财产法精解》(第2版),钟书峰译,北京大学出版社2009年版,第345页。

〔3〕 David A. Thomas, *Thompson on Real Property*, Matthew Bender & Company Inc., 2009, § 101.01 (b)(2). 转引自吴一鸣:《英美物权法——一个体系的发现》,上海人民出版社2011年版。

〔4〕 Restatement (Third) of Property (Mortgage), § 1.1.

〔5〕 Restatement (Third) of Property (Mortgage), § 1.1, comments.

〔6〕 Restatement (Third) of Property (Mortgage), § 4.1 (a).

也即在还款截止日期之后，衡平回赎权被取消，按揭权人确定取得不动产产权，即使不动产的价值远高于债务。但在19世纪后，多数州通过立法作了新规定，创设了司法实现按揭权方式(judicial foreclosure)，即按揭权人应该在法院的监督下，公开拍卖不动产，超出债务的价款应该支付给后位受偿权人和按揭人。同时19世纪也产生了非司法实现按揭权方式(mortgage with power of sale)，也即当事人在设定按揭时可以明确约定，按揭人同意在没有法院参与的情况下通过公开拍卖取消衡平回赎权。[1]

分期付款不动产买卖合同是出卖人与买受人约定，在价款付清之前，出卖人保留不动产的产权，如果买受人不能按约支付价款，那么就构成违约丧权(forfeiture)，出卖人可以撤销合同，重新占有不动产，并保留买受人已经支付的价款。由于这种做法可能对买受人不公平，特别是对已经支付了大部分价款的买受人尤为不公平，如今的趋势是逐渐将保护按揭人的规定扩展到保护购买人：部分州法院直接将分期付款的不动产买卖合同等同于按揭合同；有些州要求按照按揭权的实现方式来实现分期付款的不动产买卖合同；也有些州则赋予违约买受人以赎回权或索回部分已支付价款的权利。由于分期付款不动产买卖合同对于出卖人和买受人都具有很大的不确定性，因此其注定会被含有非司法实现按揭权的现代按揭合同所取代。[2] 1997年美国《财产法第三次重述(按揭)》也反映出了这一趋势，即要求分期付款不动产买卖合同应当按照按揭合同的一般规定来实现。[3]

实践中还存在以信托契据方式设定的不动产担保，也即债务人将普通法地产权转让给受托人，以债权人为受益人(债权人获得了衡平法上的优先受偿权)，在债务按约履行后，受托人即将地产权转让回债务人，如果债务不能按约履行，那么受托人会拍卖不动产，以价款清偿债务，剩余的款项将返还债务人。在非司法实现按揭权方式产生前，信托契据是唯一可以采用的方便快捷的非司法取消回赎权的担保方式。但近几十年来，按揭与信托契据之间的区别已经几乎被制

---

[1] [美]约翰·G.斯普兰克林：《美国财产法精解》(第2版)，钟书峰译，北京大学出版社2009年版，第345页。

[2] [美]约翰·G.斯普兰克林：《美国财产法精解》(第2版)，钟书峰译，北京大学出版社2009年版，第358~359页。

[3] Restatement (Third) of Property (Mortgage), § 3.4.

定法和判例取消了，如今的信托契据实际上已经与含非司法实现按揭权约定的按揭合同完全一样了。[1]

4. 契据登记制度与产权保险

前面已经简要介绍了土地上的各种财产权利类型，此处也需要讨论美国的不动产登记与交易安全保障制度。在登记制度建立之前，在不动产财产权利发生冲突时，基本处理原则是“设立在先，权利优先”：土地上的普通法财产权利具有绝对对抗力，当然能够约束非限嗣继承地产权的在后买受人；衡平法财产权利也具有对抗力，但如果非限嗣继承地产权的在后买受人对在先的衡平法财产权利善意不知情且支付了对价，那么该衡平法财产权利就不能约束非限嗣继承地产权的买受人。

为了保障交易安全和在后善意买受人的利益，美国也建立了登记制度，除了极少数地区建立托伦斯登记外，大多数地区实施的是契据登记制（the recording system）。在这种契据登记制度下，当事人可以自愿将不动产交易的契据进行登记。契据登记制度按“人的编成”建立，无法直观地展示不动产的权属状况，当事人在进行交易前，需要进行复杂的契据检索，因此承担了较为繁重的调查义务。在美国，如果在后买受人已经知悉了在先的土地权益，即不能构成善意买受人，这种知悉分为三类：实际知悉（actual notice），即买受人已经确定知道了在先权利；登记知悉（record notice）或推定知悉（constructive notice），即买受人可以通过检索契据登记获知在先权利；调查知悉（inquiry notice），即买受人可以基于一些可疑的事实，通过调查获悉在先权利，例如第三人占有不动产或者出让人在转让契据中被标示为受托人。[2] 为了减轻交易人的调查义务，美国的不动产登记法也通过一系列机制对契据检索的范围进行限制：第一，登记索引错误导致某些契据无法被发现，那么该契据所创设的土地权益就不能对抗买受人；第二，通过产权链原则（chain of title）对契据检索范围进行限制，在产权链以外的契据所创设的土地权益不能对抗买受人；第三，通过可交易产权立法，在时间上对需要调查

〔1〕［美］约翰·G. 斯普兰克林：《美国财产法精解》（第2版），钟书峰译，北京大学出版社2009年版，第360页。

〔2〕高富平、吴一鸣：《英美不动产法：兼与大陆法比较》，清华大学出版社2007年版，第593页以下；［美］约翰·G. 斯普兰克林：《美国财产法精解》（第2版），钟书峰译，北京大学出版社2009年版，第386页。

的契据范围进行限制，也即距离检索日一定期限（通常为40年）以前的契据所创设的土地权益不能对抗买受人。[1]

但是，上述机制仍然难以妥善地保护善意买受人，原因主要有两点：第一，产权链检索非常复杂，而且极易出错。第二，某些土地权益的文据属于不可登记的，例如创设短期租赁以及某些衡平法土地权益的文据。虽然这些土地权益的文据不可登记，但它们仍然可能对在后买受人产生约束力，例如前面所谈及的衡平役权。如果法院认为当事人可以通过调查获知这些土地权益，那么其就不构成善意买受人。为了应对不动产交易的繁重调查义务及风险，美国法上产生了一种独特的制度来转移上述调查义务及风险——产权保险制度（title insurance）。在产权保险制度下，土地权益的受让人向产权保险公司支付保险金，保险公司向受让人出具保单，保证土地上只存在保单所列明的负担，如果受让人在此后发现土地上存在保单所未列明的负担并且遭受损失，那么产权保险公司就有义务消除这一负担或支付赔偿。[2]

美国契据登记也起到了不动产权利公示的作用，将财产权利的对抗效力与公示联系起来了，虽然原则上讲，只要按照法律规定进行契据登记即可以获得对抗效力，但实际上存在许多例外，许多不能进行契据登记的不动产财产权利仍然具有对抗效力，许多已经进行了契据登记的不动产权利却不具有对抗效力。与英国以及其他国家的登记公示制度相比，美国的契据登记制度本身较为简单，但其公示明显不够直观，买受人承担了较多的调查义务和风险，只能通过产权保险的形式来分摊风险。

（二）动产上的首要权利、用益权利和担保权利

在美国法上，动产上的首要权利为“title”，实际上就相当于大陆法系的所有权。动产上的“所有人—占有人关系”也由动产寄托（Bailment）所涵盖，受寄人可以获得占有保护，但学理上仍然将动产寄托视为介于财产权利和合同之间的一种法律关系，[3]因此动产上并无法真正成立类似于不动产租赁的用益性财产

---

〔1〕 吴一鸣：《英美物权法——一个体系的发现》，上海人民出版社2011年版，第202页以下。

〔2〕 吴一鸣：《英美物权法——一个体系的发现》，上海人民出版社2011年版，第211～212页；[美]约翰·G.斯普兰克林：《美国财产法精解》（第2版），钟书峰译，北京大学出版社2009年版，第425页以下。

〔3〕 Thomas W. Merrill and Henry E. Smith, *The Property/Contract Interface*, 101 Colum. L. Rev. 773, 2001, pp. 811－820.

权利。[1] 这与英国法实际上是一致的。如果当事人真的想要在动产上创设类似于地产权的复杂用益关系,大可以通过信托来实现。美国法上比较有特色的是动产担保权利,以下主要集中讨论美国的动产担保权利。

美国法上动产担保权利主要有质押(pledge)、动产按揭(chattel mortgage)、附条件买卖(conditional sale)、信托收据(Trust Receipt)以及贷款人担保权(factor's lien)。(1)质押是最为传统的动产担保权利,需要转移动产占有,如果不转移占有将不能对抗其他债权人和动产买受人。(2)动产按揭是19世纪20年代以后才发展起来的动产担保形式,设定动产按揭不必转移占有,但需要向当地政府主管机关办理登记手续。(3)附条件买卖是指买卖标的物的占有转移至买受人,但出卖人仍然保留所有权直到价款的全部或部分付清。附条件买卖是商事习惯上发展起来的制度,美国学者在1911年制定了《统一附条件买卖法》(*Uniform Conditional Sale Act*),已经被14个州所采纳,根据这部法律,附条件买卖合同也需要办理登记,有效期为3年,期满可以延长一年。(4)信托收据是指在买卖合同签订后,贷款人替买受人付款并取得货物的所有权,买受人将货物出售后,以出售的价款清偿债务。普通法认为贷款人对货物出售后的价款享有优先受偿权,无须公示即可对抗第三人。美国学者于1933年制定了《统一信托收据法》(*Uniform Trust Receipt Act*),目前已被33个州采用。(5)贷款人担保权主要是工厂主的贷款人所享有的担保权利,贷款人因对工厂主提供贷款而对存货享有担保权,但并不实际占有存货,在工厂主出售货物后,贷款人就对货物的价金享有担保权。此外,美国法上还存在应收账款让与担保(assignment of account),实践中,应收账款的受让人从让与时或通知债务人时对应收账款享有优先权,并且不要求公开登记。[2]

由于美国的动产担保权利类型众多,公示不足,而且州际之间的法律差异较大,因此美国统一州法委员会在《统一商法典》第九编中专门规定"动产担保交易法",尝试统一各州的动产担保制度。截至2001年年底,几乎所有的州都采纳了

---

〔1〕 [美]B. 布瑞克:《动产法》(第2版影印版),中国人民法学出版社2003年版,第196页以下;[美]史蒂文·L. 伊曼纽尔:《财产法》(影印版),中信出版社2003年版,第12页以下;[美]约翰·G. 斯普兰克林:《美国财产法精解》(第2版),钟书峰译,北京大学出版社2009年版,第73页以下。

〔2〕 参见高圣平:《动产担保交易制度比较研究》,中国人民大学出版社2008年版,第53~56页。

《统一商法典》第九编。[1]《统一商法典》第九编最大的特点就是不区分具体的担保物或交易类型，将所有的动产担保权利类型整合为“担保权益”（security interest），并为之建立公示制度（perfection）。以下主要从三个方面来简要介绍统一的动产担保交易：（1）担保物（collateral）。统一动产担保交易的担保物就是“personal property”，包括了不动产以外的所有有形动产、知识产权、债权、证券、票据等，因此担保物的范围实际上是开放性的。（2）担保协议（security agreement）与融资报告（financing statement）。担保协议是债权人与债务人之间签订的合同，合同中约定债务人以某项财产向债权人提供担保。融资报告是向登记机关提交的公示文件，用以警示后来的债权人这项财产上已经附着了担保权益（security interest）。（3）公示（perfection）。在担保协议签订后，担保权益还需要经过公示才能取得对世效力。第九编所规定的公示方式包括登记、占有以及控制三种，其中登记是最主要、最基本的公示方法，占有和控制都是对登记的补充或例外。登记制度采取属人主义登记，也即融资报告的登记机关为债务人所在地的登记机关，在债务人迁移时，担保权人须在四个月内变更登记，否则担保失效，在债务人向外地的受让人转让担保物时，担保权人须在一年之内变更登记，否则担保失效。登记的有效期为五年，担保权人可以申请展期。如果有其他法律就特定财产规定了登记制度，则准用该登记制度。占有公示主要适用金钱、货物、票据（instrument）以及其他有形动产凭证（tangible chattel paper）、有形权状（tangible document of title）。控制公示主要适用于投资财产（investment property）、储蓄账户（deposit account）、电子权利凭证（electronic document of title）。另外，第九编也规定了一些自动公示（automatic perfection）的担保权益，也即债权人在签订担保协议后无须再采取其他行为来完成公示，这一类的担保权益包括消费品上的购买价金担保权（purchase money security interest on consumer goods）、转让应收账款（assignment of payment intangibles）以及转让本票（assignment of promissory notes）。[2] 从上面的介绍可以看出，虽然第九编将所有动产担保权利类型整合为担保权益，但仍然依据众多担保物的不同性质建

---

〔1〕 高圣平：《动产担保交易制度比较研究》，中国人民大学出版社 2008 年版，第 62～63 页。

〔2〕 关于《美国统一商法典》第九编的介绍，可以参见高圣平：《动产担保交易制度比较研究》，中国人民大学出版社 2008 年版，第 63 页以下；宰丝雨：《美国动产担保交易制度研究——基于统一商法典第九编的制度介绍和学理研究》，中国社会科学院法学研究所 2014 年博士后出站报告。

立了多元化的公示制度。

二、美国法上存在财产权类型封闭原则吗?

从前面的内容来看,美国法上的财产权类型与英国法上的财产权类型是类似的,虽然普通法地产权的种类较多,但最为常见的还是非限嗣继承地产权(fee simple)和定期租赁地产权(term of years tenancy)。在美国学者的著作中,他们所列举的财产权类型也是为数不多的:美国经典不动产法著作《鲍威尔论不动产法》第三编、第四编分别以“允许存在的土地权益”(Permissible Interests in Land)和“允许存在的土地权益权利人之间的关系”(Relations between the Owners of Permissible Interests in Land)作为标题,介绍了非限嗣继承地产权、限嗣继承地产权、终身地产权、租赁地产权、按揭权、地役权以及衡平役权;[1] 梅瑞尔(Merrill)和史密斯(Smith)也认为,美国法上的地产权类型包括绝对非限嗣继承地产权、可灭却的非限嗣继承地产权、限嗣继承地产权、终身地产权、租赁地产权,共有类型(concurrent interests)包括共同持有(joint tenancy)、按份持有(tenancy in common)、婚姻财产(marital property)、信托、建筑物区分所有(condominium)以及分时共有(time-share),非占有权益包括地役权、不动产约据(real covenant)、衡平役权以及获益权,“personal property”上的权利类型非常有限,一般只存在所有权。[2] 当然,按照本书的研究范围,担保权利也属于财产权利。这种有限的列举是否意味着美国财产权类型是封闭的呢?换言之,在美国法上,当事人是否可以自由创设新的财产权类型或者通过约定改变既存财产权的内容呢?

(一)司法实践中对财产类型封闭原则的遵循

在制定法层面上,美国各州仅仅是通过制定法废除了一些不合时宜的财产权类型(如限嗣继承地产权)或者对某些财产权的效力进行限制(如未来权益),并没有像英国法那样排他性地列举普通法地产权,因此我们无法从制定法上判断美国是否存在财产权类型封闭原则。因此,要回答这个问题,只能去观察美国的司法实践,也即在遇到当事人通过约定创设新财产权利或者通过约定改变既存财产权的内容时,法官如何应对。从笔者收集到的资料来看,美国法院一直默

---

〔1〕 Richard R. Powell, *Powell on Real Property*, Matthew Bender & Company Inc., 2009.

〔2〕 Thomas W. Merrill and Henry E. Smith, *Optimal Standardization in the Law of Property: The Numerus Clausus Principle*, 110 Yale L. J. 1, 2000 - 2001, pp. 12 - 18.

默地遵循着财产权类型封闭原则，这些判例主要是关于地产权的。

最典型的判例是 1893 年的 Albin Johnson v. Royal Whiton 案[1]。在本案中，罗亚尔·惠灵顿（Royal Whiton）通过遗嘱将其所拥有的一块地产进行了如下安排："在我的所有子女死亡后，我将所有地产的三分之一给予我的孙女萨拉·惠灵顿（Sarah A. Whiton），以及她的父系继承人（to my granddaughter, Sarah A. Whiton, and her heirs on her father's side），剩余的地产给予我的其他孙子女以及他们的继承人，由他们均分。"在此之后，包括萨拉·惠灵顿在内的五个孙子女将非限嗣继承地产权转让给了本案原告阿尔宾·约翰逊，在买卖合同中，双方约定，如果土地权利存在瑕疵，那么出卖人须返还押金（deposit），随后进行了契据交付。后来，原告向法院起诉，要求被告返还押金，因为萨拉·惠灵顿无权转让绝对非限嗣继承地产权。最后这个案子到了马萨诸塞州最高法院，审理本案的是著名法官霍姆斯（Oliver Wendell Holmes），他认为，"给予我的孙女，萨拉·惠灵顿，以及她的父系继承人"的确是一种限制，因此萨拉·惠灵顿所获得的地产权是一种受到限制的地产权（qualified fee），并且是一种新的继承地产权（a new kind of inheritance）。从这种地产权的内容和创设文据来看，它既不属于非限嗣继承地产权，也不属于限嗣继承地产权，非限嗣继承地产权的创设文句一般为"to A and his heirs"，限嗣继承地产权的创设文句一般是"to A in tail"或"to A and the heirs of his body"。霍姆斯法官认为，当事人不能创设新的地产权，并且认为萨拉·惠灵顿有权转让非限嗣继承地产权。他主要是从财产的可转让性（alienability）方面来阐述理由的："我们所要考虑的，不是继承问题，而是财产的可转让性，这需要进行更深远的考虑。如果当今可以在可继承地产权上课加限制，并且剥夺后代享有的转让清晰产权的权利，这是最不幸和意想不到的。对于熟悉的限嗣继承地产权，立法机关已经通过制定法对其进行限制。可以说，否认萨拉·惠灵顿享有转让非限嗣继承地产权的权利是与马萨诸塞州法律的政策明显相反的。"霍姆斯法官的判决并没有拘泥于法学教义本身，而是直接诉诸法律目的和政策——保障财产的可转让性，之所以否定当事人创设新地产权，原因就在于这样会阻碍财产的流转。霍姆斯法官的态度实际上与普通法上促进财产流转的一贯做法是相一致的。判决所造成的实际后果是萨拉·惠灵顿的地产权被

---

〔1〕 Albin Johnson v. Royal Whiton 159 Mass. 424; 34 N. E. 542 1893.

认定为了非限嗣继承地产权。[1]

在实践中,配偶经常会通过遗嘱授予生存一方以终身地产权,并且赋予他(她)转让或遗赠非限嗣继承地产权的权利。这实际上就创设了一种介于终身地产权和非限嗣继承地产权之间的混合地产权(hybrid)——如果配偶在有生之年持续享有地产权并且没有留下遗嘱,那么其所享有的权利就是终身地产权;如果配偶转让或遗赠,那么其享有的权利就是非限嗣继承地产权。在这一类的地产权发生争议时,没有任何一个法院将其认定为新的地产权类型,法官需要在终身地产权和非限嗣继承地产权之间做出选择:部分法院将上述遗嘱解释为设立了终身地产权,理由是这样最符合遗嘱人的意愿;[2]也有部分法院认为遗嘱实际上是创设了非限嗣继承地产权,理由是根据解释规则,存疑时应该做有利于非限嗣继承地产权的解释,这种解释背后的政策目的实际上就是促进财产的自由转让。[3] 从这些判例中,也可以明显看出法院对财产权类型封闭原则的坚持。[4]

在租赁地产权领域,财产权类型封闭原则也得到了体现。前面已经谈到,美国法上只承认定期租赁地产权(the term of years tenancy)、续期租赁地产权(the periodic tenancy)、随时终止租赁地产权(tenancy at will)以及宽容租赁地产权(tenancy at sufferance)四种租赁地权的亚类型。但在实践中,当事人创设的租赁地产权可能不符合上述四种中的任何一种,例如在战争期间,当事人可能会约定"战争期间的租赁"(tenancy for the duration of the war, tenancy until the end of the war)。法院在面对这种租赁地产权时,并没有直接承认其为新的租赁地产权亚类型,而是将这种战争期间的租赁纳入前面四种亚类型中。由于定期租赁地产权需要确定的日历上终止时间(definite calendar end),因此可供法院选择的只能是续期租赁地产权和随时终止租赁地产权两种,对于在租赁契据中约定定期给付租金的,法院通常将其解释为续期租赁地产权,其他的就会被解释为随时终止

---

[1] 其实,Royal Whiton 要达到目的并不难,只要他授予 Sarah A. Whiton 终身地产权(life estate),并将剩余的非限嗣继承地产权(fee simple in remainder)授予其父系继承人即可。

[2] Smith v. Bell, 31 U. S. (6 Pet.) 68 (1832), pp. 74 – 79; St. Louis Union Trust Co. v. Morton, 468 S. W. 2d 193, 198 (Mo. 1971).

[3] Sumner v. Borders, 98 S. W. 2d 918, pp. 919 – 920 (Ky. 1936); Fox v. Snow, 76 A. 2d 877, pp. 877 – 878 (N. J. 1950).

[4] See: Thomas W. Merrill and Henry E. Smith, *Optimal Standardization in the Law of Property: The Numerus Clausus Principle*, 110 Yale L. J. 1, 2000 – 2001, pp. 13 – 14; Christina Mulligan, *A Numerus Clausus Principle for Intellectual Property*, 80 Tenn. L. Rev. 235, 2012 – 2013, p. 239.

租赁地产权。[1] 当然也有少数法院通过对定期租赁地产权所要求的“确定的日历上终止时间”进行扩张解释，尝试将当事人的约定纳入定期租赁地产权，即“确定的终止时间”只要求租赁确定会终止即可（certain to end），并不要求有日历上终止时间（definite calendar end），战争终究会停止，因此“战争期间的租赁”也确定会终止，也可以归入定期租赁地产权。[2] 这个例子也可以看出，美国法院所认定的租赁地产权也仅仅限于所承认的四种，虽然将当事人的约定硬塞进这四种类型可能违背了当事人的意愿，但法院仍然拒绝承认新的租赁地产权类型。[3]

另一个关于租赁地产权的例子是“终身租赁”（lease for lease）。前面已经谈到，租赁地产权仅限于既有的四种，所谓终身租赁不属于其中的任何一种，而法律所承认的以权利人终身为期限的地产权只有终身地产权（life estate）一种。因此，面对所谓终身租赁时，法官只能在随时终止租赁地产权和终身地产权之间选择。部分法院从满足当事人的意愿出发，将解释重点放在终身性之上，因此将终身租赁认定为终身地产权。[4] 也有法院认为，租赁地产权与自由持有地产权之间存在差别，前者不存在“占有转移”（delivery of seisin），因而将终身租赁解释为随时终止租赁地产权。[5] 也有个别法院承认了终身租赁可以作为一种地产权，在 Garner v. Gerrish 一案[6]中，法院首先批评了将终身租赁认定为随时终止租赁地产权的做法，认为以“占有转移”（delivery of seisin）作为否定终身地产权的理由完全是基于一种“过时的观念”（antiquated notion），但本案法院也没有将终身租赁认定为终身地产权，而是将其认定为“可依租赁人意愿而终止的终身租赁”（life tenancy terminable at the will of the tenant）。这实际上就是承认了一种新的租赁地产权。当然，这种承认还是一种例外情况，这也不意味着财产权类型封闭原则被突破了，因为当事人的约定还需要经过法院认可，并非单纯依据当事人的私法自治就创设了新型财产权利。

---

〔1〕 Nat'l Bellas Hess v. Kalis, 191 F. 2d 739 (8th Cir. 1951); Stanmeyer v. Davis, 53 N. E. 2d 22 (Ⅲ. App. Ct. 1944).

〔2〕 Smith's Transfer & Storage Co. v. Hawkins, 50 A. 2d 267, 268 (D. C. 1946).

〔3〕 当然，要当事人要到达目的并不难，只需要设立附终止条件的定期租赁地产权（a term of years determinable）即可，例如约定租赁地产权的期限为 50 年，同时约定以战争结束为终止条件。

〔4〕 Thompson v. Baxter, 119 N. W. 797 (Minn. 1909).

〔5〕 Nitschke v. Doggett, 498 S. W. 2d 335 (Tex. Civ. App. 1972).

〔6〕 Garner v. Gerrish, 473 N. E. 2d 223 (N. Y. 1984).

从上面这些案例,我们可以看到,虽然美国的制定法和判例都没有明确提及财产权类型封闭原则,但在司法实践中,法官实际上都默默地遵守了财产权类型封闭原则,当事人原则上只能在既定的财产权类型中进行选择,在当事人意图创设新的财产权利或对既定财产权利进行修改时,法官仍然会将当事人之间的法律关系套入既有的财产权类型。根据美国学者梅瑞尔和史密斯的研究,美国法院在司法实践中所承认的财产权利仅仅包括不动产领域的衡平役权以及知识产权领域的阻止信息滥用(the doctrine of misappropriation of information)和公开权(right of publicity)。[1] 从判决理由来看,美国法官主要是从保障财产的可转让性的角度来理解的,也即他们认为,当事人任意创设财产权利,将会阻碍财产的流转。这恰恰是近代以来普通法所意图避免的。

(二)美国学者对财产权类型封闭原则的理解

目前,美国学者基本上都承认美国法中存在财产权类型封闭原则,他们也明确使用"*numerus clausus*"这一术语。由于这一原则的存在,与合同法领域内的自由形成了鲜明的对比,美国学者也提出了许多学说对财产权类型封闭原则进行解释。

早期学者多沿袭司法判决中的理由,从财产的可转让性的角度对财产权类型封闭原则进行解释,代表性人物为梅利曼(John Henry Merryman)教授。梅利曼教授认为,笼统地批评财产权类型封闭原则限制私法自治的理由是站不住脚的,与此相反,这一原则恰恰也在保障当事人的私法自治:财产权类型封闭原则虽然限制了当事人对财产权类型和内容的塑造,但却保障了继承人或后手的自由,换句话说,这一原则的确限制了"父亲的自治"(father's autonomy),但却保障了"儿子的自治"(son's autonomy),避免"死手控制"(dead hand control)的出现。如果当事人可以任意创设新的财产权利类型或对内容进行塑造,那么财产继承人或受让人对财产的利用和转让权限都会受到很大的限制。例如,未来权益的创设就会限制当下持有财产的人的自由。市场经济体制下需要财产的自由流转,保障财产自由流转的政策(a policy of free alienability)其实就是财产权类型封闭原则的原因。美国与大陆法系国家相比,由于当事人可以创设各种未来权

[1] Thomas W. Merrill and Henry E. Smith, *Optimal Standardization in the Law of Property: The Numerus Clausus Principle*, 110 Yale L. J. 1, 2000 - 2001, p. 20.

益,财产流通容易受到限制,因此更容易出现家庭封建体制。[1]

当然,美国亦有学者对财产权类型封闭原则持批判态度,代表人物为爱泼斯坦(Richard A. Epstein)教授。他认为,限制财产持有人自由的规则应该被废除,包括那些调整地役权的规则和禁止永久性(the rule against perpetuities)的规则。造成社会成本的权益并不会成为问题,因为来自市场力量的压力最终会将当事人的创造性限制在几种有用的权益之上。爱泼斯坦提出的方案很简单,所有财产权益(proprietary interest)都以通知(notice)为对抗要件,通知需要被排他性地记录在公共登记(public register)中,登记和通知可以使第三人知悉当事人设定的财产权益,至于财产权益采取何种形式无关紧要,因此财产权类型封闭原则应该被废止。[2]

近年来,美国学者对财产权类型封闭原则的研究以经济分析为主,代表人物为海勒(Michelman A. Heller)、梅瑞尔(Thomas W. Merrill)、史密斯(Henry E. Smith)、汉斯曼(Henry Hansmann)和卡拉克曼(Reinier Kraakman),他们的经济分析理论模型各有差异,但均认为财产权类型封闭原则符合经济效率。[3] 这几位经济分析学者的观点,已经在国内引起了广泛关注,笔者将在本书后面的章节专门介绍研究,此处暂时略过。

除了从经济效率的角度对这一原则进行解释,一些美国学者还提出多元化的解释路径,代表人物包括达干(Hanoch Dagan)、扎米尔(Daphna Lewinsohn-Zamir)、辛格(Joseph William Singer)、戴维森(Nestor M. Davidson)、多夫曼(Avihay Dorfman)、罗宾兰(Anna di Robilant)等。这些学者认为,对财产权类型封闭原则的解释不能仅从经济效率的角度出发,还需要关注财产权制度的政治

---

〔1〕 John Henry Merryman, *Policy, Autonomy, and the Numerus Clausus in Italian and American Property Law*, 12 Am. J. Comp. L. 224, 1963.

〔2〕 See Richard A. Epstein, *Notice and Freedom of Contract in the Law of Servitudes*, 55 S. CAL. L. REV. 1353, 1353 – 1368 (1982); Alfred F. Conard, *Easement Novelties*, 30 CAL. L. Rev. 125, 131 – 133 (1942); Richard A. Epstein, *Past and Future: The Temporal Dimension in the Law of Property*, 64 WASH. U. L. Q. 667, 705 – 707 (1986).

〔3〕 Michelman A. Heller, *The Tragedy of the Anticommons: Property in the Transition from Marx to Markets*, 111 HARV. L. Rev. 621, 621 – 688 (1998); Michelman A. Heller, *The Boundaries of Private Property*, 108 The Yale Law Journal 1163, 1163 – 1223 (1999); Thomas W. Merrill & Henry E. Smith, *supra* note 48, 1 – 70; Henry Hansmann & Reinier Kraakman, *Property, Contract, and Verification: The Numerus Clausus Problem and the Divisibility of Rights*, 31 J. Legal Stud. 373, 373 – 420 (2002).

功能以及财产权形成过程的正当性。财产权制度的政治功能，即认为财产权的形式具有客观的公共目的，它体现了法律对核心人类关系的规范理念和对客观福利的追求。[1] 相对于合同权利来说，财产权利是一种更加关注客观福利的社会和政治机制，财产权类型封闭原则实际上是作为国家的管制平台而存在的。[2] 既然财产权制度具有政治功能和公共属性，那么其形成过程就必须具有政治正当性。在民主社会，只有通过集体行动创造的财产权类型才具有政治正当性，财产权类型封闭原则的存在实际上是为了限制私人立法。[3] 基于协商民主的理念，新财产权类型的增加应该是立法者、法院、公民以及社会运动共同达致的结果，而不能交由私人决定。[4]

（三）总结

经过前面的分析，现在我们可以来回答本节的问题了。

第一，美国虽然没有经历过大规模的财产法改革，但在司法实践中，法官通过自我约束同样遵循财产权类型封闭原则，极少承认新的财产权类型，在面对当事人意图创设新财产权利或改变既有财产权的内容时，法院总是将其纳入既存的财产权类型中。

第二，从判决的说理来看，美国法官主要是从保障财产的可转让性的角度进行论证的，这一点与英国法官不同，英国法官一般是从交易安全的角度，以第三人难以知悉为理由进行论证的。

第三，在立法和司法的分权方面，虽然美国各州通过制定法废除不合时宜的旧财产权利或引入新的财产权利，但发展普通法财产权利的权限仍然由法院和立法机关分享，并不像英国那样由立法机关垄断。

第四，从美国各州立法机关和法院的司法实践来看，美国虽然没有像英国那样将普通法地产权限缩为非限嗣继承地产权和定期租赁地产权两种，但当事人

---

〔1〕 Hanoch Dagan, *The Craft of Property*, 91 Cal. L. Rev. 1517 2003; Daphna Lewinsohn-Zamir, *The Objectivity of Well-Being and the Objectives of Property Law*, 78 N. Y. U. L. Rev. 1669, 2003.

〔2〕 Joseph William Singer, *Democratic Estates: Property Law in a Free and Democratic Society*, 94 Cornell L. Rev. 1009 2008 – 2009; Nestor M. Davidson, *Standardization and Pluralism in Property Law*, 61 Vand. L. Rev. 1597, 2008.

〔3〕 Avihay Dorfman, *Property and Collective Undertaking: The Principle of Numerus Clausus*, 61 University of Toronto Law Journal, 2011.

〔4〕 Anna di Robilant, *Property and Democratic Deliberation: The Numerus Clausus Principle and Democratic Experimentalism in Property Law*, 62 Am. J. Comp. L. 367, 2014.

针对非限嗣继承地产权的形成自由空间仍然受到了很大限制,信托受益人权利的对抗性也逐渐减弱,这背后的缘由还是为了保障财产权的可转让性。因此,我们可以看到,在美国财产法中,保障财产的自由流转是一个非常重要的上位政策目标,在这一政策目标的指引下,普通法历史上非限嗣继承地产权被分裂瓦解的现象逐渐被克服,以非限嗣继承地产权为首要权利的土地权利体系逐步建立,同时财产权类型封闭原则也被法院承认。

第五,从美国的法学文献来看,美国法上存在财产权类型封闭原则已经是学术界的共识,除个别学者对这一原则持消极态度外,大多数学者都认同其合理性,并从各个角度展开论证。虽然学者们对如何解释财产权类型封闭原则还存在争议,但基本上无人否认这一原则的存在。

第六,美国法在坚持财产权类型封闭原则的同时,也承认了一些框架性权利,包括地役权、限制性约据和不动产约据。与英国相比,美国的框架性权利更加松动,例如它承认独立性地役权,这在英国是被明确拒绝的。尤为重要的是,英国法仅仅承认租赁约据和限制性约据的财产权效力,而美国则一般性地承认了不动产约据的财产权效力,不仅可以使义务人承担消极不作为义务(消极约据),还可以使其承担积极作为义务(积极约据)。

第七,值得我们注意的是,美国法建立了契据登记制度,原则上也将公示与财产权利的对抗效力联系在一起,但例外情况还是很多,某些已经进行了公示的财产权利也可能丧失对抗效力,而某些没有进行公示的财产权利也会因买受人知悉或负有调查义务而获得对抗效力。但在担保权领域,担保权益的对抗效力与公示是紧密结合的,并且出现了注重实质而非具体担保权利类型的趋势:不动产担保逐渐被统合为不动产按揭,以契据登记为公示对抗要件,动产担保由于《统一商法典》第九编的作用,已经被整合为统一的担保权益,也以登记、占有、控制为公示对抗要件。我们认为,这一注重实质而非具体担保权利类型的趋势并不意味着放弃财产权类型封闭原则,实际上是分别以不动产和动产为标的构建了两种框架性的担保性财产权,只要满足法定要件(包括公示要件)即可生效,具体内容则交由当事人约定,其原理和地役权、衡平役权等其他框架性权利的运作机制是类似的。

第四节 澳大利亚的财产权类型及财产权类型封闭原则

在本章快要结束时,我们顺带考察一下澳大利亚的状况。作为英国自治领的重要国家之一,澳大利亚的独立比美国晚了一个多世纪,它在财产法方面受到了英国的持续影响。直到今天,澳大利亚的财产权类型仍然与英国法基本一致,从下面将要展示的资料来看,在澳大利亚的司法实践中,法官也是严格遵循财产权类型封闭原则。澳大利亚的独特之处在于其较早地建立了托伦斯登记制度,正是由于土地登记制度能够简明充分地展现土地上所负担的各种权益,因此也有澳大利亚的学者对司法实践中的做法提出了质疑。

一、澳大利亚司法实践中的财产权类型封闭原则

在澳大利亚,土地上的财产权利类型与英国类似,地产权类型包括非限嗣继承地产权、终身地产权以及租赁地产权,在南澳大利亚州、塔斯马尼亚以及维多利亚州还存在限嗣继承地产权。[1] 非占有性的权益包括地役权、自由持有约据(freehold covenant)以及获益权(profit à prendre),在新南威尔斯州还存在土地负担(profit à rendre)[2]。担保性权益主要是按揭。[3] 由于下面的分析主要集中在不动产领域,此处不再列举动产上的财产权类型。从澳大利亚近年来的判例来看,在面对当事人意图创设的“财产权”不符合既存的任何一种财产权类型时,法官就会拒绝认定其为财产权利,不承认其具有对抗效力。澳大利亚法院对财产权类型封闭原则的遵守,甚至比英国法院更加严格。

在 Georgeski v. Owners Corporation SP49833 and Others 一案[4]中,法官拒绝承认被许可人(licencee)的权利具有对抗第三人的效力。在本案中,原告对一块

---

〔1〕 Estates Tail Act 1881 (SA);Land Title Act 1980 (Tas) S. 113;Property Law Act 1958 (Vic) SS. 250 – 251.

〔2〕 按照《元照英美法词典》的解释,“profit à render”是指“他人给予的收益”,即土地保有人给予对其土地享有用益权的人的收益,包括租金(rent)和役务(service)。参见薛波主编:《元照英美法词典》,法律出版社 2003 年版,第 1180 页。从内容上来看,这个权利与德国法上的土地负担(reallast)完全一致,因此也将其翻译为“土地负担”。

〔3〕 Brendan Edgeworth, *The Numerus Clausus Principle in Contemporary Australian Property Law*, 32 Monash U. L. Rev. 387, 2006, pp. 389 – 390.

〔4〕 Georgeski v. Owners Corporation SP49833 and Others (2005) 12 BPR 22.

位于河边的国有土地享有租赁地产权,同时被许可使用河滩,被告则享有穿过原告的土地到达河边的通行权,后来,原告在被许可使用的河滩上建起了船台和码头,被告则经常在船台和码头上进行钓鱼、划船、游泳等活动。原告认为被告的行为构成了侵占(trespass),因此向法院提起诉讼,要求法院禁止被告在船台和码头上从事无关通行的其他活动。这一案件的争议点在于原告作为被许可人,他的权利是否能够对抗许可人以外的第三人。在法理上,许可(licence)并不能使被许可人享有排他性的占有(exclusive possession),与租赁地产权不同,被许可人的权利只是合同权利,只能对抗许可人,而不能对抗许可人以外的第三人,因此,在被许可人的权利受到侵害时,其只能请求许可人提起侵占之诉,而不能以自己的名义提起侵占之诉。在实践中,如果严格遵循这一法理,可能会导致不公平的现象出现,因为许可人可能怠于提起侵占之诉,在许可人是政府机构时,这种情况就很可能会出现。在英国司法实践中,上述法理已经出现了松动,在Manchester Airport Plc v. Dutton 案中〔1〕,英国上诉法院的多数意见认为,在被许可人获得对土地的占有权利(a right of occupation of land)时,就可以对直接侵害其权利的人提起侵占之诉,这实际上就使被许可人的权利具有了一些财产权利的效力。但在 Georgeski v. Owners Corporation SP49833 and Others 案中,巴雷特法官(Barrett J.)仍然坚持着传统观点,即原告所享有的是许可而非租赁,被许可人享有的权利不属于财产权清单上的权利,对土地也不享有排他性占有,因此不能提起侵占之诉。从本案的判决来看,澳大利亚仍然流行着传统观点,除非被许可的权利属于既存的财产权利(如地役权或获益权),那么被许可人的权利只能是一种合同权利,无法对抗第三人。这实际上就是遵循财产权类型封闭原则的体现。

除了不承认当事人约定的新财产权类型外,澳大利亚法院也不承认不符合既定财产权内容要件的约定具有财产权效力。例如,地役权和限制性约据的内容只能包含消极不作为义务,而不能有积极作为义务,如果当事人约定了积极约据(positive convenant),就只具有合同效力。在 Clifford v. Dove 一案〔2〕中,原告在被告的土地上享有一项地役权,可以使用供役地上的畜栏、设备以及其他定着

〔1〕 Manchester Airport Plc v. Dutton,[2000]QB 133.

〔2〕 Clifford v. Dove (2004) 11BPR 21.

物。在被告拆除畜栏等设施后,原告向法院起诉,要求被告重建畜栏并且重新安置定着物。由于本案被告并非役权设立时的土地权利人,因此,本案的争议点就是积极约据是否能随土地转让而转移。在 Clifford v. Dove 案之前,曾经有澳大利亚法院认可过积极约据可以随土地转让而转移:例如在 Frater v. Finlay 案[1]中,法官就认为如果积极约据构成了地役权的一部分或者内含于地役权的成分(incident to an easement),那么就可以对抗供役地的继受人;在 Rufa Pty Ltd. v. Cross 案[2]中,法官也采取了相似的观点,认为原权利人之间达成的关于建立维护界墙的协议可以约束继受人。但在 Clifford v. Dove 案中,布莱森法官(Bryson J.)还是采取非常保守的态度,坚持英国上议院在 Rhone v. Stephens 案[3]中的观点,即积极作为义务只能在合同关系中被执行,因此,本案中的原告基于积极约据而享有的权利不具有对抗第三人的效力。这一案件非常典型地体现出了近期澳大利亚法院在处理积极约据案件时所表现出的保守态度。

在涉及获益权的案件中,澳大利亚法院对财产权利法定构成要件的解释也非常严苛,只要当事人的约定有所偏离,就不承认其财产权效力。在 Permanent Trustee Australia Ltd. v. Shand 案[4]中,原告根据一项许可获得了在被告土地上种植、收获澳洲坚果的权利,并据此提出了登记申请(lodge a caveat)。本案的争议点在于这一权利是否构成了财产权益(proprietary interest),因为只有财产权益才能获得有效的登记。原告认为该权利构成了获益权(profit à prendre),但法院并不认可原告的观点。审理本案的法官杨(Young J.)认为,获益权的关键要件是权利人取走的要么是土地的组成部分,例如泥土、矿产,要么是土地的自然出产物,因此获益权的收益仅限于天然孳息或天然出产物(fructus naturales),而不包括人工孳息或人工出产物(fructus industriales)。在普通法上,天然孳息是指仅靠自然力作用的出产物,被认为是其原物的组成部分,如毛、奶、矿物、幼仔等,也包括草、灌木、树等有多年生根茎的植物;而人工孳息主要指劳动得来的产物,耕种土地所获得的庄稼收益(emblements)属于人工孳息,如小麦、谷物、蔬菜等。[5]

---

〔1〕 Frater v. Finlay (1968) 91 WN (NSW) 730.

〔2〕 Rufa Pty Ltd. v. Cross [1981] Qd R 365.

〔3〕 Rhone v. Stephens (1994) 2 AC 54, HL. 在本案中,英国上议院认为,关于保持屋顶处于修缮状态的约定属于积极约据,不能约束继受人。

〔4〕 Permanent Trustee Australia Ltd. v. Shand (1992) 27 NSWLR 426.

〔5〕 参见薛波主编:《元照英美法词典》,法律出版社 2003 年版,第 586 页。

法官认为,本案原告收取的澳洲坚果需要在土地上耕作劳动,属于人工孳息,因此其权利不构成获益权,不是财产权利。

澳大利亚法院对既存财产权利构成要件的严格解释在 Clos Farming Estates v. Easton 案[1]中也得到了明确的体现。在本案中,土地开发商将其享有的土地分为若干小块进行出售,每一小块土地由两部分组成,一部分是居住用地,另一部分是农业用地,在出售后,每一小块土地的买受人享有非限嗣继承地产权,而开发商则保留对每一小块土地的农业用地部分享有"经营葡萄园的地役权"(Easement for Vineyard)。也即,开发商对每一小块土地享有地役权,同时保留一小块土地不出售,作为需役地。"经营葡萄园的地役权"赋予了开发商在买受人的土地上进行农业生产、收获葡萄并出售的权利,开发商(原告)据此提出登记申请,请求法院宣布他的权利是可登记的(caveatable),而买受人(被告)则认为这个权利不构成有效的地役权。审理本案的布莱森法官(Bryson J.)认为原告享有的权利并不构成地役权,因为原告对被告土地享有的权利并没有提高需役地的效用,因此它不满足 Re Ellenborough Park 一案[2]中所提出的构成要件,同时布莱森法官还遵循 Permanent Trustee Australia Ltd. v. Shand 案的观点,认为原告的权利也不构成获益权。在判决中,布莱森法官明确表达了对本案的政策考量:"(供役地)名义上是作为自由持有的土地,但事实上却受制于封建领主权利(seigneurial rights),这一权利使进行农业活动的机会完全把持在需役地权利人的手中,使供役地权利人处于无权的境地。这种对土地权利的创新安排(novel scheme)并不为法律所知。它重新引入了对自由持有地产权的负担,这种庄园式的不动产权利安排——数个世纪之前存在于英国并且在那里已经被废除了——从来没有被引入过澳大利亚。在我看来,地役权不能被用来改变自由持有地产权并创造实质上不同的土地权利。自由持有人处于无权的境地,无法控制影响他们的农业用地。土地的最有效的利用被阻碍,这既有害于公益(public interest)也有害于自由持有人的利益。"[3]在本案的上诉审中,原告主张该权利是一种独立的财产权益(sui generis interest),但法官拒绝了这一主张,并提出了政策性的

[1] Clos Farming Estates v. Easton (2001) 10 BPR 18,845.

[2] Re Ellenborough Park (1956) Ch 131.

[3] Clos Farming Estates v. Easton (2001) 10 BPR 18,845, p. 850.

说理:“如果(原告的)的主张被接受,那么许多普通的商业安排就会获得永久性的对世效力(perpertual effect in rem),因为这只需要原当事人或原来的开发商占有并明确表明这一意图即可。法院拒绝承认那些——严重干涉或限制所有人排他性占有权的——土地权益,正是为了防止这样的结果出现。”[1]这个案件非常具有代表性,表明了澳大利亚法院不仅遵循着类型强制原则,当事人不能创设新财产权利,同时还严格遵循着类型固定原则,当事人的约定如果不符合某种财产权利的构成要件就不能被认定为该种财产权利。从法官的判决中,我们也可以看到法院严格遵守财产权类型封闭原则的内在理由,即维护自由持有地产权人对土地的利用自由,警惕封建性质的土地权益再现并损害公益。[2]

二、学者对司法实践的质疑

从上面的分析中,我们可以看到,澳大利亚法院非常严格地遵循着财产权类型封闭原则,这种态度招致了一些澳大利亚学者的质疑。新南威尔士州大学的埃奇沃斯(Brendan Edgeworth)教授就认为,在实施托伦斯登记制度的情况下,财产权类型封闭原则的很多功能都已经被托伦斯登记制度所取代了,因此法院不能再像以前那样严格执行财产权类型封闭原则。[3]

在英美法系国家中,澳大利亚的托伦斯登记制度建立最早(1858 年),也最为完善,该制度的特点是首先由政府进行一次土地总清理,将土地按照行政区划做出不动产登记簿或土地登记簿,然后将土地上的各种土地权利纳入土地登记簿中,后来的各种土地权利变动就在此基础上进行变更。在托伦斯登记制度下,当事人可以通过查阅土地登记簿,方便快捷地了解一块土地上负担着哪些权利。在实施电子化登记后,无论是权利登记还是查询都变得更加方便。[4]

在美国,爱泼斯坦(Richard A. Epstein)、梅瑞尔(Thomas W. Merrill)、史密斯(Henry E. Smith)、汉斯曼(Henry Hansmann)和卡拉克曼(Reinier Kraakman)五位

---

〔1〕 Clos Farming Estates v. Easton (2002) 11 BPR 20,605, p. 668.

〔2〕 笔者认为,在本案中,开发商所享有的权利实际就是独立地役权(easement in gross),在美国已经被承认了,只是英国和澳大利亚还未承认这种权利。独立地役权其实并不能被视为一种封建权利,虽然供役地权利人对土地的利用受到了很大的限制,但并没有被课加积极作为义务,因此并不具有任何封建属性。

〔3〕 Brendan Edgeworth, *The Numerus Clausus Principle in Contemporary Australian Property Law*, 32 Monash U. L. Rev. 387, 2006.

〔4〕 孙宪忠:《中国物权法总论》(第 3 版),法律出版社 2014 年版,第 360 页;朱留华:《澳大利亚昆士兰土地登记及启示》,载《中国土地科学》2005 年第 3 期,第 54 ~ 58 页。

学者都已经考虑到了登记制度对财产权类型封闭原则的影响，只是得出了不同的观点：爱泼斯坦认为，登记制度和通知可以使第三人知悉当事人设定的财产权利，因此财产权类型封闭原则应该废止；[1]梅瑞尔和史密斯则认为，登记制度的引入可以使信息成本下降，并导致财产权种类的最优数量增加，但并不意味着可以取代财产权类型封闭原则；[2]汉斯曼和卡拉克曼实际上是将财产权类型封闭原则视为一种"成本—效益"衡量机制，包括登记制度在内的公示制度会消耗社会成本，也需要纳入这种"成本—效益"衡量之下进行考虑，由于登记制度与财产权类型封闭原则并不在一个层面上，因此也无所谓登记制度取代财产权类型封闭原则的可能。[3] 由于这几位学者都是美国人，他们所考虑的登记制度应该是美国实行的契据登记制度，也并没有具体研究不同的登记制度可能对财产权类型封闭原则造成的不同影响。

埃奇沃斯教授对财产权类型封闭原则的研究则考虑到了契据登记制度(deeds register)与托伦斯登记制度(Torrens register)的不同。他认为，托伦斯登记制度的公示能力比契据登记制度要强得多，它能够直接展现出土地上的各种负担，因此，在托伦斯登记制度之下，当事人所付出的信息成本要小得多。虽然每增加一种财产权类型，边际信息成本仍然会增加，但与契据登记制度相比，边际信息成本的增量并不会太大(斜率较小)。这样一来，在托伦斯登记制度之下，财产权类型的最优数量应该远远大于没有登记制度和契据登记制度下的最优量。因此，如果在托伦斯登记制度已经建立的情况下，还坚持前登记时代的财产权类型，就会使财产权类型的数量处于次优量。[4] 埃奇沃斯指出，在登记制度建立前，简化财产权利是减少交易成本的替代方法，但在托伦斯制度建立起来后，通过减少财产权类型来解决第三人知悉问题已经不是最好的办

---

[1] Richard A. Epstein, *Notice and Freedom of Contract in the Law of Servitudes*, 55 S. CAL. L. REV. 1353 (1982); Richard A. Epstein, *Past and Future: The Temporal Dimension in the Law of Property*, 64 WASH. U. L. Q. 667, pp. 705 – 707 (1986).

[2] Thomas W. Merrill and Henry E. Smith, *Optimal Standardization in the Law of Property: The Numerus Clausus Principle*, 110 Yale L. J. 1, 2000 – 2001.

[3] Henry Hansmann and Reinier Kraakman, *Property, Contract, and Verification: The Numerus Clausus Problem and the Divisibility of Rights*, 31 J. Legal Stud. S373 2002.

[4] Brendan Edgeworth, *The Numerus Clausus Principle in Contemporary Australian Property Law*, 32 Monash U. L. Rev. 387, 2006, pp. 403 – 405.

法了,因此前登记时代的 Keppell v. Bailey 案[1]和 Hill v. Tupper 案[2]的说服力已经大大减弱了。但是,埃奇沃斯还是反对只要登记公示就可以创设财产权利的观点,因为财产权仍然存在最优数量的限制,并且公共政策目标的存在也不可能放任当事人随意创设财产权利。[3] 基于前述理论,埃奇沃斯对近期澳大利亚法院的保守态度持批判态度,他认为法院的做法实际上使澳大利亚的财产权类型的数量处于次优状态。在财产权制度的整体改革方面,埃奇沃斯认为制定法应该发挥主要作用,因为财产权界限的确定非常重要,法官不能经常修改、增加财产权利,但在制定法不清晰或有需要时,法官还是可以通过判例发展财产法。[4]

澳大利亚司法实践、登记制度与前述学者意见对德意志法系国家和我国具有非常重要的意义,因为托伦斯登记制度与德意志法系国家的登记制度比较相似,都具有非常强大的公示能力,保障交易安全的任务基本上已经由登记制度来完成了。在这种情况下,是否还要拘泥于历史上形成的财产权类型和财产权类型封闭原则就成为值得反思的问题。

第五节 财产权类型开放的南非

前面在分析大陆法系的章节,我们就已经谈到,一些国家可能并不存在物权(财产权)类型封闭原则,例如西班牙以及历史上的普鲁士。混合法系国家的财产法状况也值得我们注意,这些国家通常是早期受到罗马法的影响,后来由于处于英国的统治下,又受到了普通法系的影响,典型的代表就是苏格兰和南非。在欧陆各国处于法典化的浪潮中时,苏格兰和南非早已处于大英帝国的统治下,因此它们的财产权制度并没有受到法典化的影响,反而增加了一些普通法的色彩。那么,在苏格兰和南非是否存在财产权类型封闭原则呢?从笔者收集到的资料

---

[1] Keppel v. Bailey (1834) 2 My & K 517.

[2] Hill v. Tupper (1863) 2 H & C 121.

[3] Brendan Edgeworth, *The Numerus Clausus Principle in Contemporary Australian Property Law*, 32 Monash U. L. Rev. 387, 2006, pp. 406 – 407.

[4] Brendan Edgeworth, *The Numerus Clausus Principle in Contemporary Australian Property Law*, 32 Monash U. L. Rev. 387, 2006, pp. 417 – 419.

来看,苏格兰采纳了财产权类型封闭原则,而南非则采取了财产权类型开放原则。苏格兰学者佩斯利(Paisley)教授认为,苏格兰的不动产法中存在财产权类型封闭原则,财产权的种类主要包括所有权(dominium)、终身地产权(proper liferent)、租赁权、役权(servitudes)、物上负担(real burden)以及各种担保权(fixed securities,charging orders and attached floating charges),但是他也提出,虽然苏格兰法采纳了财产权类型封闭原则,但是传统财产法规则仍然具有弹性,与制定法相配合,可以使苏格兰的财产法制度符合当下的需求。[1] 由于篇幅的影响,我们不对苏格兰的状况进行详细考察,在本节中,我们将重点讨论采纳财产权类型开放原则(numerus apertus)的南非。

一、南非的财产权类型概况

我们首先来简要介绍南非的主要财产权类型。南非原本属于荷兰殖民地,适用罗马—荷兰法(Roman-Dutch Law),英国在19世纪逐渐占领南非各荷兰殖民地,也将英国普通法带到了南非,因此在财产法方面,南非的财产权类型主要有罗马—荷兰法上的财产权、英国普通法上的财产权以及南非本地形成的财产权三大类,其中罗马—荷兰法上的财产权构成了南非财产权制度的基石。南非继承了古典罗马法中的所有权(dominium)、役权(servitutes)、质权(pignus)、抵押权(hypotheca)以及后古典罗马法中的永租权(emphyteusis)和地上权(superficies),因此南非和大陆法系国家一样,同样存在统一所有权观念(unitary concept of ownership)。[2]

虽然南非财产法建立在罗马法的基础上,但在英国普通法和南非独特的经济社会因素的影响下,南非的财产权类型也发生了一些变化:(1)在不动产所有权方面,南非在1971年颁布《区分权利法》(*Sectional Titles Act*),引入了建筑物区分所有权。[3] (2)在不动产租赁方面,南非遵循荷兰法上"买卖不破租赁"

---

〔1〕 Roderick R M Paisley, *Real Rights: Practical Problems and Dogmatic Rigidity*, 9 Edinburgh L. Rev. 267, 2004 - 2005.

〔2〕 M. J. De Waal, *The Uniformity of Ownership, Numerus Clausus and the Reception of the Trust into South African Law*, European Review of Private Law 3: 439 - 452, 2000, p. 441; C G Van Der Merwe, *Numerus Clausus and the Development of New Real Rights in South Africa*, 119 S. African L. J. 802, 2002, p. 803; Bram Akkermans, *The Principle of Numerus Clausus in European Property Law* (diss.), Maastricht University, 2008, p. 474.

〔3〕 C G Van Der Merwe, *Numerus Clausus and the Development of New Real Rights in South Africa*, 119 S. African L. J. 802, 2002, pp. 809 - 810.

(huur gaat voor koop)做法,使租赁权具有了财产权效力(proprietary effect):对于短期租赁,通过占有即可使租赁权获得财产权效力,对于长期租赁,则需要通过登记才能使租赁权获得财产权效力,南非财产法赋予了承租人完整的财产权保护,不仅可以对抗第三人,还可以获得占有救济。在英国殖民时期,南非又引入了英国的租赁地产权,作为国有土地的利用方式。在种族隔离时期,由于黑人在白人的居住区不能拥有土地所有权,政府在1978年又通过特别法引入特殊的可登记租赁地产权,这种租赁地产权由符合资格的黑人享有,在权能方面基本上与所有权完全一致,在1986年后,部分这种租赁地产权又被转化为土地所有权。[1] (3)在不动产役权方面,南非同时承认地役权与人役权,由于役权具有灵活性,因此在役权的框架中,南非引入了矿业权(mineral right)和限制性条件(restrictive condition):由于南非矿业发达,一直有转让土地但保留矿业权利的需求,因此矿业权就作为一种准人役权而被承认,但也有判决认为应该将矿业权作为一种独立的财产权利;限制性条件实际上就是英国法中的限制性约据(restrictive covenant),它主要运用在城市土地开发中,但现在有从役权制度中独立出来的趋势。[2] (4)在动产方面,南非并没有发展出新型的财产权利,仍然保持着传统罗马法中的所有权、人役权以及质权。[3]

值得注意的是,自从英国人在19世纪上半叶在南非引入信托制度以来,信托在南非真正落地生根,得到了蓬勃的发展,但在具体制度建构上却没有采纳英国法上的学说。学者一般认为,阻碍大陆法系国家采纳英美法信托的两个重要原因是统一的所有权观念以及财产权类型封闭原则。[4] 由于南非并没有采取财产权类型封闭原则,因此阻碍南非按照英国学说解释信托制度的原因主要是统一的所有权观念。南非学者德瓦尔(De Waal)认为,既然南非不承认财产权类型封闭原则,那么在理论上就可以将信托受益权解释为限制物权(limited real

---

〔1〕 C G Van Der Merwe, *Numerus Clausus and the Development of New Real Rights in South Africa*, 119 S. African L. J. 802, 2002, pp. 807 – 808.

〔2〕 C G Van Der Merwe, *Numerus Clausus and the Development of New Real Rights in South Africa*, 119 S. African L. J. 802, 2002, pp. 804 – 806.

〔3〕 M. J. De Waal, *The Uniformity of Ownership, Numerus Clausus and the Reception of the Trust into South African Law*, European Review of Private Law 3:439 – 452, 2000, p. 444.

〔4〕 Vera Bolgár, *Why no Trusts in the Civil Law?* (1953) 2 American Journal of Comparative Law, 204.

right)，但在实践中，南非的法院和制定法都没有采取这一路径。[1]

直到20世纪早期，南非最高法院才有机会处理涉及信托的案件，在涉及遗嘱信托的 Estate Kemp and Others v. McDonald's Trustee 案[2]中，南非最高法院认为在法政策上应该承认信托（Trust），但却用罗马法上的信托赠与（fideicommissum）[3]来解释信托，认为信托受益人只享有针对受托人对人权（personal right）。对于生存者之间的信托（the inter vivos trust），最高法院在40年代到50年代的一系列判决中多认为其为利益第三人合同，使受益人可以直接向受托人主张权利，但这种权利仍然是一种对人权。[4] 在1984年的 Braun v. Blann and Botha NNO and Another 案[5]中，最高法院虽然认识到罗马法信托赠与与英国法信托的差异，但仍然强调英国法上普通法所有权与衡平法所有权分裂的做法不能被南非法律所接受。

1989年南非颁布了《信托财产控制法》（*Trust Property Control Act*），全面规定了信托财产的归属、信托登记、受托人破产、信托财产返还以及法院司法控制。根据这部法律，南非的信托被分为所有权信托（ownership-trust）和管理信托（bewind-trust）两类，前者由受托人享有所有权，后者由受益人享有所有权，委托人可以根据需要选择将所有权转让给受托人还是受益人。在受益人权利的保护方面，南非法律并没有规定特殊制度，而是沿用了既存的救济方式：受益人可以向受托人提起合同之诉，要求其履行信托条款，交付信托收益；在受托人违反信托约定时，受益人可以向受托人提起侵权之诉；在第三人因受托人违反信托约定而取得信托财产时，受益人也可以向第三人主张侵权之诉或不当得利之诉；在受托人可能违反约定处分信托财产时，受益人可以向法院申请禁令。但是，如果第三人善意不知情且支付对价（the bona fide third party who received trust property

---

〔1〕 M. J. De Waal, *The Uniformity of Ownership, Numerus Clausus and the Reception of the Trust into South African Law*, European Review of Private Law 3:439－452, 2000, pp. 441－444.

〔2〕 Estate Kemp and Others v. McDonald's Trustee 1915 AD 491.

〔3〕 罗马法上的信托赠与或信托遗赠（fideicommissum）是指赠与人或遗赠人将其财产赠送给受托人，同时要求其将该财产转交给目前不能经营管理该财产的信托受益人。参见薛波主编：《元照英美法词典》，法律出版社2003年版，第549页。

〔4〕 Commissioner for Inland Revenue v. Estate Crewe and Another 1943 AD 656; Commissioner for Inland Revenue v. Smollan' Estate 1955 (3) SA 266 (A); Crookes NO and Another v. Watson and Others 1956 (1) SA 277 (A).

〔5〕 Braun v. Blann and Botha NNO and Another 1984 (2) SA 850 (A).

without notice and for value),那么受益人权利将不能对抗他。从上面的内容来看,南非虽然没有承认普通法所有权与衡平法所有权的分离,但在实际效果上,南非信托法与英国信托并没有太大差异。[1]

二、财产权类型开放原则下的登记制度

前面已经谈到,南非采取财产权类型开放原则(numerus apertus),财产权利(property right)或对物权(real right)并不限于制定法或判例所承认的类型,当事人可以创设新型的财产权利。根据南非契据登记法的规定,土地上的对物权只有经过登记才能取得对物权的效力,因此在南非,当事人创设的新型权利是否具有对物权的效力就与能否成功取得登记纠缠在了一起。值得注意的是,并非所有的权利都具有登记能力,只有符合契据登记法要求的权利才可以被纳入登记簿。物权类型开放原则和对可登记权利范围的限制,在南非《契据登记法》的具体条文中得到了明确反映。

(1)《契据登记法》(*Deeds Registries Act*)第3条第(1)项列举了一些可登记的对物权,包括土地租赁权(leases of land)、矿业权(mineral rights)、抵押债券(mortgage bonds)、公证债券(notarial bonds)、人役权和地役权(personal and real servitudes)、公证探矿合同(notarial prospecting contracts),但在第3条第(1)项第(r)中又明确规定,本法未规定的对物权也可以登记。这一条文明确表明了财产权类型开放的态度。

(2)《契据登记法》第63条规定:"创设或包含任何对人权的契据或契据中的条件,以及不构成不动产所有权行使限制的条件,不能被登记。"[2]这一条款表明,对人权原则上不具有登记能力。但是,在1973年,上述条款加入了一个但书条款,限制被适当放松了:"如果登记员认为前述条件是对契据中授予的可登记条件或权利的补充,或前述条件附属于契据中授予的可登记条件或权利,那么该条件就可以被登记。"[3]按照这个但书条款,如果对人权是对某对物权的补充

[1] M. J. De Waal, *The Uniformity of Ownership, Numerus Clausus and the Reception of the Trust into South African Law*, European Review of Private Law 3:439 - 452, 2000, pp. 448 - 451.

[2] Section 63 of Deeds Registries Act 1937: "No deed, or condition in deed, purporting to create or embodying any personal right, and no condition which does not restrict the exercise of any right of ownership in respect of immovable property, shall be capable of registration."

[3] Proviso of Section 63 of Deeds Registries Act 1973: "Provided that a deed containing such a condition as aforesaid may be registered if, in the opinion of the registrar, such condition is complementary or otherwise ancillary to a registrable condition or right contained or conferred in such deed."

或者附属于该对物权,那么这个对人权也是可登记的。[1]

(3)《契据登记法》第 102 条规定:"任何权利,通过登记可获得对物权效力。"[2]结合前述第 63 条,此处的第 102 条仅仅是指向物权(iura in personam ad rem acquirendam),也就是指以取得对物权为内容的对人权,通常是指土地买卖合同。这一类的权利在登记后,虽然仍然是对人权,但获得了对物权的效力,登记员通常不会再登记任何与该登记权利相冲突的新权利,同时登记也具有通知效力,可以对抗在登记之后才取得土地权利的人。[3] 从效果来看,这一制度实际上发挥着预告登记的作用。

从《契据登记法》的条文来看,南非一方面采取财产权类型开放原则,可登记的财产权类型并不限于列举的财产权类型,当事人创设的新型物权可以通过登记获得物权效力;另一方面又将可登记权利的范围限制在对物权,在当事人将契据提交登记时,如果登记员认为契据授予的权利或部分条件不属于对物权,就可以拒绝登记。因此,登记员实际上行使着判断某一权利是对人权还是对物权的权力。换句话说,南非虽然采取了财产权类型开放原则,但并不意味着当事人可以通过登记制度随意将对人权转化为对物权,南非仍然坚持对人权和对物权的区分,原则上只有对物权才能通过登记取得对抗第三人的效力。但是,《契据登记法》并没有明确规定对人权与对物权的区分标准,这就导致当事人与登记机关之间经常发生争议,最终需要由法院进行裁断。

三、财产权类型开放下的对人权与对物权的区分标准

正是由于《契据登记法》没有为登记员提供判断对人权与对物权的区分标准,在当事人与登记机关发生争议时,最终需要法院来作出裁判。在司法实践中,南非的法院逐渐发展出了一种区分对人权与对物权的标准——"所有权扣减测试"(subtraction of dominium test),也即如果当事人所约定的权利构成了对所有权权能的扣减,那么就属于对物权;反之,则属于对人权。

---

〔1〕 此处的对人权,如果从义务的角度来看,当然可以包含积极作为义务。但是这种经过登记的积极作为义务是否能约束财产继受人,仍然存在争议。See C G Van Der Merwe, *Numerus Clausus and the Development of New Real Rights in South Africa*, 119 S. African L. J. 802, 2002, pp. 811 – 812.

〔2〕 Section 102 of Deeds Registries Act 1973: "any right, which becomes real on registration."

〔3〕 C G Van Der Merwe, *Numerus Clausus and the Development of New Real Rights in South Africa*, 119 S. African L. J. 802, 2002, pp. 812 – 813.

在1926年的Ex Parte Geldenhuys案[1]中,法院首次提出了“所有权扣减标准”。本案所涉及的是遗嘱条款的登记能力,该条款主要包括两部分:其一是在第一个子女成年之后,仍然生存的遗嘱人有义务分割土地所有权,并在各个子女之间均分;其二是获得农村土地的子女有义务在特定时间内向其他子女支付金钱。登记员认为,这一条款中的两个权利都是对人权,因此不能被登记。审理本案的法官(De Villiers J. P.)认为:“仅仅约束土地目前的所有权人而不约束土地本身的权利,并不构成土地上的他物权(jura in re aliena),不能约束当前所有人的继受人。这些是属于不能被登记的对人权……如果义务构成了土地上的负担,是对所有权的扣减(a subtraction from the dominium),那么这样的权利就是对物权并可以被登记;如果它不是这样的义务,而仅仅是约束特定人的义务,那么相应的权利就是对人权,原则上不能被登记。”[2]本案提出了判断某一权利是否为对物权的标准:如果与该权利相对应的义务构成了对土地的负担或对所有权的扣减,那么该权利就是对物权。据此,法院认为,前述分割土地的义务构成了对土地的负担,可以被登记,而支付金钱的义务仅仅具有债务性质,不能被登记。“所有权扣减标准”被提出后,在司法实践中被判例法逐渐完善。在1992年的Erlax Properties (Pty) Ltd. v. Registrar of Deeds案[3]中,“所有权扣减标准”包含了两个要件:第一,原当事人在授予权利时,必须要有使该权利约束他们的权利继受人的意愿;第二,该权利必须构成了对土地所有权的扣减。

在许多案件中,“所有权扣减标准”都得到了运用,符合前面两个要件的约定被认为是财产权利。在1950年的Ex parte Pierce and Others案[4]中,法院认为,遗嘱中设定的分享土地矿产的权利将导致对土地所有权的扣减(diminution of ownership),因此属于对物权。在1953年的Oldensaalsrus Gold, General Investments and extensions Ltd. v. Registrar of Deeds案[5]中,由于转让的土地下可能存在矿产,所以转让人在转让土地时,以保留未来获得一定份额的土地收益为条件。法院也认为,这一条件构成了“所有权扣减”(a subtraction from the

[1] Ex Parte Geldenhuys 1926 OPD 155.

[2] Ex Parte Geldenhuys 1926 OPD 155, p. 164.

[3] Erlax Properties (Pty) Ltd. v. Registrar of Deeds 1992 (1) SA 879 (A).

[4] Ex parte Pierce and Others 1950 (3) SA 628 (O).

[5] Oldensaalsrus Gold, General Investments and extensions Ltd. v. Registrar of Deeds 1953 (1) SA 600 (O).

dominium),可以登记。在1986年的Kain v. Kahn案[1]中,转让人在转让不动产时保留租赁一间房屋的权利,法院认为这是以租赁的形式对所有权的扣减,因此也属于可登记的权利。在1990年的Pearly Beach Trust v. Registrar of Deeds案[2]中,引起争议的条款赋予了第三人获得1/3的探矿权收益或征收补偿的权利,法院仍然认为,该条款排除了土地所有人获得全部土地收益的权能,属于对所有权的限制,因此可以被登记。

但是,有些案件提出了比"所有权扣减标准"更为严苛的要求。例如,在1978年的Lorenz v. Melle and Others案[3]中,双方当事人原本是某一块农场的共有人,他们在分割土地时以契据约定,互相给予对方当事人获得1/2的土地收益(矿产、畜牧、捕猎收益以及土地城镇化开发收益)的权利。在本案中,法院认为,除了符合"所有权扣减"标准外,财产权利还必须是在物理意义上对土地进行享益(the right must relate to the enjoyment of the land in the physical sense),由于本案所约定的对土地的收益权并不是在物理意义上对土地进行享益,因此不构成财产权利。1999年的Denel (Pty) Ltd. v. Cape Explosive Works Ltd. and Another案[4]也遵循了Lorenz v. Melle and Others案中的观点。在这个案件中,转让契据所包含的两个条款引起了争议:其一,对土地用途的限制,即政府只能将土地作为军工厂用地;其二,在土地不再作为军工厂用地时,出卖人有权买回土地。审理本案的哈策博格法官(Hartzenberg J.)认为应该先判断约定的条件是否构成对所有权的扣减,再判断当事人是否有约束继受人的意图。哈策博格法官认为,应该要考虑约定的条件是否在物理意义上限制了土地享益,第一个条款满足这一要件,属于对土地的限制,而第二个条款则不满足这一要件,因而仅仅是对人权。因此,哈策博格法官认为,第一个条款可以登记,而第二个条款不能登记。在本案的上诉审中,最高法院的施特赖歇尔法官(Streicher J. A.)认可了哈策博格法官的思路,但却得出了不同的观点,施特赖歇尔法官认为,约定的第二个条款只有在第一个条款被违背时才会得到适用,因此两个条款实际上是一个整体,共同构成了对土地所有权的扣减,都可以被登记。

---

[1] Kain v. Kahn 1986 (4) SA 251 (C).

[2] Pearly Beach Trust v. Registrar of Deeds 1990 (4) SA 614 (C).

[3] Lorenz v. Melle and Others 1978 (3) SA 1044 (T).

[4] Denel (Pty) Ltd. v. Cape Explosive Works Ltd. and Another 1999 (2) SA 419 (T).

从前面的案件中,我们可以看到,“所有权扣减标准”看似简单,但实际上却是模糊不清的。我们认为,所谓“所有权扣减标准”主要在三方面存在问题:第一,构成“所有权扣减”是否一定要求在物理意义上限制土地享益?这一点仍然不甚明确,从前面的案例来看,部分法官要求这一要件,部分法官不要求这一要件。第二,不仅对物权可能构成对土地所有权行使的限制,对人权也可以达到这一效果,因此如果以土地所有权行使限制作为“所有权扣减”判断依据,恐怕仍然难以清晰地区分对人权与对物权。第三,契据中约定的条件是否构成“所有权扣减”,还取决于对当事人约定的解释,理解不同,结果可能差距较大。前面的 Denel(Pty)Ltd. v. Cape Explosive Works Ltd. and Another 案就是典型例子,原审和上诉审的思路相同,但由于对约定条款的解释不同,就得出了完全不同的答案。因此,南非法院发展出的区分对人权与对物权的标准非常具有弹性,难以保障法的安定性,也无法给登记机关提供清晰的判断标准。

四、财产权类型开放原则的实际效果

前面我们分析了南非的财产权类型开放原则的运行状况,在本节结束时,我们可以简要对其进行评析,南非的经验对我们反思财产权类型封闭原则的利弊具有非常重要的意义。

第一,财产权类型开放原则的确使得财产法更加灵活,当事人可以根据现实需要创设新型的财产权利,对财产权的内容也拥有充分的形成自由(Gestaltungsfreiheit)。但是,从南非的财产权类型来看,财产权类型开放原则并没有带来财产权种类的大幅增加,大体上也就是在罗马法物权种类的基础上增加了矿业权、限制性约据、租赁地产权、居住权、建筑物区分所有权以及分享土地收益的权利。这些新增财产权在其他国家也会出现,因此财产权类型开放原则并没有为南非带来比其他国家更多的财产权种类。

第二,具体财产权类型的出现通常会借助既有的框架性财产权利,这一点南非也和其他国家一样,最具有弹性的役权往往会成为新财产权利的母体,南非的矿业权、限制性约据最初都是在役权中诞生的。

第三,特定的社会政治经济环境可能会催生特定财产权利的出现。南非是一个矿产资源丰富的国家,除了矿业权本身外,当事人在转让土地时经常会考虑土地之下可能存在矿产资源,因此在交易中经常会设定分享土地收益的权利,这种权利也逐渐被法院承认为财产权利。在种族隔离时期产生的由黑人持有的类似所有权的租赁地产权则完全是政治因素所导致的。

第四,南非在采纳财产权类型开放的同时,并没有放弃对人权和对物权的区分,原则上只有对物权才有登记能力,当事人不能通过登记赋予对人权以物权效力。这就要求法律必须给出“对物权”或“财产权利”的抽象标准,以满足登记工作的需要。但是,南非的《契据登记法》并没有明确规定对人权与对物权的区分标准,这就导致当事人之间、当事人与登记机关之间经常发生争议,最终还是需要法院来裁断。虽然在司法实践中,法院发展出了“所有权扣减”作为区分对人权与对物权的标准,但是这一标准太模糊,弹性很大,导致法的安定性无法得到保障。

第五,在统一所有权与财产权类型封闭原则的关系方面,南非的法律状况也非常具有意义。在大陆法系国家的学说中,物权类型封闭原则通常被认为具有维护统一所有权的作用,但南非的情况很明确地告诉我们,统一所有权并不会因为财产权类型开放而瓦解,也就是说,在“所有权—他物权”的结构下,我们可以一方面保持统一所有权,另一方面放开他物权的自由创设,统一所有权和他物权类型开放原则是可以并存的。

第六,对于英美法的信托制度,学者们通常认为统一所有权观念和财产权类型封闭原则与英美信托制度格格不入。南非学者也将英美信托理解为“双重所有权”,统一所有权观念的存在导致他们无法将信托解释为“双重所有权”,因此,理论上最为顺畅的办法就是将信托受益权解释为一种新的限制物权,因为南非没有受到财产权类型封闭原则的束缚。南非信托法最终选择将信托财产所有权的归属交给当事人来决定,并且没有明确将信托受益权规定为限制物权,但从实际效果来看,信托受益权确实具有了物权的效力。南非信托法的情况也说明了,只要法律制度设计得当,统一所有权观念与信托制度并非不可调和。

第六节　小　结

本章重点研究了英美法系中是否存在财产权类型封闭原则,并且附带研究了财产权类型开放的南非的状况。从前面的研究来看,虽然英美法系的私法并没有进行体系化的塑造,财产法律制度处于分裂零散状态,但是仍然明确区分了财产权利和合同权利,前者具有对抗不特定第三人的效力,后者只能在当事人之间发生效力。就具体的财产类型而言,由于英美法系未受到罗马法复兴的影响,其财产权类型在种类和概念都与大陆法系存在较大差异,但从功能比较的角度来看,大陆法系的物权类型在英美法中均有功能上的替代物:英美法上的非限嗣继承地产权在权能方面与大陆法系的土地所有权相差无几,当事人对非限嗣继承地产权的形成自由空间也已经被压缩;租赁地产权发挥着大陆法系各种独占型土地用益物权的作用;地役权、获益权和限制性约据在功能上与大陆法系中的地役权和人役权相当;在担保物权方面,不动产按揭制度在结构上与大陆法系的抵押权相当,动产质押与大陆法系的动产质权并无差异,权利保留型担保与权利让与型担保在法律结构上则与大陆法系中的所有权保留和让与担保雷同。另外,进入20世纪以来,英美法上的信托受益权的对抗效力呈逐渐减弱的趋势。

对于财产权类型封闭原则,大多数英美法系国家的制定法并没有明确规定,但在司法实践中,这一原则仍然被法官默默地遵循着,当事人只能创设制定法或判例法已经承认的财产权类型,如果违反,原则上只能在当事人之间产生法律效力。在1925年财产法改革之前,英国的普通法判例和衡平法判例就已经承认了财产权类型封闭原则,当事人不得创设制定法或判例法未承认的财产权,也不得改变既存财产权的构成要件,法官通常以第三人难以知悉作为坚持财产权类型封闭原则的理由。在1925年财产法改革后,承认新的不动产普通法财产权的权力由议会垄断,但法院仍然可以在衡平法中承认新的具有对抗第三人效力的权利。值得注意的是,在英国建立托伦斯土地登记制度后,不动产领域的财产权类型封闭原则出现了一定程度的松动:"实际占有土地的权利"构成了优先利益,无须登记即可获得对抗第三人的效力;次级利益也具有相当的开放性,通过登记即可使之具有对抗效力。美国虽然没有经历过英国的财产法改革,但美国法院同样遵循着财产类型封闭原则,但美国法官在说理方面,与英国法官稍有不同,他们主要是从促进财物流通的角度来论证财产权类型封闭原则的合理性的。澳大利亚法院在司法实践中也严格坚持财产权类型封闭原则,但这种态度遭到了一些学者的批评,他们认为,在澳大利亚拥有完善的托伦斯土地登记制度的情况下,财产权类型的数量将显著增加,因此在司法实践中应当放松财产权类型封闭原则。在学说方面,英美法系的学者基本上都肯定本国存在财产权类型封闭原则,虽然他们对该原则的态度并不相同。

在本章的最后一节,我们对实行类型开放原则的南非进行了详细研究。南非属于典型的混合法系,起初受“罗马—荷兰法”的影响,接受了统一所有权观念以及罗马法上的一系列他物权类型,但是在英国殖民统治时期,南非开始受普通法系的影响,中断了大陆法系的法典化进程,并采纳了英美法上的财产权类型。虽然南非实行财产权类型开放原则,但是在现实中并没有产生特别财产权类型,当前南非的财产权类型甚至没有超过实行类型封闭原则的德国的物权类型。实行财产权类型开放原则,并不意味着当事人可以不受限制地将任何约定提交登记机关进行登记,与此相反,南非法院提出“所有权扣减”这一抽象标准作为约定是否能纳入登记的判断标准。事实证明,抽象标准缺乏明确性,导致实践中当事人之间、当事人与登记机关之间争议频发,导致法的安定性无法得到保障。

第五章　物权类型封闭原则的理论反思

在前面四章中，我们主要通过纵向历史梳理和横向比较的方法追溯了物权（财产权）类型封闭原则的历史渊源以及在两大法系各国具体形态。从研究的结果来看，物权类型封闭在罗马法上就已经可以觅得踪迹，目前除西班牙、南非外，几乎所有的国家都已经采纳了物权（财产权）类型封闭原则。虽然事实如此，但近年来，这一原则在许多国家都引起了学者的广泛争议，部分学者对其持赞成态度，提出各种理论论证其合理性，但也有学者弃之如敝屣，主张以物权自由创设取代物权类型封闭，当然也有学者提出了折中的态度，试图以各种方法来缓和严格物权类型封闭原则的僵化。在本章中，我们将对物权类型封闭原则进行全面反思，大体上分为四个步骤进行：第一，我们将对物权类型封闭原则的前置问题，即物权与债权的区分进行研究，在此基础上结合大陆法系和英美法系的具体物权（财产权）类型对物权（财产权）的本质与物权（财产权）类型封闭原则的实质进行反思。所谓物权（财产权）实际上就是特定标的上具有对抗效力的法律关系，而物权（财产权）类型封闭原则就是对此类法律关系的范围进行限制。第二，对传统法学理论所提出的支持或反对物权类型封闭原则的理由进行研究和回应，既包括对物权类型封闭原则的形式体系合理性的分析，又包括对该原则的实质合理性的反思。第三，考虑到目前国内外对物权类型封闭原则的研究有相当部分都采取了外部视角路径,因此我们在本章还将从最为常见的经济分析路径出发对物权类型封闭原则进行研究。外部视角的研究不是对传统法学理论的否定,而仅仅是一个说理方式转换,结论往往是殊途同归的。第四,结合前面四章的研究成果,对各国的物权(财产权)类型进行实质性的比较,并在此基础上观察物权类型封闭与物权类型开放的实际后果与运行状况。从实际后果来看,各国物权(财产权)类型基本上是相似的,物权类型封闭并不一定导致物权类型稀缺,物权类型开放也没有带来物权类型的明显增加。虽然物权类型封闭和物权类型开放在理念上差异巨大,但两者在具体制度的设计和运行中的差距却没有我们想象的那么大,这实际上也是两者后果趋同的原因之一。

第一节　前置问题:物权与债权的区分

前面已近谈到过,物权与债权的区分或者财产权利与合同权利的区分是讨论物权(财产权)法定原则的前置问题,如果某一个法域并不作上述区分,那么就无所谓物权(财产权)法定了。物权法定原则之所以会成为人们质疑的问题,很大程度上就是因为该原则与债权或合同领域内实行的类型开放原则形成了鲜明对比,在实行自由市场经济的时代,私法自治已经成为民法的核心价值,因此成为例外的物权法定原则就需要人们特别加以解释了,而在不分物权债权普遍实行诉权类型封闭的时代,物权类型封闭的问题就并不被人们关注。从“物权(财产权)法定原则”的语词结构来看,要理解这一原则,显然要先弄清“物权”或“财产权”本身是什么。从逻辑上来看,既然对物权实行类型封闭而对债权实行类型开放,那么合理的推论必然是物权与债权存在本质差异,否则对物权实行类型封闭而对债权实行类型开放的做法就可能站不住脚。从研究物权法定原则的文献来看,学者们对这一原则的研究基本上都是从物权、债权的区分开始的,坚持物权法定原则的学者通常会认为物权债权之间存在本质区别,进而推导出物权法定原则的合理性,[1]而否定物权法定原则的学者则通常会对物权概念进行解构,

[1] 梁慧星:《物权法草案第六次审议稿的若干问题》,载《比较法研究》2007 年第 1 期,第 1 ~ 21 页;陈本寒:《也论物权法定原则——兼评物权法第 5 条》,载《法学评论》2009 年第 4 期,第 32 ~ 37 页。

否定物权债权之间存在本质区别。[1] 本书的研究也遵循这一路径,先来探究物权的本质以及物权债权的区分。

一、物权与债权在概念上的差异

在第二章中,我们已经谈到,在罗马法上只有“对物之诉”和“对人之诉”的区分,而并无现代法学中的权利观念。前注释法学派和后注释法学派的法学家们通过对罗马法大全中的文句梳理,终于从“对物之诉”和“对人之诉”中总结提炼出了“对物权”(ius in re)与“对人权”(ius in personam)这两个对立的术语。在前后注释法学派之后,历经人文主义法学派、自然法和理性法时代,“对物权”和“对人权”这两个术语一直被法学家们所采用,但他们并没有对其概念或本质特征作出清晰的界定,而仅仅是将罗马法上适用对物之诉的法律地位列举在“对物权”之下。一直到《法国民法典》制定的时代,这两个术语都还是在学理讨论中运用,但以“对物权”和“对人权”区分为基础的私法体系始终没有成功建立,这就导致《法国民法典》只能选择法学阶梯式的“人—物—诉讼”的三编制体例。[2]

德国潘德克顿学派拒绝以《法国民法典》的体例来编纂民法典,主张以对人权和对物权的区分为基础,建立新的私法体系。[3] 这就使“对人权”与“对物权”或者“物权”(Sachenrecht)与“债权”(Forderung)成为私法中最为重要的术语,学者们必须澄清其概念和本质特征。因此,在潘德克顿法学派的著作中,物权的概念和特征被学者们详细研究,他们提出的学说直接影响了今天的立法与学理,我国现行立法与学说也与潘德克顿学说一脉相承。那么潘德克顿学派的代表人物萨维尼和温德沙伊德是如何阐述物权与债权的区分的呢?

萨维尼虽然是从法律关系出发来建立私法体系的,但他对具体法律关系的区分还是以权利区分为基础的,因此他实质上也是以权利区分来进行私法体系建构的。萨维尼认为,不同的权利(法律关系)对应于不同的客体:物权是以客观世界中特定范围的物为客体的,因此物权是一种对物的事实支配,是对物的不受限制的、排他的支配;债权是以特定人的特定行为为客体的权利。也就是说,萨

[1] 苏永钦:《物权法定主义松动下的民事财产权体系——再探中华人民共和国民法典的可能性》,载《厦门大学法律评论》(2004年第8辑),厦门大学出版社2004年版,第1~42页;谢哲胜:《民法物权编修正:第一讲通则》,载《月旦法学教室》2011年第110期,第45~56页;张鹏:《物债二分体系下的物权法定》,载《中国法学》2013年第6期,第67~78页。

[2] 参见本书第一章和第二章第一节。

[3] 参见本书第二章第二节。

维尼认为物权与债权的本质区别在于客体的差异,物权的本质是对物的直接支配。萨维尼又认为,物权和债权界分的可靠标志是对物之诉与对人之诉的存在,也就是说,所有基于物权的诉讼都是对物之诉,而所有基于债的诉讼都是对人之诉,由于这两种诉的主要区别在于对物之诉可以针对不特定的人而对人之诉只能针对特定人,因此这又可以得出物权和债权效力范围的差异,前者是绝对权,而后者是相对权。但是,萨维尼明确反对以绝对权和相对权来作为区分物权债权的标准,因为他认为,债权和家庭权都是针对特定人的权利,如果以效力范围来作为划分标准,将会导致债权与家庭权的混淆。因此,虽然萨维尼同时提到物权的支配性和绝对性两个特征,但他明显将"对物支配"或者"以物为客体"作为了物权的本质特征。[1] 德国学者邓恩伯格在债权物权的区分上也沿袭了萨维尼的思路:首先,将债权、物权和继承权统辖于财产权之下;其次,将物权与债权的区分标准建立在客体的不同之上,物权是直接针对物的权利,而债权仅仅是针对债务人给付的权利,而继承权只是财产转移的一种特殊方式,而不是对其组成部分的一种分类。[2]

温德沙伊德对物权的理解与萨维尼和邓恩伯格有所不同。要讨论温德沙伊德对物权债权区分的理解,还是要从他的权利区分理论谈起。温德沙伊德将权利区分为两种基本类型:第一种权利是一种针对他人的意思力(Willensmacht),即"要求与权利人相对的世人或特定人行为(作为或不作为)的权利",这一类的权利就是请求权,包括针对特定人的请求权和针对不特定世人的请求权;第二种权利是一种无涉于他人的意思支配(Willensherrschaft),这一类的权利包括了后世所说的支配权和形成权。除了将权利分为两种基本类型,温德沙伊德还从罗马法上的"诉"(actio)出发,提取出了实体法上的请求权(Rechtsanspruch)概念,也即在法律上有权向他人提出的请求,它是内在于一切权利的强制因素。因此,温德沙伊德实际上是在两个层面上使用"请求权"的概念,第一个层面的"请求权"是一种权利的基本类型,第二个层面的"请求权"则是内含于一切权利的强制

---

〔1〕 关于萨维尼对物权和债权的区分学说,可以参见金可可:《私法体系中的债权物权区分说——萨维尼的理论贡献》,载《中国社会科学》2006 年第 2 期,第 139 ~ 151 页;杨代雄:《古典私权一般理论及其对民法体系构造的影响》,北京大学出版社 2009 年版,第 83 页以下。

〔2〕 金可可:《邓恩伯格论私法体系及债权物权的区分》,载《河北法学》2005 年第 5 期,第 133 ~ 135 页。

因素。温德沙伊德在上述理论的基础上对债权和物权的区分进行了分析:包含债权在内的对人权是指向特定人的某种行为的权利,属于一种意思力或请求权。对物权或物权是指向特定物的权利,属于一种意思支配,用我们现在的术语来说,就是一种支配权;但温德沙伊德又强调,一切权利均存在于人与人之间,对物权也只能是人与人之间的权利,它也包含了意思力,这种意思力的内容是消极的,并且针对不特定的人,也即请求不特定的人不得干预该物。这就是说,温德沙伊德同样指出了物权的两个特征,在积极方面是对物的支配,在消极方面是排除不特定的人的干预,但是他更加强调物权的消极方面,进而把物权视为无数的消极请求权的集合。如此一来,物权与债权都是请求权,其本质区别就是请求权效力范围的不同,前者是针对所有人的请求权(绝对权),后者是针对特定人的请求权(相对权)。温德沙伊德之所以强调物权的消极方面,根本原因在于他的权利体系(私法体系)是以请求权为中心的。[1]

概言之,物权有直接支配性和绝对性两个特征:直接支配性是指权利人得依自己的意思直接享受物的利益,无须他人意思的介入或合作;绝对性是指物权的效力及于任何人,权利人可以排除他人的干扰,受到绝对的保护。萨维尼和温德沙伊德都承认上述两个特征,但是侧重点有所不同:萨维尼将对物的直接支配视为物权的本质,而温德沙伊德则将排除不特定人干预,也即效力的对世性(绝对权)视为物权的本质。从欧洲各国的立法来看,只有《奥地利民法典》给出了物权的定义,该法典第 307 条第 1 句规定:"属于特定人对特定物且无关他人的权利,被称为物权。"[2] 目前,德国关于物权本质的通说是权利归属理论(Zuordnung),即认为"物权"发挥着财货归属功能(Güterzuordnende Funktion der dinglichen Rechte),直接支配性和保护绝对性均由此而生:将财货配属到主体名下,必然要求建立人对财货的直接支配关系,同时只有对这种支配关系提供绝对性的保护,

[1] 关于温德沙伊德对物权和债权的区分学说,可以参见金可可:《温德沙伊德论债权与物权的区分》,中德私法研究,北京大学出版社 2006 年版,第 161 ~ 174 页;金可可:《论温德沙伊德的请求权概念》,载《比较法研究》2005 年第 3 期;杨代雄:《古典私权一般理论及其对民法体系构造的影响》,北京大学出版社 2009 年版,第 97 页以下。

[2] ABGB §307:"Rechte, welche einer Person über eine Sache ohne Rücksicht auf gewisse Personen zustehen, werden dingliche Rechte genannt. Rechte, welche zu einer Sache nur gegen gewisse Personen unmittelbar aus einem Gesetze, oder aus einer verbindlichen Handlung entstehen, heißn persöliche Sachenrechte."

才能达到定分止争的效果。[1] 与此相对,“债权”并不涉及财货归属,而是处于“债之关系”之中的主体间之“关系权”,由此衍生出请求性质以及效力仅及于特定相对人的属性。

我国《物权法》第2条第3款和《民法总则》第114条第2款直接给出了物权的定义,也采纳了支配和绝对两个特征:“本法所称物权,是指权利人依法对特定的物享有直接支配和排他的权利,包括所有权、用益物权和担保物权。”我国学者普遍兼采支配和绝对两种特征,例如王泽鉴教授认为:“法律将特定物归属于某权利主体,由其直接支配,享受其利益,并排除他人对此支配领域的侵害或干预,此为物权本质所在。”[2]梁慧星教授、孙宪忠教授以及王利明教授均将支配性和绝对性共同作为物权的本质。[3]

因此,从前面的分析来看,“物权”与“债权”是一对定义要素相反的概念,同时也是人理解现实财产现象的“理想型”。物权是对有体物的直接支配权,并绝对排除他人干涉的权利,债权则是以特定人的行为为客体,对特定人的请求权。潘德克顿学派正是以物权和债权的概念区分为基础,将各种财产权利划分为两类,并在此基础上建立其私法体系。欧洲德意志法系以及东亚各国的民法典正是以这样的私法体系为基础编纂的,典型特点即法典中包含物权编和债编。

二、所有权与他物权的概念关系:派生与限制

除了物权概念与债权概念的明确区分,在物权的内部,大陆法系各国均形成了“所有权(dominium)—他物权(ius in re aliena)”结构。“所有权—他物权”结构是伴随着罗马法所有权观念的复归而出现的,其产生时间远远迟于“对物权—对人权”结构的出现。在罗马法所有权观念复归以前,对物权的内部是“直接所有权(dominium directum)—扩用所有权(dominium utile)”的双重所有权结构。在人文主义时期,学者们开始摒弃双重所有权观念,对物权的内部结构成为“完

---

〔1〕 王泽鉴:《民法物权·通则·所有权》,中国政法大学出版社2001年版,第37页,注6;王泽鉴:《民法物权》,北京大学出版社2010年版,第30~32页;[德]M.沃尔夫:《物权法》,吴越译,法律出版社2004年版,第4~5页;苏永钦:《物权法定主义松动下的民事财产权体系——再探中华人民共和国民法典的可能性》,载《厦门大学法律评论》(2004年第8辑),厦门大学出版社2004年版,第3~4页。

〔2〕 王泽鉴:《民法物权·通则·所有权》,中国政法大学出版社2001年版,第37页。

〔3〕 梁慧星、陈华彬:《物权法》(第4版),法律出版社2007年版,第5页;孙宪忠:《中国物权法总论》(第3版),法律出版社2014年版,第87~88页;王利明:《物权法研究》(上卷),中国人民大学出版社2007年版,第5~8页。对此问题的讨论,还可参见金可可:《债权物权区分说的构成要素》,载《法学研究》2005年第1期,第20页以下。

全所有权(dominium plenum)—不完全所有权(dominium minus plenum)”,前者就是罗马法意义上的所有权,后者就是所有权以外的其他对物权,最终多诺将这一结构定型为“所有权—他物权”。这一结构被理性法时代的学者所继承,并最终反映到了欧陆各法典中。[1]

目前,大陆法系各国的法典对所有权定义存在一定的差异:《德国民法典》和《瑞士民法典》采取了概括式的立法。《德国民法典》第903条第1句规定:“在不与法律或第三人的权利相抵触的限度内,物的所有人可以随意处置该物,并排除他人的一切干涉。”[2]《瑞士民法典》第641条规定:“物的所有权人可在法律允许的范围内自由地处置该物。他或她有权从任何人处索回该物,并且排除任何未经许可的干涉。”《法国民法典》《日本民法典》则采取了列举式立法。《法国民法典》第544条规定:“所有权是绝对地享用和处分物的权利,但法律或条例禁止的使用除外。”[3]《日本民法典》第206条规定:“所有人在法令限制内对所有物享有自由使用、收益及处分的权利。”[4]但在学说上,所有权的概念和特征基本上是一致的,也即在法律范围内,对物的安全支配权利,在性质上具有全面性、整体性、弹力性以及永恒性。全面性是指权利人对物享有法律所允许的全部权能,其他物权仅仅只有部分权能;整体性是指所有权是一个整体性权利,并非权能的简单集合,因此不能在内容上或时间上进行分割;弹力性是指所有权的内容可以自由伸缩,在他物权消失时,所有权的权能即恢复圆满;永恒性是指时间上的永续,不能预定其存续期间。[5]

他物权,简而言之,就是以他人享有所有权之物为客体的物权,所有权以外的物权均属于他物权。对于所有权与他物权之间的逻辑结构,大陆法系各国之间也存在差异。拉丁法系的民法理论认为,他物权是一种“分解的所有权”或“所有权的派生权利”,也即他物权的权能均为所有权权能的一部分,不同的权能从

---

〔1〕 参见本书第一章第二节。

〔2〕 参见《德国民法典》,陈卫佐译,法律出版社2010年版,第327页。

〔3〕 参见《法国民法典》,罗结珍译,中国法制出版社2010年版,第176页。

〔4〕 参见《日本民法典》,渠涛译,法律出版社2006年版,第48页。我国《民国民法典》和现行《物权法》也采纳了列举式的立法。《民国民法典》第765条规定:“所有人,于法令限制之范围内,得自由使用、收益、处分其所有物,并排除他人之干涉。”现行《物权法》第39条规定:“所有权人对自己的不动产或者动产,依法享有占有、使用、收益和处分的权利。”

〔5〕 梁慧星、陈华彬:《物权法》(第4版),法律出版社2007年版,第111~112页;王泽鉴:《民法物权·通则·所有权》,中国政法大学出版社2001年版,第150~151页。

所有权中分离出来,进而形成不同的他物权。[1] 德意志法系的民法理论并没有强调他物权是从所有权中分解出来的,而是将他物权视为对所有权的限制,因而将他物权称为限制物权。这两种理论看似差异不大,但却有实际意义,因为“限制说”比“分解说”的解释力更强:第一,分解说无法解释所有人用益物权或所有人担保物权,在分解说之下,所有权与他物权由同一主体享有时,必然导致混同;第二,有些他物权明显不是从所有权中分解出来的,例如物权性的先买权,它们只能被视为对所有权的限制。[2] 也有国家兼采“限制说”与“分解说”,这一类国家主要是受到拉丁法系和德国法系双重影响的国家,例如葡萄牙民法理论即认为,他物权要么是对所有权的限制,要么是所有权的部分内容,这种见解也体现在了 1966 年《葡萄牙民法典》第 1306 条中。[3]

从上面的内容来看,在传统法学理论上,所有权与他物权在概念上存在明确的差异。在理论上,所有权是一种最为完美的物权,清晰地展现了物权支配性和绝对性两个特征,而他物权则是一种有缺憾的物权,在逻辑上被视为对所有权的分解或限制。

三、概念与现实的差距:现实真的是这样吗?

作为人理解和把握经验世界工具的概念与经验世界本身始终存在差距。物权与债权、所有权与他物权在概念上无疑具有明显的差异,不会让人产生丝毫的混淆,但纷繁复杂的现实却未必是这样。只要我们仔细地观察各民法中所列举的具体物权类型,就会察觉到现实远非这两组概念所能概括的,不仅在物权和债权之间存在中间类型的权利,即便在物权内部,所有权与他物权的区分、各种他物权之间的区分也并非想象的那么清晰。

(一)物权与涉及物的债之关系

在传统法学概念体系中,债之关系(Schuldverhältnis)是当事人之间的特别结合关系(法锁),其内部包含了多个具体的债权(Forderung)和债务(Obligation),无论债权人还是债务人,都始终处在这种特别结合关系中,即便是发生了债权让与和债务承担,新的当事人也加入到这种特别结合关系中。对于物权(Sachenrecht),

[1] 参见本书第二章第一节。

[2] 参见本书第二章第三节。

[3] 参见本书第三章第一节。

则只强调其权利属性,一般并不提及与之相对应的义务,在物权转让时,继受人也并不像债权受让人那样受到特别结合关系的约束。但是,现实生活的复杂性显然超出了上述教条,许多他物权人也处于复杂的相互关系之中,而债之关系也可能涉及特定物,在这种情况下,物权和债权的区分就不那么清晰了。

1. 静态中间类型权利

在不涉及物权变动的静态环境中,涉及物的占有、使用、收益的法律关系既可能归属于合同关系,由债法调整,又可能归属于物权或财产权范畴,由物权法或财产法调整,前者有如保管合同、租赁合同,后者有如用益权、地上权。

就不动产租赁关系来说,承租人的权利与地上权人是否存在明显的差异呢?就积极方面观之,承租人与地上权人均对土地有直接支配的权利,虽然承租人的支配权可能受到租赁契约的约束,但地上权人的支配权也受到法律约束,而且未必不会受到地上权设立契约的约束;就消极方面观之,地上权人作为物权显然能对抗土地所有权的继受人,对侵害其权利的第三人也可主张物上请求权和侵权损害赔偿请求权。而承租人的权利,由于"买卖不破租赁"的存在,也可以对抗土地所有权的继受人,对于侵害妨害其占有的第三人也可主张占有保护请求权,同时德国通说也认为占有本身即受到侵权保护。[1] 因此,不动产租赁中承租人的权利与地上权人的权利实际上差异并不太大,事实上,将不动产租赁作为物权或财产权的国家很多:属于大陆法系的法国即将部分长期租赁权作为物权,其设立变动均需进行地产公告;[2]英美法系的国家很早就已经将不动产租赁作为地产权来对待了。[3]

就动产租赁(属于基于债之关系的动产占有)来说,承租人占有动产,根据《德国民法典》第986条第2款的规定,[4]受到"占有权链条"的保护,可以其现

[1] 金可可:《基于债务关系之支配权》,载《法学研究》2009年第2期,第28页。

[2] 参见本书第二章第一节。

[3] 参见本书第四章第二节、第三节。

[4] 《德国民法典》第986条第2款:"因返还请求权的让与而被依第931条让与的物的占有人,可以用他对被让与的请求权所享有的抗辩来对抗新所有人。"据此,动产租赁承租人在出租人转让标的物时,仍然可以其现实占有,对抗所有权的受让人。需要注意的是,《德国民法典》第566条针对不动产租赁所规定的"买卖不破租赁",是一种法定的合同承担,也即不动产所有权受让人自动成为出租人,因此承租人不仅可以消极对抗,还可以积极向其主张基于租赁合同而享有的请求权。但在动产租赁中,根据第986条第2款,承租人只能消极对抗受让人,而不能向其主张租赁合同中的请求权,因为此时受让人并非租赁合同的当事人。

实占有对抗动产所有权的继受人,同时也受到占有保护和侵权保护,因此其权利也具有绝对性。就动产的他主占有来说,英美法将其统称为动产寄托(Bailment),并赋予了占有人以侵权保护,使占有人的权利效力远远超过了一般的合同权利,至于是否能对抗所有权继受人,则需要依据具体情形来判断。[1]

从上面的内容来看,在静态方面,物权与债权、财产权利与合同权利之间确实存在一些模糊不清的权利类型。德国学说认为,这一类的权利基本上都是因为对物的现实占有而使权利获得了一定的物权性,因此也被称为"基于债务关系的占有权"(das Recht zum Besitz aus Schuldverhältnissen),属于债权物权化的重要类型之一。[2]

2. 交易过程中的中间类型权利

除了静态关系中存在中间类型权利,在动态交易过程中也存在物权与债权的中间类型。在德国民法中,在动态交易过程中存在两种效力基本上完全一致的权利类型,但法律却没有将它们作统一规定:其一是经过预告登记的旨在引起不动产物权变动的债权请求权,其二是物权性先买权。预告登记制度仅仅被规定在不动产登记中,立法并没有将其作为一种独立的物权类型。在预告登记制度下,以请求不动产物权变动为内容的债权请求权可以被登记,在登记之后,即可以对抗不动产所有权的继受人,因此,在预告登记后,这些债权请求权显然具有了一定的物权性。与此相反,物权性先买权在《德国民法典》中被明确规定为一种物权类型,它是指排除他人而优先购买不动产所有权的权利,是一种不动产所有权上的负担。物权性先买权需要在登记簿中登记才能设立。在这两种法律关系中,权利人均不因此而获得对物的支配权,对抗效力的取得均以登记为要件,因此无论是权利的设立,还是具体权能,均无差异,立法上只承认先买权为物权,显然存在不合逻辑之处。在理论上,德国学者一般都将物权性先买权、预告登记以及期待权作为取得权(一种独立的限制物权)来看待。[3] 无独有偶,英国法上的地产权合同(Estate contract)也具有了一定的财产权效力:当事人在签订设立、转让地产权的合同后在契据交付前,即受到了衡平法的保护,其权利可以

〔1〕 参见本书第四章第二节。
〔2〕 金可可:《基于债务关系之支配权》,载《法学研究》2009 年第 2 期,第 19 页。
〔3〕 参见本书第二章第三节。

对抗除善意受让人以外的其他继受人。在土地登记制度实施后,地产权合同的对抗效力的取得也以登记为要件。英国法上的这种地产权合同的效力实际上与德国法中的预告登记制度完全一致。[1] 因此,在动态交易中,物权与债权、财产权利与合同权利之间也存在一些中间类型的权利。

3. 伴随物权的债之关系(Begleitungsschuldverhältnis)

在传统法学理论中,物权被想象为一种脱离特别结合关系的孤立权利,但在现实中,在物权的周围也会伴随着一些债之关系,这些伴随物权的债之关系往往会随着物权的转让而转移,进而也获得了约束继受人的对抗效力。

最具代表性的就是共有物分管契约,多数所有权人为了有效利用管理共有物,减少纠纷,经常会缔结共有物分管契约,对于此类契约对份额继受人的效力,大体上有两种安排:(1)只有经过登记,才能约束继受人。例如,《德国民法典》第1010条规定,不动产按份共有人之间关于标的物的管理和使用安排,可以作为按份共有的负担登记在登记簿中,只有登记之后,才能对继受人产生效力;[2]2009年我国台湾地区"民法典"第826-1条的规定与德国相同。[3] (2)无须登记,即可约束份额继受人。例如,《瑞士民法典》第649a条则规定,共管契约无须登记即可约束份额继受人,但要求共管契约的内容必须直接与物的管理利用相关;[4]1992年《荷兰民法典》第3:168(4)条与第3:175(2)条的规定也与《瑞士民法典》相似。[5] 在实行建筑物区分所有的公寓大厦中,区分所有人签订的公寓大厦管理规约实际上属于一种特殊的共有物分管契约。2009年我国台湾地区"民法典"第799-1条直接规定公寓大厦管理规约能够约束继受人;[6]法国民法采取的态度略有差异,只有规约在公告后或继受人明确知道规约内容时,才能约束继受人。[7]

在英美法系国家,许多伴随着财产权利的约据(covenant)也可以约束继受人,而约据中的权利义务本身仅仅具有合同效力。例如,在英国法中,出租人和承租人可能会在租赁契据之外对有关租赁的事项进行约定,包括租金、保险、维

---

〔1〕 参见本书第四章第二节。
〔2〕 参见本书第二章第三节。
〔3〕 参见本书第三章第四节。
〔4〕 参见本书第二章第四节。
〔5〕 参见本书第三章第二节。
〔6〕 参见本书第三章第四节。
〔7〕 参见本书第二章第一节。

修费用、维修工作分摊等内容，目前英国法的态度是，在伴随着租赁地产权的约据中，除了属人性的条款外，可以约束继受人。[1]

上述这些伴随物权的债之关系说明了两个问题，只要在物上存在多个物权人时，它们就不可避免地处于特别结合关系之中，而且在伴随物权的债之关系具有约束权利继受人的效力时，物权的内容和边界也就模糊了。

（二）物权内部的模糊关系

除了前面所说的物权与涉及物的债之关系之间的模糊状态外，物权内部的关系也不是想象中的那么清晰，所有权与他物权之间、共有与他物权之间、各类型他物权之间都存在模糊之处。

1. 所有权与他物权之间的模糊关系

在逻辑上，所有权是最完整的绝对对物支配权，他物权只是对所有权的限制或所有权的派生，两者的区别十分明显，但这只是概念与逻辑上清晰，只要我们观察历史社会中的现实，就会发现何者为所有权，何者为他物权并没有如此明确的标准，这一点在封建土地制度向现代土地制度转轨，也即“双重所有权”结构向“所有权—他物权”结构转轨的时代表现得很明显。在封建时代，土地上并不存在罗马法意义上的所有权，如果要将该制度转为“所有权—他物权”结构，就必须从纷繁复杂的土地权利中选出一种作为“所有权”，而将其他权利作为“他物权”或直接废除。这显然是一个政治博弈的过程，由于各国的政治势力力量对比不同，因此所选择的“所有权”也不同。从人文主义时代到自然法、理性法时代，法学家们均将领主权利视为所有权，而将直接利用土地的佃农权利视为他物权。[2]德国、日本以及《大清民律草案》《民国民法典》都采取了这一路径。[3] 但在法国，由于大革命的影响，采取完全相反的做法，也即直接利用土地的佃农的权利被视为所有权，领主的权利反而被视为土地上的封建负担，大部分都被废除了。[4] 而在英国，严格来说，直到今天土地所有权仍然由国王享有，只是它已经被极度虚化，非限嗣继承地产权实际上发挥着大陆法系土地所有权的作用。这就是说，在土地上的多个物权人之间发生了一场斗争，胜利者的物权被戴上了

---

〔1〕 参见本书第四章第二节。

〔2〕 参见本书第一章第二节。

〔3〕 参见本书第二章第三节，第三章第三节、第四节。

〔4〕 参见本书第一章第二节。

"所有权的帽子",而失败者的物权被贬为他物权,这是力量对比的结果,而非取决于他们各自物权的性质。

2. 共有与他物权之间的模糊关系

从概念上来看,共有与他物权的区别是明确的:共有是指多数主体对物享有所有权,对于其中的按份共有来说,每个共有人的对物权利都是均质化的,而他物权则是指对所有权在权能上进行分割,不同的他物权人所享有的对物权利是不同的。但是,共有与他物权有一个共同的特点,就是物上存在多个物权人,如果共有物分管契约能够约束份额的继受人,那么共有与他物权的区别就可能动摇了,因为通过共有物分管契约,某一共有人对物的权利可以被改造为"他物权",用我国台湾学者苏永钦的话来说,就是"从量共有转为质共有"。[1] 举例来说,房屋共有人之间可以签订共有物分管契约,约定某一共有人得在一定期限内排他使用该房屋,并在该期限结束后将份额无偿转让给其他共有人,并且共有人在该期限内不得份额共有物。这样一来,这一共有人对房屋的权利实际上就是居住权了,量共有因而转化为了质共有。因此,在存在共有物分管契约的情况下,物上的"共有人—共有人关系"很轻松就可以被转化为"所有权人—他物权人关系",共有与他物权的区别也就模糊化了。

3. 他物权之间的模糊关系

在概念上,根据权能的不同,他物权可以分为用益物权和担保物权,土地上的用益物权依据用途的不同又可分为地上权和农用权,担保物权依据担保物不同,又可以分为质权和抵押权。但是,现实中物权类型恐怕未必能妥当地被归入上述层级划分清晰的概念体系中。例如,我国固有法中的典权就是横跨用益物权和担保物权领域的物权类型,一方面,典权人能够对标的物进行使用收益;另一方面,典权多为出典人为借款而为典权人设定的担保,因此又有担保物权的特点;韩国的传贳权也兼有不动产用益物权和不动产质权的特点;[2] 在用益物权内部,如果利用他人土地进行建筑的同时又进行耕种,就会形成跨越地上权和农用权的混合形态;在担保物权内部,也会存在质权与抵押权含混不清的地方,当担

---

〔1〕 苏永钦:《寻找新民法》,北京大学出版社2012年版,第477页。

〔2〕 参见本书第三章第四节。

保标的物为不动产收益权时，我国的最高法院判例认为是抵押权，[1]但《最高人民法院关于适用〈中华人民共和国担保法〉若干问题的解释》第97条又认为是权利质权，之所以有这样的分歧，是因为对不动产收益权的定性存在争议，前者将其定性为用益物权，后者将其定性为债权。[2] 因此，由于划分类型的不完全和划分标准的不同，在复杂多样的现实面前，不同种类的他物权之间的界限也并非像概念那样泾渭分明。

从前面的分析来看，虽然物权与债权、所有权与他物权在概念上的区分是清晰明确的，但是一旦考虑到现实的情况，我们就会发现，这些概念与现实存在较大差距，纷繁复杂的现实并无法被妥适地纳入概念。那么问题的根源在哪里？我们究竟应该怎样看待物权与债权的区分以及物权类型封闭原则呢？

四、物权(财产权)的本质

为什么概念和现实会存在上面的差距呢？我们认为问题主要出在两个方面，其一是用于体系建构的概念思维本身就与现实状况存在差距，因此概念与现实存在龃龉是很自然的事情；其二是我们所理解的物权概念本身存在问题，我们实际上是将所有权的特征推及了所有的物权种类，在这种情况下我们对物权的理解和定义本身就是片面的。笔者将对上述两个方面进行较为细致的分析，并提出对物权(财产权)实质的理解。

(一)概念、类型与现实

众所周知，古罗马的法学家们并不注重概念和体系，他们的思维方式其实更接近英国普通法法官。虽然盖尤斯以及后来的《民法大全》对罗马法的内容进行了分类整理，但其中的文句基本上都是针对个案提出的，充满了决疑色彩。古罗马时期的司法实践也是如此，“对人之诉”和“对物之诉”的范围都是随着现实需要而逐渐扩展的，后世学者所提出的罗马法上的物权种类显然也是对对物之诉的适用范围进行归纳总结而得到的。直到理性法时代，依据概念演绎进行体系建构才开始出现，在潘德克顿法学派那里，体系化的方法被发挥到了极致，依据概念演绎达至的私法体系终于建立，该体系的基石就是物权与债权这一对概念。但是，潘德克顿法学派方法与自然法学派不同，他们虽然运用了逻辑演绎的体系

---

〔1〕 参见“汇通支行诉富利达公司用益物权抵押合同纠纷案”，载《最高人民法院公报》1998年第2期。

〔2〕 常鹏翱：《体系化视角中的物权法定》，载《法学研究》2006年第5期，第6页。

方法,但并没有抛开罗马法材料。换句话说,他们是用体系化的方法来整理罗马法大全中的文句。用谢鸿飞教授的话来说,潘德克顿法学是一种“体系化的法史学”,并且“体系”战胜了“历史”。〔1〕 虽然“体系”胜于“历史”,但潘德克顿法学毕竟包含了“逻辑演绎体系”和“经验历史材料”两种因素,前者是形式与骨架,后者是质料与血肉。《德国民法典》作为潘德克顿法学的产物,当然也继承了这一特点。其实,这是当然之理,无论法典的概念体系如何安排,肯定要包含来源于生活的经验材料,否则将无法对社会生活进行调整。

但是,试图绝对地以逻辑概念来掌握驾驭经验材料肯定会出现问题,因为处于同一位阶的概念并不会彼此重叠,由二分法产生的成对概念之间更是处于非此即彼的状态,而现实生活是流变的,不同经验事物之间分界线是模糊。换言之,要把握经验事物,只能通过对现实生活进行归纳总结来实现,所得到的是一个个的边界模糊的“类型”,而非外延清晰的“概念”。按照德国学者拉伦茨的观点:“概念”须将定义的全部要素列举出来,只有列举的要素在具体事物上全部重现时,概念才可以适用于该事物;“类型”只需列举通常具有的要素,而不必列举全部要素,在判断某一具体事物是否属于这一类型时,并非仅视其是否包含该类型通常具备的要素,毋宁取决于这些“典型”的因素在数量及强度上的结合程度,是否足以使该事物“整体看来”符合类型的形象表现。〔2〕 在现实生活中,我们通常会交替使用类型和概念来把握经验事物。例如,对于人的性别来说,作为类型的“男人”/“女人”和作为概念“男人”/“女人”是不一样的,类型中的典型要素无法穷尽,我们可能会考察人的生理、心理、各种社会属性,概念的要素则可以全部列举,即染色体与第一性征,因此,我们在判读某人是否归属于“男人”类型或“女人”类型时,不是非此即彼的,判断过程夹杂着价值判断,而在判读某人是否归属于“男人”概念或“女人”概念时,则要清楚得多,只需运用逻辑涵摄即可。考虑到现实生活连续流变,运用类型把握事物可能更符合实际,但人们的判断可能会很不一致,而运用概念把握事物当然有助于判断的一致性,但却有削足适履的危险。

在法律领域,我们同样可以运用概念与类型这两种工具来指称事物:来源于民法理论的债权、物权、合同、法律行为、所有权、他物权、用益物权、担保物权均

---

〔1〕 谢鸿飞:《法律与历史:体系化法史学与法律历史社会学》,北京大学出版社2012年版,第99页以下。
〔2〕 [德]拉伦茨:《法学方法论》,陈爱娥译,商务印书馆2004年版,第100页。

是概念；在合同法领域内部，从经验中总结出来的买卖合同、承揽合同、租赁合同等有名合同属于“类型”，但在物权法领域内部，从经验中总结出来的地役权、地上权、永佃权、典权这些“物权类型”却没有保住其“类型”身份，而是被转化为了“概念”，法律均对它们进行了概念式的定义。[1] 换言之，法律用“地役权概念”“地上权概念”“永佃权概念”来把握现实中的“地役权类型”“地上权类型”“永佃权类型”，若非如此，则无法保障物权领域的法的安定性，物权类型封闭也无法实现。[2] 虽然法律已经将这些物权类型作为概念来把握，但它们本质上仍然是类型，仍然具有界限不清晰的特点，在这种情况下，有的物权类型难以纳入概念分类体系（如典权），有的物权类型与特定债权类型难以清晰划分（地上权与不动产租赁），就并不奇怪了。

（二）“物权”只是权利吗？

前面已经谈到，在传统法学理论中，具体的债权（Forderung）与债务（Obligation）始终处在债之关系（Schuldverhältnis）之中，即便是涉及物的使用收益的债权也是如此，始终有债务与之相伴，并处于债之关系中。物权（Sachenrecht）通常被理解为对特定物直接支配，排除他人干扰，并受到绝对保护的权利，似乎物权完全遗世独立，是一种可以自由转让的财货归属。《德国民法典》第二编名为“债之关系”，而第三编名为“物权”，似乎也体现了这种态度。但是，这种对物权的理解显然是片面的，只要我们看一下具体的他物权类型就会发现，它们实际上也处在特别的关系之中。

（1）地役权不仅仅包括了需役地所有权人对供役地的权利，还包括了供役地所有权人的容忍义务或不作为义务，因为不仅权利随着需役地的转让而转移，义务也随着供役地的转让而转移。如果说这种权利是“物权”，那么这种义务就是一种“物化的义务”或者说“物务”（Realobligation）。因此，既然“地役权”中包含了权利和义务，那么它实际上就是需役地所有权人和供役地所有权人关于供役地使用收益的一种法律关系，将其称为地役关系更为恰当。

---

〔1〕 ［德］拉伦茨：《法学方法论》，商务印书馆2004年版，第341页。

〔2〕 此处我们需要指出，在法学家们对“类型与概念”（Typus und Begriff）进行理论反思，并指出它们的差别之前，法律和法学中就已经在普遍适用“类型”这个词了，物权法中的“类型强制”（Typenzwang）与“类型固定”（Typenfixierung）就是如此，这已经是约定俗成的了。我们没有必要为了遵循类型理论，而将它们改称为“概念强制”与“概念固定”。

(2)《民国民法典》中的永佃权显然也不仅仅是永佃权人耕作他人土地的权利,还包括了支付佃租的义务,用益权利与积极给付义务都随着土地所有权的转让而转移,因此永佃权实际上也是一种关系。

(3)德国民法中的实物负担(Reallast)和英国法中的地租权(rentcharge)也兼具权利与义务,实际上也是一种给付请求权和积极给付义务的物化,本质也是一种法律关系。[1]

(4)质权或抵押权是附随于债权的担保权利,抵押权随债权的转让而转移,也随着抵押物所有权的转让而转移,在债务人与抵押人不是同一主体时,质权或抵押权实际上就是物化的三方法律关系。

(5)我国传统民法中典权就更为复杂。典权人对出典物享有使用收益权利,在出典人不回赎时就可以直接取得所有权,因此典权实际上涵盖了出典人与典权人之间关于出典物使用收益并附条件转让出典物所有权的法律关系。

以上这些例子已经表明,各种他物权实际上都不是单纯的权利,而是权利义务的结合体,它们在常态下就是多个主体之间的法律关系,这一点和涉及物的债之关系一样。这样一来,所有权反倒是物权中的异类了,它在常态下就是单一主体对物的支配利用关系,除了基于诚信、公序原则的权利内在限制以及公法义务外,所有权本身并没有包含任何义务。我们一直习惯于从权利面向来理解物权,实际上是将所有权的特征推及了他物权上,有失偏颇。[2]

(三)“支配性”还是“绝对性”?

既然物权也是权利义务的结合体,那么它和涉及物的债之关系的根本区别何在呢?是支配性?是绝对性?还是支配性与绝对性的结合呢?前面提及的权利归属理论(Zuordnung)已经对此做出了回答:物权本质上是一种财货归属关系,发挥着定分的功能,而债权本质上仍然是人与人之间的关系,并不涉及财货的归属定分。物权与涉及物的债之关系的区别也在于此。在财货归属定分关系中,特定的财货即处于特定权利人的意思支配下,是为支配性,与此同时,其他人应当承认这

---

〔1〕 参见本书第二章第三节,第四章第二节。

〔2〕 关于从权利和义务两个方面全面理解物权的观点,是由苏永钦教授提出的。此处也仅仅是对苏永钦教授观点的复述而已。苏永钦教授关于物权本质的论述可以参见苏永钦:《物权法定主义松动下的民事财产权体系——再探中华人民共和国民法典的可能性》,载《厦门大学法律评论》(2004 年第 8 辑),厦门大学出版社 2004 年版,第 8 ~ 49 页;苏永钦:《可登记财产利益的交易自由——从两岸民事法制的观点看物权法定原则松绑的界限》,载《南京大学法律评论》(2010 年秋季卷),法律出版社 2010 年版,第 16 ~ 44 页。

种定分关系的优先性,法律亦对其予以保护,是为绝对性。换句话说,财货归属定分才是物权的本质,支配性与绝对性只是由该本质派生出来的特征而已。

就支配性而言,通常理解是主体对特定财货的"意思独断",无须他人意思介入即可实现权利。最为典型的范例就是对特定有体物的直接物理控制,例如所有权和各类占有性的用益物权。[1] 在主体对特定有体物没有直接物理控制时,主体对特定财货仍然可以拥有"意思独断",例如抵押权人对抵押物的处分[2]、地役权人对供役地的直接利用或限制开发[3]均无须他人的意思介入,因此可被视为"对物的交换价值的支配"和"对物的部分使用价值的支配"。但是,有些物权类型就连这种对抽象价值的支配都不具备,这就很难称其具有支配性,例如实物负担和物权性先买权。实物负担是请求土地所有权人给付的请求权,权利人并没有直接支配土地,在土地所有权人不履行给付义务时,权利人也需要请求土地所有权人交付标的物变卖,这其实也是在行使请求权。物权性先买权是以取得不动产所有权为目的的取得权,在性质上属于形成权,也没有支配性。另外,在大多数大陆法系国家普遍视为债之关系的租赁中,承租人对租赁物明显也是具有直接物理控制的,这种控制往往比地役权人对供役地的控制更强,只要承租人按约定对租赁物进行利用,即不会受到出租人的干预。因此,虽然大多数的物权类型具有支配性,但单纯从支配性出发,并无法清晰地区分物权与涉及物的债之关系,故支配性也不能被视为物权的本质特征。

要把握物权的本质,更为关键的应该是绝对性。绝对性或对世性,通常被理解为物权的效力范围及于所有人,[4] 即任何人都应该尊重已经确定的财货归属定分关系,并承认物权人的优先地位。物权请求权也是基于物权的绝对性而生。在绝对性缺位的情况下,单纯依靠支配性将无法维持财货归属定分关系,因为在他人不承认物权人的优先地位的情况下,"意思独断"将无法实现,支配性也会随

---

[1] 拉丁法系的财产法编普遍只列入所有权和用益物权,而将担保物权排除在外,显然是更加重视对有体物的直接物理控制。

[2] 根据《物权法》第195条,抵押权人需要与抵押人就抵押权实现的具体方式(折价、拍卖、变卖)达成协议,但是否达成协议并不影响抵押权人对抵押物的处分权,如无法达成协议,抵押权人可以直接请求法院拍卖、变卖抵押物。

[3] 当事人虽然可以就地役权的具体内容进行约定,但一旦地役权设立,地役权人即可依地役权内容对供役地进行直接利用或限制供役地开发,无须供役地权利人同意。

[4] [德]鲍尔、施蒂尔纳:《德国物权法》(上册),张双根译,法律出版社2004年版,第12~13页。

之瓦解。在绝对性存在的情况下，即便不存在支配性，财货归属定分关系也可以得到维持，只要他人承认物权人的优先地位，其权利也确定能够实现。例如，前面提及的实物负担和物权性先买权，虽然物权人的权利不具有支配性，但在绝对性得到保障的情况下，物权人的权益即可确定实现。同理，受预告登记保护的权利也可以视为物权。就租赁关系而言，不管承租人的权利是否具有支配性，只要该权利的优先性得到了“买卖不破租赁”的保护，那么即与物权无异。因此，笔者承认，物权的支配性和绝对性均是由财货归属定分关系所派生出的物权特征，但绝对性才是物权不可或缺的本质特征。当然，法律对物权绝对性的维护并非没有例外，在依据登记公信力取得和善意取得的情况下，法律更倾向于保护交易相对人而牺牲了绝对性，原物权即因此消失或受到限制。

此处还需要强调的是，绝对性的本意是确保物权在多个权利竞争中的优先性，以确保财货的归属定分，而与私法上侵权保护以及公法上的干预并无关联。某一项权利是否受到侵权损害赔偿请求权的保护，是衡量“行为自由”与“损害填补”的结果，与其是否为物权并无必然联系。物权之所以受到侵权损害赔偿请求权的保护，是因为其通常具有外观表征，因而对侵害物权的行为提供侵权损害赔偿不会伤害行为自由。因此，具有占有外观的权利受到侵权损害赔偿请求权的保护，并不能说明其具有物权属性。至于公法上的干预，反映的是公权力对私权行使的管制，显然不能视为对绝对性的限制。

（四）再看所有权、他物权与涉及物的债之关系

在经过前面的分析后，我们可以回过头来看看所有权、他物权与涉及物的债这三者之间的关系。他物权与涉及物的债之关系都是多数主体之间关于物的占有、使用、收益、处分的法律关系，只是前者发挥着财货归属定分的功能，具有绝对性，任何人都必须尊重其优先地位，而后者没有绝对性，他人仍然可以竞逐相关财货，因而只能对抗权利授予人。至于何种多数主体间法律关系可以发挥财货归属定分功能并具有绝对性，并无法从逻辑推演中得出。从他物权的历史生成来观察，各种他物权类型要么整体来源于涉及物的债之关系（例如，英美法系中的租赁地产权、我国的土地承包经营权、建设用地使用权），要么就是对涉及物的债之关系的部分切割（例如，地役权、永佃权、地上权）。从微观交易过程来看，当事人可以选择涉及物的债之关系，也可以选择他物权，只是后者除了缔结债之关系外，还必须由有权处分人授予，同时要满足法律规定的其他要件。这种创设物权的特殊

要求实际上就是处分行为(物权行为)。换言之,在创设他物权时,当事人先缔结债之关系,然后由有权处分人(通常是所有权人)按照既存他物权类型的要求在所有权人与潜在他物权人之间建立法律关系并进行公示,这种经过公示的法律关系就成为了除善意第三人以外所有人都必须尊重并具有优先性的法律关系。

至于所有权,它的功能就是将特定物上的全部利益归属定分到特定主体名下,原则上只有该特定主体才是改变特定物上全部利益归属的有权处分人,也只有该特定主体才是创设各种他物权关系的有权处分人。在特定物归属于单一主体时,常态下并无主体间法律关系存在,但如果特定物归属于多数主体时,这些多数主体之间就一定会存在法定共有关系,也可能会存在债之关系。在分管契约开放登记的情况下,法定共有关系就被转化为了补充性规范,共有关系与他物权关系之间的界限也模糊了。

五、物权(财产权)类型封闭原则的实质

在本节的最后部分,我们可以回到本书的主旨。虽然物权与债权在概念上泾渭分明,但除了所有权外,各种他物权与涉及物的债之关系其实都是多数主体之间关于物的占有、使用、收益、处分的法律关系,只是前者发挥着财货归属定分功能并因此具有绝对性,而后者并不具有如此功能因而也不具有绝对性而已。在当事人意图建立涉及物的债之关系时,可以通过私法自治确定法律关系的内容。但是,在物权类型封闭原则之下,所有权人并不能依据自己的意志改变所有权的法定内容或分割所有权本身,当所有权人意图为他人创设他物权时,也不能通过私法自治确定他物权法律关系的内容,而只能选择既存的他物权关系。这与债之关系的类型自由形成了鲜明的对比。物权类型封闭原则的实质,就是由法律来决定何种法律关系具有财货归属定分功能和绝对性。

第二节　封闭还是开放:基于传统法学的分析框架

物权(财产权)类型封闭原则(*numerus clausus*)的存在使当事人只能在既存的物权类型中进行选择,也不能随意改变这些既存物权类型的内容,也就是类型强制和类型固定。虽然各国的物权(财产权)类型多少有些差距,但物权(财产权)类型封闭原则几乎在所有的国家中都存在。在私法自治、契约自由成为私法

领域最高指导原则的今天，物权类型封闭原则就成为私法领域中的异类，也与合同类型自由形成了鲜明对比。目前，各国学术界对物权类型封闭原则的存废存在很大的争议，支持者甚众，欲除之而后快的人也不在少数。从学者们的分析路径来看，主要可以分为基于传统法学路径的分析和基于外部视角的分析。传统法学路径的分析包括从形式体系合理性和实质合理性两方面对物权类型封闭原则的维护和质疑；外部视角的分析则包括运用经济分析理论和政治学理论对物权类型封闭原则的维护和批评。在以下两节中，笔者将分别对传统法学路径和外部视角路径的观点进行评析。

传统法学路径通常包含概念体系方面的说理和实质合理性方面的说理，前者主要从法律概念、法律体系出发，证立或证伪某一观点，而后者通常从立法目的、法律内在价值或实际效果处分进行论证。对于两大法系来说，由于大陆法系更加注重法律的逻辑体系同时又有法典化的传统，所以大陆法系的学者可能比英美法系的学者更加重视概念体系方面的合理性。当然，这两个方面不是截然分开的，因为法律的外在概念体系通常蕴含着法律的内在价值追求，不少学说也兼涉逻辑体系考量和实质考量。为了保持清晰的行文思路，本节将分别检讨物权类型封闭原则的概念体系合理性与实质合理性，前者仅在特定法域具有说服力，但唯有后者才具有普世的、终极的说服力。

一、物权（财产权）类型封闭原则的概念体系合理性

在概念体系方面，赞成物权类型封闭原则的学者多认为这一原则的存在是由物权债权的差异所导致的，具有维护统一所有权的作用，同时物权类型封闭原则对物债二分的潘德克顿民法体系也有维护作用。反对物权类型封闭原则的学者则以债权物权化、所有权功能化与信托制度冲击为理由，否定物权类型封闭原则的合理性。以下将对这些观点分别进行讨论。

（一）统一所有权维护说？

这一学说认为物权类型封闭原则主要是为了维护统一所有权，防止封建时代所有权被分割瓦解的现象重现，因此只能对他物权进行清晰的列举。这种观点最早来自19世纪后半期的法国。前面已经谈到，在19世纪上半叶的时候，法国法院实际上是采取类型开放原则，允许当事人对所有权进行自由分割，而在19世纪下半叶法院才采纳了法定原则。法国学者帕托（Patault）分析了其中的缘由，他认为虽然法国大革命废除了双重所有权，但统一排他所有权观念在司法实

践中被普遍接受实际上是19世纪下半叶的事，而只有为了保护统一排他的所有权观念才有必要对他物权进行清楚的列举，禁止当事人按照自己的意愿随意分割所有权。[1] 这种将物权类型封闭原则视为防止所有权分割，维护统一所有权观念的学说在受拉丁法系影响的国家也存在，最为明显的就是1966年《葡萄牙民法典》第1306条的表述："除法律规定之情况外，不容许设定物权性质的对所有权的限制或该权利的割裂形态；凡通过法律行为而产生不符合上述要求之限制，均属债权性质。"[2]

这种学说的逻辑起点实际上是拉丁法系对他物权性质的理解，即认为他物权是所有权的分割或分解（propriété démembrée，démembrements de propriété），是统一所有权的例外。法律承认这些所有权分割形态，是迫于现实需要而做的妥协，是一种不得已而为之的"恶"。因此，为了维护统一所有权，当事人只能在法律允许的范围内分割所有权，如果任由当事人随意创设他物权，自然会导致五花八门的分割形态，统一所有权就不存在了。

但是，只要我们仔细思考，就会发现拉丁法系对他物权的理解有失偏颇：他物权的任意创设一定会导致统一所有权的分割瓦解吗？答案显然是否定，因为并非所有的他物权都会导致所有权分割的出现。只有永久性的用益物权或持续时间特别长的用益物权才构成所有权分割，例如永佃权或者英美法中的999年地产租赁权。土地上如果出现了这一类的他物权，所有权的弹力性就丧失了，永远也不能恢复到圆满形态，土地所有权实际上就蜕化为了收取地租的权利，这种状态的实际效果就是双重所有权的重现。在大陆法系中，立法上对承认永久性的他物权非常谨慎，除了葡萄牙、意大利以及东亚的日本承认了永佃权外，基本上都没有承认永久性的他物权。法国法上用于耕作的永租权（emphytéose）的最长期限也被限制为99年。因此，为了维护统一所有权，的确有必要禁止当事人任意创设永久性的他物权。但对于那些非永久性的用益物权，例如用益权、居住权，期限届至，所有权即恢复圆满状态，因此这一类的他物权属于对所有权的限制，而非分割。对于那些虽然具有永久性，但对所有权行使影响不大的用益物权，例如地役权，也可以认定为对所有权的限制，而非分割。因此，法国学者将他

---

〔1〕 参见本书第二章第一节。

〔2〕 参见本书第三章第一节。

物权一概认定为所有权分解的观点有失偏颇。[1] 对他物权性质比较妥当的理解应该是1966年《葡萄牙民法典》第1306条，即他物权部分为对所有权分割，部分为对所有权的限制。如果这样理解他物权，那么在“所有权—他物权”结构下，当事人创设属于对所有权限制的他物权就并不会导致所有权分解，因此也就不能以维护统一所有权为由一概否认当事人创设新型他物权的自由，否则就不符合比例原则的法理。事实上，我们也可以看到，在南非，统一所有权观念与物权类型开放是共存的，这也说明了两者并非是水火不容的。[2] 特别值得我们注意的是，德国理论界和实务界都坚持物权类型封闭原则，但德国学者们并不认为从统一所有权观念中就可以推导出物权类型封闭原则。[3] 因此，以维护统一所有权作为坚持物权类型封闭原则的理由是不充分的，要证立这一原则，还需要找到其他理由。当然，统一所有权维护说与财货可流通性（alienability）密切相关，但是否可以据此证立物权类型封闭原则已经进入了实质合理性论辩的范围，此处暂时搁置，留待后文再作探讨。

（二）物权债权本质差异说？

这一学说认为，物权领域采物权类型封闭原则，契约领域采契约自由原则是由物权与债权的本质差异导致的，根本原因在于物权的绝对性与直接支配性。从笔者收集到的资料来看，这一学说最早出现在日本的博瓦索纳德关于民法典财产法第2条的立法理由中，博瓦索纳德认为，物权与债权不同，后者不能限定性地列举，可由当事人自由创设，但物权具有对抗效力，能对抗与设定者无关的第三人，因此不能承认私人可以创设法定物权以外的物权，必须对物权采取限定列举。[4]《日本民法典》第175条的起草者穗积陈重也持同样的观点。这一学说后来又在《大清民律草案》第978条和《中华民国民法典》第757条的立法理由中再次出现，这两条的立法理由完全一致，均谓：“物权有极强之效力，得对抗一般之人，若许其以契约或

---

〔1〕 对于这一点，受法国法理论影响的葡萄牙学者早在19世纪就已经指出了，当时葡萄牙法学家Cunha Gonçalves就认为，除了永佃权外，其他他物权并非是对所有权的永久割裂。参见本书第三章第一节。

〔2〕 参见本书第四章第四节。

〔3〕 参见本书第二章第三节。实际上，在德国理论框架下，统一抽象所有权概念与物权类型封闭原则都是由物权法的自治性所导致的，因此统一所有权概念与物权类型封闭原则实际上处于同一位阶，故互相之间在体系结构上并无因果关系。关于这一点，可参见朱虎：《物权法自治性观念的变迁》，载《法学研究》2013年第1期，第141～158页。

〔4〕 参见本书第三章第三节。

依习惯创设之，即有害公益，故不许创设。”时至今日，这一学说在我国大陆和台湾地区的老一辈学者的论著中仍然可见。例如，王泽鉴教授在其著作中仍然将第757条的立法理由作为物权法定原则的首要理由。[1] 梁慧星教授也认为：“物权的效力不仅存在于当事人之间，它还及于当事人以外的一切人，就是说物权是绝对权、对世权，它实际上是对社会现存财富的独占。那么，如果我们让当事人按着自己的意思来创设物权的种类，改变物权的内容，这等于是允许、许可人们通过创设物权的种类、改变物权的内容，来损害国家利益、社会利益和他人利益。”[2] 同时，梁慧星教授还从物权的直接支配性的角度来论证物权法定原则：“若物权的种类，得任由当事人的意思自由创设，则所谓直接支配物的权利，将成为有名无实；若物权的内容，得由当事人的意思自由创设，其结果实与可以创设法定以外的物权无异。”[3]

任意创设物权是否“有害公益”，并应当采取物权类型封闭原则，已经进入了实质合理性论辩范畴，此处暂时搁置，单纯检讨物权债权的效力差异与物权类型封闭原则的逻辑关系。前已提及，物权的本质为“财货归属权”，债权的本质为“主体间关系权”，物权之支配性、绝对性，债权之请求性、相对性均系由不同的权利本质所导致的。在逻辑上，是先有物权的认定，才有对物支配性和效力的绝对性。就物权认定而言，任何与财物相关的多主体法律关系中的权利类型，在逻辑上既可以被认定为“财货归属权”，也可以被认定为“主体间关系权”。以租赁关系为例，承租人获得并保持对租赁物的占有、使用是基于“财货归属”，还是“主体间关系”，可以做出不同的安排：德国虽然承认了租赁权物权化，但仍然将其定位为债务关系；法国的不动产长期租赁权、英美法系的租赁地产权则将承租人的权利定位为物权。换言之，物权类型的数量，在逻辑上并没有受到任何限制。因此，物权类型封闭原则与物权的绝对效力之间，并无逻辑关联，从后者自然无法推演出前者。事实上，在这种学说的诞生地日本，学者们在阐述物权法定原则时，已基本不再提及这个学说了。[4]

---

〔1〕 王泽鉴：《民法物权·通则·所有权》，中国政法大学出版社2001年版，第45页。

〔2〕 梁慧星：《物权法草案第六次审议稿的若干问题》，载《比较法研究》2007年第1期，第3～5页。

〔3〕 梁慧星、陈华彬：《物权法》（第4版），法律出版社2007年版，第45～46页。

〔4〕 例如，我妻荣和近江幸治在谈及物权法定原则的理由时，均只提及清理封建土地权利和贯彻公示制度两个理由……（2）保护交易安全，确立公示制度两个理由。可参见［日］我妻荣：《新订物权法》，罗丽译，中国法制出版社2008年版，第26～27页；［日］近江幸治：《民法讲义Ⅱ物权法》，王茵译，北京大学出版社2006年版，第7页。

（三）物债二分体系维护说

这一学说认为,物权类型封闭原则的作用在于维护物债二分的潘德克顿民法体系,如果放弃物权类型封闭原则,将导致物债二分民法体系的松动。这种学说来源于19世纪的潘德克顿法学派,因为以物权债权的区分作为民法体系和民法典的结构基础肇始于潘德克顿学派。我们在约霍夫(Johow)对民法典第一草案的说明中,明显看到潘德克顿民法体系与物权类型封闭原则的内在关联。潘德克顿民法体系建立在物权与债权区分的基础上,并以此在民法内部形成了互相独立的债法与物权法,物权法在民法体系内部享有一个独立的地位(Selbständige Stellung),其独立性(Selbständigkeit)要求其不受债法、亲属法和继承法的影响,这就是所谓的"物权法的自治性"(Autonomie des Sachenrechts)或"独立的物权法观念"(das Konzept des selbständigen Sachenrechts)。在这种物权法和债法彻底分离的观念指导下,约霍夫推导出了三个制度要求:第一,物权的标的物限于有体物;第二,物权的数量必须限于法律规定;第三,物权行为的独立性与抽象性。如果这三个制度要求不能在物权法中得到贯彻,物权法将受到债法的影响,进而无法保证其独立性。[1] 其中,第二个要求就是物权类型封闭原则,具体来说,如果当事人可以通过约定创设物权,那么必然意味着债法领域契约自由原则在物权法领域的适用,这就会导致债法对物权法的影响,危及了物权法的独立性。故而,在物权法与债法彻底分离的体系观念下,必然有物权类型封闭原则的存在。因此,物权类型封闭原则实际上是"物权法自治性"观念的逻辑衍生物和重要环节,发挥着对物债二分体系的维护作用。

上述这种学说的逻辑起点就是物权法和债法的彻底分离,物权法不受债法的影响,因此有物权类型封闭的要求,它只是物权法自治性的其中一环,显然也要放在物权法自治性框架下才能被恰当地理解。因此,这一学说只对采纳潘德克顿民法体系的国家具有说服力。此处笔者需要强调的是,物权债权的区分与物权法债法的分离是两个层面的问题:物权与债权的区分、对物权与对人权的区分或者财产权利与合同权利的区分在所有国家都存在,不仅包括大陆法系内部的德意志法系和法国法系,还包括英美法系国家。但是,如果一个国家仅仅在概

---

〔1〕 参见本书第二章第三节。除了Johow提出的物权客体限于有体物、物权类型封闭原则以及物权行为独立性与抽象性外三个制度要求外,物权法自治性的制度要求还包括抽象所有权概念、封闭的所有人—占有人关系、物权保护请求权等。参见朱虎:《物权法自治性观念的变迁》,载《法学研究》2013年第1期,第141~158页。

念上区分物权和债权，却不以“物权”和“债权”为基础进行私法体系建构，就不会出现德意志法系中的物权法和债法彻底分离的现象。英美法系的私法没有体系化，自不待言，拉丁法系的私法体系也没有形成物权法与债法的彻底分离现象。以“物权”和“债权”为基础进行私法体系建构，所要求的是将除人法与继承法领域以外的财产关系纳入“物权法”和“债法”两个基本划分范畴，并使之互相独立、互不干涉。物权法与债法的彻底分离，决定了不能由当事人来决定何种财产关系被纳入物权法调整，何种财产关系被纳入债法调整，否则契约领域实行的契约自由原则以及其他调整契约的法律规范将不可避免地被引入物权法领域。至于立法者通过制定法、法官通过判例将某一财产关系纳入物权法领域，则属于公权力的行使，不会导致契约规范对物权法领域的侵入。从这个角度来看，也可以说明为何德国学者认为，物权类型封闭原则只约束当事人，而不约束立法者和法官。[1] 因此，真正使物权类型封闭原则在体系结构上得以证成的是“物权法的自治性”，而非概念上的物权与债权的区分。即使放弃物权类型封闭原则和“物权法的自治性”，也不会使作为概念的物权和债权变得模糊不清，只是使它们失去了体系建构作用而已。

对于物权法自治性与物权类型封闭原则在体系结构上的因果关系，德意志法系各继受国的理论界似乎欠缺重视。不仅日本学者没有提及物债二分民法体系与物权法定原则之间的关系，我国大陆和台湾地区的老一辈学者也没有将物债二分民法体系作为维护物权法定原则的理由。[2] 近年来，我国部分学者也注意到了物权法自治性观念、物权法定原则、物债二分民法体系的关联，[3] 并意识到了物权法定原则对物债二分体系的维护作用。[4] 值得注意的是，支持物权类型开放的学者同样也注意到了放弃物权法定原则对物债二分体系的冲击，但他

---

〔1〕 参见第二章第三节。

〔2〕 [日]近江幸治：《民法讲义Ⅱ物权法》，王茵译，北京大学出版社2006年版，第7页；[日]我妻荣：《新订物权法》，罗丽译，中国法制出版社2008年版，第26～27页；王泽鉴：《民法物权·通则·所有权》，中国政法大学出版社2001年版，第45页；梁慧星、陈华彬：《物权法》（第4版），法律出版社2007年版，第45～46页。

〔3〕 朱虎：《物权法自治性观念的变迁》，载《法学研究》2013年第1期，第141～158页。

〔4〕 例如，严格坚持物权法定原则的陈本寒教授认为：“物权与债权的区分是法典编纂的前提，如果用公示原则替代物权法定原则，将使物权与债权的界限变得模糊不清，民法典的体系将无从构建。”前文已经谈到，即使放弃物权类型封闭原则，也不会使作为概念的物权和债权变得模糊不清，只是使它们失去了体系建构作用而已。此处引用陈本寒教授的观点，只是为了说明他看到了物权类型封闭原则对物债二分民法体系的维护作用，并不代表笔者赞同陈教授的观点。参见陈本寒：《也论物权法定原则——兼评物权法第5条》，载《法学评论》2009年第4期，第34页。

们对民法体系的态度却存在差异:

张鹏、杨代雄两位学者一方面主张物权类型开放,另一方面却希望继续维持物债二分体系。张鹏认为,应该维持物债二分的体系,但他又主张在不动产领域开放债权登记,债权经登记后获得对抗第三人的绝对效力,即“除法律规定的物权及内容外,当事人有关不动产利用、处分、限制的约定,在不违反法律和公序良俗的情况下,经登记,可以对抗第三人。”但问题是在开放债权登记的情况下,又如何维持物债二分体系呢?张鹏教授并没有说明。[1] 杨代雄认为应该采纳开放的物权体系,对于直接支配物的权利,只要经过公示即可认定为物权,《中华人民共和国物权法》编入民法典时应该将第5条修改为“设立本法未明确规定的直接支配物的权利,依法经适当公示,可以认定为物权,但不得违反本法及其他法律的强行性规定。以特约对本法明确规定的物权的内容予以变更者亦同。”[2]

苏永钦教授则直面取消物权法定原则后,物债二分体系瓦解的事实,并大胆地提出了物权类型自由下的民法体系设计:民法典的基本结构是主体法—财产法—民事责任。在财产法之下并不做物权编和债编的划分,以财产权关系统合现行法中的各种债之关系和物权类型;设置财产法通则,以所有权作为产权秩序的出发点,保留负担行为与处分行为,前者只形成相对关系,后者则通过公示形成对世定分关系,同时以诚信原则、情势变革、定性化契约控制和不当得利作为一般的衡平制度;设置两个财产法分则,分别规定交易行为形成的财产关系和非交易行为的财产关系。侵权行为和合法行为所生的赔偿和补偿责任独立成编,称为民事责任。[3]

笔者认为,物权类型开放与物债二分体系是不能兼容的,张鹏、杨代雄的设想只是一种虚与委蛇,因为在以公示代替物权法定原则的情况下,物权和债权之间固然仍然存在区分,但当事人实际上可以通过公示将任何物上约定转化为物

[1] 张鹏:《物债二分体系下的物权法定》,载《中国法学》2013年第6期,第75页以下。需要注意的是,在动产领域,张鹏认为,在相关动产登记公示制度建立前,动产领域仍然应该维持物权法定原则。

[2] 杨代雄:《物权法定原则批判——兼评物权法第5条》,载《法制与社会发展》2007年第4期,第27页以下。

[3] 苏永钦:《物权法定主义松动下的民事财产权体系——再探中华人民共和国民法典的可能性》,载《厦门大学法律评论》(2004年第8辑),厦门大学出版社2004年版,第8~49页;苏永钦:《可登记财产利益的交易自由——从两岸民事法制的观点看物权法定原则松绑的界限》,载《南京大学法律评论》(2010年秋季卷),法律出版社2010年版,第40页以下。需要注意的是,苏永钦教授也认为动产物权难以自由化,但他认为应该用可登记财产与不可登记财产的划分代替动产与不动产的划分。

权,同时物权编中的规定也和合同法中的规定一样,属于任意性规范,在这种情况下,物权法与债法分编已经失去了意义或者说已经彻底动摇了。例如,在物权类型封闭原则下,租赁合同和地上权分别被规定在债法(合同法)和物权法中,当事人可以通过签订(土地)租赁合同和设定地上权的方式达到利用他人土地的目的,但只有依照物权法的规定设定地上权才能获得完整的物权保护;如果取消物权类型封闭原则,那么当事人只需将(土地)租赁合同提交登记,其基于租赁合同取得的权利即可成为物权并获得完整的物权保护,在这种情况下,关于地上权的规定已经成为任意性规定而无独立存在的必要,立法者将其与租赁合同合并规定即可。同理,只要取消物权类型封闭原则,物权法规定的各类意定物权都可以纳入合同编中而无独立规定的必要了。苏永钦教授主张在物权自由创设下重构民法体系,原因也在于此。因此,只要还要维持物债二分体系,实行物权类型封闭就是必然选择。在物权法自治性观念逐渐式微的情况下,物权类型封闭原则实际上构成了物债二分体系的最后防线,保留这一原则,物权法独立成编尚可坚持,但舍弃了它,物债二分的体系就维持不下去了。[1] 对于一个已经采纳了物债二分体系的国家,如果要改采物权自由创设,显然就要面临民法体系重构的严峻局面。对此,我们将在后文讨论。

(四)信托制度冲击说?

这一学说认为信托制度与大陆法系中的统一所有权观念以及物权类型封闭

[1] 虽然在《德国民法典》的制定过程中,物权法的自治性构成了立法者的前见,但在《德国民法典》的具体规定中,这一观念并没有被百分百地得到遵循,在后来的司法实践中,各种物权法自治性的制度要求也逐渐发生了松动。作为物权法自治性重要一环的物权类型封闭原则也因为"债权物权化"等因素的影响而发生了一定的软化,但目前德国民法学界的大多数学说仍然坚持物权类型封闭原则。未来的德国民法学界可能会放弃物权法自治性观念其他制度要求,但物权类型封闭原则肯定是最后被抛弃的,因为一旦抛弃这一原则,德国的整个民法体系就需要重新建构了。1992 年《荷兰民法典》也选择了物债二分体例,同时采纳了物权法自治性的部分制度要求,例如物权客体限于有体物、坚持物权类型封闭原则、采纳分离原则。与《德国民法典》相比,《荷兰民法典》中的物权法自治性观念明显较弱,不仅拒绝了抽象原则,还直接开放了与登记财产相关的某些对人权登记。但即便如此,《荷兰民法典》仍然采取了多个条文来规定物权类型封闭原则,其对这一原则的维护甚至比《德国民法典》更为严密。在《欧洲民法典共同参考框架草案》(DCFR)中,物权法自治性观念就更加微弱了,在所有权变动方面,既不采纳分离原则,也不采纳抽象原则。但是,DCFR 并没有就是否采纳物权类型封闭原则做出决定,而是采取了援引内国法的做法。我国学者朱虎认为,放弃物权法的自治性只是放弃物权法和债法的完全区隔,用实用主义的开放体系逐步取代形式主义的封闭体系,但物权法作为私法体系的独立组成部分这一点并未被放弃。对于物权法定原则,朱虎认为,基于物权的基本交易结构和社会结构形成功能,物权法定原则仍有存在的必要,只是应当软化,这样的结果是导致物权法自治性在不同程度上被放弃了。参见本书第二章第三节;第三章第二节;朱虎:《物权法自治性观念的变迁》,载《法学研究》2013 年第 1 期,第 149 ~ 150 页、第 152 ~ 153 页、第 157 ~ 158 页。

原则不相容,一旦大陆法系国家引入信托制度,就会导致物权类型封闭原则发生根本性动摇。具体来说,包括两个层面:其一是担保性信托,主要是指在所有权保留或让与担保中,出卖人或债权人虽然享有所有权,但实际上受到了买卖合同或让与担保合同约束,导致所有权的实际权能仅仅相当于担保物权,成为"担保性所有权"。其二是管理性信托,它实际上就是英美法信托制度在大陆法系中的运用。在管理性信托中,受托人虽然享有所有权,但实际上受到了信托契约的约束,其享有的实际上是"管理性所有权",而受益人基于信托契约所获得权益又具有一定的对抗效力,这就导致所有权权能在受托人和受益人之间分配,具体如何分配又取决于信托契约的约定。信托冲击说认为,所有权功能化导致统一抽象所有权被瓦解,信托契约的多样性实际上使物权类型封闭原则处于岌岌可危的状态中。在大陆法系各国中,信托制度的运用已经比较广泛,各国均有学者认为信托制度构成了对物权类型封闭原则的冲击。[1] 我国学者郑瑞琨也持这种观点,他认为:"信托制度的最基本特征,就是所有权权能分离的深刻化或所有权本身的分裂……如果连所有权这种'物权之母'都可以因当事人的信托约定而发生彻底的分割或分裂,从而实质上不存在,那么'物权的种类和内容由法律创设'的命题无疑从根本上发生了动摇。"[2]就如何调和这一冲突,郑瑞琨语焉不详,只是说应该对《物权法》第5条进行适当虚化。[3]

可是事实真的如此吗?令人吊诡的是,英美法系也存在财产权类型封闭原则,为什么信托制度在其诞生地没有对这一原则产生冲击呢?难道信托制度真的与大陆法系的统一所有权和物权类型封闭原则不相容吗?笔者认为,只要通过恰当理论建构,信托制度并不会导致所有权分裂,也不会对物权类型封闭原则造成冲击。

第一,大陆法系学者在使用"信托"一词时,其涵盖范围较英美法系广,英美法系中的信托实际上就是"管理性信托",而大陆法系学者所说的"信托"往往还包括担保性信托(担保性所有权),我国大陆和台湾地区的学者也有将房屋借名

---

〔1〕 参见本书第二章第一节,第二章第三节,第三章第二节,第三章第三节。

〔2〕 郑瑞琨:《信托法与物权法定原则的冲突及其解决》,载《政法论坛》2007年第4期,第80~81页。相同观点还可参见谢哲胜:《中国大陆物权法制的立法建议》,载《财产法专题研究(三)》,中国人民大学出版社2004年版,第122页。

〔3〕 郑瑞琨:《信托法与物权法定原则的冲突及其解决》,载《政法论坛》2007年第4期,第85~86页。

登记契约作为消极信托来对待的。[1] 笔者认为,担保性信托和借名登记契约只是新型担保物权的承认或特定债权的物权化,并不会危及物权类型封闭原则。(1)所谓担保性所有权,究其本质实际上是占有质权不能满足现实交易需要而产生的动产担保方式,其法律结构实际上是所有权人都受到担保条款的约束。在德国司法实践中,这种担保性所有权实际上是被当作非占有质权来对待的,按照德国民法学界的观点,对担保性所有权的承认只是法律续造,并没有突破物权类型封闭原则。换言之,担保性所有权实际上只是法官通过判例承认的一种担保物权。[2] 在《荷兰民法典》中,非占有质权(隐秘质权)得到了明确承认,自然不再需要担保性所有权了。对于担保性所有权或非占有质权来说,最为关键的是如何平衡担保权人和善意第三人的利益冲突,因为这种担保方式并没有公示,第三人无法查知其存在。对此,《荷兰民法典》选择保护善意第三人,在其取得所有权时,隐秘质权消失。[3] (2)在英美法视野中,不动产借名登记契约其实就是用益(Use)或消极信托,不动产名义上由受托人持有,但受益人实际上对不动产享有占有、使用、收益的权利。在德意志法系的视角下,不动产所有权由名义所有权人享有,但其受到契约的约束,真实权利人对不动产只享有债权。如果法院出于公平考量,赋予真实权利人的权利以对抗第三人的效力,那么这充其量只是债权物权化,并不会动摇物权类型封闭原则。

第二,目前许多大陆法系学者对英美法上的管理性信托存在误解。前面已经谈过,在英美法中,"非限嗣继承地产权"实际上就相当于大陆法系上的"土地所有权",而"ownership"只是简单指代某一财物或权益的归属,并不是大陆法系中的"所有权"。因此,英美法中的"duality of landownership"只能被翻译为"双重土地权利",其含义实际上是说受托人和受益人都对土地享有权利,而非所谓所有权分裂。在英美信托制度中,相当于大陆法系土地所有权的非限嗣继承地产权始终掌握在受托人手中,并没有出现分裂。至于受益人权利,衡平法院起初只承认其为对人权,后来才逐渐扩展其对抗第三人的效力,用大陆法系的话来说,这就是一种"债权物权化"的过程。进入20世纪后,英国法将受益人权利作为可

---

〔1〕 林诚二:《不动产物权变动之实与虚——以我国台湾地区借名登记契约之相关问题为说明》,载《北方法学》2014年第1期,第5~15页。

〔2〕 参见本书第二章第三节。

〔3〕 参见本书第三章第二节。

超越的利益来对待，其对抗效力基本上已经被否定了，恢复到了对人权的属性；[1]在美国，虽然没有采取英国法的做法，但受托人权益的对抗性也因各种措施而被大幅削弱了。[2] 受益人权利对抗力减弱的原因在于，在市场经济环境下，受益人关心的是金钱收益，而非信托财产的具体形态，只有土地流通顺畅，收益才能得到保障。用大陆法系的术语来描述，英美信托法的法律结构实际上经历了从"所有权—对人权"到"所有权—对人权物权化"，再到"所有权—对人权"的变迁。由于在20世纪，英美信托制度的受益人权利的对抗性已经大大削弱了，因此其并不会对财产权类型封闭原则造成实质性的影响。

第三，那么对于管理性信托，大陆法系国家应该如何处理才能将其与既存的理论制度契合呢？我们认为，有两套方案可供选择。(1)方案一的目标是将管理性信托纳入"所有权—他物权"结构。[3] 我们可以选择将受托人的权利认定为所有权，将受益人的权利作为他物权（信托受益权）；也可以将受益人权利作为所有权，受托人的权利作为他物权（信托管理权）。目前，法国、德国的信托法将受托人视为所有权人，而南非则将所有权归属的决定权交给当事人。[4] 对此，读者可能会有疑问，既然受托人权利和受益人权利取决于信托契约的约定，而信托约定又是多样化的，那么如何能够实现他物权化呢？答案很简单，在"所有权—信托受益权"或"所有权—信托管理权"的结构中，"信托受益权"和"信托管理权"都可以被视为框架性他物权，立法者只需要规定几个法定要件，而具体的权利内容可以交由当事人通过私法自治来决定。这种框架性他物权或框架性财产权在两大法系都不鲜见，地役权、实物负担或限制性约据都是具体内容由当事人约定的框架性他物权（财产权）。(2)方案二是仿照英国法中做法，采纳超越原则，即受托人享有所有权，而受益人权利原则上为债权（对人权）。但也存在一些例外：例如，受益人实际占有该财产时，可以使其具有对抗第三人的效力，即债权物权

---

〔1〕 参见本书第四章第二节。

〔2〕 参见本书第四章第三节。

〔3〕 德国和南非的学者已经提出了将管理性信托纳入"所有权—他物权"结构的见解，我国学者王涌也赞成这种观点。可参见孙静：《德国信托法探析》，载《比较法研究》2004年第1期，第85～95页；M. J. De Waal, *The Uniformity of Ownership, Numerus Clausus and the Reception of the Trust into South African Law*, European Review of Private Law 3:439－452, 2000, pp. 441－444；王涌：《论信托法与物权法的关系——信托法在民法法系中的问题》，载《北京大学学报》（哲学社会科学版）2008年第6期，第97～98页。

〔4〕 参见本书第二章第一节、第二章第三节、第四章第四节。

化;又如,在受托人严重违背信托义务,而第三人知情或与之串通的情况下,可以考虑通过债权人撤销权(废罢诉权)来为受益人提供救济;再如,特别赋予受益人破产取回权。这些例外可以用债权物权化来解释。在这两个方案中,我们更倾向于方案二,因为在大多数信托制度中,信托财产的具体构成对受益人并不重要。但无论采取哪个方案,大陆法系的统一所有权观念和物权类型封闭原则都不会受到威胁。

综上所述,只要通过恰当理论诠释和制度建构,信托制度就可以被妥善地纳入物债二分民法体系中,并不会对统一所有权和物权类型封闭原则造成冲击。其实,对于信托制度来说,真正关键的倒不是上述理论的争议,而是如何构建信托公示制度。

二、物权(财产权)类型封闭原则的实质合理性

虽然物债二分体系为物权类型封闭原则提供了概念体系合理性依据,但这种外部逻辑体系并不具有先验性和普世性,如果不能在价值目的层面为其找寻到合理性依据,那么随着物债二分体系的取消,镶嵌于其中的物权类型封闭原则也将无法自存。从物权类型封闭原则在大陆法系各国的形成继受史来看,概念体系方面的因素发挥了主要推动作用,但实质合理性方面的考量也是存在的:德国学者维甘德(Wolfgang Wiegand)明确指出,在德国民法典制定时,维护财产流通性就已经成为物权类型封闭原则在法律政策方面的动因;〔1〕法国学者通常将物权类型封闭原则与维护“公共秩序”关联起来。〔2〕英美法系同样存在财产权类型封闭原则的事实,也印证了其背后必然存在实质合理性追求。在当前的论辩中,维护物权类型封闭原则的学者通常以保障交易安全和财物流通性、维护行为自由、防止封建物权复活等理由来说明价值目的合理性;反对者则认为上述理由均站不住脚,物权类型封闭原则是对私法自治的过度干预,不具有实质合理性。那么物权类型封闭原则究竟有无实质合理性呢?

(一)基于自由价值的论辩:“所有权人的自由”与“一般人的自由”

私法自治是私法领域的核心价值,“自由”也成为物权类型封闭原则实质合

〔1〕 参见本书第二章第三节。

〔2〕 参见本书第二章第一节。

理性论辩的重要出发点。维护物权类型封闭原则的学者认为:其一,任意创设物权,对所有权设种种限制与负担,将妨碍所有权自由,影响物的利用。例如,王泽鉴教授认为,“物权与社会经济具有密切关系,任意创设,对所有权设种种限制及负担,妨碍所有权自由,影响物的利用。以法律明定其种类内容,建立物权类型体系,有助于发挥物尽其用的经济效益。”〔1〕这种观点又被称为“物尽其用”,谢在全、梁慧星等老一辈学者亦赞同此种观点。〔2〕其二,物权类型封闭原则的目的在于维护一般人的行为自由,防止任意创设物权对一般人行为自由的损害。这种观点即海克的自由保护(Freiheitsschutz)学说。海克认为,物权类型封闭原则的目的是对法生活(Rechtsleben)的自由保护(Freiheitsschutz),只给予在历史上就已经获得承认的重要权利类型以物权保护,可以防止任意给权利提供物权保护给他人造成的侵害,因为物权为绝对权而且其延续期限也长,如果对缺乏利益的权利提供物权保护,那么对法生活的损害比债权保护要大。〔3〕

反对这一原则的学者则认为,物权类型封闭原则是对所有权人自由的限制,反而影响了对物的充分利用,同时物权的自由创设也不会给一般人的行为自由造成损害。例如,张鹏教授认为,人类社会对物的多层次、多方式的利用是现代社会经济发展的需要,所有权与他物权的分离以及他物权种类的多样化是必然的趋势,所有权人创设他物权正是充分利用所有权,发挥物的价值的需要,即便他物权的设置使所有权人受到了限制也是所有权人自愿造成的,并且他从中也获得了对价,因此出于当事人自愿在财产上设置多种他物权并不会损害财产价值,反而有利于财产价值的发挥。〔4〕苏永钦教授认为,任何内容的物权都不可能有超越所有权权能的内容,即便存在物上负担或其他内涵的物上关系,也仅及于物上,在以所有权为基本定分的财产权秩序,以及占有推定物权所建立的和平秩序下,任意创设他物权并不会对一般人的行为自由造成负面影响。〔5〕

---

〔1〕王泽鉴:《民法物权·通则·所有权》,中国政法大学出版社 2001 年版,第 45 页。

〔2〕梁慧星、陈华彬:《物权法》(第 4 版),法律出版社 2007 年版,第 46 页;谢在全:《物权法定主义》,载《东吴法律学报》1987 年 2 月总第 5 卷第 1 期,第 117 页。

〔3〕Heck, Grundriss des Sachenrechts, Scientia Xalen, 1960, S. 87.

〔4〕张鹏:《物权法定主义研究——兼论物权自由创设主义之合理性》,《国际法与比较法论丛》(第 15 辑),中国方正出版社 2005 年版,第 590 ~ 660 页。

〔5〕苏永钦:《物权法定主义松动下的民事财产权体系——再探大陆民法典的可能性》,载《厦门大学法律评论》(第 8 辑),厦门大学出版社 2004 年版,第 11 ~ 15 页。

1. 所有权人的自由

就所有权人自由（所有权自由）而言，正反两种观点看似都有道理，但仔细分析就会发现双方所称"所有权自由"并非一回事。维护者所称的"所有权自由"，是指对物的整体进行利用和处分的自由，如果任意创设他物权导致所有权瓦解或受到过多的限制，那么所有权人对物的整体利用或处分的自由就会受到限制。反对者所称的"所有权自由"，是指对物进行多样化利用的自由，在实行物权类型封闭的情况下，所有权人创设他物权的自由确实受到了限制。[1] 换言之，"整体利用处分的自由"与"分散利用的自由"之间存在矛盾。美国学者梅里曼在谈及英美财产法中的定序授予制度中，也提出了"父亲的自由"与"儿子的自由"之间的矛盾，即定序授予所导致的"死手控制"（dead-hand control）问题，作为前手的父亲可以对土地权益在时间上进行分割安排，导致非限嗣继承地产权（fee simple）瓦解，作为后手的儿子长期不能自由处分该土地权益。[2] 从历史发展的角度来看，在农业经济的静态社会下，"分散利用的自由""父亲的自由"受到法律保护，而在市场经济的动态社会下，"整体利用处分的自由""儿子的自由"则更受重视。如果法律倾向于前一种自由，自然应该选择物权自由创设主义，但如果法律更青睐于后一种自由，那么就应当选择物权类型封闭原则。因此，空泛地谈维护所有权自由是无解的，关键是主权者意图追求何种自由，而这又取决于其他价值考量。

2. 一般人的自由

就一般人的行为自由而言，正方的观点并不足取。对一般人行为自由的重

---

〔1〕 从张鹏教授的观点来看，他显然是将"所有权自由"或"物的利用"理解为在物质上自由地对物进行占有、使用、收益。虽然物权类型封闭原则使得所有权人在为他人创设他物权时，只能在既定的类型中选择，的确在一定程度上限制了所有权人的自由，但事实上，物权类型封闭原则并没有对"物的利用"构成太大的阻碍，在整个物权领域，受物权类型封闭原则约束最小的就是用益物权领域，各国物权法不仅提供了独占型的用益物权，还提供了分享型的用益物权：独占型的用益物权包括大陆法系国家的用益权、地上权、永佃权，英美法系国家的租赁地产权，分享型的用益物权包括役权（地役权、人役权）、实物负担、限制性约据。这些用益物权的具体内容通常可以由当事人约定，例如大陆法系国家的役权、实物负担以及英美法系国家的租赁地产权、限制性约据实际上都是框架性权利，2009 年我国台湾地区"民法典"修订也开始逐渐放开各种法定用益物权亚类型的创设。因此，即使物权类型封闭原则构成了对物实际利用的限制，这种限制也不会像物权自由论者所想象的那么大。如果真的要在物权类型封闭原则和物权类型开放原则之间做出选择，即使不考虑物权类型开放原则可能带来的负面效应，我们至少需要先比较一下在物权类型开放原则和物权类型封闭原则下，物权的类型是否有太大的差距。如果差距不大，那么废弃物权类型封闭原则，改采物权类型开放原则的主张就没有迫切必要性。在本章第四节中，我们还会再讨论这个问题。

〔2〕 John Henry Merryman, *Policy, Autonomy, and the Numerus Clausus in Italian and American Property Law*, 12 Am. J. Comp. L. 224, 1963, pp. 224 – 231.

视，是19世纪纯粹自由经济时代传承下来的重要价值取向，在当下自由主义仍然属于主流价值取向的国家中仍然具有重大的影响。对一般人行为自由的维护，也是侵权行为法的重要价值取向之一：第一，出于保护行为自由的目的，损失原则上应该保留在遭受损失的人身上，除非有特殊理由——行为人有过错（culpa）。第二，侵权行为法的保护范围应该是清晰的，否则将导致行为人无法判断是否应该为某一行为，这必然使人人过分小心谨慎，行为自由必将大受损害，自由主义市场经济活动也无法展开。因此，侵权损害赔偿请求权的保护范围原则上以绝对权为限。〔1〕 在这种情况下，就会存在这样的担忧：如果放任物权自由创设，那么随着他物权的数量会增加，侵权法的保护范围的确有可能扩张，一般人的行为自由也就有可能受到威胁。

绝对权包括物权、人格权、知识产权三类。从人格权和知识产权的例子来看，上述担忧的确具有一定的合理性。人格权领域原本实行类型封闭，但随着"一般人格权"的承认，人格权的类型封闭即被抛弃。虽然一般人格权的承认确实有利于对人格尊严的维护，但由于其边界不清晰，判断是否侵权时通常要进行利益衡量，确实对行为自由带来了负面影响。〔2〕 在当今各国中，知识产权也是类型封闭的，而且基本上都是由制定法确定的，〔3〕个中缘由在于知识产权是一种对特定行为的垄断权，知识产权人以外的主体不能从事该特定行为，这实际上就是从一般人的行为自由中扣除出了一部分。如果放任当事人自由创设知识产权，那么越来越多的特定行为将被纳入垄断范围，无疑会使一般人的行为自由空间

〔1〕 在这个指导思想下，《德国民法典》第823条第1款明确将侵权法的保护范围限定为边界清晰的绝对权："故意或有过失地不法侵害他人的生命、身体、健康、自由、所有权或其他权利的人，有义务向他人赔偿因此而发生的损害。"此处的"其他权利"是指姓名权、肖像权、著作权（包括著作人格权）以及法律规定的其他绝对权。参见［德］马克西米利安·福克斯：《侵权行为法》，齐晓坤译，法律出版社2006年版，第1页以下。

〔2〕 在德国法上，人格权本身是法定的，《德国民法典》第823条第1款原本所保护的人格权仅限于生命权、身体权、健康权、自由权、姓名权、肖像权以及著作人格权，这些人格权无一例外都是界限清晰的。在1954年德国联邦法院根据《基本法》第1条和第2条引入"一般人格权"，并经其作为第823条第1款中的"其他权利"后，人格权法定就已经被放弃了。虽然一般人格权的引入是出于人格尊严维护这个崇高的价值，但其的确对行为自由造成了不利影响：一般人格权的内容广泛，而且其中部分类型边界不清，导致诉讼频发，例如，名誉和隐私这样的人格利益并无清晰的边界，法官在处理侵害名誉和隐私的案件时，必须要在名誉保护、隐私保护与言论自由、新闻自由、艺术自由之间进行利益平衡。参见［德］迪特尔·施瓦布：《民法导论》，郑冲译，法律出版社2006年版，第209页以下。

〔3〕 美国法院也通过判例承认了两种知识产权，即阻止信息滥用的权利（the doctrine of misappropriation of information）和公开权（right of publicity）。参见本书第四章第四节。

受到严重压缩,故应实行类型封闭。[1]

但是,只要我们仔细思考,就会发现这种担忧对于物权来说是多余的。物权中的所有权决定着特定物的归属,它实际上是和著作权、商标权、专利权等知识产权处于同一位阶的权利,只不过所有权是对特定客体的垄断控制,而这三种知识产权是对特定行为的垄断控制。作为绝对权的所有权的界限是非常清晰的,就是其所支配的特定物的广延,对于他人享有所有权的物,一般人均负有尊重义务——“不干涉自己无权之物”。因此,我们可以说,由于有所有权这种绝对权的存在,一般人的行为自由中被扣除了——“随意干涉自己无权之物”——这一部分。那么所有权人在自己的物上创设他物权会使一般人的行为自由被进一步扣减吗?答案显然是否定的。任何他物权的权能都不可能超越所有权权能,即便存在物上负担或其他物上关系,也仅及于物上,与一般人并无关系,因此他所承担的义务仍然是“不干涉自己无权之物”,而且一般人行为禁区的范围也不会因他物权的创设而发生变化,仍然是该特定物的广延。虽然内容多样繁杂的他物权可能对交易安全造成负面影响,但只要不进行交易,他人就无须了解其内容或获取公示信息。对于一般人而言,只要做到“不侵入自己无权之物”,就不会侵害该物权。显而易见,他物权的创设并不会损害一般人的行为自由。因此,以保障一般人的行为自由为理由来论证物权类型封闭原则的合理性的学说是站不住脚的。[2]

(二)基于市场经济的论辩:可流通性与交易安全

在自由市场经济体制下,促进财物流通是立法者的重要价值考量,也成为物权类型封闭原则实质论辩的重点,维护可流通性与保护交易安全实际上都可以

---

〔1〕 至于在知识产权的法定类型之下,可否自由创设次类型的知识产权,学者们的观点也不一致:从苏永钦教授的论述来看,他赞成当事人在法定类型的知识产权下,自由创设次类型的知识产权;美国学者 Mulligan 认为,自由创设次类型的知识产权限制了财产流通性,并导致过高的信息成本,因此认为应该在此领域引入财产权类型封闭原则;意大利学者 Mezzanotte 的观点并没有这么绝对,而是认为应该衡量次类型创设所带来的利益与由此引发的信息成本,并寻找到平衡点。可参见苏永钦:《物权法定主义松动下的民事财产权体系——再探大陆民法典的可能性》,载《厦门大学法律评论》(第 8 辑),厦门大学出版社 2004 年版,第 13 ~ 15页;Christina Mulligan, *A Numerus Clausus Principle for Intellectual Property*, 80 Tenn. L. Rev. 235 2012 - 2013; Francesco Mezzanotte, *The Interrelation between Intellectual Property Licenses and the Doctrine of Numerus Clausus. A Comparative Legal and Economic Analysis*, Comparative Law Review, Vol. 3, pp. 1 - 42。

〔2〕 当然,自由创设他物权可能会使侵权损害赔偿金的计算和分配更加困难。这种困难多半是所有权人与用益物权人之间以及各用益物权人之间的分配问题。至于担保物权人的侵权损害赔偿金的分配,由于担保物权具有物上代位性,故不会产生太大的麻烦。

归纳于促进财物流通这一价值考量之下。具体而言,促进财物流通有三个制度要求:第一,确保财物具有可流通性(alienability);第二,降低财物流通中的谈判难度;第三,保障财物流通的交易安全。后两个制度要求又可以统称为"财物流通的顺畅性"。可流通性与流通顺畅性结合,即可达成促进财物流通的价值追求。上述三个制度要求与物权类型封闭原则是否存在关联呢?以下分述之。

1. 维护财物的可流通性

维护财物的可流通性,即确保财物始终处于可流通状态,除非法律另有规定,民事主体不能通过私法自治将财物排除出流通领域。这又提出了两个具体要求:其一,权利人对财物的处分权能,不能通过私约排除;其二,权利人不能通过私约将财物上的整体权利分割瓦解,防止财物在法律上或事实上无法被整体利用或处分。换言之,法律应当倾向于保护"整体利用处分的自由"或"儿子的自由"。

在上述制度要求下,法律应该在特定物上配置一种权能全面并及于物之整体的权利类型,并原则上禁止民事主体通过法律行为对其分解或排除其处分权能。在大陆法系,这一制度要求体现为所有权以及对所有权处分权能的维护,最为典型的就是《德国民法典》第137条。[1] 其他大陆法系国家也采取了同样的态度:法国司法实践对排除所有权转让权能的约定非常警惕,必须满足严格的限制条件,才具有对抗第三人的效力。[2] 《荷兰民法典》第3:83条也明确维护处分权能,原则上只有债权的可转让性才可以约定排除,所有权或分项权利可转让性的约定排除不能对抗第三人。[3] 英美法系虽然并无所有权的概念,但非限嗣继承地产权(fee simple)实际上发挥着不动产所有权的功能,自19世纪以来,判例法和制定法不断压缩权利人对非限嗣继承地产权的形成自由空间,并维护非限嗣继承地产权的处分权能,"死手控制"和家族大地产保有制在法律上也被彻底终结了,这背后的法理基础也是维护土地的可流通性。[4] 霍姆斯法官在Albin

[1] 《德国民法典》第137条的前身是前草案第91条和第一草案第796条。对于处分权能维护的对象,前草案第91条仅规定了对所有权处分权能的维护,第一草案第796条将处分权能维护对象扩展至全部物权类型,第二草案将维护对象扩展到除债权以外的全部可处分的权利,并将该条款移至总则中,《德国民法典》第137条由此诞生。参见本书第二章第三节。

[2] 在法国的司法实践中,早期法院并不承认排除所有权转让权能的约定条款的效力,认为它违反了民法典对所有权的规定,后来司法判例和立法虽然承认了这种条款的对抗第三人效力,但规定了严格的限制条件,即该条款必须是暂时的,而且有正当利益证明其属于必要。参见本书第二章第一节。

[3] 参见本书第三章第二节。

[4] 关于英美法系非限嗣继承地产权的变迁,可参见本书第四章第二节、第三节。

Johnson v. Royal Whiton 案中也是从维护非限嗣继承地产权和财产可转让性的角度来对禁止当事人创设新地产权的政策说理。[1] 因此,维护财物可流通性在制度上的要求即为“所有权法定”。

从这个角度来看,物权类型封闭原则所意图维护的“所有权自由”,其实就是指对物的整体进行利用和处分的自由,特别是处分自由。在自由市场经济体制下,所有权最重要的权能实际上就是处分权能,而所谓“物尽其用”也要在自由流通中才能得到实现,因为只有通过市场交易,物才能流转到对其效用评价最高的人手中,从而实现“物尽其用”。当维护财物可流通性成为法律制度的价值目标时,必然就会对当事人自由构成一定的限制,因为纯粹自由的过程并不一定会导致符合自由经济体制的财产制度,我们以英美法上的定序授予为例,就可以明白这个道理:放任父亲的自由,很可能会导致“死手控制”,儿子的自由就会被减损。如果当事人可以通过法律行为随意地将所有权分解,进行代际分配或者通过法律行为排除所有权的处分权能,那么他们就可以轻而易举地将特定财物排除在交易秩序以外,使其成为不可流通物,这无疑会与保障可流通性的政策目标相抵触,因此法律就需要实行“所有权法定”,禁止当事人任意改变其内容。虽然在市场经济成熟的情况下,物本身已经不是财富的唯一来源,大多数人也不会刻意将物排除在交易秩序外,但在没有法律约束的情况下仍不能排除个别人倒行逆施的可能性。不过,维护财物可流通性虽然可以说明“所有权法定”的合理性,但却不能妥善解释“他物权法定”。前已述及,并非所有的他物权都会导致所有权瓦解,大多数的他物权只是对所有权的限制,并不会取消所有权的本身。因此,在确保所有权不被瓦解的前提下放弃他物权法定,即便财物流通的顺畅性因五花八门的他物权类型而降低,财物的可流通性仍然存在。要完整地证立物权类型封闭原则,还需要将流通顺畅性因素考虑在内。

2. 降低财物流通中的谈判难度

财物流通中的谈判难度,影响着财物的流通顺畅性。如果流通协议极难达成,即便该物为可流通物,也事实上处于不可流通的状态。如果财物上的对世性权利处于碎片化的状态,潜在的受让人需要获得每一个权利人的同意才能整合

---

〔1〕 Albin Johnson v. Royal Whiton 159 Mass. 424;34 N. E. 542 (1893). 本案为美国法上承认物权类型封闭原则的典型判例。可参见本书第四章第三节。

全部权利碎片(取得不受他物权限制的所有权),谈判难度很大,极易陷入僵局。在这种情况下,虽然该物仍然具有可流通性,但流通顺畅性却大打折扣。这就要求在制度设计上尽可能减少财物受让人的谈判对象或者提供解决机制,防止出现僵局。在具体制度上,按份共有人对份额的优先购买权、共有领域的司法分割机制和多数决机制,其背后的法理即在于此。但是,基于这种理由仍然不能推导出"他物权法定"。原因在于,"他物权法定"所限制的是他物权的类型,而非他物权人的数量。在他物权法定的情况下,他物权人的数量确实会因为某些人的特殊需求无法满足而客观减少,但并不能保障他物权人数量一定少,因为任何一种他物权都可以由多人共享。因此,从这个角度出发,并无法说明"他物权法定"的合理性。

3. 保障财物流通的交易安全

交易安全能否保障,对财物流通顺畅性影响甚巨。如果无法保障交易安全,受让人屡遭权利瑕疵的损害,将会对财物流通造成负面影响。维护者认为物权类型封闭原则能够使物权关系简化和标准,便于公示,方便第三人知悉,从而保障交易安全。德国学者海克所称的"简明化原则"(Vereinfachungsprinzip)即为此义,即类型封闭原则可以简化法律制度,使登记簿简明,避免不必要的内容登入。[1] 这种学说已经被大陆法系各国的学者普遍接受,[2]英国判例法一般也是以第三人难以查知作为理由来拒绝承认当事人创设的新财产权种类的,如Keppell v. Bailey 案和 Hill v. Tupper 案。[3] 我国支持物权类型封闭原则的学者同样也以便于公示,保障交易安全为理由来论证其实质合理性。[4] 前文提及的"任意创设物权有害公益"的学说亦可划归此类,论者所称之"公益"实际上也是指交易安全。

反对者认为,公示制度建立完善的情况下,保障交易安全的任务可以由公示

---

〔1〕 Heck, Grundriss des Sachenrechts, Scientia Xalen, 1960, SS. 87 – 88.

〔2〕 参见本书第二章第三节、第三章第二节、第三章第三节。

〔3〕 Keppel v. Bailey (1834) 2 My & K 517; Hill v. Tupper (1863) 2 H. & C. 121. 这两个案件是英国法承认财产权类型封闭原则的典型判例。参见本书第四章第二节。

〔4〕 王泽鉴:《民法物权·通则·所有权》,中国政法大学出版社 2001 年版,第 45 页;梁慧星、陈华彬:《物权法》(第 4 版),法律出版社 2007 年版,第 46 页;王利明:《物权法定原则》,载《北方法学》2007 年第 1 期,第 13 ~ 14 页;尹田:《论物权法定原则的解释及其根据》,载《河南政法管理干部学院学报》2002 年第 4 期,第 26 ~ 27 页;傅穹:《物权法定三题》,载《法制与社会发展》1999 年第 1 期,第 32 ~ 33 页。

制度单独完成，无需物权类型封闭原则，此即“公示替代说”。在葡萄牙、我国台湾地区和大陆地区，均有学者持这种观点。例如，葡萄牙学者阿森萨(Oliveira Ascensão)认为，对于不动产或需要登记的动产，只要进行登记即可设定权利，对于动产，只要通过交付或占有即可设定权利；[1]我国学者常鹏翱认为，在物权绝对性的前提下，正是由于公示制度效能有限，才有物权法定的必要，但在物权法的规范体系中，公示决定法定的逻辑被颠倒了，反倒成了物权法定引导物权公示，因此我们实际上是还受到了双重干预。在公示效能大幅提高的情况下，应当实行物权自由，以公示作为区分债权、物权的标准。[2] 我国台湾地区的苏永钦教授也采此种观点，他认为，在建立公示制度、占有推定制度以及善意保护制度的情况下，自由创设物权并不会危害交易安全。[3] 在“公示替代说”提出后，坚持物权法定原则的学者明确表示反对，但除了重申物权法定物权公示的观点外，并没有提出有力的回应。[4]

这两种针锋相对的意见究竟何种正确呢？在物权公示制度完善后，我们就可以抛弃物权类型封闭原则吗？在回答这一问题之前，我们需要思考交易安全意味着什么，在法律架构中，用以维护交易安全的法律制度究竟是如何配合的。

从本质上来说，交易安全问题实际上是信息查询传递问题，即财物的受让人如何获得关于物上权利义务关系的信息，以防止不测损失。在交易过程中，财物的出让方和受让方往往处于信息不对称的状态，标的物上可能存在权利瑕疵，出让方可能不是物的有权处分人，而且物上可能还存在他物权或物务(Realobligation)，如果受让方对此完全不知情，就有可能遭受到损害。因此，保护交易安全的关键在于使潜在受让人获得关于物的准确信息。在制度设计上，为避免此种信息不对称

---

〔1〕 参见本书第三章第一节。

〔2〕 常鹏翱：《体系化视角中的物权法定》，载《法学研究》2006 年第 5 期，第 8 ~ 12 页。相同观点，还可参见杨代雄：《物权法定原则批判——兼评物权法第 5 条》，载《法制与社会发展》2007 年第 4 期，第 26 页；张鹏：《物债二分体系下的物权法定》，载《中国法学》2013 年第 6 期，第 76 页。

〔3〕 苏永钦：《物权法定主义松动下的民事财产权体系——再探大陆民法典的可能性》，载《厦门大学法律评论》(第 8 辑)，厦门大学出版社 2004 年版，第 15 页以下；苏永钦：《可登记财产利益的交易自由——从两岸民事法制的观点看物权法定原则松绑的界限》，载《南京大学法律评论》(2010 年秋季卷)，法律出版社 2010 年版，第 29 页。

〔4〕 陈本寒：《也论物权法定原则——兼评物权法第 5 条》，载《法学评论》2009 年第 4 期，第 32 ~ 37 页。

造成的损害,主要形成了两套机制:其一,针对信息本身,即简化信息或对信息进行标准化处理,其制度体现即为物权类型封闭原则,这也是"他物权法定"的合理性所在;其二,针对信息传递机制,制度体现即为物权公示制度,不仅包括物权人进行的地产公告、不动产登记、动产占有,还包括了潜在受让人进行的信息查询收集、信息传递错误时的救济措施(如善意取得制度)以及公证制度、产权保险等辅助制度。从表面上来看,第一套机制似乎劣于第二套机制,因为需要对当事人的意思进行裁剪,但第二种机制,特别是登记制度及相关辅助制度的建立与运行,也会消耗较大的人力、物力。

从前面的分析来看,"他物权法定"的实质合理性确实是保障交易安全。近代以来,首先产生的交易安全保护机制也是上述第一套机制,在未建立起公示制度的情况下,物权类型封闭原则就显得尤为重要,即使是到现在,绝大多数国家仍然是靠两套机制共同维护交易安全的。[1] 不可否认的是,随着公示制度的建立完善,"他物权法定"的重要性的确已经大幅下降了,但是否应该抛弃这一原则,改由公示制度单独承担交易安全保护的重任,恐怕还需要充分考虑各国公示制度的差异以及实际情况,并审慎思考改采物权自由创设的必要性、可行性与制度风险。在未考虑上述问题的情况下,主张用第二种机制完全取代第一种机制显然是遽下断语。对此,主张"公示替代说"的学者明显思虑不周,笔者将在下文对此进行讨论。

(三)基于公共政策的论辩

基于市场秩序的促进财物流通的价值考量,"整体利用处分的自由"压倒了"分散利用的自由",但学术界对物权类型封闭的论辩并不仅限于自由或经济层

---

[1] 在古罗马法中,法律制度并不重视交易安全保护,罗马法上"任何人不得处分大于其取得的权利"的原则正是明例,至于"对物之诉"适用范围有限也是诉权法定观念所导致的,与交易安全保护无关。在中世纪,交易安全保护并非法律所追求的重要价值,仅仅在动产交易中存在"以手护手"的观念,对于不动产,既无信息简化机制(物权类型开放),也无完善的信息传递机制。直到进入近代以来,物权交易越来越频繁,交易安全才开始受到重视,但完善的信息传递机制(物权公示制度)仍然迟迟没有建立起来,信息获取基本上只能依靠潜在受让人的调查搜寻,在这种情况下,信息简化(物权类型封闭原则)就显得尤为重要。以近代先发国家英国为例,在20世纪以前都没有建立完善的财产权公示制度,地产权交易存在很大的风险:对于普通法上的财产权利,无论受让人是否知悉,均对其发生效力,而善意保护原则仅仅只能针对衡平法上的财产权利主张。因此,英国法官只能通过遵循类型封闭原则,禁止当事人创设新财产权的方法来保障潜在受让人免遭突袭,维护交易安全,这种观念在 Keppell v. Bailey 案和 Hill v. Tupper 案的说理中表现得非常明显。英国在20世纪初进行财产法改革时,一方面简化并限制普通法地产权和土地权益的类型,另一方面建立登记制度,显然没有偏废其一,而是同时采取了财产权类型封闭原则和公示制度。

面，还包含了更广泛的公共政策考量。

维护论者最常用的公共政策理由即为"反封建"。从笔者收集到的资料来看，这一说法可以追溯到《法国民法典》的起草者特雷伊雅（Treilhard）对第543条的说明："一个人只能在客体上拥有三种类型的权利：所有权、使用权和土地负担。通过这种方式，我们的民法典废除了封建领主优先支配权。"[1]后来，将反封建与物权类型封闭原则联系起来的学说也在日本和我国出现：例如，日本学者我妻荣和近江幸治认为，废止封建权利，纯化土地权利是采纳物权法定原则的理由。[2]我国学者王泽鉴教授、谢在全教授和梁慧星教授也将废除封建物权，使土地关系单纯化，以适应社会需要作为采纳物权法定原则的理由。[3]值得注意的是，日本和我国学者的观点与法国学者稍有不同，即不仅提及反封建，还特别强调了"纯化土地关系"。[4]反对者则认为这一论调已经过时，例如，苏永钦、杨代雄以及刘正峰均认为，封建体制已经成为历史遗迹，在市场经济已经成熟的情况下，不会再有封建复辟的危险，因此物权法定原则的合理性已经丧失了。[5]严格来说，持这种观点的学者并不反对从反封建的政策目标中可以推导出物权法定原则这一学说，他们只是认为这一学说在当下已经过时了。

---

〔1〕 严格来说，特雷伊雅只是说将物权类型限于所有权、使用权与土地负担，有反封建的作用，但并没有说反封建就一定会导致物权类型封闭原则。参见本书第二章第一节。

〔2〕 [日]我妻荣：《新订物权法》，罗丽译，中国法制出版社2008年版，第26～27页；[日]近江幸治：《民法讲义Ⅱ物权法》，王茵译，北京大学出版社2006年版，第7页。

〔3〕 王泽鉴：《民法物权·通则·所有权》，中国政法大学出版社2001年版，第45页；谢在全：《物权法定主义》，载《东吴法律学报》1987年2月总第5卷第1期，第117～124页；梁慧星、陈华彬：《物权法》（第4版），法律出版社2007年版，第46页。

〔4〕 日本和我国学者在讨论物权法定原则的合理性时，通常会将"反封建"与"纯化土地关系"关联起来。这一点恰恰表明，日本和我国学者对"反封建"的理解与欧洲学者存在不同，实际上在日本学者的观念中，"反封建"并不仅仅是消除具有封建属性的物权，而且还包含了土地制度的整体转型。这需要结合《日本民法典》制定时的特定历史背景才能理解。当时日本朝野的共识是尽快建立新的法律秩序，废除治外法权，采纳物权法定原则不仅能够迅速废止封建制度，还可以强行建立新制度，整体更新日本的土地制度，帮助国家尽快实现"脱亚入欧"。在这种思想的指导下，日本的物权法定原则比欧陆各国的物权类型封闭原则都更加严格，原则上不承认习惯物权，因为承认习惯物权将延宕土地制度整体更新的进程，同时日本还采取了溯及既往的做法，民法典生效时既存的旧法物权均失去效力。因此，促使日本采纳严格物权法定原则的其实是土地制度的整体迅速转型，而不是单纯的反封建，只是日本学者习惯于把两者视为一体罢了。后来，《日本民法典》和日本学者的观点直接影响到了我国民国时期的立法和学术界，当前中国《物权法》第5条以及王泽鉴、梁慧星等学者的观点仍然可以看到这种影响。可参见本书第三章第三节、第四节。

〔5〕 苏永钦：《物权法定主义松动下的民事财产权体系——再探大陆民法典的可能性》，载《厦门大学法律评论》（第8辑），厦门大学出版社2004年版，第15页；刘正峰：《论无名物权的物权法保护——从对物权法定原则的检讨展开》，载《法商研究》2006年第2期，第12页；杨代雄：《物权法定原则批判——兼评物权法第5条》，载《法制与社会发展》2007年第4期，第25页。

除此之外,尚有从整体物权结构出发进行论证的学说:法国学者通常将整个物权法视为一种不容当事人通过私法自治加以改变的"公共秩序";[1]梁慧星教授认为物权类型的确定是国家主权的行使,物权法定原则是对国家主权的维护;[2]龙卫球教授认为所有权和他物权类型组成的财产结构体现了财产自由与分配正义兼顾的价值追求,通过他物权法定,一方面使财产自由的体制得以保留,另一方面又使立法者追求的分配正义获得保障;[3]前文所论及的"任意创设物权有害公益"的学说也可以划归此类。

公共政策,大体上可以分为消极否定某种价值或者积极追求某种价值,由此导致对某一类物上权利义务关系的消极对待或优先保护。前者实际上属于"公序良俗"的范畴,前述之"反封建"即为此类。封建,本质上是人身依附关系、财产关系与政治权力的结合,与法国大革命后的平等、自由观念相冲突,故属于公共政策的否定对象。但是,从法国大革命时期的反封建措施来看,反封建只是导致部分物权类型被消极排除了,并没有导致正面列举式的物权类型封闭原则。[4]这个结论也可以从19世纪上半叶法国学者关于《法国民法典》第543条的争议中看出来,如果反封建措施已经导致了物权类型封闭原则被承认,那么第543条自然不会再在学术界引发争议。从19世纪上半叶法国的司法实践来看,法院也允许当事人自由创设物权,只要该物权不具有封建属性即可。[5] 从《法国民法典》的域外影响来看,受其影响的1838年《荷兰民法典》、1867年葡萄牙《塞亚布拉法典》以及1889年《西班牙民法典》均没有采纳物权类型封闭原则。[6] 从上面这些历史事实来看,反封建的政策目标的确会导致封建物权被废除,但并不一

〔1〕 Vincent Sagaert, *Party Autonomy in French and Belgian Law, The Interconnection between Substantive Property Law and Private International Law*, in Roel Westrik and Jeroen van der Weide (eds.), *Party Autonomy in International Property Law*, Munich: Sellier. European Law Publishers GmbH, pp. 124 – 125.

〔2〕 梁慧星:《物权法草案第六次审议稿的若干问题》,载《比较法研究》2007年第1期,第5页。

〔3〕 龙卫球:《物权法定原则之辩——一种兼顾财产正义的自由论视角》,载《比较法研究》2010年第6期,第31 ~ 36页。

〔4〕 在法国大革命爆发后,封建制被宣告废除,土地制度也面临改革,国民议会采取了无偿废除与有偿赎买两种方式,对于代表人身依附关系的封建土地权利被直接废除,纯粹财产性的封建土地权利则采取有偿赎买的方式。到了大革命后期,所有的封建土地权利都被无偿废除,只有非封建的财产关系才能得到保留。从大革命时期的反封建措施来看,只有具有封建属性的权利被废除了,而罗马法上的物权类型,以及法国本土习惯法中不具有封建属性的习惯物权都得到了保留,因此反封建只是导致部分物权类型被消极排除了,其结果并没有导致正面列举式的物权类型封闭原则。参见本书第一章第二节。

〔5〕 参见本书第二章第一节。

〔6〕 参见本书第三章第一节、第三章第二节。

定导致物权类型封闭原则,在土地改革完成后,法院也可以以公共秩序为理由否决当事人创设的具有封建属性的土地权利。

实际上,消极否定某种价值的公共政策,都只会使法律消极不承认某一类物上权利义务关系的物权效力,而不会产生物权类型封闭的后果。除了反封建这个公共政策外,在现代社会,法院以其他公共政策为由否决当事人创设的物权的例子比比皆是,这些公共政策都没有提出物权类型封闭原则的要求。例如,在德国法上,如果当事人创设的"竞业上的役权"或"工业实物负担"违背了善良风俗或构成了对竞争的不当限制,法院就会依据《德国民法典》第138条或《反限制竞争法》拒绝承认当事人设定的物权;如果当事人创设的让与担保构成了对债务人的束缚(Knebelung),法院也可能会依据第138条拒绝承认当事人设定的物权。[1] 此处的对善良风俗和自由市场经济下竞争秩序的维护,都是一种公共政策,但是并没有人认为,为了维护善良风俗和竞争秩序,就需要实行物权类型封闭原则。

但是,如果法律积极追求某种价值,并赋予体现这种价值的物上权利义务以优先地位,就必须以物权类型封闭原则为前提,才能够实现。具体来说,法律对具有重要价值的权利义务关系,赋予其物权效力,使其优先于其他只具有债权效力的权利义务关系,从而确保法律积极追求的价值能够实现。有时法律甚至可以将特定价值追求置于交易安全之上,搁置公示性要求。例如,各国法律中常见的工资优先权、《中华人民共和国合同法》第286条规定的建设工程承包人优先权、《中华人民共和国民法通则》和《中华人民共和国物权法》将农民的土地承包经营权确定为物权等,体现的是保护弱势群体的价值追求。这类权利一旦被确定为物权后,即可产生"定分止争"的效果,免于其他普通债权的竞争,得以优先实现。在市场经济的情况下,如果不存在物权类型封闭原则,那么物上权利的主体之间就会存在竞争,具有优势经济地位的主体的权利就会成为效力优先的权利(顺位优先的物权),而法律对特定利益优先保护的意图就将落空。因此,物权类型封闭原则所维护的"公益"显然不限于交易安全。梁慧星教授所说的物权法定原则对主权的维护,也应该从这个角度来理解,即物权法定原则可以确保中国立法者重视的利益得到优先保护,防止优势外资凭借强大经济实力,在中国移植

---

〔1〕 参见本书第二章第三节。

外国物权类型以优先保护其利益。

从这个角度来看，整个他物权体系，实际上就是法律意图保护的重要利益的集合，这也就是龙卫球教授所说的他物权的分配正义功能。此处的“法律”并不仅仅是立法机关的制定法，还包括习惯法在内，因为他物权体系未必是由立法机关以制定法的形式主动建构的，也可能是来源于日常生活中的民事习惯，但既然能够形成习惯物权，至少可以认为社会公众默认其背后存在值得优先保护的重要利益。当然，在立法机关进行“物权整理”，并通过制定法主动构建他物权体系时，这种分配正义表现得尤其明显。日本和我国学者所说的“纯化土地关系”就是指通过物权整理的方式，由立法机关建构出一套符合各项公共政策的物权类型集合，将体现立法者积极追求的价值的权利义务关系确定为物权，将体现立法者消极否定的价值的权利义务关系排除（例如废止封建物权）。在立法者主动建构物权体系的情况下，如果放任当事人自由创设物权，那么物权整理将失去意义。因此，物权类型封闭原则的确具有维护物权整理成果的功能，任意创设物权将导致法律意图落空。由此可见，“反封建”只是“物权整理”的消极方面，只有从后者中才能推导出物权类型封闭原则。需要注意的是，并非所有国家的物权类型封闭原则都具有维护物权整理成果的功能。在整理旧物权之后，实行物权类型封闭原则，自然有维持物权制度整体更新效果的作用，但对于没有进行旧物权整理和物权制度整体更新的国家，物权类型封闭原则自然没有这种功能。例如，大多数的英美法系国家都没有进行法典编纂和财产权制度的整体更新，它们司法实践中遵循的财产权类型封闭原则自然没有维持财产权制度整体更新效果的作用。

三、本节归纳

在本节中，我们从概念体系和实质合理性两方面，逐一讨论了物权类型封闭原则存废的理由。在概念体系方面，统一所有权维护说、物权债权本质差异说均不能推导出物权类型封闭原则，债权物权化现象以及信托制度也不能动摇物权类型封闭原则，真正使物权类型封闭原则在体系上得以证立的是物权法自治性观念，在物权法自治性观念松动的今天，物权类型封闭原则成为了维护潘德克顿物债二分体系的基石。如果废弃这一原则，物债二分的民法体系就难以维持下去了。在实质合理性方面，一般人行为自由的维护和反封建均不能推导出物权类型封闭原则，我们需要从市场经济秩序和更广泛的公共政策出发才能洞察物权类型封闭原则的实质合理性。市场经济发展需要促进财物流通:第一,要使财物处于可流通的状态中,不能任由当事人通过法律行为将财物排除在市场交易之外,这就要求法律要尽可能地压缩当事人对所有权的形成自由空间,维护统一所有权的完整,也即"所有权法定";第二,促进财物流通意味着要提供保障交易安全的法律机制,在信息传递机制不完善的情况下,信息简化或信息标准化机制就显得尤为重要,这就使"他物权法定"具有了实质合理性。在作为信息传递机制的公示制度越来越完善的情况下,物权类型封闭原则的重要性的确有所下降,但主张用公示制度取代物权类型封闭原则并改采物权自由创设,就略显速断了。出于各种公共政策考量,法律会消极对待或优先保护某一类物上权利义务关系,并由此导致对物权地位的消极排除或积极确认。整个物权体系,实际上可以视为法律意图保护的重要利益的集合。物权类型封闭原则在公共政策方面的实质合理性,即在于确保法律对特定利益优先保护的意图得以实现。

第三节　封闭还是开放:基于法经济学分析框架

在大陆法系学者们运用传统法学理论对物权类型封闭原则进行探讨的同时,越来越多的学者也开始借助其他学科方法对这一原则进行分析。外部视角的分析主要包括运用经济分析理论和政治学理论对物权类型封闭原则的维护和批评。经济分析方法是主要的外部视角分析工具,兴起于20世纪下半叶的美国,最早运用经济分析理论对物权类型封闭原则展开研究的也主要是英美法学者[1],后来这一浪潮又影响了大陆法系国家。[2] 目前,我国大陆和台湾地区已经出现了多篇运用经济分析理论对物权法定原则分析的论文,但结论各不一致,

---

〔1〕 Bernard Rudden, *Economic Theory v. Property Law: The Numerus Clausus Problem*, in John Eekelaar & John Bell (eds.), Oxford Essays in Jurisprudence: Third Series, Oxford: Clarendon Press, 1987, p. 239.

〔2〕 Holger Fleischer, *Der Numerus Clausus der Sachenrechte im Spiegel der RechtsÖkonomie*, *Internationalisierung des Rechts und seine ökonomische Analyse*, Festschrift für Hans-Bernd Schäfer zum 65. Geburtstag, 2008, SS. 125 – 138.

仍然没有就物权法定原则的存废达成一致意见。[1] 进入21世纪以来,英美法系的部分学者又开始引入政治学理论来分析物权类型封闭原则,但从目前的影响力来看,仍然远远逊于经济分析理论。[2] 本节将对外部视角的研究文献进行梳理和分析,并提出自己的见解,重点将放在经济分析方面。

一、法律经济分析理论的几个基本概念

用门外汉的眼光来看,法律经济分析实际上就是对法律制度进行成本—效益分析。在进入正式讨论之前,我们先简单地回顾几个经济学概念或观念,这对下文的讨论有所助益。第一个观念是"经济效率"(economic efficiency)。按照萨缪尔森(Paul Anthony Samuelson)的定义,经济效率是指"在给定技术和稀缺资源的条件下,生产最优质量和最多数量的商品和服务。在不会使其他人境况变坏的前提下,如果一项经济活动不再有可能增进任何人的经济福利,则该项经济活动就被认为是有效率的"。[3] 用简单的话来说,就投入最小的成本来取得最大的收益。第二个观念是最优效率,即"边际成本"(marginal cost)与"边际收益"(marginal utility)相等。边际成本是指多生产一单位的产出而增加的成本,边际

---

〔1〕 苏永钦:《物权法定主义的再思考——从民事财产法的发展与经济观点分析》,载《私法自治中的经济理性》,中国人民大学出版社2004年版,第84~120页(此文原载于台湾《经济论文丛刊》1991年第19卷第2期,第219~257页);苏永钦:《物权法定主义松动下的民事财产权体系——再探中华人民共和国民法典的可能性》,载《厦门大学法律评论》(2004年第8辑),厦门大学出版社2004年版,第1~42页;苏永钦:《可登记财产利益的交易自由——从两岸民事法制的观点看物权法定原则松绑的界限》,载《南京大学法律评论》(2010年秋季卷),法律出版社2010年版,第16~44页;张鹏:《物权法定经济上合理性之批判》,载《月旦法学杂志》2004年第108期,第140~157页;张巍:《物权法定与物权自由的经济分析》,载《中国社会科学》2006年第4期,第129~140页;王文宇:《物权法定原则与物权债权区分——兼论公示登记制度》,载《月旦法学杂志》2003年第93期,第138~165页;刘辉:《物权法定原则的经济分析》,载《民商法论丛》(第33卷),法律出版社2005年版,第8~29页;曾大鹏:《物权法定原则的经济分析》,载《东方法学》2009年第3期,第120~126页;张永健:《再访物权法定与自由之争议》,载《交大法学》2014年第2期,第119~135页;简资修:《物权外部性问题》,载《中研院法学期刊》2011年第8期,第227~257页;简资修:《物权是内部化而不是外部性》,载《交大法学》2014年第2期,第136~138页。

〔2〕 Joseph William Singer, *Democratic Estates: Property Law in a Free and Democratic Society*, 94 Cornell L. Rev. 1009, 2008 - 2009; Nestor M. Davidson, *Standardization and Pluralism in Property Law*, 61 Vand. L. Rev. 1597, 2008; Avihay Dorfman, *Property and Collective Undertaking: The Principle of Numerus Clausus*, 61 University of Toronto Law Journal, 2011; Anna di Robilant, *Property and Deliberation, The Numerus Clausus Principle, New Property Forms and New Property Values*, draft; Anna di Robilant, *Property and Democratic Deliberation: The Numerus Clausus Principle and Democratic Experimentalism in Property Law*, 62 Am. J. Comp. L. 367, 2014; Daphna Lewinsohn-Zamir, *The Objectivity of Well-Being and the Objectives of Property Law*, 78 N. Y. U. L. Rev. 1669, 2003.

〔3〕 [美]保罗·萨缪尔森、威廉·诺德豪斯:《微观经济学》(第19版),萧琛译,人民邮电出版社2012年版,第4页。

收益是指多生产一单位的产出而带来的收益,[1]在边际成本等于边际收益时,即达到了经济学中的最优效率。[2] 我们可以想象,在边际收益递减,而边际成本递增的情况下,就会存在某一最佳产量,此时边际收益与边际成本相等,效率最优。第三个观念是外部性(externalities)或溢出效应。在理想的市场经济中,理性人在作出某项决定时会衡量边际收益和边际成本的关系,努力使边际收益等于边际成本。在社会中所有人都按照这样的逻辑行动时,就会使社会边际收益等于社会边际成本。因此,在理想的市场经济制度下,原则上无须政府干预,资源就可以实现有效率的配置。但是,完全理想的市场经济制度是不存在的,因为现实中很可能会存在外部性。外部性是指企业或个人向市场之外的其他人(非参与者)所强加的成本或收益。外部性的存在通常是产权界定不清晰或得不到充分保护所导致的。在存在负外部性(成本)的情况下,社会边际成本实际大于私人边际成本,对行为人本人符合效率的行为,对整个社会来说就是没有效率的。因此,在外部性存在的情况下,就需要政府干涉,例如清晰界定产权[3]、保护产权,或者对有外部成本的物品征税,对有外部收益的活动提供补贴,使外部性内部化,使私人边际成本等于社会边际成本。[4] 第四个观念是交易成本(transaction costs)概念。交易成本是指伴随权利转移时发生的信息搜寻、讨价还价以及监督执行的成本。[5] 这一概念是随着科斯定理所提出的。科斯定理认为,判断产权结构是否符合资源配置效率,不应从其第一次分配的结构着眼,而应当就当事人调整过的实际分配结构来看,通过当事人的交易行为,能够使产权流转到对其效用评价最高的当事人手中,因此,当产权归属明确并具有自由转移性,且交易成

---

〔1〕 [美]保罗·萨缪尔森、威廉·诺德豪斯:《微观经济学》(第19版),萧琛译,人民邮电出版社2012年版,第77页、第116页。

〔2〕 [美]罗伯特·考特、托马斯·尤伦:《法和经济学》(第6版),史晋川译,格致出版社2012年版,第21页。

〔3〕 经济学上的"产权"与法律中的"物权"或"财产权"有所不同,它实际是指"因财货的存在所造成有关财货的使用,而为社会所接受的行为",因此其本质是一种行为权。参见苏永钦:《物权法定主义的再思考——从民事财产法的发展与经济观点分析》,载《私法自治中的经济理性》,中国人民大学出版社2004年版,第84~120页(此文原载于台湾《经济论文丛刊》1991年第19卷第2期,第219~257页)。

〔4〕 [美]保罗·萨缪尔森、威廉·诺德豪斯:《微观经济学》(第19版),萧琛译,人民邮电出版社2012年版,第33页;[美]罗伯特·考特、托马斯·尤伦:《法和经济学》(第6版),史晋川译,格致出版社2012年版,第35页;[美]詹姆斯·D.格瓦特尼、理查德·L.斯特鲁普、卢瑟尔·S.索贝尔:《经济学:私人与公共选择》,梁小民译,中信出版社2004年版,第119页。

〔5〕 [美]埃里克·弗鲁博顿、[德]鲁道夫·芮切特:《新制度经济学——一个交易费用分析范式》,上海三联书店2006年版,第60~62页。

本为零时,社会的资源配置效率最高。科斯定理告诉我们,产权的原始分配与资源配置效率无关,真正的关键在于产权的自由转移性与交易成本。[1] 如果产权不能自由流转,且交易成本过高,就会导致资源配置无效率。

法律经济分析是借用了经济学的理论来对具体法律制度进行评价,虽然在方法上与传统法学不同,但在价值取向方面与传统法学中所考虑的实质合理性是密切相关的。在市场经济体制下,自由交易导致效率最优的观念与民法领域内的私法自治观念相符;前面我们在分析物权类型封闭原则的实质合理性时所提到的维护物的可流通性,保障第三人知悉和交易安全实际上与科斯定理中保障产权的自由转移,降低交易成本观念也是暗合的。也许换一种思路,对解决传统法学中悬而未决的问题会有助益。

二、解释物权(财产权)类型封闭原则的三个经济分析模型

最早将经济理论引入财产权类型封闭原则研究的英国学者拉登(Bernard Rudden)提出了一系列的理由来论证财产权类型封闭原则的合理性:第一,太多的财产权为降低土地的市场流通性(marketability),导致土地价值的下降。[2] 第二,财产权类型封闭原则提供了一套可供市场获益的标准化财产权。在商品不存在标准化时,交易参与者的成本会提高,将商品标准化,能够减少这些外部性。[3] 第三,在市场经济下,土地上存在太多的负担会阻碍"财物的自由流通"(free circulation of things)。[4] 第四,财产权类型封闭原则有助于降低信息成本和交易成本,因为财产权类型封闭原则使当事人能够轻松获悉市场上有哪些权利类型,同时标准化能够降低当事人在谈判时的交易成本。[5] 第五,限制土地上的财产权利能够保障土地利用,使土地得到有效率的开发,太多的土地权利会阻

---

〔1〕 苏永钦:《物权法定主义的再思考——从民事财产法的发展与经济观点分析》,载《私法自治中的经济理性》,中国人民大学出版社 2004 年版,第 84 ~ 120 页(此文原载于台湾《经济论文丛刊》1991 年第 19 卷第 2 期,第 219 ~ 257 页)。

〔2〕 Bernard Rudden, *Economic Theory v. Property Law: The Numerus Clausus Problem*, in John Eekelaar & John Bell (eds.), Oxford Essays in Jurisprudence: Third Series, Oxford: Clarendon Press, 1987, pp. 252 – 253.

〔3〕 Bernard Rudden, *Economic Theory v. Property Law: The Numerus Clausus Problem*, in John Eekelaar & John Bell (eds.), Oxford Essays in Jurisprudence: Third Series, Oxford: Clarendon Press, 1987, p. 253.

〔4〕 Bernard Rudden, *Economic Theory v. Property Law: The Numerus Clausus Problem*, in John Eekelaar & John Bell (eds.), Oxford Essays in Jurisprudence: Third Series, Oxford: Clarendon Press, 1987, p. 254.

〔5〕 Bernard Rudden, *Economic Theory v. Property Law: The Numerus Clausus Problem*, in John Eekelaar & John Bell (eds.), Oxford Essays in Jurisprudence: Third Series, Oxford: Clarendon Press, 1987, pp. 254 – 256.

碍土地开发,导致资源的低效利用。[1] 第六,财产关系是静态的长期性的关系,而债务关系是动态关系,财产权类型封闭原则能够限制长期权利的数量,并且能够保障动态关系可以被重新安排。[2] 拉登的确运用经济理论对财产权类型封闭原则进行了非常全面的解释,但他并没有提出了一个完整的经济分析框架或模型,因此严格来说还算不上是经济分析,与前文的实质合理性探讨并没有太大的区别。从笔者收集到的资料来看,目前运用经济分析理论对物权(财产权)类型封闭原则的解释主要有三种模型,以下分述之。

(一)反公地悲剧理论模型:防止财产的碎片化

美国学者海勒(Michael A. Heller)从反公地悲剧理论(the Tragedy of anticommons)来解释财产权类型封闭原则,[3] 这一观点也得到了帕里西(Francesco Parisi)、德波特(Ben W. F. Depoorter)以及舒尔茨(Norbert Schulz)的赞同。[4]

对这一理论的探讨先要从公地悲剧理论(the Tragedy of commons)开始,公地悲剧理论在 1968 年由生物学家哈丁(Garrett Hardin)提出。[5] 哈丁提出,在一块公共牧场上,附近的牧人都有权在这块牧场上放牧,并且他们互相之间不能排除他人的利用,在这种情况下,每个人为了提高自己的获益,必然会不断增加牲畜的数量,最终导致的结果必然是牧场被过度使用(over-used),损害了所有牧人的利益。海勒认为,为了解决公地悲剧,有必要引入私人产权(private ownership),在土地由公共物品(commons)变成私人所有物时,产权人就有权排除他人对土地的使用,并衡量土地资源的承载能力,合理地利用土地,从而防止过度使用的出现。[6]

---

[1] Bernard Rudden, *Economic Theory v. Property Law: The Numerus Clausus Problem*, in John Eekelaar & John Bell (eds.), Oxford Essays in Jurisprudence: Third Series, Oxford: Clarendon Press, 1987, pp. 256 – 257.

[2] Bernard Rudden, *Economic Theory v. Property Law: The Numerus Clausus Problem*, in John Eekelaar & John Bell (eds.), Oxford Essays in Jurisprudence: Third Series, Oxford: Clarendon Press, 1987, pp. 259 – 260.

[3] Michelman A. Heller, *The Tragedy of the Anticommons: Property in the Transition from Marx to Markets*, 111 HARV. L. REV. 621 (1998), pp. 621 – 688; Michelman A. Heller, *The Boundaries of Private Property*, 108 The Yale Law Journal 1163 (1999), pp. 1163 – 1223.

[4] Ben W. F. Depoorter, Francesco Parisi, *Fragmentation of Property Rights: A Functional Interpretation of the Law of Servitudes*, Global Jurist Frontiers, Vol. 3, Issue 1, 2003; Francesco Parisi, Norbert Schulz, Ben W. F. Depoorter, *Duality in Property: Commons and Anticommons*, International Review of Law and Economics 25 (2005), pp. 578 – 591.

[5] Garrett Hardin, *The Tragedy of the Commons*, Science, (162) 1968, pp. 1243 – 1248.

[6] Michelman A. Heller, *The Tragedy of the Anticommons: Property in the Transition from Marx to Markets*, 111 HARV. L. REV. 621 (1998), p. 678.

但是,海勒同时指出,在物上存在过多的私人产权,也会降低利用效率,这就是反公地悲剧。海勒以苏联解体后的俄罗斯为例来说明这个问题:在社会主义体制向私有体制转型后,同一财产被分属多个主体(联邦政府、地方政府、各种委员会)享有,导致利益整合成本太大,以至于无法整体利用、处分该财产,这就导致了低效利用(under-used)。简单来说,反公地悲剧的含义是指,如果财产上存在数量过多的权利,将导致财产归属碎片化,难以整合,从而提高了交易成本,影响对财产的利用,降低了经济效率。[1]

正是因为公地悲剧和反公地悲剧的存在,财产法的任务不仅要划清公有/私有的界限(Commons/Private Boundary),还要划清反共有/私有的界限(Anticommons/Private Boundary),普通法的财产法规则实际上已经包含了上述两个界限。海勒指出,传统财产法理论将财产理解为“物质的或法律上的物”(of things, physical and legal),这种观念能够巩固普通法中所划定的财产界限,但现代财产法理论将财产理解为法律关系束(bundle of legal relations),这种法律关系束的理念实际上难以解释普通法中所划定的各种财产界限,具体到财产权类型封闭原则上,它无法解释为什么当事人不能自由地拆分法律关系束中的组成部分,因而可能不能防止财产碎片化。海勒认为,传统财产法中的财产权类型封闭原则、对未来权益进行限制的禁止永久性原则等都是在划分反共有/私有的界限,这些原则的存在实际上防止了财产碎片化的,减少权利整合的交易成本,防止反公有悲剧的出现。契据登记制度的建立也是为了防止隐藏的权利碎片降低财产的生产率(productivity),而产权保险制度实际上是对契据登记制度的补充。[2]

(二)最优标准化理论模型:物权(财产权)类型的最适量

梅瑞尔(Merrill)和史密斯(Smith)所提出的最优标准化理论(Optimal Standardization)是目前影响力最大的经济分析模型。[3] 梅瑞尔和史密斯的讨论从英国的 Keppel v. Smith 案出发,以第三人知悉作为讨论的起点。

第一,梅瑞尔和史密斯提出,在财产权利的交易过程中,潜在的受让人需要

---

〔1〕 Michelman A. Heller, *The Tragedy of the Anticommons: Property in the Transition from Marx to Markets*, 111 HARV. L. REV. 621 (1998), pp. 633-642.

〔2〕 Michelman A. Heller, *The Boundaries of Private Property*, 108 The Yale Law Journal 1163 (1999).

〔3〕 Thomas W. Merrill and Henry E. Smith, *Optimal Standardization in the Law of Property: The Numerus Clausus Principle*, 110 Yale L. J. 1 (2000-2001).

对交易标的进行调查,因此必然要消耗“测量成本”(measurement cost)或“信息成本”(information cost)。在当事人创设新的财产权类型时,会额外增加他人的信息成本,并且这些增加的信息成本并不会被创设新财产权的人考虑在内,因此就产生了外部性。为了控制这种信息成本的外部化,就需要对财产权利进行强制性的标准化,不能任由当事人自由创设。[1]

第二,梅瑞尔和史密斯也注意到了,强制标准化也可能造成损失,当事人的意图可能无法实现,他们将这种由财产权类型封闭原则带来的成本称为“挫折成本”(frustration cost):如果他们要达到同样的效果可能需要耗费更多计划和执行成本,这种计划和执行成本的作用类似于“污染税”(pollution tax),阻止当事人过度创设财产权形式增加其他市场参加人的负担。[2]

第三,既然强制标准化在减少信息成本的同时又造成了挫折成本,那么从社会的角度来看,目标应该是使降低信息成本、挫折成本以及行政成本(administrative cost)最小化,此时即可实现最优标准化。梅瑞尔和史密斯认为,随着财产权类型的增加,多数人的常见需求会首先得到满足,在既有财产权利类型已经大体能够满足多数人的常见需求的情况下,新增的财产权利类型只是用来满足少数人的个别需求,这样的财产权利类型也是罕见的。因此,在多数人运用的常见物权优先于少数人使用的罕见物权获得承认的前提下,每增加一种物

---

〔1〕 梅瑞尔和史密斯用著名的“星期一手表使用权”的例子来说明这个问题。根据现行财产法,手表上可以存在的财产权类型有所有权(title,entire interest)、终身权益(life interest)、共同持有(joint tenancy)、按份持有(tenancy in common)四种。假设现在有100个人拥有手表,其中手表所有权人A意图在手表上设立分时共有(time-share),将“星期一手表使用权”转让给B,并保留其他日子的手表使用权。那么现在会产生什么影响呢?梅瑞尔和史密斯将可能受到影响的人分为了三组:第一组是创设星期一手表使用权的A和B;第二组是可能继受A或B权利的人,例如C和D;第三组包括其他手表的交易人E、F、G、H以及不参加手表交易,也不想侵害手表权利的I、J。对于A和B来说,在新权利创设后,A、B都可能将其权利转让给C、D,这种再次流转当然会对A和B带来一定的不便,同时也会贬损手表的价值,但是这并不会对A和B造成外部性,因为A和B在交易时必然考虑到了这种风险,因此这种外部性已经反映在了价格中。基于同样道理,对于C和D来说,信息调查成本并不会对他们造成外部性,因为这些成本可以被内部化并反映到交易价格中。但对于E、F、G、H以及I、J来说,情况就不一样了:由于A和B创设了星期一手表使用权,E、F、G、H这些手表交易者都必须披露或调查手表上是否存在星期一手表使用权,而I、J想要避免侵害他人权利也必须增加调查成本,这些第三组人所承担的成本并没有被A、B纳入衡量范围。这就是说,创设新财产权利的所有权人考虑到了创设行为的收益,但却只承担了很少的一部分成本。See Thomas W. Merrill and Henry E. Smith, *Optimal Standardization in the Law of Property: The Numerus Clausus Principle*, 110 Yale L. J. 1 (2000 - 2001), pp. 26 - 34, Figure 1.

〔2〕 Thomas W. Merrill and Henry E. Smith, *Optimal Standardization in the Law of Property: The Numerus Clausus Principle*, 110 Yale L. J. 1 (2000 - 2001), pp. 35 - 38.

权,边际挫折成本是递减的,而边际信息成本是递增的。在边际挫折成本与边际信息成本相等时,无论是增加财产权类型还是减少财产权类型,挫折成本和信息成本的总和都会增加。此时的财产权类型数量就是最优的财产权类型数量,它将使社会总成本最小。[1] (见图 5 - 1)

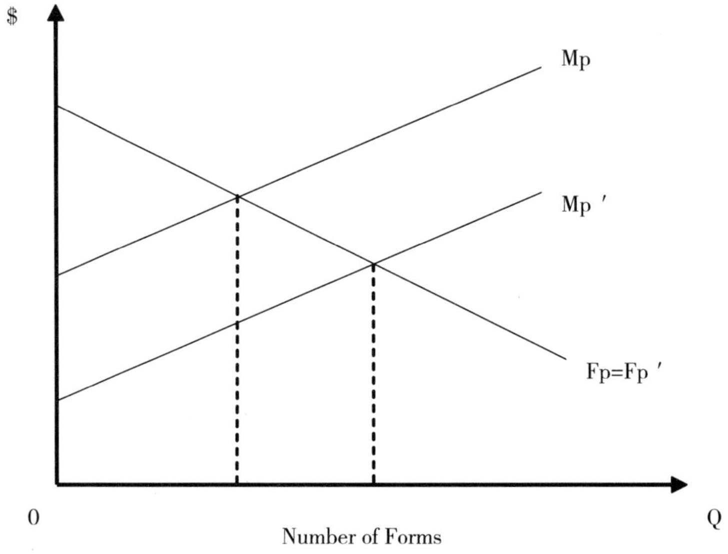

Mp = 没有登记制度时的边际信息成本

Mp′ = 有登记制度时的边际信息成本

Fp = Fp′ = 边际挫折成本

图 5 - 1 登记制度建立前后的物权类型最优量(Merrill & Smith)

第四,梅瑞尔和史密斯同样也考虑到了登记制度对财产权类型最优数量的影响。他们认为,登记制度(registration)能够减少信息成本,因此能够使边际信息成本线整体下移,在这种情况下,最优数量将右移,这就意味着财产权类型的最优数量增加。因此,在不动产登记制度建立后,财产权类型最优数量将比没有登记制度时多,技术的发展将使财产权类型封闭原则发生软化。[2]

---

〔1〕 Thomas W. Merrill and Henry E. Smith, *Optimal Standardization in the Law of Property*: *The Numerus Clausus Principle*, 110 Yale L. J. 1 (2000 - 2001), pp. 38 - 40, Figure 2.

〔2〕 Thomas W. Merrill and Henry E. Smith, *Optimal Standardization in the Law of Property*: *The Numerus Clausus Principle*, 110 Yale L. J. 1 (2000 - 2001), pp. 40 - 42, Figure 3.

第五，在财产权类型最优标准化需要发生改变时，梅瑞尔和史密斯认为，制定法与法院判例相比，具有清晰、统一、全面、稳定、可预期等优点，因此通过制定法来引入新的财产权类型更能减少第三方的信息成本。[1]

除了提出自己的经济分析模型，梅瑞尔和史密斯还对其他学者的观点进行了回应：对于以通知（notice）代替财产权类型封闭原则的观点，[2]他们认为，通知的运行成本较高，即便通过通知制度，还是会存在较高的信息成本，因此创设新财产权利所造成的社会成本无法完全内部化。对于基于网络效应（Network effects），标准化可以自发形成，无须政府干预的观点，[3]他们认为，网络效应理论是有效的，但是仍然有人会创设特殊的财产权类型，带来额外的社会成本，这恰好是财产权类型封闭原则意图避免的，这一原则对实践中形成的财产权模式和习惯也有确认和保障作用。对于应该由私人组织而非政府提供标准化的观点，他们认为，私人提供标准化通常只出现在像担保这样强调财产流通的领域，而且即便存在私人标准化仍然需要法律的干预，从经验事实来看，财产权类型封闭原则仍然是主要的标准化机制。对于反公有理论，他们认为它难以解释财产权类型封闭原则，因为这个原则仅仅限制财产权的类型，而并没有限制权利人的数量。对于认为合同权利可以代替财产权利，因此财产权类型封闭原则无关紧要的观点，他们认为，即便合同权利可以转让进而可以约束后手，但仍然不能约束其他人，因此合同权利与财产权利在效力上还是存在差距，合同或信托等交易形式仍然要以标准化的财产权利为基础。[4]

（三）证明理论模型：何种权利应该被法律承认为物权（财产权）

证明理论（Verification）是由汉斯曼（Hansmann）和卡拉克曼（Kraakman）两位学者提出的。他们认为，财产权类型封闭原则并非为了使权利标准化，而是为

---

〔1〕 Thomas W. Merrill and Henry E. Smith, *Optimal Standardization in the Law of Property: The Numerus Clausus Principle*, 110 Yale L. J. 1 (2000 – 2001), pp. 58 – 68.

〔2〕 在美国，主张这种观点的代表人物为爱泼斯坦（Richard A. Epstein），相关内容可参见本书第四章第三节。

〔3〕 网络效应理论（Netword effects）认为，为了提高财产的市场流通性，当事人通常会选择常见的财产权利类型，因此，无须政府干预就可以形成数量有限的财产权类型。

〔4〕 Thomas W. Merrill and Henry E. Smith, *Optimal Standardization in the Law of Property: The Numerus Clausus Principle*, 110 Yale L. J. 1 (2000 – 2001).

了规制不同种类的财产权的公示方式,方便证明交易中的权利归属。[1]

第一,汉斯曼和卡拉克曼提出,合同权利和财产权利的区别在于,前者仅仅能对抗初始的授权者(合同相对方),而后者还可以对抗标的物的受让人以及其他对标的物拥有权利的人。[2]

第二,无论是合同权利还是财产权利,只要在标的物上存在多个权利人时,就需要协调(coordination)和执行(enforcement),前者保障当事人对权利的理解一致,后者确保另一方不会采取机会主义行为。协调和执行又仰赖于证明(Verification):合同权利的证明方式就是明示的合同条款;财产权的证明较为困难,因为财产权人与其他权利人之间可能不存在合同关系,因此财产法的核心问题就是解决证明机制。占有可以作为一种证明机制,但它太简单了,只能作为单一所有权的证明。[3]

第三,为论证其观点,汉斯曼和卡拉克曼以保护作品完整权(right of integrity)为例来说明证明规则与财产权的关系,也即除了占有外,权利的证明机制还包括签订合同、做标记、进行登记,这些机制均可以达到相同的目的,只是不同的证明机制将导致权利的证明、协调、执行成本在不同主体之间的分配有所不同而已。[4]

---

〔1〕 Henry Hansmann and Reinier Kraakman, *Property, Contract, and Verification: The Numerus Clausus Problem and the Divisibility of Rights*, 31 J. Legal Stud. S. 373 (2002).

〔2〕 Henry Hansmann and Reinier Kraakman, *Property, Contract, and Verification: The Numerus Clausus Problem and the Divisibility of Rights*, 31 J. Legal Stud. S. 373 (2002), pp. 378 – 379.

〔3〕 Henry Hansmann and Reinier Kraakman, *Property, Contract, and Verification: The Numerus Clausus Problem and the Divisibility of Rights*, 31 J. Legal Stud. S. 373 (2002), pp. 382 – 385.

〔4〕 汉斯曼和卡拉克曼分了四种情况:(1)法律强制肯定或否定保护作品完整权,不容许通过合同变更。法律强制肯定或否定保护作品完整权,取决于哪一种选择具有更大的社会价值,而不容许通过合同变更则可能是为了防止当事人错误或投机心理,因为这将导致合同上的签字不能提供足够的证明。(2)当事人通过合同设定保护作品完整权。当事人通过合同设定保护作品完整权也可以"随着财产走",只要他们在合同中加入——买受人只能将作品转让给向作者承诺尊重保护作品完整权的人——的条款,并约定高额的违约金。这种方式要完全奏效,需要实质公开和持续性的监控。(3)当事人通过标记设定保护作品完整权。这种方式可以简单地设定财产权,但标记可能被抹掉,买受人可能忽略该标记或不知道标记的含义,使大众了解这种标记的含义也需要消耗一定的成本。通过比较第二种情况和第三种情况,汉斯曼和卡拉克曼认为,当事人通过合同或设定财产权来改变他们之间关系,只有量的差别而没有质的差别,它们只是两种证明规则。(4)当事人通过登记设定保护作品完整权。登记制度的存在可以提供灵活的权利结构、可靠的证明手段以及低成本的权利创设方法,但是它也会带来维持登记机构的成本以及买受人的查询成本。Henry Hansmann and Reinier Kraakman, *Property, Contract, and Verification: The Numerus Clausus Problem and the Divisibility of Rights*, 31 J. Legal Stud. S. 373 (2002), pp. 385 – 395.

第四，权利的证明协调执行成本按照承担对象，可以分为使用者成本（user costs）、非使用者成本（nonuser costs）、制度成本（system costs）。如果某一权利以合同作为证明规则，其成本基本由使用者承担，但如果将该权利认定为财产权，那么使用者成本将大幅下降，非使用者成本将上升，并可能产生制度成本。因此，某一权利是否能被认定为财产权，采取何种公示形式，就需要进行“成本—效益”衡量：如果认定某项权利为财产权能够使“降低的使用者成本 + 权利带来的综合价值”大于“增加的非使用者成本 + 制度成本”，那么就应该认定其为财产权，反之，就不应该认定其为财产权。对于一些使用者很少、潜在收益很低的权利，自然不能认定为财产权。法律之所以采取财产权类型封闭原则，对承认新财产权采取保守态度，其原因在于，个别使用者创设的权利通常没有多大的价值，因此应该由个别使用者承担大部分的证明成本。〔1〕 值得注意的是，汉斯曼和卡拉克曼认为，对于某类标的物上的证明规则，如果适用于少数几种财产权，那么也可以适用于无穷多种财产权。〔2〕 就此推论，汉斯曼和卡拉克曼应该赞同这样的观点，即如果某类标的物上的既有财产权以登记作为公示手段，那么自然可以实现财产权自由创设。

汉斯曼和卡拉克曼也对其他学者的观点进行了回应：对于最优标准化理论模型，他们认为这一理论不能完全令人信服，因为最优标准的观点不能解释为何财产法比合同法的限制要严格，标准合同的术语和形式也没有被越来越多的非标准合同所挫败，同时将财产权清单类比为语言词汇也是不恰当的，因为新词汇的增加可以使语言功能发挥得更好。此外，汉斯曼和卡拉克曼认为反公地悲剧理论也是法律只提供很少几种分割财产权的原因之一，但是这一理论对确定何种权利可以被认定为财产权利并无多大帮助。〔3〕

从整体上来看，这三个经济分析模型的侧重点是不一样的：就反公地悲剧模型来说，它是一种对财产法的整体解释，并不专门针对财产权类型封闭原则。虽然从客观效果来看，财产权类型封闭原则确实也有防止财产碎片化的

---

〔1〕 Henry Hansmann and Reinier Kraakman, *Property, Contract, and Verification: The Numerus Clausus Problem and the Divisibility of Rights*, 31 J. Legal Stud. S. 373 (2002), pp. 395 – 398.

〔2〕 Henry Hansmann and Reinier Kraakman, *Property, Contract, and Verification: The Numerus Clausus Problem and the Divisibility of Rights*, 31 J. Legal Stud. S. 373 (2002), p. 399.

〔3〕 Henry Hansmann and Reinier Kraakman, *Property, Contract, and Verification: The Numerus Clausus Problem and the Divisibility of Rights*, 31 J. Legal Stud. S. 373 (2002).

效果,但用反公地悲剧模型来解释财产权类型封闭原则并不完全确切,因为反公地悲剧模型强调的是限制财物上的财产权数量,而财产权类型封闭原则是限制财产权的种类。换句话说,用反公地悲剧模型来解释财产权类型封闭原则,无法说明这一原则自身的特点。而最优标准化理论模型和证明理论模型就是专门针对财产权类型封闭原则提出的,但两者的差异在于观察视角不一样,前者从宏观角度观察,着重证明财产权类型存在最适量,并且为达到这一最适量需要政府干预;后者则是从微观角度观察,其重点则放在何种权利应该被法律承认为财产权,并且由此推论出不能一概承认当事人创设的权利为财产权的结论。这两个理论的另一个差异在于对公示制度的态度不同,这实际上也是观察视角不同所导致的:最优标准化理论模型主要考虑使用者的挫折成本和非使用者的信息成本两个因素,梅瑞尔和史密斯实际上是将公示制度成本(文中称为“行政成本”)作为外部给定的因素来对待的,因为从宏观角度来看,某一国家或地区的公示制度在相当长的时间内是固定不变。证明理论模型除了考虑使用者成本和非使用者成本外,还将公示制度成本作为“成本—效益”衡量的考虑因素之一,因为汉斯曼和卡拉克曼是从微观视角来观察的,他们所针对的是个别权利的定性以及采纳何种公示制度,因此自然要将不同公示制度可能消耗的成本纳入“成本—效益”衡量范围。

三、最优标准化理论的改良论与批判论

除了上述三个经济分析理论模型外,不少学者也提出了自己观点,但无论是支持、改良还是反对,基本上都是立足于梅瑞尔和史密斯所提出的最优标准化理论,部分学者也在最优标准化理论的基础上嫁接汉斯曼和卡拉克曼的观点,探讨公示制度对物权(财产权)类型封闭原则的影响。

(一)对最优标准化理论模型的支持和改良

这一派学者以我国学者王文宇和澳大利亚学者埃奇沃斯(Brendan Edgeworth)为代表,他们均赞成梅瑞尔和史密斯提出的最优标准化模型,认为在边际信息成本递增和边际挫折成本递减的基础上,的确存在一个物权(财产权)类型的最优量。他们的创新之处在于结合了所在国或地区的具体公示制度,对梅瑞尔和史密斯提出的理论进行了改良,均认为在公示制度完善的情况下,应该放松物权类型封闭原则,增加物权清单上的权利类型。但是,他们都仍然坚持物权类型封闭原

则，反对用公示来代替该原则。[1]

王文宇完全赞同最优标准化理论模型，在其研究物权法定原则的论文中，用相当篇幅专门介绍梅瑞尔和史密斯的观点，并认为物权法定原则的经济功能就是“设定最适宜之标准化权利义务关系”。就不动产登记制度来说，王文宇认为，台湾地区采纳的是权利登记制与托伦斯登记制的结合，在这种制度下，登记具有公信力，登记机关须进行实质审查，在因登记机关的错误造成损失的情况下，登记机关须承担赔偿责任。但在实际操作中，登记机关仅仅就印鉴真伪、权状真伪进行审查，并没有落实实质审查，因为它实际上超出了政府的能力范围，如果一定要推行实质审查，就会消耗过大的行政成本，近年来我国台湾地区建立地政士制度就是为了转移成本和风险。就我国台湾地区未来的登记制度发展方向来说，王文宇倾向于契据登记制或兼采权利登记制与契据登记制，因为契据登记制能够将权利义务关系通过登记制度全面展现出来，而且契据登记制度只是一种信息披露机制，无须政府担保信息的正确性。王文宇又认为，我国台湾地区物权法修改所引入的共有物分管契约登记就已经是契据登记而非权利登记了。就公示制度与物权法定原则的关系来说，王文宇认为，物权法定原则和公示制度是减少咨询搜寻成本和保障交易安全的双重机制，在公示强大的情况下，可以放松物权法定，但不能完全由公示制度取代，因为五花八门的物权制度即便可以公示出来（契据登记制可以勉强达成这一目标，但采权利登记制则窒碍难行），也会造成极高的咨询成本和外部性。[2]

澳大利亚的学者埃奇沃斯（Brendan Edgeworth）也赞同最优标准化模型，但他认为梅瑞尔和史密斯的分析存在欠缺，只是笼统地提出了登记制度可能使财产权最适量增加，但没有具体比较不同的登记制度对财产权最适量的影响。埃

---

〔1〕 王文宇：《物权法定原则与物权债权区分——兼论公示登记制度》，载《月旦法学杂志》2003 年第 93 期，第 138～165 页；Brendan Edgeworth, *The Numerus Clausus Principle in Contemporary Australian Property Law*, 32 Monash U. L. Rev. 387 (2006)。除此之外，我国学者刘辉也用经济分析的方法论证了物权法定原则的合理性，他认为，物权法定原则有助于减少当事人进行交易活动所需付出的信息成本，而过高的信息成本会阻碍正常的市场行为，如果信息成本过高，当事人就会选择退出市场，这就会造成无谓损失，影响社会福利。刘辉显然看到了物权法定原则具有降低信息成本的功能，但却没有像梅瑞尔和史密斯那样综合衡量信息成本与挫折成本，因此显得较为片面。参见刘辉：《物权法定原则的经济分析》，载《民商法论丛》（第 33 卷），法律出版社 2005 年版，第 8～29 页。

〔2〕 王文宇：《物权法定原则与物权债权区分——兼论公示登记制度》，载《月旦法学杂志》2003 年 2 月第 93 期，第 138～165 页。

奇沃斯教授对财产权类型封闭原则的研究则充分考虑到了契据登记制度(deeds register)与托伦斯登记制度(Torrens register)的不同。他认为,托伦斯登记制度的公示能力比契据登记制度要强得多,它能够直接展现出土地上的各种负担,因此,在托伦斯登记制度之下,当事人所付出的测量成本要小得多。虽然每增加一种财产权类型,边际测量成本仍然会增加,但与契据登记制度相比,边际测量成本的增量并不会太大(斜率较小)。(见图5-2)这样一来,在托伦斯登记制度之下,财产权类型的最优数量应该远远大于没有登记制度和契据登记制度下的最优量。因此,如果在托伦斯登记制度已经建立的情况下,还坚持前登记时代的财产权类型,就会使财产权类型的数量处于次优量。[1] 但是,埃奇沃斯还是反对只要登记公示就可以创设财产权利的观点,因为财产权仍然存在最优数量的限制,并且公共政策目标的存在也不可能放任当事人随意创设财产权利。对封闭财产权类型清单的任何改变都应该是渐进的(incremental)。[2] 在财产权制度的整体改革方面,埃奇沃斯认为制定法应该发挥主要作用,因为财产权界限的确定非常重要,法官不能经常修改、增加财产权利,但在制定法不清晰或有需要时,法官还是可以通过判例发展财产法。[3] 这一点与梅瑞尔和史密斯的看法完全相同。

王文宇和埃奇沃斯的观点大体上是相同的,一方面坚持物权(财产权)类型封闭原则,另一方面认为在完善的公示制度下,应该放松这一原则,适当增加物权(财产权)的种类。值得注意的是,王文宇和埃奇沃斯所赞成的公示制度似乎是不同的,王倾向于契据登记制度,而埃奇沃斯则认为托伦斯登记制度优越于契据登记制度。但是,这一观点差异实际上是表面的,因为王文宇和埃奇沃斯所称的"契据登记制"并不相同:考虑到埃奇沃斯是对梅瑞尔和史密斯提出的模型的改良,因此其所称的"契据登记制"应该是美国那种建立在人的编成主义基础上的契据登记制度。由于美国契据登记制度的查询极度复杂,因此以物的编成主义为基础的托伦斯登记制度确实比美国契据登记制度清晰直观。从王文宇的观点来看,他所说的"契据登记制度"不太可能是美国的那种契据登记制,而是在维

---

[1] Brendan Edgeworth, *The Numerus Clausus Principle in Contemporary Australian Property Law*, 32 Monash U. L. Rev. 387 (2006), pp. 403-405, Figure 2.

[2] Brendan Edgeworth, *The Numerus Clausus Principle in Contemporary Australian Property Law*, 32 Monash U. L. Rev. 387 (2006), pp. 406-407.

[3] Brendan Edgeworth, *The Numerus Clausus Principle in Contemporary Australian Property Law*, 32 Monash U. L. Rev. 387 (2006), pp. 417-419.

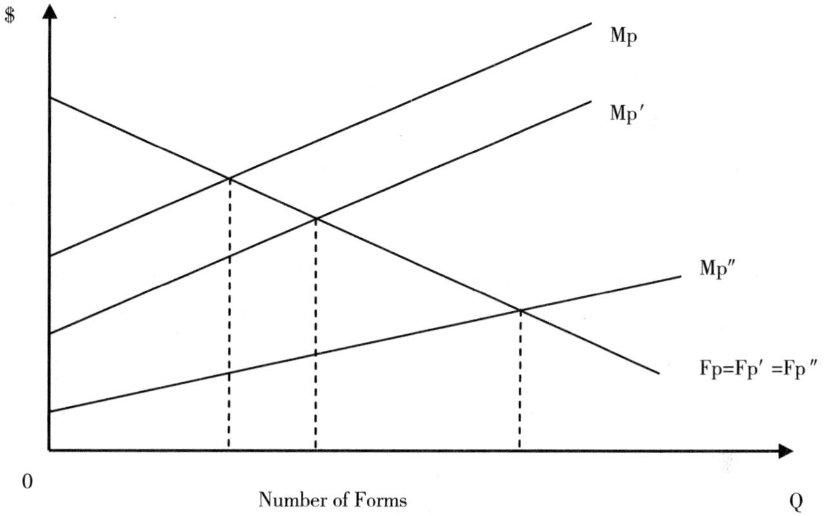

Mp = 没有登记制度时的边际信息成本

Mp′ = 契据登记制度时的边际信息成本

Mp″ = 托伦斯登记制度时的边际信息成本

Fp = Fp′ = Fp″ = 边际挫折成本

图 5－2　不同登记制度下的物权类型最优量（Edgeworth）

持物的编成主义的前提下，将部分契约纳入登记范围，使登记对象不限于权利。事实上，澳大利亚托伦斯登记制度的登记对象也不仅仅限于权利，而是包含了部分契约。[1] 王文宇和埃奇沃斯的真正差异在于政府是否要实施实质审查，是否要担保不动产登记的公信力。从整体上来看，王文宇和埃奇沃斯虽然考虑到了各种不同登记制度对信息成本的影响，但分析仍然较为粗糙。

张永健教授也赞成梅瑞尔和史密斯提出的最优标准化理论模型，但他认为需要结合汉斯曼和卡拉克曼的理论，加强对公示制度的分析，他具体研究了各种公示制度对边际信息成本的影响，并且将边际制度成本作为模型的内生变量纳入考量范围。从整体论证结构来看，张永健教授将问题分成了两部分：其一是最优标准化理论模型是否成立，即是否存在最适量；其二是如何达到这

〔1〕 朱留华、戴银萍、冯文利：《澳大利亚昆士兰州土地登记及启示》，载《中国土地科学》2005 年第 3 期，第 54～58 页。

一最适量，这就是在物权自由、严格物权法定以及缓和物权法定之间的路径选择问题。[1]

在论证的第一部分，张永健结合汉斯曼和卡拉克曼的理论对最优标准化理论模型进行了检验，选择了“边际社会收益”和“边际社会成本”两个术语。“边际社会收益”涵盖了梅瑞尔和史密斯所说的“边际挫折成本”以及汉斯曼和卡拉克曼所说的“使用者成本”与“资产增加值”，“边际社会成本”包含了梅瑞尔和史密斯所说的“边际信息成本”以及汉斯曼和卡拉克曼所说的“非使用者成本”与“制度成本”。第一，由于流行的物权类型会先于冷僻的物权类型出现，因此随着物权种类的增加，边际社会收益会递减。第二，新增物权类型所导致的边际社会成本变化需要分情况讨论：(1)在权利登记制下，新物权种类的创设将导致登记簿上权利种类、字段的增加，非使用者的边际信息成本不会下降，而且权利越多，登记机关审查权利之间存在冲突的可能性也越大，边际制度成本也不可能下降；(2)在契据登记制下，新物权种类的创设不会增加登记机关的工作负担，因此边际制度成本为零，但非使用者的边际信息成本会增加；(3)对于不可登记的动产，非使用者的边际信息成本是否随物权种类的增加而上升，取决于法院诠释善意取得之尺度，即便不上升，也是正数。因此，无论采取何种公示方式，边际社会成本都是递增或维持正数不变的。第三，在边际社会收益递减、边际社会成本递增或维持正数不变的情况下，两线必然相交，因此物权类型存在最优量。[2]

在论证的第二部分，张永健分析达到物权最适量的路径是物权自由还是物权法定。是否采纳物权自由，关键看是否会产生外部性。张永健认为，物权种类增加，交易者的边际估量成本可能为零，但在契据登记制和不可登记动产上采纳物权自由，交易者的固定估量成本会大幅上升。对于权利登记制来说，物权种类增加会导致边际制度成本上升，但不能通过收费来使外部性内部化，因为外部性难以精确估算。此外，物权自由带来的相关法制变化也属于制度成本。因此，张永健认为，在实行物权自由的情况下，社会成本并不能完全由物权使用者承担，存在外部性，导致物权类型的数量偏离最优量。张永健还认为，中国学者对物权

[1] 张永健：《再访物权法定与自由之争议》，载《交大法学》2014 年第 2 期，第 119 ~ 135 页。
[2] 张永健：《再访物权法定与自由之争议》，载《交大法学》2014 年第 2 期，第 122 ~ 128 页。

法定的批判主要是因为法律承认的物权种类太少，而非物权法定本身有问题，中美学者对物权法定的不同态度主要是两国物权种类不同导致的，我国台湾地区现在采纳“物权法定＋习惯主义”是当下最理想的制度安排。[1]

（二）对最优标准化理论模型的批判

这一派学者以我国大陆学者张鹏和台湾地区学者简资修为代表，他们从根本上反对梅瑞尔和史密斯提出的理论，认为最优标准化模型是站不住脚的。[2]在结论上，这一派学者倾向于“公示替代说”，即在公示登记制度已经建立的情况下，开放物权自由创设。

张鹏对最优标准化理论模型提出了三点意见：第一，在交易数量一定的情况下，审查成本相对固定，并不会随着财产权类型的增加而增加，因此，边际审查成本是零。根据公示公信原则，第三人在进行不动产交易时，只需要考察不动产登记簿所记载的不动产权利状况，并不需要针对社会上存在的各种物权类型一一加以审查、排除。动产交易中存在公示公信和善意取得制度，当事人在进行动产交易时，只需考察出卖人占有动产的外观。因此，在不动产和动产交易中，社会整体审查成本是固定的，即交易前考察不动产登记或动产占有，与财产权类型的多寡没有关系，边际审查成本实际上为零，在图标上即与横轴重合。第二，随着财产权类型的增加，边际挫折成本急剧减少，但到达一定阶段后，下降趋势会缓和，并非像梅瑞尔和史密斯所说的那样直线下降。这是因为每增加一种财产权类型都会满足一些人的特殊需求，必然会减少一定的挫折成本，因此边际挫折成本线一定不会与横轴或边际审查成本线交会，故不存在财产权类型的最适量。（见图5－3）第三，财产权类型的增加也不会增加第三人防止侵权的审查成本，因为第三人负有的不得侵犯义务一般是指在物理上不得侵犯不动产或动产实体的义务，因此只需考察财产的物理特性即可，与财产上存在多少种财产权类型无关。基于这三点意见，张鹏认为梅瑞尔和史密斯所提出的模型是错误的。[3]

---

[1] 张永健：《再访物权法定与自由之争议》，载《交大法学》2014年第2期，第128～135页。

[2] 张鹏：《物权法定经济上合理性之批判》，载《月旦法学杂志》2004年第108期，第140～157页；简资修：《物权外部性问题》，载《中研院法学期刊》2011年第8期，第227～257页；简资修：《物权是内部化而不是外部性》，载《交大法学》2014年第2期，第136～138页。

[3] 张鹏：《物权法定经济上合理性之批判》，载《月旦法学杂志》2004年第108期，第148页。

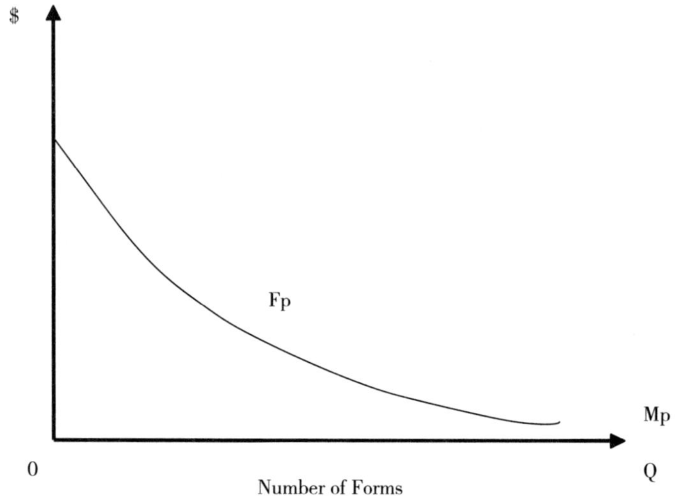

Mp = 边际信息成本(与横轴重合)

Fp = 边际挫折成本

图 5-3 物权类型最优量不存在(张鹏)

就登记制度与物权法定原则的关系而言,张鹏认为虽然登记制度需要耗费一定的成本,但并不能成为采纳物权法定原则的理由:第一,公示费用的多寡与交易数量有关,但与物权的种类无关,只要发生一次交易,就会产生一次登记成本。对于登记机关来说,登记新型物权与登记既有的物权并无差异。第二,当事人在进行登记时,都会向登记机关缴纳税费,这些税费实际上已经使登记成本内部化了,而且登记机关承担赔偿责任的情形并不多。[1] 张鹏认为,从交易成本的角度来审视,物权法定原则的存在使当事人不得不通过较为曲折的契约来达到目的,凭空增加了诸多交易成本,反而是违反经济效率的。[2] 但是,张鹏又指出,即便抛弃物权法定原则,也不会新增太多的物权种类,根据网络效应理论(network effect or network externality),当事人通常还是会选择常见的物权类型。[3]

---

〔1〕 张鹏:《物权法定经济上合理性之批判》,载《月旦法学杂志》2004 年第 108 期,第 148 ~ 152 页。

〔2〕 张鹏:《物权法定经济上合理性之批判》,载《月旦法学杂志》2004 年第 108 期,第 154 页。

〔3〕 张鹏:《物权法定经济上合理性之批判》,载《月旦法学杂志》2004 年第 108 期,第 156 ~ 157 页。

简资修不仅批评了最优标准化理论模型本身,还批评了改良论者。简资修对最优标准化模型本身的批评主要有以下几点:第一,梅瑞尔和史密斯在"星期一手表使用权"例子中所区分的"潜在继受人"和"其他手表交易人",事实上并无法区分,因为权利创设者在创设权利时有诱因去创造一个符合成本的公示制度,一旦权利在创设之时公示了,那么潜在继受人与其他手表交易者之间就不存在差异了,因此不能说对前者没有外部性而对后者造成了外部性;在长时间内,物权创设人与非交易参与者也是互换的,如果造成外部性,也自然被内部化了。[1] 第二,在善意保护制度下,参加交易的人只需要查看占有或登记即可,边际估量成本是零;根据"任何人不得为大于自己权限之处分"的原则,非交易人只要知道该物非其所有,就不会侵权,增加物权种类不会增加其避免侵害的估量成本,边际估量成本也是零。因此边际估量成本线与横轴重合,与边际挫折成本线没有交叉点。[2] 第三,从社会整体来看,使用者较多的物权类型的边际挫折成本应该较大,其边际估量成本应该也比较大,因为其他人会经常碰见使用者较多物权类型。因此,梅瑞尔和史密斯认为使用者较少的物权类型会带来较大边际估量成本的观点,是违反逻辑与经验的。[3]

对于改良者将公示制度纳入考量范围,认为增加物权将导致边际制度成本增加的观点,简资修前后提出了三个反对意见:第一,越是新奇的物权使用人越少,因此边际制度成本应该是减少而非增加;第二,即便是采纳实质审查的托伦斯登记制,新增物权类型只会在第一次登记时(新物权创设时)增加登记机关的负担,登记机关多收费即可向创设人内部化;第三,将公共财政支出增加、法令修改等视为外部性,实际上是滥用"外部性"这一概念。最为关键的是,改良论者并没有提出边际成本递增的理由。[4] 简资修认为,应该从内部化的角度来审视物权和公示制度:第一,物权作为一种制度,功能就是减少交易成本,以一对多的公示制度代替一对一的资讯传递本身就是在减少交易成本;第二,在选择公示制度时,所要考虑的是公示所生的成本,不高于因之减少的交易成本;第三,外部性实际上就是交易阻碍,公示制度减少了交易成本,虽然也消耗了一些费用,但不能

〔1〕 简资修:《物权外部性问题》,载《中研院法学期刊》2011 年第 8 期,第 233 ~ 234 页。
〔2〕 简资修:《物权外部性问题》,载《中研院法学期刊》2011 年第 8 期,第 235 页。
〔3〕 简资修:《物权外部性问题》,载《中研院法学期刊》2011 年第 8 期,第 237 页。
〔4〕 简资修:《物权外部性问题》,载《中研院法学期刊》2011 年第 8 期,第 242 ~ 244 页。

将减少外部性的制度费用视为外部性。[1] 从整体来看,简资修教授的思路与汉斯曼和卡拉克曼相近,但他明确提出,只要财产利益有合适的公示方法,就没有必要维持物权法定主义。[2]

此外,值得我们关注的还有张巍的观点。在其早期的论文中,张巍明显受到了汉斯曼和卡拉克曼的影响,对最优标准化理论模型持批判态度。他认为,新物权创设并不一定导致信息成本的外部化和边际信息成本的递增:在没有建立登记制度的情况下(分散型信息披露),非使用者受善意保护,善意与否取决于新物权使用者的信息披露,因此非使用者并没有承担信息成本,因而没有外部化的问题;在建立登记制度的情况下(集中型信息披露),则存在信息成本外部化的问题,包括建立登记制度的成本与非使用者的查询成本,这两种成本无法通过向使用者收费的方式内部化;登记制度建立与否,取决于登记制度所减少的信息披露成本是否大于制度成本与非使用者成本之和;但是,登记制度一旦建立,新物权类型不会引发新的外部性,而且边际信息成本也为零。因此,他主张在登记制度建立的前提下,可以开放物权自由创设。[3]

在张巍的近期论文中,他对三个经济分析模型都进行了批评,但观点有所变化。对最优标准化理论,张巍仍然维持早期观点,认为只有选择登记作为公示方式,才存在外部性(制度成本与非使用者成本);至于在登记制度建立后,新增物权种类是否会导致边际制度成本,则取决于登记制度的具体构造:德国式的实质审查会导致边际制度成本上升,但日本式的形式审查和美国的契据登记制的边际制度成本则为零。对于反公地悲剧理论,张巍认为它与物权法定原则并无直接关联,当标准化的物权在时间维度上缺乏应变的灵活性时,物权法定原则反倒会导致反公地悲剧的出现。对于证明理论,张巍认为,汉斯曼和卡拉克曼似乎将物权体系(物权法定)与物权的验证规则(公示方法)画等号,但两者并不一样,证明理论可以解释后者,但不能解释前者。完成批判后,张巍又提出了一个经济分析模型,但他自己也承认这个模型无法明确回答物权法定与物权自由何者更符合效率。在文末,他强调应该对物权法定原则进行经验研究,似乎已经对经济

---

[1] 简资修:《物权外部性问题》,载《中研院法学期刊》2011 年第 8 期,第 245 ~ 253 页。

[2] 简资修:《物权性质与经济属性:物或权?》,中国政法大学中欧法学院学术讲座记录,2011 年 6 月 20 日。

[3] 张巍:《物权法定与物权自由的经济分析》,载《中国社会科学》2006 年第 4 期,第 40 ~ 55 页。

分析理论失望了。[1]

(三)最优标准化理论基础上的物权自由创设论

此处之所以将苏永钦教授的观点单列,是因为苏永钦教授的观点与前面两种均不同,他大体上赞同最优标准化理论模型,但其结论又倾向于物权自由创设。同时,苏永钦教授还是较早在经济分析中考虑公示制度与物权法定原则关系的学者,在近几年的论文中,他也受到了汉斯曼和卡拉克曼的影响。

苏永钦教授早在1991年就已经撰文,以科斯的交易成本理论批判物权法定原则。苏永钦教授提出,按照科斯定理,要使社会资源配置效率提高,关键是保障财物的自由转移性以及降低交易成本。物权法定原则虽然没有完全剥夺当事人的处分自由,但与物权自由相比,在物权法定之下,当事人的交易成本较高。苏永钦详细比较了物权法定与物权自由在认识成本、协议成本、规范成本、防险成本、争议成本、标示成本、防害成本、排除成本方面的差异,除了在标示成本方面,物权自由大于物权法定,在其他各项成本方面,物权法定均大于物权自由,这主要是因为在物权法定之下,许多交易必须要通过复杂的债权安排来实现。对于不动产登记制度与物权法定的关系,苏永钦教授指出,当自动化的技术使登记制度的产能可以大幅度提高,仍然采用物权法定主义就值得商榷了,此时一方面当事人需用债权来代替物权,交易成本较高,而另一方面公示制度也未能用尽其产能。至于动产,可以通过善意取得制度加以调节,并无限制物权种类的必要。[2]

对于梅瑞尔和史密斯提出的"物权自由将导致信息成本外部化"的观点,苏永钦教授基本上是赞成的,但也提出修正意见:第一,非交易而生的社会成本会被占有保护吸收,因为占有划定了一般行为的界限,省却了认知权利内容的麻烦,因此权利内容的变化并不会增加一般人的权利认知成本。第二,物权自由所造成的无法内部化的成本主要是汉斯曼和卡拉克曼所说的非使用者成本

---

〔1〕 张巍:《物权法定的效率问题再思考——文献回顾与视角转换》,载《中研院法学期刊》2013 年第 13 期,第 235 ~ 278 页。

〔2〕 苏永钦:《物权法定主义的再思考——从民事财产法的发展与经济观点分析》,载《私法自治中的经济理性》,中国人民大学出版社 2004 年版,第 84 ~ 120 页(此文原载于台湾《经济论文丛刊》1991 年第 19 卷第 2 期,第 219 ~ 257 页)。

和系统成本。但是,苏永钦认为,系统成本在一定范围内可以通过收费来内部化,只需在核计费用时将页数、栏数等涉及估量成本的因素考虑在内即可。第三,由于非使用者成本在一定范围内会被系统成本吸收,而系统成本在一定范围内可以内化于交易,因此确认最适量物权时,必须把重复计算的部分扣除掉。[1]

苏永钦教授之所以不反对最优标准化理论,是因为他赞成梅瑞尔和史密斯的核心观点:随着物权类型的增加,边际社会收益递减,边际社会成本递增。但为何苏永钦教授又倾向于物权自由呢?他认为,物权类型最适量的存在并不意味着一定要采纳物权法定,因为在现代社会,物权类型的最适量可能很大,完全由国家立法来标准化并不符合效率。具体来说,在登记制度引入之后,边际信息成本线并非像梅瑞尔和史密斯所想象的那样整体下移。按照苏永钦教授的观点,登记制度能够大幅减低信息搜寻成本,边际信息成本线起始点不会变,但斜率会变小,在技术发展后,边际信息成本线的斜率会进一步变小,甚至趋近于零。同时,在交易类型和数量急剧增加的今天,新增一种物权类型并不会减少太多的挫折成本,因此边际挫折成本线的斜率也会变小,甚至趋近于零。在这种情况下,边际挫折成本线和边际信息成本线的交叉点会明显右移,物权最适量可能增加到七八百种之多。(见图 5 - 4)在物权最适量较少的情况下由国家来进行标准化是比较符合效率的,但在数量急剧增加的情况下,改采物权自由,仅由国家制定一定数量的任意性质的物权,而让民间承担部分标准化的功能,才是最有效率的。[2] 对于动产,苏永钦教授认为难以实现自由化,但应该以可登记财益和不可登记财益作为财产法的基本区分,不可登记财益沿用物权法定原则,可登记财益则应该改采自由创设原则。[3]

此外,苏永钦教授还专门批判了反公地悲剧理论模型,他认为,反公有的财产关系虽然不符合效率,但是不能以此推论出物权法定主义的合理性:只要交易者事前做好如何利用的约定,就不会出现反公有问题,真正的问题反而出在自由

---

[1] 苏永钦:《可登记财产利益的交易自由——从两岸民事法制的观点看物权法定原则松绑的界限》,载《南京大学法律评论》(2010 年秋季卷),法律出版社 2010 年版,第 16 ~ 44 页。

[2] 苏永钦:《物权法定主义松动下的民事财产权体系——再探中华人民共和国民法典的可能性》,载《厦门大学法律评论》(2004 年第 8 辑),厦门大学出版社 2004 年版,第 1 ~ 42 页,图 3、图 4、图 5。

[3] 苏永钦:《可登记财产利益的交易自由——从两岸民事法制的观点看物权法定原则松绑的界限》,载《南京大学法律评论》(2010 年秋季卷),法律出版社 2010 年版,第 29 页。

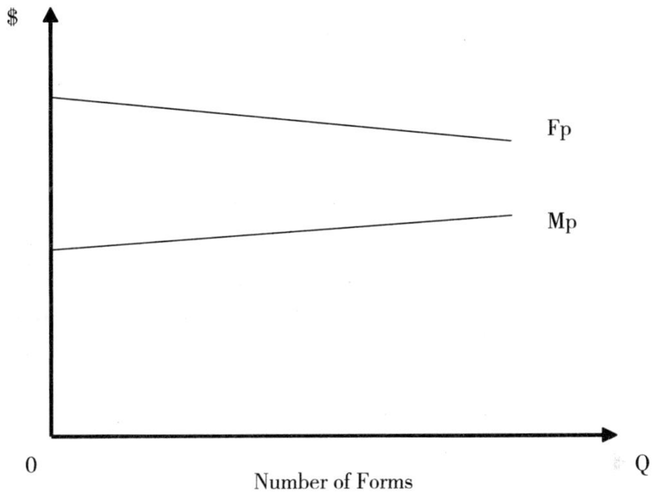

Mp = 边际社会成本(边际信息成本)

Fp = 边际社会收益(边际挫折成本)

图 5 - 4　物权类型最优量大幅增加(苏永钦)

约定本身受到限制。例如,共有物分管契约由于物权法定的限制不能经登记而物权化,在共有人转移份额时,契约关系就可能消灭,此时就可能出现反公有问题,如果共有物分管契约可以物权化,反公有问题就可以避免。[1]

四、对三种经济分析模型及衍生观点的分析与回应

在对各种经济分析理论进行梳理和研究后,现在我们可以对既有学说进行分析和回应,并提出自己的观点。我们认为,反公地悲剧理论模型并不能有针对性地解释物权类型封闭原则,最优标准化理论模型本身存在瑕疵,因此其本论和改良论均站不住脚,真正能够妥善解释物权类型封闭原则的,只有证明理论模型。

(一)反公地悲剧理论模型存在的问题:欠缺针对性

对于反公地悲剧理论模型,我们认为其本身没有太大的问题,但将其直接与物权类型封闭原则联系起来可能就有遽断之嫌。

第一,反公地悲剧本身是指标的物上存在过多的权利人,使整合成本过高,对物的整体开发利用和流转造成阻碍,最终导致物的低效利用这一不良后果。

〔1〕 苏永钦:《寻找新民法》(第 8 辑),北京大学出版社 2012 年版,第 138 ~ 139 页。

但是,我们必须指出,“物上存在多数权利人”并不一定被视为“悲剧”,将它视为一种“悲剧”也是进入近现代社会才出现的事。在一个对土地分散利用盛行的时代,例如中世纪欧洲,土地上存在复杂的权利结构,对于拥有整块土地权益的人,最好的利用方式也许就是将土地拆分为各种权益授予不同的人,从而获取对价,土地权益人一般也并没有将土地权利再次整合起来的打算(如果他真有这样的打算,那么权利整合所造成的交易成本就已经内化到了之前分割土地所获得的对价中)。如果是土地分割者以外的其他人意图整合土地权利,确实会支付极高的交易成本,但在一个土地分散利用盛行的时代,整合土地权利的社会总成本很低,并不存在“反公地悲剧”,法律也不会介入。真正使物上权利数量过多成为悲剧的是现代社会,因为现代社会的主流是将土地权利整合流转,整体开发利用,在很多人都意图整合土地权利时,社会总成本就会很高,才出现了“反公地悲剧”,因此只有在现代社会,克服反公地悲剧才会成为财产法的任务之一。所以,只有在特定时代背景下,才能判断物上权利过多是否构成反公地悲剧,在现代社会,反公地悲剧模型无疑是成立的。

第二,虽然在历史上,减少物权的类型在客观上起到了减少物权数量的作用,降低了土地权利整合的交易成本,但是反公地悲剧所关注的是限制物权的数量,而物权类型封闭原则所强调的是限制物权的类型,因此以反公地悲剧理论来解释物权类型封闭原则并不具有针对性。从理论上来说,限制物权的类型并不一定能达到限制物权数量的结果,因为物上可以存在多个同种类的他物权,每一种物权都可以由多数人享有。

第三,诚如苏永钦和张巍所言,有时候导致反公地悲剧出现的正是物权法定原则,例如不承认共有物分管契约可以通过登记来实现物权化时,每一次的共有份额转让都会造成分管契约失效,很可能会诱发反公地悲剧。

因此,我们认为,反公地悲剧理论模型本身是正确的,但它并不能妥善地解释物权类型封闭原则。

(二)最优标准化理论模型存在的问题:物权类型的最优量并不存在

最优标准化理论的核心论点有两个:随着物权类型的增加,边际社会收益递减(边际挫折成本递减),边际社会成本递增(边际估量成本递增),两条边际线的交叉点就是物权类型的最适量;当事人在创设新物权类型时,边际社会成本大于边际私人成本,存在外部性,放任自由创设,将导致社会上存在的物权类型超过最适量，因此需要引入物权类型封闭原则。维护最优标准化理论的学者也认为物权类型的最适量是存在的，只是对达到最适量的路径存在分歧；彻底否定这一理论的学者则认为最优量并不存在。

对于最优标准化理论，我们认为这一理论模型本身存在问题，由其衍生的改良论也是站不住脚的。梅瑞尔和史密斯之所以认为边际社会收益（边际挫折成本）递减，边际社会成本（边际信息成本）递增，是因为他们假设：多数人使用的物权类型会先出现，内容一般比较简单；少数人使用的物权类型会后出现，内容比较复杂特殊。我们可以分四步来指出最优标准化理论模型的缺陷：

第一步，我们姑且认为他们提出的假设是符合现实的，并且将公示制度和善意取得制度排除在考虑范围之外。边际社会收益取决于该种物权类型的使用人数（交易量），既然后出现的物权类型使用人数较少，那么边际社会收益的确是递减的。同时，在没有公示制度和善意取得制度的情况下，交易人需要仔细调查标的物之上是否存在某一种物权类型（包括既存物权类型以及当事人创设的新型物权），还需要仔细调查该种物权类型的具体内容，从而判断是否进行交易。因此，我们认为，边际信息成本的增减主要由三个因素决定：其一是判断该种物权类型是否存在的难易程度。越是难以查明的，其消耗的信息成本越高。其二是使用人数。使用人数越多，交易人在调查时遇见的概率就会越高，消耗的信息成本也越高。其三是物权类型的复杂程度。物权类型越复杂，其消耗的单次信息成本就越高。

为论证以上观点，我们假设交易人查明某一新增物权是否存在需要消耗的信息成本为 X，该物权的使用人数为 Y，交易人查明该物权的内容需要消耗的信息成本为 Z。那么，新增某一种物权类型时，边际信息成本 $= X + Y \times Z$。在没有公示制度和善意取得制度的情况下，当事人并不能信赖占有外观，只能穷尽一切手段去了解标的物上是否存在某种物权。物权类型越多，耗费的总成本就越大，但 X 值却可能是增加、下降或维持不变，无法给出具体答案。按照梅瑞尔和史密斯的假设，后出现的物权类型较为复杂，使用人数较少，因此，Y 值下降，Z 值上升。这样一来，边际信息成本未必会上升，很可能是下降的。（见图 5－5）因此，即使是在不质疑梅瑞尔和史密斯的假设，同时不考虑公示制度和善意取得制度的情况下，最优标准化理论模型也未必成立。

第二步，我们仍然不质疑梅瑞尔和史密斯的假设，但将公示制度和善意取得制度纳入考虑范围。既然后出现的物权类型使用人数较少，那么边际社会收益

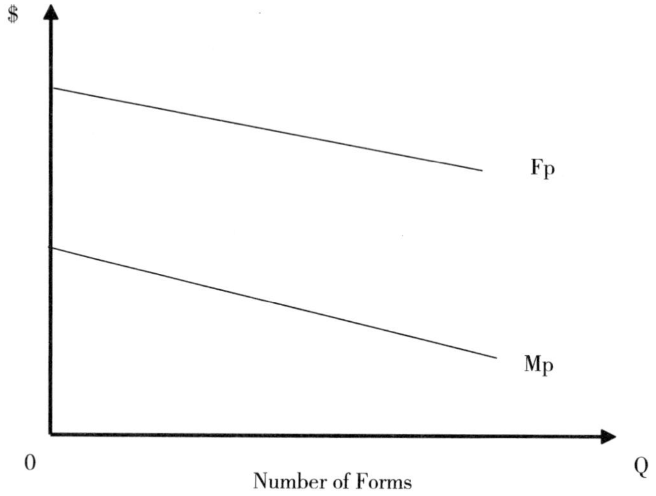

Mp = 边际社会成本(边际信息成本)

Fp = 边际社会收益(边际挫折成本)

图 5-5 新增物权类型使用人数较少,物权类型最优量不存在

还是递减的。但是,公示制度和善意取得制度的存在,对边际信息成本有非常大的影响。一般来说,动产物权以占有为公示方法,不动产物权以登记为公示方法;不动产登记又可以分为物的编成主义的权利登记制、物的编成主义的契据登记制、托伦斯登记制、人的编成主义的契据登记制;善意取得制度和公信原则作为保护交易安全的辅助制度而存在。[1] 这些制度具有降低社会信息成本的作用,但它们的存在对于边际信息成本又会有何种影响呢?

与前一种情况相比,计算边际信息成本需要多考虑一种因素:每新增一种物权类型造成登记机关运营成本的增加值 R。因此,对于动产来说,边际信息成本 = X + Y × Z;对于不动产,边际信息成本 = X + Y × (R + Z)。我们认为,在公示制度和善意取得制度存在的情况下,交易人判断任何一种物权类型是否存在都仅需观察动产占有状况或不动产登记簿,因此前述第一种因素将不再影响边际信

〔1〕 美国的契据登记制度虽然没有明确承认公信制度,但当事人只要按照通行的查阅方法对法律所要求查阅的内容的进行查阅即可,法定查阅范围外的契据对当事人不具有约束力,因此也可以说美国的契据登记制度具有"实质上的公信力"。参见吴一鸣:《英美物权法——一个体系的发现》,上海人民出版社 2011 年版,第 202 页。

息成本,X 值是固定值。按照梅瑞尔和史密斯的假设,新增物权使用人数较少,内容较为复杂,Y 值下降,Z 值上升。但 R 值的情况如何呢?在权利登记制或托伦斯登记制下,由于登记机关在理论上需要对登记内容进行实质审查,判断其与在先物权是否存在冲突,物权种类越多,判断某一物权可否登记的耗时和难度会递增,因此 R 值上升;在契据登记制下,登记机关只需作形式审查,将当事人提交的契据纳入登记即可,契据中具体创设了何种物权,对登记成本并无影响,因此 R 值是固定值。结合上述情况,由于 Y 值下降,因此边际信息成本很可能是下降的。

第三步,在一定的情况下,梅瑞尔和史密斯所提出的假设本身也未必站得住脚。在社会经济发展迅速的时候,社会对物权的整体需求也会发生很大的变化,后出现的物权类型可能比先出现的物权类型更流行,使用者更多,Y 值上升,在这种情况下,边际社会收益(边际挫折成本)可能会上升,而边际社会成本(边际信息成本)可能也会上升。例如,后出现的让与担保和所有权保留,在今天的利用率远远超过了先出现的占有质权,其带来的社会收益与消耗的社会成本明显大于占有质权带来的社会收益和社会成本。(见图 5-6)

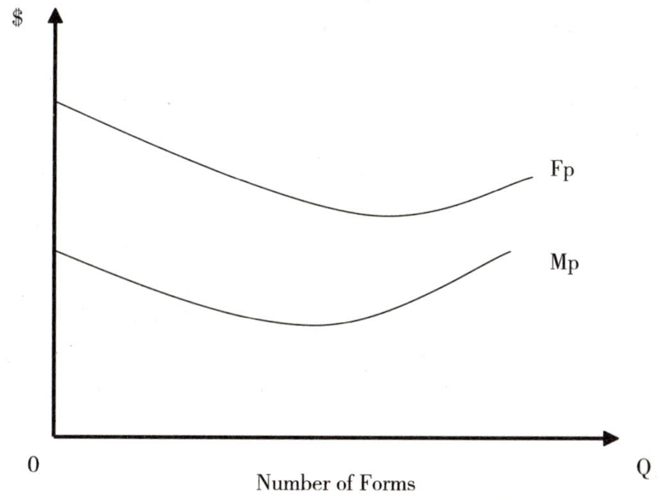

Mp = 边际社会成本(边际信息成本)

Fp = 边际社会收益(边际挫折成本)

图 5-6　新增物权类型使用人数较多,物权类型最优量不存在

第四步，梅瑞尔和史密斯认为物权类型增加，非交易人的信息成本将会增加的观点也是有待商榷的。因为对于不参与市场交易的人来说，防止侵权不需要了解物权的具体内容，他们只需要做到不干涉他人的财物，就可以避免侵权的发生。因此，对不参与市场交易的人来说，新增物权的边际信息成本为零。

综合考虑上面四点，我们认为，最优标准化理论模型的假设并不能完全反映现实，其推论也存在瑕疵，新增物权所带来的边际社会收益可能上升，也可能下降，所消耗的边际社会成本可能上升，也可能下降。因此，物权最适量并不存在，这一模型也就不成立了。如果这一模型本身不能成立，那么改良论者的观点也就站不住脚了。

（三）以证明理论模型来审视物权类型封闭原则

在反公地悲剧理论模型与最优标准化理论模型无法对物权类型封闭原则提供妥善解释的情况下，能够成立的经济分析模型恐怕就只剩下汉斯曼和卡拉克曼提出的证明理论。根据汉斯曼和卡拉克曼的观点，合同权利与财产权的差异在于证明机制不同，不同的证明机制决定了权利证明、协调、执行成本在不同主体之间的分配。当事人欲使某一项权利产生对抗力（对世性），既可以通过合同形式达成，也可以将其认定为财产权，只是通过合同形式实现权利的对世性会消耗使用者很多成本，如果将其认定为财产权，那么使用者成本就会降低，而非使用者成本则会增加，由于非使用者的数量远远超过使用者的数量，因此使用者成本的减少量应该远小于非使用者成本的增加量。部分财产权以登记制度作为公示手段，登记制度的建立虽然会消耗大量的固定成本，但建立之后就会大幅降低非使用者和使用者的成本。因此，一项权利能否被认定为财产权，需要进行“成本—效益”衡量，如果认定某项权利为财产权能够使“降低的使用人成本 + 权利带来的综合价值”大于“增加的非使用者成本 + 公示制度成本”，那么则应该认定其为财产权，反之，则不应该认定其为财产权。这一“成本—效益”衡量机制要发挥作用，显然要仰赖于财产权类型封闭原则，这一原则在经济效率上的合理性也在于此。

1. 通过习惯法或制定法确认物权符合经济效率

根据上述“成本—效益”衡量机制，如果某一种物上权利得到了交易实践的广泛采纳，即说明这种权利给社会带来的综合价值很高，那么“降低的使用人成本 + 权利带来的综合价值”就可能大于“增加的非使用者成本”，此时就具备了将其确认为物权的前提条件。如果权利带来的综合价值足够高，甚至可以为其建立登记制度。在现实生活中,被广泛采纳的物上权利大致通过习惯法和制定法两种途径成为物权。

第一,习惯法物权是伴随着使用者增多而逐渐形成的,社会大众在潜移默化中完成了“成本—效益”衡量,在这一过程中,使用者证权成本下降,非使用者成本上升,非使用者的注意义务提高了,他们在交易中必须留意这种常见的权利形式。例如,在让与担保成为某一行业常见的习惯物权后,该行业中的非使用者(例如,债务人的其他债权人)的注意义务就被提高了,他们在破产程序中否认担保权人的取回权,恐怕就不会轻易获得法官的支持。在交易实践中,这种权利也可能会形成约定俗成的公示形式,例如贴标签或作烙印,例如蒙古族地区的“苏鲁克(一种存在于畜群上的用益权)”即以烙印为公示形式。由行业组织或企业自发建立登记制度也是可能的,某些奢侈品生产企业为每一件产品都进行了编码,可供消费者查询真伪。如果梅瑞尔和史密斯假设的“手表分时使用权”具有重大的综合价值,那么奢侈品手表的生产企业可以很轻松地将编码查询机制转化为登记制度[1]。因此,只要权利带来的综合价值足够大(至少潜在的使用者要足够多),登记制度也可能自发形成。

第二,制定法中的物权类型基本上都是来源于社会生活中的常见物上权利,其中相当部分已经形成了习惯法物权,因此也具有较高的综合价值。与习惯法物权形成过程不同,制定法物权的形成是由立法机关主动实施“成本—效益”衡量,在使用者和非使用者之间分配证权成本,立法机关在确认某一种权利为物权时,通常会确定该种物权的法定公示形式,如果符合经济效率,也会投入公共资源为该种权利建立登记制度。

2. 当事人自由创设物权类型是否违背经济效率?

沿着汉斯曼和卡拉克曼的观点往下推,如果我们任由当事人自由创设新物权类型,实际上就是允许权利使用者随意减少自己的证权成本,提高非使用者的查询成本,这样一来“成本—效益”衡量机制就被打破了。那些使用者很少的权利,并不会带来很大的综合价值,如果让非使用者承担很大的查询成本,并不符

---

〔1〕 我国现实中已经出现了民间自行建立登记制度的现象,例如,浙江义乌国际商贸城就已经在提供商铺使用权登记服务,以商铺使用权为标的来设定抵押权也可以在商贸城进行登记。如果这种自发登记能够普遍实现,那么商铺长期使用权显然就可以发展成一种习惯物权。参见常鹏翱:《多元的物权法源及其适用规律》,载《法学研究》2014 年第 4 期,第 114 ~ 137 页。

合效率。换句话说,当事人任意创设物权类型,并不符合经济效率。

但是,我们据此马上得出全面禁止物权自由创设的观点似乎又过于草率。从前面的分析来看,汉斯曼和卡拉克曼似乎并不反对在登记制度存在的情况下,开放物权自由创设。物上权利类型繁多,有些不具有外观表征,有些以占有为外观表征,还有些以登记为外观表征,在得出结论之前,我们最好先就这几种类型进行具体分析。特别在登记制度已经建立的情况下,利用既有的登记机制创设新物权是否真的会严重违背经济效率呢?

第一,对于毫无外观表征的权利,即无公示的权利,如果允许当事人自由确认其权利为物权,将会导致非使用者成本急剧上升,因此,这种毫无外观表征的权利不能任由当事人将其确定为物权。事实上,主张物权自由的学者所说的"物权自由"也仅仅针对具有公示形式的权利。一般来说,目前各国制定法确认的物权和法院通过判例承认的习惯物权都具有外观表征,例外的恐怕也只有让与担保、所有权保留以及非占有质权。在各国的制定法和司法实践中,上述这几种物权类型的效力比较弱,虽然在破产程序可以对抗其他债权人,但并不能对抗善意买受人。通过提供善意第三人保护,制定法或判例实际上降低了部分非使用者(买受人)的查询义务。[1] 简而言之,放任当事人创设毫无外观表征的物权,将导致非使用者成本急剧上升,因此对于毫无外观表征的权利,应该坚持物权类型封闭原则。

第二,对于以占有为外观表征的权利,制度成本为零,如果允许当事人自由地将这类权利确认为物权,那么非使用者的成本会增加,因为他们必须积极调查权利的内容。如果权利使用者很少,综合价值较低,那么增加非使用者成本显然是不符合效率的。但是,在权利以占有为外观表征时,非使用者成本并不会太大,因为他们通过现实观察即可发现占有人的存在,足以引起合理怀疑,只要他们进一步询问占有人就可以知悉该占有权利是否为物权以及该权利的内容。对于这种具有占有外观表征的权利,是否实行物权自由,并没有国家明确表态,但从具体制度来看,目前已经形成了两种趋势:对于占有动产的权利,各国均提供占有保护和侵权保护,

〔1〕 在德国法中,动产让与担保被作为质权来对待。在债务人破产程序中,债权人不能行使取回权,但可以就标的物价款优先受偿;所有权保留中的所有权也被视为非占有的质权,但在买受人破产程序中,出卖人可以行使取回权。但是,由于善意取得制度的存在,让与担保与所有权保留中的所有权人均无法对抗善意买受人。《荷兰民法典》禁止让与担保,但明确规定了非占有质权,在债务人不履行债务或质权人有理由担心债务得不到履行时,质权人可以将非占有质权转变为占有质权,但非占有质权不能对抗财物的善意买受人。可参见本书第二章第三节、第三章第二节。

但《德国民法典》第986条第2款一般性地承认了债权性的占有人可以以其与原所有权人之间的合同所产生的针对返还原物请求权的抗辩对抗所有权继受人，而英美法系的动产寄托（bailment）则并没有一般性地承认占有动产的权利可以对抗所有权继受人。[1] 因此，从实际效果来看，德国在动产占有领域实行的"债权物权化"已经严重侵蚀了物权类型封闭原则，而英美法在动产占有领域仍然坚持着财产权类型封闭原则。对于占有不动产的权利，根据英国《土地登记法》，"实际占有土地的人权利"属于优先利益（overriding interest），无须登记即可对抗第三人，这种"实际占有土地的人权利"的内容是开放性的，因此，在不动产占有领域，英国法实际上已经采取了物权自由创设。[2] 因此，虽然在理论上，在占有权利领域开放物权自由创设可能不符合效率，但由于增加的非使用者成本并不会太大，所以有些国家也出现了在占有权利领域放开物权自由创设的趋势。

第三，对于以登记为外观表征的权利，在登记制度已经建立起来后，如果当事人利用既有的登记制度自由地为他人创设物权，制度成本和非使用者成本又如何变化呢？在采取实质审查的权利登记制或托伦斯登记制的情况下，物权自由导致审查难度上升，确实会造成制度成本上升；在采取形式审查的契据登记制下，物权自由对制度成本并无影响，制度成本只与交易量有关，登记机关继续保持按件收费的做法即可使增加的制度成本内部化，与物权类型封闭时的状况并无差异。因此，实行权利登记制的国家和地区，只要引入契据登记制作为补充（例如，在登记簿上增加"其他约定"一栏，并将当事人文件作为登记附件），并放弃对契据的实质审查，即可消除物权自由所导致的制度成本增加量。但是，在登记领域开放物权自由创设，非使用者的成本会增加，因为他们必须阅读登记文件才能了解权利的内容。因此，在理论上讲，对于那些使用者很少、综合价值较低的权利，将其认定为物权确实是不符合效率的。但是，非使用者成本的增加量并不会太大，与前面所提到的"现场观察、询问占有人"相比，通过"查阅登记、阅读文件"了解权利内容恐怕更加方便快捷。从实然制度来看，英国在1925年建立起产权登记制度后，不动产领域的物权类型封闭原则确实已经出现了松动：英国土地登记法中的"次级利益"（minor

[1] 针对《德国民法典》第986条第2款的规定，德国司法实践认为，经由占有，债权转化为一项公开化权利，该等债权应为他人所尊重，从而予以物权式的保护。可参见本书第二章第三节、第四章第二节。

[2] 可参见本书第四章第二节。

interest）是开放的，在登记之后即可对抗地产权的受让人。[1]

综上所述，证明理论所内含的“成本—效益”衡量机制，对判断是否承认某一项权利为物权，是否为之建立登记制度具有重大意义。根据这一衡量机制，通过习惯法或制定法将交易实践中常见的权利确认为物权是符合经济效率的，物权类型封闭原则在经济效率方面的合理性也在于此。物权自由创设将打破这一衡量机制，导致经济不效率，但对于以占有为外观表征的权利或利用既有登记制度作为外观表征的权利，放开物权自由创设所导致的不效率并不会太明显。因此，在完善公示制度的前提下，物权类型封闭原则并没有想象中的那么重要，采纳物权自由原则也不会对经济效率带来太明显的负面影响。这恰恰与本章第二节中基于市场经济（交易安全）论辩的结果相吻合。

五、附论：物权类型封闭原则的政治分析

法律经济分析为我们提供了反思物权类型封闭原则实质合理性的工具。但是，仅凭经济分析提供的答案，并不能最终决定物权类型封闭原则的存废，因为物权类型封闭原则作为物权法的结构原则，其功能并不仅仅限于保障“成本—效益”衡量机制。立法者有时将某种权利确定为对世性的物权或财产权并非是出于经济效率考量，而是为了保护这些权利背后的利益群体，这种考量往往是政治性或道德性的，立法者所追求的是公平，而非效率。例如，汉斯曼和卡拉克曼就明白地承认，法国、意大利确立的保护作品完整权，是立法者对艺术家的父爱主义保护，与文中所说的证明理论并无关系；[2]各国法律中常见的工资优先权，我国《合同法》第286条规定的建设工程承包人优先权，《民法通则》和《物权法》将农民的土地承包经营权确定为物权，都是为了保护社会中弱势群体的利益，使他们的权利获得优先保护。如果物权类型封闭原则被完全抛弃，那么所有的权利将处于平等竞争的地位，谈判能力强者的权利将取得优先地位，立法者也就失去了特别保护某一类权利的可能性。

正是由于经济分析理论本身的局限性，近年来，部分英美学者开始引入政治

[1] 英国《土地登记法》将土地权益分为“优先利益”和“次级利益”两类，“优先利益”是指无须登记即可对抗地产权买受人的土地权益，“次级利益”是指优先利益以外的所有土地权益。“次级利益”又分为“信托受益人权益”和“其他次级利益”，前者无论是否登记都不能约束地产权买受人，后者登记后即可对抗地产权受让人。可参见本书第四章第二节。

[2] Henry Hansmann and Reinier Kraakman, *Property, Contract, and Verification: The Numerus Clausus Problem and the Divisibility of Rights*, 31 J. Legal Stud. S. 373 (2002), p. 399.

理论来解析财产权类型封闭原则。他们认为,对财产权类型封闭原则的解释不能仅从经济效率的角度出发,还需要关注财产权制度的政治功能以及财产权形成过程的正当性。

财产权制度的政治功能,即认为财产权的形式具有客观的公共目的,它体现了法律对核心人类关系的规范理念和对客观福利的追求。[1] 相对于合同权利来说,财产权利是一种更加关注客观福利的社会和政治机制,物权类型封闭原则实际上是作为国家的管制平台而存在的。[2] 简单来说,此处所说的“客观福利”“政治功能”实际上就是本章第二节公共政策论辩中所说的“法律积极追求某种价值”,物权类型封闭原则缺位,即无法保障法律目的实现。因此,从财产权制度的客观政治功能出发论证物权类型封闭原则的合理性,实际上可以纳入公共政策论辩的范畴。

既然财产权制度具有政治功能和公共属性,那么其形成过程就必须具有政治正当性。在民主社会,只有通过集体行动创造的财产权类型才具有政治正当性,物权类型封闭原则的存在实际上是为了限制私人立法。[3] 基于协商民主的理念,新财产权类型的增加应该是立法者、法院、公民以及社会运动共同达致的结果,而不能交由私人决定。[4] 从政治正当性的角度来看,不仅由民意代表组成的立法机关通过制定法创造的物权具有正当性,习惯物权的形成以及承认更符合协商民主的精神:习惯物权的形成,可以视为社会公众在日常生活中逐渐达成共识的过程,因而具有充分的民主性;法院或由民意代表组成的立法机关对习惯物权的承认,实际上是对民意的尊重,因此也具有民主性。考虑物权形成过程的政治正当性,并将其与民主价值相连接,不仅排除了通过私法自治创设物权类型,而且对物权的法律渊源也提出了民主性要求,其理论解释力其实已经超过了证立物权类型封闭原则的需要。

---

[1] Hanoch Dagan, *The Craft of Property*, 91 Cal. L. Rev. 1517 (2003); Daphna Lewinsohn-Zamir, *The Objectivity of Well-Being and the Objectives of Property Law*, 78 N. Y. U. L. Rev. 1669 (2003).

[2] Joseph William Singer, *Democratic Estates: Property Law in a Free and Democratic Society*, 94 Cornell L. Rev. 1009 (2008 - 2009); Nestor M. Davidson, *Standardization and Pluralism in Property Law*, 61 Vand. L. Rev. 1597 (2008).

[3] Avihay Dorfman, *Property and Collective Undertaking: The Principle of Numerus Clausus*, 61 University of Toronto Law Journal 467 (2011).

[4] Anna di Robilant, *Property and Democratic Deliberation: The Numerus Clausus Principle and Democratic Experimentalism in Property Law*, 62 Am. J. Comp. L. 367 (2014).

第四节 改采物权自由创设的必要性与可行性

从前面的分析来看,物权类型封闭原则在市场秩序和公共政策方面均具有实质合理性,即便公示制度能够单独完成保护交易安全的任务,也不能完全取代物权类型封闭原则的政治功能,主张物权自由创设的学者显然忽视了这一点。但是,即便不考虑物权类型封闭原则在公共政策层面的意义,在已经采纳了这一原则的情况下,改采物权自由创设必然涉及民法体系、登记制度的调整,因此必须以充分的必要性为其前提,同时也要预判其可行性以及随之而来的制度风险。目前,持物权自由创设观点的学者在必要性论证和制度设计方面,均处于"兵棋推演"状态,并没有现实制度加以佐证,也没有充分意识到其可能存在负面效应;〔1〕维护物权类型封闭原则的学者则认为,近百年来新增的物权类型只有让与担保一种,改采物权创设并不必要,〔2〕但这种论断其实是基于物权类型封闭原则的实施后果来为物权类型封闭原则辩护,在逻辑上有循环论证的瑕疵。虽然论辩双方的观点对立,但实际上都停留在理论推演的层面。其实,要判断改采物权自由创设的必要性,最为可靠的路径还是回到具体制度层面,比较物权类型封闭和物权类型开放下物权类型的异同以及制度运行中的实际形成自由空间;判断改采物权自由创设的可行性,则需要考虑调整民法体系和登记制度的难度以及规避制度风险的可能性。对上述问题的解答,主要还是要依赖于通过比较法研究获得的经验知识。

一、改采物权自由创设的必要性:基于物权(财产权)类型的功能比较

判断改采物权自由创设必要性的最直接的方法,就是对各国物权(财产权)类型进行一个横向比较,借此探析不同程度的类型封闭以及类型封闭与类型开

〔1〕 苏永钦:《物权法定主义松动下的民事财产权体系——再探大陆民法典的可能性》,载《厦门大学法律评论》(第8辑),厦门大学出版社2004年版,第33页以下;苏永钦:《可登记财产利益的交易自由——从两岸民事法制的观点看物权法定原则松绑的界限》,载《南京大学法律评论》(2010年秋季卷),法律出版社2010年版,第37页以下;张鹏:《物债二分体系下的物权法定》,载《中国法学》2013年第6期,第76~77页;杨代雄:《物权法定原则批判——兼评物权法第5条》,载《法制与社会发展》2007年第4期,第27~30页;常鹏翱:《体系化视角中的物权法定》,载《法学研究》2006年第5期,第16页。

〔2〕 梁慧星:《物权法草案第六次审议稿的若干问题》,载《比较法研究》2007年第1期,第5页。

放所导致的实际后果是否存在差异。如果不同路径下的物权(财产权)类型并不存在明显差异,那么改采物权自由创设自然没有必要性。需要注意的是,由于各国物权法(财产法)的概念术语和历史发展存在差异,对各国物权(财产权)类型的比较就需要深入功能比较(functional comparison)的层次。从整体上来看,对于本书提及过的各国,无论是采纳物权(财产权)类型封闭,还是物权(财产权)类型开放,虽然使用的术语有所不同,但基本上可以分为"首要权利""用益或限制用益权利""担保权利""取得权"四类。

(一)首要权利

我们用"首要权利"这个术语来指称大陆法系国家的"所有权"以及英美法系国家中相当于大陆法系国家"所有权"的权利,即土地上的"非限嗣继承地产权"(fee simple)以及动产上的"title",也即大陆法系国家的首要权利只有"所有权"一种,并不区分不动产与动产,而英美法系国家的首要权利有"fee simple"和"title"两种。属于混合法系的苏格兰和南非与大陆法系国家一样,以"所有权"(dominium)作为不动产和动产共同的首要权利。虽然大陆法系的"所有权"、英美法系的"fee simple"和"title"在概念上有所差异,但究其实质来说,它们都是权利主体在特定物上可以拥有的权能最广泛的权利,内容几乎一致,在法律的范围内,权利人可以自由使用收益并处分该权利客体。

就首要权利的形成历史而言,大陆法系动产上的所有权与英美法系中的"title"在历史长河中一直存在,并没有发生太大的变化,而不动产上的首要权利的形成历史则迥然不同,在法国大革命后,罗马法上的统一所有权观念就在欧陆各国的不动产领域恢复,而在英美法系,土地上首要权利是渐进形成的,交易实践中逐渐抛弃了终身地产权、限嗣继承地产权、定序授予、未来权益等不利于土地整体利用流通的土地权益,判例和制定法也对前述各种分解非限嗣继承地产权的做法进行限制,最终使非限嗣继承地产权成为了与大陆法系土地所有权相当的权利。[1]

在功能上,首要权利能够保障标的物始终处于可处分的状态,这在市场经济条件下显得尤为重要,因为如果首要权利能够被当事人通过法律行为随意分解或排除其处分权能,那么标的物就被排除在市场流通之外了。目前,各国财产法基本上都禁止对首要权利随意分解或排除其处分权能。例如,《德国民法典》第

〔1〕 参见本书第二章、第四章中的相关内容。

137 条明确规定,处分权能不能以法律行为予以排除或限制,该法律行为只具有债法上的效力。1992 年《荷兰民法典》第 3:83 条也明确规定,所有权的可转让性不能通过约定来排除。1966 年《葡萄牙民法典》第 1306 条亦规定,不符合法律规定的对所有权权能的限制,只具有债法性质。《法国民法典》虽然没有明确禁止排除所有权的处分权能,但司法实践对排除所有权处分权能的做法采取严格限制的态度,对所有权处分权能的排除只能是暂时的,并且要具有正当利益。东亚各国的民法典则直接通过物权法定条款(《日本民法典》第 175 条、《民国民法典》第 757 条以及《韩国民法典》第 185 条)对所有权进行维护。[1] 在英美法系中,司法判例也认为转让权能是非限嗣继承地产权所不可或缺的权能,禁止转让的约定是无效的。通过制定法、判例的限制和交易实践的变迁,当事人对非限嗣继承地产权的形成自由空间基本上已经不存在了,原本造成非限嗣继承地产权分解的各种土地权益现在基本上都以信托的形式存在。[2]

因此,通过上述比较分析,我们可以认为,在首要权利方面,英美法系或大陆法系虽然存在因历史渊源所导致的概念术语差异,但在实质内容上是相同的,法律和判例亦禁止或限制当事人通过约定对首要权利的内容进行随意变更。此处还需简单提一下信托制度:在英美法系,信托制度的存在并没有导致非限嗣继承地产权被分割瓦解,目前信托受益权的对抗效力已经越来越弱;对于大陆法系来说,将信托制度纳入既有的物权制度并不会存在太大的问题,既可以选择将其纳入"所有权—他物权"结构,也可以以"债权物权化"来解释,这一点在前面已有详细说明,此处不再赘述。[3] 大陆法系通过判例形成的"担保性所有权"(让与担保与所有权保留)实际上就是非占有质权,下文再进行分析。

(二)用益或限制用益权利

这一类的权利涉及物的使用、收益,对于权利人来说,他可以对他人所有之物享有不同程度的用益权利,而所有权的使用收益权能则受到了不同程度的限制:在特定时间内,所有权可能完全被虚化;所有权人可能仅仅获得部分土地收益;所有权人可能要承担容忍或不作为的消极义务,部分情况下可能还要承担积极作为义务。

---

〔1〕 参见本书第二章、第三章中的相关内容。

〔2〕 参见本书第四章中的相关内容。

〔3〕 参见本书第五章第二节。

1. 独占型用益权利

这一类的用益权利赋予权利人单独占有标的物,并对标的物享有全面性的使用收益的权利。在独占型用益权利存在的情况下,所有权人并不能占有标的物,也不能直接对物进行使用收益。在较为极端的情况下,独占型用益权利的存在实际上使所有权处于虚化的状态中,用法国法的术语来讲,此时的所有权成为了“虚有权”。正是由于独占型用益权利对所有权影响甚巨,如果其无限期存在,即便名义上的所有权仍然存在,但从实际效果来说将与所有权瓦解无异。因此,除个别国家承认的永佃权外,独占型用益权利都是有时间限制的,要么以特定时间为限,要么以权利人的生命长度为限。按照功能不同来分类,独占型用益权利可以分为纯粹经济型和生活保障型两类。

纯粹经济型的独占型用益权利主要是指大陆法系各国普遍承认的地上权、法国和荷兰承认的永租权以及葡萄牙、日本和中华民国民法所承认的永佃权,地上权和永租权是在特定时间内在他人土地上拥有建筑物或营建建筑物的权利,而永佃权则是指永久使用他人土地进行耕作的权利。在纯粹经济型的独占用益权利方面,英美法系只有租赁地产权一种,但这种权利是一种框架性的权利,具有较强的灵活性,当事人不仅可以通过约定确定租赁地产权的具体内容(建筑用途或农业用途),还可以通过租赁约据为双方设定积极或消极的义务,除了属人性(personal)的条款外,租赁约据对双方的继受人也具有约束力。当然,大陆法系各国独占型用益权利也日趋灵活,从2009年我国台湾地区物权法修改来看,立法已经开放了地上权和农育权的亚类型创设,即当事人可以通过约定确定土地的使用方法,该约定经过登记可以对抗第三人。

生活保障型的独占型用益权利主要是指大陆法系国家的用益权、使用权、居住权,这一类的权利通常用来为家庭成员提供生活保障,一般以权利人的生命长度为限,不能转让,也不能继承(法国和荷兰的用益权可以转让,德国的用益权不能转让)。与纯粹经济型的独占型用益权利不同,生活保障型的用益权利在大陆法系并没有获得普遍承认,它们只存在于欧陆各国的民法典中,东亚地区的日本、中国和韩国并没有继受这些权利,而是将固有法中的入会权、典权和传贳权规定在了民法典中。东亚法系在19世纪末20世纪初的选择可能与“父母在不别籍异财”的传统文化有关,家庭财产在父母子女之间没有明确的归属,因此也无继受这类生活保障型权利的必要。英美法的生活保障型权利主要是终身地产权,1925年后英国法上的终身地产权已经被信托性质的终身权益所取代,美国法上仍然存在终身地产权,但较为流行的也是终身权益。整体上看,无论是在欧洲,还是在美国,生活保障型的独占型用益权利都处于式微状态,相当一部分已经被各种信托机制所取代,因为在现代社会,财富的内容是多样化的,人的生活保障也不局限于具体的物质形态,只要家庭成员能获得各种形式的金钱收入即可。此外,社会福利的逐步完善也降低了生活保障型权利的作用。

2. 分享型用益权利

分享型用益权利与独占型用益权利的不同之处在于,权利人只在有限范围内取得标的物的用益或限制所有权人对物的用益,而所有权人仍然保持着对标的物的直接占有使用收益。从整体上来看,分享型用益权利可以分为三类:权利人通过自己的行为直接使用他人之物,所有权人须容忍权利人的行为;权利人通过限制所有权人对物的使用收益来获得利益,所有权人须承担相应的不作为义务;权利人通过请求所有权人履行积极给付义务来获得利益,所有权人须承担积极作为义务。

在大陆法系国家,涉及所有权人的容忍义务和不作为义务的分享型用益权利被称为役权(servitude),依受益对象不同可以分为地役权和人役权,但并非所有大陆法系国家均承认了这两种役权。属于德意志法系的德国和瑞士以及属于混合法系的南非同时承认了地役权和人役权(《德国民法典》将人役权称为"限制人役权"),但《法国民法典》只在法定役权的情况下承认人役权,而受《法国民法典》影响的葡萄牙、荷兰以及东亚法系的日本、中国和韩国均只承认了地役权,不承认人役权。[1] 目前,役权或地役权的标的物范围出现了扩展趋势:例如,2009年我国台湾地区"物权法"修订,将"地役权"改为"不动产役权",标的物范围从土地扩展到了所有不动产;1992年《荷兰民法典》第6:252条规定,当事人之间关于"可登记财产"的容忍或不作为义务的约定均可通过登记获得对抗力,这实际上是将役权的标的物范围扩展到了所有的"可登记财产"。[2] 英美法系的概念术语与大陆法系各国有所不同,但同样存在与地役权或人役权相当的制度。英美法系的附属地役权(easement appurtenant)和独立地役权(easement in gross)恰好相当于大陆法系的地役权与人役权,英美法系中的附属性获益权(profit

[1] 参见本书第二章、第三章以及第四章第五节相关内容。
[2] 参见本书第三章第二节、第四节相关内容。

appurtenant)和独立性获益权(profit in gross)也可以分别纳入大陆法系的地役权和人役权之中。在历史上,英美法系将消极地役权(negative easement)限于采光权、通风权、通水权、建筑物支撑权四种,司法实践中不得不通过承认限制性约据(restrictive covenant)或衡平役权(equitable servitude)的方法来满足实践的需要,因此它们与消极地役权并不存在实质性区别,也属于大陆法系地役权的对应制度。南非司法实践中承认的限制性条件(restrictive condition)实际上就是英美法的限制性约据,它本身就是在南非的役权制度中发展出来的。[1]

在两大法系中,承认涉及所有权人积极作为义务的分享型用益权利的国家则少得多,其背后的原因多半是因为担心封建关系复活。其实,积极给付义务物权化的现象并不罕见,只是在许多国家的法律中,物权化的积极给付义务通常是作为其他物权的组成部分而存在,而非作为单独的物权类型。例如,永佃权关系中的地租给付义务,地役权关系中供役地所有权人维护地上设施的义务,共有物分管契约以及租赁约据中的积极作为义务。只有在少数国家中,涉及积极作为义务的用益权利被作为独立的物权类型来对待:例如,德国的实物负担和瑞士的土地负担,所有权人须承担继续性的给付义务,包括金钱给付义务、自然出产物给付义务或劳务给付义务,但瑞士的土地负担比德国的实物负担更加严格,瑞士法要求给付义务只能"来源于承受负担的土地的经济本性"或"为了权利人的土地的经济需要"。在南非,要求土地所有权人给付一定数额或比例的土地收益的权利虽然引起过争议,但最后也被司法实践明确承认为独立的物权类型。在英美法系中,同样也存在这类权利:例如,英国法上存在土地定期给付义务,权利人可以定期请求地产权人给付金钱;美国法上承认的不动产约据,同样也可以包含积极作为义务,而不必像英国法上的限制性约据一样只能约定容忍或不作为义务。事实上,这些作为义务并不会导致封建关系复活,因为土地所有人可以通过抛弃土地权利免除给付义务,在土地所有人无法履行给付义务时,权利人所拥有的也只是扣押变价权。[2] 在功能方面,涉及积极给付义务的用益权利多半是用作生活保障,例如德国的实物负担制度主要是养老保障,但在土地矿产资源

〔1〕 参见本书第四章第二节、第三节相关内容。

〔2〕 参见本书第二章第三节、第二章第四节、第四章第二节、第四章第三节、第四章第五节中的相关内容。

丰富的南非,要求土地所有权人给付土地收益的权利就具有纯粹的经济价值。

从整体上来看,分享型用益权利的传统功能主要是协调不动产之间的利用关系、土地出产物的开发利用以及生活保障三种,但在现代社会,这三种功能都趋于逐渐式微的状态中:在公法规划以及土地用途分区管制普遍建立的情况下,通过地役权协调不动产利用关系的做法逐渐被公法管制所取代;专门调整矿产资源开发利用的矿业法规的存在,也使受人役权制度调整土地出产物开发利用范围变窄,仅存在于捕鱼、狩猎、采集等不太重要的领域;信托制度与社会保障的发展和完善,也使实物负担、定期给付等权利的重要性大幅下降。

但是,传统功能的式微并不意味着分享型用益权利在当下已经失去了意义,因为随着时代发展,这些分享型用益权利具有了新的功能,权利类型越多,越能满足实践的需要。

其一,竞业禁止。通过役权制度实现竞业禁止的目的是各国常见的做法,例如法国的商业地役权、德国的竞争役权。由于法国一般只承认地役权,不承认人役权,所以法国的商业地役权仍然以需役地存在为必要,如果受竞业禁止保护的商业经营本身可以与需役地分开,那么这种地役权就不能成立,因此法国的商业地役权是否成立很大程度上依赖于条款的拟定技巧。而同时承认地役权与人役权的德国就不存在这个困扰,其竞争役权既可以以地役权的形式存在,也可以以人役权的形式存在,权利人不必在供役地附近拥有不动产。

其二,排他性交易。只要条款拟定巧妙,役权制度还可以起到保障积极作为义务履行的效果,也即担保性役权(Sicherungsdienstbarkeit)。德国的担保性役权制度主要用于保障销售商与供应商进行排他性交易。以石油公司与加油站的关系为例,石油公司为了维护自己的汽油销售渠道,会与加油站进行协商,在加油站所在的土地上设立一个“不运营加油站的役权”,同时与加油站约定,只要加油站不购买其他石油公司的汽油,石油公司就不会向其主张役权。这种机制保障了石油公司与加油站之间的排他性交易。

其三,保障供应安全。实物负担制度在今天可以以工业实物负担的形式出现,保障高耗能产业获得稳定的能源供应。例如,电解铝厂可以在电厂所在的不动产上设定工业实物负担,要求工厂每天供应固定量的电能。

其四,在环境保护和公共设施建设方面,人役权也具有重大意义。例如,在他人的土地上建设电缆、土地下埋设管道的权利可以以人役权的形式存在,美国用于历史建筑和环境保护的保护性役权(conservation easement)实际上也是一种人役权或独立地役权。[1]

通过上述比较分析,我们发现,在用益或限制用益权利方面,各国权利类型的差异主要存在于是否采纳人役权(独立地役权)以及是否承认涉及积极给付义务的实物负担。这种差异与该国归属于哪一个法系无关,也与是否采纳类型封闭原则无关。事实上,在用益权利方面,坚持物权类型封闭原则的德国与实行财产权类型开放的南非并无差异,远比承认较少用益权利类型的法国法更能满足实践需要。因此,真正影响用益权利功能发挥的,是法秩序中承认了哪些具体类型的用益权利,至于是采纳类型法定还是类型开放,并不具有决定性作用。

(三)担保性权利

各国的担保性权利虽然类型繁多,标的物多样,但究其内容来看并无太大差异,即债权人为担保其债务在特定标的上设定的权利,在债务人不履行债务时,债权人可以处分该标的物,并就价金优先受偿。以标的物的种类来分类,大体可以分为不动产担保权、动产担保权以及权利担保权,担保标的物的不同又决定了不同的公示手段。

1. 不动产担保权

大陆法系国家中最常见的不动产担保权是抵押权,所有的大陆法系国家的民法典中均规定了这一担保权利。除此之外,各国都采纳了一些比较特殊的担保权类型:《德国民法典》中除了规定流通抵押权(包括证书式抵押权和登记式抵押权)和保全抵押权(仅限于登记式抵押权,最高额抵押权也属于保全抵押权)两种抵押权类型外,还规定了完全不具有附随性的土地债务(包括证书式土地债务、登记式土地债务和无记名证书式土地债)和定期金债务;《法国民法典》规定了不动产优先权和不动产质权,2006 年修法时又采纳了相当于最高额抵押权的可再负担抵押权;《日本民法典》也规定了不动产优先权、不动产质权和最高额抵押权(根抵押权),并且以特别法采纳了实践中形成的“代物清偿预约”这种担保形式;韩国也以特别法的形式采纳了“代物清偿预约”;《葡萄牙民法典》虽然没有规定法国法系的不动产质权,但规定了“收益用途指定”,这种担保形式在功能上涵盖了不动产质权,而且比不动产质权更加灵活。英美法系中的按揭在历史

〔1〕 参见本书第二章第一节、第二章第三节、第四章第三节的相关内容。

上虽然形态多样，既可以以土地负担的形式存在，也可以以权利转让的形式存在，但在目前，英国法上的按揭只能以土地负担的形式存在，而美国法上的按揭绝大部分也是以土地负担的形式存在的，这种以土地负担形式存在的按揭实际上与大陆法系的抵押权并无差异。

就不动产担保权而言，目前主要有以下几个发展趋势：

第一，担保权对债权的附属性被抛弃或减弱。在这一点上，德意志法系是先行者，《德国民法典》中的土地债务和《瑞士民法典》中的债务证券就属于独立性的担保权，其存在并不附随于特定债权；最高额抵押权也早已被《德国民法典》中的保全抵押权和《瑞士民法典》中的抵押证书所涵盖；事实上，《德国民法典》中类型繁多的不动产担保物权类型构成了从严格附随性到完全无附随性的变化光谱：保全抵押权、流通抵押权、担保式土地债务、独立式土地债务。其他国家虽然没有承认独立性的担保权，但严格的附随性显然不能满足实践需要，因此各国基本上都对附随性进行了弱化，最典型的就是最高额抵押权被普遍承认：《葡萄牙民法典》明确规定，各种担保权均可以担保将来的债权或附条件的债权；《荷兰民法典》也规定，抵押权担保的债权可以是现存的，也可以是将来的，在数额无法确定时，可以约定最大数额；《法国民法典》引入可再负担抵押权，也是对严格附随性的放弃；日本和我国台湾地区也是在司法实践中先承认了最高额抵押权的合法性后才将其纳入法典中的。[1] 在英美法系中，按揭制度中一直都存在添加制度，在按揭设定后，其担保的债权数额仍然可以发生变化。[2]

第二，不动产担保权的证券化。以登记为公示形式的不动产担保权虽然随债权的转让而转移时，为使抵押权外观与抵押权归属统一，新抵押权人须进行变更登记，但这样的制度设计在债权转让频繁的时代显然不符合效率，如果债权已经被证券化的情况下，这个弊端就会显得更加明显。在不动产担保权证券化方面，德意志法系较为领先，《德国民法典》中的证书式抵押权、证书式土地债务、无记名证书式土地债务以及《瑞士民法典》中的债务证券均已实现了证券化，担保权转让只需背书或交付即可。[3]

---

〔1〕 参见本书第二章、第三章相关内容。

〔2〕 参见本书第四章第二节相关内容。

〔3〕 参见本书第二章第三节、第四节相关内容。

第三，流抵押禁止的松动。流抵押禁止通常被认为是保护债务人的一种制度，即债权人与债务人不得在债权到期之前约定由债权人取得标的物所有权。但在司法实践中，流抵押禁止的规定经常被规避。在日本、韩国，司法实践所承认的代物清偿预约（假登记担保）实际上就是规避流抵押禁止的做法，虽然后来的制定法加强了对债务人的保护，但流抵押禁止松动的趋势还是较为明显地出现了。[1]

在不动产担保物权领域，社会发展需求以及各国的制度差异主要体现在以上三个方面，只要法院保持灵活性，立法机关及时制定特别法或对民法典进行修正，就能使不动产担保制度跟上时代发展。在坚持物权类型封闭原则的德国，民法典所规定的不动产担保权类型繁多，充分满足了现实需要，德国学者鲍尔和施蒂尔纳甚至认为《德国民法典》所规定的不动产担保权类型远远超过了实际需要。[2] 事实也确实如此，在各国对不动产担保制度修正的同时，《德国民法典》中不动产担保制度在一百多年来基本没有发生变化。德国的例子清楚说明了，虽然立法者不是万能的，但只要立法安排得当，规定的物权类型足够丰富，物权类型封闭原则并不一定会阻碍社会发展。

2. 动产担保权和权利担保权

最为常见的以有体动产为标的物的担保权是占有质权，以实际占有转移作为质权设定的生效要件和公示形式，无论是在大陆法系国家，还是英美法系国家都有这种动产担保权。除此之外，占有性的动产担保权还包括留置权和典当权。对于留置权，大多数国家都将其视为一种抗辩，留置权人不具有处分以及优先受偿权，只有少数国家和地区（瑞士以及属于东亚法系的日本、我国台湾地区以及韩国）将其作为完整的担保权。典当权主要在典当行业中运用，大陆法系国家中将其纳入法典的只有瑞士，我国民国时期以特别法调整典当权，英国普通法中也承认典当权。权利担保权主要是指权利质权，其标的物是不动产和动产以外的权利，从目前各国的情况来看，权利质权的标的物范围已经扩展到了几乎所有可转让的财产，包括债权、知识产权、股权等权利类型，其具体公示形式由构成担保物的权利决定。

从各国的情况来看，由于占有质权不能满足现实需要，各国交易实践中都发展

---

〔1〕 参见本书第三章第三节、第四节相关内容。

〔2〕 [德]鲍尔、施蒂尔纳：《德国物权法》（下册），申卫星、王洪亮译，法律出版社2004年版，第43页。

出了不转移占有的动产担保形式，并且得到了法院或制定法的承认。在大陆法系国家中形成的非占有型动产担保主要是让与担保和所有权保留，德国、法国、日本均承认，这两种担保形式虽然上是以“所有权”来充当担保，但目前大陆法系各国均倾向于实质化思考，将类推适用质权或抵押权的法律规范：例如，德国在司法实践中，将让与担保视为质权，债务人破产时，担保权人不能行使取回权，只能就标的物价款优先受偿；日本司法实践对让与担保的看法也从早期的“所有权构成说”转向了实质化的“担保权构成说”，认为让与担保只是担保权的设定，担保物的所有权仍然归属于担保人。也有大陆法系国家通过立法，在民法典中引入非占有型的动产担保权：例如，1992年《荷兰民法典》则直接废除了让与担保，另外创设非占有质权、隐秘质权来代替让与担保；2006年《法国民法典》修订，对有体动产质权进行了改革，当事人可以选择以占有转移或登记作为公示方式，这种质权登记是属人性质的登记，需要在商事法庭进行登记。[1] 英美法系同样也形成了非占有型动产担保，例如，英国法上也存在权利保留式担保和权利让与式担保（动产按揭），比较有特色的是在公司企业集合财产上设立的固定担保与浮动担保，英国法上并未形成权利保留式担保的登记制度，权利让与式担保以在最高法院进行的卖据登记为公示形式，固定担保与浮动担保则依托于公司法人登记制度，也属于属人性质的登记。美国法上也存在动产按揭、附条件买卖等非占有动产担保。我国台湾地区受美国法影响，在1963年引入了动产抵押、附条件买卖以及信托占有三种非占有型的动产担保形式，均以登记为对抗要件，但担保标的物由政府确定，不同动产标的由不同行政机关进行登记。[2]

从整体上来看，动产担保权和权利担保权有三个发展趋势：

第一，担保标的物的扩展。不仅所有的可转让财产都可以成为担保标的物，而且多个动产或权利组成的集合物上也可以成立担保权，在担保权存续期间，集合物的组成部分还可以变动。

第二，非占有型动产担保权逐渐取代了占有型动产担保权。非占有型动产担保权的公示形态又可以分为三类：(1)以属物性质的登记为公示手段。采取这种公示手段的主要是那些价值较高并且拥有专门登记制度和登记机关的动产，

---

〔1〕 参见本书第二章和第三者的相关内容。

〔2〕 参见本书第四章第二节、第四章第三节以及第三章第四节的相关内容。

例如车辆、轮船。(2)以属人性质的登记为公示手段。这种公示手段并不局限于特定的动产,因为其登记公示的对象实际上是交易文件,可以专门建立一套登记制度,例如英国为动产按揭建立的登记制度,也可以依赖于既存的法人登记制度,例如英国的固定担保和浮动担保登记。(3)放弃公示手段。也有国家并没有为非占有型动产担保建立公示制度,例如德国的让与担保、所有权保留以及荷兰的隐秘质权。在没有公示的情况下,非占有担保权不能对抗善意取得人,但仍然可以对抗其他债权人。放弃公示手段,虽然不利于交易安全,提高了信息搜寻成本,但却有交易便捷的优点。

第三,从形式转向实质。虽然动产担保权和权利担保权类型繁多,但权利的实质内容都是一样的,类型之间的差异基本上都是担保物及公示手段不同所导致的。美国《统一商法典》第九编的做法实际上就是放弃各种担保形式之间的形式差异,直接以担保协议和公示来把握动产担保的实质,即以担保协议设定担保权益,再根据不同的担保物确定相应的公示形式。美国《统一商法典》的这种态度可能代表了未来动产担保法的发展方向。

在动产担保权和权利担保权领域,20 世纪以来各国都通过判例和制定法承认了新的担保权类型,这一情况确实说明了,原有的担保权类型不能满足现实需要了。但我们要看到,真正阻碍这一领域新担保权形成的,并非物权类型封闭原则,而是相应的动产公示制度的欠缺。但是否为动产担保交易建立完善的登记制度,取决于担保物价值与登记制度本身成本的关系,取决于交易便捷和交易安全的取舍,这实际上是一个公共选择问题,当然不能由私人来决定,只能交由多数人决断:可以由国家立法机关代表民众作出决定,也可以由民众通过交易习惯渐进地达成共识,再由法院通过判例法的形式承认。如果多数人选择为了交易便捷而削弱交易安全,也是无可厚非的。与这一公共选择过程相契合的,恰恰就是物权类型封闭原则。

(四)以取得物权(财产权)为内容的请求权(合同权利)

除了上面三种权利外,各国也承认了一些以取得物权(财产权)为内容的请求权(合同权利)具有对抗效力,这些权利通常以占有或登记为外观。在大陆法系各国中,除了德国明确将物权性先买权作为限制物权类型规定在民法典之外,其他各国立法并没有将这些权利明确作为物权。德国的取得权包括了物权性先买权、预告登记以及期待权,物权性先买权和预告登记以登记为外观,期待权要求能被外部所识别,通常以占有为外观。《葡萄牙民法典》所规定的“有物权效力的预约”和“有物权效力的优先购买权”虽然规定在债法部分,但以登记为对抗要件,相当于德国的预告登记和物权性先买权。日本、韩国登记法中的假登记制度实际上就是预告登记制度,只是名称存在差异。《荷兰民法典》第7:2条和第7:3条规定的消费者房屋买卖合同登记,在实际效果上也与预告登记相似。同样的制度在英美法系中也存在,英国法上的购买选择权和地产权合同本质上为合同权利,但衡平法院赋予了其财产权效力,在土地登记制度建立后,这两种权利也以登记作为对抗第三人的要件,其效果与物权性先买权和预告登记相似。

从前面的比较分析来看,各国的物权(财产权)制度基本上都是由首要权利、用益权利、担保权利以及取得权构成的物权(财产权)体系,除了由历史传统造成的概念术语差异外,各国物权(财产权)类型在功能上都是相似的。南非虽然实行物权自由创设,但其物权类型与实行物权类型封闭的国家相比,并没有太大差异,其物权类型的种类也没有超过德国。[1] 无独有偶,同样实行物权类型开放的普鲁士和西班牙,也呈现出了类似的情况:普鲁士实行物权自由创设主义,但来自罗马法上的物权以及租赁权(Miete und Pacht)似乎就已经满足需要了,实践中并没有再创造其他物权的尝试;[2]1889年颁布并沿用至今的西班牙民法典采纳的也是物权自由创设,但在西班牙的司法实践中也并没有产生新的物权类型。[3] 这背后的原因是显而易见的,在共同的市场经济体制和相似的科技条件下,人类的生活不会有太大差异,物的利用可能性也是有限的,在物上形成的权利义务关系也是雷同的。只要合理选择配置物权类型,通过物权类型封闭也能满足现实需要。因此,是采纳物权类型封闭还是物权自由创设,是采纳严格的类型封闭还是采纳宽松的类型封闭,只是一个路径选择的问题,最后到达的终点可能是相同的。既然如此,那么对于一个已经采纳物权类型封闭原则的国家或地区来说,似乎并没有改采物权自由创设的必要。

---

〔1〕 可参见本书第四章第五节。

〔2〕 Hans Josef Wieling, Sachenrecht, Band 1 Sachen, Besitz und Rechte an beweglichen Sachen, 2. Auflage, Springer, 2006, SS. 25 – 26.

〔3〕 Goni Rodriguez de Almeida 2006, O'Callaghan 2002, Fulgencia Angosto Sáez 2006, p. 281 et seq. See Bram Akkermans, *The Principle of Numerus Clausus in European Property Law* (diss.), Maastricht University, 2008, p. 550.

表 5－1　各国物权（财产权）类型比较简表

物权（财产权）类型 \ 国家和地区			法国	德国	荷兰	葡萄牙	日本	民国及台湾地区	英国	美国	南非
首要权利			所有权	所有权	所有权	所有权	所有权	所有权	fee simple \title	fee simple \title	所有权
独占型用益权利	纯粹经济型用益权利		地上权 永租权	地上权	地上权 永租权	地上权 永佃权	地上权 永佃权	地上权 农育权	租赁地产权	租赁地产权	地上权 永租权 租赁地产权
	生活保障型用益权利		用益权 使用权 居住权	用益权 居住权	用益权 使用权 居住权 公寓权	用益权 使用权 居住权			终身权益（信托）	终身地产权 终身权益（信托）	不详
分享型用益权利	“作为—容忍”关系	助人型		人役权					获益权	独立性地役权	人役权
		助物型	地役权	地役权	地役权	地役权	地役权	地役权	附属性地役权	附属性地役权	地役权
	“限制—不作为”关系	助人型		人役权						独立性地役权	人役权
		助物型	地役权	地役权	地役权	地役权	地役权	地役权	附属性地役权 限制性约据	附属性地役权 限制性约据	地役权 限制性条件
	“请求—作为”关系	助人型		实物负担					土地定期给付	不动产约据	请求支付土地收益权
变价受偿权	独立型			土地债务							不详
	附属型		抵押权 占有质权 非占有质权 优先权 让与担保 所有权保留 权利质权	抵押权 占有质权 让与担保 所有权保留 权利质权	抵押权 占有质权 非占有质权 权利质权	抵押权 占有质权 收益用途指定 所有权保留 权利质权	抵押权 占有质权 留置权 优先权 让与担保 所有权保留 代物清偿预约 权利质权	抵押权 占有质权 留置权 让与担保 所有权保留 权利质权	不动产按揭权 质押 典当权 留置权 权利保留 动产按揭权 固定担保 浮动担保	不动产按揭权 质押 动产按揭 附条件买卖 动产担保权益	抵押权 质权

二、改采物权自由创设的必要性：基于实际制度运行的比较

各国物权（财产权）类型的趋同性（见表 5－1），虽然从根本上来说是由人类生

活的相似性所决定的,但路径上的关联与相似也是达致结果趋同的重要原因之一。虽然物权自由创设和物权类型封闭在理念上差异巨大,但两者在具体制度运行中的差距却没有我们想象的那么大。现在我们继续用比较法的方法来检视不同路径之间的关联和差异,我们先对物权(财产权)类型封闭原则内部的具体样态进行比较,然后再对物权(财产权)类型封闭与物权(财产权)类型开放进行比较。

(一)不同样态的类型封闭之间的差异与共性

在前文分析各国的物权(财产权)类型封闭原则时,我们就已经发现,这一原则在不同国家的具体形态存在一定的差异,现在我们可以对其进行宏观性的比较,并寻找其中的差异与共性。

法国虽然最早将各种财产权类型列举在民法典中,但立法之初并无类型封闭之学说,财产权类型封闭原则被学术界及司法实践所采纳已是19世纪下半叶的事。虽然法国学者对是否承认财产权类型封闭原则存在争议,但主流学说仍然赞成,学者们主要是从维护统一所有权和公共秩序的角度来理解这一原则的。法国的情况也可以以受《法国民法典》影响的国家的情况来佐证,《西班牙民法典》《塞亚布拉法典》以及1838年《荷兰民法典》均没有规定类型封闭原则,西班牙至今仍然采类型开放原则,而葡萄牙和荷兰的司法实践则因学说改变而倒向了类型封闭原则。从与《法国民法典》同时期产生的《奥地利民法典》的条文来看,立法者也没有采纳规定类型封闭原则的意思,只是后来的学说和司法实践倒向了类型封闭原则。[1]

在《德国民法典》制定之前,潘德克顿法学派就已经从"物权法自治性"观念中推导出了物权类型封闭原则,虽然该原则最后没有以条文的形式被纳入民法典中,但学者普遍将这一原则视为自明之理,并将其细分为类型强制和类型固定两个子原则,同时将《德国民法典》第137条视为对物权类型封闭原则的侧面维护。德国虽然明确主张物权类型封闭原则,但认为该原则只是对当事人的约束而非对法官的约束,因此法官可以通过判例法承认新的物权类型。这样一来,德国的物权类型封闭原则实际上是以民法典、特别法列举为主,司法判例为辅的模式。瑞士民法学界和司法实务界对物权类型封闭原则的理解也与德国相同。[2]

---

〔1〕 参见本书第二章第一节相关内容。
〔2〕 参见本书第二章第三节相关内容。

从19世纪后期开始，潘德克顿法学的影响力越来越大，在20世纪，其影响力显然已经超过了《法国民法典》。受其影响，后发国家普遍接受了物权类型封闭学说，原受法国民法影响的葡萄牙、荷兰等国也继受了这一学说，这就导致从19世纪末开始，物权类型封闭原则开始被立法化，并作为明确的条文被纳入民法典中。首先对物权类型封闭原则进行立法化的是《日本民法典》第175条，明确规定物权以民法典和其他法律的列举为限，排除了习惯法物权和通过司法判例承认新物权的可能性，这样的规定导致潘德克顿法学派的类型封闭学说被转化为东亚法系的"物权法定主义"或"物权法定原则"，开立法化之先河。后来的《民国民法典》第757条也采取了同样的规定。但是，如此严苛的"物权法定"并没有得到严格遵循，无论是日本，还是我国台湾地区，学者们均主张对"法"从宽解释，但司法实践中还是在通过判例承认习惯法物权和交易实践中新形成的物权类型。属于东亚法系的韩国即采纳了较为宽松的"物权法定"，其第185条规定，物权以法律和习惯法的规定为限。我国台湾地区2009年修法，也将第757条改为韩国模式，明确承认习惯法物权。考虑到习惯法物权也要通过判例来承认，这样一来，东亚法系的几个国家和地区的"物权法定"实际上又回到了以民法典、制定法列举为主、司法判例为辅的德国模式。[1] 欧洲的葡萄牙和荷兰在20世纪制定的新法典中也对物权类型封闭原则进行了立法化，但两者略有不同。《葡萄牙民法典》第1306条以单独一个条文规定"物权类型封闭"，但其行文方式与东亚法系不同，强调不能在法律规定之外分裂所有权或对所有权设定物权性的限制。从这一点来看，葡萄牙立法者界虽然接受了类型封闭学说，但还是将其理解为对所有权的维护，这恰恰与法国学者的理解相似。关于法官是否受到物权类型封闭原则的约束，葡萄牙学者对此仍然存在争议。《荷兰民法典》则通过多个条文来规定物权类型封闭原则，第3:81(1)条正面表达了物权类型封闭原则的主旨，第3:83条仿《德国民法典》第137条从侧面维护这一原则，第3:84(3)条通过规定信托禁止来防止信托行为对物权类型封闭原则的威胁。虽然新民法典颁布后，荷兰民法学界对通过法律续造的方法承认新物权的态度有所不同，但荷兰法院仍然在通过判例承认实践中形成的新物权类型。[2] 因此，即便是在物权类型

〔1〕 参见本书第三章第三节、第四节相关内容。

〔2〕 参见本书第三章第一节、第二节相关内容。

封闭原则立法化的国家,类型封闭原则还是以民法典、特别法列举为主,司法判例及习惯法为辅的模式。

长期以来,英美法系的学者并没有提及财产权类型封闭原则,直到 20 世纪中期以后,学者们才开始关注这个问题,并普遍认为英美法系也存在这一原则。事实上,在此之前,英美法系的法官们一直在默默地遵循着财产权类型封闭原则,并且倾向于从实质层面来阐述理由,即保障第三人知悉和财物流通。由于英美法系的法源以判例为主,这也导致英美法系的财产权类型封闭原则的表现形态与大陆法系各国不同,既有财产权类型以判例法为主要渊源,并辅以制定法,因此,英美法系上的财产权类型封闭原则主要表现为一种司法克制。当然,英美法系内部也存在差异,美国的财产权类型封闭原则大致保持了英美法系的传统特色,而英国在 1925 年财产法改革后,其财产权类型封闭原则的表现形态已经转向了大陆法系,即作为基础性财产权利的普通法地产权类型和普通法土地权益类型已经由制定法所限定,法院仅保留塑造衡平法财产权利的权限。[1]

前述各种物权(财产权)类型封闭原则的具体类型的共同点在于排除通过私人意志创设新物权(财产权)类型。表面上看,它们的主要差异则在于物权(财产权)的法律渊源不同,是由制定法垄断,还是由制定法、习惯法和司法判例分享物权(财产权)的法律渊源。但是,从目前的实际情况来看,这种差异只有量的区别,而没有质的区别,因为在前述国家中,制定法、习惯法、司法判例都构成了物权(财产权)法律渊源,只是权重各有不同而已:在传统英美法系国家,司法判例发挥着主要作用,制定法的比重相对较小;在大陆法系国家,物权法律渊源以制定法为主,司法判例只起到了辅助补充作用;习惯法在两大法系中均属于补充性的物权法律渊源。就物权的法律渊源,我们在此需要具体讨论三个问题。

1. 通过司法判例承认物权类型的正当性

该问题即通过司法判例(或称为"法官法")承认物权类型是否具有正当性,这一问题在强调立法权和司法权严格分离的大陆法系国家尤为重要。对这一问题的讨论显然要从制定法、习惯法以及法官法三者的关系开始谈起。

在当代社会,法的正当性通常被认为来源于民主,由民意机关通过立法程序制定的民法典和特别法具有毋庸置疑的正当性。关于习惯法,通说认为,习惯法

---

[1] 参见本书第四章第二节、第三节、第四节相关内容。

是以法律共同体中的长期实践(习惯)为前提,并且这种习惯必须以法律共同体普遍的法律确信为基础。[1] 因此,从习惯法的产生机理来看,它显然也是符合民主原则的,因为民众的共识是在长时间的交往互动中,潜移默化地达成的,只是相对于制定法来说,习惯法的形成时间更长,内容较为模糊而已。事实上,在民事领域,与制定法相比,习惯法是历史更为久远,也更为本源的法律规范,更加贴近人们的民事生活,制定法中的许多内容就直接来源于习惯法,制定法虽然可以在一定程度上偏离习惯法,但也不能毫不顾忌民事生活中的风俗与习惯。那么由司法判例组成的法官法与制定法、习惯法的关系如何呢?在法制发展的早期,制定法阙如,民事法官在司法裁判中往往更加依赖习惯法,通过司法裁判形成的判例法或法官法在很大程度上就是习惯法的表达和积累,成文化的法书(Rechtsbuch)也仅仅是对习惯法的记录;随着立法机关权威的加强,制定法从消极记载习惯法的阶段发展到了为民事生活积极提供规则的阶段,并且在效力层级方面超过了法官法和习惯法;同时,司法经验的积累,也使法官法获得了独立于习惯法和制定法的地位,从消极遵循习惯法和制定法转向了"有思考地服从"。在这种情况下,习惯法虽然仍然是制定法和法官法的规则来源,但却沦为了第二位法源,丧失了独立的法源地位,通常只能以制定法和法官法为载体存在着。

前文已经谈到,将某一权利义务关系确定为物权(财产权)会增加非使用者所承担的交易成本,在不存在公示制度的情况下,非使用者所承担的交易成本更会显著上升,因此是否承认某一权利义务关系为物权(财产权)以及是否耗费社会成本为之建立公示制度显然是一个公共选择问题,需要通过民主程序作出的决定才能获得正当性。既然制定法的通过和习惯法的形成都保证了民主正当性,那么在不考虑其他因素(如公共政策)的情况下,制定法上的物权和习惯法上的物权就应该获得同样的法律地位,在习惯法上的物权没有被立法机关转化为制定法上的物权时,法院当然可以先通过司法判例承认其物权地位。但是,我们也要看到,虽然通过司法判例承认习惯物权具有正当性,但法官法毕竟不如制定法清晰明确,对法益的衡量也可能不如立法程序全面细致,很多通过法官法承认的物权类型最终还是要通过制定法来完善(如日本的根抵押制度和代物清偿预

---

[1] [德]魏德士:《法理学》,丁晓春、吴越译,法律出版社2005年版,第103页。

约),因此通过制定法承认新物权类型要比通过法官法来承认更好。对于大陆法系国家来说,比较妥当的做法,仍然是维持制定法作为主要的物权法源,法官法只是起到辅助和补充作用。

2. 物权秩序整理更新与物权法律渊源的关系

民法典物权编的颁布,通常具有物权秩序整理更新的作用。日本和我国学者在论述物权法定原则的合理性时,经常提及的“纯化土地关系”也是指物权秩序的整理更新。但是,这并不意味着要将物权的法律渊源限制为制定法。

第一,物权秩序的整理更新并不一定要通过限制物权法律渊源来实现。欧陆各国在法典化后,均存在物权秩序整理更新的问题,但却没有限制物权法律渊源。以德国为例,德国在制定民法典时,也对全国物权秩序进行了整理更新,但并没有将物权法律渊源限定于议会制定法,而是通过民法典施行法来完成物权秩序更新的任务,该法采取了不溯及既往的态度,对各种旧物权的存废进行了细致的区分处理。[1] 相比之下,德国的处理方式比日本更为妥当,不仅实现了物权秩序的整理更新,也避免了“一刀切”限制物权法律渊源给司法实践带来的困扰。

第二,将物权法律渊源限定为立法机关制定法,固然可以巩固物权秩序整理更新的成果,但却导致了由立法机关垄断控制物权制度未来发展的后果,与物权的一般形成机制相悖。民事法律来源于社会生活习惯,属于民法组成部分的物权法也同样如此,绝大多数制定法物权均脱胎于习惯物权:基于现实生活需要,某种常见物上权利义务关系的排他性逐渐获得普遍承认,新的习惯物权也就在变动不居的社会生活中生成,它通常先被司法判例承认和调试,待规则逐渐明晰成熟后再被纳入制定法。立法者不可能提前预知社会生活的演变发展,并无垄断控制物权制度发展的能力,制定法相对社会生活的滞后性必然需要习惯法来进行补充。这实际上就是东亚各国和地区逐渐放松对物权法律渊源的限制,承认习惯法可以作为物权法律渊源的原因。

3. 制定法的内部构成

既然习惯法上的物权能够以法官法的形式获得国家机关的承认,那么这就带来了另一个问题:物权法律渊源中的制定法部分是否仅限于全国性的制定法,地方自治团体的立法机关能否通过制定地方性的法律承认自治区域内的物权?

---

〔1〕 参见本书第二章第三节。

这实际上取决于各国民事立法权限在国家立法机关和地方立法机关之间的划分。[1] 在地方立法机关不拥有民事立法权的情况下，自然不能通过立法承认自治区域内的物权。从理论上来看，将民事立法权交由国家层面垄断行使，确实有利于在短期内促成全国统一物权制度的形成，但可能对各地特殊情况照顾不周；将民事立法权交给地方，能够灵活照顾到各地的特殊情况，也未必不能形成大体相似的物权制度，只是耗时较长而已。[2] 从习惯物权的构成来看，虽然部分习惯法物权可能是全国性的，例如让与担保、所有权保留、代物清偿预约，但相当一部分习惯法物权实际上仅仅只在一国的特定地域范围内存在，例如我国福建沿海地区存在的“祖宗岛”海域使用权、内蒙古地区存在的“苏鲁克”牲畜用益权[3]、日本长野县松本地区的“温泉权”。如果我们承认这存在于一国部分地区的习惯法物权能够以法官法的形式存在，那么又有什么理由拒绝地方立法机关通过制定法来承认本地区的特有物权呢？因此，比较可取的是采纳以下模式：在制定全国性的物权法时，应当先对全国的情况进行调查，原则上全国性的物权法中只规定各地方都存在的物权类型，而各地方特有的物权类型则应交给地方立法来调整；至于各地方立法机关能否通过地方立法来变更全国性物权法中的规定，则应取决于中央政府或联邦政府的立法机关是否有特别授权。

（二）类型封闭与类型开放之间的差异与关联

前面已经谈到，类型封闭原则的各种具体形态均由制定法、习惯法、法官法分享物权（财产权）的法源，其间所存在的量的差异实际上是由立法司法分权、中

---

〔1〕 单一制国家的民事立法权限属于国家立法机关，例如法国、日本，其民事立法权限属于国会。联邦制国家的民事立法权限则因国而异：德国、瑞士的民事立法权限主要由联邦议会行使。在德国，根据《基本法》第72条、第74条，民法属于竞合立法事项，联邦和各州都有立法权，但各州仅在联邦不行使立法权的范围内，拥有立法权。在德国民法典已经制定的情况下，各州的民事立法空间非常有限。在瑞士，根据《瑞士联邦宪法》第64条和《瑞士民法典》第5条，民法的立法权属于联邦，各州仅在联邦允许的范围内享有民事立法权。美国的民事立法权主要由各州享有，联邦不享有民事立法权。

〔2〕 以美国为例，财产法的立法权属于各州，并不存在联邦层面的财产立法，但由于历史上的同源性，美国各州的基本财产权类型仍然是大体相似的，其财产法的统一也可以通过学者重述，并被各州议会采纳的形式进行。事实上，美国各州之间的财产法差异并没有影响到各州之间的经济往来，反而有学者将这种差异视为一种优势：美国学者贝尔（Bell）和帕乔莫夫斯基（Parchomovsky）即认为，各州财产法的差异为不同的财产权类型提供了独特的实验机会，州与州之间的竞争能够创造出一种动态的财产权制度，促使新的财产权类型取代落后过时的财产权类型，这两位学者还建议美国各州允许居民通过付费的形式采取外州的财产权类型，从而加速各州财产法的发展。See Abraham Bell and Gideon Parchomovsky, *of Property and Federalism*, The Yale Law Journal, Vol. 115, No. 1, 2005, pp. 72 – 115.

〔3〕 孙宪忠：《中国物权法总论》（第3版），法律出版社2014年版，第108页。

央地方分权不同所导致的。那么在类型封闭原则和类型开放原则之间又存在何种差异呢？从理念上来看,类型封闭原则禁止当事人创设新物权类型或改变既存物权的内容,而类型开放原则允许当事人自由创设新物权类型,其间的差距似乎非常大。但是,如果我们仔细观察比较,就会发现两者在实际运行中的差距并没有想象的那么大,这也是两者后果趋同的原因之一。在进行比较分析之前,我们首先要说明的是,无论是目前采纳类型开放原则的国家,还是主张类型开放原则的学者,均以公示制度的存在作为类型开放的前提,也即只有在公示制度存在的情况下,才能推行类型开放。这一点在制度层面和学说层面都存在共识,因此,我们在下文中也是在公示制度存在的前提下,比较类型封闭与类型开放的关联与差异。

在法律结构上,特定物权类型的形成,是法律从现实中的物上权利义务关系光谱中截取部分片段,并赋予其对世性的过程。无论是实行类型开放,还是类型封闭的国家,法律(制定法、法官法、习惯法)都已经在连续的物上权利义务光谱上截取出了多种物权类型,部分物权类型的内容较为固定(非框架式物权),部分物权类型的内容较为宽松,具体内容可以交由当事人约定(框架式物权)。法律对上述权利义务光谱的截取,既可能是全面的,也可能是选择性的。如果法律对光谱进行了全面的截取分类,那么我们将法律承认的物权类型按一定顺序排列,就可以重新得到一条严丝合缝的光谱;如果法律对光谱的截取是选择性的,那么我们在排列物权类型时,所获得的就是一条存在很多断裂带的光谱。我们只要看一下前面的各国物权(财产权)类型比较简表就会发现,大多数国家的物权(财产权)光谱都存在断裂带,缺口主要存在于“生活保障型用益关系”“助人型的作为—容忍关系”“助人型的限制—不作为关系”“助人型的请求—作为关系”“独立型的变价受偿关系”。形象地说,类型封闭和类型开放的区别就在于,前者只允许以法律来填补空缺,不允许当事人通过私法自治来填补空缺,而后者则允许当事人通过私法自治来填补空缺。但是,类型封闭与类型开放在现实中的距离却由于以下几个因素的存在而被大幅拉近。

第一,在框架性权利数量充足且分类周延的情况下,类型封闭与类型开放实际上没有什么差异。例如,在分享型用益权利领域,用益物权人与所有权人的法律关系可以被周延地划分为“作为—容忍”“限制—不作为”“请求—作为”三类。大多数大陆法系国家在这一领域只配置了地役权一种框架性权利,存在较大空缺，但德国法则配置了人役权、地役权、实物负担三个框架性权利，完全涵盖了这一领域的所有类型的权利义务关系。在这一领域，南非法律原本仅配置了人役权和地役权两种，当事人通过私法自治创造的“分享土地收益的权利”，实际上就是在填补因缺乏德国法上的实物负担或英国法上的土地定期给付所造成的空缺。因此，在分享型用益权领域，类型开放和类型封闭所达到的结果以及在这两个路径下当事人所享有的私法自治空间都是相同的。进一步来说，南非的类型开放并非没有任何限制，当事人的约定必须符合“所有权扣减”标准才能被视为财产权，因此分享型用益权领域的南非法与德国法，恐怕只能视为一个“大框架权利”和三个“小框架权利”的关系。

第二，在伴随非框架性权利的债务关系获得对抗力的情况下，非框架性权利就出现了向框架性权利转化的趋势，部分新的物权类型甚至可以借此被塑造出来，类型封闭与类型开放的界限也开始模糊了。例如，我国台湾地区“民法典”第836－2条、第850－9条规定，关于地上权和农育权的设定目的和使用方法的约定在登记后可以对抗第三人，实际上将地上权和农育权转化为了框架性权利，可以据此设立各种亚类型的地上权和农育权。又如，英美法上伴随着租赁地产权的租赁约据(covenant)的对抗效力也使得租赁地产权更加灵活多变。再如，借助共有物分管契约登记，东亚法系国家甚至可以将缺少的居住权创设出来。[1]

第三，除了通过框架性权利增加私法自治空间外，部分具有占有或登记外观的权利亦获得了对抗效力，虽然它们并没有获得“物权”的名分，但却大幅软化了物权类型封闭原则。例如，《德国民法典》第986条第2款所规定的“动产占有权链条”，通常被视为“债权物权化”的表现，即基于债务关系之动产占有权受到了处分和继受保护，不仅能够对抗新所有权人的原物返还请求权，还可以对抗现质权人、现用益权人之返还请求权。[2] 又如，《荷兰民法典》第6:252条规定，“关于可登记财产的容忍或不作为义务”可以经过登记获得对抗效力，假设这种约定的内容可以扩展到包括“关于可登记财产的作为义务”，那么就与物权自由创设的南非没有区别了。再如，在英国土地登记法中，属于优先利益的“实际占有土地的权利”以及次级利益都是开放的，当事人之间约定的土地权益只要通过实际

---

〔1〕 苏永钦：《寻找新民法》，北京大学出版社2012年版，第477页。

〔2〕 金可可：《基于债务关系之支配权》，载《法学研究》2009年第2期，第30～31页。

占有或登记就能获得对抗效力,能够约束地产权的受让人。

从前面的分析来看,虽然在理念上,类型封闭与类型开放是两条迥然不同的路径,但如果具体观察各国的情况就会发现,声称采纳类型开放原则的国家并不是毫无限制地允许当事人自由创设物权,而声称采纳类型封闭原则的国家也通过框架性权利和"物权债权化"等机制在物权领域导入了充分的私法自治,因此在现实中,类型封闭与类型开放的差异并不像理念上那样泾渭分明。

综合前两部分论述,既然物权类型封闭和物权自由创设的实际后果没有太大差异,运行过程中的差距又没有想象中的那么大,对于一个已经采纳了物权类型封闭原则的国家来说,只要合理配置物权类型,适当增加框架性权利,承认伴随性债务关系的对抗效力,即可满足现实需要,改采物权自由显然就是不必要的。东亚地区之所以有不少学者主张改采物权自由创设,其实是因为东亚地区自身的原因造成的:其一,与欧陆各国相比,日本、中国大陆和我国台湾地区法律承认的物权类型明显偏少,缺少了动产或集合物用益物权以及发挥生活保障作用的居住权;其二,长期以来又将物权的法律渊源限定为制定法,制约了法院对新增习惯物权的认定。

三、改采物权自由创设的可行性

对改采物权自由创设可行性的判断,须考虑三方面的问题:第一,改采物权自由创设后,物权类型封闭原则所维护的价值目标能否保全;第二,改采物权自由创设后,民法体系如何构建;第三,物权自由创设的制度设计能否与现有制度相匹配,特别是登记制度的调整是否会带来制度风险。

(一)保全价值目标的可能性?

根据前面的分析,物权类型封闭原则在市场秩序和公共政策层面发挥着重要功能。就市场秩序而言,可流通性维护通过所有权法定实现,交易安全则通过他物权法定和公示制度共同完成。由于他物权法定和公示制度的功能具有重叠,从理论上讲,在公示制度建立完善的情况下,在他物权领域改采物权自由创设并不会危及交易安全,南非的情况恰好说明了这一点。公共政策包含对特定价值的积极追求或消极否定,在物权领域内,物权类型封闭原则为全面施展公共政策提供了有力工具,主权者既可以通过正面列举物权类型的方式赋予某些物上权利义务关系以优先地位,也可以通过消极排除的方式将某些物上权利义务关系排除在物权之外。但是,在改采物权自由创设的情况下,主权者至少就失去了通过正面列举物权类型对特定物上权利义务关系予以优先保护的权力，仅余下消极排除的权力。换言之，物权自由创设无法像物权类型封闭那样为主权者提供全面的公共政策工具。

（二）民法体系的重构？

就民法体系而言，物权类型封闭对物债二分体系具有维护作用，如果改采物权自由创设，那么物债二分体系也就无法维持下去了。对于注重逻辑体系的大陆法系国家来说，要使物权自由创设成为现实，必须要提出一套与之相匹配的民法体系设计。苏永钦教授提出，未来民法典应该放弃物债二分体系，以“主体法—财产法—民事责任”作为基本结构，在财产法之下并不做物权编和债编的划分，而是将所有权、负担行为与处分行为等一般性的内容作为财产法通则，将交易行为形成的财产关系和非交易行为形成的财产关系作为财产法中的两个分则。从苏永钦教授的论述来看，他所提出的民法体系仅仅是一个简单构想，还不具备被立法机关采纳的可操作性。苏永钦教授自己也提出学术界应该展开讨论，达成共识。[1] 虽然潘德克顿体系并不具有普世性，民法的外在体系的确也可以改变，但问题在于成熟民法体系的形成需要经过学术界的长期研究讨论并达成共识，在新体系形成之前贸然放弃物债二分体系，显然不是明智的选择。从近年来欧洲法典编纂活动来看，维持物债二分体系仍然是学术界的主流意见：1992年颁布的《荷兰民法典》虽然设置了财产法总则编（第3编），但仍然将物权法（第5编）和债法（第6编、第7编）分编规定；2009年完成《共同参考框架草案》（Draft Common Frame of Reference，DDCFR）虽然并不是一部完整的民法典草案，但也将债法（第3编到第7编分别规定了债法总则、有名合同、无因管理、侵权损害赔偿、不当得利）与物权法（第8编和第9编分别规定了动产所有权变动和动产担保）分编规定。在这种情况下，重新建构一个与物权自由创设相匹配的成熟民法体系似乎还遥遥无期。

（三）登记制度调整及其制度风险

目前，虽然各国都建立了物权（财产权）登记制度，但不同国家之间的差异仍然很大。

---

[1] 苏永钦：《可登记财产利益的交易自由——从两岸民事法制的观点看物权法定原则松绑的界限》，载《南京大学法律评论》（2010年秋季卷），法律出版社2010年版，第40页以下。

(1)从登记簿本身的设计来看,主要有两种编成方式(人的编成和物的编成)、两种登记内容(权利登记和契据登记)。德国、日本、英国、澳大利亚采取的是物的编成、权利登记;法国、美国采取的是人的编成、契据登记;南非采取的是物的编成、契据登记。物的编成比人的编成更加直观清晰,但制度建立之初需要投入大量人力物力进行大范围的土地调查;权利登记与契据登记相比,契据登记在登记内容上比权利登记更加灵活,可传递的信息量更大,权利登记比契据登记更加直观清晰,但需要先通过立法进行类型化处理。

(2)从登记对权利变动或权利效力的影响来看,主要有登记生效主义和登记对抗主义两种。德国、澳大利亚和南非采纳的是登记生效主义,而日本、法国、英国、美国采纳的是登记对抗主义。由于不进行登记会对权利变动或权利效力产生负面影响,因此它们实际上是对物权人课加了一种公示义务,如果物权人不履行此种义务,就会遭受不利益。登记生效主义与登记对抗主义相比,在登记生效主义之下,物权人不进行登记所遭受的不利益大于登记对抗主义,[1]因此登记生效主义更能促使物权人进行公示。

(3)从第三人的信息搜寻来看,由于物的编成主义、权利登记比人的编成主义、契据登记直观清晰,因此第三人可以更加快捷准确地知悉土地上权属状况。影响第三人信息搜寻的另一个重要因素就是登记簿是否具有公信力,在登记具有公信力的情况下,第三人能够信赖登记簿的记载,即使它与真实权属状况不一致也是如此;在登记不具有公信力的情况下,登记簿上的记载就仅仅是向第三人提供参考。目前,德国、英国、澳大利亚和南非的登记簿具有公信力,[2]法国、日

〔1〕 在实行登记对抗主义的国家中,原则上未进行登记,权利不能对抗第三人。但不同国家之间又存在差异,法国和日本均认为,在第三人属于知情人的情况下,即为恶意,即使权利没有登记也可以对抗该第三人,但按照英国登记法,即使第三人属于知情人,为登记的权利也不能对抗他。参见[日]近江幸治:《"登记"制度和日本的不动产登记法》,载《复旦民商法评论》(2003年总第2期),法律出版社2003年版;于海涌:《法国不动产担保物权研究》(第2版),法律出版社2006年版,第229页;陈永强:《英国土地登记法研究》,中国法制出版社2012年版,第74页。

〔2〕 以英国和南非为例:英国的登记簿的公信力(indefeasibility)具有积极保证(affirmative warranty)和消极保证(negative warranty)双重效力,只要是登记簿上记载的,当事人即可相信其存在,登记簿上没有的,当事人即可相信其不存在,这种做法与《德国民法典》第892条关于土地登记簿公信力的规定基本一致;南非的登记簿也具有公信力,如果真实权利人因政府登记错误而受到损害,国家须承担赔偿责任。参见陈永强:《英国土地登记法研究》,中国法制出版社2012年版,第131页;侯利球、曹湘潭:《澳大利亚土地登记的现状、特点和启示》,载《国土资源导刊》2005年第4期,第56~58页。

本的登记簿原则上不具有公信力,[1]美国的契据登记制没有明确表明其是否具有公信力。[2] 从上面这几个因素来看,在登记制度采取人的编成主义、契据登记制度或无公信力的情况下,第三人从公示中获得准确信息是较为困难的,因此有些国家又发展出了一些辅助制度来解决这一问题。例如,法国主要依靠完善的公证制度来保障登记契据的真实性,而美国则发展出了独特的产权保险制度,由专业机构代替第三人进行产权调查。[3]

在各国物权(财产权)登记制度差异如此之大的情况下,如果要以登记制度取代物权类型封闭原则,就需要充分考虑到不同登记制度之间的差异。就物权自由创设下的登记制度设计,主张物权自由创设的学者一般会提出"物权"或"可登记范围"的抽象标准,凡是符合该标准的权利类型,经过公示即可成为物权:例如,杨代雄以"直接支配物的权利"作为物权的抽象标准,张鹏以"有关不动产利用、处分、限制的约定"作为登记对象的抽象标准。[4] 这些制度设计方案看似简单易行,但仍然思虑不周。

第一,不同登记制度的信息传递能力不同,准确性和效力也不一样,制度实施的前提、辅助制度也不同,登记机关的审查义务、信息公开方与信息接受方的权利义务也存在差异,登记制度的调整或改变并非易事。张鹏、杨代雄等人的制度设计方案的实质是在登记制度中直接引入"契据登记制",但却对相关制度的调整安排缺乏通盘考虑,特别是对"权利登记制"与"契据登记制"的衔接问题欠考虑。潘德克顿法系国家多采与物权类型封闭原则相匹配的权利登记制,登记范围扩展以制定法承认某一新权利为前提,也即先由制定法承认某一类物上权利义务关系的登记能力,然后再在登记簿上为其安排位置。因此,在以权利登记制为基础的登记制度中,契据登记的因素也被权利登记制所吸纳,被预先归属到各类权利登记中,通常以框架性权利或伴随物权的债务关系的形式存在,例如地

---

〔1〕 日本在例外情况下也承认登记簿的公信力,即双方当事人通谋虚伪表示而进行的登记具有公信力。参见[日]近江幸治:《"登记"制度和日本的不动产登记法》,载《复旦民商法评论》(2003年总第2期),法律出版社2003年版。

〔2〕 我国学者吴一鸣认为,虽然美国成文法没有作出直接回答,但从具体制度来看,也存在"将错就错"的机制,因此契据登记也具有公信力的效果。参见吴一鸣:《英美物权法——一个体系的发现》,上海人民出版社2011年版,第202页以下。

〔3〕 参见本书第四章第三节。

〔4〕 张鹏:《物债二分体系下的物权法定》,载《中国法学》2013年第6期,第78页;杨代雄:《物权法定原则批判——兼评物权法第5条》,载《法制与社会发展》2007年第4期,第30页。

役权约定、共有物分管契约等，但这同样以制定法对现实财产关系进行类型化并明确承认为前提。如果要直接引入与权利登记制并行的契据登记制，原来的登记簿设置显然要作重大调整。[1]

第二，在物权自由创设的情况下，登记制度本身也蕴含制度风险：立法者不可能让所有的约定都可以通过登记而转为物权，因此，何种约定能够被纳入登记，只能由立法者或法院提出的抽象标准来决定，这些"物权"或"可登记范围"的抽象标准看似简单，但在具体操作中却会因欠缺清晰性而引发争议。南非和西班牙的情况已经充分暴露了这一问题。南非法院以"所有权扣减"作为对人权与对物权的区分标准，并以之判断何种约定可以被纳入登记簿，但这一抽象标准太模糊，极易在当事人之间或当事人与登记机关之间引发争议，最后还是需要法院进行裁判，不仅损害了法的安定性，还消耗了大量的社会资源。[2] 西班牙学者也指出，物权自由创设会造成不动产登记标准不明确，进而导致解释和识别困难，使登记机关经常面对这样的争议。[3] 这种制度风险也大大削弱了改采物权自由创设的可行性。

从前面的分析来看，改采物权自由创设，需要对登记制度进行系统性调整，在没有详细考虑各国登记制度差异的情况下就主张"公示替代说"显然过于武断。即便物权自由创设能够与登记制度顺利对接，也可能会带来制度风险。除此之外，改采物权自由创设无法保全物权类型封闭原则的公共政策功能，建立与物权自由创设相匹配的民法体系也非易事。在这些因素的影响下，改采物权自由创设的可行性存在很大疑问。对于已经采纳了潘德克顿体系的国家来说，在维持物权类型封闭原则的同时，将部分契据登记因素引入权利登记制，例如允许框架性权利的内容约定或伴随物权的债务关系纳入登记簿，可能是更妥当的选择。

---

〔1〕 对于契据登记因素引入后，不动产登记制度和登记簿如何调整，我国学者的讨论并不充分。可参见常鹏翱：《论可登记财产的多元化》，载《现代法学》2016年第6期，第45～62页。

〔2〕 参见本书第四章第五节。

〔3〕 Antonio Roman Garcia, La tipicidad en los derechos reales, Montecorvo, 1994, pgs. 196, 131 – 170. 转引自唐晓晴：《论物权类型法定原则——兼论澳门民法典第1230条的渊源与范围》，载唐晓晴：《民法基本理论与澳门民法的研究》，中山大学出版社2008年版，第165页。此文原载于澳门大学法学院《法学论丛》2006年第2期。

第五节　小　结

本章结合内部视角和外部视角，对物权类型封闭原则的合理性作为全面反思。对物权类型封闭原则的理论反思，首先要处理物权与债权区分这个前置问题。我们认为，虽然物权与债权在概念上泾渭分明，但除了所有权外，各种他物权与涉及物的债之关系其实都是多数主体之间关于物的占有、使用、收益、处分的法律关系，只是前者发挥着财货归属定分功能并因此具有绝对性，而后者并不具有如此功能因而也不具有绝对性而已。物权类型封闭原则的实质，就是由法律来决定何种法律关系具有财货归属定分功能和绝对性。

在传统法学的分析框架下，物权类型封闭原则不仅具有形式合理性，也具有实质合理性。在概念体系方面，统一所有权维护说、物权债权本质差异说均不能推导出物权类型封闭原则，债权物权化现象以及信托制度也不能动摇物权类型封闭原则，真正使物权类型封闭原则在概念体系上得以证立的是物权法自治性观念，在物权法自治性观念松动的今天，物权类型封闭原则就成为维护潘德克顿物债二分体系的最后基石。在实质合理性方面，一般人行为自由的维护和反封建均不能推导出物权类型封闭原则，我们需要从市场经济秩序和更广泛的公共政策出发才能洞察物权类型封闭原则的实质合理性。市场经济发展需要促进财物流通：首先要求保障财物的可流通性，这就要求维护统一所有权的完整；保障交易安全也是促进财物流通的内在要求，在信息传递机制不完善的情况下，物权类型封闭原则发挥着信息强制标准化的作用。在作为信息传递机制的公示制度越来越完善的情况下，物权类型封闭原则的重要性有所下降，但主张用公示制度完全取代物权类型封闭原则，就略显速断了。除此之外，物权类型封闭原则也发挥着公共政策功能，能够确保法律对特定利益优先保护的意图得以实现。

在法经济学的分析框架下，目前主要有美国学者提出的反公地悲剧理论、最优标准化理论和证明理论三种分析模型，其中最优标准化理论模型的影响力最大，其他关于物权类型封闭原则的经济分析理论基本上都是立基于最优标准化理论模型，包括赞成、反对、改良三种观点。经过研究，我们认为，反公地悲剧理论模式对物权类型封闭原则的解释不具有针对性，最优标准化理论模型则存在较严重的瑕疵,因为并不存在物权最适量,真正能够妥善解释物权类型封闭原则合理性的只有证明理论:是否承认某一项权利为物权,是否为之建立登记制度,是一种"成本—效益"衡量,通过国家立法或习惯来承认物权是符合这一"成本—效益"衡量机制的。但是,在有权利外观的情况下(以占有为外观表征或利用既有登记制度作为外观表征),开放物权自由创设,非使用者的成本上升并不明显,换言之,在有妥善公示制度的情况下,物权类型封闭原则并没有想象中那么重要。这一经济分析结论,恰好与基于交易安全论辩的结果相吻合。此外,从财产权制度的政治功能出发论证物权类型封闭原则的合理性,也说明了这一原则的公共政策功能。

虽然物权类型封闭和物权类型开放之争在学术界如火如荼,但基于比较法的研究显示:无论是采纳类型封闭原则,还是采纳类型开放原则,各国物权(财产权)类型是大体一致的,采纳类型封闭原则的国家的物权类型未必比采纳类型开放的国家的物权类型少。在采纳类型封闭原则的国家内部,一般均以制定法、法官法和习惯法作为物权法律渊源,只是各类物权法律渊源权重有所差异。类型封闭与类型开放虽然在理念上泾渭分明,但在实际制度运行中,两者的差异其实并没有想象的那么大。鉴于上述情况,改采物权自由创设并无充分必要性。同时,物权自由创设无法保全物权类型封闭原则的公共政策功能,也会对物债二分体系造成冲击,物权自由创设下的登记制度本身也存在制度风险。这些因素的存在,削弱了改采物权自由创设的可行性。对于采纳潘德克顿体系的大陆法系国家来说,在维持物权类型封闭原则的同时,合理配置物权类型,适当增加框架性权利种类,将部分契据登记因素引入权利登记制,可能是比较稳妥的选择。

第六章　中国语境下的物权法定原则

在前面各章中，我们用比较法的方法考察了世界主要国家的物权（财产权）状况，发现绝大多数国家均采纳了物权（财产权）类型封闭原则，排除了当事人通过私法自治创设新物权类型的可能性，唯有历史上的普鲁士、19世纪前半期的荷兰、葡萄牙以及当前的西班牙、南非采纳了类型开放原则。从制度层面来看，采纳类型封闭原则的国家基本上都是以制定法、习惯法、法官法作为物权的法源，只是在不同的国家，各类物权法源的权重有所不同；采纳类型开放的国家也并非任由当事人创设物权，只有满足一定抽象标准的权利才能获得物权效力。从理论层面来看，能够证成类型封闭原则的概念体系理由是维护物债二分的民法体系，实质理由则是促进财物流通、保障交易安全以及公共政策功能。不可否认的是，在公示制度日趋完善的情况下，类型封闭原则的作用已经不像往昔那么重要了，但它的公共政策功能仍然发挥着重要作用。外部视角的经济分析和政治理论分析的结果，恰好与上述结论暗暗相合。综合考察各国的情况，我们发现，由于经济社会生活的相似性，类型封闭与类型开放所导致的物权（财产权）类型并没有太大的差异，两者在实际制度运行中的差异也没有想象的那么大。因此，对于实行类型封闭原则的国家或地区，并无改采物权自由创设的迫切必要性，同时物权自由创设所隐含的制度风险也削弱了其可行性。通过合理配置框架性权利,将部分契据登记因素引入权利登记制,也能确保当事人在物权领域享有充分的形成自由。

在物权法的制定过程中,民法学界对我国是否采纳物权法定原则一直存在争议,官方草案也数易其稿。早期中国人民大学和中国社会科学院所提出的学者建议稿均赞同物权法定原则,全国人大前四次物权法审议稿亦坚持严格的物权法定原则,[1]但在2006年8月和10月的第五次审议稿第3条和第六次审议稿第5条中却出现了:"物权的种类和内容,由法律规定;法律未作规定,符合物权特征的权利,视为物权"的类型开放式立法。但在最后的第七次审议稿中又回到了最严格的物权法定原则立场上来,该审议稿第5条规定:"物权的种类和内容,由法律规定。"对于这一转变,我国立法机关曾有说明:"六审稿第5条关于'法律未作规定的,符合物权特征的权利,视为物权'的规定,本意是随着实践的发展为物权的种类留下一定空间,实际上哪些权利'符合物权的性质'还需要立法解释予以明确。考虑到依照《立法法》的规定,法律解释与法律具有同等效力,而且从一些国家的实际情况来看,新出现的物权种类并不多见,因此,建议删除上述规定。"[2]第七次审议稿第5条的规定也即现行《中华人民共和国物权法》(以下简称《物权法》)第5条:"物权的种类和内容,由法律规定。"从这一条规定的行文来看,我国《物权法》采纳了"类型强制"和"类型固定"的德意志法系通说,同时在行文方式上沿袭了《日本民法典》第175条开创的传统东亚法系模式,因此我国的物权法定原则可以被归属为东亚法系的"物权法定主义"或"物权法定原则",并且显然采纳了最为严格的模式。《物权法》颁布后,立法时期产生的物权法定严格说、物权法定缓和说以及物权法废弃说之争仍然存在,只是越来越多的学者转向了解释论的研究,物权法定缓和说也日渐成为主流学说,但学者们对《物权法》第5条中"法律"一词的理解仍然存在较大差异。2016年12月,"物权的种类与内容,由法律规定"的表述又悄然出现在民法总则(草案)第三次审议稿第115条中,并最终成为了《中华人民共和国民法总则》(以下简称《民法总则》)

---

[1] 物权法草案第一次审议稿第4条规定:"物权的种类及其内容,由本法或其他有关物权的法律规定。"第二次审议稿第3条规定:"物权的种类和内容,由本法和其他法律规定。"第三次审议稿第3条与第二次审议稿第3条相同。第四次审议稿第3条规定:"物权的种类和内容,由法律规定。"

[2] 全国人大法律委员会:《全国人大法律委员会关于〈中华人民共和国物权法(草案)修改情况的汇报〉》2006年10月27日,第3页。

第116条。换言之,立法者将《物权法》第5条原封不动地移入了《民法总则》“民事权利”一章。从上述情况来看,立法者显然是认为《物权法》第5条已经非常完美,无须再做修订,并没有充分重视《物权法》颁布以来的理论争议与司法实践。

笔者认为,前面几章总结出的关于物权类型封闭原则的一般理论显然已经能够回应中国学者的许多理论争议,但从关于物权类型封闭原则的普世性理论中尚不能直接推导出中国是否应该采纳物权法定原则以及何种程度的类型法定原则。对中国问题的解答,必须考虑中国的实际情况,这一点对于一个正处于体制转轨时期的国家来说尤为重要。本章的任务就是结合物权类型封闭原则的普遍理论和中国的实际情况,对中国的物权法定原则进行全面的研究。就结构安排来说,本章将首先对中国既存的物权类型进行梳理和总结,这样做的目的一方面是为了检验中国既存的物权类型与他国相比是否存在明显的缺漏,如果存在不能满足现实需要的明显缺漏,那么恐怕就应该属于制度供给不足,而不能归咎于物权法定原则,另一方面则是为了获知中国真实的物权法源,为物权法定原则的解释论和立法论研究奠定基础。在此之后,本章将转入对物权法定原则本身的研究:在解释论方面,本章将结合中国的实际物权法源,对《物权法》第5条和《民法总则》第116条中的“法律”作出较为宽泛的解释,并讨论是否应当对物权法律渊源进行限制;在立法论方面,本章将结合公有私用、土地制度改革等中国特有国情论证物权法定原则在我国存在的合理性,并就规范表达的完善和相关制度设计提出立法建议。

第一节　中国物权类型体系

本节的内容分为三部分,第一部分主要分析梳理我国正式法律所承认的物权类型,它们构成了我国物权类型体系的基础,从此也可以看出我国物权类型与他国的差异,第二部分着重研究物权立法过程中引发过争议的权利类型、实践中已经成型或正在成型的“物权”类型以及广义法律规范、司法解释以及司法案例中涉及的权利类型。第三部分对前面两部分进行总结梳理。

一、狭义法律中的物权类型

我国规定了物权类型的法律并不仅仅是《物权法》,还包括了《中华人民共和国民法通则》(以下简称《民法通则》)、《中华人民共和国合同法》(以下简称《合同法》)、《中华人民共和国担保法》(以下简称《担保法》)、《中华人民共和国土地管理法》(以下简称《土地管理法》)、《中华人民共和国城市房地产管理法》(以下简称《城市房地产管理法》)、《中华人民共和国农村土地承包法》(以下简称《农村土地承包法》)、《中华人民共和国海域使用管理法》(以下简称《海域使用管理法》)、《中华人民共和国水法》(以下简称《水法》)、《中华人民共和国森林法》(以下简称《森林法》)、《中华人民共和国煤炭法》(以下简称《煤炭法》)、《中华人民共和国矿产资源法》(以下简称《矿产资源法》)、《中华人民共和国草原法》(以下简称《草原法》)、《中华人民共和国农业法》(以下简称《农业法》)、《中华人民共和国民用航空器法》(以下简称《民用航空器法》)、《中华人民共和国海商法》(以下简称《海商法》)。《民法通则》是1949年以后颁布的第一部全面性的民事基本法,在财产权领域规定了财产所有权、国有土地使用权、国有自然资源使用权、集体所有或集体使用的土地上的承包经营权、集体所有或集体使用的自然资源上的承包经营权以及采矿权。由于《民法通则》属于法制初创时期的过渡性民事法律,所以《民法通则》中关于财产权的规定基本上都被后来的法律所取代了。现行的《物权法》构成了我国物权领域的一般法,其与其他各法中关于物权的规定构成了一般法与特别法的关系,如果我们将这些法律中的物权类型抽取出来,大致上也可以组成“所有权—用益物权—担保物权—取得权”的物权类型体系。

(一)所有权

按照《物权法》第39条的规定:“所有权人对自己的不动产或者动产,依法享有占有、使用、收益和处分的权利。”这一条款虽然采取了权能列举式的定义,但立法机关作出的解释实际上采纳了概括式的定义:“权利人对自己的不动产和动产享有全面支配的权利。”[1]我国权威学说对所有权的理解也是概括式的。[2]这样一来,我国与其他大陆法系国家一样,以所有权作为不动产和动产之上可以存在的权能最广泛的权利和物权体系中的唯一首要权利。

以客体为划分标准,《物权法》规定了土地所有权、矿藏所有权、水流所有权、海域所有权、自然资源(包括森林、山岭、草原、荒地、滩涂等)所有权、无线电频谱所有权、国防资产所有权以及基础设施(包括铁路、公路、电力设施、电信设施、油

〔1〕 全国人民代表大会常务委员会办公厅:《中华人民共和国第十届全国人民代表大会第五次会议文件汇编》,人民出版社2007年版,第170页。

〔2〕 孙宪忠:《中国物权法总论》(第3版),法律出版社2014年版,第138页以下;梁慧星、陈华彬:《物权法》(第4版),法律出版社2007年版,第110页以下。

气管道等)所有权、房屋所有权、建筑物区分所有权以及动产所有权。各特别法也就不同客体的所有权作出了特别规定,《土地管理法》专门规定了土地所有权、林地所有权、草原所有权,《海域使用管理法》中规定了海域所有权,《水法》中规定了水资源所有权,《森林法》中规定了森林所有权、林木所有权以及林地所有权,《草原法》规定了草原所有权,《矿产资源法》规定了矿产资源所有权,《煤炭法》规定了煤炭资源所有权,《民用航空法》规定了民用航空器所有权,《海商法》规定了船舶所有权。

虽然立法机关与学者对所有权概念的理解与其他大陆法系国家并无区别,但在功能上,我国的"所有权"却与大陆法系各国的"所有权"存在较大的差异,这主要表现在不动产方面。在其他大陆法系国家中,无论动产还是不动产,所有权均构成了财物流通、市场交易的基本载体,但在我国的法律体制下,所有权被分为了国家所有权、集体所有权以及私人所有权三类。土地所有权以及其他各种自然资源的所有权只能由国家或集体享有,不能进入市场流通领域,其所有权的变动是单向的,只能在国家对集体所有权实施征收时发生;而房屋所有权和动产所有权可以由私人享有,并且能够进入市场流通领域。因此,从功能上看,我国的所有权制度实际上处于分裂的状态中。

(二)用益物权

我国《物权法》第117条对用益物权作出了定义,用益物权是指"用益物权人对他人所有的不动产或者动产,依法享有占有、使用、收益的权利",单从这个定义来看,我国的用益物权既可以在不动产上设立,也可以在动产上设立,但实际上我国法律中只规定了以不动产为标的的用益物权,而没有规定以动产为标的的用益物权。《物权法》中明确列举的用益物权只有土地承包经营权、建设用地使用权、宅基地使用权、地役权、自然资源使用权、海域使用权、探矿权、采矿权、取水权、养殖权、捕捞权,但除了地役权外,这些用益物权都需要结合特别法的规定才能被完整地理解。

1. 独占型用益物权

《物权法》所规定的农用用益物权为土地承包经营权。以客体来分类,土地承包经营权包括耕地承包经营权、草地承包经营权以及林地承包经营权三类,而按照权利内容来分类,则可以分为家庭土地承包经营权以及"四荒"土地承包经营权。这两类土地承包经营权的差异主要在权利主体、取得方式以及处分权能方面存在差异:家庭土地承包经营权具有生活保障功能,只能由集体成员享有,承包方只能是本集体经济组织的农户,因此其处分权能仅限于集体经济组织成员之间的互换、转让以及入股从事农业合作生产;[1]“四荒”土地承包经营权是纯粹经济型的用益物权,须以招标、拍卖、公开协商的方式取得,权利主体不限于集体成员,处分权能较广,包括转让、入股、抵押等方式。国有农用地实行承包经营的,也参照《物权法》的规定,这种权利主要是国有农场职工享有的土地承包经营权。需要注意的是,《物权法》关于土地承包经营权的规定并不全面,其中存在大量的指示参照性法条(《物权法》第126条、第130条、第131条、第133条),指向《农村土地承包法》等法律,在土地承包经营权的承包期限和处分权能方面还指向了“国家有关规定”或“国务院的有关规定”。[2] 此外,《土地管理法》中也有关于土地承包经营权的规定。

值得注意的是,现实中还存在不以承包经营方式对农用地的占有、使用、收益权利,例如国有农场、国有林场对国有耕地、国有林地的使用权,这种权利在实践中被称为农用地使用权,《土地管理法》第9条为这种权利提供了依据。[3]

《物权法》所提及的建筑用途的用益物权包括国有土地上的建设用地使用权以及集体土地上的建设用地使用权两类,但《物权法》只对国有土地上的建设用地使用权作出了具体规定,对于集体土地上的建设用地使用权,《物权法》采取了指示参照《土地管理法》的做法。

《物权法》将国有土地上的建设用地使用权分为了出让建设用地使用权和划拨建设用地使用权两种,前者为进入市场流通领域的建设用地,后者主要为公益性建设用地。关于出让建设用地使用权和划拨建设用地使用权的不同用途和取

---

〔1〕《农村土地承包经营权流转管理办法》(农业部令〔2005〕47号)第16条规定:“承包方依法采取转包、出租、入股方式将农村土地承包经营权部分或者全部流转的,承包方与发包方的承包关系不变,双方享有的权利和承担的义务不变。”从这一规定来看,家庭土地承包经营权入股与四荒土地承包经营权入股不同,它只是一种债权性的流转方式,并不涉及物权变动,入股之后,承包户仍然享有土地承包经营权,只是将土地归并,共同生产,按土地份额分配收益。

〔2〕对于《物权法》第133条所援引的“国务院的有关规定”,最高人民法院认为,主要是指国务院办公厅的两个规范文件:1996年6月1日国务院办公厅《关于治理开发农村“四荒”资源进一步加强水土保持工作的通知》、1999年12月21日国务院办公厅《关于进一步做好治理开发农村“四荒”资源工作的通知》。参见最高人民法院物权法研究小组编著:《中华人民共和国物权法条文理解与适用》,人民法院出版社2007年版,第404页。转引自常鹏翱:《多元的物权法源及其适用规律》,载《法学研究》2014年第4期,第117页,注释10。

〔3〕关于国有农用地使用权,可参见蔡卫华:《土地登记实务精解》,中国法制出版社2010年版,第165页。

得方式,《城市房地产管理法》和《土地管理法》有更为详细的规定。

对于集体土地上的建设用地使用权,可以分为宅基地使用权和其他集体建设用地使用权两种。宅基地使用权具有生活保障性质,原则上只能由集体成员享有。[1] 对于这种权利,《物权法》的规定非常简单,关于宅基地使用权的取得、行使、转让,《物权法》采取了指示参照"《土地管理法》等法律"和"国家有关规定"[2]的做法(《物权法》第153条)。按照《土地管理法》的规定,宅基地使用权由农户享有,从集体无偿获得,并且一户只能享有一处宅基地使用权。对于宅基地使用权的转让,《土地管理法》并没有作出正面规定,但结合《土地管理法》第62条第4款和第63条前半句,农户获得宅基地使用权后,不能单独转让宅基地使用权,但农户可以出卖宅基地上的房屋,此时宅基地使用权随之转让,农户出卖、出租住房后,不能另行申请宅基地使用权。由于宅基地使用权的社会保障属性以及"房地一体转让原则",农民住房的受让人范围实际上仅限于本集体经济组织内部。同时,根据《土地管理法》第65条第1款,权利人停止使用宅基地,集体经济组织可以收回。[3] 对于宅基地使用权以外的其他集体建设用地使用权,《物权法》没有作出实质性的规定,也是直接援引"《土地管理法》等法律"。按照《土地管理法》的规定,宅基地以外的集体建设用地使用权只能用于乡镇企业、乡村公共设施和公益事业,其转让权能也受到了严格限制,仅限于乡镇企业发生破产、兼并时的使用权转移。

---

〔1〕《确定土地所有权和使用权的若干规定》(〔2005〕国土籍字26号)第48条和第49条第2句规定了两个例外:其一,原集体成员丧失集体成员资格后,可以因房屋所有权而保留宅基地使用权;其二,集体成员以外的主体,因继承房屋所有权,可以获得宅基地使用权。

〔2〕对于《物权法》第153条所援引的"国家有关规定",从立法机构工作人员对《物权法》第153条的解释来看,"国家有关规定"是指"国家的农村土地政策"。参见胡康生主编:《中华人民共和国物权法释义》,法律出版社2007年版,第31页。在司法实践中,"国家有关规定"被理解为国务院及其所属机构颁发的、在全国范围内普遍适用的规范文件,其中都指明城镇居民不得购买宅基地的政策,具体包括2004年10月21日《国务院关于深化改革严格土地管理的决定》、1999年5月6日《国务院办公厅关于加强土地转让管理严禁炒卖土地的通知》、2007年12月30日《国务院办公厅关于严格执行有关农村集体建设用地法律和政策的通知》、2008年7月8日《国土资源部关于进一步加快宅基地使用权登记发证工作的通知》。参见常鹏翱:《多元的物权法源及其适用规律》,载《法学研究》2014年第4期,第117页,注释9。

〔3〕《土地管理法》第65条第1款第3项规定,"因撤销、迁移等原因而停止使用土地的",农村集体经济组织可以收回集体建设用地使用权,此处的集体建设用地使用权,自然包括宅基地使用权。《确定土地所有权和使用权的若干规定》第52条对此做了较为细致的规定:"空闲或房屋坍塌、拆除两年以上未恢复使用的宅基地,不确定土地使用权。已经确定使用权的,由集体报经县级人民政府批准,注销其土地登记,土地由集体收回。"

总体上来看,上述农用用益物权和建设用益物权相当于大陆法系各国中的独占型用益权利,大体上可以分为纯粹经济型的用益物权、生活保障型用益物权以及公益型用益物权三种。纯粹经济型用益物权主要是指四荒土地承包经营权和出让建设用地使用权,它们具有充分的处分权能,能够较为自由地在市场中流转。生活保障型用益物权包括家庭土地承包经营权和宅基地使用权,公益型用益物权包括划拨建设用地使用权以及宅基地以外的集体建设用地使用权(乡镇企业建设用地使用权除外),生活保障型用益物权和公益型用益物权不具有处分权能或处分权能受到了极大的限制。对于上述权利类型,《物权法》的规定并无太大新意,主要是对《农村土地承包法》《城市房地产管理法》《土地管理法》中相关规定的总结提炼,在适用《物权法》时,仍然要大量援引上述三部法律以及相关国家规定。对于生活保障型用益物权和公益型用益物权,这一点表现得尤为明显。

值得注意的是,由于我国特有的公有制体制,土地所有权不能由国家和集体经济组织以外的主体享有,而国家和集体经济组织又无法直接开发利用土地,参与市场交易,因此上述土地上的用益物权实际上发挥着私有制体制下土地所有权的功能。实际上,使用期限长达 70 年并可自动续期的住宅建设用地使用权、"长久不变"政策下的家庭土地承包经营权以及无期限的宅基地使用权基本上也可以被视为"类所有权"的物权类型。

除此之外,《森林法》规定的林地使用权、林地承包经营权,《物权法》和《海域使用管理法》规定的海域使用权,《草原法》规定的草原使用权、草原承包经营权,《水法》中规定的水使用权,《物权法》和《中华人民共和国渔业法》(以下简称《渔业法》)规定的使用滩涂、水面的养殖权以及承包滩涂、水面的养殖权均属于独占型的用益物权。

2. 分享型用益物权

《物权法》提及的分享型用益物权包括地役权、探矿权、采矿权、取水权、捕捞权,但《物权法》只对地役权作出了详细规定。我国《物权法》第 156 条将地役权定义为:"按照合同约定,利用他人的不动产,以提高自己的不动产的效益。前款所称他人的不动产为供役地,自己的不动产为需役地。"按照这一定义,我国的"地役权"实际上是以不动产为客体,将其称为"不动产役权"更为恰当。从定义的内容来看,似乎仅仅是指积极地役权,而不包括消极地役权,但按照我国学者的理解，我国的地役权包括了积极地役权和消极地役权两种类型。[1]

除了地役权外，我国法律所承认的分享型用益物权主要是获益权，即取得不动产成分或出产物的权利，包括《物权法》和《矿产资源法》规定的探矿权、采矿权，《水法》规定的取水权，《渔业法》规定的捕捞权以及《中华人民共和国野生动物保护法》（以下简称《野生动物保护法》）规定的狩猎权。在理论上，这类获益权实际上是人役权的一种。

（三）担保物权

相对于所有权和用益物权，我国担保物权的正式法律渊源较少，主要是《担保法》和《物权法》两部法律，其中所规定的担保物权类型主要有抵押权、动产质权、权利质权和留置权四种。此外，《合同法》第286条和第134条分别规定了建设工程价款优先受偿权和所有权保留。其中，抵押权、动产质权、权利质权和所有权保留属于意定担保物权，建设工程价款优先受偿权和留置权属于法定担保物权。

由《担保法》和《物权法》详细规定的三种意定担保物权——抵押权、动产质权、权利质权——所包含的法律关系是相似的：第一，优先受偿性。担保权人可以就担保物优先受偿，担保权实现的方式包括折价、拍卖、变卖三种。第二，附随性及其缓和。我国与绝大多数国家相同，不承认独立的变价权，所有的担保物权均为对特定债权的担保，并随债权的转让而转移，随债权的消灭而消灭。但是，我国也通过承认最高额担保物权对严格附随性进行了缓和。1995年《担保法》就已经承认了最高额抵押权，2007年《物权法》进一步完善了最高额抵押权，并承认了最高额质权。最高额抵押权可以作为将来的数额不确定的一系列债权的担保，在债权确定之前，最高额抵押权并不随部分债权的转让而转移。第三，禁止流担保。即担保权人在债务履行期届满前，不得与担保人约定债务人不履行到期债务时担保物归债权人所有。《物权法》在第186条和第211条明确规定禁止流抵押与流质。这三种意定担保物权的差异主要是担保物不同，担保物不同也导致公示方式存在差异。我国《物权法》和《担保法》中的公示方式分为占有和登记两种，登记又可以分为属物性质的登记和属人性质的登记，前者按物的编

---

〔1〕 孙宪忠：《中国物权法：原理释义和立法解读》，经济管理出版社2008年版，第396页以下；梁慧星、陈华彬：《物权法》（第4版），法律出版社2007年版，第291页以下。

成主义展开,后者则依赖于工商登记实现。法定担保物权与意定担保物权的差异在于债权人就特定标的物享有的优先受偿权根据法律规定直接产生,无须当事人约定,也无须公示,建设工程价款优先受偿权和留置权分别为不动产和动产之上的法定担保物权。下面我们将分别阐述不同标的物上可成立的担保物权类型及相应的公示方式。

1. 不动产上的担保物权

不动产上的意定担保物权类型是抵押权,以登记为公示方式。《物权法》和《担保法》所列举的作为抵押权标的的不动产包括建筑物所有权、建设用地使用权、四荒地承包经营权、在建建筑物和林木五种,公示方式为属物性质的登记,并采登记生效主义。

不动产上的法定担保物权类型是建设工程价款优先受偿权,无须公示。根据《合同法》第286条的规定,"建设工程价款优先受偿权"是指建设工程发包人逾期不支付工程价款时,承包人可以将该工程折价或申请法院拍卖,并就价款优先受偿的权利。在《最高人民法院关于建设工程价款优先受偿权问题的批复》中对这种法定担保物权的内容进行了详细解释:工程价款仅指工作人员报酬、材料款等实际支出费用;承包人的优先受偿权优于抵押权和其他债权,但不能对抗已经支付商品房全部或大部分价款的消费者;优先受偿权的行使期限为工程竣工之日或约定竣工之日起六个月。[1]

2. 动产上的担保物权

动产上的意定担保物权主要是抵押权和动产质权,前者仅能在可登记动产上设立,后者在所有的动产上均可设立。根据《物权法》和《担保法》的规定,作为抵押权标的的可登记动产包括生产设备、原材料、半成品、产品、船舶、航空器以及在建船舶、航空器;其中船舶、航空器以及在建船舶、航空器抵押的公示方式为属物性质的登记,采登记对抗主义;生产设备、原材料、半成品、产品抵押的公示方式为属人性质的工商登记,采登记对抗主义;同时,企业、个体工商户、农业生产经营者不仅可以在生产设备、原材料、半成品、产品抵押上设立固定抵押,还可以设定浮动抵押,只是浮动抵押不得对抗正常经营活动中已支付合理价款并取得抵押财产的买受人。值得注意的是,《物权法》对抵押权标的物范围采取了

---

〔1〕《最高人民法院关于建设工程价款优先受偿权问题的批复》(法释〔2002〕16号)。

较为开放的态度,“法律、行政法规未禁止抵押的其他财产”均可作为抵押权标的。“生产设备”“原材料”“半成品”“产品”的外延非常广泛,只要工商行政机关允许登记即可,从实践中的情况来看,贵金属已经被工商行政机关纳入抵押标的范围。[1]

所有的动产之上均可设立动产质权,并以占有为公示方式,质权自出质人交付质押财产时设立。按照《最高人民法院关于适用〈中华人民共和国担保法〉若干问题的解释》(以下简称《担保法司法解释》)的理解,动产质权的公示方式原则上以现实占有为限,占有改定并不能导致质权的有效设立,如果质权人将质物返还出质人,质权即无对抗第三人的效力。但是,出质人可以以间接占有的标的物出质,出质人将出质信息通知直接占有人视为间接占有转移,此时质权人所获得的也是间接占有。[2]

除了抵押权、动产质权这两种意定担保物权外,所有的动产上都可以设定所有权保留。对于所有权保留,《合同法》第134条只是简单规定,当事人可以约定买受人在未支付价款或其他义务时,出卖人可以保留所有权。在《最高人民法院关于审理买卖合同纠纷案件适用法律问题的解释》(以下简称《买卖合同司法解释》)中对所有权保留的适用对象、取回权行使与限制、回赎权以及变卖权进行详细规定:根据这一司法解释,我国的所有权保留只适用于动产;在买受人未按约履行义务或有不当处分行为时,出卖人可以行使取回权,但买受人已经支付75%以上的价款或发生善意取得时,出卖人就不能行使取回权;出卖人行使取回权后,买受人可以在特定时间内回赎;出卖人另行出卖标的物,以价金清偿债务后有剩余的须返还原买受人,价金不足以清偿债务的,出卖人可以要求原买受人清偿,但出卖价格明显低于市场价格的除外。[3]

动产上可成立的法定担保物权为留置权。留置权是指债务人不履行到期债务,债权人可以留置已经合法占有的债务人的动产,并有权就该动产优先受偿的权利。根据我国《物权法》的规定,除了企业之间的留置外,留置的动产与债权应属于同一法律关系。留置权人可以就留置物优先受偿,其效力优于抵押权和质

〔1〕 参见《潍坊昌乐县办理首例黄金作抵押的动产登记》,载 http://weifang.iqilu.com/wfyaowen/2014/1028/2189504.shtml,最后访问日期:2015年2月15日。

〔2〕 参见《担保法司法解释》第87条、第88条。

〔3〕 《最高人民法院关于审理买卖合同纠纷案件适用法律问题的解释》(法释〔2012〕7号)。

权,但留置权的存在须以实际占有为前提,留置权人丧失对留置物的占有,留置权即消灭。

3. 其他财产权利上的担保物权

不动产和动产以外的其他财产权利上设定的担保物权为权利质权。权利质权的标的范围非常广泛,以不属于不动产和动产的财产作为担保标的的,均属于权利质权。在公示方式上,兼采交付与分散型登记两种,均为公示生效主义。《物权法》和《担保法》所列举的权利质权标的包括汇票、支票、本票、债券、存款单、仓单、提单、基金份额、股权、知识产权(注册商标专用权、专利权、著作权等)以及应收账款;其中有权利凭证的汇票、支票、本票、债券、存款单、仓单、提单出质,以权利凭证交付为公示方式,没有权利凭证的,以在有关部门办理登记为公示方式;基金份额出质,以证券登记结算机构登记为公示方式;股权出质,以证券登记结算机构登记或工商行政部门登记作为公示方式;知识产权出质,以知识产权行政部门登记为公示方式;应收账款出质,以信贷征信机构登记作为公示方式。除了上述列举的标的物外,《物权法》对权利质权的标的范围也采取了较为开放的态度,为未来发展留出了足够的空间,"法律、行政法规规定可以出质的其他财产权利"均可作为权利质权的标的。例如,《中华人民共和国保险法》(以下简称《保险法》)第 34 条第 2 款即规定,以死亡为给付保险金条件的人身保险单,经被保险人书面同意,可以作为权利质权的标的。

从整体上来看,我国正式法律所规定的担保物权制度与其他各国并无太大差异:在担保物权的内容方面,担保物权对债权的附随性也被最高额担保制度缓和;在担保物的范围方面,我国法律所承认的担保物范围非常广泛,包括了不动产物权、动产物权以及其他各种具有经济价值的权利;在公示制度方面,我国法律也基于担保物的不同,建立了不同的公示制度,不动产担保物权以属物性的登记为公示方式,动产担保物权的公示方式包括占有、属物性登记和属人性的工商登记三种,权利质权则兼采交付占有与分散型登记两种公示方式。但是,与其他国家相比,我国正式法律中的担保物权类型仍然存在一些明显的区别:第一,大量的不动产物权不能作为担保物权的标的。一方面,除了房屋所有权外,几乎所有的不动产所有权都被认为是公有制的基础,因而被排除在市场流通之外;另一方面,位于农村的大量不动产物权被认为具有社会保障属性,因而不具有处分权能或处分权能受到了严重限制。第二,我国法律没有明确承认一般债权(普通债权）可以作为权利质权的标的，而其他各国均承认一般债权质权（普通债权质权）。第三，在动产担保领域，绝大多数国家都承认所有权保留和动产让与担保两种非典型担保类型，但我国的正式法律只承认所有权保留，并未承认让与担保。

（四）取得权

除了所有权、用益物权、担保物权三大类物权外，我国《物权法》并没有明确规定其他物权类型，学术界也通常将物权分为上述三大类，但是在我国的正式法律制度中，也存在不能被纳入上述三大类物权类型的具有对抗效力的权利类型——取得权。目前，在物权领域，我国法律所承认的取得权类型主要是预告登记和优先购买权。

我国《物权法》第20条所规定的预告登记制度在法理上与德国的预告登记制度、日本和韩国的假登记制度是相似的，即以取得物权为内容的请求权在经过登记后，可以获得对抗效力，未经预告登记权利人同意的处分行为，不能发生物权效力。在预告登记制度的保护下，权利人的法律地位得以加强，虽然他享有的仍然是请求权，但该请求权已经具有了对抗第三人的效力，保障权利人能够最终取得不动产物权。当然，预告登记效力并非始终存在，在债权消灭或自能够进行不动产登记之日起三个月内未申请登记的，预告登记失效。

我国法律中也规定了优先购买权，但在物权领域并没有像《德国民法典》那样规定具有完善登记制度的意定物权性先买权，只承认了两种法定优先购买权，即共有人优先购买权和房屋承租人优先购买权。对于共有人优先购买权，我国《民法通则》第78条第3款和《物权法》第101条明确承认了按份共有人对其他共有人份额的优先购买权，最高人民法院《关于贯彻执行〈中华人民共和国民法通则〉若干问题的意见（试行）》的司法解释[1]第92条也承认在共同共有财产分割后，原共有财产属于一个整体或配套使用的，原共同共有人享有优先购买权。虽然这三个法律条文或司法解释条文本身并没有明确规定共有人优先购买权是否具有物权性，但我国司法实务界和民法学界普遍认为共有人优先购买权是物权性先买权，能够对抗第三人。

对于房屋承租人优先购买权，我国《合同法》第230条有规定，但该条文并没

[1] 《关于贯彻执行〈中华人民共和国民法通则〉若干问题的意见（试行）》（法办发〔1988〕6号）。

有明确规定房屋承租人优先购买权是否具有物权性,对此,我国民法学界并没有达成共识,司法实务界的态度前后也有变化。从最高人民法院《关于贯彻执行〈中华人民共和国民法通则〉若干问题的意见(试行)》的司法解释〔1〕第118条来看,最高法院明显是将承租人优先购买权视为物权性先买权,在出租人侵害承租人优先购买权时,承租人可以主张买卖合同无效,这样一来,第三人自然无法取得房屋所有权,承租人的先买权受到了绝对的保护。〔2〕但是,在2009年《关于审理城镇房屋租赁合同纠纷案件具体应用法律若干问题的解释》〔3〕第21条中,最高法院的态度发生了变化,在出租人侵害承租人优先购买权时,承租人不能主张出租人与第三人的买卖合同无效,只能请求出租人承担赔偿责任。从法理上来看,根据合同行为与物权变动的区分原则,承租人优先购买权能否实现,与买卖合同的效力并无直接关联,因此承租人不能主张合同无效显系应然之理。从最高人民法院法官的理解来看,在《物权法》颁布后,由于物权法定原则的缘故,承租人优先购买权只能被认定为债权。〔4〕即便如此,从同一司法解释第24条来看,最高人民法院仍然承认了承租人优先购买权的对抗效力,只是可对抗的第三人的范围受到了限制,不能对抗房屋共有人(的优先购买权)、近亲属以及已经办理登记的善意买受人,换言之,承租人优先购买权仍然可以对抗其他第三人,特别是知悉承租人优先购买权受到侵害的恶意第三人。因此,在司法实践中,我国《合同法》第230条所规定的房屋承租人优先购买权具有一定的物权性,能够对抗部分不特定第三人。

(五)债权物权化

在我国的正式法律中,也存在债权物权化的现象,部分合同关系获得了对抗第三人的效力,其中最具代表性的当属"买卖不破租赁"。目前,关于租赁关系物权化的法律规定主要是《合同法》第229条:"租赁物在租赁期间发生所有权变动的,不影响租赁合同的效力。"虽然我国学术界关于这一条文的适用范围和具体含义仍然存在争议——本条是否适用于动产,是否以交付占有或其他方式的公

---

〔1〕《关于贯彻执行〈中华人民共和国民法通则〉若干问题的意见(试行)》(法办发〔1988〕6号)。

〔2〕需要注意的是,《民法通则意见》第118条已经在2008年被《最高人民法院关于废止2007年年底以前发布的有关司法解释(第七批)的决定》第24条所废止。

〔3〕《最高人民法院关于审理城镇房屋租赁合同纠纷案件具体应用法律若干问题的解释》(法释〔2009〕11号)。

〔4〕关丽:《最高人民法院〈关于审理房屋租赁合同纠纷案件具体应用法律若干问题的解释〉涉及的若干问题解析》,载《法律适用》2009年第10期,第25~29页。

示为前提，是单纯赋予承租人抗辩权还是使受让人法定承受租赁合同——但均承认承租人得依据这一条款对抗受让人，可以依据租赁合同继续占有使用租赁物。实际上，最高人民法院早在《合同法》颁布以前就在私有房屋租赁领域承认了租赁关系的物权化，《关于贯彻执行〈中华人民共和国民法通则〉若干问题的意见（试行）》[1]第119条第2款明确规定："私有房屋在租赁期内，因买卖、赠与或者继承发生房屋产权转移的，原租赁合同对承租人和新房主继续有效"，此条款显然是直接使受让人承受租赁合同。同时，根据《担保法》第48条和《物权法》第190条的规定，租赁合同或租赁关系可以对抗设立在后的抵押权，但不能对抗设立在前的抵押权，也即如果在抵押权设定之前，抵押财产已经出租，那么在抵押权实现后，租赁合同对受让人具有约束力，如果在抵押权设定之后，抵押财产才出租的，那么在抵押权实现后，租赁合同对受让人不具有约束力。对于这个问题，最高人民法院在《担保法司法解释》[2]第66条中也有规定。从上述三个条款来看，租赁合同与抵押权的关系实际上已经与他物权之间的顺位关系无异。除此之外，在承租人的权益受到不特定第三人的侵害时，他也可以根据《物权法》和《中华人民共和国侵权责任法》（以下简称《侵权责任法》）中的规定，独立主张占有保护请求权和侵权损害赔偿请求权，而不必仰赖于出租人：在承租人的占有到侵害时，可以根据《物权法》第19条的规定主张占有返还请求权、排除妨害请求权、消除危险请求权；构成侵权行为的，承租人也可以根据《侵权责任法》主张侵权损害赔偿，因为我国《侵权责任法》的保护范围并不限于绝对权，还包含"财产权益"，而承租人基于租赁关系对标的物的占有显然构成了"财产权益"。

除了租赁关系物权化以外，我国的土地使用权出让合同也呈现出了物权化的特征，只是土地使用权出让合同的物权化仅仅表现为房地产受让人对出让合同的法定承受。我国《房地产管理法》第42条规定："房地产转让时，土地使用权出让合同载明的权利、义务随之转移。"根据这一规定，出让合同中的权利、义务实际上已经被捆绑在了房地产上，构成了不动产上的"物权"与"物务"（Realobligation），无论何人取得了房地产，都可以向政府主张合同中的权利，同时必须向政府承担合同中的义务。出让合同中约定的义务显然并不限于消极作

〔1〕《关于贯彻执行〈中华人民共和国民法通则〉若干问题的意见（试行）》（法办发〔1988〕6号）。
〔2〕《最高人民法院关于适用〈中华人民共和国担保法〉若干问题的解释》（法释〔2000〕44号）。

为义务，还可以包括积极作为义务。这样一来，土地使用权出让合同中关于权利义务的约定实际上类似于美国法上的不动产约据。

二、狭义法律以外的“物权”类型

除了上述狭义法律中的物权类型外，从实然层面观察，我国的地方性法规、部门规章、司法解释和司法案例也承认了一些狭义法律所未规定的“物权”类型，这些“物权”类型部分是传统习惯法上的物权，部分是现实生活或交易实践中已经成型或正在成型的物权类型，它们中的相当一部分已经在物权法立法过程中引起了关注和争议，但最后并没有被《物权法》所采纳。除此之外，通过地方性法规和部门规章对狭义法律中的物权类型的标的范围或权能进行了限制或扩展的现象也广泛存在，即使是在《物权法》颁布后，上述做法仍然较为普遍。在下文中，我们仍然按照“所有权—用益物权—担保物权—取得权”的基本分类，来简要梳理广义法律中的“物权”类型及物权法规范。

（一）所有权

在所有权方面，狭义法律以外的规范对所有权的法定权能的偏离主要是针对政策性住房的所有权。此处所说的政策性住房，主要是指一般商品住房以外的，带有各类政策优惠性质的住房。就产生来看，这些政策性房屋主要有两个来源：其一是公有住房改革以来出现的已购公房，包括由国家机关和企事业单位的既存公房（包括央产房）转化而来的“房改房”和由国家机关和企事业单位的干部职工集资修建的“集资房”。房改房或集资房的土地使用权属性通常是划拨建设用地使用权。其二是近年来政府为解决城市低收入群体的住房困难问题，所形成的具有社会保障属性的经济适用住房，其土地使用权属性也是划拨建设用地使用权。

目前，对于已购公房，并无法律或行政法规来统一调整，主要依赖于各种繁杂的部门规章和政策文件，主要包括《国务院关于深化城镇住房制度改革的决定》《国务院关于进一步深化城镇住房制度，改革加快住房建设的通知》《建设部关于进一步推进现有公有住房改革的通知》《建设部关于已购公有住房和经济适用住房上市出售管理暂行办法》。[1] 按照上述部门规章和规范文件中的规定，

---

〔1〕《国务院关于深化城镇住房制度改革的决定》（国发〔1994〕43号）；《国务院关于进一步深化城镇住房制度，改革加快住房建设的通知》（国发〔1999〕23号）；《建设部关于进一步推进现有公有住房改革的通知》（建住房〔1999〕209号）；《已购公有住房和经济适用住房上市出售管理暂行办法》（建设部令〔1999〕69号）。

按照职工支付价款的不同,已购公房分为三种类型:第一种是以“市场价”购买的住房,住房的“产权”归职工个人,可以依法进入市场交易。第二种是以“成本价”购买的住房,“产权”归职工个人,5 年之后可以进入市场交易,但须补缴土地收益。第三种是以低于“成本价”的“标准价”购买的住房,职工只拥有“部分产权”,即占有权、使用权、有限收益权和有限处分权,并可以继承;以标准价购买的住房,5 年之后才可以进入市场交易,单位拥有优先购买权和优先租用权;出售和租房收入在补缴土地收益后,由单位和个人按产权比例分配。

经济适用住房,主要依赖部门规章、地方性法规、地方政府规章等层级较低的规范来进行调整,部门规章包括建设部颁布的部门规章《建设部关于已购公有住房和经济适用住房上市出售管理暂行办法》和《经济适用住房管理办法》[1],各省市主要通过地方性法规、地方政府规章等层级较低的规范来进行调整。[2]从这些规定来看,经济适用住房的购买价格为成本价或包含微利,买受人只拥有“有限产权”;购买经济适用住房,5 年内不得上市交易;购买满 5 年可以上市交易,但须向政府缴纳土地收益,并且政府享有优先回购权;购房人在缴纳土地收益后,可以取得“完全产权”;购房人在取得“完全产权”以前,不能将经济适用房用于出租经营。

从上面的分析可以看到,对于这两类政策性住房,地方性法规、部门规章、地方政府规章或各类政策文件通常并不使用“所有权”这一法定术语,而是使用“产权”这一俗称,包括“部分产权”“有限产权”“完全产权”。考虑到在现实生活中,一般人通常将“产权”作为“所有权”的别称,这些狭义法律以外的法规、规章、政策文件实际上就创设出了形形色色的“部分所有权”“有限所有权”,它们构成了对法定所有权部分权能的剥夺和限制:例如,不能进行出租经营;排除处分权能或者在特定期限内使处分权能受到限制;处分住房所有权时可能要征得所在单位或有关政府部门的同意,并缴纳土地收益等价款;所在单位或政府对住房所有权享有回购权或优先回购权等;一定期限届满并缴纳土地收益等相关价款后,

---

〔1〕《已购公有住房和经济适用住房上市出售管理暂行办法》(建设部令〔1999〕69 号);《经济适用住房管理办法》(建住房〔2007〕258 号)。

〔2〕 例如,《北京市经济适用住房管理办法(试行)》(京政发〔2007〕27 号);《深圳市保障性住房条例》(2010 年深圳市第四届人民代表大会常务委员会公告第 4 号);《深圳市安居型商品房建设和管理暂行办法》(深圳市人民政府令〔2011〕228 号);《南京市经济适用住房管理实施细则》(宁政发〔2008〕116 号)。

"有限产权"可以转化为"完全产权"。但这种"完全产权"是否与商品住房所有权完全相同,仍然不甚明了。很显然,即使是在《物权法》颁布后,在住房所有权方面,这些狭义法律以外的法规、规章、政策文件仍然在自行其是地改变《物权法》关于所有权的规定,对所有权的权能进行限制或剥夺,或者说创造出了种类繁多住房所有权亚类型。这些权能各异的政策性住房所有权在未来如何整合,如何分类规制,如何与《物权法》中的规定相协调,仍然不甚明朗。

(二)用益物权

在广义法律渊源(包括法规、规章、司法解释、案例以及习惯)中,"用益物权"的类型实际上要比狭义法律所规定的用益物权类型广泛。从产生机理方面来看,这些广义法律渊源中的"用益物权"可以分为三类:其一是传统习惯中的用益物权;其二是基于现实需要或交易实践,正在形成或已经形成的"用益物权";其三是计划经济时代和经济体制转轨时期遗留的"用益物权"。在标的物方面,我国狭义法律中的用益物权类型都是在不动产上设立的,除地役权外,只能在土地之上设定用益物权,但从广义法律渊源的情况来看,"用益物权"的标的物可能不限于土地,甚至不限于不动产,建筑物或集合物上也可能存在"用益物权"。除此之外,在当前的农村土地制度改革中,狭义法律所规定的用益物权的权能也在逐渐扩张,持续的改革也可能在未来催生新型"用益物权"。

1. 传统习惯中的用益物权

最典型的传统习惯中的用益物权当属典权,虽然学术界关于典权的性质一直存在争议。典权包含了复杂的法律关系:该权利是指典权人支付典价,在一定期限内,占有他人不动产而为使用、收益的权利;在典权存续期间,出典人拥有返还典价,赎回典物的权利,出典人也可以将典物转让给典权人,并主张找贴;在典权存续期间,典权人可以将典权让与他人,在出典人向第三人出卖典物时,典权人有优先购买权;典权存续期限届满,而出典人不赎回,典权人即取得所有权。民国时期,典权曾经被纳入民法典,成为正式法律中的物权,1949 年以后,《中华民国民法典》被废除,因而再次成为习惯物权。

虽然如此,我国的行政机关和司法机关对现实生活中的典权一直持尊重态度。在改革开放之前,我国行政机关在土地改革和社会主义改造时期就已经充分承认了典权关系:1950 年 9 月 30 日中央人民政府内务部《关于土地改革地区典当土地房产问题的处理意见(草案)》规定:"农民间的典当关系,其契约继续有效，可继续承典，亦可依契约自由回赎。"1951年11月9日司法部《关于典当处理问题的批复》规定："一般的农村典当关系，今天仍准其存在。"1965年12月3日国家房产管理局《关于私房改造中处理典当房屋问题的意见》（国房局字〔1965〕105号）规定："今后对于出典房屋一般仍应按照典当关系处理。"在改革开放后，现实生活的典权纠纷仍然层出不穷，在1979年《最高人民法院关于贯彻执行民事政策法律的意见》"房屋问题"部分、1984年《最高人民法院关于贯彻执行民事政策法律若干问题的意见》第58条以及1988年《关于贯彻执行〈中华人民共和国民法通则〉若干问题的意见（试行）》第120条等司法解释和批复中均承认了典权，并对典期、回赎、绝卖等事项做了详细规定。〔1〕 值得注意的是，在正式法律没有明确典权的情况下，我国部分省市的地方性法规明确承认了典权，并将其纳入房地产登记，例如1995年《上海市房地产登记条例》第8条、第31条均明确规定了典权登记，并采取登记生效主义。〔2〕 建设部1997年颁布的部门规章《城市房屋权属登记管理办法》第3条也明确将典权作为可登记的他项权利。〔3〕 虽然自1949年以来，我国行政机关、司法机关以及地方性法规中均有对典权的承认，在物权法制定过程中，梁慧星教授和王利明教授分别主持的两个学者建议稿也有关于典权的规定，官方的物权法草案也多次规定典权，但学者们仍然就物权法是否要规定典权产生了争议，最后《物权法》还是没有将典权作为我国的正式物权加以规定。

---

〔1〕 1979年《最高人民法院关于贯彻执行民事政策法律的意见》规定："劳动人民的房屋典当关系，应予承认。典期届满，准予回赎。土改中已经解决的不再变动。典当契约载明过期不赎作为绝卖的，按契约规定处理。典当契约未载明期限或过期不赎作为绝卖的，在处理回赎问题时，应照顾双方的实际需要，如果承典人确无房住，而出典人又不缺房的，可将此房屋全部或者部分卖给承典人。典价折算可协商解决，如发生纠纷，原则上应按国家规定的实物价格计算，但也要考虑到双方的经济条件，回赎目的等实际情况。"1984年《最高人民法院关于贯彻执行民事政策法律若干问题的意见》第58条规定："对法律、政策允许范围内的房屋典当关系，应予承认。但土改中已解决的房屋典当关系，不再变动。典期届满逾期十年或典契未载明期限经过三十年未赎的，原则上应视为绝卖。"1988年《关于贯彻执行〈中华人民共和国民法通则〉若干问题的意见（试行）》第120条规定："在房屋出典期间或者典期届满时，当事人之间约定延长典期或者增减典价的，应当准许。承典人要求出典人高于原典价回的赎的，一般不予支持。以合法流通物作典价的，应当按照回赎时市场零售价格折算。"此外，最高人民法院在1985年《最高人民法院关于房屋抵押不能改为房屋典当处理的批复》、1988年《最高人民法院关于处理私房社会主义改造中房屋典当回赎案件中的两个问题的批复》、1990年《最高人民法院关于私房改造中典当双方都是被改造户的回赎案件应如何处理问题的批复》、1990年《最高人民法院关于公私合营中典权入股的房屋应如何处理的函》也承认了实践中存在的典权关系。

〔2〕 遗憾的是，2009年修订后的《上海市房地产登记条例》将关于"典权"的规定删除了。

〔3〕 《城市房屋权属登记管理办法》（建设部令〔1997〕第57号）。

除了典权外,传统习惯法上还存在其他用益物权,例如我国沿海地区的“祖宗岛”习惯物权和蒙古族地区的“苏鲁克”习惯物权,这些习惯用益物权均没有狭义法律予以承认。“祖宗岛”习惯物权实际上是沿海地区的渔民对无人海岛土地及附近滩涂海域的使用权,渔民对海岛土地、海域、滩涂拥有种植、捕捞、养殖的权利,互相之间有明确的界限并相互尊重。“苏鲁克”习惯物权则是一种集合物上的用益物权,它是指牧民将自己的畜群转让给他人,并定期从后者处获得你给钱或肉食给付的权利,在发生争议时,当地法院一般按照用益物权的规则来处理。[1]

2. 正在形成或已经形成的“用益物权”

这一类权利是基于现实生活或交易实践的需要而出现的“用益物权”,从目前的状况来看,主要是建筑物上成立的“用益物权”。建筑物上成立的“用益物权”大体上又可以分为两类,第一种是生活保障型的“建筑物用益物权”,就是我们常说的“居住权”;第二种是基于纯粹经济性的“建筑物用益物权”,主要是基于合作开发、商业投资所形成的。

具有生活保障功能的居住权在现实中具有重大意义,可以确保不享有房屋所有权的主体对房屋享有物权性的居住权利,并得以对抗第三人。我国正式法律并没有承认这种权利,但从我国社会的现实情况来看,为保障不享有房屋所有权的离婚配偶、未继承房屋的配偶、未成年人、老年人等弱势群体的居住安全,确实有必要承认物权性的居住权。在法律缺位的情况下,我国法院经常从《中华人民共和国婚姻法》(以下简称《婚姻法》)第 42 条、《中华人民共和国妇女权益保护法》(以下简称《妇女权益保护法》)第 44 条、《中华人民共和国未成年人保护法》(以下简称《未成年人保护法》)第 8 条、《中华人民共和国老年人权益保护法》(以下简称《老年人权益保护法》)第 13 条等法律规定出发,对弱势群体的居住权益进行保护。目前,司法解释明确规定“居住权”为离婚配偶的法定居住权:《中华人民共和国婚姻法司法解释一》(以下简称《婚姻法司法解释一》)[2]第 27 条的解释对象为《婚姻法》第 42 条,离婚配偶居住困难的,另一方可以以房屋的所有权或房屋的居住权的形式对其进行帮助。对于实践中常见的,以遗嘱形式

---

[1] 孙宪忠:《中国物权法总论》(第 3 版),法律出版社 2014 年版,第 108 页。

[2] 《最高人民法院关于适用〈中华人民共和国婚姻法〉若干问题的解释(一)》(法释〔2001〕30 号)。

为未继承房屋所有权的配偶设定意定居住权的情形，我国法院也明确予以保护。[1] 但是，虽然司法解释和司法案例都已经明确提及“居住权”，但法院是否将其作为可以对抗第三人的物权性的权利仍然不明朗。很显然，将上述“居住权”理解为债权性权利，将无法保障弱势群体的居住安全，上述法律条款的立法目的将无法达到。[2] 在物权法立法过程中，官方提出的物权法草案中曾经出现了生活保障型的居住权，但由于部分学者反对，最后也没有被《物权法》所采纳。值得注意的是，民法典物权编草案一审稿（2018 年 8 月）第十四章重新规定了“居住权”：居住权人有权按照合同约定，对他人的住宅享有占有、使用的权利，以满足生活居住的需要（草案一审稿第 159 条第 1 款）；居住权不得转让、继承（草案一审稿第 160 条第 1 句）。民法典物权编草案二审稿（2019 年 4 月）对上述两个条款进行了修订，进一步明确居住权是一种“用益物权”（草案二审稿第 159 条第 1 款），居住权无偿设立，不得转让、继承（草案二审稿第 160 条第 1 句）。

纯粹经济性的“建筑物用益物权”正在交易实践中逐渐形成，实践中较为常见的是“长期商铺使用权”。我国法律中的租赁关系虽然有物权化的趋势，但仍然无法满足现实需要：第一，这种长期商铺使用权的期限往往超过了 20 年，而我国《合同法》第 214 条将租赁合同的最长期限限定为 20 年，在交易实践中，为规避该条款，当事人往往回避使用“租赁”字样，或者约定 20 年的租赁合同，并附赠若干年的无偿使用权；第二，长期商铺使用权通常能够自由转让，但《合同法》第 224 条所规定的“转租”需要经过出租人同意，且转租后，承租人仍然受到租赁合同的约束。但是，不采用租赁的形式，这种商铺使用权又无法得到“买卖不破租赁”的保护，这就陷入了两难的境地。因此，承认长期商铺使用权的物权属性是有必要的。与生活保障型居住权不同，长期商铺使用权的权利人未必直接占有该商铺，在交易实践中，长期商铺使用权往往以“售后返租”的形式存在，这在现实中是一种常见的商业地产开发模式：投资人向商业地产开发商支付对价，获得长期商铺使用权，再将商铺返租给开发商或其关联主体，并获得持续性的租金收

[1] 例如：（2009）綦法民初字第 3768 号；（2010）渝五中法民终字第 1978 号。

[2] 实际上，法院可以通过目的解释的方法，从《婚姻法》第 42 条、《妇女权益保护法》第 44 条、《未成年人保护法》第 8 条、《老年人权益保护法》第 13 条等条款中推导出物权性居住权。在居住权不能被纳入登记簿的情况下，该权利只能以占有作为公示方法。在房屋交易实践中，现场查验是房屋买受人需要尽到的注意义务。由于弱势群体以居住权作为生活保障，必然直接占有该房屋，因此，在买受人现场查验房屋时，他自然能够轻松地发现房屋上可能存在的居住权。因此，在司法实践中承认物权性居住权并不会对交易安全造成威胁。

益。在长期商铺使用权人不实际占有商铺时，其权利的公示方式就只有登记一种，现实中已经出现了商业地产物业管理方对商铺使用权进行登记的现象，例如，浙江义乌国际商贸城就已经在提供商铺使用权登记服务，以商铺使用权为标的来设定抵押权也可以在商贸城进行登记。[1] 如果这种自发登记能够普遍实现，那么长期商铺使用权显然就可以发展成一种习惯物权。值得注意的是，除了长期商铺使用权外，在我国的一些城市，例如深圳、大连，还存在"军产房使用权"，这种权利通常是通过合作建房或购买的形式从军队获得的房屋使用权，军队仍然保留房屋的所有权。军产房使用权既可以是住房使用权，也可以是商业房产使用权。军产房使用权由军队房地产管理部门进行登记，也可以视为一种特殊的"建筑物用益物权"。

除了"建筑物用益物权"外，现实生活中还存在一种不动产收费权或不动产收益权，它是指获得政府特许在一定期限内对使用特定公有不动产的主体收取费用的权利，例如风景区收费权、公共交通设施收费权。对于这种权利的性质，学术界存在争议，主要包括"债权说"和"用益物权说"两种。笔者认为，在学理上，这种权利应该是获益权，属于人役权的一种，应该归属于用益物权的范畴。我国法律和行政法规并没有规定不动产收益权，目前这种权利主要是由部门规章来调整。现实中最为常见的不动产收益权是收费公路权益（公路经营权），早先由《公路经营权有偿转让管理办法》调整，2008 年后则由新颁布的《收费公路权益转让办法》调整，这两个《办法》均为交通部颁布的部门规章。[2] 在司法实践中，对于这种由政府特许的公有不动产收益权，最高人民法院也将其视为用益物权：在 1998 年第 2 期的最高法院公报案例"汇通支行诉富利达公司用益物权抵押合同纠纷案"中，最高法院明确承认对公有地上商贸城的长期管理权和出租权是用益物权，并且可以作为抵押权的标的。[3]

---

〔1〕 刘萍主编：《中国动产担保创新经典案例》，中信出版社 2010 年版，第 323 页以下。转引自常鹏翱：《多元的物权法源及其适用规律》，载《法学研究》2014 年第 4 期，第 130 页。

〔2〕 《公路经营权有偿转让管理办法》（交通部令〔1996〕9 号，已经废止）；《收费公路权益转让办法》（交通部、国家发改委、财政部令〔2008〕11 号）。《公路经营权有偿转让管理办法》所称的"公路经营权"是指经省级以上人民政府批准，对已建成通车公路设施允许收取车辆通行费的收费权和由交通部门投资建成的公路沿线规定区域内服务设施的经营权。《收费公路权益转让办法》所称的"收费公路权益"是指收费公路的收费权、广告经营权、服务设施经营权。收费公路权益或公路经营权的转让须经过相关行政主管部门的审批。

〔3〕 "汇通支行诉富利达公司用益物权抵押合同纠纷案"，《最高人民法院公报》1998 年第 2 期。

3. 计划经济时代和经济体制转轨时期遗留的"用益物权"

改革开放至今已超过三十年，计划经济时代和经济体制转轨时期的许多对物利用关系已经逐渐淡出人们的视野，但并没有完全消失。受到时代局限，这些历史遗留的对物利用关系并没有正式法律予以承认，其中相当部分实际上具有用益物权的特征。例如，计划经济时代的公房租赁权，是指国家机关、国有企事业单位分配给本单位职工的住房使用权，这种权利可以继承，在房改政策颁布后，公房租赁权人还可以以标准价或成本价购买居住的房屋，在拆迁时，有权利获得补偿。从公房租赁权的性质来看，它与《合同法》所规定的租赁显然不同，而是一种特殊的"建筑物用益物权"。在住房改革后，大量的公房租赁权已经转化为已购公房所有权，但在现实生活中仍然存在。《民法通则》第 82 条规定的"国有企业经营权"以及 20 世纪 80 年代盛行一时的"国有企业承包经营权"属于经济体制转轨时代的产物，其法律属性应该是集合物上的附带处分授权的用益物权，集合物的所有权仍然由国家享有，经营主体享有占有使用收益处分的权利。在国企股份制改革后，"国有企业经营权"和"国有企业承包经营权"都已经式微，但在现实中仍然有迹可循。[1] 除此之外，由于历史原因，在我国城市中尚存在划拨建设用地使用权和出让建设用地使用权以外的国有土地使用权，例如由 1982 年前私有土地所有权转化而来的国有土地使用权。[2] 虽然上述这些"用益物权"没有得到狭义法律的承认，但在现实中显然不能够将它们视为债权或简单套用其他用益物权的规定。

4. 农村土地制度改革所导致的部分用益物权权能扩张

在农村地区，狭义法律所规定的用益物权包括家庭土地承包经营权、四荒土地承包经营权、宅基地使用权、宅基地以外的集体建设用地使用权四种，除了四荒土地承包经营权具有较为广泛的处分权能外，其他三种用益物权的处分权能都受到了法律及其援引的国家有关规定的严格限制：由《物权法》所援引的《农村土地承包法》将家庭土地承包经营权的处分权能仅限于集体经济组织内部的互换、转让和入股从事农业合作生产；由《物权法》所援引的《土地管理法》和国家

---

〔1〕《琼山区国企改革的新尝试 拍卖国企承包经营权》，载 http://www.hi.chinanews.com/hnnew/2005-08-28/28248.html，最后访问日期：2014 年 12 月 29 日。

〔2〕 孙宪忠：《中国物权法总论》（第 3 版），法律出版社 2014 年版，第 156～157 页。

有关规定将宅基地使用权的处分权能限于随房屋所有权转让在集体经济组织内部转让,不得转让给城镇居民;由《物权法》所援引的《土地管理法》将宅基地以外的集体建设用地使用权的用途限于乡村公益设施和乡镇企业,不能进入市场交易,只有乡镇企业破产兼并时才能发生土地使用权转移。上述法律和国家规定之所以严格限制这三种农村用益物权的处分权能,主要目的是保障农民的基本生活和维持政府对建设用地一级市场的垄断。

但是,我国的农村土地制度仍然处于不断改革变化之中,随着政府对农民社会保障投入的增加以及打破政府对建设用地一级市场垄断的呼声不断增强,上述三种用益物权的权能有逐渐扩张的趋势。从目前的情况来看,一些执政党中央的政策文件、中央政府各部委的政策文件和部门规章、地方政府的政策文件和部门规章、地方性法规开始突破法律增加上述三种用益物权的权能,部分地区的法院在裁判文书中也默认了这种做法。

对于家庭土地承包经营权,2008 年以来党中央和中央政府各部委的政策文件就已经有扩张其处分权能的趋势。〔1〕 首先突破法律的是林地承包经营权改革,2008 年的《中共中央、国务院关于全面推进集体林权制度改革的意见》和 2009 年国家林业局《关于切实加强集体林权流转管理工作的意见》〔2〕已经允许家庭承包林地自由入股、抵押、出资合作,随后部分地区的地方性法规和各部委的政策文件也承认了家庭林地承包经营权具有抵押权能。〔3〕 对于家庭林地承包经营权的权能扩张,部分地区的法院也以可抵押权的正当性。〔4〕 除了林权改革外,部分省市直接以地方性法规和政府政策文件的形式突破法律规定,扩张土地承包经营权的权能,例如 2007 年重庆市工商局《关于全面贯彻落实市第三次党代会精神、服务重庆城乡统筹发展的实施意见》中就已经允许土地承包经营权入股设立有限责任公司、独资企业和合伙企业,2007 年《重庆市实施中华人民共和国农村土

---

〔1〕 2008 年《中共中央关于推进农村改革发展若干重大问题的决定》;《关于做好当前农村土地承包经营权流转管理和服务工作的通知》(农业部农经发〔2008〕10 号)。

〔2〕 2008 年《中共中央国务院关于全面推进集体林权制度改革的意见》;《关于切实加强集体林权流转管理工作的意见》(国家林业局林改发〔2009〕232 号)。

〔3〕 例如,地方性法规《安徽省林权管理条例》、银监会和国家林业局规范性文件《关于林权抵押贷款的实施意见》。

〔4〕 法院认可林地承包权抵押权和抵押合同:重庆市渝中区人民法院(2010)中区民初字第 1158 号民事判决书、福建省龙海市人民法院(2011)龙民初字第 2843 号、浙江省丽水市莲都区人民法院(2011)丽莲商初字第 1049 号。转引自常鹏翱:《多元的物权法源及其适用规律》,载《法学研究》2014 年第 4 期,第 131 页,注释 62。

地承包法办法》允许不同集体经济组织的成员之间互换土地承包经营权。[1] 2013年以后,党中央和国务院的政策文件开始全面承认土地承包经营权的抵押权能。2013 年《中共中央关于全面深化改革若干重大问题的决定》和 2014 年《中共中央国务院关于全面深化农村改革加快推进农业现代化的若干意见》均规定“赋予农民对承包地占有、使用、收益、流转及承包经营权抵押、担保权能”,并且提出“稳定农户承包权、放活土地经营权,允许承包土地的经营权向金融机构抵押融资”。这样一来,土地经营权和土地承包权发生分离,具有独立的抵押权能,未来极有可能发展成为设立在土地承包经营权之上的独立用益物权。2018 年 12 月 29 日《农村土地承包法》修订,修订后的《农村土地承包法》在第二章“家庭承包”中新增第五节“土地经营权”。从该节的规定来看,土地经营权包括债权性土地经营权和物权性土地经营权两类(第 36 条),只有期限五年以上土地经营权才可以被登记(第 41 条),土地经营权可以转让、抵押(第 46 条、第 47 条)。民法典物权编草案二审稿(2019 年 4 月)第十一章“土地承包经营权”明确规定了“土地经营权”(第 134 条之 1、第 134 条之 2、第 134 条之 3),吸纳了《农村土地承包法》的最新修订。

宅基地使用权的处分权能和集体经营性建设用地的用途也有扩张趋势。对于宅基地使用权,2013 年《中共中央关于全面深化改革若干重大问题的决定》和 2014 年《中共中央国务院关于全面深化农村改革加快推进农业现代化的若干意见》规定,“保障农户宅基地用益物权前提下,改革完善农村宅基地制度选择若干试点,慎重稳妥推进农民住房财产权抵押、担保、转让”。对于集体经营性建设用地,2013 年《中共中央关于全面深化改革若干重大问题的决定》和 2014 年《中共中央国务院关于全面深化农村改革加快推进农业现代化的若干意见》均规定:“在符合规划和用途管制前提下,允许农村集体经营性建设用地出让、租赁、入股”。值得注意的是,2015 年 3 月 3 日,全国人大常委会作出了《关于授权国务院在北京市大兴区等三十三个试点县(市、区)行政区域暂时调整实施有关法律规定的决定》,按照这一决定,《土地管理法》第 43 条第 1 款、第 63 条,《城市房地产管理法》第 9 条等条款在授权地区被暂时停止实施,集体经营性建设用地可以直接出让、租赁和入股。这一授权实际上解决了在改革试点地区推动改革的政策

[1] 2007 年重庆市工商局《关于全面贯彻落实市第三次党代会精神、服务重庆城乡统筹发展的实施意见》渝工商发〔2007〕17 号;2007 年《重庆市实施中华人民共和国农村土地承包法办法》第 34 条第 2 款。

文件与法律相冲突的问题,增加了集体经营性建设用地使用权的处分权能。我们可以预见,在试点成功的情况下,上述法律条款将被正式修改。但是,这一《决定》并没有明确增加宅基地使用权的处分权能。[1]

(三)担保物权

担保物权是物权法中对交易实践需求最为敏感的领域。在我国,虽然主要的担保物权类型已经由《物权法》和《担保法》所规定,但在交易实践中,不断有法律未规定的新担保形式涌现,既有担保物权类型的标的物范围也在随着实践不断扩展。司法机关处于解决民商事纠纷的一线,因此,大多数的新型担保形式和担保物权标的物范围的扩展基本上都是先通过司法案例和司法解释的形式被承认的。

1. 狭义法律以外的"担保物权"类型

狭义法律以外的"担保物权"类型主要是由司法案例和司法解释承认的,例如司法解释所承认的"所有人抵押权"、司法案例所承认的"让与担保""后让与担保"。此外,《典当管理办法》这一部门规章还承认了"典当权"。

(1)让与担保

让与担保是大陆法系和英美法系国家普遍承认的一种担保形式,它是指担保人将标的物的所有权转让给债权人,在债务清偿后,债权人将标的物所有权返还给担保人,如果债务不能清偿,债权人可以就标的物优先受偿。在两大法系国家中,让与担保主要在动产领域适用。在我国,让与担保也是交易实践中极其常见的一种担保形式,其标的范围广泛,包括不动产、动产以及可转让的财产权利。对于让与担保的法律结构,各大陆法系国家的学者意见并不一致,目前主要有德国采纳的"所有权说"和日本采纳的"担保权说"两种,对此我国学者也没有形成较为一致的意见。在物权法立法过程中,我国学者们曾就法律是否应当明确采纳让与担保发生过激烈的争议,以梁慧星为代表的学者主张物权法直接规定让与担保,而以王利明为代表的学者则反对这一观点,[2] 最后我国《物权法》并没有规定让与担保。

---

〔1〕 关于宅基地使用权,《决定》只暂停实施了涉及宅基地审批权限的《土地管理法》第62条第3款,但是《决定》并没有暂停实施《土地管理法》第62条第1款和第4款,而这两款才是真正限制宅基地使用权处分权能的关键条款。

〔2〕 梁慧星主编:《中国物权法草案建议稿附理由》(第2版),社会科学文献出版社2007年版,第674页以下;王利明:《民商法研究》(第7辑),法律出版社2009年版,第500页。

从现实情况来看，由于我国法律和最高院司法解释都没有规定让与担保，部分地方法院仍然拒绝承认让与担保条款的效力，例如在“杨凌地普房地产开发有限公司与陕西方元建设工程有限公司建设工程施工合同纠纷上诉案”中，陕西省高院的法官以违反物权法定为理由，直接否定了让与担保条款的效力。[1] 但从近些年的情况来看，越来越多的法官开始承认让与担保条款的效力，但明确反对流质，对债权人课以清算义务：例如，在“袁成军与郑希文房屋买卖合同纠纷案”中，郑州市中原区法院和郑州市中院均承认让与担保条款的效力，从实质角度理解“所有权转让”，将债权人的“所有权”解释为“担保物权”，债权人不能直接主张取得房屋所有权；[2] 在“朱延凯与韩先进股权转让纠纷案”中，淮安市淮阴区法院认为股权让与担保条款有效，但流质条款无效，债务人清偿债务后，有权要求债权人返还股权。[3] 上海市金山区法院的法官在案件审理中也承认让与担保条款的效力，但认为让与担保仍然需要履行变卖标的物或协议估价的清算程序，债权人不能直接取得标的物所有权。[4] 最高人民法院法官也承认让与担保条款的效力，但强调让与担保条款不具有对抗第三人的物权效力：刘贵祥法官认为，“当事人约定设立让与担保，因物权法未规定该担保物权类型，使该让与担保不发生物权效力，但因让与担保合同未违反法律强制性规定，应认定有效的，如一方违反约定将承担违约责任”。[5] 王闯法官也认为，让与担保中的物权变动效力应该遵循物权公示原则，让与担保条款不具有对抗第三人的效力，同时应该对债权人课以强制清算义务。按照最高人民法院两位法官的理解，不动产让与担保的设定以登记为要件，自然符合物权公示原则，如果债权人违背约定处分不动产，债务人只能寻求违约救济，但动产让与担保以占有改定代替了现实交付，并不符合物权公示原则，如果债务人擅自处分标的物并造成第三人善意取得，那么债权人也只能寻求违约救济。总而言之，让与担保已经基本上被我国司法实务

---

〔1〕 杨凌地普房地产开发有限公司与陕西方元建设工程有限公司陕西方元建设工程有限公司建设工程施工合同纠纷上诉案(2008)陕民一终字第7号：“该协议书第三条的约定应为让与担保，但因该种非典型性担保形式无论在《中华人民共和国担保法》及《中华人民共和国物权法》中都未作规定，该约定违反了民法物权法定的原则，故《银鑫商务大厦等工程款项支付协议书》第三条约定的让与担保无效。”

〔2〕 袁成军与郑希文房屋买卖合同纠纷案(2010)郑民三终字第714号。

〔3〕 朱延凯与韩先进股权转让纠纷案(2013)淮商初字第0295号。

〔4〕 叶锋：《流抵、通谋虚伪表示抑或让与担保》，载《人民法院报》2014年3月26日，第7版。

〔5〕 刘贵祥：《物权法关于担保物权的创新及审判实务面临的问题》(下)，载《法律适用》2007年第9期，第21～27页。

界承认了，只是其具体规则的形成尚需通过司法案例积累经验。

（2）所谓“后让与担保”

在我国的交易实践中，还存在一种较为特别的担保形式，即债权人与债务人签订两份合同：一份是借款合同时；另一份是商品房买卖合同，债务人将自己所有的商品房转让给债权人，价款通常与借款相等，并且约定在债务不履行时，债权人即可要求债务人履行该买卖合同以抵充债务。这种担保形式经常用于房地产开发商作为债务人的情形，在房屋价格攀升的情况下，具有很强的担保效果。我国学术界虽然有学者将这种担保形式称为“后让与担保”，〔1〕但究其实质来看，并无所谓“让与”，因为整个过程只有债权合同，并没有物权变动发生。

这种担保形式在我国司法实践中已经被法院所承认。例如，在“福建华辰房地产有限公司与宁波亚信商贸有限公司、宁波富邦世纪商业广场开发有限公司等合同纠纷案”中，宁波市北仑区法院和宁波市中院均认定以商品房买卖合同担保借款合同的条款有效，并且认为商品房预售合同备案登记构成了公示形式，但法院又认为，协议中的流质条款无效，债权人不能直接取得所有权，只能就担保物享有优先受偿权。〔2〕 最高人民法院在提审的“广西嘉美房地产开发有限责任公司与杨伟鹏商品房销售合同纠纷再审案”中，也认为在借贷关系成立的情况下，“尽管本案中双方当事人签订《商品房买卖合同》并办理商品房备案登记的行为并不导致抵押权的成立，但足以在双方当事人之间成立一种非典型的担保关系。既然属于担保，就应遵循物权法有关禁止流质的原则，也就是说在债权人实现担保债权时，对设定的担保财产，应当以拍卖或者变卖的方式受偿。”〔3〕这两个案件明确了这种担保的两个重要规则：其一是这种担保可以以商品房销售合同备案、商品房预售合同备案为公示形式；其二是禁止流质。我们认为，商品房销售（预售）合同备案虽然不是不动产登记，但客观上能够起到一定的公示作用，可以防止房屋出卖人一房二卖等机会主义行为，在房屋初始登记未完成，不能进行预告登记的场合，商品房销售（预售）合同备案具有重要意义。在有条件进行

〔1〕 杨立新：《后让与担保：一个正在形成的习惯法担保物权》，载《中国法学》2013 年第 3 期，第 74 ~ 84 页。也有学者对杨立新教授的观点持批评态度，例如董学立教授认为所谓“后让与担保”只是抵押权的一种变型。参见董学立：《也论“后让与担保”——与杨立新教授商榷》，载《中国法学》2014 年第 3 期，第 288 ~ 304 页。

〔2〕 福建华辰房地产有限公司与宁波亚信商贸有限公司、宁波富邦世纪商业广场开发有限公司等合同纠纷案（2011）甬仑民初字第 582 号；（2013）浙甬商终字第 447 号。

〔3〕 广西嘉美房地产开发有限责任公司与杨伟鹏商品房销售合同纠纷再审案（2013）民提字第 135 号。

预告登记的场合，这种担保形式也可以以预告登记作为公示形式，这样一来，它实际上就是日本、韩国的假登记担保（代物清偿预约）了。

（3）所有人抵押权

按照我国《物权法》第179条和《担保法》第33条的规定，抵押权是指债务人或第三人不转移占有，以其财产为债权人提供担保，债务不履行时，债权人就该财产享有优先受偿的权利。按照这一法定定义，抵押财产只能由债务人和第三人所有，而不能由债权人所有。如果债权人（抵押权人）在抵押权存续期间获得抵押物所有权，那么抵押权将因所有权和他物权的混同而消灭，虽然我国《物权法》没有关于所有权与他物权混同的规定，但按照抵押权的法定定义，应该可以推导出“抵押权人获得所有权，抵押权消灭”的结论。但是，这种推论将导致不公平的现象出现，如果先顺位抵押权人获得所有权后其抵押权消灭，那么后顺位的抵押人将因其抵押权自动升序而获得不当利益，所有权人会因此遭受损害。[1]

对于这一问题，最高人民法院通过《担保法司法解释》第77条作出了回应，该条规定：“同一财产向两个以上债权人抵押的，顺序在先的抵押权与该财产的所有权归属一人时，该财产的所有权人可以以其抵押权对抗顺序在后的抵押权。”基于这一条款，对于在标的物上存在多个抵押权且先顺位抵押权人取得所有权的情形，最高人民法院明确承认了“所有人抵押权”，显然突破了《物权法》第179条和《担保法》第33条所规定的抵押权定义。但从实际效果来看，《担保法司法解释》第77条

---

〔1〕 为避免这种不公平的现象出现，古罗马法中就已经承认先顺位抵押权人获得所有权时，抵押权仍然存在，以阻止后顺位抵押权升序损害所有权人利益的规定，作为混同规则的例外。《日本民法典》和《中华民国民法典》中也有类似的规定。《日本民法典》第179条：“就同一物，所有权及其他物权归属于同一人时，其他物权消灭。但其物或其物权为第三人的权利标的时，不在此限。”《中华民国民法典》第762条：“同一物之所有权及其他物权，归属于一人者，其他物权因混同而消灭。但其他物权之存续，于所有人或第三人有法律上之利益者，不在此限。”值得注意的是，在德国和瑞士，“所有人抵押权”的范围远远超过了罗马法、日本和民国，不仅仅限于混同的情形，还包括了债权消灭、抵押权抛弃、抵押物取得人代为清偿债务等情形，其原因在于：（1）《德国民法典》不仅明确拒绝所有权与他物权混同规则（《德国民法典》第889条），还承认了独立的变价权——土地债务，因此德国学者认为，在债权存在时，所有人变价权为所有人抵押权，在债权不存在时，所有人变价权为所有人土地债务。（2）瑞士采取空白担保位置制度和严格的顺位固定原则，即便先顺位的担保物权消灭，后顺位的担保物权也不能自动升序，所有权人仍然可以在先顺位的空白担保位置上创设新的担保物权。在新的担保物权未设定前，若其他不动产担保权被实行，那么价金仍然按照原顺位进行分配。关于上述内容，可参见梁慧星主编：《中国物权法草案建议稿附理由》（第2版），社会科学文献出版社2007年版，第568～570页；陈华彬：《论所有人抵押权——基于对德国法和瑞士法的分析》，载《现代法学》2014年第5期，第39～48页；［德］鲍尔、施蒂尔纳：《德国物权法》（下册），申卫星、王洪亮译，法律出版社2006年版，第46页及第289页以下。

所规定的“所有人抵押权”并不具有抵押权的功能,因为债权人不能通过处分自己的财产来满足自己的债权,这种“所有人抵押权”实际上只是一个防止后顺位抵押权上升的空白担保顺位。[1]

(4)典当

现实生活中常见的典当行业是以借款取利,并以当物做担保的特殊金融行业。在实践中,典当行通行的担保规则与《物权法》《担保法》中所规定的各种担保物权存在关联,但又不完全相同。我国《物权法》《担保法》并没有向《瑞士民法典》那样专门规定营业质权,将典当行业的担保规则纳入法律规定。目前,我国专门调整典当行为的只有商务部、公安部颁布的部门规章《典当管理办法》[2],其中部分规定与《物权法》《担保法》不同。

《典当管理办法》所规定的“典当”是指当户将其动产、财产权利作为当物质押或者将其房地产作为当物抵押给典当行,交付一定比例费用,取得当金,并在约定期限内支付当金利息、偿还当金、赎回当物的行为。因此,典当制度的当物范围包括动产、房地产和财产权利三类,涉及动产质权、权利质权和抵押权。但是,《典当管理办法》中的一些规定,与《物权法》《担保法》关于动产质权、权利质权和抵押权的规定并不相符。第一,《典当管理办法》第36条和第37条对典当期限做了规定,按照这个条款,当事人可以约定典当期限,最长不超过6个月,但可以约定续当。但是,按照《物权法》第177条规定,担保物权消灭仅包括“主债权消灭、担保物权实现、债权人放弃担保物权以及法律规定担保物权消灭的其他情形”四种,也即当事人不能约定担保物权的存续期限。因此,在《典当管理办法》第36条和第37条与《物权法》第177条显然存在冲突。第二,按照《典当管理办法》第40条第1款的规定,逾期不赎当也不续当的,为绝当。对于绝当物的处理,《典当管理办法》第43条作出了规定:当物估价金额在3万元以上的,按照《担保法》的规定折价、拍卖和变卖,并且需要进行清算,价金超出债权的,应该返还当户,价金不足的,可以向当户追索;当物估价金额在3万元以下的,典当行可以自行变卖或者折价处理,但损益自负,如果价金不足,不能再向当户追偿。从

---

[1] 《担保法司法解释》第77条所规定的“所有人抵押权”在文义上遵循罗马法,在适用范围上与罗马法、日本法和民国民法相同,但在解释上可以借用瑞士民法中的空白担保位置制度,将其理解为空白的担保顺位。

[2] 《典当管理办法》(商务部、公安部令[2005]8号)。

这一条款来看,对于估价金额在3万元以下的当物的处理,《典当管理办法》第43条显然没有遵循《物权法》第186条和第211条、《担保法》第40条和第66条关于禁止流抵押和禁止流质的规定。由于《典当管理办法》与《物权法》《担保法》存在差异,它实际上是以部门规章的形式承认了"典当权"。

2. 狭义法律规定的担保物权标的物范围的扩展

我国司法机关除了承认新型担保物权外,在司法实践中,还通过司法解释和案例扩展了狭义法律规定的担保物权标的物的范围,这主要表现为动产质权和权利质权标的物范围的扩展。

1995年《担保法》第34条第1款第6项和第75条第4项对抵押权和权利质权的标的物采取了较为开放的态度,"依法可以抵押的其他财产"和"依法可以质押的其他权利"均可作为抵押权和权利质权的标的。这样的规定为法院提供了解释空间,从理论上讲,只要是依"法"可以转让的财产,均可解释为可以抵押或质押。2000年最高人民法院即以《担保法司法解释》的形式扩展了担保物的范围。《担保法司法解释》第85条将"特定化的金钱"作为"动产",可以作为动产质权的标的。该条规定:"债务人或者第三人将其金钱以特户、封金、保证金等形式特定化后,移交债权人占有作为债权的担保,债务人不履行债务时,债权人可以以该金钱优先受偿。"此条所称的"特户、封金、保证金"均为特定化的金钱或专门的银行账户,可以交由债权人控制,进而实现金钱质押。《担保法司法解释》第97条将前述不动产收益权作为权利质权的标的,改变了"汇通支行诉富利达公司用益物权抵押合同纠纷案"将其作为抵押权标的的做法,该条规定:"以公路桥梁、公路隧道或者公路渡口等不动产收益权出质的,按照担保法第七十五条第(四)项的规定处理。"这显然是以将"不动产收益权"视为债权为前提。

2007年《物权法》第180条第1款第7项和第223条第7项也对抵押权和权利质权的标的物采取了开放态度,"法律、行政法规未禁止抵押的其他财产"和"法律、行政法规规定可以出质的其他财产权利"均可作为抵押和质押的标的。虽然与《担保法》相比,"法"被明确为"法律、行政法规",但语义含混的词语仍然需要依赖于部门规章来解释,特别是在涉及登记的情况下,负责登记的行政机关对法律的理解尤为重要。例如,《物权法》第223条第6项所规定的"应收账款"

含义并不明确，中国人民银行颁布的部门规章《应收账款质押登记办法》[1]第4条对其进行了解释，由于人民银行征信中心是应收账款质押的登记机关，因此在采取登记生效主义的立法下，人民银行的解释实际上就决定了“应收账款”的含义。《应收账款质押登记办法》第4条将“应收账款”解释为“权利人因提供一定的货物、服务或设施而获得的要求义务人付款的权利，包括现有的和未来的金钱债权及其产生的收益，但不包括因票据或其他有价证券而产生的付款请求权”，具体包括销售出租提供服务产生的债权、不动产收费权、提供贷款或其他信用产生的债权。从这一条规定来看，可供质押的债权包括所有由合同产生的金钱债权，但非由合同产生的金钱债权和非金钱债权仍然不能质押。因此，我国的债权质押的标的范围仍然有限，但我国有学者主张，对于非合同金钱债权的质押，可以对“应收账款”做扩张解释，对于非金钱债权的质押，可以类推适用《合同法》关于债权转让的规定，以通知债务人作为债权质押的生效要件。[2]

在现实生活中，权利质权的标的物范围也在不断扩张。例如，商铺承租权质押的现象非常普遍，浙江义乌地区已经出现了商业地产管理者自发进行担保登记的现象，[3]江苏常熟、浙江义乌法院已经通过判决承认“商铺承租权”可以作为权利质押的标的，[4]国务院也发文鼓励银行业金融机构开展商铺经营权、租赁权质押融资。[5] 除此之外，许多银行也开始受理出租车经营权质押、汽车合格证质押、理财产品受益权质押等新型担保业务。[6]

（四）取得权

在取得权方面，狭义法律只规定了共有人优先购买权、承租人优先购买权以

---

〔1〕《应收账款质押登记办法》（中国人民银行令〔2007〕第4号）。

〔2〕我国学者杨代雄认为，按照《应收账款质押登记办法》的规定，“应收账款”包括企业与个人的现在和未来的金钱债权，但不包括合同以外的金钱债权和非金钱债权。对于合同以外的金钱债权，可以对应收账款做扩张解释。对于非金钱债权，可以做类推适用（入质押债权清偿期迟于主债权的，可以相应地转化为动产质权或不动产抵押权）债权转让的规定，以通知债务人作为债权质权设定的条件。参见杨代雄：《法律解释与物权法定原则的矫正——以一般债权质权的普遍承认为范例》，载《月旦民商法》2011年第30期，第64～80页。

〔3〕刘萍主编：《中国动产担保创新经典案例》，中信出版社2010年版，第323页以下。转引自常鹏翱：《多元的物权法源及其适用规律》，载《法学研究》2014年第4期，第130页。

〔4〕张鹏：《物债二分体系下的物权法定》，载《中国法学》2013年第6期，第72页。

〔5〕《国务院关于深化流通体制改革加快流通产业发展的意见》（国发〔2012〕39号）规定：“鼓励银行业金融机构针对流通产业特点，创新金融产品和服务方式，开展动产、仓单、商铺经营权、租赁权等质押融资。”

〔6〕张鹏：《物债二分体系下的物权法定》，载《中国法学》2013年第6期，第72页。

及预告登记,而且预告登记的内容仅限于以取得不动产物权为内容的请求权。但在狭义法律以外,法定优先购买权并不仅限于共有人优先购买权和承租人优先购买权两种,而部分地区的地方性法规也扩展了可以预告登记的权利类型。

就法定优先购买权来说,行政法规《中华人民共和国城镇国有土地使用权出让和转让暂行条例》第26条第1款即规定了一种由政府行使的优先购买权,虽然这一规定与市场经济运行未必相符:"土地使用权转让价格明显低于市场价格的,市、县人民政府有优先购买权。"此外,前面我们在分析政策性住房所有权时,也已经注意到了,调整已购公房和经济适用住房的地方性法规、部门规章、地方政府规章以及其他政策文件中普遍赋予了出售公房的单位对部门已购公房的优先购买权、政府对经济适用住房的优先购买权、回购权。

就预告登记的范围来说,我国《物权法》第20条所规定的预告登记的范围仅限于以取得物权为内容的请求权。换言之,必须是以"法律所明确承认的物权类型"为内容的请求权才可以被纳入预告登记。但部门省市的地方性法规显然没有严格遵循这一点,以2010年《南京市城镇房屋权属登记条例》第28条为例,这一条文所规定的预告登记范围包括:"预购商品房、约定优先购买权、约定回购房屋、约定通行权、为保全约定的其他涉及房屋的请求权"五种。其中"预购商品房"和"约定回购房屋"显然是以获得房屋所有权为内容的请求权,"约定通行权"可以解释为以设定地役权为内容的请求权,均符合《物权法》第20条的规定。但是"约定优先购买权"的预告登记显然超出了《物权法》第20条所规定的预告登记范围,因为意定的物权性先买权并非我国法律所承认的物权类型,将"约定优先购买权"纳入预告登记范围,实际上是以地方性法规的形式承认了《德国民法典》所规定的物权性先买权。从文义上来看,"为保全约定的其他涉及房屋的请求权"也不仅仅是指向物权的请求权,因为"涉及房屋的请求权"并非完全以取得物权为内容,"未来承租房屋的请求权"显然也是"涉及房屋的请求权"。

(五)债权物权化

除了《合同法》第229条和《房地产管理法》第42条所规定的"买卖不破租赁"和"土地使用权出让合同法定承受"外,债权物权化的现象在司法实践中也有出现,比较有代表性的是借名登记合同的物权化现象。由各种原因导致的借名登记现象在现实中屡见不鲜,它是指房屋的名义权利人(登记人)和实际权利人(借名人)分离的现象,房屋由借名人出资购买,并由借名人占有、使用、收益、处分,但是房屋登记在登记人的名下,因此从登记簿上来看,登记人就是房屋所有权人。借名人和登记人之间一般会通过“借名登记合同”来明确双方的权利义务。这种情况实际上与英国普通法早期的“用益”和后来的消极信托类似。

在我国的司法实践中,如果借名登记合同本身不存在违反法律、行政法规的情况,法院一般会确认其有效,并按约定保护实际权利人的权益,实际权利人可以按借名登记合同的约定,请求名义权利人办理房屋过户登记。如果借名登记合同违反法律、法规,例如违反政策法规购买经济适用住房等政策性保障住房的,实际权利人办理过户登记的请求就无法得到法院的支持;如果无法证明存在借名合同而只能证明存在出资关系,那么就只能按债权债务关系处理。[1] 判断借名关系是否存在的典型案例是“李磊诉阳少平所有权确认案”,在本案中,北京市二中院提出了判断借名关系存在的若干需要考虑的因素:房屋产权证由谁保管、购房款及相关税费由谁支付、房屋由谁长期支配使用以及房屋出卖方提供的证明。[2]

虽然我国法院一般承认借名合同的效力,但借名关系原则上为债之关系,并不具有对抗第三人的效力,也即实际权利人原则上只能对名义权利人主张其权利[3],而不能对第三人主张权利,例如在房屋被登记人的债权人查封或已经被善意第三人取得时,即不能主张过户登记。[4] 但是,在例外情况下,借名关系也具有对抗部分第三人的效力。例如,《北京市高级人民法院关于审理房屋买卖合同纠纷案件适用法律若干问题的指导意见(试行)》第17条即规定:“登记人将登记在其名下的房屋擅自转让给他人,借名人以其对房屋享有实际权利为由,要求确认买卖合同无效的,不予支持,但借名人能够证明买受人知道或应当知道房屋存在借名登记的除外。买受人、借名人均要求继续履行合同的,可以参照本意见第十三条第一款的规定处理。”在第三人知道或应当知道借名登记时,这一条款赋予了借名人主张买卖合同无效的权利,虽然从理论上来看,这一规定有违反分

---

〔1〕《北京市高级人民法院关于审理房屋买卖合同纠纷案件适用法律若干问题的指导意见(试行)》(京高法发〔2010〕458号)第15条、第16条。

〔2〕“李磊诉阳少平所有权确认案”北京市第二中级人民法院(2011)二中民终字第13070号民事判决书。

〔3〕北京市第二中级人民法院(2005)二中民初字第00072号。转引自常鹏翱:《体系化视角中的物权法定》,载《法学研究》2006年第5期,第7页。

〔4〕《北京市高级人民法院关于审理房屋买卖合同纠纷案件适用法律若干问题的指导意见(试行)》(京高法发〔2010〕458号)第15条。

离原则(负担行为与处分行为的区分)之虞,但它无疑表达出了“借名合同可以对抗知情买受人”的观点。如何判断“应当知道”需要法院考量买受人注意义务的范围,在实地查验构成一般注意义务的情况下,如果实际权利人一直实际占有房屋,那么买受人就属于“应该知道”的知情买受人。[1] 因此,我们可以说,借名合同可以对抗部分第三人,已经呈现出了部分债权物权化的特征。

三、双轨物权形成机制下的多元物权法源

在我们用较长篇幅对中国狭义法律中的物权类型以及狭义法律以外的“物权”类型进行分析后,中国物权类型体系及其法源的全貌已经展现在了我们眼前,现在我们可以对其整体状况进行评述。下一节对我国物权法定原则将立基于本节的研究之上。

结合狭义法律内外的物权类型来看,我国也存在“所有权—用益物权—担保物权”的物权体系,在形式上与其他大陆法系国家类似,但在实质上,我国的所有权、用益物权制度与其他大陆法系国家存在较大差距,而担保物权领域与其他国家则有趋同的趋势。由于长期以来受到特定意识形态的影响,我国土地所有权只能由国家或集体享有,这就导致土地上的三种主要用益物权(建设用地使用权、宅基地使用权、土地承包经营权)实际上发挥着其他国家的土地所有权的功能。在城乡二元体制的背景下,土地之上的用益物权具有了城市属性和农村属性之分:在制度设计者的想象中,城市居民由政府提供最后的生活保障,因此城市中只有满足市场交易需要的纯粹经济型的用益物权,没有生活保障型的不动产用益物权,而在农村,土地被视为农民的最后生活保障,因此农村中的土地用益物权需要兼顾经济性和生活保障,为了保全土地用益物权的生活保障特性,其处分权只能被牺牲了。由于担保物权是为担保债务履行而存在,专门为市场经济服务,因此我国的担保物权与其他实行市场经济的国家大同小异,即使是狭义法律中的担保物权类型不能满足现实需要,狭义法律以外的“担保物权”也发挥了弥补功能。从上述情况来看,在用益物权方面,我国还缺乏生活保障型和纯粹经济型的建筑物用益物权,这在城市表现得尤为明显,因此有必要通过立法予以

[1] 按照《北京市高级人民法院关于审理房屋买卖合同纠纷案件适用法律若干问题的指导意见(试行)》(京高法发〔2010〕458 号)第 17 条以及第 13 条第 1 款第 2 项的规定,在实际权利人已经占有房屋并主张所有权转移登记时,第三买受人实际上是难以要求名义权利人履行合同的。

确认，可以考虑以登记作为公示要件；在担保物权领域，我国的非典型担保还处于逐渐发展成型阶段，需要法院通过司法裁判积累经验才能成型，这也是非典型担保立法化的前提条件；此外，我国也出现了担保物权一元化的趋势，正在形成跨越多个具体类型的共同规则，例如法院已经将禁止流质和禁止流抵押的规定类推到了所有的非典型担保形式上。

从法律渊源来看，我国虽然已经有一部物权法典，但《物权法》只是搭起了"所有权—用益物权—担保物权"的框架，其中关于各种物权类型的法律规范并不是封闭穷尽的，存在大量的不完全法条，援引其他法律、行政法规、"国家有关规定"和"国务院有关规定"的情况，这在用益物权领域表现得尤为明显。不仅如此，《物权法》还为未来的立法留下了余地，例如提及动产用益物权，但却没有规定具体的动产用益物权类型。不仅在《物权法》中，而且在由《物权法》所援引的其他狭义法律中，例如《土地管理法》《农村土地承包法》《房地产管理法》，也无法穷尽性地找到各种物权类型的法律规范，而且这些法律规定往往非常模糊，因此想要准确地理解把握《物权法》所规定的物权类型，必须结合解释性的广义法律渊源，包括行政法规、部门规章、地方性法规、地方政府规章、司法解释、司法案例、国家政策文件；要理解《物权法》所规定的建设用地使用权、宅基地使用权和土地承包经营权的具体权能和内容，显然需要结合行政法规、部门规章以及各种政策文件；要理解抵押权、动产质权、权利质权的标的物范围，需要结合司法解释和部门规章；要理解建筑工程优先受偿权、所有权保留、承租人优先购买权等法律规定不清晰的权利，需要结合司法解释和司法案例。因此，就狭义法律明确规定的物权类型来说，其内容规范显然不仅仅是狭义法律，还包括各种广义法源。除此之外，广义法律渊源并不单是对狭义法律中的物权类型进行解释，它还包含了许多狭义法律所未承认的"物权"类型，有的"物权"类型是由广义法源直接创设的，例如让与担保和"后让与担保"，有的"物权"类型则是通过改变狭义法律所规定的物权的权能或内容变相创设的"物权"，例如"典当权""住房有限产权"。因此，从实然层面来看，我国物权的种类和内容是由多元化的法源所规定的，囊括了法律、行政法规、部门规章、地方性法规、地方政府规章、司法解释、司法案例、习惯法、国家政策文件。〔1〕

---

〔1〕 常鹏翱教授首次提出了"多元的物权法源"的论断，并尝试归纳各类物权法源的适用规律。参见常鹏翱：《多元的物权法源及其适用规律》，载《法学研究》2014年第4期。

这种物权的多元化法源现象实际上是由我国特殊的双轨物权形成机制所导致,其背后的根源在于我国转轨时期的特殊国情。一般来讲,一国物权的形成是单轨制的,遵循着“现实生活需要—习惯物权—判例法物权—制定法物权”的路径,在这一过程中,物权的法源必然包括习惯法、判例法和制定法三种。这种普遍的物权形成机制在我国也是存在的:我国传统社会中的物权类型正是通过这样的机制产生的;在当前的市场经济下,从交易实践中发展出的习惯物权,被司法案例和司法解释所承认,并最终被法律明确规定也是遵循着这样的路径。但是,我国现阶段的特殊之处在于,我国长期处于从计划经济向市场经济的转轨时期,也是从全能国家向现代国家转型的时期,在这一过渡时期中,国家主导的历史遗迹仍然存在,即便是转型过渡本身,也牢牢地掌握在国家手中,这就导致我国同时存在另一种物权形成机制,遵循着“党的政策文件—国家政策文件—行政法规或部门规章中的‘物权’—制定法物权”的路径:对于属于计划经济体制遗留物的对物利用形式,很可能永远停留在政策文件的层面上,并逐渐消亡,例如公房租赁权;对于属于转轨时期且对未来已无太大意义的对物利用形式,即便走完这一路径,进入了法律,最后也不免消灭,例如国企经营权和国企承包经营权;而对未来具有重要意义且未完成转型改革的对物利用形式,则完整地遵循着这一路径继续演进发展,现在的农村土地制度改革就是最为明显的例子,《物权法》所规定的土地承包经营权是改革开放初期推行“联产承包、统分结合的双重经营体制”的政策的衍生物,而当前的农地制度改革,意图扩大农村土地用益物权的处分权能显然也是沿着“政策先行—行政主导—试点成功再修改法律”的惯性前进。正是由于双轨物权形成机制的存在,我国的物权法源才如此繁杂,不仅像其他国家那样有习惯法、法官法和民意机关的立法,还包括各级行政机关制定的法规规章和政策文件。2007 年《物权法》颁布后,这样的局面也没有被改变。

第二节　物权法定原则的解释论与立法论

在本节中,我们将结合物权法定原则的一般理论与本章第一节总结出的我国物权制度的实际状况,从解释论和立法论的角度反思我国的物权法定原则。解释论研究的任务是在《物权法》第 5 条和《民法总则》第 116 条已经存在的情况下，进一步阐明其含义，消除误解，并尝试通过法律解释的方法使之与立法者的真正意图和中国的现实相符。我国正在进行民法典编纂，须将《物权法》修订为"物权编"，这为我们提供了在立法论层面重现检讨物权法定原则的契机。立法论研究的主要任务是回答我国未来民法典是否应当维持物权法定原则，如果应当维持，那么物权法定原则的体系位置和规范表达如何调整完善，相关制度的如何妥善安排。在立法论研究的基础上，笔者将提出立法建议，供立法机关参考。

一、从解释论角度审视我国的物权法定原则

在我国物权法立法过程中，虽然第五次审议稿和第六次审议稿出现过"物权自由创设"的条文，但最后立法者还是回到了最严格的物权法定主义立场上。现行《物权法》第5条和《民法总则》第116条规定："物权的种类和内容，由法律规定。"这一条文看似简单明确，但在我国学术界和实务界中，对该条的理解却存在各种不同意见，主要集中在两个方面：其一是物权法定原则的适用范围，也即上述条文中的"种类"和"内容"究竟是何意；其二是上述条文中的"法律"应该如何理解。对法律条文的解释，不仅应该从文义入手，还应该充分考虑体系脉络、立法史以及客观目的等因素，但更为重要的是，将条文解释放在中国的现实背景下进行。

（一）"种类"和"内容"应该如何理解？

与《日本民法典》第175条、《中华民国民法典》第757条、《韩国民法典》第185条相比，我国《物权法》第5条细化了"物权法定原则"的适用对象，即物权的"种类"和物权的"内容"。从比较法来看，此处的"种类法定"和"内容法定"应该来源于德国民法理论中的"类型强制"（Typenzwang）和"类型固定"（Typenfixierung），前者是指当事人只能在法律所承认的物权类型中进行选择，不能自由创设新的物权类型，后者是指当事人不能任意改变各种物权类型的法定内容。实际上，后者与前者密切相关，因为只有做到类型固定，才能保障类型强制，否则当事人就可以通过改变物权的内容变相创造新物权种类。受德国法影响的葡萄牙、荷兰、日本、中华民国和韩国的理论学说，基本上都是这样理解物权类型封闭（物权法定）原则的。由此可见，物权类型封闭（物权法定）原则的适用对象应该是物权类型以及决定物权类型的要素，物权变动、物权公示、物权保护等事项并非决定物权类型的要素，因此也不属于物权类型封闭（物权法定）原则的适用对象。

对于物权法定适用对象，我国民法学界在《物权法》颁布之前，一直存在"狭义说”和“广义说”的争议：部分学者认为物权法定原则的适用对象仅是指物权的种类和内容，〔1〕另一部分学者则认为物权法定原则的适用对象不仅仅是指物权的种类和内容，还包括物权效力、物权变动和物权公示的法定。〔2〕但在《物权法》颁布后，绝大部分学者均持“狭义说”的观点，将物权法定原则的适用范围局限为物权的种类和物权的内容，〔3〕但仍然有个别学者坚持“广义说”，认为“物权的变动要件”和“物权的保护方式”可以被解释为“物权的内容”。〔4〕从司法实践来看，实务界对《物权法》第5条的理解也存在不同意见：部分法院严格依据《物权法》第5条，将物权法定原则理解为种类法定和内容法定，主要用于否定当事人创设的“新型物权”的物权效力〔5〕或者否定当事人改变物权的法定内容的约

---

〔1〕 尹田：《论物权法定原则的解释及其根据》，载《河南政法管理干部学院学报》2002年第4期，第20～27页；杨玉熹：《论物权法定主义》，载《比较法研究》2002年第1期，第34～45页；洪海林：《物权法定主义研究》，载《现代法学》2003年第6期，第60～66页。

〔2〕 社科院物权法课题组：《制定中国物权法的基本思路》，载《法学研究》1995年第3期，第3～10页；房绍坤、吴兆祥：《论物权法定原则》，载《法律科学》1996年第6期，第29～33页；傅穹：《物权法定三题》，载《法制与社会发展》1999年第1期，第30～34页；刘乃忠：《论地役权对物权法定原则漏洞的补充》，载《武汉大学学报》（社会科学版）2001年第3期，第288～292页；徐涤宇：《物权法定主义和物权立法》，载《法商研究》2002年第5期，第17～19页；房绍坤、王洪平：《论私法自治与物权法定之辩证关系》，载《法学杂志》2005年第5期，第11～15页（房绍坤教授在此文中提出，物权法定原则的法定范围应该包括物权种类法定和物权公示法定，但物权内容不宜法定）；刘凯湘：《物权法原则的重新审视》，载《中外法学》2005年第4期，第385～399页；王利明：《物权法定原则》，载《北方法学》2007年第1期，第5～21页。

〔3〕 张弛、董东：《我国物权法中的物权法定原则之探究》，载《法学》2007年第10期，第90～96页；高圣平：《物权法定主义及其当代命运》，载《社会科学研究》2008年第3期，第1～6页；刘磊：《物权法定原则研究——兼评物权法第5条》，载《河南政法管理干部学院学报》2009年第5期，第136～143页；常鹏翱：《物权法定原则的法律适用——中国法律经验的总结与评析》，载《浙江工商大学学报》2008年第3期，第26～33页；常鹏翱：《物权法定原则的适用对象》，载《法学》2014年第3期，第87～94页。

〔4〕 申卫星：《物权法定与意思自治——解读我国物权法的两把钥匙》，载《法制与社会发展》2013年第5期，第134～143页。

〔5〕 以物权法定原则为由否定当事人创设的“新型物权”的案例：例如，上海市第一中级人民法院民事判决书（2013）沪一中民五（知）终字第59号（否定“电视节目独家播放权”）；江苏省南京市中级人民法院民事判决书（2014）宁民终字第1130号（否定“地上权”）；湖北省宜昌市中级人民法院民事判决书（2010）宜中民一终字第00201号（否定“公路用益物权”）；上海市第二中级人民法院民事判决书（2012）沪二中民二（民）终字第1529号（否定“居住权”）；江苏省盐城市中级人民法院民事判决书（2013）盐商初字第0152号、杭州市西湖区人民法院民事判决书（2009）杭西商初字第2416号、陕西省高级人民法院民事判决书（2008）陕民一终字第7号（否定“让与担保”）；新疆维吾尔自治区乌鲁木齐市中级人民法院民事判决书（2013）乌中民四终字第302号（否定“商铺租赁权”）；宁波市镇海区人民法院（2009）甬镇民执字第1151号（否定“所有权保留”）；广东省高级人民法院民事判决书（2012）粤高法审监民提字第227号（否定“承租人优先购买权”）；山东省济南市历下区人民法院民事判决书（2013）历民再初字第6号（否定“约定房屋优先购买权”）；湖北省高级人民法院民事裁定书（2013）鄂民申字第00737号、成都高新技术产业开发区人民法院民事判决书（2014）高新民初字第1888号（否定“租赁权”）。

定的物权效力[1];也有部分法院将物权法定原则的适用对象扩展到了物权变动和物权公示,并以违背物权法定原则为由,判定未办理变更登记的不动产所有权未变动,未办理抵押权登记的抵押权未设立。[2] 从以上分析来看,我国学术界和实务界目前对“种类”的理解基本上没有差异,关键的问题在于“内容”是否仅限于客体和权能,还是包括了物权变动、物权公示、物权保护等因素在内?

从文义来解释,“内容”一词并非专门的法学术语,可以按照日常生活中的语言习惯来理解:我们谈及某一物的内容时,通常是指该物的内在特征或它所包含的具体要素,此时观察者所采取的是一种解构的、静态的视角,而谈及某一物的变动时,通常是指该物相对于外部世界的位置变动,此时观察者所采取的是一种整体的、动态的视角。例如,对于“书本的内容”与“书本的移动”“箱子的内容”与“箱子的移动”两个例子,我们显然不能说“内容”包含了“移动”。对于物权来说,显然也是如此,“物权的内容”是指在特定物上具有对抗力的权利义务关系,“物权的变动”则是指这些权利义务关系如何在不同的主体间转移,前者并不能包含后者。由于“物权公示”伴随并从属于“物权变动”,因此“物权内容”也不包含“物权公示”。

从体系来解释,我国《物权法》第 5 条规定“物权法定原则”,第 6 条规定了“物权公示原则”,两个条文并列规定在“第一章基本原则”中,因此立法者显然是将“物权法定”与“物权公示”放在了平等的位置上,自然不能认为前者包含后者或后者从属于前者。此外,《物权法》第二章规定了物权变动与物权公示的一

[1] 以物权法定原则为由否定当事人改变物权的法定内容的约定的效力,实践中较为常见的情况主要有两种:其一是否定当事人对抵押权存续期限的约定的效力,例如,上海市嘉定区人民法院民事判决书(2014)嘉民一(民)初字第 2238 号、安徽省马鞍山市中级人民法院民事判决书(2014)马民一初字第 00011 号、浙江省杭州市江干区人民法院民事判决书(2011)杭江某某字第 137 号、昆明市西山区人民法院民事判决书(2013)西法民初字第 3637 号。法院一般认为,关于抵押权存续期限的约定违背了《担保法》第 52 条、《担保法司法解释》第 12 条、《物权法》第 177 条和《物权法》第 202 条,故而无效。其二是以法律明确规定的权利作为权利质权的标的,许多法院也以违背物权法定为由,否定质权的存在,例如,南京市雨花台区人民法院民事判决书(2013)雨商初字第 325 号(否定不动产出质)、广西壮族自治区高级人民法院民事判决书(2012)桂民三终字第 15 号(否定房屋经营使用权出质)、江苏省镇江经济开发区人民法院民事判决书(2012)镇经丁民初字第 0101 号(否定房屋经营权出质)。

[2] 将物权法定原则的适用对象扩展到了物权变动和物权公示的案例,可参见吉林省通化市中级人民法院民事判决书(2014)通中民终字第 295 号;上海市第一中级人民法院民事判决书(2014)沪一中民二(民)终字第 1672 号;广东省佛山市禅城区人民法院民事判决书(2014)佛城法民三初字第 261 号;山东省德州市中级人民法院民事判决书(2014)德中商终字第 3 号;重庆市合川区人民法院民事判决书(2014)合法民初字第 01003 号;河南省汤阴县人民法院民事判决书(2010)汤菜民初字第 108 号。

般性规范，第三章规定了关于“物权的保护”的一般性规范，因此立法者也将“物权变动”与“物权保护”放在平等的位置上，两种也无从属关系。这样一来，物权法定、物权变动（物权公示）以及物权保护三者在物权法中的地位应该都是平等的，因而不能认为物权法定中的“内容法定”包含了物权变动、物权公示和物权保护。

从目的解释来看，前文已经提到，物权法定原则的一个重要功能就是在公示制度不完善的情况下，对交易信息进行强制标准化，将具有对抗效力的权利义务关系限制在特定几种类型中，从而达到保障交易安全的目的。此处的“交易信息”显然是指当事人在特定物上的权利义务关系，而与物权变动或公示的方式无关，真正使一种物权区别于另外一种物权的，也是其包含的权利义务关系，而非物权变动或公示的方式，因为不同的物权很可能采取同一种物权变动或公示的方式。从功能上来看，我们可以说物权法定原则是物权公示制度的补充机制，因此，我们就不能将物权公示归属在物权法定原则之下的“内容法定”中，毋宁说它们两者是共同服务于交易安全这个价值目标的不同机制。

综合上面这三种解释方法，笔者认为，《物权法》第5条和《民法总则》第116条所规定的“内容”应该是指决定物权类型的要素，即变更后会导致物权类型发生变更的要素，主要是指客体以及权能、物上负担（Belastung）等客体上的权利义务关系，而不包括物权变动、物权公示、物权效力或物权保护等一般事项。[1]

（二）“法律”应该如何解释？

从比较法的角度来看，几乎每一个实行物权类型封闭原则的国家的物权法律渊源均与该国的民法法律渊源的范围一致，都包括制定法、习惯法、法官法三部分。制定法是指立法机关制定的法律，具体构成取决于立法权限的纵向划分。习惯法基本上不能独立存在，它需要通过法官法（主要是判例）来表达，因此，由司法判例表达的习惯物权实际上是民间习惯和法院判决互动的产物，法院在习惯物权的形塑过程中并非仅扮演消极角色，在许多情况下会积极主动地改变习惯法中的部分规则。在这一过程中，习惯物权的规则逐渐明晰，为立法机关将其

---

〔1〕 关于《物权法》第5条“内容”的理解，常鹏翱教授已经进行了翔实的研究，笔者亦赞成其观点。参见常鹏翱：《物权法定原则的适用对象》，载《法学》2014年第3期，第88～90页；常鹏翱：《体系化视角中的物权法定》，载《法学研究》2006年第5期，第7～8页。

纳入制定法奠定了基础。[1] 承认习惯法作为物权法源是不可避免的,即便是采取严格物权法定立场的日本和我国台湾地区,司法实践实际上也是将习惯法作为物权法源,2009 年我国台湾地区物权法修订后,习惯法被立法正式承认为物权法源。值得注意的是,行政机关颁布的抽象法令并不能作为民法法源和物权法源,因为民事关系和物权涉及公民的权利义务,不符合民主原则的行政机关法令自然不能增减公民的权利义务。

就民法法律渊源而言,我国《民法通则》第 6 条将"法律"和"国家政策"作为民法法源,与各国通行的民法法源范围存在较大差异,这是由改革开放初期社会变动剧烈、民事法律欠缺的现实所决定的。随着社会发展日趋稳定、民事法律制度逐步完善,我国的民法法律渊源也发生了变化。《民法总则》第 10 条明确承认了"法律"和"习惯"的民法法源地位,根据根据全国人大法工委和最高人民法院的理解,此处的"法律"应该作广义解释,包括狭义法律、法律解释,特定情况下也包括行政法规、地方性法规、自治条例、单行条例、经济特区法规,但不包括规章。[2] 在民事裁判中,规章不能被引用,只能作为裁判说理依据。[3] 除了制定法和习惯法外,我国最高人民法院颁布的司法解释和指导案例虽然没有明确的法律地位,但对下级法院具有事实上的拘束力:对于司法解释,下级法院应当引

---

〔1〕 我们实际上无法为"习惯物权"提出一个抽象标准,特别是不能把是否具备公示方法作为习惯物权的要件。前文已经谈到,是否承认某一权利为物权,是一种成本效益衡量,"习惯物权"形成是由社会成员自发完成的成本效益衡量,同样具备民主正当性。法院对"习惯物权"形成过程的参与是一种补充,在一定程度上照顾了经济弱势者的利益。在这种情况下,"习惯物权"是由社会成员共同参与形成的,即便其没有公示形式,增加了非使用者的成本,也不能否定其正当性。例如,在我国,所有权保留和动产让与担保均无有效的公示形式,但是,即便担保权人不能对抗物的善意买受人,他也可以对抗债务人的其他债权人并获得优先受偿权。因此,在所有权保留和动产让与担保获得承认后,债权人在交易中的调查义务显然被提高了。

〔2〕 "民事基本制度"属于法律保留的范围,狭义法律和法律解释当然属于民法法律渊源;国务院可以通过行政法规可以对法律进行细化,也可以在法律未作规定的情况下,由全国人大及其常委会授权先行制定行政法规;省级人大及其常委会可以通过制定地方性法规对法律进行细化;设区的市人大及其常委会的立法权仅限于城乡建设与管理、环境保护、历史文化保护三个领域,因此其制定的地方性法规不属于民法法律渊源,但根据《立法法》第 72 条第 6 款,原较大的市制定的地方性法规继续有效,可以成为民法法律渊源;自治条例、单行条例、经济特区法规可以对法律进行变通规定;规章的效力位阶较低,不构成民法法源,仅能作为"裁判说理依据"。全国人大法工委和最高人民法院对民法总则第 10 条"法律"的理解,可参见李适时主编:《中华人民共和国民法总则释义》,法律出版社 2017 年版,第 32 ~ 36 页;沈德咏:《中华人民共和国民法总则:条文理解与适用》(上),人民法院出版社 2017 年版,第 153 页以下。

〔3〕 沈德咏:《中华人民共和国民法总则:条文理解与适用》(上),人民法院出版社 2017 年版,第 159 页;《最高人民法院关于裁判文书引用法律、法规等规范性法律文件的规定》(法释〔2009〕14 号)第 4 条、第 6 条。

用，因此司法解释可以视为“补充性法源”；对于指导案例，下级法院应当参照，可以作为说理依据。[1] 这样一来，我国的民法法律渊源与各国通行的民法法源范围已经趋同了，也包括制定法、习惯法、法官法三部分。

在《物权法》颁布前，我国学者对于“物权法定”之“法”应该包括哪些规范并无统一见解：部分学者持“严格说”，认为“物权法定”之“法”仅仅指全国人大及其常委会制定的法律，不包括习惯法、部门规章、地方性法规等广义法律；[2] 另有部分学者持“扩张说”，认为应该将“法”的范围扩展到行政法规、司法解释、习惯法等广义法律，[3] 甚至有学者主张在特定情况下，可以将党的政策也囊括在内。[4] 当然，主张“扩张说”的学者的观点也各有不同。在《物权法》颁布后，学者之间的观点分歧仍然激烈，持“严格说”观点的学者仍然存在，[5] 持“扩张说”观点的学者还是没有就“法”的范围达成一致意见。[6]

由于“法律”一词在我国有狭义和广义之分，单从文义解释出发，显然无法明确《物权法》第 5 条和《民法总则》第 116 条中“法律”的含义。根据全国人大法工委和最高人民法院的理解，此处的“法律”仅限于全国人大及其常委会制定的法律。[7] 从历史解释来看，我国立法者在制定《物权法》第 5 条时受到了《日本

---

〔1〕 沈德咏：《中华人民共和国民法总则　条文理解与适用》（上），人民法院出版社 2017 年版，第 167～169 页；《人民法院组织法》第 32 条；《最高人民法院关于司法解释工作的规定》（法发〔2007〕12 号）第 5 条；《最高人民法院关于裁判文书引用法律、法规等规范性法律文件的规定》（法释〔2009〕14 号）第 4 条；《最高人民法院关于案例指导工作的规定》（法发〔2010〕51 号）。

〔2〕 梁慧星：《中国物权法草案建议稿》（第 2 版），社会科学文献出版社 2007 年版，第 92～95 页；尹田：《物权法定原则批判之思考》，载《法学杂志》2004 年第 6 期，第 8～11 页；洪海林：《物权法定主义研究》，载《现代法学》2003 年第 6 期，第 60～66 页。

〔3〕 崔建远：《我国物权法应该选取的结构原则》，载《法制与社会发展》1995 年第 3 期，第 24～32 页；房绍坤、吴兆祥：《论物权法定原则》，载《法律科学》1996 年第 6 期，第 29～33 页；梁上上：《物权法定主义：在自由与强制之间》，载《法学研究》2003 年第 3 期，第 43～57 页；王利明：《物权法定原则》，载《北方法学》2007 年第 1 期，第 5～21 页。

〔4〕 崔建远：《我国物权法应该选取的结构原则》，载《法制与社会发展》1995 年第 3 期，第 24～32 页。

〔5〕 孙宪忠：《中国物权法总论》（第 3 版），法律出版社 2014 年版，第 263～264 页；陈本寒：《也论物权法定原则——兼评物权法第 5 条》，载《法学评论》2009 年第 4 期，第 32～37 页；高圣平：《物权法定主义及其当代命运》，载《社会科学研究》2008 年第 3 期，第 7～12 页。

〔6〕 梁慧星、陈华彬：《物权法》（第 4 版），法律出版社 2007 年版，第 48～49 页；杨立新：《后让与担保：一个正在形成的习惯法担保物权》，载《中国法学》2013 年第 3 期，第 74～84 页；杨立新：《民法分则物权编应当规定物权法定缓和原则》，载《清华法学》2017 年第 2 期，第 14～27 页；申卫星：《物权法定与意思自治——解读我国物权法的两把钥匙》，载《法制与社会发展》2013 年第 5 期，第 134～143 页。

〔7〕 李适时主编：《中华人民共和国民法总则释义》，法律出版社 2017 年版，第 359 页；沈德咏：《中华人民共和国民法总则　条文理解与适用》（上），人民法院出版社 2017 年版，第 788 页。

民法典》第175条和《中华民国民法典》第757条的影响，这一点可以从全国人大立法工作机关提供的资料看出来。在全国人大法工委民法室提供的条文说明中，明确将《日本民法典》第175条和《中华民国民法典》第757条作为参考规定，并且提出了《物权法》第5条有两个立法理由：其一是“物权是一项重要的民事权利，物权制度属于民事基本制度。依照立法法的规定，民事基本制度只能由法律规定。”其二是从物权的“绝对权”“对世权”的性质出发，认为物权不能像债权那样由合同约定，只能由法律规定。[1] 从第一个立法理由来看，第5条的“法律”显然应该是指全国人大及其常委会制定的法律。第二个立法理由则明显与《中华民国民法典》第757条和《日本民法典》第175条相同，因此，第5条中的“法律”也应该是指狭义法律，不应该包括行政机关制定的行政法规、规章以及习惯法。

但是，深入思考就会发现，将“法律”限定为“狭义法律”，是经不起深层次推敲的。法律解释需要放在一国的现实背景下进行，否则就会脱离实际。在本章第一节中，笔者指出了中国的“双轨物权形成机制”，既有一般国家普遍存在的“现实生活需要—习惯物权—判例法物权—制定法物权”机制，也有中国特有的“党的政策文件—国家政策文件—行政法规或部门规章中的‘物权’—制定法物权”机制。这种“双轨物权形成机制”决定了我国的实然物权法律渊源。

就第一种物权形成机制而言，传统生活中的习惯物权和交易实践中正在形成的习惯物权在我国都普遍存在，与其他国家一样，我国的习惯法也没有独立的表达形式，主要通过法官法来体现，比较成熟的习惯物权通常以司法解释的形式存在，尚处于形成阶段的习惯物权则存在于司法案例中，在案例指导制度逐渐成熟的情况下，后者发挥的作用将会越来越大。除此之外，各地高级人民法院、中级人民法院颁布的指导意见或处理意见也可以承认本地区正在成型的习惯物权。值得注意的是，习惯法未必仅仅以法官法来体现，地方性法规和部门规章中也可能会包含一些习惯物权，例如1995年《上海市房地产登记条例》、1997年《城市房屋权属登记管理办法》对典权的承认，2005年《典当管理办法》对典当权的承认。此处需要强调的是，这些司法解释、司法案例、地方性法规和部门规章并非独立的物权法源，而是作为习惯法的载体而成了物权法源。

---

[1] 全国人大常委会法制工作委员会民法室编：《中华人民共和国物权法条文说明、立法理由及相关规定》，北京大学出版社2007年版，第6~7页。

第二种物权形成机制是转型时期中国所特有的，这一形成机制导致中国大量的实质物权类型存在于狭义法律以外，即便是被纳入《物权法》或其他狭义法律的物权类型也呈现出一种“未完成状态”。在这种情况下，物权法源显然要比狭义法律广泛得多。第一，对于《物权法》已经承认的物权类型而言，其“内容”显然不仅仅是由狭义法律所规定的：土地承包经营权的续期须依据“国家有关规定”（第126条）；四荒土地承包经营权的处分权能须依据“国务院的有关规定”（第133条）；宅基地使用权处分权能须依据“国家有关规定”（第153条）；出让建设用地使用权的期限以及划拨建设用地使用权的具体权能须依据行政法规《中华人民共和国城镇国有土地使用权出让和转让暂行条例》；抵押权、权利质权的标的物范围须依据行政法规（第180条、第184条、第223条），其中“应收账款”尚需依据部门规章《中华人民共和国应收账款质押登记办法》才能确定其范围。因此，结合《物权法》内部的其他条文而言，第5条中的“法律”还包括行政法规、部门规章、“国家有关规定”、“国务院的有关规定”，它们对狭义法律进行了解释细化。同时，最高人民法院的司法解释也可能对《物权法》及其他法律的规定进行进一步的解释细化。[1] 这些解释性法源的正当性还是来源于立法机关在《物权法》中对国务院的授权以及对最高人民法院颁布司法解释的授权。第二，在进一步的改革中，《物权法》或其他狭义法律所承认的物权类型的权能可能还会发生变化，这就是“改革突破法律”的现象。在“简政放权”的大形势下，“改革”在物权法领域的表现主要是扩大部分土地用益物权的权能。在中央集权制、党国体制和行政主导改革的现状下，由中央政府直接推动或获得中央政府承认的改革试点即具有了实质的政治正当性。在中国的特殊政治背景下，“执政党中央代表全民”的命题具有政治上的正当性，获得执政党中央和中央政府肯定的推动土地制度改革的行政法规、规章、地方性法规以及政府的政策文件也分享了这种政治正当性，并发挥着实然物权法源的作用。但为了根本解决“改革突破法律”的悖论，还是需要全国人大对突破法律的改革进行授权，以此获得法律上的正当性。2015年3月3日全国人大常委会作出的《关于授权国务院在北京市大兴区等三十三个试点县（市、区）行政区域暂时调整实施有关法律规定的决

---

〔1〕《全国人民代表大会常务委员会关于加强法律解释工作的决议》（1981年6月10日第五届全国人民代表大会常务委员会第十九次会议通过）。

定》就是典型例子。第三,未被纳入狭义法律,又不属于习惯物权的物权类型,广泛存在于部门规章、地方性法规、地方政府规章之中,它们或是属于计划经济时代的遗留产物(如公房租赁权),或是属于转型过渡时期的暂时存在(如已购公房所有权),或是属于社会保障性的财产权利(经济适用住房所有权),本着实事求是的态度,这些部门规章、地方性法规、地方政府规章也属于实然状态中的物权法源。

前面已经提及,《日本民法典》第175条将物权法源限于议会制定的法律,排除习惯物权,是为了在短期内实现日本物权制度的整体更新,迅速实现脱亚入欧。但是,我国立法者并无通过物权法或民法典编纂实现物权秩序整体更新的意图和条件。第一,全国人大在制定物权法时显然没有除旧布新、移风易俗的意图,也没有以制定物权法为契机整理废止旧物权、清理各种广义法律以及政策文件中的实质物权规范的意图,从《物权法》中列举的物权类型来看,立法者仅仅是将改革开放以来形成的物权类型总结归纳在一起而已。第二,物权秩序的整体更新,以立法者能够设计出一套理想中的物权制度为前提,而这恰好与我国的实际情况相悖。我国目前尚处于转型期,物权不仅是从现实生活需求中自发生成的,同时也是从政府主导的可控渐进式改革中形成的,后者实际上发挥着基础作用。在这种渐进式改革未结束前,“双轨物权形成机制”仍将维持,物权法或未来民法典物权编所规定的物权类型,仍然只是改革的阶段性成果,而非一套理想的物权秩序。与此相匹配,我国的物权法律渊源必将长期处于一种多元杂糅的状态,在司法裁判中,狭义法律、法规、司法解释、规章、政策文件或作为裁判依据或作为裁判说理依据分别发挥作用。[1] 在这种情况下,通过“民法施行法”进行物权整理都困难重重,强行将物权法律渊源限制为狭义法律更是不切实际,显然忽视了日本民法典编纂时的国情与我国实际情况的差异。因此,全国人大法工委

---

〔1〕 面对这一局面,常鹏翱和王成提出了不同的解决途径:常鹏翱尊重多元物权法源的现实,并试图提出适用规律:狭义法律构成了物权的种类规范和内容规范;其他规范性法律文件是对狭义法律的解释和细化,构成了物权的内容规范;狭义法律和其他规范性法律文件认可的国家规定或合同也构成了物权的内容规范;习惯是物权的补充性法源;党的政策只能作为裁判说理依据。参见常鹏翱:《多元的物权法源及其适用规律》,载《法学研究》2014年第4期,第114~137页;王成则主张通过施行法进行物权整理,但也意识到了物权整理的难度。参见常鹏翱:《多元物权法源及其适用规律》,载《法学研究》2014年第4期,第114~137页;王成:《物权法定与物权整理》,载《浙江社会科学》2005年第6期,第89~94页。

将《物权法》第 5 条和《民法总则》第 116 条中的“法律”限定为狭义法律恐怕只是对日本和我国台湾地区的早期理论和制度的简单因袭,并不是深思熟虑的结果。[1]

综上所述,既然“法律”一词具有充分的解释空间,那么就可以通过法律解释取消对物权法律渊源的限制,《物权法》第 5 条和《民法总则》第 116 条中的“法律”的外延应该解释为与民法法律渊源的范围一致,包括各类型的制定法和习惯法。最高人民法院也可以通过司法解释或指导案例承认习惯物权。未来民法典编纂时,也应对此做出相应的修正。

(三)违背物权法定原则的后果

对于当事人通过约定违背物权类型封闭(物权法定)原则的后果,大多数采纳物权类型封闭(物权法定)原则的国家均没有在法律条文中明确规定,我国《物权法》第 5 条对此也没有作出规定,唯一的例外是《葡萄牙民法典》第 1306 条和《澳门民法典》第 1230 条后半句:“凡通过法律行为而产生之不符合上述要求之限制,均属于债权性质。”《德国民法典》虽然没有直接规定物权类型封闭原则,但对该原则起到侧面维护作用的第 137 条规定了通过法律行为排除或限制处分权能的后果:“处分某项可让与权利的权能,不得以法律行为予以排除或限制。对此种权利不予处分的义务之生效,不因前句的规定而受影响。”按照第 137 条的规定,排除或限制处分权能虽然不能通过法律行为实现,但不予处分的义务仍然可以发生债权效力。从学说方面来看,对于违背物权类型封闭(物权法定)原则的行为,各国学者均认为其有债权效力,例如日本学者近江幸治和我妻荣认为,在没有法律特别规定的情况下,创设新物权或约定与法定内容不同的物权的行为,应被视为违反强行法规定而无效,但该行为在当事人之间仍然具有债权性的效力。[2] 我国民国时期及台湾地区学者的观点也与日本学者的观点相同。[3]

从实际效果上,我们对上述规定和学说持赞成态度,但是,“违背物权法定原

---

〔1〕 朱庆育:《物权立法与法律理论——评〈物权法草案〉第一章》,载《中外法学》2006 年第 1 期,第 11 页。

〔2〕 [日]我妻荣:《新订物权法》,罗丽译,中国法制出版社 2008 年版,第 29 页;[日]近江幸治:《民法讲义Ⅱ 物权法》,王茵译,北京大学出版社 2006 年版,第 6 页。

〔3〕 参见本书第三章第四节的相关内容。

则的行为，具有债权效力”的说法在理论上尚需要精确雕琢。目前可对此作出详细解释的学说有“法律行为转化”和“分离原则”两种：

其一，运用“法律行为转化”理论。葡萄牙学者认为第1306条后半句的法理基础是“法定的法律行为转化”，它与民法总则规定的“法律行为转化”具有差异；民法总则中的法律行为转化需要具备“另一个行为的实质要件、形式要件以及双方当事人有转化的意思”三个构成要件，但第1306条后半句的法定转化只需具备前两个要件，第三个要件由法律推定。〔1〕梁慧星教授、孙宪忠教授也是从法律行为转化的角度来解释违背物权法定原则的后果。〔2〕在《物权法司法解释（一）》的制定过程中，民法学会讨论稿第1条即为“违反物权法定的后果”：“当事人之间关于物权种类和内容的约定违反物权法第五条规定，其请求确认或保护所约定的物权的，人民法院不予支持。前款所称当事人的约定符合其他法律行为生效要件的，依据相关法律、行政法规的规定处理。”虽然《物权法司法解释（一）》最终并未采纳该条款，但该条款仍然体现了学术界和司法实务界的态度，其第2款明确运用了“法律行为转化”理论。

其二，运用“分离原则”之法理。德国学者则运用“分离原则”对第137条进行解释。梅迪库斯认为，“根据第137条第2句，法律行为处分禁止在物权上的无效性，不应当影响某项不为处分的义务在债权上的有效性。也就是说，负有处分禁止义务的人虽然能够（kann）处分，但却不应当（soll）为处分。易言之，他违反禁止而为的处分虽然是有效的，但他可能因此——在具备其他要件的情况下——而可能承担损害赔偿的义务。这样，在第137条的两句规定中，民法典对负担行为（第2句）和处分行为（第1句）所作的区分就表现得特别明显”。〔3〕简而言之，排除或限制处分权能的处分行为无效，承担不予处分义务的负担行为的效力不受影响。

---

〔1〕 参见本书第三章第一节的相关内容。

〔2〕 梁慧星教授主持的“中国民法典草案建议稿”第236条（违反物权法定原则的后果）第3款规定：“物权的设定虽然不发生效力，但该行为符合其他法律行为的生效条件的，仍发生相应的法律后果。”这一条文的起草人为孙宪忠教授。参见梁慧星主编：《中国民法典草案建议稿附理由：物权编》，法律出版社2013年版，第13～15页；梁慧星主编：《中国物权法草案建议稿附理由》（第2版），社会科学文献出版社2007年版，第94～95页；孙宪忠：《中国物权法总论》（第3版），法律出版社2014年版，第266～267页；朱庆育：《物权立法与法律理论——评〈物权法草案〉第一章》，载《中外法学》2006年第1期，第12页。

〔3〕 ［德］迪特尔·梅迪库斯：《德国民法总论》，邵建东译，法律出版社2001年版，第505～506页。

从上面这两种解释中，我们可以发现，是否承认“分离原则”对处理违背物权类型封闭（物权法定）的后果具有重要影响。在不承认“分离原则”的情况下，当事人之间创设物权关系的过程仅仅包含一个法律行为，在违背物权类型封闭（物权法定）原则的情况下，欲维持当事人之间的债之关系，就只能针对该唯一的法律行为进行操作。葡萄牙物权变动理论沿用法国的“合意主义”，其物权变动过程仅包含一个法律行为，《葡萄牙民法典》第1306条后半句“法定的法律行为转化”即针对该唯一的法律行为。在承认“分离原则”的情况下，当事人之间创设物权关系的过程包含负担行为与处分行为两个法律行为，在违背物权类型封闭（物权法定）原则的情况下，欲维持当事人之间的债之关系，须针对负担行为进行操作。《德国民法典》第137条以负担行为与处分行为的区分为基础，其第2句实际上暗含了针对负担行为的“法律行为转化”：该句并未表明承担排除或限制处分权能的义务的负担行为（第1句处分行为的原因行为）的效力，只是明确了承担不予处分义务的负担行为的效力不受第1句的影响；在前者能够转化或再解释为后者的情况下，即可维持当事人之间的债之关系。我国《物权法》虽然没有明确规定“负担行为与处分行为相区分”的“分离原则”，但既然司法实践中已经承认了“负担行为与处分行为的区分”[1]，那么对违反物权法定原则的处理，亦应立基于此：

第一，当事人之间以创设新物权类型或改变既有物权内容的约定，属于负担行为，对于该约定的履行，属于处分行为。违反物权法定原则的后果，取决于该原则的规范性质。物权法定原则固然属于与任意法（ius dispositivum）相对之强制法（ius cogens），但它是否属于《民法通则》第58条第1款第5项之“法律”，《合同法》第52条第5项、《民法总则》第153条第1款之“法律、行政法规的强制性规定”，则存在不同观点：（1）按照苏永钦教授的观点，强制法有赋权规范（gewährende Rechtsnormen）与作为或不作为的行为规范（Gebot od. Verbot）之分，前者为私法自治内部之技术性规定，后者为国家从外部对私法自治的管制或干预。法律行为不符合赋权规范，即因无权而不生效力（unwirkam），法律行为违反行为规范，即受到无效制裁（Nichtigkeitssanktion）。《合同法》第52条第5项的

〔1〕 黄泷一：《负担行为与处分行为区分的实务继受——以最高法院的司法解释和裁判文书为分析对象》，载《河北法学》2015年第5期，第144～154页。

"强制性规定"是指行为规范,而物权法定原则在性质上属于赋权规范,两者并无关联。物权法定原则作为私法自治的门槛规定,原则上将对物权类型和内容的塑造排除在私法自治的范围外,当事人不能(können nicht)创设新物权类型或改变既有物权类型的内容。[1] 因此,当事人法律行为的内容如果涉及创设新物权类型或改变既有物权类型的内容,无论其系负担行为,还是处分行为,均不生效力。(2)按照法国学者的观点,整个财产法均属于不容当事人任意变更的强行法,构成了"公共秩序"的组成部分。[2] 从这个角度来理解,物权法定原则也可以视为国家对私法自治的管制或干预,构成了一项行为规范,属于《合同法》第52条第5项的"强制性规定"。[3] 因此,当事人法律行为的内容如果涉及创设新物权类型或改变既有物权类型的内容,无论其系负担行为,还是处分行为,均因违反内容禁令(Inhaltsverbote)而无效。[4] 从实际效果来看,上述争议的实践意义不大,因为法律行为确定不生效力与无效制裁并无实质区别,因不符合赋权规范所导致的确定不生效,也可以视为不具有制裁意义的无效。故而,违反物权法定原则,负担行为与处分行为均无效。

第二,在负担行为因违反物权法定原则而无效的情况下,即可运用"法律行为转化"理论来挽救交易。法律行为的转化(Konversion),又称为法律行为的再解释(Umdeutung)。《德国民法典》第140条规定:"无效法律行为,仍有作为其他法律行为之要件者,如可推定若知其无效,即欲为其他法律行为者,仍作为其他法律行为而有效。"在违反物权法定原则的情况下,可以推定当事人具有"转化的意思",即当事人至少希望建立效果相近的债之关系,将该无效的负担行为转化或再解释为其他有效的负担行为。例如,当事人关于排除或限制处分权能的

---

[1] 苏永钦:《私法自治中的经济理性》,中国人民大学出版社2004年版,第42~43页;苏永钦:《寻找新民法》,北京大学出版社2012年版,第310~311页;李宇:《民法总则要义:规范释论与判解集注》,法律出版社2017年版,第630~631页。

[2] 参见本书第二章第一节的相关内容。

[3] 在司法实践中,我国也有法院将物权法定原则理解为《合同法》第52条第5项之"强制性规定"。例如,在周庆吾与湖南三诚置业有限公司房屋买卖合同纠纷案[湖南省高级人民法院(2015)湘高法民再二终字第54号民事判决书]中,一审和再审法院即将物权法定原则理解为《合同法》第52条第5项之"强制性规定"。

[4] 内容禁令系绝对禁令(absolute Verbote),禁止当事人的合意内容或所追求的法律效果之实现。违反内容禁令的法律行为无效,否则将陷入自相矛盾:一方面宣称合意内容被禁止;另一方面合意所约定的义务却应当得到履行。参见朱庆育:《民法总论》,法律出版社2013年版,第290页。

负担行为,可以转化为使合同相对人负有不予处分之义务的负担行为;当事人就租赁标的物设立物权性先买权的约定,可以转化为设立债权性先买权的约定;当事人之间就房屋设立居住权的约定,可转化为"期限为20年的长期租赁"。在我国司法实践中,最常见的违反物权法定原则的案型是"抵押权期限的约定":当事人之间关于抵押权期限的约定,我国法院通常以违反物权法定原则为由直接判决无效,但如果运用法律行为转换理论,将"抵押权期限的约定"转换为"抵押权人在约定期限届至后抛弃抵押权的约定",即可挽救负担行为的效力。

需要注意的是,现实中还存在这样一种情形,当事人对某一约定是否为创设新物权或改变既有物权的内容存在争议,即该约定的效果意思既可解释为创设新物权或改变既有物权的内容,也可解释为创设债权债务关系。对于这种情况,应当运用"解释合同尽量令它有效而不是无效"(Ut magis valeat quam pereat)的解释规则,将其效果意思解释为创设债权债务关系,而不必运用法律行为转化理论。例如,房地产开发商与买受人就《商品房买卖合同》中由房地产开发商或其指定的第三人保留楼顶使用权的条款的效力发生争议,如果将该"使用权"解释为新物权类型,那么该条款即因违反物权法定原则而无效,但如果将该"使用权"解释为债权性的共有部分专用使用权,该条款即属有效。[1]

(四)法不溯及既往

我国《物权法》第5条虽然规定了物权法定原则,但并没有对物权法颁布之前就已经设定的物权的效力作出规定。按照法不溯及既往原则,对行为合法性的评价只应该依据行为时的法律来判断,否则人们的生活将缺乏预期,因此,法不溯及既往原则通常被视为基本的法治原则。由于新法典的颁布,将导致部分旧物权的废除以及物权法律规范的变更,因此,除了日本《民法施行法》第35条采取溯及既往原则外,大部分国家往往通过民法典施行法对过渡问题作出规定,并且遵循了法不溯及既往原则。

例如,按照德国《民法典施行法》(EGBGB)第55条的规定,除了施行法明确

---

〔1〕 在周庆吾与湖南三诚置业有限公司房屋买卖合同纠纷案[湖南省高级人民法院(2015)湘高法民再二终字第54号民事判决书]中,买受人周庆吾与房地产开发商就保留楼顶使用权条款的效力发生争议。周庆吾主张该条款违反物权法定原则,房地产开发商则主张该条款并非创设物权。在二审中,长沙市中院将"使用权"解释为债权性的专用使用权,并认定该条款有效。在再审中,湖南省高院否定了二审法院的见解,认为该条款违反了物权法定原则而无效。

保留的邦法物权外，其他的邦法物权被废除；但是，施行法第184条又规定，除了施行法另有规定外，原则上在民法典生效时已经存在的物权将依据设定时的法律判断其内容及顺位。《中华民国民法典》施行时，也颁布了《民法典施行法》，该法第1条规定："民法物权编施行前发生之物权，除本施行法有特别规定外，不适用民法物权编之规定"，第2条规定："民法物权编所定之物权，在施行前发生者，其效力自施行之日起，依民法物权编之规定"。[1] 按照这两个条款，对于民法典施行前已经设定的物权，如果民法典未规定该种物权，则适用旧法，如果民法典规定了该种物权，则适用民法典中的规定（新法）。

在我国学者梁慧星教授主持的中国民法典草案建议稿中，负责起草物权法通则部分条款的孙宪忠教授显然注意到了物权法定原则与法不溯及既往原则的关系，该建议稿第236条（违反物权法定原则的后果）第4款规定："本法施行前依原来的物权法规设定的物权，至原设定期限届满之前有效。"从条文说明来看，孙宪忠教授显然认为物权法施行前设定的物权应该适用旧法。[2] 但是，我国《物权法》并没有采纳这一建议，立法机关也没有颁布施行法来明确法律适用。笔者认为，在立法机关颁布正式施行法或进行法律解释之前，对于因法律变革而被废除的物权类型，司法机关应该遵循法不溯及既往原则，依照旧法判断其内容和效力，如果符合旧法规定，那么该物权在原设定期限届满之前有效。

二、未来民法典的立法选择

从第五章的分析中，我们已经了解到：物权类型封闭原则兼具概念体系合理性和实质合理性，不仅维护了物债二分的民法体系，还具有保障促进财物流通，确保公共政策目标达成的功能；物权类型封闭原则未必会窒碍社会发展，只要合理配置框架性权利，有效利用现有的登记制度，即可在物权领域导入充分的形成自由，实行类型封闭原则的国家并无改采物权自由创设的必要；物权自由创设并不能保全物权类型封闭原则所维护的概念体系和公共政策目标，物权自由创设也会导致不动产登记标准的模糊性，这些因素也削弱了改采物权自由创设的可行性。上述这些普遍理论对中国当然也是有效的，但要做出

---

〔1〕 参见本书第二章第三节和第三章第四节中的相关内容。

〔2〕 梁慧星主编：《中国民法典草案建议稿附理由：物权编》，法律出版社2013年版，第13～15页；梁慧星主编：《中国物权法草案建议稿附理由》（第2版），社会科学文献出版社2007年版，第94～95页。

妥当的立法选择，尚需将中国的实际情况考虑在内。我国《物权法》第 5 条和《民法总则》第 116 条虽然已经选择了“物权法定原则”，但从全国人大常委会法工委提供的立法说明来看，这一条文的实质理由仅仅是历史悠久但又站不住脚的“物权债权本质差异说”，[1] 本书在第五章第二节中已经对这一学说进行了批评，在此不再赘述。从这一点来看，我国立法机关对物权法定原则的选择只是因循日本、中华民国和韩国的立法例和前人学说而已，并没有对我国的实际情况进行全面深入的考虑。民法典编纂，为我国立法者重新思考物权法定原则提供了契机。就未来民法典的立法选择而言，立法者除了要把握上述普遍理论外，还要在以下三个方面考虑中国的实际情况：第一，未来民法典是否要维持物债二分的民法体系；第二，我国的物权公示制度是否完善并足以保障交易安全，是否能够承受物权自由创设带来的制度风险；第三，与我国公有制和转型改革的特殊国情相匹配的，是物权法定原则，还是物权自由创设。此处还需要说明的是，是否采纳物权法定原则是物权法的整体结构问题，而非何种物权应该被制定法采纳的具体问题，即便法律供给的物权类型不足，也不能就此推论出抛弃物权法定原则的结论。

（一）民法体系结构方面的考量

在潘德克顿民法体系中，物权类型封闭原则是物权法自治性观念的逻辑衍生物之一，对物债二分体系具有关键的维护作用。这就是说，只要我国未来民法典仍然要选择物债二分的民法体系，那么物权类型封闭原则就不能放弃。

在 1949 年后，《中华民国民法典》在我国大陆地区被废止，潘德克顿民法体系也不复存在了。除了 1950 年颁布的《婚姻法》外，一直到 1986 年《民法通则》颁布，我国才重新开始民事立法，民法体系也开始逐步重构。1986 年的《民法通则》分为基本原则、公民、法人、民事行为、民事权利、民事责任、时效、涉外民事关系、附则九章，其中民事权利包括财产权、债权、知识产权和人身权四部分，民事

---

[1] “物权法定原则，指的是设立哪些种类的物权，各种物权有哪些基本内容，只能由法律规定，当事人之间不能创立。物权是一项重要的民事权利，物权制度属于民事基本制度。依照立法法的规定，民事基本制度只能由法律规定。而且，物权不同于债权，债权的权利义务发生在当事人之间，遵循自愿原则，具体内容是由当事人约定的。物权是‘绝对权’‘对世权’，物权的权利人行使权利是排他性的，对所有其他人都有约束力，物权强调的权利人和义务人之间的关系与合同当事人之间的权利义务关系不同，物权的义务人有成千上万，物权内容不能由权利人一个人说了算，也不能由一个权利人和几个义务人说了算，对权利人和成千上万义务人之间的规范只能由法律规定。”参见全国人大常委会法制工作委员会民法室编：《中华人民共和国物权法条文说明、立法理由及相关规定》，北京大学出版社 2007 年版，第 6 ~ 7 页。

责任包括一般规定、违反合同的民事责任、侵权的民事责任和民事责任的承担方式四部分。从《民法通则》的大结构上来看,它的体系逻辑是“主体—法律行为—权利义务—责任”。这一体系的特殊之处在于将“责任”作为独立的范畴与“权利义务”分开,以合同为例,关于合同的权利义务规定在“民事权利”中,但却把“违反合同的责任”规定在了“民事责任”部分。但是,《民法通则》又包含一些潘德克顿体系的典型特征:其一是“民事法律行为”独立成章,具有重要地位;其二是在“民事权利”内部,“财产权”与“债权”的分立,“债权”又具体包含了合同、不当得利、无因管理;其三是关于财产所有权的变动,以交付作为要件,《民法通则》第 72 条第 2 款明确规定,“按照合同或者其他合法方式取得财产的,财产所有权从财产交付时起转移,法律另有规定或者当事人另有约定的除外”。这三点显然不是拉丁法系所具备的。因此,在改革开放后的民法体系初创时期,虽然我国民法体系的主干是“主体—法律行为—权利义务—责任”,但已经包含许多潘德克顿体系的典型特征。[1]

---

〔1〕 在罗马法中,债(obligatio)是民事义务与民事责任的结合体,责任乃义务不履行的当然结果,为义务所包含,并无加以区分的必要。在日耳曼法上,债务与责任是区分开的,债务(Schuld)属于法的“当为”,不包含强制,责任(Haftung)指债务上当为给付而未为给付时,应服从债权人之强制,只有责任附加于债务关系上,债务关系才具有拘束力。萨维尼遵循了罗马法的观点,认为债权为债权人自然的自由的扩大,债务为债务人自然的自由的限制,债务人自愿履行其债务属于债权的自然进行状态,债务人不履行债务时,由债权人强制履行其履行,属于债权的不自然状态,因此按照萨维尼的观点,责任实际上已经被包含在债权债务的效力中了。英美法也未区分义务与责任,责任为义务不履行的当然结果。在《德国民法典》中,责任(Haftung)概念有两种不同的意思:其一是指承担损害赔偿义务,例如“危险责任”一词中的“责任”实际上指承担损害赔偿的义务;其二是指必须以人或财产去担当义务,这一责任所指的并不是义务,而是以之为前提,它所涉及的是义务人由于该义务而要受强制执行的财产的范围,例如“有限责任”中的“责任”。从第一个意思来看,《德国民法典》并没有将责任与义务区分开,也并没有将责任看作独立于权利义务的范畴。在《民法通则》中,“债”和“责任”是完全分开的。《民法通则》第 84 条对“债”的定义是,“债是按照合同的约定或者依照法律的规定,在当事人之间产生的特定的权利和义务关系”。第 106 条所称的“责任”是“违反合同”或“不履行其他义务”或“侵害他人财产、人身”的后果,并且在第 134 条中统一列举了 10 种承担民事责任的方式。值得注意的是,第 134 条中还规定“训诫、责令具结悔过、收缴进行非法活动的财物和非法所得、罚款、拘留等公法上的处罚”。笔者认为,我国《民法通则》之所以将“责任”作为民法上的独立范畴,主要是简单套用法理学上将“权利—义务—责任”作为三个独立范畴的观念,并且将“责任”视为一种法律上的制裁。只有这样理解,才能解释为何我国立法者会将私法上的请求权和公法上的处罚同时规定在第 134 条中。在公法中,“责任”,包括刑事责任和行政责任,的确是与权利义务相分离的独立范畴,并且具有制裁属性,但这一点在私法中是无论如何也不能成立的,因为“民事责任”不仅没有制裁属性,而且与“债务”不可分。如果一定要在刑事责任、行政责任和“民事责任”之间找到共同点,那么这一共同点仅仅在于国家机关的强力,这实际上是国家垄断权力的后果。此外,正是因为没有正确地理解私法上“责任”的含义,导致我国部分学者在讨论侵权法的“归责原则”时出现了偏差。因此,从理论上来看,“民事责任”并不是独立的私法范畴,我国《民法通则》所建构的民法体系(主体—行为—权利义务—责任)也是站不住脚的。

在20世纪90年代中后期,我国民事立法受到拉丁法系的影响,最为典型的就是1995年的《担保法》,该法不仅同时包含人的担保(保证)和物的担保(抵押、质押、留置),[1]还将担保合同的履行与担保合同的生效混为一谈。[2] 1999年颁布的《合同法》第51条和第132条将有处分权限作为合同生效的条件,也展现出了拉丁法系"合意主义"的影子。但在另一方面,《合同法》的颁布也对"主体—法律行为—权利义务—责任"的民法体系构成了致命一击,因为在违约责任被纳入《合同法》后,必然构成未来民法典合同编的一部分,"民事责任"在民法体系中已经丧失了独立存在的意义。2007年《物权法》颁布,潘德克顿法学的影响力又重新凸显,不仅担保物权被纳入了《物权法》中,而且《物权法》第9条、第15条和第23条完全摒弃了"合意主义"的物权变动模式。与此同时,潘德克顿法学对学术界和实务界的影响力逐渐增强,2012年最高人民法院通过《买卖合同司法解释》第3条将《合同法》第51条架空了,在该条的官方注释书中,最高人民法院明确将《物权法》第15条理解为"负担行为与处分行为的区分"。[3] 至此,潘德克顿法学最关键的要素已经被我国司法实务界所接受。[4] 2009年《侵权责任法》颁布,这标志着"侵权行为"也从"民事责任"中独立,取得了与《合同法》同样的地位,未来也将构成民法典的一编。这样一来,"主体—法律行为—权利义务—责任"的民法体系实际上已经被抛弃了。[5] 就未来的民法典体例来看,《物权法》将独立成编,无论是否设立债法总则,《合同法》与《侵权责任法》都将归属于债法的范畴,前者是意定之债,后者则是法定的损害赔偿之债。这样一来,我国仍然属于潘德克顿的物债二分体系。目前,大陆民法学界的主流意见仍然是坚持物债二分的民法体系,只是在具体篇章安排方面存在争议。[6]

---

〔1〕 2006年《法国民法典》新增第四卷"担保",该卷同时囊括了"人的担保"(保证、独立担保、意向书)和"物的担保"(优先权、质权、抵押权)。

〔2〕《担保法》第41条和第64条。

〔3〕 奚晓明:《最高人民法院关于买卖合同司法解释理解与适用》,人民法院出版社2012年版,第77~79页。

〔4〕 关于这个问题的详细分析,可参见黄泷一:《负担行为与处分行为区分的实务继受——以最高法院的司法解释和裁判文书为分析对象》,载《河北法学》2015年第5期,第144~154页。

〔5〕 在我国法学界,目前仍然有学者继续维护"民事责任"的独立地位,可参见魏振瀛:《民事责任与债分离研究》,北京大学出版社2013年版。

〔6〕 梁慧星:《中国民法典草案建议稿附理由》,法律出版社2013年版;王利明:《中国民法典草案建议稿及说明》,中国法制出版社2004年版。

当然,我国也有主张物权自由创设主义的学者提出应该抛弃物权二分,重建民法体系。苏永钦教授对此作出了设想,民法典的基本结构是"主体法—财产法—民事责任",在财产法之下并不做物权编和债编的划分,而是将所有权、负担行为与处分行为等一般性的内容作为财产法通则,将交易行为形成的财产关系和非交易行为的财产关系作为财产法中的两个分则。从苏永钦教授的论述来看,他所提出的民法体系仅仅是一个简单构想,还不具备被立法机关采纳的可操作性,他自己也认为,在全面废止物权法定原则之前,必须在法学界凝聚财产法新体系的共识。[1] 但是,一个新民法体系的形成需要长期的学术研究积累,潘德克顿民法体系从学说成型到立法化历时超过百年,荷兰新民法典的制定耗时半个世纪,最终成果也只是对潘德克顿体系的完善改进而已。目前,中国民法典的制定已经重新启动,在短时间内形成新的民法体系恐怕是不现实的。在这种情况下,沿袭物债二分体系,采纳物权类型封闭原则就成为必然选择。

(二)登记制度方面的考量

我国主张物权自由创设的学者一般认为应该以公示作为物权债权的区分标准,凡具备公示形式的权利,即可认定为物权。虽然对于不可登记财产能否实行物权自由,该派学者观点不一,但对于可登记财产而言,则认为应当改采物权自由创设。[2] 对于登记制度的效能,主张废弃物权法定原则的学者们普遍持乐观态度,例如苏永钦教授认为,"当公示制度的效能提高到可以开放物权自由设定时,法定主义即必须有所调整,乃至完全放弃……最有效能的公示方法当然还是财产权关系的登记制度……动产也可选择性地建立登记制度,而且可采分散登记。如果能结合自动处理和互联网的技术,动产登记制度同样可以创造很高的

---

〔1〕 苏永钦:《可登记财产利益的交易自由——从两岸民事法制的观点看物权法定原则松绑的界限》,载《南京大学法律评论》(2010 年秋季卷),法律出版社 2010 年版,第 43 页。

〔2〕 对于以占有为公示形式的财产,是否可以实行物权自由创设,苏永钦教授曾经持肯定态度,并设想"建立某种结合占有和公证书面的公示制度",但后来其态度有所变化,认为对不可登记财产应该维持物权法定原则,可登记财产则应改采自由创设。在大陆地区,常鹏翱、杨代雄并未区别对待可登记财产和不可登记财产,只是笼统主张物权自由创设,张鹏则认为对不可登记财产,应该维持物权法定原则。参见苏永钦:《物权法定主义松动下的民事财产权体系——再探大陆民法典的可能性》,载《厦门大学法律评论》(第 8 辑),厦门大学出版社 2004 年版,第 41 页;苏永钦:《可登记财产利益的交易自由——从两岸民事法制的观点看物权法定原则松绑的界限》,载《南京大学法律评论》(2010 年秋季卷),法律出版社 2010 年版,第 29 页;张鹏:《物债二分体系下的物权法定》,载《中国法学》2013 年第 6 期,第 77 页;杨代雄:《物权法定原则批判——兼评物权法第 5 条》,载《法制与社会发展》2007 年第 4 期,第 29 ~ 30 页;常鹏翱:《体系化视角中的物权法定》,载《法学研究》2006 年第 5 期,第 15 ~ 16 页。

便利交易的效能……大陆的民法典只要能够掌握公示和公信制度的关键,建立多元分散的公示方法,而又都能以一定的公信保护相辅相成,应该就可以更放心地废除法定主义,让市场经济的活力得到更大的解放"。[1] 常鹏翱教授也认为,"在现代技术条件下,登记所具有的丰富涵量以及近乎无限的承载能力,为债权向物权的自由转换提供了便利的途径……在公示系统突破自身有限性的情况下,物权法定将随之松动。"[2]但是,我们认为,这种乐观的态度显然只是一种对未来的展望和想象,并没有充分考虑中国登记制度的现实,[3]即便中国登记制度真的可以适应物权自由创设,也需要具体考虑如何进行制度设计以及物权自由创设可能带来的潜在负面效应,这显然不是一句"不动产物权依登记生效主义自由创设,动产物权依登记对抗主义自由创设"[4]能够搪塞过去的。前已述及,物权自由创设对登记制度有特定要求,但从中国的实际情况来看,恐怕难以满足。

第一,与其他实行物权类型封闭(物权法定)的国家相比,我国的不动产登记制度仍然很不完善。(1)统一不动产登记制度尚未妥善建立。在改革开放以来的相当长的一段时期,我国并无现代意义的统一不动产登记制度,这主要是由于历史原因造成的。1956年社会主义改造后,作为不动产基础的土地所有权就退出了财产法范畴,与之相匹配的土地登记制度也随之消亡。为了行政管理的方便,城市建筑物、林木等不动产由房管部门、林业部门分别进行登记,但这种登记已经不是私法意义上的不动产公示,而是纯粹公法意义上的行政管理行为。随着1988年国有土地有偿使用制度的推行,土地权利再次成为私法上的财产权,各地国土资源部门也为之建立了登记制度,这种登记制度同样具有行政管理属性。在这种情况下,我国的不动产登记形成了行政管理色彩浓厚的多主体分散登记。1995年的《担保法》维持了这样的多头登记格局,该法第42条为不同的不动产确定了不同的登记机关:土地使用权抵押以土地管理部门为登记机关,建筑

[1] 苏永钦:《物权法定主义松动下的民事财产权体系——再探大陆民法典的可能性》,载《厦门大学法律评论》(第8辑),厦门大学出版社2004年版,第40~42页。

[2] 常鹏翱:《体系化视角中的物权法定》,载《法学研究》2006年第5期,第12页。

[3] 苏永钦教授其实已经表现出了对中国大陆地区登记制度的疑虑。他指出,台湾完善的土地登记制度是建立在日据时代就已经打好的土地丈量基础上的,土地登记制度很早就上了轨道,而这对土地广袤的中国大陆来说显然是比较困难的。参见苏永钦:《物权法定主义松动下的民事财产权体系——再探大陆民法典的可能性》,载《厦门大学法律评论》(第8辑),厦门大学出版社2004年版,第40~41页。

[4] 张鹏:《物权法定原则的肯定与否定——评物权法草案对物权法定原则的新近修改》,载《法学》2006年第12期,第21页。

物抵押以地方人民政府规定的部门为登记机关,林木抵押以林业主管部门为登记部门。除此之外,草原使用权和海域使用权也有各自的不动产登记机关。这样的多头登记模式,对交易实践造成了很大的不便,而且会出现同一财产在不同登记机关重复抵押的现象。[1] 除了不同种类的不动产在不同登记机关登记外,我国还存在分级别登记的特殊现象,即按照享有不动产权利的单位的行政级别决定该不动产的登记机关。在《物权法》起草过程中,我国有学者不断呼吁要实行统一的不动产登记制度(统一立法依据、统一登记机构、统一登记程序、统一登记权属证书、统一登记效力)[2],这一观点最终反映在了《物权法》第10条中,该条文规定:"不动产登记,由不动产所在地的登记机构办理。国家对不动产实行统一登记制度。统一登记的范围、登记机构和登记办法,由法律、行政法规规定。"虽然不动产统一登记已经由立法加以确认,但现实中仍然维持着分散登记的状态:在国家层面,即有国土资源部颁布的《土地登记办法》、建设部颁布的《房屋登记办法》、国家林业局颁布的《林木和林地权属登记管理办法》、国家海洋局颁布的《海域使用权登记办法》等部门规章,各省市还有关于不动产登记的地方性法规和地方政府规章。2014年行政法规《不动产登记暂行条例》的颁布,标志着我国统一不动产登记制度的正式启动,国土资源管理部门被确定为统一不动产登记的登记机关,并且将土地、建筑物、森林、草原、海域统一纳入了登记范围。但是,在具体内容上,这一条例极度简陋,只有三十五个条文,精细程度远远不及之前的《土地登记办法》和《房屋登记办法》。2015年国土资源部颁布部门规章《不动产登记暂行条例实施细则》,对《不动产登记暂行条例》进行了细化,但在全国范围内建立完善的统一不动产登记制度在短期内显然无法实现。(2)不动产总登记和初始登记尚未完成。前文已经提及,按照物的编程主义建立起来的德国登记制度和托伦斯登记制度能够有效地将不动产上的各种权利义务关系展现出来,但实行物的编程主义以土地总登记为前提。从我国的现实情况来看,由于土地所有权不能进入市场交易,因此更具有实际意义的应该是各种土地用益物权和建筑物所有权的初始登记。目前,我国城市的不动产初始登记状况较为完善,但农村地区的土地承包经营权、宅基地使用权的初始登记尚未完成,各地

---

〔1〕 孙宪忠:《论不动产物权登记》,载《中国法学》1996年第5期,第51~62页。
〔2〕 不动产登记"五个统一"的提法最早由孙宪忠教授提出。

尚在进行确权发证工作。从我们了解到的情况来看，农村地区的不动产初始登记不仅仅是技术性问题，牵涉大量的由历史遗留问题、政策变化、风俗习惯导致的权属纠纷，操作起来举步维艰，因此，短期内全国范围内的不动产初始登记尚难完成。在目前这样一个极不完善的登记制度的现状下，奢谈物权自由创设主义，实在是太超前了，即便是不动产登记制度非常发达的德国和澳大利亚也未采纳类型开放原则，建立不动产登记制度多年的英国的类型封闭原则也仅仅是在局部有所松动而已。

第二，我国不动产登记制度所包含的“契据登记”因素较为匮乏，相关制度也不健全。前文已经谈到，“物权”也是权利义务关系的集合体，物权自由创设主义要求当事人之间约定的权利义务关系能够自由地被登记公示，因此，与物权自由创设主义相匹配的登记制度中必然要包含契据登记的因素。在我国不动产登记制度中，涉及契据登记的仅有地役权，其他各国常见的共有物分管契约、区分所有建筑物管理规约等均未被纳入登记范围。《房屋登记办法》第 65 条规定，“对符合规定条件的地役权设立登记，房屋登记机构应当将有关事项记载于需役地和供役地房屋登记簿，并可将地役权合同附于供役地和需役地房屋登记簿”。《土地登记办法》第 37 条第 2 款规定，“符合地役权登记条件的，国土资源行政主管部门应当将地役权合同约定的有关事项分别记载于供役地和需役地的土地登记簿和土地权利证书，并将地役权合同保存于供役地和需役地的宗地档案中”。这两个条款虽然将“地役权合同”纳入了登记范围，但第三人是否可以查阅以及如何查阅均未规定。《不动产登记暂行条例》根本没有提及地役权合同登记事宜，《不动产登记暂行条例实施细则》第 60 条将“地役权合同”规定为申请地役权登记需要提交的材料，但却没有将其纳入登记范围。由于除了地役权合同登记外，我国登记制度中再无其他契据登记因素，而地役权在我国现实生活中又极少出现，我国登记机关和交易当事人能否马上适应物权自由创设所带来的大量内容各异的合同登记，笔者并不乐观。

第三，物权自由创设带来的风险和纠纷，可能促使我国登记机关在实际操作中变相实行物权类型封闭。在物权自由创设下，当事人的约定能否纳入登记簿将由登记机关依据抽象标准来判定，登记机关将享有很大的权力，同时也将面对大量的风险和纠纷。从我国主张物权自由创设的学者的观点来看，他们实际上也提出了关于“物权”或“可登记范围”的抽象标准，例如杨代雄以“直接支配物的权利”作为物权的抽象标准[1],张鹏以“有关不动产利用、处分、限制的约定”作为登记对象的抽象标准[2]。可以预见的是,如果这两位学者的观点被立法机关所采纳,那么我国很可能就会出现南非的问题——当事人与登记机关的争议频发,最终引发大量的诉讼。在这种情况下,按照我国行政机关一贯的保守作风,即便法律改采物权自由创设,行政机关为规避风险也可能以政策文件的形式自行对合同内容进行类型化处理,并对各种类型的合同提出具体标准,要求当事人的约定必须符合这些具体标准才准予登记。这样一来,物权自由创设在现实运行中就可能异变为行政机关主导的类型封闭,欠缺正当性。

(三)中国特殊国情方面的考量

在立法者作出是否应该实行物权法定时,中国的特殊国情显然具有重要意义,应该被纳入考虑范围。在物权领域,中国当前的特殊之处主要有两点:其一是“公有私用”问题。在公有制下,各种不动产的所有权只能由国家和集体垄断享有,可供私人享用并可进入市场流通的只能是不动产用益物权。即便是集体享有的不动产所有权也在政府的严格管制下,变成了“次等的所有权”。一般私人如果想获得不动产用益物权,只能从政府或集体手中获得。其二是转型变革问题。前文已经谈及,中国存在双轨物权形成机制,与转型变革相匹配的就是“党的政策文件—国家政策文件—行政法规或部门规章中的‘物权’—制定法物权”路径。中国的转型变革是一种政府主导的可控的放权式改革,只有在试点成功后,政策文件或法规规章中的内容才会被纳入法律,这就导致实质物权法规范处于“公私交错”的状态,部分不动产用益物权尚处于未定型状态。

在这种特殊国情下,我国是否应该采纳物权法定原则,学者们意见仍然存在争议:苏永钦教授认为,在土地国有下,应该采纳物权自由创设主义。他认为,在卖方独占土地出让市场的情况下,交易基本上是没有效率的,因此需要让土地上公有私用的类型自由化,允许行政部门去决定是否开放某种物权种类,甚至允许地方政府或者集体所有人创设新品种的土地权利。[3] 在一级市场不能开放物权

---

〔1〕 杨代雄:《物权法定原则批判——兼评物权法第5条》,载《法制与社会发展》2007年第4期,第20~31页。

〔2〕 张鹏:《物债二分体系下的物权法定》,载《中国法学》2013年第6期,第67~78页。

〔3〕 苏永钦:《物权法定还是物权自由——在土地国有的情况下对于私用的权利类型应该是更开放还是更限制?》,中国人民大学“民商法前沿 私法论坛”讲座记录,2005年12月2日。

自由创设的情况下，可以考虑在二级市场上开放物权自由，即应当将中国物权法中的限制物权转化为类所有权，并以之作为物权自由创设的母权。[1] 我国大陆学者李富成则持反对意见，他认为，在“公有制物权法”和经济社会转型的中国语境下，应当坚持物权法定原则。他认为，在一级市场上，应该通过物权法定原则限制公共权力在具体“私用权”设立上进行积极意思表示的能力，压缩其上下其手的空间，保障进入市场交易的权利具备完整的产权属性；在二级市场上，通过不正当手段获得土地的人有可能托庇于物权自由创设，保留部分关键权能，持续性地剥削二级市场上的交易对手以及交易链终端的普通群众，形成新封建。同时，李富成还认为，渐进式改革时期的实质物权法规范处于“公私交错”的状态，只有在物权法中保持物权法定原则，才能保障物权法规范的有序整合转型。[2]

就“公有私用”问题而言，苏永钦和李富成之所以会得出不同结论，主要是两个原因导致的，其一是两人对政府扮演的经济角色定位不同，其二是对中国大陆的政治现实了解程度不同。苏永钦教授来自市场经济成熟、法制完善的台湾地区，对转型时期大陆经济政治状况缺乏切身的感受，其得出的结论自然略欠周全。要回答这个问题，首先必须明确我国市场经济改革的目标之一即清晰界分政府与市场。但是，在“公有制”背景下，政府拥有不动产所有权人和市场管理者双重身份，即便在理论上能够将这两重身份分开，在权力集中的官僚科层体制下，这两重身份实际上是纠合在一起的。在这种情况下，如果实行物权自由创设主义，那么地方政府实际上就可以通过在一级市场上创设不同种类的“私用权”积极介入市场经济运行。从短期效果来看，不同的地方政府可以通过创设不同的“私用权”展开竞争，吸引投资者，从而促进地方经济的发展，但这种“地方政府公司主义”实际上暗藏着大量的权力寻租空间，从长期来看并不能导向健康的市场经济体制。如果要清晰界分政府与市场，压缩政府直接参与经济活动的空间，那么在一级市场上实行物权法定原则就非常必要，只有这样才能保障“私用权”的初始取得者获得均质化的交易基础，并可以在二级市场上展开公平的竞争。为了保障“私用权”的可流通性，在一级市场上获得的不动产用益物权应该向“类

---

〔1〕 苏永钦：《可登记财产利益的交易自由——从两岸民事法制的观点看物权法定原则松绑的界限》，载《南京大学法律评论》（2010 年秋季卷），法律出版社 2010 年版，第 40 页。

〔2〕 李富成：《中国语境中的物权法定问题研究》，载《比较法研究》2007 年第 2 期，第 55 ~ 64 页。

所有权”的方向发展。目前,在二级市场上,除了地役权外还不存在其他用益物权,但二级市场是否可以实行物权自由创设实际上还是取决于一级市场是否公平。此处的“公平”,不仅仅是指程序上的公平,还包括实质意义上的公平。以“招拍挂”的方式出让土地使用权,客观上有利于大资本集团,而不利于中小企业和普通群众,如果没有其他节制措施,将违背实质意义的公平。在一级市场不能保障公平的情况下,如果在二级市场上开放物权自由创设,那么初次从政府手中获得“私用权”的资本集团极有可能蜕化为食利的大地产者,通过设计物权机制,持续性盘剥交易相对人。这样一来,在二级市场上不仅无法形成有效的竞争,反而有新封建的风险。考虑到上述情况及风险,在当下中国的“公有私用”背景下,无论是一级市场,还是二级市场都应该坚持物权法定原则。

就土地制度转型变革的特殊国情而言,目前中国也应该选择物权法定原则。中国目前的土地制度改革是一种中央政府主导的试错型改革,即先由党政机关通过政策文件推动,在局部地区进行试点,试点成功并获得中央政府认可后再向全国范围内推广,政策文件也随之被纳入法律。这样的转型方式,导致大量的私法规范与管理性规范先是混杂在位阶较低的法规、规章中,再转移到管理性的法律中,最后较为成熟的涉及私权的规范才被纳入物权法中。这一转型过程既是私权的形成过程,也是公权力自行退缩的过程。就目前的状态来看,土地制度改革的进程仍未完成,大量的实质性物权规范仍然存在于管理性法律中,即便是《物权法》本身,也大量援引管理性的法律、“国家有关规定”、“国务院的有关规定”。可以预见,在相当长的时期内,我国的土地制度,特别是农村土地制度仍然难以完全定型,私权规范还将处于不断整合发展的过程中。在这种情况下,如果物权法采纳物权自由创设主义,无疑会打破上述这种可控式渐进改革:在物权自由创设的情况下,政府和集体均可自由地创设各种物权类型,那么关于土地制度改革的各种政策文件、法规规章将失去意义,中央政府也将失去对改革全局的控制,各种规范的有序整合也无法实现。对于一个广土众民、地区之间差异极大的国家来说,中央政府主导的试错型改革应该说是一种比较保险的转型方式,因此,至少在土地制度转型变革时期,维持物权法定原则是有必要的。

通过前面的分析,我们认为,当前中国的不动产登记制度还不完善,尚不足以与物权自由创设主义相匹配;在概念体系方面,中国既有的民事立法已经采纳了物债二分的潘德克顿体系,未来民法典仍然会沿用这一体系,这就要求必须维持物权法定原则;从中国的特殊国情来看,公有制物权法下的“公有私用”以及可控的渐进式改革也要求未来民法典采纳物权法定原则。因此,从立法论的角度来看,中国应该维持物权法定原则。

三、规范表达与相关制度设计

虽然未来民法典应当维持物权法定原则,但《物权法》和《民法总则》对物权法定原则规定还存在进一步调整完善的空间。在本节的最后一部分,笔者将对物权法定原则的规范表达以及相关制度的设计安排提出立法建议。

(一)规范表达的完善

《物权法》第 5 条和《民法总则》第 116 条对物权法定原则的规范表达,主要受日本民法以及我国台湾地区民法的影响,但从比较法的角度来看,物权类型封闭原则在各国民法典中的体系位置与行文表达是多样的,除了我们熟悉的东亚模式外,尚包括穷尽式列举(《日本博瓦索纳德民法草案财产法》第 2 条)、处分权能维护(《德国民法典》第 137 条)、所有权维护(《葡萄牙民法典》第 1306 条)、规范群(《荷兰民法典》第 3:81 条、第 3:277 条、第 3:83 条、第 3:84 条)四种规范表达模式。综合比较上述几种规范表达模式,我们在完善物权类型封闭原则的条文规范时需要考虑以下四个问题。

第一,规范位置选择。东亚各国和葡萄牙在物权法总则部分规定物权法定原则,德国和荷兰则将相关规定抽象到了民法总则或财产法总则的层次,因此可以适用于全部的对世性财产权利。从我国当前的民法典编纂情况来看,立法机关并无制定财产法总则的计划,但《民法总则》第 116 条却将《物权法》第 5 条原封不动地移入了“民事权利”一章中。从学理上来说,《民法总则》中的法条应该是通过“提取公因式”产生的适用于整个民法领域的抽象规范,“民事权利”一章的规定应该是有关民事权利保护和行使的一般性规定,对于仅仅适用于物权领域的原则和规则,应该规定在物权编而非民法总则中。目前,我国学术界对超越于物权和知识产权之上的对世性财产权利的一般理论缺乏研究,短期内恐怕难以提出凝聚共识的制度设计方案。[1] 因此,较为实际的做法应该是将类型封闭

---

〔1〕 我国目前亦有个别学者主张在民法典中设置“财产法总则”,并在其中规定财产权法定原则,但并未提出具体的条文设计方案。参见王涌:《财产权谱系、财产权法定主义与民法典〈财产法总则〉》,载《政法论坛》2016 年第 1 期,第 111 ~ 113 页。

原则继续保留在物权法总则的层面上。

第二,抽象模式抑或列举模式。法秩序所承认的物权类型并不仅仅局限于民法典所规定的类型,还包括其他法律以及习惯法中的物权类型。如果要以单一条文穷尽式列举的方式表达物权类型封闭原则,那么立法者就必须根据单行法律和习惯法不断修订该条文,对于追求稳定性的民法典来说,这种规范表达模式并不可取。目前,各国民法典都是以抽象表达模式来规定物权类型封闭原则的。

第三,规范表达的基本要素。虽然上述几种规范表达模式的行文结构各有不同,但从逻辑上来看,规范的基本要素应该包括对物权法定原则的正面表达以及违反后果两方面。就正面表达而言,应当进一步明确物权法定原则的适用范围以及物权法律渊源:"内容"是决定特定物权种类的要素,包括客体范围以及权能、物上负担等客体上的权利义务关系,而不包括物权效力、物权变动、物权公示等与确定特定物权种类没有直接关联的要素;物权法律渊源应当与《民法总则》第10条的表达一致,包括"法律"和"习惯"。就违反后果而言,应明确规定创设物权种类或改变物权内容的法律行为无效,但同时应当引入法律行为转化制度,尽量挽救当事人的交易。需要注意的是,既然我国已经承认了负担行为与处分行为的区分,就应当在分离原则的框架下解释上述制度:违反物权法定原则,处分行为与负担行为无效;对于无效的负担行为,可以考虑通过法律行为转化制度,将该负担行为转化为其他负担行为,以维持债之关系,尽量挽救当事人的交易。[1]

第四,重点维护处分权能。在物权的所有权能中,处分权能处于核心地位,是确保财货可流通性的关键。从德国、葡萄牙、荷兰三国民法典的规定来看,无论是否正面表达了物权类型封闭原则,均强调维护物权(所有权)的处分权能。反观东亚模式,对处分权能维护这一规制重点未给予足够的重视。

结合本书的分析,未来民法典物权编关于物权法定原则的规定可以考虑按照以下方案进行调整完善:

第××条【物权法定原则】

物权的种类和内容,依据法律或习惯确定。

---

[1] 参见本书第六章第二节"违反物权法定原则的后果"中的相关内容。

依法律行为创设物权种类或者改变物权内容，该法律行为无效。

依法律行为排除或限制物权的处分权能，该法律行为无效。

前两款规定的法律行为，符合其他法律行为生效要件的，可作为该其他法律行为生效。

【说明】

本条是对物权法定原则的规定。本条第一款是对物权法定原则的基本内涵的规定，即物权的种类和内容均由现行法秩序所确定，民事主体不能通过意思自治创设新物权种类或改变物权的客体以及权能、物上负担等客体上的权利义务关系。物权法定原则仅仅是对民事主体意思自治的限制，但并不限制物权的法律渊源；物权的法律渊源与民法总则规定的民法法律渊源一致，包括法律和习惯法。本条第二款、第三款是对违反物权法定原则后果的规定，其中第三款是对处分权能维护的特别强调。在负担行为与处分行为区分的前提下，第二款、第三款规定的"法律行为"包含了"负担行为"与"处分行为"，即违反物权法定原则实施的负担行为与处分行为无效。第四款是关于无效法律行为转化的规定。因第二款、第三款规定而无效的负担行为，如果符合其他负担行为的生效要件，即可转化或再解释为该其他负担行为，以维持债之关系，尽可能挽救当事人的交易。

（二）其他相关制度安排

除了对物权法定原则本身的规范表达进行完善外，我国未来民法立法与司法实践尚需对以下问题进行妥善安排。

第一，通过增加框架性权利和利用登记制度，扩大物权法领域的形成自由空间。与各国物权类型进行横向比较，我国的物权类型不仅数量偏少，而且刚性有余，柔性不足，留给民事主体的私法自治空间较小。对此，立法者可以考虑在民法典物权编修正时，一方面，可以考虑增加人役权、实物负担这样的框架性权利，扩大法定物权类型对私法自治的容纳空间；另一方面，可以借助登记制度，使部分伴随物权的债权债务关系获得对抗效力，具体做法可以借鉴荷兰和我国台湾地区。[1] 当然，这两种机制都需要在我国的登记制度中增加契据登记和契据查

〔1〕 比较稳妥的做法是渐次扩展可登记债权债务关系的范围：先引入共有物分管契约和建筑物区分所有规约登记；再选择几种常见物权类型，承认伴随这些物权类型的债权债务关系的登记能力；条件成熟后，再一般性地承认"关于可登记财产的容忍或不作为义务的约定"的登记能力。

询的因素。

第二,妥善协调信托与物权法定原则的关系。大陆法系国家所称的信托,通常包括担保性信托和管理性信托两类,前者实际上就是在交易实践中形成并被法院承认的习惯担保物权,与物权法定原则并无冲突,真正需要协调的是管理性信托与物权法定原则的关系。可以考虑的路径有两种:其一,将管理性信托纳入"所有权—他物权"结构。在确定受托人享有"所有权"时,受益人即享有他物权性质的"信托受益权";在确定受益人享有"所有权",受托人即享有他物权性质的"信托管理权"。此处的"信托受益权"和"信托管理权"可以设计为框架性权利,其具体内容可以交由当事人自行约定。对于以不动产为标的的管理性信托,可以借助登记作为公示手段。如此进行制度安排,即可使管理性信托与物权法定原则相兼容。[1] 其二,运用"债权物权化"原理解释管理性信托。在受托人享有所有权的情况下,管理性信托关系即为债权债务关系,受益人的权利性质即为债权,如果管理性信托关系具有外观表征,例如已纳入不动产登记簿或具有占有外观,那么受益权即获得了对抗第三人的效力。反之,则仅仅具有债权效力。

第三,与物权法定原则相关的司法对策。对于日常生活和交易实践中形成的物上权利类型,在未被法律或抽象司法解释承认前,法院可以通过两种方式承认其物权效力:其一,运用法律解释或续造的方法,对物权规范进行扩张解释或类推适用,从而将该物上权利纳入现有的物权类型中。日本和我国台湾地区法院对"最高额抵押"的承认,就是通过对"附随性"进行扩张解释实现的。我国的"应收账款质权"的客体仅限于基于合同的金钱债权,但法院可以通过类推适用合同法关于债权转让的规定来承认一般债权质权,并以通知债务人作为对抗第三人的要件。[2] 其二,直接承认其为独立的习惯物权。习惯法虽然是民法法律渊源,但法官对习惯法并非机械适用,基于法秩序的特定价值选择,法官也会偏离习惯法。因此,法官对习惯物权承认,也涉及事实认定和价值判断两个层面。在事实认定层面,如果某一物上权利频繁出现,且排他性得到了普遍尊重,并具

[1] 目前,南非信托财产控制法(Trust Property Control Act)即采纳了将信托纳入"所有权—他物权"结构的制度设计。我国学者王涌亦赞成这种方案。参见黄泷一:《物权类型开放的得失——来自南非的启示》,载《法治社会》2016 年第 4 期,第 109 ~ 110 页;王涌:《论信托法与物权法的关系——信托法在民法法系中的问题》,载《北京大学学报》(哲学社会科学版)2008 年第 6 期,第 93 ~ 101 页。

[2] 杨代雄:《法律解释与物权法定原则的矫正——以一般债权质权的普遍承认为范例》,载《月旦民商法》2010 年第 30 期,第 64 ~ 80 页。

备了能够为外界所识别的表征，即可初步认定为习惯物权；在价值判断层面，认定某一物上权利为习惯物权，须符合积极和消极的公共政策，即契合公平正义的价值追求且不违背公序良俗。[1]

第三节 小 结

本章在中国语境下讨论了物权法定原则。通过对中国物权制度现状的观察，我们发现，中国当前存在双轨物权形成机制：一方面，在我国存在所有国家都存在的一般物权形成机制，遵循“现实生活需要—习惯物权—法官法物权—制定法物权”的路径；另一方面，由于中国处于行政主导的转型时期，我国存在一种特殊的物权形成机制，遵循“党的政策文件—国家政策文件—行政法规或部门规章中的‘物权’—制定法物权”路径。这种双轨物权形成机制，导致我国许多正式法律中的物权制度处于“未完成状态”，同时法规、规章、政策文件中还存在许多计划经济时代遗留的对物利用形式以及处于转型中间阶段的对物利用形式。正是由于双轨物权形成机制的存在，我国实然层面的物权法源才如此繁杂，不仅包括习惯法、法官法、立法机关通过的制定法，还包括各级行政机关制定的法规、规章和政策文件。

从解释论的角度来看，《物权法》第5条和《民法总则》第116条中的“种类”是指物权的类型，“内容”是指决定物权类型的要素，即变更后会导致物权类型发生变更的要素，主要是指客体以及权能、物上负担(Belastung)等客体上的权利义务关系，而不包括物权变动、物权公示、物权效力或物权保护等一般事项。《物权法》第5条和《民法总则》第116条中的“法律”的外延应该解释为与民法法律渊源的范围一致，包括各类型的制定法和习惯法。最高人民法院也可以通过司法解释或指导案例承认习惯物权。在司法实践已经承认分离原则的情况下，对违反物权法定原则的后果，也应在此框架下处理：违反物权法定原则，将导致处分行为与负担行为无效；无效的负担行为，如符合其他负担行为的生效要件，即可

〔1〕 对司法对策的专门探讨，可参见张志坡：《物权法定缓和的可能性及其边界》，载《比较法研究》2017年第1期，第166～169页。

将该负担行为转化为其他负担行为,以维持债之关系,尽量挽救当事人的交易。

从立法论的角度来看,我国未来民法典应该维持物权法定原则,理由有三:第一,我国未来的民法典将维持物债二分的潘德克顿体系,因此必须采纳物权法定原则;第二,我国不动产登记制度尚不完善,难以满足物权自由创设的特定要求,也无法承担相应的制度风险;第三,从中国的特殊国情来看,公有制物权法下的"公有私用"以及可控的渐进式改革也要求我国采纳物权法定原则。未来民法典的物权法定原则条款应当保留在物权法总则中,条文内容应该包括正面表达和违反后果两方面,重点强调对处分权能的维护,并引入法律行为转化制度。除了对物权法定原则本身的规范表达进行完善外,未来民事立法还可以通过增加框架性权利和利用登记制度的方式,扩大物权法领域的形成自由空间,妥善协调信托与物权法定原则的关系。对于日常生活和交易实践中形成的物上权利类型,在未被法律或抽象司法解释承认前,法院可以根据实际情况灵活处理,既可以对物权规范进行扩张解释或类推适用,从而将该物上权利纳入现有的物权类型,也可以直接承认其为独立的习惯物权。

结　论

经过前面六章的分析，在此我们可以提出本书的最终结论：

在历史渊源上，罗马法中确实存在物权类型封闭原则（*numerus clausus*），但它是由诉权类型封闭衍生到物权领域所导致的，与现代法中的物权类型封闭原则效果相同，但形成机理完全不同，在现代语境下将物权类型封闭原则的源头追溯到罗马法上是没有实质意义的。中世纪日耳曼法以"持有"（Gewere）作为区分"对物之诉"和"对人之诉"的标准，拥有持有外观的权利即构成物权，实际上采纳的是物权类型开放原则。直到法国大革命爆发后，学理上的统一所有权观念和"所有权—他物权"财产结构才在现实中得以实现。但是，大革命时期的法令只是废止具有封建属性的权利，并没有对物权类型进行正面列举，在封建物权废除之后，罗马法上的物权类型以及法国本土习惯法中不具有封建属性的习惯物权仍然可以继续存在，因此，很难说法国大革命确立了财产权类型封闭原则。

现代意义的物权类型封闭原则起源于潘德克顿法学派的"物权法自治性观念"（Autonomie des Sachenrechts），而非《法国民法典》。《法国民法典》本身虽然体现了统一所有权的观念，但财产权类型封闭原则并非《法国民法典》的内生原则。法国的学说和实践直到19世纪下半叶才因为受到潘德克顿学派的影响,采纳财产权类型封闭原则。由于这一原则并非法国的本土学说,也非《法国民法典》的内在要求,因此直到现在,法国学者仍然对财产权类型封闭原则争论不休。与《法国民法典》同时期的《普鲁士普通邦法》沿袭日耳曼习惯法,采纳物权类型开放原则,而《奥地利民法典》的态度则与《法国民法典》相似,最终受潘德克顿学派的影响,接受了物权类型封闭原则。作为潘德克顿法学果实的《德国民法典》最后也没有明确规定物权类型封闭原则,但学者普遍将该原则视为自明之理,并认为《德国民法典》第 137 条是对类型封闭原则的侧面维护。同属潘德克顿法学产物的《瑞士民法典》也没有明确规定物权类型封闭原则,但瑞士学者均认同这一原则。需要强调的是,无论是在原发国,还是在学说继受国,物权类型封闭原则都仅仅是限制当事人的私法自治,而不限制法官造法,交易实践中形成的习惯物权也可以通过法官法得到承认。在当前,由于"物权法自治性观念"的松动以及信托制度的影响,物权类型封闭原则的地位已经不像往日那么稳固了。

物权类型封闭原则的首次立法化是《日本民法典》第 175 条,该条规定的缩略语即为"物权法定",开创了东亚法系独特的物权法定原则立法化模式。与其他欧洲国家相比,《日本民法典》第 175 条呈现出了非常严格的法定主义,物权的法源仅限于议会制定的法律,习惯法被排除在外,无论是立法之前已经存在的习惯物权,还是嗣后形成的习惯物权,原则上均不被承认。这种严苛的态度只能放在日本急于"脱亚入欧"的特定的历史背景下才能被理解。后来的《中华民国民法典》受日本影响,该法典第 757 条的规定与《日本民法典》第 175 条完全相同,也将物权法定之"法"限定为议会制定的法律。但是,在后来的司法实践中,无论是日本还是我国台湾地区,法院均在一定程度上认可了习惯物权。2009 年我国台湾地区修改物权编,明确将习惯法列为物权的法源,并且通过引入共有物分管契约登记和伴随物权的债务关系登记,大规模地松动了物权法定原则。在欧洲大陆,葡萄牙和荷兰原本属于拉丁法系的国家,葡萄牙旧民法典和荷兰旧民法典均没有采纳物权类型封闭原则,后来两国受到潘德克顿学派的影响,首先在司法实务和学说中承认了物权类型封闭原则,在再法典化的过程中,《葡萄牙民法典》第 1306 条和《荷兰民法典》第 3:81(1)条、第 3:83 条、第 3:84(3)条明确规定了物权类型封闭原则,实现了该原则在欧洲的立法化。但是,在另一方面,《荷兰民法典》中存在大量的"债权物权化"现象,最为典型的就是开放登记财产的容忍或不作为义务登记。需要注意的是,荷兰新法典虽然严密维护物权类型封闭原则,但该原则并不限制法官的法律续造,通过法官法承认交易实践需要的习惯物权仍然常见。

在英美法系国家中,虽然其私法没有进行体系化的塑造,财产法律制度处于分裂零散状态,但是仍然明确区分财产权利和合同权利,前者具有对抗第三人的效力,后者只能在当事人之间发生效力。就具体的财产类型而言,由于英美法系未受到罗马法复兴的影响,其财产权类型在种类和概念上都与大陆法系存在较大差异,但从功能比较的角度来看,大陆法系的物权类型在英美法中均有功能上的替代物。对于财产权类型封闭原则,大多数英美法系国家的制定法并没有明确规定,但在司法实践中,这一原则仍然被法官默默地遵循着,当事人只能创设制定法或判例法已经承认的财产权类型,如果违反,原则上只能在当事人之间产生法律效力。英国、美国和澳大利亚的法院在司法实践中都严格遵循着财产权类型封闭原则,法官通常以第三人难以查知和保障财物流通作为采取财产权类型封闭原则的理由。在实行托伦斯登记制度的英国和澳大利亚的财产权类型封闭原则尤为值得注意:在建立起托伦斯登记制度后,英国的财产权类型封闭原则发生了松动,“实际占有的权利”构成了优先利益,无须登记即可获得对抗效力,次级利益的范围也非常广泛,在登记后,该次级利益就可以对抗第三人;澳大利亚的托伦斯登记制度建立更早,目前有澳大利亚学者对该国法院严格遵循财产权类型封闭原则持批判态度,认为在登记制度完善的情况下,应该放松这一原则。属于混合法系的南非采取了类型开放原则,但是在现实中并没有产生特别财产权类型,当前南非的财产权类型甚至没有超过实行类型封闭原则的德国的物权类型。实行财产权类型开放原则,并不意味着当事人可以不受限制地将任何约定提交登记机关进行登记,与此相反,南非的登记法提出“所有权扣减”(subtraction of dominium test)这一抽象标准作为约定是否能纳入登记的判断标准。事实证明,抽象标准缺乏明确性,导致实践中当事人之间、当事人与登记机关之间争议频发,最后还是需要法院来进行裁判。

从理论上来看,物权类型封闭原则的实质就是指所有权人不能依据自己的意志改变所有权的法定内容或分割所有权本身,在所有权人为他人创设他物权时,不能通过私法自治确定他物权法律关系的内容,而只能选择既存的他物权关系。在传统法学的分析框架下,我们认为:真正使物权类型封闭原则在概念体系上得以证立的是物权法自治性观念,在物权法自治性观念松动的今天,物权类型封闭原则就成为了维护潘德克顿物债二分体系的最后基石;在实质合理性方面,统一所有权维护和物权类型封闭原则具有促进财物流通的作用,前者确保财物的可流通性,后者则在信息传递机制不完善的情况下对交易信息进行强制标准化,从而达到保障交易安全的目的。但是,在公示制度完善的情况下,物权类型封闭原则对于保障交易安全的意义就大为降低了。除此之外,物权类型封闭原则也发挥着公共政策功能,能够确保法律对特定利益优先保护的意图得以实现。在法经济学的分析框架下,我们认为:反公地悲剧理论模式对物权类型封闭原则的解释不具有针对性,最优标准化理论模型也站不住脚,因为并不存在物权最适量,真正能够妥善解释物权类型封闭原则合理性的只有证明理论:是否承认某一项权利为物权,是否为之建立登记制度,是一种"成本—效益"衡量,通过国家立法或习惯来承认物权是符合这一"成本—效益"衡量机制的。但是,在有权利外观的情况下(以占有为外观表征或利用既有登记制度作为外观表征),开放物权自由创设,非使用者的成本上升并不明显,换言之,在有妥善公示制度的情况下,物权法定原则并没有想象中那么重要。这一经济分析结论,恰好与基于交易安全论辩的结果相吻合。此外,从财产权制度的政治功能出发论证物权类型封闭原则的合理性,也说明了这一原则的公共政策功能。虽然物权类型封闭和物权类型开放之争在学术界如火如荼,但基于比较法的研究显示:无论是采纳类型封闭原则,还是采纳类型开放原则,各国物权(财产权)类型是大体一致的;类型封闭与类型开放虽然在理念上泾渭分明,但在实际制度运行中,两者的差异其实并没有想象的那么大。鉴于上述情况,改采物权自由创设并无充分必要性。同时,物权自由创设无法保全物权类型封闭原则的公共政策功能,也会对物债二分体系造成冲击,物权自由创设下的登记制度本身也存在制度风险。这些因素的存在,削弱了改采物权自由创设的可行性。对于采纳潘德克顿体系的大陆法系国家来说,在维持物权类型封闭原则的同时,合理配置物权类型,适当增加框架性权利种类,将部分契据登记因素引入权利登记制,可能是比较稳妥的选择。

在当下的中国,存在双轨物权形成机制:其一,遵循着"现实生活需要—习惯物权—法官法物权—制定法物权"的路径;其二,遵循着"党的政策文件—国家政策文件—行政法规或部门规章中的'物权'—制定法物权"的路径。正是由于双轨物权形成机制的存在,我国实然层面的物权法源才如此繁杂,不仅包括习惯法、法官法、立法机关通过的制定法,还包括各级行政机关制定的法规、规章和政策文件。从解释论来看,《物权法》第5条和《民法总则》第116条中的“种类”是指物权类型;“内容”是指决定物权类型的要素,即物权的客体、权能和物上负担,而不包括物权变动、物权公示等事项;“法律”的外延应该解释为与民法法律渊源的范围一致,包括各类型的制定法和习惯法。最高人民法院也可以通过司法解释或指导案例承认习惯物权。在司法实践已经承认分离原则的情况下,对违反物权法定原则的后果,也应在此框架下处理:违反物权法定原则,将导致处分行为与负担行为无效;无效的负担行为,如符合其他负担行为的生效要件,即可将该负担行为转化为其他负担行为,以维持债之关系,尽量挽救当事人的交易。

从立法论的角度来看,我国应该坚持物权法定原则,这主要是由潘德克顿民法体系、不完善的不动产登记制度、公有制物权法下的“公有私用”以及可控的渐进式改革的特殊国情所决定的。在民法典编纂中,立法机关应当将物权法定原则条款保留在物权法总则中,并对其规范表达进行完善。除此之外,未来民事立法还可以通过增加框架性权利和利用登记制度的方式,扩大物权法领域的形成自由空间,妥善协调信托与物权法定原则的关系。法院可以采取灵活的司法对策,以满足日常生活和交易实践的需要。

参考文献

一、中文参考文献

（一）中文著作

1. 艾林芝:《澳门物权法》,社会科学文献出版社 2013 年版。

2. 蔡卫华:《土地登记实务精解》,中国法制出版社 2010 年版。

3. 陈本寒:《担保物权比较法研究》,武汉大学出版社 2003 年版。

4. 陈朝璧:《罗马法原理》,法律出版社 2006 年版。

5. 陈华彬:《民法物权论》,中国法制出版社 2010 年版。

6. 陈卫佐译:《德国民法典》,法律出版社 2010 年版。

7. 陈永强:《英国土地登记法研究》,中国法制出版社 2012 年版。

8. 崔吉子译:《韩国最新民法典》,北京大学出版社 2010 年版。

9. 崔建远编著:《物权法》,清华大学出版社 2008 年版。

10.（民国）大理院编辑处:《大理院解释例要旨汇览第一卷》,民国八年版。

11. 戴东雄:《中世纪意大利法学与德国的继受罗马法》,中国政法大学出版社 2003 年版。

12. 费安玲:《罗马私法学》,中国政法大学出版社 2009 年版。

13. 费安玲主编:《比较担保法》,中国政法大学出版社 2004 年版。

14. 冯涵清:《民法物权要论》,福文洪印书局,康德四年版。

15. 高富平、吴一鸣:《英美不动产法:兼与大陆法比较》,清华大学出版社 2007 年版。

16. 高圣平:《动产担保交易制度比较研究》,中国人民大学出版社 2008 年版。

17. 胡康生主编:《中华人民共和国物权法释义》,法律出版社 2007 年版。

18. (民国)胡长清:《民法物权》,商务印书馆,中华民国二十三年版。

19. 黄风:《罗马法》,中国人民大学出版社 2009 年版。

20. 黄家镇:《德国流通式不动产担保物权制度研究》,法律出版社 2010 年版。

21. 黄源盛纂辑,《大理院民事判例全文汇编》(点校本)第一册。

22. (民国)柯凌汉:《民法物权》,商务印书馆,民国二十四年版。

23. 李世刚:《法国担保法改革》,法律出版社 2011 年版。

24. 梁慧星、陈华彬:《物权法》(第 4 版),法律出版社 2007 年版。

25. 梁慧星主编:《中国物权法草案建议稿附理由》(第 2 版),社会科学文献出版社 2007 年版。

26. (民国)刘鸿渐:《中华民法物权法论》,北平朝阳学院出版,民国二十二年版。

27. 刘萍主编:《中国动产担保创新经典案例》,中信出版社 2010 年版。

28. 罗结珍译:《法国民法典》,北京大学出版社 2010 年版。

29. 毛和文:《不动产按揭法律制度研究》,中国民主法制出版社 2010 年版。

30. (民国)倪宝森:《铺底权要论》,北京金华印刷局 1942 年版。

31. 欧洲民法典研究组、欧盟现行私法研究组:《欧洲私法的原则、定义与示范规范:欧洲示范民法典草案》(第 8 卷),法律出版社 2014 年版。

32. 前南京国民政府司法行政部编:《民事习惯调查报告录》(上),中国政法大学出版社 2000 年版。

33. 丘汉平:《罗马法》,中国方正出版社 2004 年版。

34. 渠涛编译:《日本民法典》,法律出版社 2006 年版。

35. 全国人大常委会法制工作委员会民法室编:《中华人民共和国物权法条

文说明、立法理由及相关规定》,北京大学出版社 2007 年版。

36. 全国人大法律委员会:《全国人大法律委员会关于〈中华人民共和国物权法(草案)修改情况的汇报〉》,2006 年 10 月 27 日。

37. 全国人民代表大会常务委员会办公厅:《中华人民共和国第十届全国人民代表大会第五次会议文件汇编》,人民出版社 2007 年版。

38. 史尚宽:《物权法论》,荣泰印书馆,中华民国六十八年版。

39. 史尚宽:《物权法论》,中国政法大学出版社 2000 年版。

40. 苏永钦:《寻找新民法》,北京大学出版社 2012 年版。

41. 孙宪忠:《德国当代物权法》,法律出版社 1997 年版。

42. 孙宪忠:《中国物权法:原理释义和立法解读》,经济管理出版社 2008 年版。

43. 孙宪忠:《中国物权法总论》(第 3 版),法律出版社 2014 年版。

44. 孙宪忠:《中国物权法总论》(第 2 版),法律出版社 2009 年版。

45. 唐晓晴译:《葡萄牙民法典》,北京大学出版社 2009 年版。

46. 王利明:《物权法研究》(上卷),中国人民大学出版社 2007 年版。

47. 王利明主编:《民商法研究》(第 7 辑),法律出版社 2009 年版。

48. 王利明主编:《中国物权法草案建议稿及说明》,中国法制出版社 2001 年版。

49. (民国)王去非:《民法物权总论》,上海会文堂书局,中国民国十九年版。

50. (民国)王去非:《现代物权法论》,世界书局,中华民国二十二年版。

51. 王文宇:《民商法理论与经济分析》(二),中国政法大学出版社 2003 年版。

52. (民国)王效文:《土地法论》(上册),会文堂新记书局,民国二十二年版。

53. 王泽鉴:《动产交易法三十年》,《王泽鉴法学全集》(第 8 卷),中国政法大学出版社 2003 年版。

54. 王泽鉴:《民法物权 · 通则 · 所有权》,中国政法大学出版社 2001 年版。

55. 魏振瀛:《民事责任与债分离研究》,北京大学出版社 2013 年版。

56. 吴一鸣:《英美物权法——一个体系的发现》,上海人民出版社 2011 年版。

57. 奚晓明主编:《最高人民法院关于买卖合同司法解释理解与适用》,人民法院出版社 2012 年版。

58. 咸鸿昌:《英国土地法律史——以保有权未视角的考察》,北京大学出版社 2009 年版。

59. 谢鸿飞:《法律与历史:体系化法史学与法律历史社会学》,北京大学出版社 2012 年版。

60. 谢在全:《民法物权论》(上册),中国政法大学出版社 2011 年版。

61. 谢振民编著,张知本校订:《中华民国立法史》(下册),中国政法大学出版社 1999 年版。

62. 薛波主编:《元照英美法词典》,法律出版社 2003 年版。

63. 杨代雄:《古典私权一般理论及其对民法体系构造的影响》,北京大学出版社 2009 年版。

64. 杨立新点校:《大清民律草案 · 民国民律草案》,吉林人民出版社 2002 年版。

65. 殷生根译:《瑞士民法典》,法律出版社 1987 年版。

66. 尹田:《法国物权法》(第 2 版),法律出版社 2009 年版。

67. 于海涌:《法国不动产担保物权研究》(第 2 版),法律出版社 2006 年版。

68. (民国)张企泰:《中国民法物权论》,大东书局,中华民国三十五年版。

69. 张卫平:《民事诉讼法》(第 2 版),法律出版社 2009 年版。

70. 赵冀韬:《负担行为与处分行为的区分——以德国法为考察对象》,法律出版社 2006 年版。

71. 郑玉波:《民法物权》,三民书局 1982 年版。

72. 梁慧星主编:《中国物权法草案建议稿附理由》(第 2 版),社会科学文献出版社 2007 年版。

73. 钟洪声:《物权新论》,大东书局,中华民国二十一年版。

74. 周枏:《罗马法原论》(上册),商务印书馆 1994 年版。

75. (民国)周新民:《物权法要论》,商务印书馆,民国二十五年版。

76. 周友军等译:《奥地利普通民法典》,清华大学出版社 2013 年版。

77. (民国)朱宏达编辑:《民法物权集解》,世界书局,中华民国二十二年版。

78. 朱晓喆:《近代欧陆民法思想史——十六至十九世纪》,清华大学出版社 2010 年版。

(二)中文论文

1. 蔡明诚:《民法物权编的发展与展望》,谢在全等主编:《民法七十年之回顾与展望纪念论文集(三)·物权亲属编》,中国政法大学出版社2002年版。

2. 蔡明诚:《我国最高限额抵押制度之探讨》,载《月旦法学杂志》2003年第4期。

3. 曾大鹏:《物权法定原则的经济分析》,载《东方法学》2009年第3期。

4. 曾品杰:《民法物权编所有权修正评析——以通则部分为中心》,载《国立中正大学法律集刊》2010年。

5. 常鹏翱:《多元的物权法源及其适用规律》,载《法学研究》2014年第4期。

6. 常鹏翱:《体系化视角中的物权法定》,载《法学研究》2006年第5期。

7. 常鹏翱:《物权法定原则的法律适用——中国法律经验的总结与评析》,载《浙江工商大学学报》2008年第3期。

8. 常鹏翱:《物权法定原则的适用对象》,载《法学》2014年第3期。

9. 常鹏翱:《论可登记财产权的多元化》,载《现代法学》2016年第6期。

10. 陈本寒:《也论物权法定原则——兼评物权法第5条》,载《法学评论》2009年第4期。

11. 陈华彬:《论所有人抵押权——基于对德国法和瑞士法的分析》,载《现代法学》2014年9月。

12. 陈荣传:《由最高法院实例论物权法制的变迁——以台湾日据时期的不动产物权为中心》,载《物权·亲属编》,中国政法大学出版社2002年版。

13. 崔吉子:《韩国民法典内容简介》,载《韩国最新民法典》,北京大学出版社2010年版。

14. 崔建远:《我国物权法应该选取的结构原则》,载《法制与社会发展》1995年第3期。

15. 崔建远:《物权法定主义及物权种类》,载《人民法院报》2005年7月20日。

16. 董学立:《也论"后让与担保"——与杨立新教授商榷》,载《中国法学》2014年第3期。

17. 段匡:《德国、法国以及日本法中的物权法定主义》,载《民商法论丛》第7卷。

18. 法观人月刊杂志社:《初探物权新法下的物权法定主义》,载《法观人月刊》第156期。

19. 方新军:《盖尤斯无体物概念的建构与分解》,载《法学研究》2006年第4期。

20. 房绍坤、吴兆祥:《论物权法定原则》,载《法律科学》1996年第6期。

21. 房绍坤:《论私法自治与物权法定之辩证关系》,载《法学杂志》2005年第5期。

22. 傅静坤:《法国民法典改变了什么》,载《外国法译评》1996年第1期。

23. 傅穹:《物权法定三题》,载《法制与社会发展》1999年第1期。

24. 高圣平:《物权法定主义及其当代命运》,载《社会科学研究》2008年第3期。

25. 郭雪军:《从联邦通讯委员会看物权法定》,载《法学论坛》2009年第5期。

26. 郭延辉:《金融担保创新与物权法定——日本根抵押制度的立法化》,载梁慧星主编:《民商法论丛》(第55卷),法律出版社2014年版。

27. 洪海林:《物权法定主义研究》,载《现代法学》2003年第3期。

28. 侯利球、曹湘潭:《澳大利亚土地登记的现状、特点和启示》,载《国土资源导刊》2005年第4期。

29. 黄泷一:《负担行为与处分行为区分的实务继受——以最高法院的司法解释和裁判文书为分析对象》,载《河北法学》2015年第5期。

30. 黄泷一:《关于"土地上穷天寰、下及地心"的法谚的探析——兼论土地所有权的范围》,载《中山大学法律评论》2012年第10卷第1辑。

31. 简资修:《物权是内部化而不是外部性》,载《交大法学》2014年第2期。

32. 简资修:《物权外部性问题》,载《中研院法学期刊》2011年第8期。

33. 江琳:《中华民国民法中的民事习惯——以物权编为考察中心》,载《中国政法大学学报》2008年第3期。

34. 金可可:《持有、向物权(ius ad rem)与不动产负担——论中世纪日耳曼法对债权物权区分论的贡献》,载《比较法研究》2008年第6期。

35. 金可可:《邓恩伯格论私法体系及债权物权的区分》,载《河北法学》2005年第5期。

36. 金可可:《对人权与对物权的区分理论的历史渊源——从罗马法的复兴到自然法学派》,载《私法研究》2005 年第 2 期。

37. 金可可:《基于债务关系之支配权》,载《法学研究》2009 年第 2 期。

38. 金可可:《私法体系中的债权物权区分说——萨维尼的理论贡献》,载《中国社会科学》2006 年第 2 期。

39. 金可可:《温德沙伊德论债权与物权的区分》,载《中德私法研究》2006 年第 1 卷,北京大学出版社 2006 年版。

40. 李富成:《中国语境中的物权法定问题研究》,载《比较法研究》2007 年第 2 期。

41. 李静译:《地上权条例》,载《中德私法研究》2006 年第 1 卷,北京大学出版社 2006 年版。

42. 李世刚:《论法国民法典对罗马法信托概念的引入》,载《中国社会科学》2009 年第 4 期。

43. 李遐桢:《物权法定下地役权的困惑》,中国政法大学 2008 年博士学位论文。

44. 李益民:《论地役权对物权法定原则之补充》,载《河北法学》2006 年 2 月。

45. 梁慧星:《物权法草案第六次审议稿的若干问题》,载《比较法研究》2007 年第 1 期。

46. 梁上上:《物权法定主义:在自由与强制之间》,载《法学研究》2003 年第 3 期。

47. 梁彰洙:《关于民法案成立过程的小考》,崔吉子译,载《韩国最新民法典》,北京大学出版社 2010 年版。

48. 廖世虎:《法国大革命时期土地政策的发展及其实践》,载《西南民族大学学报》(人文社科版)1985 年第 4 期。

49. 林诚二:《不动产物权变动之实与虚——以我国台湾地区借名登记契约之相关问题为说明》,载《北方法学》2014 年第 1 期。

50. 刘贵祥:《物权法关于担保物权的创新及审判实务面临的问题》(下),载《法律适用》2007 年第 9 期。

51. 刘红兵:《英国法上物权法定原则之考察》,载《河北法学》2013 年 11 月。

52. 刘辉:《物权法定原则的经济分析》,载《民商法论丛》(第 33 卷),法律出版社 2005 年版。

53. 刘凯湘:《物权法定原则的重新审视》,载《中外法学》2005 年第 4 期。

54. 刘磊:《物权法定原则研究——兼评物权法第 5 条》,载《河南政法管理干部学院学报》2009 年第 5 期。

55. 刘乃忠:《论地役权对物权法定原则漏洞的补充》,载《武汉大学学报》(社会科学版)2001 年 5 月。

56. 刘正峰:《论无名物权的物权法保护——从对物权法定原则的检讨展开》,载《法商研究》2006 年第 2 期。

57. 龙卫球:《物权法定原则之辩——一种兼顾财产正义的自由论视角》,载《比较法研究》2010 年第 6 期。

58. 马俊驹、梅夏英:《财产权制度的历史评析和现实思考》,载《中国社会科学》1999 年第 1 期。

59. 欧阳家教:《最高额抵押之合法性》,载郑玉波主编:《民法物权论文选辑》(下),1984 年版。

60. 社科院物权法课题组:《制定中国物权法的基本思路》,载《法学研究》1995 年第 3 期。

61. 申卫星:《物权法定与意思自治——解读我国物权法的两把钥匙》,载《法制与社会发展》2013 年第 5 期。

62. 申卫星:《物权法定之法源论》,载《人民法治》2015 年第 9 期。

63. 申政武:《物权的本质论与物权法定原则》,载《中日民商法研究》(第 6 卷),第 94 页。

64. 苏永钦:《可登记财产利益的交易自由——从两岸民事法制的观点看物权法定原则松绑的界限》,载《南京大学法律评论》2010 年秋季卷。

65. 苏永钦:《物权法定还是物权自由——在土地国有的情况下对于私用的权利类型应该是更开放还是更限制?》,人民大学讲座,2005 年 12 月 2 日,http://wenku.baidu.com,最后访问日期:2014 年 12 月 24 日。

66. 苏永钦:《物权法定主义的再思考——从民事财产法的发展与经济观点分析》,载《经济论文丛刊》1991 年第 19 辑第 2 期。

67. 苏永钦:《物权法定主义松动下的民事财产权体系——再探中华人民共和国民法典的可能性》,载《厦门大学法律评论》2004 年第 8 辑。

68. 孙静:《德国信托法探析》,载《比较法研究》2004 年第 1 期。

69. 孙宪忠:《论不动产物权登记》,载《中国法学》1996 年第 5 期。

70. 唐晓晴:《拉丁法系视野下的物权概念以及物权与对人权(债权)的区分》,载《Private law review》2010 年第 8 辑第 2 卷,第 93 ~ 120 页。

71. 唐晓晴:《论物权类型法定原则——兼论澳门民法典第 1230 条的渊源与范围》,载《法学论丛》(澳门)2006 年第 2 期。

72. 王成:《物权法定与物权整理》,载《浙江社会科学》2005 年第 6 期。

73. 王利明:《物权法定原则》,载《北方法学》2007 年第 1 期。

74. 王文宇:《建构资讯时代之担保权法制》,载《月旦法学杂志》2003 年第 4 期。

75. 王文宇:《物权法定原则与物权债权区分——兼论公示登记制度》,载《月旦法学杂志》2003 年第 2 期。

76. 王涌:《论信托法与物权法的关系——信托法在民法法系中的问题》,载《北京大学学报》(社会科学版)2008 年第 6 期。

77. 王涌:《财产权谱系、财产权法定主义与民法典财产法总则》,载《政法论坛》2016 年第 1 期。

78. 谢在全:《物权法定主义》,载《东吴法律学报》1987 年第 2 期。

79. 谢哲胜:《从释字第三四九号解释论随土地所有权移转的债权契约》,载《财产法专题研究》,三民书局 1995 年版。

80. 谢哲胜:《民法物权编(通则章)修正综合评析》,载《月旦法学杂志》2009 年第 167 期。

81. 谢哲胜:《民法物权编修正:第一讲通则》,载《月旦法学教室》2011 年第 110 期。

82. 谢哲胜:《物权法定原则与限制》,载《月旦法学教室》2005 年第 27 期。

83. 谢哲胜:《中国大陆物权法制的立法建议——兼评王利明教授物权法草案建议稿》,载《财产法专题研究》(三),中国人民大学出版社 2004 年版。

84. 徐涤宇:《物权法定主义和物权立法》,载《法商研究》2002 年第 5 期。

85. 杨代雄:《法律解释与物权法定原则的矫正——以一般债权质权的普遍承认为范例》,载《月旦民商法》2011 年第 30 期。

86. 杨代雄:《物权法定原则批判——兼评物权法第 5 条》,载《法制与社会发展》2007 年第 4 期。

87. 杨立新:《后让与担保——一个正在形成的习惯法担保物权》,载《中国法学》2013 年第 3 期。

88. 杨立新:《物权法定原则缓和与非法定物权》,载《法学论坛》2007 年第 1 期。

89. 杨立新:《民法分则物权编应当规定物权法定缓和原则》,载《清华法学》2017 年第 2 期。

90. 杨玉熹:《论物权法定主义》,载《比较法研究》2002 年第 1 期。

91. 叶锋:《流抵、通谋虚伪表示抑或让与担保》,载《人民法院报》2014 年第 7 版。

92. 尹田:《论物权法定原则的解释及其根据》,载《河南政法管理干部学院学报》2002 年第 4 期。

93. 尹田:《物权法定原则批判之思考》,载《法学杂志》2004 年第 6 期。

94. 宰丝雨:《美国动产担保交易制度研究——基于统一商法典第九编的制度介绍和学理研究》,中国社会科学院法学研究所 2014 年博士后出站报告。

95. 张弛:《我国物权法中的物权法定原则之探究》,载《法学》2007 年第 10 期。

96. 张鹤:《我国物权法定原则与地役权:宏观法定与微观意定之融合》,载《法学杂志》2007 年第 6 期。

97. 张鹏:《否定物权法定主义建议——兼谈中国物权法的立法选择》,载《月旦民商法》2005 年第 8 期。

98. 张鹏:《美国法上的物权法定原则》,载《法学》2003 年第 10 期。

99. 张鹏:《物权法定经济上合理性之批判》,载《月旦法学杂志》2004 年第 5 期。

100. 张鹏:《物权法定原则的肯定与否定——评物权法草案对物权法定原则的新近修改》,载《法学》2006 年第 12 期。

101. 张鹏:《物权法定主义研究——兼论物权自由创设主义之合理性》,载《国际法与比较法论丛》(第 15 辑),中国方正出版社 2005 年版。

102. 张鹏:《物债二分体系下的物权法定》,载《中国法学》2013 年第 6 期。

103. 张生:《民国初期民法的近代化——以固有法与继受法的整合为中心》,

中国政法大学2000年博士学位论文。

104. 张巍：《物权法定与物权自由的经济分析》，载《中国社会科学》2006年第4期。

105. 张翔：《论支配利益的多样性与物权法定主义之协调——以罗马法役权制度为角度》，载《河北法学》2006年第2期。

106. 张永健：《再访物权法定与自由之争议》，载《交大法学》2014年第2期。

107. 张志坡：《物权法定缓和的可能性及其边界》，载《比较法研究》2017年第1期。

108. 郑瑞琨：《信托法与物权法定原则的冲突及其解决》，载《政法论坛》2007年第4期。

109. 朱虎：《物权法自治性观念的变迁》，载《法学研究》2013年第1期。

110. 朱留华：《澳大利亚昆士兰土地登记及启示》，载《中国土地科学》2005年第19卷第3期。

111. 朱庆育：《物权立法与法律理论——评物权法草案第一章》，载《中外法学》2006年第1期。

112. 朱庆育：《评物权法草案关于基本原则的规定》，载《政治与法律》2006年第5期。

113. 邹亚莎：《从一田二主到永佃权 清末民国民法对永佃制的继承和改造》，载《政法论坛》2010年第6期。

（三）中文译著

1. ［德］M. 沃尔夫：《物权法》，吴越、李大雪译，法律出版社2004年版。

2. ［德］鲍尔、施蒂尔纳：《德国物权法》（上册），张双根译，法律出版社2004年版。

3. ［德］鲍尔、施蒂尔纳：《德国物权法》（下册），王洪亮、申卫星译，法律出版社2004年版。

4. ［德］迪特尔·梅迪库斯：《德国民法总论》，邵建东译，法律出版社2001年版。

5. ［德］迪特尔·施瓦布：《民法导论》，郑冲译，法律出版社2006年版。

6. ［德］蒂堡、萨维尼：《论统一民法对于德意志的必要性——蒂堡与萨维尼论战文选》，朱虎译，中国法制出版社2009年版。

7.［德］拉伦茨:《法学方法论》,陈爱娥译,商务印书馆 2004 年版。

8.［德］马克西米利安・福克斯:《侵权行为法》,齐晓坤译,法律出版社 2006 年版。

9.［德］梅迪库斯:《德国债法总论》,杜景林、卢堪译,法律出版社 2004 年版。

10.［德］弗朗茨・维亚克尔:《近代私法史》(上册),陈爱娥、黄建辉译,上海三联书店 2006 年版。

11.［德］弗朗茨・维亚克尔:《近代私法史》(下册),陈爱娥、黄建辉译,上海三联书店 2006 年版。

12.［德］魏德士:《法理学》,丁晓春、吴越译,法律出版社 2005 年版。

13.［德］雅科布斯:《十九世纪德国民法科学与立法》,法律出版社 2003 年版。

14.［法］弗兰索瓦・泰雷、菲利普・森勒尔:《法国财产法》(上),罗结珍译,中国法制出版社 2008 年版。

15.［法］马克・布洛赫:《封建社会》,张绪山等译,商务印书馆 2007 年版。

16.［古罗马］盖尤斯:《法学阶梯》,黄风译,中国政法大学出版社 1996 年版。

17.［荷］J. 海玛:《荷兰新民法典的基础及体现的趋势》,薛启明等译,载王卫国主编:《荷兰经验与民法再法典化》,中国政法大学出版社 2007 年版。

18.［荷］桑尼・泰克玛:《荷兰私法概况》,胡利玲等译,载王卫国主编:《荷兰经验与民法再法典化》,中国政法大学出版社 2007 年版。

19.［荷］亚瑟・S. 哈特坎普:《荷兰民法典 1947 ~ 1992 年的修订》,吴民许等译,载王卫国主编:《荷兰经验与民法再法典化》,中国政法大学出版社 2007 年版。

20.［美］B. 布瑞克:《动产法》(第 2 版影印版),中国人民法学出版社 2003 年版。

21.［美］埃里克・弗鲁博顿、［德］鲁道夫・芮切特:《新制度经济学——一个交易费用分析范式》,姜建强、罗长远译,上海三联书店 2006 年版。

22.［美］艾伦・沃森:《民法法系的演变及形成》,李静冰、姚新华译,中国法制出版社 2005 年版。

23. [美]保罗·萨缪尔森、威廉·诺德豪斯:《微观经济学》(第19版),萧琛译,人民邮电出版社2012年版。

24. [美]哈罗德·J.伯尔曼:《法律与革命》(第2卷),袁瑜铮等译,法律出版社2008年版,第109~119页。

25. [美]哈罗德·J.伯尔曼:《法律与革命》(第1卷),贺卫方等译,法律出版社2008年版。

26. [美]罗伯特·考特、托马斯·尤伦:《法和经济学》(第6版),史晋川译,格致出版社2012年版。

27. [美]罗杰·H.伯恩哈特、安·M.伯克哈特:《不动产》(第4版影印版),法律出版社2004年版。

28. [美]史蒂文·L.伊曼纽尔:《财产法》(影印版),中信出版社2003年版。

29. [美]约翰·G.斯普兰克林:《美国财产法精解》(第2版),北京大学出版社,钟书峰译,北京大学出版社2009年版。

30. [美]詹姆斯·D.格瓦特尼、理查德·L.斯特鲁普、卢瑟尔·S.索贝尔:《经济学 私人与公共选择》,梁小民译,中信出版社2004年版。

31. [日]近江幸治:《担保物权法》,祝娅译,法律出版社2000年版。

32. [日]近江幸治:《民法讲义Ⅱ 物权法》,王茵译,北京大学出版社2006年版。

33. [日]三潴信三:《物权法提要》(上、下卷)(昭和二年第21版),孙芳译,中国政法大学出版社2005年版。

34. [日]我妻荣:《新订担保物权法》,申政武译,中国法制出版社2008年版。

35. [日]我妻荣:《新订物权法》,罗丽译,中国法制出版社2008年版。

36. [意]彼德罗·彭梵得:《罗马法教科书》,黄风译,中国政法大学出版社2005年版。

37. [意]桑德罗·斯奇巴尼选编:《物与物权》,范怀俊译,中国政法大学出版社2009年版。

38. [英]F.H.劳森、B.拉登:《财产法》(第2版),施天涛等译,中国大百科全书出版社1998年版。

39. [英]R. C. 范·卡内冈:《欧洲法:过去与未来——两千年来的统一性与多样性》,清华大学出版社 2005 年版。

40. [英]保罗·维诺格拉多夫:《中世纪欧洲的罗马法》,钟云龙译,中国政法大学出版社 2010 年版。

41. [英]黛安·查佩尔:《土地法》(影印本),法律出版社 2003 年版。

42. [英]梅特兰:《欧陆法律史概览——事件、渊源、人物及运动》,屈文生译,上海人民出版社 2008 年版。

43. [英]梅特兰:《普通法的诉讼形式》,王云霞等译,商务印书馆 2010 年版。

二、外文参考文献

(一)英文参考文献

1. A. W. B. Simpson, *A History of the Land Law*, 2nd edition, Oxford University Press, 1986.

2. Abraham Bell and Gideon Parchomovsky, "Of Property and Federalism", The Yale Law Journal, Vol. 115, No. 1, 2005.

3. Abraham Bell and Gideon Parchomovsky, "What Property Is?" 90 Cornell L. Rev. 531, p. 534.

4. AJH Pleysier, "Why is Dutch Law not Hampered by a *Numerus Clausus* of Real Rights", 2 Fundamina 298.

5. Alfred F. Conard, "Easement Novelties", 30 CAL. L. REV. 125.

6. Anna di Robilant, "Property and Deliberation, The *Numerus Clausus* Principle, New Property Forms and New Property Values", draft.

7. Anna di Robilant, "Property and Democratic Deliberation: The *Numerus Clausus* Principle and Democratic Experimentalism in Property Law", 62 Am. J. Comp. L. 367.

8. Avihay Dorfman, "Property and Collective Undertaking: The Principle of *Numerus Clausus*", 61 University of Toronto Law Journal, 2011.

9. Bernard Rudden, "Economic Theory v. Property Law: The *Numerus Clausus* Problem", Ch. 11, in J. Bell & J. Eekelaar (eds), Oxford Essays in Jurisprudence – Third Series, Clarendon Press, Oxford, 1987.

10. Ben W. F. Deppoorter and Francesco Parisi, "Fragmentation of Property Rights: A Functional Interpretation of the Law of Servitudes", Global Jurist Frontiers, Vol. 3, Issue 1, 2003.

11. Bram Akkermans, *The Principle of Numerus Clausus in European Property Law* (diss,), Maastricht University, 2008.

12. Brendan Edgeworth, "The *Numerus Clausus* Principle in Contemporary Australian Property Law", 32 Monash U. L. Rev. 387,2006.

13. C G Van Der Merwe, "*Numerus Clausus* and the Development of New Real Rights in South Africa", 119 S. African L. J. 802,2002.

14. Christina Mulligan, "A *Numerus Clausus* Principle for Intellectual Property", 80 Tenn. L. Rev. 235,2012 – 2013.

15. Daphna Lewinsohn – Zamir, "The Objectivity of Well – Being and the Objectives of Property Law", 78 N. Y. U. L. Rev. 1669,2003.

16. E. H. Burn & J. Cartwright, *Cheshire and Burn's Modern Law of Real Property*, 17th edition, Oxford University Press,2006.

17. F. H. Lawson and Bernard Rudden, *The Law of Property*, 3rd, Oxford University Press, 2002.

18. Francesco Mezzanotte, "The Interrelation between Intellectual Property Licenses and the Doctrine of *Numerus Clausus*", A Comparative Legal and Economic Analysis, Comparative Law Review, Vol. 3.

19. Francesco Parisi, Norbert Schulz, Ben W. F. Depoorter, "Duality in Property: Commons and Anticommons", International Review of Law and Economics 25 (2005).

20. Garrett Hardin, "The Tragedy of the Commons", Science, (162) 1968.

21. Hanoch Dagan, "The Craft of Property", 91 Cal. L. Rev. 1517,2003.

22. Hendrik J. Cornelis & Arjen J. P. Tillema, "Major Revisions in Netherlands Law: Adoption of New Civil Code and Implementation of EC Directives", 26 The Inernational Lawyer 1083 – 1084 (1992).

23. Henry Hansmann and Reinier Kraakman, "Property, Contract, and Verification: The *Numerus Clausus* Problem and the Divisibility of Rights", 31 J.

Legal Stud. S. 373, 2002.

24. Herman and Hoskins, "Perspectives on Code Structure: Historical Experience, Modern Formats, and Policy Consideration", Tulane Law Review, 1980, 54: 1019.

25. J. M. Milo, "Country Report: The Netherlands", Columbia Journal of European Law Online, Winter 2012, Vol. 18, 2 (The topic is the trust in continental Europe).

26. James Gordley, "Myths of the Civil Code", The American Journal of Comparative Law, 1994, 42: 459.

27. John Henry Merryman, "Policy, Autonomy, and the *Numerus Clausus* in Italian and American Property Law", 12 Am. J. Comp. L. 224, 1963.

28. Joseph William Singer, "Democratic Estates: Property Law in a Free and Democratic Society", 94 Cornell L. Rev. 1009, 2008 - 2009.

29. L. D. Smith, "Security", in: P. Birks (ed.), English Private Law, Volume I, Oxford University Press, 2000.

30. M. Bridge, *Personal Property Law*, 3rd edition, Oxford: Oxford University Press, 2002.

31. M. J. De Waal, "The Uniformity of Ownership, *Numerus Clausus* and the Reception of the Trust into South African Law", European Review of Private Law 3: 439 - 452, 2000.

32. Michael A. Heller, "The Boundaries of Private Property", The Yale Law Journal, Vol. 108, No. 5, 1999.

33. Michelman A. Heller, "The Tragedy of the Anticommons: Property in the Transition from Marx to Markets", 111 HARV. L. REV. 621, pp. 622 - 625 (1998).

34. Nestor M. Davidson, "Standardization and Pluralism in Property Law", 61 Vand. L. Rev. 1597, 2008.

35. Peter Sparkes, "Certainty of Property: *Numerus Clausus* or the Rule with no Name?" European Review of Private Law, 3 - 2012.

36. Richard A. Epstein, "Notice and Freedom of Contract in the Law of

Servitudes", 55 S. CAL. L. REV. 1353 (1982).

37. Richard A. Epstein, "Past and Future: The Temporal Dimension in the Law of Property", 64 WASH. U. L. Q. 667 (1986).

38. Richard R. Powell, *Powell on Real Property*, Matthew Bender & Company Inc., 2003.

39. Robert Feenstra, *Dominium and Ius in Re Aliena: The Origins of a Civil Law Distinction*. New Perspectives in the Roman Law of Property. Essays for Barry Nicholas, Edited by Peter Birks, Clarendon Press, Oxford, 1989.

40. Robert Feenstra, *Real Rights and Their Classification in the 17th century: the Role of Heinrich Hahn and Gerhard Feltmann*, *Legal Scholarship and Doctrines of Private Law, 13th – 18th Centuries*, Variorum 1996.

41. Roderick R. M. Paisley, "Real Rights: Practical Problems and Dogmatic Rigidity", 9 Edinburgh L. Rev. 267, 2004 – 2005.

42. Sjef Van Erp, "A Numerus Quasi – Clausus of Property Rights as a Constitutive Element of a Future European Property Law", Electronic Journal of Comparative Law, (7\2) 2003.

43. Sjef van Erp, "Civil and Common Law: Caveat Comparator—The Value of Legal Historical – Comparative Analysis", European Review of Private Law, 3 – 2003.

44. Sjef van Erp, "From 'classical' to modern European property law?" http://papers.ssrn.com/sol3/papers.cfm?abstract_id=1372166.

45. T. H. D. Struycken, "The *Numerus Clausus* and Party Autonomy in the Law of Property", Party Autonomy in International Property Law, edited by Roel Westrik and Jeroen van der Weide, sellier. European Law Publishers GmbH, Munich, p. 60.

46. Thomas W. Merrill and Henry E. Smith, "Optimal Standardization in the Law of Property: The *Numerus Clausus* Principle", 110 Yale L. J. 1, 2000 – 2001.

47. Thomas W. Merrill and Henry E. Smith, "The Property/Contract Interface", 101 Colum. L. Rev. 773, 2001.

48. Thomas W. Merrill and Henry E. Smith, "What Happened to Property in

Law and Economics?" 111 Yale L. J. 357,2001 -2002.

49. Vera Bolgár, "Why no Trusts in the Civil Law?" (1953) 2 American Journal of Comparative Law, 204.

50. Vincent Sagaert, "Party Autonomy in French and Belgian Law, The Interconnection between Substantive Property Law and Private International Law", Party Autonomy in International Property Law, edited by Roel Westrik and Jeroen van der Weide, sellier. European Law Publishers GmbH, Munich, 2011.

51. W. Swadling, "Land Burdens - An English Perspective", in S. Van Erp & B. Akkermans (eds.), Towards a unified System of Land Burdens, Intersentia, Antwerp 2006.

52. W. Swadling, "Opening the *Numerus Clausus*", 116. LQR (Law Quarterly Review) 2000.

53. W. J. Swadling, "Property: General Principles", in: A. Burrows (ed.), English Private Law, Oxford: Oxford University Press, 2007.

54. Wesley Newcomb Hohfeld, "Fundamental Legal Conceptions as Applied in Judicial Reasoning", 26 Yale L. J. 710 (1917).

(二)德文参考文献

1. Astrid Stadler, *Gestaltungsfreiheit und Verkehrsschutz durch Abstraktion, Eine rechtsvergleichende Studie zur abstrakten und kausalen Gestaltung rechtsgeschäftlicher Zywendungen anhand des deutschen, schweizerischen, oesterreichischen, französischen und US-amerikanischen Rechts*, J. C. B. Mohr (Paul Siebeck), Tübingen, 1996.

2. *Basler Kommentar, Zivigesetzbuch* Ⅱ, 3. Auflage, Helbing Lichtenhahn Verlag.

3. Christian Baldus, „Export des Pandektensystems?" Journal für Rechtspolitik 16, 23-26 (2008).

4. Füller, *Eigenständiges Sachenrecht?*, Tübingen: Mohr Siebeck, 2006.

5. Gert Iro, *Sachenrecht*, 3. Auflage. Springer, Wien\New York, 2008.

6. Gert Iro, *Sachenrecht*, 4. Auflage, Springer, Wien\New York, 2010.

7. Hans Josef Wieling, *Sachenrecht*, 5. Auflage, Springer, 2007.

8. Hans Josef Wieling, *Sachenrecht*, Band 1 *Sachen, Besitz und Rechte an*

beweglichen Sachen, 2. Auflage, Springer, 2006.

9. Heck, *Grundriss des Sachenrechts*, Scientia Xalen, 1960.

10. Helmut Koziol, Peter Bydlinski, Raimund Bollenberger, *Kurzkommentar zum ABGB*, Springer, Wien\New York, 2007.

11. Holger Fleischer, „*Der Numerus Clausus der Sachenrechte im Spiegel der RechtsÖkonomie*, Internationalisierung des Rechts und seine ökonomische Analyse“, Festschrift für Hans - Bernd Schäfer zum 65. Geburtstag, 2008.

12. Honsell, *Römisches Recht*, Springer, 2010.

13. Jan Wilhelm, *Sachenrecht*, 4. Auflage, De Gruyter, 2010.

14. *Jauernig Kommentar zum Bürgerlichen Gesetzbuch*, 14., neubearbeitete Auflage, Verlag C. H. Beck Muenchen, 2011.

15. Joerg Schmid/Bettina Huerlimann - kaup, *Sachenrecht*, 3. Auflage, Schulthess, 2009.

16. Kaser und Knütel, *Römisches Privatrecht*, 18. Auflage, Verlag C. H. Beck, 2005.

17. Lieder, „Die Anwendung schuldrechtliche Regeln im Sachenrecht“, Jus 2001,875f.

18. Motive zu dem Entwurfe eines Bürgerlichen Gesetzbuches für das Deutsche Reich, Ⅲ, 1888.

19. Protokolle der Ersten Kommission, 305. Sitzung vom 24. 3. 1884.

20. Protokolle der Ersten Kommission, 306. Sitzung vom 26. 3. 1884.

21. Protokolle der Kommission für die zweite Lesung des Entwurfs eines Bürgerlichen Gesetzbuchs. Im Auftrage des Reichsjustizamts, bearbeitet von Achilles, Gebhard, Spahn, Bd. Ⅲ Sachenrecht, 1899.

22. Rüdiger Liebs, „Die unbeschränkbare Verfügungsbefugnis“, Archiv für die civilistische Praxis, 175. Bd., H. 1\2 (1975).

23. *Staudingers Kommentar zum Bürgerlichen Gesetzbuch*, Buch 3, Sachenrecht, Einleitung zum Sachenrecht, Neubearbeitung, 2007, Sellier - de Gruyter, Berlin.

24. Vieweg Werner, *Sachenrecht*, 5. Auflage, Vahlen, 2011.

25. Walther Hadding und Uwe H. Schneider, *Recht der Kreditsicherheiten in europaeischen Laendern*, *Teil V*: *Schweiz*, Duncker&Humblot/Berlin, 1983.

26. Wolfgang Wiegand, „Die Entwicklung des Sachenrechts im Verhältnis zum Schuldrecht“, Archiv für die civilistische Praxis, 190. Bd., H. 1\2 (1990).

后 记

在这柳絮飞扬的四月，论文终于要画上句号了。这样一篇论文，与三年前入学时的设想相去甚远，本来打算就一个具体的制度问题做精细的研究，但阴差阳错之下却选择了这样一个理论性的大题目。撰写博士论文的过程不仅是智力与体力的挑战，更是精神修炼的过程，需要在困难面前保持信心和勇气。对于我这样一个求学道路顺畅、性格优柔寡断的人来说，这样的修炼过程实在是太重要了。回想起去年五月论文开题前的一个早上，我还在两份论文开题报告之间犹豫不决，甚至直到论文正式动笔两个月后，我还出现过换题目的念头，因为我在开始研究物权法定原则之前已经在另外一个备选题目上花了大半年的时间，而那个备选题目正是导师极力赞成的。客观来说，本文在学术上并不是一篇成功的论文，但对于我来说，它却具有重大的意义：既然是自己独立选择的题目，那么在研究过程中碰到的困难就必须鼓起勇气，不能软弱退缩，在各种压力下只能置之死地而后生，尽力而为，但求无愧于心。

除了心智上的帮助外，撰写博士论文的过程也让我越来越清晰地看到了自己的学术偏好，我想这一点对未来的研究工作会有很大的帮助：在事实和理论之间，我对事实本身的兴趣远远超过了对纯粹理论的兴趣。法学是一门研究法律制度的学科，法律制度的历史变迁、法律制度的具体规范构成、司法实践对法律规范的适用和续造,这些就是法学研究者首先要关注的事实,离开法律制度本身来空谈理论是没有多大意义的。在多数情况下,只要踏实耐心地将事实弄清楚,许多问题就迎刃而解了,并不需要过多的理论来包装。在法律制度的发展中,法学研究者的基本任务应该是从上面的事实经验中总结出法学学说,为立法和司法服务。在这一过程中,法学研究者所提出的学说本身,也成为了后代学者的研究对象,学说史也成为了法律史的重要组成部分。在当下,以概念法学为基础的法教义学,在经过利益法学派的洗礼后,已经不再是僵化教条的代名词,内部视角的传统法学才是法学研究的出发点和归结点,外部视角的社科法学只能起到辅助作用。许多困扰传统法学的难题经过社科法学的包装后,确实让人耳目一新,引人入胜,但热闹过后往往会发现,运用社科法学方法所得出的结论与传统法学的答案并无二致。因此,在未来的工作研究中,我的学习研究重点还是会放在传统法学上,包括具体法律规范的适用与续造以及微观私法制度史与学说史。

三年求学生涯,首先要感谢我的导师孙宪忠教授。孙老师性格刚毅,但三年来一直对我耳提面命,始终包容我的平庸木讷,从未面有愠色。无论是学习科研,还是为人处世、待人接物,孙老师对我的指导和提点,将使我受益终生。孙老师让我折服的不仅仅是他博大精深的学术见识,更让我钦佩的是他身上展现出来的“先天下之忧而忧,后天下之乐而乐”的士大夫情怀和“讲真话”的学者傲骨。“法学家应当讲真话!”当年的我正是看到了这句话,才下定决心要报考孙老师的。在即将毕业之际,我也暗自下定决心,将认真务实作为学习工作的基本态度,努力成为一名正直优秀的法律工作者。

感谢民法研究室的谢鸿飞老师。在论文开题后,我和谢老师就论文的结构和内容进行了多次讨论,谢老师提出了许多重要的建议,也给了我支持和鼓励,让我受益匪浅。感谢民法研究室的渠涛老师和窦海阳老师。两位老师渊博的学识、孜孜不倦的教诲、对晚辈学子的关怀提携,让我永远铭记心间。

感谢中山大学的于海涌老师和谢进杰老师。于老师是我的硕士研究生导师,是将我带入民法学术殿堂的引路人。我永远也无法忘记2010年4月的那个阴雨的下午,于老师在法学院三楼办公室手把手地指导我修改论文的情景。没有于老师的引荐和帮助,我也难以拜入孙老师门下学习。谢老师是我本科阶段的班主任,这么多年一直在帮助关心我的学习生活。

感谢李宇师兄和李敏师姐对我的关心和照顾,那些年我们在地铁和公交车上因为聊天多少次错过了下车。感谢三年来和我一起学习和讨论的同学们,你们的陪伴让我对研究生院的生活充满了美好的回忆。你们无私的关怀和真挚的友情,我将毕生难忘。

我在湛江和深圳的亲人们,二十多年来,你们一直看着我长大,为我操心。希望你们身体健康,平平安安。远在上海的你,这些年我们一直聚少离多,感谢你的坚守和付出,一直包容我不成熟的心智,容许我自由散漫地缓慢成长。虽然未来的道路充满了考验,但我有信心和你一起到达幸福的彼岸。

2015 年 5 月 4 日

本书是在博士论文的基础上修改而成。

感谢中山大学法学院和院长黄瑶教授,正是在黄瑶老师以及法学院各位领导、老师的支持下,本书才得以出版。感谢法律出版社韩满春编辑,他对书稿的内容和文字提出了许多宝贵的修订建议,他的专业、严谨和细致让我钦佩。本书的顺利出版离不开他的辛勤工作。

书稿付梓之时,我已经成为广东财经大学法学院民法学教师,新的人生篇章已经展开。

2019 年 4 月 26 日

图书在版编目(CIP)数据

物权法定原则：普通理论与中国选择 / 黄泷一著
. -- 北京：法律出版社，2019
(中山大学法学文丛)
ISBN 978-7-5197-2132-9

Ⅰ. ①物… Ⅱ. ①黄… Ⅲ. ①物权法-研究-中国
Ⅳ. ①D923.24

中国版本图书馆 CIP 数据核字(2018)第 067337 号

物权法定原则：普遍理论与中国选择
WUQUAN FADING YUANZE:
PUBIAN LILUN YU ZHONGGUO XUANZE

黄泷一 著

责任编辑 韩满春
装帧设计 马 帅

出版 法律出版社
总发行 中国法律图书有限公司
经销 新华书店
印刷 三河市龙大印装有限公司
责任校对 杨锦华
责任印制 陶 松

编辑统筹 学术·对外出版分社
开本 710 毫米×1000 毫米 1/16
印张 31.5
字数 487 千
版本 2019 年 7 月第 1 版
印次 2019 年 7 月第 1 次印刷

法律出版社/北京市丰台区莲花池西里 7 号(100073)
网址/www.lawpress.com.cn
投稿邮箱/info@lawpress.com.cn
举报维权邮箱/jbwq@lawpress.com.cn
销售热线/400-660-8393
咨询电话/010-63939796

中国法律图书有限公司/北京市丰台区莲花池西里 7 号(100073)
全国各地中法图分、子公司销售电话：
统一销售客服/400-660-8393/6393
第一法律书店/010-83938432/8433　西安分公司/029-85330678　重庆分公司/023-67453036
上海分公司/021-62071639/1636　深圳分公司/0755-83072995

书号：ISBN 978-7-5197-2132-9　**定价**：98.00 元